北京大学中国经济研究中心简报系列（第五辑）

中美经济学家对话全球经济
—— CCER-NBER十五次经济学年会实录

卢 锋 ◎ 编

图书在版编目（CIP）数据

中美经济学家对话全球经济：CCER-NBER 十五次经济学年会实录/卢锋编. —北京：北京大学出版社，2014.4
（北京大学中国经济研究中心简报系列）
ISBN 978-7-301-24067-0

Ⅰ.①中…　Ⅱ.①卢…　Ⅲ.①经济学－文集　Ⅳ.①F0-53

中国版本图书馆 CIP 数据核字（2014）第 063624 号

书　　　名：中美经济学家对话全球经济——CCER-NBER 十五次经济学年会实录
著作责任者：卢锋　编
责任编辑：王晶
标准书号：ISBN 978-7-301-24067-0/F·3922
出版发行：北京大学出版社
地　　址：北京市海淀区成府路 205 号　100871
网　　址：http://www.pup.cn
电子信箱：em@pup.cn　　　QQ：552063295
新浪微博：@北京大学出版社　@北京大学出版社经管图书
电　　话：邮购部 62752015　发行部 62750672　编辑部 62752926　出版部 62754962
印　刷　者：北京大学印刷厂
经　销　者：新华书店
　　　　　　787 毫米×1092 毫米　16 开本　24.25 印张　587 千字
　　　　　　2014 年 4 月第 1 版　2014 年 4 月第 1 次印刷
定　　价：62.00 元

未经许可，不得以任何方式复制或抄袭本书之部分或全部内容。
版权所有，侵权必究
举报电话：010-62752024　　电子信箱：fd@pup.pku.edu.cn

序

1994年，北京大学中国经济研究中心（China Center for Economic Research，下文简称"中心"）成立，1995年5月18日，中心发布了"21世纪各国水稻生产和需求预测及其政策含义——国际水稻会议综述"，成为中心不定期整理与刊发简报工作的发端。我1995年10月回国到中心工作，林毅夫主任让我整理的第一份简报，是报道1996年2月世界银行就当年《世界发展报告——从计划到市场》未定稿征求中国经济学家意见座谈会的内容。那次座谈会除中心林毅夫教授、易纲教授、张维迎教授参加外，还请到吴敬琏教授、赵人伟教授、刘鹤教授、郭树清教授、谢平教授等重要经济学家，此次会议纪要作为1996年第2期（总第9期）简报发布。此后我较多参与简报的整理工作，后来长期成为简报系列事实上的主编，即便2003年去哈佛大学访学大半年，借助互联网之便仍持续承担简报编辑工作。2013年年底，北京大学国家发展研究院领导决定让我转交这一工作，届时中心简报已刊发1000多期。

近20年来，中心简报编辑形成了一些不成文的做法。如简报刊载内容仅限于中心直接相关科研成果与学术交流活动；基本功能定位于将中心学术研究和交流成果提供给包括非经济学专业的政府部门、企业界、学术机构和媒体等社会各界读者受众；文章篇幅在3000—5000字并且不包含数学公式和图表等。简报内容具体来源可分为以下几类。一是中心教授或外请学者在中心举办的讲座和演讲，这方面内容约占所有简报的两三成。二是各类学术会议研讨内容的整理，如CCER-NBER年会已持续举办十五次，每次讨论内容都整理出多期简报，这类活动简报占总量的一半左右。三是中心研究人员的投稿，其中相当一部分是专题研究成果的缩写稿，也包括就经济改革发展热点问题撰写的分析短文和评论。

中心简报发布后经常被财经类媒体广泛转载，林毅夫教授多次提到不同方面的领导在不同场合提及和表扬中心简报。一个机构能在近20年持续整理发布1000多期原创内容简报其实并不容易，而中心能做到这一点是由多方面因素决定的。首先是由于中心学术科研活动密集，为简报提供了丰富的内容。其次是中心领导重视，特别是中心创始主任林毅夫教授不仅经常为简报提供署名稿件，而且经常鼓励简报工作。再次是简报整理是一项"劳动与知识密集型"工作，整理人既要有相当好的经济学功底，又要有充沛的精力和工作热情。中心的历届研究生都是简报整理的主力军，他们对1000多期简报的贡献最大。最后是我们摸索制定了一套目标明确、职责清晰、格式统一、简单明了的工作流程，使不同时期参与这项工作的人员能在统一框架下作出贡献。

2004年以前，我们已先后三次结集出版了截至2003年年底刊发的简报。今年欣逢中心成立20周年，在北京大学国家发展研究院院长姚洋教授的支持下，将2004—2013年间部分简报内容挑选出来分四辑出版。此次先推出第四辑《中国崛起的世界意义——中外经济学名家名讲》、第五辑《中美经济学家对话全球经济——CCER-NBER十五次经济学年会实录》，第六辑《深化改革与推动发展——求解经济转型的热点难题》、第七辑《相互依存的全球经济——探究开放型经济成长之道》将陆续出版。

我十几年来承担简报系列的编辑工作，为就职单位提供了一位教职人员应做的服务，同时也从中学到很多知识并深受教益。感谢中心历任领导对简报工作的支持，感谢不同时期多位研究生参加简报整理写作，感谢中心行政工作人员对简报工作的帮助。在这次编辑出版简报的过程中，还要感谢姜志霄、张杰平在寒假期间加班整理编排文稿。最后要特别感谢北京大学出版社林君秀女士、刘789女士、郝小楠女士以及她们的同事，由于她们在2014年春节前后加班排版校读，这套系列专辑才得以在最短时间出版。

卢锋

2014年3月于北京大学朗润园

目　录

CCER-NBER 第一届年会：中国经济改革与发展 / 1

- 当前中国经济主要问题及未来发展展望 ·· 林毅夫 / 3
- 中国的国际贸易 ·· 海闻 / 8
- 中国的外商直接投资 ·· 郑京平 / 8
- "一国两制"：加入世界贸易组织对中国的含义 ··················· 罗伯特·芬斯特拉 / 9
- 国有企业改革与公司治理 ·· 张维迎 / 10
- 国有企业与私有化 ·· 安伦·托内尔 / 12
- 中国的金融改革 ·· 陈兴动 / 12
- 金融改革的一般原则 ·· 拉古拉迈·瑞占 / 14
- 中国农村的社会保障与土地占有 ·· 赵耀辉、文贯中 / 15
- 社会保险和养老金 ·· 戴维·怀斯 / 16

CCER-NBER 第二届年会：国有企业与金融改革 / 19

- 中国经济热点问题 ·· 马丁·费尔德斯坦 / 21
- 中国经济结构转变及产能过剩解决方法 ·· 林毅夫 / 22
- 保护投资者和公司治理 ·· 安德鲁·施莱弗 / 24
- 政策负担、竞争和国有企业改革 ·· 林毅夫 / 26
- 企业资产重组和金融改革 ·· 曹远征 / 27
- 区域竞争和私有化 ·· 张维迎 / 29
- 转型经济中的预算软约束 ·· 平新乔 / 30
- 中国的通货紧缩 ·· 宋国青 / 31
- 中国的货币政策 ·· 易纲 / 32
- 东南亚金融危机的传播 ·· 安德鲁·罗斯 / 33
- 中国的综合金融风险 ·· 樊纲 / 34
- 金融市场改革 ·· 弗雷德里克·米什金 / 35
- 中国的社会保障制度改革 ·· 马丁·费尔德斯坦 / 37
- 老年保障的新模式及其在中国的应用 ···································· 詹姆斯·埃丝特尔 / 38
- 美国的社会保障制度改革 ·· 安德鲁·塞姆维克 / 39
- 退休金体系的改革：墨西哥的案例 ·· 卡洛斯·塞尔斯 / 40
- 世界各国养老保险体制 ·· 戴维·怀斯 / 41
- 另辟中国城市养老体制的替代转轨方案 ·· 赵耀辉 / 42
- 转型时期的社会保障制度改革 ·· 王燕 / 43
- 土地制度和中国农村的社会保障 ·· 姚洋 / 44
- Kotlikoff-Sachs 计划 ··· 劳伦斯·科特利科夫 / 45

CCER-NBER 第三届年会：通货紧缩与汇率政策 / 47

- 2000 年中国经济回顾 林毅夫 / 49
- 通货紧缩、信贷配给和结构调整 陈平 / 51
- 世界各地的公司融资 格伦·哈伯德 / 52
- 匿名制限制了政府预测——来自中国的理论与证据 李稻葵 / 54
- WTO 与中国未来城市化过程的方向 文贯中 / 55
- 内部人交易和股票市场波动的关系 魏尚进 / 56
- 加入 WTO 后中国金融业的发展 张幼文 / 58
- 股权资本主义、银行资本主义与中国金融改革的取向 华民 / 58
- 汇率制度的选择 马丁·费尔德斯坦 / 59
- 新兴市场的汇率管理 迈克尔·P. 杜利 / 61
- 国际证券投资的类型 琳达·特萨 / 63
- 外商直接投资的类型 罗伯特·利普西 / 64
- 新兴股票市场的独特之处 兰德尔·莫克 / 65
- 风险投资 安德鲁·塞姆维克 / 67
- 中国风险投资市场现状 钱振英 / 69
- 世界房地产市场 威廉·戈茨曼 / 69
- 加入 WTO，中国的保险业准备好了吗？ 孙祁祥 / 71

CCER-NBER 第四届年会：财政改革、通货紧缩等 / 73

- 财政的改革 楼继伟 / 75
- 美国人逃税行为的观察 詹姆斯·海因斯 / 76
- 关税税率与关税逃税：从"进口消失"角度观察 魏尚进 / 77
- 政府债务 艾伦·J. 奥尔巴克 / 78
- 中国的通货紧缩与金融问题 林毅夫 / 79
- 中国金融改革的基本问题 曹远征 / 81
- 金融风险与管理 查尔斯·W. 卡洛米利斯 / 83
- 中国的逃税和银行的低效 陈平 / 85
- 中小企业融资 米歇尔·J. 怀特 / 86
- 金融——中国经济发展的瓶颈 方星海 / 88
- 技术选择、生存能力及企业绩效 林毅夫 / 89
- 政府转制与民营化改革绩效 姚洋 / 91
- 中国民营经济的董事会结构和作用 梁能 / 92
- 中国养老体制改革 赵耀辉 / 93
- 中国经济的现状和问题：一个美国经济学家眼中的中国经济 罗杰·戈登 / 95
- 外汇政策 郭树清 / 96
- 汇率体制比较与改革 凯瑟琳·多明格斯 / 97
- 汇率制度"角点解假设" 易纲 / 99

CCER-NBER 第五届年会：经济增长与农村发展 / 101

- 美国经济增长的中期预测 ... 马丁·费尔德斯坦 / 103
- 美国的银行业 ... 本杰明·费里德曼 / 105
- 新兴市场经济国家的货币政策 ... 本·S. 伯南克 / 106
- 经济增长波动原因和金融改革战略 ... 陈平 / 109
- 中国的劳动力问题 ... 理查德·弗里曼 / 111
- 中国城市的收入不平等问题 ... 艾伯特·帕克、宋晓青、张俊森、赵耀辉 / 113
- 股权基础的补偿和激励 ... 布莱恩·霍尔 / 115
- 中国农村税收和财政改革 ... Ran Tao、林毅夫 / 117
- 美国高等教育经济学：成本、筹资和分层 ... 查尔斯·克洛特费尔特 / 119
- 健康的决定因素 ... 维克托·富克斯 / 121

CCER-NBER 第六届年会：中国改革及世界经济 / 125

- 中国经济增长绩效和宏观经济形势 ... 林毅夫 / 127
- 通货紧缩影响的历史透视 ... 迈克尔·博尔多 / 128
- 人民币汇率与贸易和经济 ... 郭树清 / 129
- 中国养老金改革问题 ... 马丁·费尔德斯坦 / 130
- 中国人口老化与农村养老保障问题 ... 曾毅 / 132
- 农村移民与中国城市工资差别问题 ... 赵耀辉 / 134
- 劳动力市场划分问题 ... 罗伯特·莫菲特 / 134
- 中国国有独资银行改革与监管问题 ... 刘明康 / 135
- 中国银行和金融部门的改革问题 ... 张新 / 137
- 中国国有企业改革问题 ... 姚洋 / 138
- FDI 与中国经济成长 ... 江小娟 / 140
- 跨国公司内部市场问题 ... 米希尔·德赛 / 141
- 开放经济的金融冲击问题 ... 塞巴斯蒂安·爱德华兹 / 142
- 环境经济学理论和政策 ... 唐·富尔克森 / 144
- 水资源短缺和水权交易问题 ... 胡鞍钢 / 145

CCER-NBER 第七届年会：宏观经济与银行改革 / 147

- 中国宏观经济：从通货紧缩到通货膨胀 ... 林毅夫 / 149
- 美国宏观经济形势及对其他国家的启示 ... 马丁·费尔德斯坦 / 151
- 国有银行改革及入世后中国银行体系 ... 吴晓灵 / 152
- 货币政策的传递 ... 阿尼尔·卡什亚普 / 154
- 中国 1980 年到 2004 年的利率政策 ... 李稻葵 / 155
- 银行存贷利差的比较经济分析 ... 李波 / 156
- 利用税收手段资助低工资工人 ... 杰弗里·利布曼 / 158
- 全球经常账户持续不平衡和调整 ... 理查德·克拉里达 / 159

基层民主和农民应对健康问题的能力	姚洋 / 160
腐败——印度尼西亚的经验事实	本杰明·奥尔肯 / 161
间接贸易和关税逃避	魏尚进 / 162
中国城市中外地工人劳动力市场分割情况	赵耀辉 / 163
衡量移民对劳动力市场的影响	乔治·鲍哈斯 / 164
中国的医院改革	李玲 / 165
美国1960—2000年医疗保健部门成长	埃米·芬克尔斯坦 / 165
美国养老金收益担保公司的经验	杰弗里·布朗 / 166
中国的财政分权和地方公共品供给	平新乔 / 167
社会保障和退休	戴维·怀斯 / 168
人民币实际汇率的趋势性变动	卢锋 / 169
美国保守经济学研究议程的五个问题	肯特·斯梅斯特 / 170
中国处理贸易争端的行动	王世春 / 171
中国金融部门效率、FDI和经济增长	沈艳 / 171

CCER-NBER 第八届年会：经济全球化与货币政策 / 173

"十一五"规划与中国未来经济发展	林毅夫 / 175
国际资本流动	马丁·费尔德斯坦 / 177
国际人口流动与全球化	戈登·汉森 / 178
中国国际收支账户"双顺差"现象	卢锋 / 179
国际资本流动悖论的一个解决方法	魏尚进 / 180
稳定通胀的货币政策规则	迈克尔·伍德福特 / 182
固定汇率下的独立货币政策	龚刚 / 184
中国是区域贸易增长之桥？	龚敏 / 184
要素禀赋、发展战略和经济制度	林毅夫 / 185
税制改革的指导原则	詹姆斯·波特巴 / 186
外商直接投资对中国经济增长的影响	何茵 / 187
福利政府的选择	阿尔贝托·阿莱西纳 / 188
基层民主与收入分配	沈艳 / 189
市场化对于社会资本减贫作用的影响	陆铭 / 190
全球管制改革的经验	南希·L. 罗丝 / 191
边际私有化	武常岐 / 192
金融结构、创新和经济增长	龚强 / 192
技术价格与女性劳动力市场	凯西·马利根 / 193
人力资本、经济增长和收入不平等	金一 / 194
美国1870—2000年的种族与教育的长期分析	威廉·柯林斯 / 194
生物制药业研发和创新	厄尼·伯恩特 / 195
残疾人的社会保障问题	马克·达根 / 196
中国银行业改革的突破性进展	郭树清 / 197

CCER- NBER 第九届年会：中国经济发展与结构性问题 / 201

- 中国的经济改革：新的挑战和政策选择 ………………………………… 林毅夫 / 203
- 中国经济转型透视 …………………………………………………………… 钱颖一 / 204
- 中国经济增长的新方向 …………………………………………… 马丁·费尔德斯坦 / 206
- 金融流动将会继续支持全球不平衡吗？ ………………………… 克里丝汀·福布斯 / 207
- 贸易、外商直接投资和技术升级 …………………………………………… 姚洋 / 208
- 美国贸易政策的发展 ……………………………………………… 道格拉斯·欧文 / 209
- 中国资本回报率 ……………………………………………………………… 白重恩 / 210
- 国内公司治理与全球化关系 ………………………………………………… 魏尚进 / 211
- 中国工业企业资本回报率（1978—2006年） ……………………………… 卢锋 / 213
- 跨国公司研究投入和本国企业家精神 ……………………………………… 蔡洪滨 / 215
- 企业家精神和经济增长：来自中国的证据 ………………………………… 李宏彬 / 216
- 为什么想法不是免费的：专利对科学研究的影响 …………… 斯科特·斯特恩 / 217
- 中国国内生产总值中劳动比重的降低——证据和解释 …………………… 李稻葵 / 219
- 通货膨胀与产出波动 ……………………………………………… 马克·沃森 / 220
- 政治竞赛和中国的经济增长 ………………………………………………… 周黎安 / 221
- 中国的能源战略 ……………………………………………………………… 查道炯 / 222
- 能源与气候变化 …………………………………………… 吉尔伯特·E. 梅特卡夫 / 224
- 老年人的医疗保健：长期护理的提供 ………………………… 凯瑟琳·麦加里 / 226
- 中国医疗改革面临的挑战 …………………………………………………… 李玲 / 228
- 肾脏交换的经济学 ………………………………………………… 阿尔文·罗思 / 229
- 中国的社保改革 ……………………………………………………………… 易纲 / 231
- 中国人口老龄化和社保体系的改革 ………………………………………… 左学金 / 233

CCER-NBER 第十届年会：经济增长与国际贸易 / 237

- 近年中国宏观经济增长和问题 ……………………………………………… 卢锋 / 239
- 国际贸易商品价格与汇率传递 …………………………………… 吉塔·过匹纳斯 / 241
- 中国要素收入分配 …………………………………………………………… 白重恩 / 242
- 犯罪经济学 ………………………………………………………… 延斯·路德维希 / 243
- 政府官员受贿的个人与环境因素分析 ……………………………………… 迟巍 / 244
- 经济周期核算：中印对比 …………………………………………………… 徐高 / 246
- 中国宏观金融的稳定指数 …………………………………………………… 朱家祥 / 247
- 中国储蓄之谜 ………………………………………………………………… 魏尚进 / 248
- 中国的房地产市场 …………………………………………………………… 徐滇庆 / 249
- 劳动收入占国内生产总值比例的刘易斯式观点 …………………………… 李稻葵 / 251
- 无形资产对于生产力及企业估值的影响 ………………………… 查尔斯·赫尔腾 / 252
- 中国生产力增长 ……………………………………………………………… 曹静 / 253
- 肥胖经济学 ………………………………………………… 托马斯·J. 菲利普森 / 255

教师绩效工资制度——来自印度的证据 .... 卡迪克·穆拉里达兰 / 256
评估中国的扶贫计划 .... 孟岭生 / 258
中国股票市场的并购行为和股票估值 .... 巫和懋 / 259
股票的非弹性需求：中国股权分置改革 .... 郦金梁 / 261

CCER-NBER 第十一届年会：金融危机与货币政策 .... / 263

中国宏观经济"V"型走势 .... 卢锋 / 265
度量与管理政府的金融风险 .... 德博拉·卢卡斯 / 267
有关国际货币体系的中国观点 .... 李稻葵 / 268
汇率与货币政策 .... 查尔斯·恩格尔 / 270
人民币汇率管理制度：回到过去？ .... 何帆 / 270
产品创新与质量提升对价格水平和社会福利的影响 .... 戴维·E. 温斯坦 / 271
中国市场不对称开放的后果 .... 黄益平 / 272
房产持有的风险评估 .... 托德·西奈 / 274
中国滞后的土地制度与城市化 .... 文贯中 / 275
中国要素收入的变化 .... 白重恩 / 276
中国实际工资的上涨的因素分析 .... 杨涛 / 277
医疗系统的低效率及全球展望 .... 乔纳森·斯金纳 / 278
"中国健康与养老追踪调查"和老年人的健康 .... 雷晓燕 / 279
竞争性储蓄与工作动机：中国的性别比例、储蓄率和企业家精神 .... 魏尚进 / 280
劳动力、人口结构与中国出口带动型经济增长模型 .... 姚洋 / 281
中国城市人口收入与消费不平等（1992—2003） .... 陈玉宇 / 282
关于贸易的两篇论文 .... 余淼杰 / 283
发展中国家制药行业推行专利制度的影响 .... 彭妮·戈德堡 / 285

CCER-NBER 第十二届年会：宏观经济与收入分配 .... / 287

V型回升之后——"中国式退出"政策述评 .... 卢锋 / 289
厄运的循环 .... 西蒙·约翰逊 / 291
汇率预测 .... 肯尼思·韦斯特 / 292
金融一体化、国家分工及全球经济失衡 .... 姚洋 / 293
收入不平等、社会地位及居民消费 .... 吴斌珍 / 294
货币低估与过度的经常账户顺差 .... 魏尚进 / 295
居民收入在国民收入分配中的比例 .... 钱震杰 / 296
基础设施投资与中国居民消费 .... 陈斌开 / 297
小企业所有者的非金钱收益 .... 埃里克·赫斯特 / 298
从资本配置效率到企业运行效率 .... 何平 / 300
消费者金融 .... 彼得·图法诺 / 301
银行效率与中国金融机构的借贷行为 .... 沈艳 / 302
危险的消费者借贷 .... 乔纳森·莱文 / 303

中国地方官员的激励问题：来自于五年计划的经验研究 ················· 周黎安 / 304
卫生经济学中的三个基本问题 ························· 丹尼尔·凯斯勒 / 305
中国医疗改革 ·· 李玲 / 307
对美国医改方案中强制性个人医疗保险影响的分析 ········ 阿曼达·科瓦尔斯基 / 308
全球劳动力市场问题凸显 ··························· 理查德·弗里曼 / 309
加工贸易、公司生产率及降税机制 ······················· 余淼杰 / 310

CCER-NBER 第十三届年会：人口、土地与就业 ························ / 311

实现中国资本项目的可兑换 ······························· 黄益平 / 313
危机后中国在世界经济中的角色 ··························· 李稻葵 / 314
美国财政面临的长期挑战 ····················· 詹姆斯·波特巴 / 315
金融不稳定性的行为和制度基础 ·············· 朱利奥·罗泰姆伯格 / 315
CAB——反周期的投资策略 ····················· 帕特里克·博尔顿 / 316
借款和住房价格 ··································· 马丁·施奈德 / 317
婚姻竞争和住房市场特征 ······························· 魏尚进 / 318
中国的人口结构变动和住房价格 ····························· 何帆 / 318
反柠檬效应和教育市场 ························· 本特利·麦克劳德 / 319
从中国的学校改革估计教育回报率 ························· 周黎安 / 320
代际身份继承和婚姻分层 ································· 李桃 / 320
中国土地市场拍卖——腐败的证据 ························· 蔡洪滨 / 321
财政区划和销售税 ····························· 米歇尔·怀特 / 322
中国土地权利界定——成都实验及其结果 ··················· 李力行 / 323
信贷市场中的利率风险 ························· 莫妮卡·派阿泽斯 / 324
中国金字塔型结构的演进和结果 ··························· 刘俏 / 324
管理的支付和股票市场操纵 ······················· 艾尔萨·罗尔 / 325
人民币国际化的发展潜力和未来趋势 ························· 李成 / 326
住房融资和金融稳定性 ······················· 戴维·沙尔芬斯坦 / 326
工业动态趋势和经济增长 ······························· 鞠建东 / 327
工资社保税和居民消费 ································· 吴斌珍 / 328
企业税的角色 ······································· 罗杰·戈登 / 328
中国主要产业的市场化改革 ······························· 张帆 / 329
中国劳动力市场转型——超越刘易斯拐点解释范式 ··············· 卢锋 / 330
中国的收入与消费不平等 ································· 沈艳 / 331
以邻为壑污染现象 ··································· 蔡洪滨 / 332
中国老年人的健康、医疗及社会经济地位 ——来自 CHARLS 的经验证据 ········· 雷晓燕 / 333
生而不平等——关于出生体重和成人发展状况关系的研究 ········· 珍妮特·柯里 / 334

CCER-NBER 第十四届年会：聚焦财政与债务问题 ························ / 337

中国和世界经济 ····································· 林毅夫 / 339

欧债危机产生的原因 ………………………………………… 马丁·费尔德斯坦 / 340
中国经济的展望 …………………………………………………… 李稻葵 / 341
长期财政问题 ……………………………………………… 艾伦·奥尔巴克 / 342
教育改革——成功与失败 ………………………………… 卡罗琳·霍克斯比 / 344
高中的质量和学术表现——断点回归设计 ……………………… 施新政 / 346
不同经济增长率和全球失衡 ……………………………………… 姚洋 / 347
中间品进口关税和出口强度：来自中国企业的证据 …………… 余淼杰 / 348
一些被忽略的真实汇率决定因素 ………………………………… 魏尚进 / 349
行为经济学与储蓄 ……………………………………… 布里吉特·马德里恩 / 350
中国的退休模式 ………………………………………………… 赵耀辉 / 351
人口老龄化的启示 ………………………………………………… 戴维·怀斯 / 352
中国地方政府债务问题 …………………………………………… 巫和懋 / 353
社会保障税和守法纳税 …………………………………………… 张磊 / 354
美国财税改革的前景 ………………………………………… 詹姆斯·波特巴 / 355
中国的财政分权 ………………………………………………… 黄佩华 / 355
财产税和住房价格 ……………………………………………… 欧阳敏 / 356

CCER-NBER 第十五届年会：劳动市场与教育经济学 ……………… / 359

网上劳动力市场 ………………………………………… 阿曼达·帕利埃斯 / 361
高技能劳动力市场和教育市场的国际化 …………………… 萨拉·特纳 / 361
中国男性过剩的影响——竞争压力和意外死亡 ………………… 张晓波 / 362
城市、技能和工资 ……………………………………… 唐纳德·R. 戴维斯 / 363
儿子是否偿还了父母投资？ ……………………………………… 雷晓燕 / 363
中国的"蓝天" …………………………………………… 马修·E. 卡恩 / 364
学生贷款制度改革 ……………………………………… 贾斯廷·黑斯廷斯 / 365
城乡迁移对于城市原住民的社会影响 …………………………… 张丹丹 / 366
劳动保障与企业股价 ……………………………………………… 魏尚进 / 366
央行资产负债表扩张的国际传导机制 …………………………… 谢沛初 / 367
像中国一样抵御经济萧条 ………………………………………… Jing Wu / 368
债务和抵押品 …………………………………………… 艾弗莱姆·本米莱克 / 369
基于中国教育的四点思考 ………………………………………… 钱颖一 / 369
中国的现代经济学教育 …………………………………………… 姚洋 / 370
出口强度和工资：来自中国企业层面的证据 …………………… 张帆 / 371
解开贸易和技术之谜：来自美国劳动力市场的证据 …… 戴维·奥托尔 / 372
家庭转移的动态特征 ………………………………………… 凯瑟琳·麦加里 / 373
家庭能源使用和健康 ……………………………………………… 赵耀辉 / 374
信息的运用和中国国有经济的发展——哈耶克是正确的 ……… 黄张凯 / 374
网络经济学的词典 ………………………………………… 沙恩·格林斯坦 / 375
职业规范会增加收入吗？证书和执照对工资的影响 …………… 迟巍 / 376

CCER-NBER 第一届年会

中国经济改革与发展

（1998年6月）

1998年6月21日至22日，北京大学中国经济研究中心（China Center for Economic Research, CCER）与美国国家经济研究局（National Bureau of Economic Research, NBER）在北京大学联合举办了第一届CCER-NBER中国与世界经济年会。

此次年会的嘉宾主要有：哈佛大学马丁·费尔德斯坦（Martin Feldstein）教授、安伦·托内尔（Aaron Tornell）教授、戴维·怀斯（David Wise）教授，哥伦比亚大学魏尚进教授，斯坦福大学约翰·绍文（John Shoven）教授，宾夕法尼亚大学奥利维娅·米歇尔（Olivia Mitchell）教授，加州大学戴维斯分校罗伯特·芬斯特拉（Robert Feenstra）教授、李·布兰斯提特（Lee Branstetter）教授，芝加哥大学拉古拉迈·瑞占（Raghuram Rajan）教授，北京大学林毅夫教授、海闻教授、张维迎教授、赵耀辉教授、胡大源教授、梁能教授、姚洋教授、樊纲教授，国家统计局郑京平先生，高诚证券公司陈兴动先生，国务院经济体制改革办公室党组成员郭树清先生，以及上海社会科学院左学金教授。

当前中国经济主要问题及未来发展展望

林毅夫

1. 中国经济的奇迹

改革开放以来，中国的经济发展取得了巨大的成就，1979—1997 年 18 年间，国民经济保持了年均 9.8%的高增长速度，如果这一增长速度能够维持下去，则最迟到 21 世纪 30 年代，我国将成为世界上第一经济大国。改革以来，我国经济发生了根本性的转变，人民生活水平得到了极大的提高，这一成就举世瞩目。

改革为什么能取得成功？这要从分析我国传统经济体制的成因入手。建国初期，为了迅速实现国家的工业化，政府确定了重工业优先发展的赶超战略。资本高度密集的重工业具有三个特征：投资周期长，作为先进技术载体的机器设备需要大量从国外进口，投资规模巨大。而当时，我国是以农业生产为主的经济不发达国家，其特点是：生产剩余很少，资本积累很低，市场决定的利率很高，不利于投资周期长的重工业项目的发展；可以出口的商品很少，外汇短缺，市场决定的汇率很高，不利于发展重工业所需设备的进口；由于剩余主要来自于农业，而千家万户的小农生产非常分散，因此资金动员能力很低，不利于形成大规模投资。这样，重工业资本密集的特征与当时我国资本稀缺的农业经济的资源禀赋状况形成了直接的矛盾，因此就不可能依靠市场机制来配置资源，推动重工业的优先发展，而需要政府出面，利用行政手段扭曲宏观政策环境，人为压低利率、汇率、能源和原材料价格以及工资和生活必需品价格，以便一方面降低发展重工业的成本，另一方面动员资源发展重工业。在要素和产品价格被扭曲的宏观政策环境下，资金、外汇、原材料及生产必需品就需要通过高度集中的计划渠道进行配置，同时还需要对农产品实行统购统销政策。为了控制企业剩余的使用和在农村推行统购统销政策，又分别实行了工业部门的国有化和农业部门的人民公社化，对微观经营实行严格的控制。这样，以重工业优先发展战略为逻辑起点，相继形成了以扭曲的宏观政策环境、高度集中的资源计划配置制度和没有自主权的微观经营机制为特点的三位一体的传统经济体制。

事实上，这种传统的高度集权的计划经济体制并不是社会主义的必然产物，而是由在低水平的经济发展状况下优先发展重工业的赶超战略所导致的，世界上许多非社会主义的发展中国家在采取了同样的发展战略以后，也形成了类似的经济体制。这一体制在当时的状况下能最有效地动员各种资源，使得我国在资金稀缺、物质基础落后的情况下很快地建立起了一套比较完整的重工业体系。然而这一体制也存在着严重的缺陷，这在微观方面体现为工人、农民缺乏生产积极性，工农业生产效率低下，在宏观方面则是产业结构严重失调。

针对传统经济体制下严重缺乏活力的微观经营机制，自十一届三中全会开始的经济体制改革就从微观环节的放权让利入手，旨在改进微观激励机制，激发工人和农民的生产热情，提高微观经营单位的经济效率。微观单位自主权的扩大打破了传统经济结构的整体性，因此以更具有效率的市场结构代替传统结构的制度变迁过程就以自我推进的方式发生。在这个过程中，家庭联产承包责任制改革的成功使农村发生了翻天覆地的变化，企业自主权的扩大和来自非国有企业的竞争也提高了国有企业的效率，18年来，我国经济保持了平均每年9.8%的高增长速度，绝大多数老百姓是改革的受益者。

改革所取得的令世人瞩目的成就被认为是继日本和亚洲四小龙之后的又一个经济奇迹，而且由于我国幅员辽阔、人口众多，因此我国经济持续的高速增长对世界所产生的影响远大于前两个奇迹。

在为所取得的成就欣慰的同时，人们更为关注的是我国目前这种高经济增长的态势还能维持多久，国外有不少学者认为，中国在未来20—30年中还能保持高速经济增长，林毅夫和国内的一些学者也持有这一观点，对中国经济的未来充满信心。

林毅夫对中国经济发展前景的信心来自于以下的分析：在决定一国经济增长速度的各种因素中，最重要的是技术进步。技术进步有两种实现方式：①自己投资进行研究和开发；②向其他国家学习、模仿，或者说花钱购买先进技术以实现本国的技术进步。技术研究开发的特点是成功率很低，一般而言，95%的科研投资没有取得任何成果，而在取得成果的技术中也仅有一小部分具有商业价值，因此开发技术的成本通常很高；相对而言，模仿和购买技术所需的成本就要低得多。发达国家由于处于技术的最前沿，因此必须通过自己从事研究和开发才能实现技术进步，因而这些国家实现技术进步的成本高、时间长；而像我国这样一个发展中国家，由于同发达国家在技术上存在着很大的差距，因此在选择技术进步的实现方式上就具有后进优势，可以选择成本低、时间短的模仿或购买的方式实现技术进步。因此像美国这样的发达国家，由于技术变迁的成本高，如果能长期维持3%左右的增长率就已经很难得了，而技术进步实现方式上的优势则使我国在未来的一段时期内保持像目前这样水平的高增长速度并不困难。至于我国能保持多长时间的经济高速增长，则取决于我国同技术水平最高的国家间的技术差距。日本在20世纪50年代开始经济的高速增长时，它同发达国家之间的技术差距要远远小于我国在1979年改革开放之初同发达国家之间的技术差距，而日本从50年代至80年代保持了近40年的高增长速度，亚洲四小龙从60年代初至现在也维持了近40年的高速增长，因此从技术差距的潜力来说我国大致可以保持50年左右的高速经济增长，这意味着我国目前的经济增长速度应该还能够再维持30年。

根据这一分析，对比目前我国与美国之间的经济发展水平，一个简单的计算就能表明，如果能把我国与美国之间7%的年经济增长率差距再保持30年，则最迟到21世纪30年代，我国的GDP总值就将超过美国，从而成为世界上最大最强的经济。以世界银行公布的数据为例，1993年美国的人均GDP是23400美元，按官方汇率计算，当年我国人均GDP则为470美元，这一数值是美国的1/50，而我国的人口是美国的5倍，因此在1993年，我国的经济规模是美国的1/10，如果我们能保持7个百分点的增长率差距，则大约在35年后即到21世纪30年代我国的经济规模就将超过美国；因为同样一美元在发达国家和发展中国家所能购买的商品数量是不一样的，因此较客观的比较方法是购买力平价法，按此方法计算，我国1993年人均GDP为2300美元，则我国的经济规模大致为美国的1/2，那么在10年后即在21世纪初我们就将达到美国的经济规模。

如果上述分析成为事实，则我国将成为四大文明古国中唯一由盛而衰，继而又由衰而盛的国家，这将是人类历史上最伟大的奇迹。

2. 体制不配套引发的问题

我国的经济体制改革走的是一条渐进的道路，从微观经营机制出发，然后逐步推向资源配置制度和宏观政策环境。总的来说，宏观政策环境的改革滞后于资源配置制度，而资源配置制度的改革则落后于微观经营机制。

宏观政策环境改革滞后是有其原因的，改革之初，由于作为我国经济骨干力量的国有企业的特点是效率非常低、缺乏竞争能力、经营能力薄弱，如果像苏联和东欧社会主义国家那样通过"休克式"疗法进行全面的改革，则国有企业必将大量破产，国民经济就可能处于崩溃的边缘，社会就可能再次陷入动荡之中。因此，为了维持国有企业的存在和社会的安定，我国选择了渐进式的改革道路。这一改革方式取得了很大的成就，然而，宏观政策环境改革的滞后又导致了当前我国经济体制中微观经营机制、资源配置机制和宏观政策环境三者间的不配套，由此产生了一系列非常严重的问题，比如国有企业亏损严重，银行呆账、坏账问题恶化，周期性的经济波动，地区差别和城乡差别扩大，以及粮食供求等。这些问题如果得不到有效的解决，势必会威胁到经济的发展和社会的安定。具体分析如下：

(1) 国有企业亏损。

由于宏观政策环境方面改革的落后，目前国有企业依然背负着许多政策性负担，这些负担包括：①沉重的职工养老负担和各种福利负担及债务负担；②一部分国有企业产品的价格依然被严重扭曲；③有些国有企业的资本密集程度过高，不符合我国的资源禀赋条件。

政策性负担的存在使得人们无法评价企业经营机制的高下和经营绩效的优劣，国家也缺乏对企业进行监督所需要的客观指标，国有企业总可以把任何亏损都归结为政策方面的原因。又因为政府必须对因政策的原因导致的亏损负责，所以企业的预算无法硬化，当企业出现亏损时，政府就必须给予补贴。在这种情况下，企业的自主权越大，其以各种方式侵吞企业资产和收益的可能性也就越高。因此，在放权让利的改革提高了国有企业生产率的同时，企业的盈利能力却在不断减弱，1996年国有企业的盈利状况大致是1/3盈利、1/3明亏、1/3暗亏，1997年则出现了全行业亏损。

(2) 银行呆账、坏账问题恶化。

银行在收集信息和降低道德风险方面有天然的优势，因此在解决非对称信息问题时银行比其他金融机构要有利得多。因而在全球范围内，银行在各国的金融体系中都起着最重要的作用，在发展中国家尤为如此。银行业的经营状况对整个经济至关重要，银行恐慌会引发整个经济的严重衰退，1997年东南亚发生金融危机的主要原因就是这些国家银行的坏账率太高，过高的风险使得公众对银行业丧失了信心，由此导致了银行危机和汇率危机。

改革开放以来，随着金融体制的改革和金融的深化，银行在我国经济中所起的作用越来越大，而且今后将发挥更为重要的作用。然而，目前我国银行业的呆账、坏账比例高达25%左右，甚至比东南亚各国的坏账率还高。1996年四大国有商业银行出现了全行业亏损。如果这一局面不加以扭转，随着我国金融市场对外开放程度的提高，我国的银行体系极有可能受到外国投机者的冲击，由此可能导致我国的银行恐慌和金融危机，从而威胁到整个经济的发展。

改革所产生的经济体制的不配套是造成银行业呆账、坏账比例高的主要原因。在实行拨改贷政策以后，国有企业主要是通过向银行贷款来获取资金，为了维持效率低下的国有企业的存在，政府继续把利率压低。低利率政策是目前向国有企业进行补贴的最主要手段。以1994年为例，四大国有银行当年的贷款额为4万亿元，其中70%以上贷给了国有企业，按70%计算，则银行向国有企业的贷款额为2.8万亿元，当年银行贷款利率为12%，而市场利率为25%—30%，两者间的差距超过10个百分点，这意味着1994年国有企业从银行贷款中获得的补贴超过2800亿元，但这一年国有企业的总利润只有2600亿元。因此，如果放开利率，国有企业的债务负担将大为加重，国有企业在1994年就可能已出现全面亏损。正因如此，利率在我国迟迟不能放开。

由于四大国有商业银行的资金主要是贷给国有企业，而国有企业的主要债务是银行贷款，因而随着国有企业经营状况的恶化，企业还贷的可能性大为降低，从而导致银行呆账和坏账比例大幅度上升，银行的经营风险随之增加。

（3）经济发展中的周期性波动。

由于银行利率仍然被人为压低，预算约束依然没有能够硬化，这使得改革以来在经济高速增长的同时，存在着周期性的经济波动。每当政府放松对信贷和投资的管制以刺激经济的增长时，企业就会争相向银行贷款进行投资。投资的增加拉动了经济快速增长，但与此同时储蓄并不增加，因此政府只有通过增发货币来满足贷款的增加。然而，货币增加就会引发通货膨胀，同时贪污腐化现象也趋于恶化，为了维护社会稳定，政府就不得不推行宏观紧缩政策，砍投资，砍信贷，结果是在通货膨胀和贪污腐败得到控制的同时，经济增长速度就会减慢。这就是所谓的"一放就活，一活就乱，一乱就收，一收就死"的"活乱循环"现象。令人担忧的是，这一波动具有周期越来越短、波动幅度不断增大的趋势。如果这种状况趋于恶化，我国经济就可能因此而崩溃。解决这一问题的根本方法是放开利率，真正做到银行商业化和利率市场化。1994年的五个改革中，把这一点作为主要目标，但至今难于实行，原因在于低利率贷款是目前政府补贴国有企业的主要手段。

（4）地区差别和城乡差别扩大。

我国的产业发展具有明显的地区特点，东部的优势主要在于制造业，中部适合发展农业，而西部则在矿产品的开采上具有优势。改革开放以来，为了给国有企业提供廉价的投入品以维持国有企业的存在，在逐步放开工业产品价格的同时，主要农产品和矿产品的价格却依然被人为压低，这等于是中部和西部在补贴东部的发展。东部发展越快，所需的农产品和矿产品就越多，因此中西部对东部的补贴也就越多。然而，东部本来就比中西部富裕，因此东部发展越快，东部同中西部间的差距也就越大。

地区差距的扩大引起东部和中西部在对政策的需求上产生摩擦，东部希望更多的自主权和进一步的市场化，而中西部则希望得到更多的财政支持，因此希望中央政府更加集权，所以中央政府就难以制定和实施有关政策。

东部同中西部间过大的差距使得许多中西部的农民无法安于农业生产，大量的农民纷纷涌入城市打工，农民工的进城与大批城市工人的下岗问题交织在一起，使得就业问题变得十分尖锐。特别是在经济萧条时期，大批的农民工滞留在城市里，无所事事，极有可能成为社会不稳定的来源。

（5）粮食供求问题。

伴随着经济的增长，我国对粮食的需求也将不断增加，这一增加来自于以下几方面：①酿造业等行业发展迅速，这些产业需要大量的粮食。②随着生活水平的提高，我国居民对肉食品的需求大幅度增加，而肉食品的生产需要耗费粮食。据估计，生产1斤猪肉需要4斤粮食，1斤鸡肉需要2斤粮食，1斤牛肉需要8斤粮食，因而饮食结构的改善会增加对粮食的需求。③我国人口将继续增长，预计到2030年时人口总量将达到16—18亿人，比目前增加30%至50%，对粮食的需求也将随之而不断增加。

我国是世界上耕地最稀缺的国家，而人口的增加及工业和基础设施的发展都要进一步占用耕地，所以增加粮食供给的主要途径是提高单位面积产量。为了实现这一目标，一方面需要政府对农业科研进行大量投资；另一方面，粮食的价格必须足够高，使农民有采用新技术以增加粮食生产的积极性。然而，为了给国有企业提供廉价的原材料，同时也为了保证城镇居民一定的生活水平，到目前为止，我国的粮食价格一直没有放开，粮食价格相对偏低，农民因此缺乏生产的积极性。如果这一状况得不到改善，那么我国将来就可能像国外一些经济学家所预言的那样出现较大的粮食供求缺口，而粮食危机势必将威胁到社会的安定。

3. 结束语：以国企改革为突破口，加快宏观政策环境改革

林毅夫最后指出了当前改革的途径。他认为，前面的分析表明，出现在当前我国经济中的一些问题，是由于我们采取了微观先行的渐进式改革，宏观政策环境中还存在着一些扭曲因素，而维持这些扭曲因素是为了维持低效率的国有企业的生存。因此，改革国有企业，提高国有企业的效率是我国下阶段改革的突破口。

国有企业问题的根源则是它仍然承担着由传统体制遗留下来的各种政策性负担。这些负担使国有企业和非国有企业在市场竞争时先天地处于不利的地位，也使国有企业有了向政府要各种政策性补贴的借口，导致企业预算软化。在这种情况下，任何微观的改革措施都难于达到预期的效果。取消政策性负担，为国有企业创造一个公平竞争的环境，使国有企业的经营绩效能充分反映国有企业经营的优劣从而根除国有企业预算软约束的借口，是克服信息不对称、使国有企业的管理者和国有企业的所有者——国家——的利益一致起来的必要条件。

取消国有企业的政策性负担，并不会增加政府的支出。因为目前由政策性负担所造成的企业亏损，最终还是要由政府承担。当国有企业没有政策性负担时，国家也就不再需要给予国有企业政策性补贴，这样就可以放开银行的利率，活乱循环现象就能得到根治，加之企业预算约束的硬化及企业效率的提高，银行的呆账、坏账比例就会降低。同时，也就可以放开农产品和矿产品的价格，地区差别和粮食问题将得以缓解。这样，国民经济的发展就可以走上稳定、健康、快速的道路，21个世纪初中国重新变成一个世界最大、最强的经济体就不再是一个遥不可及的梦。

林毅夫演讲以后，与会者就地区差别、收入分配、储蓄等问题进行了讨论。托内尔问中央政府是否应对西部地区实行转移支付。林毅夫回答说，中央政府不应对西部地区实行大规模的转移支付，因为，第一，中央财政收入比重降低，缺少资源；第二，转移支付在解决地区差别上是低效率的。更好的办法是通过全国产品市场和劳动力市场的整合来减少收入分配的差距。魏尚进认为应区分城乡差距和地区差距，因为两者的变化不同。

中国的国际贸易

海闻

北京大学中国经济研究中心副主任海闻教授介绍了中国对外贸易近年的迅速发展。海闻首先介绍了中国外贸管理体制的改革过程，20 世纪 80 年代中期，政府开始允许企业保留一部分外汇；1988 年，国有外贸企业开始建立承包制；1993 年，外贸企业实行利改税。他接着介绍了决策分权化的过程：20 世纪 80 年代末，中央政府给予工业部门更多的外贸经营权，外商投资企业都拥有外贸经营权。值得注意的是，1998 年 5 月，中国的出口增长率在连续增长后第一次为负，主要原因是东南亚金融危机的影响经过一段时间后开始显现，出口合同数和金额均下降。海闻还介绍了由他建立的反映影响外商直接投资的因素的计量经济模型。

中国的外商直接投资

郑京平

国家统计局郑京平介绍了中国的外商直接投资情况。他指出，十一届三中全会以来，中国在吸引外资方面取得了长足的进展。利用外资对国民经济的快速发展和国民经济综合实力的增强起到了积极的作用。

郑京平首先介绍了中国利用外资的现状。截止到 1996 年年底，中国实际利用外资 2839 亿美元，其中对外借款占 36.7%，外商直接投资占 61.6%，其他投资占 1.7%。1992 年以前，利用外资的主要形式是对外借款；1992 年以后，外商直接投资在外资利用形式中上升到主导地位。从外资来源看，港澳台投资处于绝对优势，1984—1996 年，在实际利用外资中，香港资本占 39.5%，台湾资本占 5.5%。从行业分布看，工业部门是利用外资的主要行业。从总体上看，中国目前利用外资的规模仍处于比较安全的范围，可以继续放手利用外资。中国对外借款的风险很低，尚未超出国际公认的"警戒线"标准。与世界其他一些国家比较，中国的外商直接投资规模仍较低，总量远远低于美国，人均低于世界平均水平。特别需要指出的是，如果别除港澳台资本，中国利用外资的水平会更低一些。据世界银行的估计，外商在中国的直接投资中，有 20%—25% 属于中国资本的回流。

郑京平接着介绍了外商直接投资在中国工业行业中的状况。从总体上看，外商投资企业在中国整个工业体系中所占的份额仍较低。1995 年全国乡及乡以上独立核算工业企业的销售收入中，外资企业占 8.4%，港澳台企业占 8.6%。在个别行业中，外资企业所占的份额则比较高，如行业大类中的电子及通信设备制造业，行业中类中的通用设备制造业、汽车制造业和软饮料制造业等。外资企业的内销比重尚不高，1995 年全国乡及乡以上独立核算的"三资"工业企业在中国国内的销售收入仅占中国工业国内销售收入的 13.8%。

郑京平分析了外商直接投资对中国工业的影响。外商直接投资对中国经济的积极作用体现在以下几方面：第一，弥补了国内资本不足，带动经济快速增长；第二，引进国外先进技术设备和管理经验，促进了产业结构的升级；第三，缓解了就业压力，训练了一支职业大军；第四，发挥了比较优势，增强了对外贸易的竞争力；第五，提高了人民生活水平。

郑京平最后对中国利用外资的前景进行了展望。从中国的需求角度看，利用外资对中国经济的发展起到了无法替代的积极作用。尽管中国的经济实力有了很大提高，但是中国仍属于发展中国家，庞大的剩余劳动力、相对落后的技术和管理水平，都需要继续利用外资。中国政府已经清楚地认识到了这一点。从外资供给角度看，全球经济一体化的势头强劲，跨国公司正在成为各国主要公司的经营模式。中国市场总量大，发展水平低，吸引外资的有利条件多。中国经济的稳定快速增长，也为外商投资建立了信心、创造了机会。综合以上两个方向的作用，郑京平认为在今后 5—15 年内，中国利用外资的规模会保持在 450—650 亿美元的水平。在这段时间内，外商直接投资仍将是中国利用外资的主要形式。

"一国两制"：加入世界贸易组织对中国的含义

罗伯特·芬斯特拉（Robert Feenstra）

芬斯特拉教授指出，香港回归中国被称为"一国两制"，事实上，中国在这方面已有很多经验。外商投资企业与国内企业相比，就是在十分不同的规则下经营的，也可以称为"一国两制"。保持这种二重结构与 WTO 的原则是不符合的。中国要加入 WTO，就必须消除这种二重结构中的一些障碍。由于任何二重结构必然扭曲生产和交换，消除这些障碍在长期对中国可能是好事。进入 WTO 可以创造一个内外企业平等竞争的统一的经济结构。

芬斯特拉教授首先讨论了中国现行的外贸体系以及这一体系与 WTO 原则不符之处。1994 年，中国 31% 的进口属于一般贸易，41% 属于加工贸易，20% 属于合资企业的进口。后两者都是免税的。因此，公布的关税与实收关税相差甚远。实收关税占总进口的比例 1992 年为 5.6%，1996 年为 7.4%。这种低关税并不表明中国经济已经非常开放，对于希望进入中国市场的外商来说，中国市场仍然存在很高的壁垒。首先，一些商品的关税仍然极高。其次，非关税壁垒仍然被广泛运用。例如，国有企业和集体企业的进出口必须通过外贸公司，而几乎全部外贸公司都为国有企业，每家外贸公司经营若干种商品，这产生了巨大的非贸易壁垒，为美国所特别关注。再例如，虽然外商投资企业进口的大部分商品是免税的，但是外资企业不得在国内市场自由销售产品，它们被鼓励将相当一部分产品出口，这相当于出口补贴，为 WTO 所禁止，也不符合中国的根本利益。还有进口许可、配额、进口控制及中国海关法的不够透明构成其他壁垒。

中国贸易法规许多条款自相矛盾。例如，一方面，外商企业进口设备免税，使它们在这方面优于国有企业，因而另一方面，政府限制外商企业在国内市场的销售，以保护国有企业，鼓励外商企业出口。这种二重结构对中国经济有利有弊。第一个益处是外商企业进口设备成为增长的源泉之一。外商企业进口设备免税已扩展到了国内企业。第二个益处是外商企业支付了较高的工资。二重结构也带来了一些成本。第一，对外商企业出口的要求成为中国进入 WTO 的一个障碍。美国贸易代表和世界银行认为中国仍存在一些鼓励过度出口的刺激，例如对外贸公司设立的出口或创汇指标。对外商投资企业也存在类似的出口刺激。第二是"贸易转向"。当国内市场受到关税保护时，外商投资企业在国内以高于世界市场价格的保护价销售时，社会成本提高。有关理论研究证明避免这一社会成本的方法之一是对外商企业征收比本国企业高的税，而中国所做的恰好相反。总之，国有企业进口必须经过外贸公司。为吸引外资，降低了税率，而这使外商企业比国内企业更有利，所以又设置障碍，限制外商企业进入国内市场。这些政策相互重叠，相互制约。为提高经济效率必须对内外企采取统一的政策，当然这需要时间。这将是加入 WTO 对中国完善政策的最大贡献。

芬斯特拉教授接着讨论了香港地区在中美贸易中的特殊地位。由于香港地区的关税不同，计算贸易额时应把中国内地和香港分开计算。他建议中国坚持让美国修正其贸易额计算程序。香港地区的转口贸易是美—中贸易逆差计算在两国出现巨大差异的原因。美国商务部计算的中国对美总出口包括来自中国内地的香港转口贸易的全部价值，而中国海关计算的对美出口包括离开中国时所有已知目的地为美国的产品价值。1993 年以来，中国海关改进了中美贸易统计，把中国对美出口分为直接对美出口和经香港地区转口出口。

中美两国对中国经香港地区转口对美出口计算的差异至少有两个原因：第一，当一些商品向香港地区出口时，中国不知道其最终目的地是否是美国。第二，美国计算的香港地区来自中国内地的对美转口是商品离开香港地区时的全部价值，即包括在香港地区的附加价值（例如服务的价值）。因此，美方数字是高估的，中方数字是低估的。芬斯特拉教授据此修正了美方数字，使得差异减少了。

芬斯特拉教授最后希望中国通过加入 WTO 的机会进行一次政策改革，消除外商和国内企业之间的壁垒，向单一的、统一的经济转变。让外商进入国内市场，同时对外商征收与国内企业统一的税收。允许国内企业不通过外贸公司进行外贸，同时鼓励外贸公司之间的竞争。

在讨论中，马晓野指出，芬斯特拉教授的数据过时。进口资本品免税对外商、国有企业都适用。所有企业包括外商企业都将获得外贸权，目前已得到部分外贸权。香港地区转口贸易四大类附加值大于 100%。郭树清指出，中国对外贸易被高估，GDP 被低估，因此外贸占 GDP 比重没有那么高。由于存在资本流出，外商直接投资没有得到真实净资本流入。魏尚进指出，与中国的经济规模相比，中国吸引的外商直接投资太少，况且 50%来自港澳台地区，其中还包括相当数量的国内资本回流。

国有企业改革与公司治理

张维迎

北京大学光华管理学院教授张维迎以"国有企业改革与公司治理"为题作了主题报告。

张维迎首先回顾了相关理论背景。他问道，公司治理是为了什么？公司治理的目的包括：选择能胜任的管理者，以对付逆向选择；给管理者以动力和纪律，以对付道德风险。公司治理如何起作用？它通过在企业的不同所有者之间分配剩余索取权和控制权来起作用。什么是有效率的公司治理？第一，剩余索取权和控制权必须保持平衡。第二，对管理者的补偿必须基于其绩效，而不是由合同固定。第三，选择和监督管理阶层的权利必须给予资本家。第四，所有权必须是因地制宜的，而不是统一的，即所有者需要按自然状态而分组。第五，在每组所有者中所有权必须集中。

张维迎接着对中国国有企业改革进行了评价。国有企业与资本主义企业有何区别？区别在于，官僚代替资本家选择、监督和惩罚管理者。官僚与资本家的区别在于，官僚拥有控制权但不承担财务后果，即控制权与剩余索取权分离。国有企业最严重的代理问题在于官僚而不是管理阶层。在国有体制下，整个经济像一个大企业一样组织起来，剩余索取权和控制权都集中在政府手里。国有企业改革进行得如何？1993年以前，剩余索取权和控制权都向下转移：①通过财务收入承包制和国有企业划归地方政府，实现中央政府向地方政府的分权；②通过管理承包系统，从政府向企业的放松管制。1993年以后，以公司化为特征，在解决短期管理激励问题上相对成功，但是没有解决长期管理激励问题和管理阶层的选择问题。

管理承包制是如何解决了短期管理激励系统问题的呢？外在的激励机制采取利润分享的形式，内含的激励机制采取腐败的形式。管理承包制是如何解决长期管理激励和管理阶层的选择问题的呢？这里出现了所谓的"59岁现象"，即如果没有所有权，管理者的私人利益不会超过其任期，而他的任期是不确定的，因为任期取决于官僚的选择并且完全与绩效无关。官僚没有兴趣寻找和任命好的管理者，只会任命老好人和听话的管理者。好的管理者和坏的管理者有同样的机会被撤职，如果不是更坏的话。因此，保持职位的最好策略是使企业看上去不好也不坏。管理者的行为更像职业官僚而不是职业管理者，企业对管理者来说不过是升官的台阶。

那么公司制如何呢？让国家成为股权所有者如何呢？张维迎批评说，你不能通过在马身上画白道儿而使马变成斑马。国家作为股权所有者是不够格的，因为国家不能解决管理阶层的选择问题，国家不能将政府与企业分开，国家不能阻止资产向管理阶层的流失。国家至多只能作为债权人。

张维迎接着谈到中国目前的私有化进程。张维迎把私有化比作把苹果树由承包变为出售给保管员。事实上，70%以上的小型国有企业和乡镇企业已经售出，大企业的情况也类似。地方政府是正在进行的私有化的推动者。如何衡量私有化？目前私有化可以采取下列形式：管理者/职工买断，大企业在股票市场上市，非国有企业兼并。如何解释私有化？（1）地区之间的竞争触发了私有化。（2）债务危机触发了私有化。（3）从隐形的私有化变为显形的私有化。

国有企业与私有化

安伦·托内尔（Aaron Tornell）

哈佛大学教授、美国国家经济研究局成员托内尔以"国有企业与私有化"为题介绍了拉丁美洲特别是墨西哥私有化的经验。他的报告分三部分：银行的私有化，国有企业的重组，拍卖国有企业的设计。

墨西哥在私有化以前，50%的工业部门是国有企业，几乎所有的银行都是国有的，私有银行很少。

托内尔首先介绍了银行的私有化。国有银行多年来没有净资本形成，前些年出现外资流入和借贷繁荣，但1995年出现危机和逃债。为什么之前会出现借贷繁荣？因为企业把钱借给姊妹企业，风险意识相对降低，坏账率上升。同时，政府允许银行把坏账转移给政府，给银行政府债券，这种转移近年发生了6次，导致坏账占GDP的20%。问题在于，由于没有破产法，银行对私有部门没有新的贷款注入，银行资金流入"常青"账户和政府债券，大型外贸公司不得不在国外借款。正是由于以上原因，政府进行了银行私有化。银行的私有化机制包括：（1）选择人，（2）让这些人相互竞争去购买银行，（3）对私有银行实行管制。

托内尔接着介绍了国有企业的私有化。政府把国有企业分割成许多小型企业，从而达到企业数量的最大化，增加竞争。但是改革使工作机会减少，产生社会紧张局势，因此政府打破有权力者的联系链，以加强管制。

托内尔最后介绍了拍卖国有企业的情况。很少国内买主以现金购买这些国有企业，政府必须接受延期付款，因而如何得到现金是拍卖中的重要问题。政府往往把国有企业重新包装，在一个较短时间内出售。另外大约20%的买主来自国外。

中国的金融改革

陈兴动

高诚证券公司陈兴动以"中国的金融改革"为题作了主题报告。他首先对亚洲金融风暴和金融改革的总体情况进行了回顾。他指出，去年7月开始的金融风暴席卷亚洲，货币贬值使亚洲资产价值蒸发大半，使人们对亚洲经济奇迹的信心大大下降。然而，人民币尚未受到冲击。这并不是因为中国的金融系统比其他国家强，而是因为人民币还不是完全可兑换货币。经常账户的有条件可兑换和资本账户的严格控制使国际投机者难以直接攻击人民币。对金融系统自由化的保守态度使中国获益。当然，人民币迄今为止的强势地位是由经常账户的良好表现所支持的。然而，中国的金融系统还并不是健康的，20%以上的不良贷款、国有企业的亏损、持续的通货紧缩迫使中国加快金融改革的步伐。

1. 金融系统的结构和改革

（1）银行系统方面。

中国的金融系统随社会主义市场经济的发展而实现现代化。20世纪80年代中期，中国人民银行转化为中央银行。此后，中国人民银行逐步脱离了银行业务成为管制机构。与其他国家的中央银行不同，中国人民银行是政府机构，受国务院领导。尽管中国人民银行法规定中央银行应当独立制定货币政策，但实际上货币政策由货币政策委员会提出，由国务院决定。中央银行的基本目标是保持人民币币值稳定和控制通货膨胀。另外，中国人民银行负责监督政策银行、商业银行、保险业、投资信托业和货币市场的运营，中国证监会则负责监督证券行业的经营。

把国有专业银行商业化是金融改革的目标之一。政府将政策贷款与商业经营分开，为此建立了三家政策银行。并且对四家专业银行的经营界限取消以引进竞争。另外作为试验，中国人民银行已经批准八家外资商业银行在上海浦东经营人民币业务，这八家外资银行不久将获准参加银行间货币市场操作。到1997年为止，全国共建立了7家中外合资银行，5家外商独资银行取得经营权，共计142家外资银行分行经营外汇业务。

（2）保险业。

保险业发展迅速，1985年以来的12年内的发展速度高于30%，近几年的发展速度更快。寿险的增长和收入已超过财产险。对保险业的垄断也被打破。尽管中国人民保险公司仍占统治地位，但全国已经建立了10家股份制保险公司。保险业的问题之一是投资，迄今为止政府仅允许保险公司通过在银行存款或购买国债进行投资。

（3）资本市场。

最活跃的金融市场是证券市场和资本市场。尽管中国的资本市场仍然处于幼年阶段，1991年才首次发行A股，但深沪两市已有775家公司上市，今年4月，A股市场总资本超过2万亿元，占GDP的28%。除此之外，105家公司在B股市场上市，41家公司在香港股票市场以H股的形式上市，另有7家公司在海外股票市场上市。

（4）目前的通货紧缩要求加快金融改革。

尽管政府宣称经过三年的宏观调控，经济已经实现了软着陆，但经济并未进入上升周期，相反，经济增长速度继续逐月下降。1998年第一季度GDP增长速度为7.2%，低于预期。国内需求的疲软使工业生产增长减缓，而亚洲金融危机则使出口受到打击。许多公司产量下降，存货增加，产品出厂价格下降。

政府坚持刺激经济以实现8%的GDP增长速度。实现这一目标被认为是对于保持国内外投资者的信心、把失业率维持在社会可以接受的水平和维持政府预算支出所必需的。然而，如果政府政策不能解决目前的金融机制问题，实现政府希望的增长目标将遇到困难。当家庭的支出模式变化、城市消费相对饱和时，零售增长必然下降。经过18年出口高速增长（平均每年14.5%），中国不能再依赖这一模式，特别是当世界贸易的增长速度仅为5%—6%时。固定资产投资提供了启动经济的另一个发动机。经过过去20年对制造业的过度投资，目前制造业的生产能力使用率仅为60%。制造业走出困境的办法是通过大规模结构调整和技术升级提高效率。然而，要使经济繁荣，必须显著提高对农业、基础设施、城市复兴、居民住宅、环境保护和高技术的投资。政府的保守估计是，到2000年为刺激中国经济需要 7600—10000 亿美元固定资产投资。1991 年以来,中国的 GDP 储蓄率高达 40%,而固定资产—GDP 投资率仅为 34%,多余的资本为存货和净资本流出。1994—1997 年净资本流出达 5837 亿元(703 亿美元),平均占 GDP 的 2.3%;1997 年净资本流出 2745 亿元(331 亿美元),占 GDP 的 3.6%。

中国缺乏将高储蓄导向投资的金融系统是产生以上问题的主要原因。商业银行在这方面起了重要作用,将 70% 的储蓄导向投资。问题在于是否需要改变商业银行的角色或降低其地位。因为商业银行通常提供短期贷款,进行短期投资,然而对于长期高风险投资,例如基础设施投资,银行受到风险控制的制约。资本市场,特别是投资银行,仍然处于发展初期。1997 年在新资本形成中,通过发行债券和股票进行的投资仅占 0.8% 和 0.4%。因此,尽管政府放松了货币政策,货币供应增长仍然缓慢。毫无疑问,我国急需一个健康发展的资本市场来将储蓄导向固定资产投资。

2. 货币政策最近的变化

为了防范金融风险和刺激经济发展,今年年初以来中央政府进行了一系列改革,其中包括以下几方面。

(1)取消信贷限额。

自 1998 年 1 月 1 日以来,中国人民银行取消信贷限额控制系统。在新的体制下,国有商业银行在贷款规模决策上取得更大自主权,但仍需接受中国人民银行的指导。中央银行把货币供应(M0,M1 和 M2)作为实现经济发展和控制通货膨胀的中介目标。

(2)降低利率和法定准备率。

作为刺激经济努力的一部分,中国人民银行在 1998 年 3 月 23 日降息,这是两年来第四次降息。预计贷款利率的降低在 12 个月中将使借款者降低利息负担达 300 亿元。法定准备率也从 13% 降为 8%。

(3)中国人民银行 5 月正式开始公开市场操作。

(4)建立五级贷款分类以反映风险等级。

该分类 5、6 月先在广东试验,然后在全国推广。

(5)提供房屋贷款。

金融改革的一般原则

拉古拉迈·瑞占(Raghuram Rajan)

芝加哥大学教授瑞占论述了金融改革的一般原则。他的报告包括健全的金融系统的功能,金融系统对"实体经济部门"的依赖,金融系统的多样性,选择什么样的金融系统,以及如何建立这样的金融系统。

瑞占首先介绍了一个健全的金融系统的功能,包括使储蓄者和资金使用者相互适应,便利交易的进行,以及帮助企业适当地分担风险。最近的一些研究证明金融系统影响经济发展,在金融系统较为健全的国家,工业的发展较快。

瑞占接着谈了金融系统与实质经济部门的联系。金融系统并不是在真空中，它依赖于企业和政府对金融服务的需求，家庭部门的复杂程度，现有的法律和管制基础，以及该国的政府机构的类型等。

瑞占比较了世界上两种主要的金融系统。

（1）市场定位系统，即盎格鲁-撒克逊系统。

该系统的特点包括以下几方面：是市场定位，而不是机构；信息是公开披露的；金融系统的创新、创造性和竞争较强；工业部门鼓励金融系统的多样性。

（2）银行定位系统。

该系统的特点包括以下几方面：由机构而不是由市场定位；有限的信息披露；保守的金融系统，有限的竞争；工业部门和金融部门的关系比较稳定。

这两种系统的运行情况如何呢？市场定位系统在资源配置方面较好。在一个政府控制过多或者有很多外资流入的国家中，市场系统可能优于银行系统。银行定位系统在吸收偿还款项方面较好。所以银行定位系统在下列情况下较好：经济中资本较少；中等的新产业中的中等规模企业较多；金融和管制人才较少；法律和合同执行较差；政府机构无处不在，便于利用。因此，两种系统的使用可分为以下四种情况：①当法规执行不力，机会多于资本时，选择银行定位系统；②当法规执行不力，资本多于机会时，两者都不能采用；③当法规执行得力，机会多于资本时，两者都可以采用；④当法规执行得力，资本多于机会时，采用市场定位系统。

那么如何实现金融系统的转型呢？

休克疗法相信管制与自由市场是不能匹配的，主张放开价格管制，解除对企业行为的限制，允许进入，由市场决定法规。

渐进论者则相信可以用法规去创造市场，其具体步骤包括：①首先建立先决条件：改善信息披露，改善企业治理和机构（包括破产改革、管制改革），改进金融基础设施（设立金融机构、建立金融市场）。②改善现存机构使其适应竞争（分割大公司、去除坏账、补充资本），减少政府的需求和作用（企业私有化、银行私有化）。③去除现存障碍，放开对价格的管制，允许进入，允许选择。

综上，瑞占教授的一些重要结论是：①基于市场的金融系统可能是一个现代经济的最终目标。②银行定位系统给市场系统让路可能是困难的，特别是在政府控制较严的经济中。③向市场系统转型，但以渐进的方式。

中国农村的社会保障与土地占有

赵耀辉、文贯中

北京大学中国经济研究中心赵耀辉和文贯中以"中国农村的社会保障与土地占有"为题发表了主题报告。

赵耀辉和文贯中指出，自1949年以来，中国农村制度经历了巨大的变化，其中最重要的是 20 世纪 50 年代的集体化和 80 年代初的非集体化,其间,社会保障体系也发生了巨大的变化。他们研究了作为经济改革的结果的农村养老保障手段的变化,分析了其目前和未来的优缺点。在集体管理土地的时代,土地的私有权被剥夺,整个集体中的代际转换代替了家庭中的代际转换,成为养老保障的主要形式。而后重新建立土地的家庭承包责任制,使养老保障的担子回到家庭的肩上,导致家庭需要增加储蓄。然而,由于非集体化的不彻底,即集体仍然占有土地,以及缺乏可以取得合理回报的投资渠道,农村居民的储蓄回报不足。

赵耀辉和文贯中使用代际转移模型证明改革后养老保障手段的缺乏,然后使用跨时转移模型证明不同因素如何在工作时期影响对储蓄的需求。在两种情况下,农民都面临着能否从子女处得到帮助的不确定性。他们证明,代际转移在集体管理下比在家庭责任制下作用得更好。随着子女数量的减少和子女独立性的增强,农村老年人更少得到子女的帮助,因而对储蓄的替代方式的需求增加了。当未来出生率进一步下降和出现大规模移民时,以子女作为养老保障手段的风险将更大。

赵耀辉和文贯中认为,中国急需找到一种农村养老保障的有效方式。他们检验了养老保障的可能替代投资方式,例如银行存款、资本市场投资、社会退休基金和财产,但这些形式都不能提供有吸引力的收益率。人们是如何对投资的低收益率作出反应呢?一种可能的反应是通过过度储蓄来弥补低收益率带来的损失,以保证年老时最低的生活水准。另一种反应是在年老时延长工作年限来增加储蓄以保证退休后的生活。观察表明,中国农村的老年人会一直工作直至由于疾病而丧失劳动能力,不仅无子女的老人是这样,有子女的老人也是这样,但这显然不是我们所希望的解决办法。

基于以上研究,他们认为有三种解决办法。第一是放松对生育的限制以提高人们养儿防老的能力。第二是提高养老金的回报率,这又可以通过两种方式来实现:①发行具有较高回报率的与通货膨胀挂钩的政府债券。正如盖尔·约翰逊所说,中国经济中的真实回报率应比现行的高得多。②在养老金市场上增加竞争。如果政府是养老保险的唯一提供者,它就没有动力降低管理成本、提高回报率。第三是给予农民永久租佃权,甚至实行土地的私有化。这样做,土地将重新承担起农村家庭内部的跨时和代际转移的职能。这可以在政府缺乏财力而农村老年人无依无靠的情况下,及时、大量满足农村养老保障的燃眉之急,这种政策不费政府一点钱财,却能显著改善农村养老保障的状况。

社会保险和养老金

戴维·怀斯(David Wise)

哈佛大学教授怀斯以"社会保险和养老金"为题作了本部分的另一个主题报告。

怀斯指出,所有工业化国家的人口迅速老龄化,然而同时,人们在越来越年轻的时候退休。在一些国家,在过去 30 年中,60 至 64 岁的老人参加工作的比率下降了 75%。老年劳动力参加工作程度的降低加剧了人口老龄化的趋势,增加了退休人数相对于工作人数的比率。人口老龄化和提前退休的趋势在全世界对社会保障体系的财务支付能力施加了巨大的压力。让人啼笑皆非的是，社会保障体系本身是人们选择提前退休的原因。

怀斯研究了 11 个工业化国家的有关事实。他发现可以得到社会保障福利的年纪和离开劳动大军的年纪高度相关。社会保障体系常常在人们年轻时就慷慨大方地提供退休福利。而且，这些社会保障条款还意味着对超过退休年龄后继续工作所得的劳动收入的巨大惩罚。另外，在许多国家，伤残和失业保险在正式的社会保障之前就提供了早退休福利。

怀斯得出的结论是，社会保障条款确实对老年人过早退出劳动大军有影响，因而改革社会保障条款是转变过早退休潮流的关键。

CCER-NBER 第二届年会
国有企业与金融改革
（1999年6月）

北京大学中国经济研究中心（CCER）与美国国家经济研究局(NBER)第二届中国与世界经济年会于1999年6月27日、28日在北京大学召开，来自美国和中国的40多位经济学家就中国的国有企业改革、宏观经济政策及金融市场改革等热点问题进行了广泛而深入的热烈讨论。

此次年会的演讲嘉宾有：哈佛大学马丁·费尔德斯坦（Martin Feldstein）教授、戴维·怀斯（David Wise）教授、安德鲁·施莱弗（Andrei Shleifer）教授，美国国家经济研究局(NBER)安德鲁·罗斯（Andrew Rose）教授，哥伦比亚大学弗雷德里克·米什金（Frederic Mishkin）教授，波士顿大学劳伦斯·科特利科夫（Laurence Kotlikoff）教授，达特茅斯大学安德鲁·塞姆维克（Andrew Samwick）教授，卡洛斯·塞尔斯（Carlos Sales）教授，世界银行詹姆斯·埃丝特尔（James Estelle）博士、王燕博士，北京大学林毅夫教授、张维迎教授、平新乔教授、宋国青教授、易纲教授、樊纲教授、赵耀辉教授、姚洋教授，以及中银国际曹远征先生。

中国经济热点问题

马丁·费尔德斯坦（Martin Feldstein）

费尔德斯坦教授首先感谢了 CCER 作为主人组织了这次会议，也感谢了魏尚进、Sue Colligan 和 NBER 的工作人员们在 NBER 这一方所作的组织工作。这是自去年以来的第二次 CCER-NBER 年会。到明年年会再相见时，就将是 21 世纪了。

展望 21 世纪，费尔德斯坦教授认为世界上最重要的关系就是美国与中国的关系，所以两国进一步相互理解各自的经济尤其重要。这次会议虽然规模不大，但是 NBER 和 CCER 都将对此作出贡献。尽管基本上都是学者，但是双方不时都可以通过影响政府领导人意念来参与政府的决策。

费尔德斯坦教授说，除了魏尚进，NBER 中间并没有中国经济的专家，都只能算是学生，而且没有太多经验。以下是费尔德斯坦教授提出的一些问题，求教于中国同行。

第一个问题：几年以前，中国最大的问题是高通胀，而要压低高通胀，通常的办法会导致衰退，然而在中国，通胀降下来了，也避免了衰退情况的发生，这就是所谓的"软着陆"。大家想知道这究竟是怎样成功的。现在，通胀率去年低到了 3%，而失业率有所上升，消费者的储蓄增加，而官方报道的增长率大约是 8%。这两天的会议就想解释这种现象，并寻找一个解决的方法。

第二个问题：按常规的宏观经济学观点，经济结构，尤其是国有企业的重组会导致大量的失业，当这些失业工人无法被经济中的其他部门吸收时，以何种标准来衡量宏观经济算是达到了需求不足的地步呢？消费者提高了他们的储蓄率，因为存在可能被解雇和退休及养老制度的不确定性，他们关心改革后的养老金制度是否能取代现在的退休金制度。这些问题将在"社会保障制度研讨会"上讨论。

第三个问题：现在商业贷款困难了许多。银行投放贷款时很小心，因为它们意识到现在有很多的坏账。关注宏观经济的人都不可能不提到宏观经济中金融的情况。在国外的人看来，中国实际利率太高，最高的贷款利率几乎达到了 10%。所以货币的宏观方面的金融问题也是要了解的。

第四个问题：政府宣称要通过提高政府购买来达到刺激经济增长的目的。就费尔德斯坦教授的理解而言，政府应该通过拓宽借贷项目来实现，而非通过货币扩张来实现。这也是问题之一。

第五个问题：通货紧缩是不是一个很严重的问题。通货紧缩的同时，发生了工人的工资上升。如果通货紧缩和失业率上升是同一个问题的两个方面的话，那应该不是非常严重。但如果通货紧缩和失业率上升不是同一个问题，会怎样？

第六个问题：国际金融问题。从泰国开始发生的金融危机，一直波及到了东南亚的很多其他国家。中国因为有 1500 亿美元的外汇储备，且经常账户又保持盈余而幸免于此。但大家想知道的是，由于银行的能力较弱——而这是发生危机的东南亚国家的很重要的一个特点，中国还能不能继续吸引外资的流入，即是否既能继续吸引外国直接投资的流入，且能继续吸引外国金融投资的流入呢？

最后一个问题：银行怎样改革？因为有许多坏账的存在，国有银行还需要进行重大的所有制关系方面的改革，以便能为金融市场提供合适的激励机制，但还不能让这样的改革引起金融危机，究竟应该怎样进行呢？

中国经济结构转变及产能过剩解决方法

林毅夫

林教授首先表示 CCER 很荣幸能来组织这次 CCER-NBER 年会。

中国经济经历着两个重要的转变：从农业经济向工业化经济的转变，以及从计划经济向市场经济的转变。回顾过去的 20 年，中国经济转型进行得不错，但也有一系列严重的问题。对这些问题的理解需要很强的经济分析能力。林教授表示很高兴能有这样的机会和大家联手来对这些问题的理解作出贡献。

在过去的 20 年里，中国经济保持了 9%的年增长率。但是到了 1998 年和今年，增长放慢了。1998 年政府的目标是 8%的增长率，而且运用了各种经济政策如金融政策、财政政策来刺激经济，但都没有能达到这个目标。而今年政府的目标是 7%，但从各种经济指标来看，可能又达不到这个目标了。为什么宏观经济形势会发生如此巨大的转折？

林教授认为这是因为中国的经济发生了两个巨大的结构转变。第一个结构性转变是银行。在 20 世纪 90 年代中期以前，中国的银行是"软"的，即绝大多数借贷都是由政府许可的，向政府想要扶植的企业发放。银行不需要考虑这些贷款是否能收回，而企业也是同样的态度：它们从银行得到借款，盈利是它们自己的，而若不盈利的话，反正是国家的借款，并不关心它们自己能否归还。到 1993 年，朱镕基总理（那时是副总理）决定要采取措施来"硬化"借贷，于是银行不得不开始对它们所发放贷款的质量负责。这个转变是非常重要的，尽管很微妙。

另外一个重要的转变是：中国在 1995 年以前与其他的社会主义国家相似，是全面的短缺经济。在 1993 年到 1995 年之间，出现了投资高潮，尤其是邓小平在 1992 年的南方谈话给了很多人投资的勇气，令经济快速地发展。1981—1985 年，中国每年的固定资产投资增长率为 19%；1986—1990 年，每年的固定资产投资增长率是 16%；而 1991—1995 年，这个数字是 39%，由此可见投资的巨大增长。外国的投资也增长很多。在 1992 年以前，外国投资在国内投资总额里只占到 5%，但是到了 1993 年以后，就增长到了国内投资总额的 16%。在投资的巨大增长之下，中国的短缺经济不复存在，而是转变成了一个几乎在每个方面都过剩的经济。但是过剩，尤其是整体经济的全面过剩很难对付，很容易造成恶性循环。因为生产能力过剩，没有好的投资机会，所以投资需求下降。同样因为过剩，企业的盈利很少，工资下降，就业保障也下降，加上中国又实行了一些诸如让冗余人员下岗的政策，进一步降低了整个社会的消费需求。而投资需求和消费需求在 GDP 中占到了 85%以上，这样就能理解过剩对经济的影响了。并且投资需求和消费需求下降又使过剩更加严重，造成了恶性循环。可以在日本的经济泡沫发生之前看到类似的事情，日本就是陷入了这种恶性循环。还可以看到美国在1929年时也曾经出现过严重的过剩。

有什么办法能走出这个恶性循环呢？林教授想有两种方式。一种是依靠出口。但是外国的经济波动有可能会影响到中国的经济。不过，即使可以依靠出口，效果也不会太大。因为中国的净出口只有GDP的3%，就算是有办法来刺激出口，也不可能很大地提高中国国内的需求，所以不会有太大作用。

另一个办法是财政政策。政府扩大财政支出，正如去年采取的措施，在基础设施方面投入了1000亿元资金。但是问题在于，政府的支出在整个GDP中所占的比重很小，1997年这个比例是3%，去年国家大幅度增加政府支出，也只达到了GDP的6%。这就说明，尽管国家的财政扩张是个有效的方法，但是与整个经济的规模相比，这种扩张带来的刺激是有限的。

那么，中国怎样才能走出这个恶性循环，度过过剩经济的时期呢？林教授认为情况应该还是比较乐观的。

首先，中国的基础设施还相当有限，即还有很多的基础设施等着要建造。更重要的是，中国的市场有很大的扩张潜力。中国有两个市场，城市市场和农村市场，而这两个市场尚未一体化，这就有了可以挖掘的很大潜力。比如，在家用电器行业，城市市场需求扩大的可能性已经不大了，但是中国还有很大的农村市场。在1998年，只有32%的农村家庭拥有彩电，9%的家庭拥有电冰箱，25%的家庭拥有洗衣机。这不是收入问题，因为1998年农村家庭的平均纯收入是2130元，而目前的家电价格差不多是1991年时的一半。农村的用电不方便而且昂贵，有些地方能收到的电视节目很少，有些地方没有自来水，这些因素降低了农民购买家电的积极性，所以实际原因是农村的基础设施太差。如果国家能投资在用电、用水、交通通信等方面，一定能极大地刺激农村消费者的需求，所以解决宏观经济过剩的办法之一就是开发农村市场的需求。

其次，中国有理由在未来的20年或者更长的时间里保持增长。经济增长的三个因素是劳动力、资本和技术的增长，其中最重要的决定因素是技术。发展中国家和发达国家之间的技术水平差异，使得发展中国家可以以很低的价格进口技术、借用技术。东亚国家，从日本到"四小龙"，都经历了将近40年的增长。林教授认为它们增长的最重要原因就是以低成本引进和更新技术，从而维持了资本的增值、结构的不断重组及生产能力的不断增长等。中国可以学着走这条道路。既然日本它们能维持40年的增长，中国也可以。因为中国在1979年开始改革时与发达国家之间的技术差距大于20世纪60年代日本等国开始发展时它们与当时发达国家的技术差距，所以中国再高速发展20年应该没有问题。

对于费尔德斯坦的问题（参见上一篇文章），林教授的答复如下。

关于金融，中国的确有很高比例的坏账。

关于国有企业，这个问题很重要，因为国有企业拥有中国城镇劳动力的三分之二，也拥有中国固定资产的三分之二，而且国有企业还是保持社会收入差距不太大的重要因素。

关于宏观环境问题，这是世界上的普遍问题，而且因为中国经济正在走向开放，所以可以向其他的国家学习借鉴。

至于金融部门不力、国有企业重组和收入差距扩大的问题，都是林教授所谓的"相关"问题。之所以这些"相关"问题越来越严重，是因为中国走的是一条渐进式的改革道路，不可能同时解决所有的问题。所以要讨论的是中国宏观经济改革的问题，以及改革的策略问题。

中国的改革是渐进式的，这使得改革能平稳进行，但是也就少不了会有一些问题不断产生。如全面的"结构性竞争力缺乏"问题，中国会一方面维持着已有的结构，一方面自由化某些部门，这就带来了不一致性，引致了前面提到的问题。这是林教授的第一个判断。

第二个判断就是，中国的政策应该集中在企业改革上。比如，要解决银行的问题，应该从国企入手，因为绝大多数的坏账都是贷给国有企业的。再比如，要解决地区收入差距的问题，也应该从国有企业入手，因为政府支持国有企业的政策导致了人为扭曲定价，使得出产农产品和自然资源的中西部地区，因为压低的价格而越发贫困，而国有企业则靠低价投入而盈利，使得原先就比较富裕的地区更加富裕，因此地区收入差距进一步拉大。

林教授的结论是：第一，中国现在经济环境的主要问题就是过剩经济，但是应该能有办法来解决；第二，中国的潜在发展能力还是很大，其对中国将还有20年或更久的高速发展抱有很大的信心。中国是有不少问题，但是所有这些问题都与国有企业有关，如果中国能对国有企业进行成功改革的话，中国的经济将能很好地发展。

保护投资者和公司治理

安德鲁·施莱弗（Ardrei Shleifer）

美国和英国有非常发达的股票市场，而在德国和法国，其股票市场则不那么发达。在与此相关的许多方面，各国也有许多不同情况。如何给出一个"通用"的解释呢？近来的解释集中在投资的来源、金融市场的深度和广度及公司怎样获得外部融资等基础上。施莱弗教授和其合作伙伴认为，通过法制保护外部投资者的方式和程度的不同是导致这些情况的原因之一。

在公司进行融资时，如果没有有效的措施保护外部投资者——包括股东和债权人，那么内部的经理人员就有动机侵吞外部投资者的资产；外部投资者预期到这一点，就不会给予投资。这样，社会上的总投资就会不足。可进行的投资就是由那些内部自有资金雄厚的公司来操作，但这种投资对社会来说不一定是有益的。投资不充足和不适当会损害生产率和经济的增长。

那么，如何保护外部投资者的利益呢？主要是通过法律和其有效的执行来进行。保护外部人的要点在于使内部人侵占外部投资这一行为的效率降低，即通过规则和法律使侵吞行为无法轻易地进行且容易被发现和惩罚，这样侵吞行为的难度和成本就大大增加，使得经理人在这方面努力的收益下降，这种行为就会大大减少了。

从法制角度来看公司治理是很有意义的，施莱弗他们下面进行一些具体分析。实际中对金融市场的监督和规制是通过特别为金融业制定的许许多多的规章制度来进行的。但现实的情况过于复杂，这些规则不可能面面俱到。如果投资者和公司之间的合同是有效的并且是可执行的，那么金融规制是不必要的。但事实上，合同不可能是完善的，法庭作为裁决者和执行者也不是完全公正和有效率的,所以需要金融规制和法制来保障金融活动的顺利运行。

世界各国有各种不同的法律,但它们大致可归源于几个法系:英美的惯例法系(common law),法国的成文法系(civil law),德国的成文法系,斯堪的那维亚法系,以及社会主义法系。由于社会主义国家现在正处于转型阶段,所以这里暂不讨论。施莱弗等人研究了49个国家的法律保护股东和债权人的情况,结果表明英美惯例法系的保护最好;法国成文法系的保护最差;德国成文法系居中且对债权人,尤其是有担保的债权人的保护最强;斯堪的那维亚法系与德国成文法系类似。总的看来,主要是一些国家对外部投资者的保护大于另一些国家,而不是一些偏向于股东,另一些偏向于债权人。法律的执行程度在各国也有差别,并且它与法律内容的情况不同:法律的内容与经济发展水平基本无关,而法律的执行在富国更好。但法系依然是重要的,在人均收入相同的国家进行比较时,法国成文法系的保护程度最差。

首先,最发达的金融市场是具备规范制度和法律保护得最好的市场,但研究并没能说明哪种规范制度形式最为有效。其次,提高金融市场的功效对整个经济的增长和资源在部门间的合理配置都有真实益处。最后,要使规制有效率,从而使金融市场更发达,大的策略方向是保护外部人的利益,不管是股东还是债权人。

施莱弗教授这次演讲的主要观点是,从对投资者保护的角度来看公司治理是一个有意义的方式。实证研究也表明,较强的投资者保护与公司治理的高效率(这反映在金融市场的广度和深度、股东所有权分散化和公司间资本流动的效率上)有密切联系。为了保护外部投资者的利益,需要建立健全的法制来规制和监督金融活动。这可能会牵涉既得利益集团的利益,所以在改革时需要绕过这些利益集团的干扰。由于现在世界各金融市场之间的联系十分紧密,这一改革必将比过去几十年或上百年间的改革更顺利。

施莱弗教授演讲后,与会者提出了一些问题,讨论如下。

有人问道:"公司的外部控制和内部人员的激励是公司治理的两个方面,但这两者之间是否存在矛盾?"施莱弗教授回答说:"对经理的激励是个很重要的问题。但是,如果观察现在世界上很多国家、很多公司的情况,会发现经理人员实际上受到了很严格的监督,也就是说,在企业家界,激励的问题已经被对经理人员的严格监督这个事实所解决。"

有人希望施莱弗教授就其提到的"金融制度和企业治理制度能保护投资者的利益,从而使得资源被更好地分配"这一点再解释得详细一些。施莱弗教授补充道:"当投资者要进行投资的时候,他们会在各个国家、各个行业之间进行挑选——最简单的原则就是看各个行业的附加值。投资者当然会选择向高附加值的行业投资,于是,高附加值的部门也就成了附加值快速增长的部门,所以,资本流向了快速增长的行业,这样显然是有利于资源分配的。研究表明,在金融制度较严格的地方,资源流向的行业和高附加值的行业之间有很高的相关性,而在金融市场非常发达且完全自由的国家,如印度尼西亚和菲律宾等,却没有资源流向和高附加值之间的这种关系。"

还有人认为在惯例法系的国家如英国和美国,对投资者和债务人的保护较好,法国的法律却和它们很不一样,是个很有趣的现象,希望能再解释得详细一些。施莱弗教授回答道:"关于惯例法的形成,要追溯到17世纪,惯例法是在商业资本家和国王的斗争中形成的,这就形成了极端重视对私有产权保护的法律系统。而在法国,立法却是一个自上而下的过程,所以形成的法律系统更偏向于政治性而忽视对公司产权的界定与保护。另一点非常重要的是,一旦法律规则形成,改变就变得困难了。"

政策负担、竞争和国有企业改革

林毅夫

中国向市场经济的转型过程中存在的最重要问题之一是国有企业的改革。林毅夫教授认为,产生国企预算软约束问题的根源在于国家强加于国企的各种政策性负担。国企改革必须去除国有企业的政策性负担,创造一个公平竞争环境,并且使国有企业经理的激励与国家的利益相关。

尽管就定义而言,国家拥有国有企业,但国家并不能自己经营企业,而必须任命经理管理国有企业。所有权和控制权的分离是任何现代大型企业的普遍特征。由于这种分离,激励和信息不对称的问题普遍存在。一个现代大型企业的经营依赖于其克服这些问题的能力。一个办法是对管理活动进行直接监督,但这在现实操作时是不可能的。例如,一个现代大型企业的所有者是很多的,而监督又是有成本的,单个所有者没有动力监督公司经营的细节。所以,现代大型企业实际上没有一个真正产权意义上的所有者。在这种情况下,一个现代大型企业的经营就依赖于市场竞争这种制度来克服代理人问题。市场可以给出衡量企业经营业绩的指标,例如行业平均利润率。通过这样的充分统计量指标来解决信息不对称问题,委托人就能设计一个激励相容机制,从而依据经营者的业绩给予奖惩。

国有企业原有的经营机制内生于建国初期所确立的重工业优先发展的战略。为了保证缺乏比较优势的重工业能得到稀缺的资金,国家采取了压低利率、汇率、工资和原材料价格的方法。但是,低于均衡价格的定价导致需求大于供给,为保证重工业得到资源,国家采用了计划的资源配置方式;为了保证低价产生的剩余能继续用于积累,国家对国有企业实行统购统销,致使国有企业完全丧失了经营自主权。这种经济模式在宏观上扭曲了资源配置,并且在企业中也由于激励不足而导致效率低下。改革开始后,为了提高生产效率,企业层面开始进行扩大经营自主权的改革。伴随而来的还有农村的家庭承包责任制和价格双轨制等一系列的改革,它们又为乡镇企业的出现和发展创造了条件。由于乡镇企业在与国有企业竞争资源和市场时面临硬的预算约束,所以它们一般都善于发挥比较优势,降低成本,从而比国企更具竞争力。为了迎接乡镇企业和国际市场的挑战,国企又进行了承包制、股份制等改革,但成效一直不佳,情况反而更为严峻。国企问题的根源依然在于代理人问题。为何不能利用已初具规模的市场来解决代理人问题呢?这是因为国企拥有各种政策性负担,其中包括:①原有运营方式所需资金密度太高,不符合比较优势;②国企背着沉重的退休养老和其他福利负担以及大量冗员;③某些国企的产品价格依然是扭曲的,不能反映其真实成本。并且,不同国企的政策性负担程度也不一样,它们内部也不可比,这样国家就不能仅仅通过行业平均利润率来评定其经营好坏,因而决定奖惩的信息不充分。经理人员在经营不佳时可以用负担太重来推脱责任,国家也难以判别,所以国家必须对企业的亏损负责,给予补贴。这样,国企的预算软约束问题就产生了,从而进一步恶化代理人问题，使经理人员有动机以此为借口偷懒和牟利。政策负担、补贴、代理人问题和政府干预形成了国企管理体系的恶性循环。

为了使国企改革获得成效，必须去除国企的政策性负担，使之获得公平竞争的条件，这样其经营业绩就能正确反映经理人员的能力和努力。政府依据这种充分信息制定奖惩机制，就能改进国企的效率。

林教授演讲后，与会者提出了一些问题，讨论如下。

有人问道："从世界各国的经验来看，私有化在解决国有企业问题上取得了成效，而仅仅去除国有企业的政策性负担不能解决所有问题，比如，撤换国有大企业的经理很困难，要关闭某个国有大企业也很困难，等等"。林教授回应道："首先，如果不撤去政策性负担，即使把国有企业私有化了，还是不可能解决问题，因为即使是私有企业也有经理人员的激励问题；其次，撤去无力竞争的公司的政策性负担，结果可能是多种多样的，但是在中国，撤换经理并不是一件困难的事情，有些公司的经理几乎一年一换，所以，并不能得出一个事前的预测，说国有的公司没办法面对开放的竞争。"

该提问者补充问道："政策性负担的问题在全世界都有，但是，同时也能注意到大量私有化的成功例子，我不是说政策性负担不是一个重要的问题，但是认为去除政策性负担应该与私有化同步。当然私有化也会有一些问题，但是没有私有化，去除政策性负担恐怕不会有结果。"林教授说："首先，我不同意国有企业就一定没有生存能力；其次，我同意在国有企业，有时候政府管得是太多了一些。但是，即使在人员的任命方面，我也发现这其实是政策性负担的内生产物。在有政策性负担的情况下，如果公司业绩不好，经理就可以把它归咎于政策性负担；而在没有政策性负担的情况下，公司的成败就可以反映经理的努力状况；所以在有政策性负担情况下，不得不以上级任命的方式来进行经理安排。所以说，人员任命也是内生于政策性负担的环境中的。在中国就可以观察到这种现象。比如，原来中国的外贸由少数几个有着政策性负担的大公司垄断着，后来出现了很多完全没有政策性负担的小型贸易公司，这使得从事贸易的利益正常化了。而在大一些的贸易公司里出现了一些经理的空缺，因为在有小型贸易公司竞争的情况下，大型贸易公司由于有政策性负担，难以挑选合适的经理人选，这就说明了经理人选的任命制也是内生化于政策性负担的大环境中的。"

企业资产重组和金融改革

曹远征

企业改革是中国经济改革的核心和关键问题。近20年来，中国在企业改革方面做了不少工作，发生了两个变化。首先，20世纪80年代国有企业的总要素生产力逐年上升，平均每年增长8%；其次，国企已经开始了以所有权改革为特征的产业重组。

进入20世纪90年代之后，促使国有企业发生大变革的因素有两个：第一，非国有经济的迅速发展使得国有企业面临的竞争加剧；第二，合资和外国直接投资兴建的企业的兴起,更带来了竞争压力。所以,国有企业的问题越来越严重。

国有企业改革必须有一些根本性的变化。第一,国有企业的改革应是整个国家部门的改革,必须进行彻底的变革,因为国有企业所涉及的很多方面如社会保障制度等都必须在全国、全社会的范围内全面进行。第二,起战略性作用的企业承担一定的政府功能,因此不能算是纯粹的企业。如果一个国有企业是一个真正的企业,那就应该像对待真正的企业那样来对待它,应该向企业化的方向来进行改革。90年代中期,已经能看到国有企业公司化的改革潮流。第三,国有企业的改革必须与结构重整结合。政府应该从某些部门中撤出,而国家还是应该控制某些有着特殊作用的部门。具体而言,可以划分以下几种类型的部门:①竞争性的部门,政府可以撤出;②战略性部门,如信息产业之类,政府应该大力增加投资;③外部效应显著的部门,如水利、电力等部门,虽然也可盈利,但是,因为它们对国家有着特殊的意义,应该由政府控制;④自然垄断的部门,这些部门应该国有还是私有还有待讨论。

国有企业改革的战略现在是所谓"重组"或者叫做"重构"国有部门。政策的要点是著名的"抓大放小"。在30多万家国有企业中,有70%以上是小型的,而小型国有企业的改革已经进行得相当有成效了,所以现在的问题就是如何解决大型国有企业的改革问题。

大型国有企业主要面临三个主要问题:冗员、过度负债和公司治理。冗员和公司治理暂不在此讨论。在过度负债方面,据统计,国有企业的负债普遍过重,平均负债率达70%。这意味着,企业的每个损失都是银行的损失、社会的损失、个人的损失。这就是为什么减少国有企业的负债和向国有企业注入资本是现在国有企业改革的关键问题,而且非国有企业的增长又进一步增加了对融资的要求。有两个途径来注入资本:国家和市场。国家用政府预算来注入资金,但是,这已经越来越不适用了。所以,现在投资的途径应该是通过资本市场。但是,中国的融资市场现在还不够发达,在融资总额中只占到10%,主要还是银行在进行投资,所以这是个结构改革的问题,必须严肃对待。

去年以来,减少负债的问题更加严重了。因为宏观局势不好,出现了两个在近20年间中国都没有遇到的问题,即通货紧缩和实际利率过高,这导致企业的融资负担加重,而盈利能力减弱。为了解决负债问题,从今年开始,中国所有的大银行都在尝试通过引入AMC(Asset Management Corporation),即资产管理公司,以重组它们的资本。对付负债,可能有几种方法,如出售、公开拍卖等,这些重组方法已经开始引入到中国的银行业改革中。

曹远征先生演讲后,与会者提出了一些问题,讨论如下。

有人问道:"究竟谁真正会去购买那些不良银行资产呢?"曹先生说:"建设银行正在做。实际上,我认为,不能把这些资产管理公司的功能就简单地看成只是把资产卖给其他投资者而已;资产管理公司的主要功能应该是参与国有企业的重构,以便提高国有企业的效率,甚至是尽量把国有企业的所有权结构改造成股份公司,以便提高它们的效率。"

有人问道:"为GDP作出了27%贡献的国有企业中,有多少愿意接受资产管理公司的管理?有多少大型国有企业需要重构?在这个重构的过程中,会有多少大型国有企业成为私有企业?"曹先生回答说:"我首先要澄清一下"大"的概念。在中国,国有企业有不同的层次——中央级的、省级的、县级的。中央级的算大型国有企业;省级、县级的也有一些算是大型国有企业。512个中央级的大型国有企业中,大多数都在策略性或者信息相关的部门中。在这类部门中,已经开始尝试开放的政策。比如,中国电信在香港就有一个分公司;而航空公司中,有两个在香港。依靠这样的联系,它们可以引入一些投资者参与改革。不过我还是要说,这些部门会成为主要由国家控股的部门,政府还是会对它们有很大影响。小型公司倒无所谓,改成什么都行。"

有人问道:"中国的债务在 GDP 中占多大比重?"曹先生回答说:"14%。以世界的平均水平来说,这是相当低的。不过以世界银行的估算来看,加上可能发生的债务,应该是达到了 GDP 的 50%—60%。所谓可能发生的债务,主要是指银行的 NPL(non-performing loan,不良贷款)及政府要支付的退休金,其他还有一些较小的项目,但是因为比重很少,可以忽略。在欧洲,这个数字一般在 60%,但是它们的政府收入在 GDP 中所占的比重比中国高,所以有些不可比。"

区域竞争和私有化

张维迎

在中国改革开放之初,没有人能预料到中国经济能如此迅速地发展,也没有人能预料到非国有经济能在中国经济中占如此重要的地位。在改革开放之初,政府并没有将民营化列入计划,只是进行了地区分权等改革。地区分权化使地区间竞争加剧,地方政府因为财政等原因,必须促使本地企业降低成本以保持和扩大市场份额,方法之一是向经理让渡部分或全部股份。因而,地区间竞争越激烈,引发的民营化程度就越高。

假设有两个地方政府和两个企业。企业最初由中央政府所有,实行分权改革后,中央政府将企业下放给地方政府,每个地方政府拥有一个企业。中央政府仍然有确定税率和分享地方政府税收份额的权力,地方政府有对税后利润的剩余索取权和决定是否将剩余索取权让渡给企业经理的权力,即决定是否民营化的权力。假定竞争的关键在于生产成本,这是因为每个企业的市场份额和利润与自己的生产成本呈负相关关系,而生产成本由经理的努力水平(地方政府无法观察到)决定,每个经理的努力是其剩余分享份额的单调增函数;地方政府只关心自己的总收入,它由企业的税收上缴和对企业利润的分享组成。地方政府面临一个临界竞争水平,竞争程度超过这个水平时,地方政府选择民营化,反之则维持现状。所以,博弈的结果是,当竞争充分激烈时,地方政府愿意将企业民营化,因为这时民营化给企业经理的激励效应所带来的新增税收上缴大于利润分享所带来的收入。

在过去的 20 年中,特别是 90 年代起,中国民营化的进程在速度和广度上都有所深化。根据上述理论解释,分权导致了地区间竞争,地区间竞争又引发了民营化。分权后,地区间贸易的收益超过了设置地区间贸易壁垒的收益,在商品可以在地区之间自由流动的情况下,地区间的竞争加剧。为了使本地企业不至于在竞争中失败,地方政府想方设法增加经理人员的激励,这最终变为给予经理股份,即实行民营化。在竞争越容易进行的地区,民营化程度越高。例如,沿海地区交易成本较低,自主权较大,而东北地区基本由国有企业占压倒优势,所以前者比后者的民营化程度更高。同样,在简单与标准契约的部门比复杂与非标准契约的部门的民营化程度更高,因为前者的进入成本低,竞争程度高,所以地方政府愿意将其民营化。

在演讲后面的问答环节中,张维迎教授和大家讨论了以下问题。

有人问道:"是什么导致了私有化时竞争的加剧?因为我认为分散化会提高交易费用,从而增加贸易壁垒,最后降低竞争水平,这样,结论就应该是随着分散化的增加,竞争降低了。"张教授回应说:"这些贸易壁垒或地区保护主义在一定程度上是有效的;但是,一旦地方上的私有企业在成本结构上变得越来越有效率之后,地方政府就越来越难以保护他们自己的国有企业了。这是一个相当有效的刺激。从实证数据和实际发生的事件来看,在80年代早期,分散化之后的确出现了竞争减弱的情况;但是到了80年代后期,不同地区之间的竞争越来越激烈了,而且这种加剧了的竞争使得贸易壁垒越来越难以发挥作用。"

还有人问道:"改革的结果究竟是地区一体化之后的分工,还是各个地区之间呈现越来越高的相似性?而越来越高的相似性可以被看成是贸易壁垒增加的证据,中国的情况究竟如何?"张教授回答说:"江小娟曾研究了中国的电冰箱和电视机行业。在20世纪80年代中期,电视机行业有200多个生产商,而现在只有10家左右。在电冰箱行业,也呈现出同样的变化模式。竞争在其中起到了相当的作用。在中国,是否设置某个产业的决定很多是由地方政府作出。地方政府的官员有两种收入:货币收入和非货币收入。地方政府的官员在合法体制中取得他的货币收入;而非货币收入的多少,则与其所管辖的企业多少有关,企业越多,非货币收入越多,故地方政府有动机让这些企业生产。所以,在中国重复建设是有意为之,而不是犯了决策错误的结果。"

转型经济中的预算软约束

平新乔

自1997年亚洲金融危机以来,中国政府开始强调增加政府投资以刺激经济增长,但在实践中再一次遇到了预算软约束问题。什么是决定中国企业投资行为的主要因素,对这个问题一直存在着许多争论。平新乔博士的研究发现现金流是主要的决定因素,并给出了一个完整的经验说明。

科尔耐最早提出和研究预算软约束这一概念。他认为,预算软约束是与社会主义国有企业制度联系在一起的,起因是国家对企业实行了"父爱主义",所以他的分析集中在国家与企业的关系上,软约束来自于国家偏好。因此,这种理论可以被认为是预算软约束的"外生理论"。随着对预算软约束问题的进一步讨论,人们开始意识到预算软约束现象不仅存在于社会主义国家,而且同样也存在于资本主义国家;不仅会发生在国家与企业之间,同样也会发生在银行与企业之间。预算软约束可能是在某种制度或信息条件下内生的次优选择。Dewatripont 和 Maskin 在1989年提供了一个博弈论分析,他们认为由于借贷双方的信息不对称,一些无效的"坏"或"慢"的项目在初期也可能得到贷款,但一旦上马就形成沉没成本,在集中的金融体制下,即使以后这些项目被证明是效益不佳的,但为了避免损失全部沉没成本(这对社会是不利的),银行仍愿意继续提供贷款,于是就出现了预算软约束。

关于预算软约束的第三种理论是 Shleifer 和 Vishny 在 1994 年提出的。与上面的理论不同，他们把预算软约束与政府降低失业压力联系在一起：为了让企业多雇佣工人，政府会向企业提供资金作为补偿，由此造成预算软约束现象。

平新乔博士用中国的实际数据检验了上述几种理论，重点是检验预算软约束的"内生理论"。他的计量分析提供了如下结论：①企业投资水平与企业的现金流和补贴水平正相关。②沉没成本与中央政府的再贷款有明显的正相关关系，但与地方政府的再贷款呈负相关关系。这表明，在投资项目的再贷款这一问题上，来自地方政府的预算约束要强于来自中央政府的预算约束。③就业与来自地方政府的预算软约束有正相关关系，而与来自中央政府的预算约束相关性较弱。这表明在中国，就业问题主要是在地方政府与企业之间讨价还价。④中国的预算软约束（再贷款）有事后有效性。

由此，本研究从经验上证明了内生性预算软约束理论在中国的适用性，并证明 20 世纪 80 年代以来的分权改革在一定程度上硬化了企业的预算约束。此外，研究发现，在不同问题上，中央政府和地方政府的行为是不一样的，中央政府在一些方面预算约束要软一些，在另一些方面要硬一些，这需要具体分析。

在报告结束后，有关专家发表了意见。Andrew Samwick 认为这是一个有趣的研究，它表明中国的制度结构和经济环境给经济学家们提供了重要的机会来验证和讨论经济学中的一些前沿问题。此研究对中央政府和地方政府的预算约束程度在不同问题上进行了区分，并得出了一些重要结论，是富有创意的。但是研究似乎应考虑找到某种办法来判定投资是否增加了公司价值，抑或只是简单地加深了国有企业的过度投资程度。这一点很重要，因为企业与政府之间对预算的再谈判并不是有利于每一个人。如果企业经理对企业有更大的内部控制权的话，用于投资的现金流可能会十分敏感地上升，不过也许这一点同样取决于中央政府和地方政府的影响。

中国的通货紧缩

宋国青

宋国青教授首先描述了中国通货紧缩的现状。首先，观察消费品的零售物价指数变化。零售物价指数从 1997 年初开始下降，并持续到今天。1998 年 10 月，通货紧缩曾经有一段时间的缓和。1999 年的头 5 个月，零售物价指数下降了 2.5%，是迄今为止下降幅度最大的。其次，消费需求非常不景气。社会消费品零售额增长率从 1995 年开始几乎一直在下降。在 1996 年年底和 1997 年年初，零售额增长率递减得非常快。到 1997 年年底，已跌至大约 6%，假如用社会消费品零售额作为居民消费支出的代表，这意味着居民消费支出有 5% 的增长率。到 1998 的上半年，增长率上升了一段时间，从那以后又开始降低。1999 年 5 月，增长率已减至大约为 2%。

考察国内生产总值，1997 年的年增长率为 8.8%，1998 年为 7.8%。在这里，由于官方的 1998 年下半年特别是第四季度的 GDP 数据看起来太高了，宋教授对其进行一些修正估计，修正估计值是根据经过平滑后的 GDP 值及消费和投资数据等得到的，最后得到的 GDP 增长率的修正估计值是 6.6%。做修正估计时需要注意几点：一是由于非土地的资本存量以

13%的增长率增长，NNP（net national product，国民生产净值）和 GDP 的差别来自于资本折旧的高增长率；二是对存货的统计是非常粗劣的，可能有重大错误；三是固定资产的增长可能是高估了。

宋国青教授认为：第一，1998 年存货增值的变化在解释 GDP 的增长率上起了主要作用。最终需求（不包括存货的总需求）以名义项计增长率为 7.8%，以真实项计为 9.2%。因此，最终消费的真实增长率并不低。第二，比较 NNP 的增长率和最终需求，可以看出，认为由于储蓄倾向增长导致需求不景气的论点并不正确。第三，家庭金融资产的总值增加了大约 15%，同时，总值的增长率只有 3%。

从货币供给方面考虑，广义货币增长率的变化能很好地解释零售额的增长率和通货紧缩在趋势上的变化。从 1998 年早期开始，M2 的增长率平均大约 16%，同时名义 GDP 增长率平均大约 6%（甚至更少），通货紧缩率大约 3%。拿 1993 至 1994 年的情况加以比较，当时 M2 的增长率平均大约 35%，名义 GDP 的增长率平均大约 32%，通货膨胀率接近 20%。这是因为，一方面，真实利率在决定 M2 上起了很大的作用：1993 至 1994 年，真实利率接近－10%，而现在大约是 8%；另一方面，考虑一个改动的货币数量理论。第一，引入制度改革和金融深化；第二，考虑储蓄，是家庭的银行储蓄的增加值而非总存量有作用。正像前面所提到的，1998 年，家庭金融资产的总值增加了 15%，同时总值的增长率大约为 3%。

宋国青教授认为，通货紧缩是由于货币供给的增长率降低所导致的。那么，为什么货币的增长率会降低呢？首先，1993 至 1994 年，当真实利率是负的时候，对贷款的需求是非常旺盛的。但这时，由于对贷款限额的控制导致了货币的增长率的降低。其次，1996 至 1997 年，政府犯了一个非常简单的错误。1997 年早期，环比零售物价指数开始下降，同比零售物价指数仍在上升，此时政府仍然认为通货膨胀是最大的威胁。贷款限额仍然有效而且名义利率保持得很高（一年储蓄利率为 7.7%）。政府这么做的原因一是由于大多数经济学家和所有的政府机构使用同比增长率来判断实际经济的绩效和通货膨胀率，二是由于相信货币数量理论的简单应用——在给定名义 GDP 增长率不大于 15%的情况下，货币供应的增长率达到 20%被认为是太高了。宋国青教授进一步指出，解释货币增长率降低还可以用债务通货紧缩的理论来说明。当利润在减少而债务在增加时，企业的市场价值应该大大减少，同时潜在的坏账增加，银行惜贷，货币供给减少。

中国的货币政策

易纲

易纲教授首先介绍了中国宏观经济的情况。从货币供应量上看，M2 的增长率从 1996 年至 1999 年一直在下降，而 M0 和 M1 的增长率则基本持平。从物价指数方面看，消费价格指数和零售物价指数在过去 3 年中递减得非常大，从 1997 年 10 月零售物价指数开始下降以来，至今已有 20 个月；消费物价指数则已经持续下降 15 个月。通货紧缩的压力加大是不争的事实。由于国家发行了 1000 亿国债进行基础设施的建设，1998 年年底固定资产投资增长率大大增加，但是到 1999 年逐渐回落，可以看出刺激经济增长的这 1000 亿投资并没有带动私人投资增长。社会消费品零售额同比增长率从 1996 年至今几乎一直在下降，到 1999 年 5 月这一增长率已经只有 5%。已签约的外国直接投资在 1992 至 1995 年增长得非常快，到 1996 年开始回落，1992 至 1996 年签约的外资与实际到位的外资有很大落差，而 1997 与 1998 年实际到位的外资与已签约的外资基本相当，这是因为在 1996 年前作为外方投资的公司往往是香港、台湾等地的小公司，而 1996 年后大都是一些大公司来华投资，因此承诺了后执行得较好。

接着，易纲教授介绍了中国人民银行采取的一些宏观经济政策：第一，央行在过去 3 年 7 次降息，考虑到通货紧缩的压力，真实利率不断上扬，降息减少了企业的负担，这 7 次降息是很有必要的。第二，央行把法定存款准备金率从 13% 调到 8%，存款准备金改革有极大的释放货币的作用。第三，央行允许商业银行对中小型企业浮动贷款利率，以鼓励商业银行向中小型企业贷款。第四，配合政府支出，减少挤出效应，四大国有商业银行购买了 1000 亿国债用于国家基础设施建设。第五，推出消费信贷、抵押信贷及汽车贷款等来促进消费和投资。

易纲教授谈了中国面临的一些问题。最大的问题是通货紧缩，美国经济学家欧文·费雪针对美国三十年代的通货紧缩提出的观点是中央银行要加强商业银行的资金流动能力来阻止储户恐慌的发生，中国央行也已经考虑了这一点，并在 1998 年增加了商业银行的资本金。中国的情况当然有所不同。易纲教授认为，问题主要在微观机制上。国有企业改革已经进行了近 20 年，但收效甚微；在通货紧缩的压力下，中国有真正的压力来进行国有企业改革。另一个问题是中国是否处在流动性陷阱中。有人认为积极的货币政策并未导致经济迅速出现回升，中国已经落入流动性陷阱中。易纲教授认为，在过去，中国是一种短缺经济，中央银行不难通过发行货币来刺激经济，央行只需放松银根，在计划经济体制下，使用贷款计划刺激，经济就能起来。而现在，很难像过去一样放松银根，因为 1995 年后为了防范和化解金融风险，《中国人民银行法》、《商业银行法》相继实施，对商业银行的行为进行了规范，使其必须为自己的贷款负责，在商业银行变得惜贷时，央行很难增加其基础货币的发行。因此，在现在的经济形势下怎样放松银根是新的问题。

东南亚金融危机的传播

安德鲁·罗斯（Andrew Rose）

来自 NBER 的罗斯教授介绍了他对东南亚金融危机传播原因的研究。1997—1998 年间的东南亚金融危机极大地冲击了世界各国，这次危机中最引人注目的现象就是危机的突然爆发和迅速蔓延。罗斯教授强调从宏观基本面的不平衡和东南亚各国之间在国际贸易上的联系来解释危机的传播。

罗斯教授认为宏观基本面的不平衡是导致各国迅速感染危机的重要原因之一。宏观基本面可以用一系列变量来表征：国际贸易赤字、外债、通货膨胀率、财政赤字、储蓄和投资率、企业债务和盈利率、真实汇率、货币流通量及政治的稳定性等。发生危机的东南亚各国宏观基本面的不平衡体现在以下三个层面：一是从企业层面而言，东南亚国家存在保持高速经济增长的政治压力，长期以来形成了政府公共部门为私营项目提供信用担保的传统。由于这些国家普遍缺乏资本，所以在国家的信用担保和政治支持下大量吸收外国资本、举借外债，而政府对这些资金的投向和使用效率往往并不关心，在这些国家的投资项目中往往会出现投资回报率低于资本成本的现象。即使如此，仍然有大量的资本流入这些国家。二是从金融层面来看，这主要是因为两个原因，工业化国家的利率较低以及在东亚国家金融部门中出现的道德风险现象。银行不顾经营绩效大量借入外债，然后在国内大量贷出。金融部门中普遍存在监督和监管不足、较低的资本充足比率、缺乏激励相容的储蓄保险机制、缺乏对项目的信用评估等问题。所有这些都导致了金融部门的脆弱性和金融市场的扭曲，资本账户的开放和对金融市场取消监管进一步助长了这种脆弱性。三是从国际层面来看，跨国银行的行为也应该对危机的产生负责任，他们为了追求利润，不顾一贯的风险评价规则就对东南亚国家的银行过量出借资金，使这些东南亚国家积累了大量的短期外债。以上这些原因导致了东南亚国家在面对端倪出现的危机时非常脆弱。

罗斯教授还强调，东南亚国家在国际贸易上的联系是解释金融危机迅速扩散的另一个重要原因。东南亚国家都是以劳动密集型产品出口为主的国家，比如泰国、马来西亚和印度尼西亚，金融危机在他们之间迅速扩散的原因，就是因为他们之间的出口结构存在很高的替代性，一旦金融危机首先在某国爆发，此国家的货币贬值会引发其他国家也贬值自己的货币，进一步可能形成恶性的贬值竞赛，使危机进一步恶化并且导致危机传播。

与会的学者对罗斯教授的发言进行了热烈的讨论和提问，大家主要关注的问题是：为什么中国的国际贸易结构与东南亚国家也有很大的替代性，却并没有感染危机？罗斯教授给出的回答是，因为中国的国际贸易账户一直保持在良好的水平，保持稳定的顺差，而且有较大的国内市场，没有人民币自由兑换和开放的金融市场，这些因素使中国没有感染危机。

中国的综合金融风险

樊纲

樊纲教授从债务角度讨论了中国经济是否会陷入金融危机的问题。在中国,可能导致清偿力危机的国民债务主要由三个部分构成：政府内债、银行坏债和全部外债。其中，国有银行系统的坏债，用银行的不良资产来衡量，大约占到银行贷款总额的25%，从这个角度而言，似乎中国的金融风险非常高；但是另一方面，中国的外债水平却较低，大约占GDP的14%左右，其中短期外债占GDP的比例不超过3%。从这个角度来看，中国发生金融危机的可能性是很小的。为了全面地评价中国所面临的金融风险，樊纲教授提出了"国家综合负债率"的概念：

$$国家综合负债率 = \frac{政府内债 + 银行坏债 + 全部外债}{名义GDP}$$

这是衡量一国金融风险状况的一个综合指数，它包含了在资本账户尚未开放的经济中的一些主要可能引起宏观经济波动和金融动荡的不利因素。与一些其他国家相比，中国的特点是银行坏债较大，而政府内债与外债相对较小，因此"国家综合负债率"较低，1997年底只有47%，1998年也不超过50%。而其他亚洲国家的这一比例在同期都比中国高很多。

用这一指标可以解释为什么虽然中国银行系统坏债问题如此严重，问题比别的一些爆发金融危机的国家可能更大，但仍能保持经济稳定。此外，对中国债务结构的分析可以看出当前较为合适的政策组合是：保持较紧的信贷政策而较多地利用财政扩张政策，从而一方面继续保持银行和企业改革，力求降低银行坏债的比重，另一方面扩大内需、保持经济的增长。

樊纲教授还认为，在讨论金融风险时还必须考虑通货膨胀和通货紧缩的因素。通货膨胀对于化解银行债务有利，因为它可以使债务相对贬值，而通货紧缩对于化解债务不利。但是，通货膨胀也会从另一方面增大金融风险。在固定汇率下，通货膨胀导致币值高估，引起金融市场波动；并且在已经存在通货膨胀的情况下，政府很难再用增发货币、增发债务的办法来化解债务过高的问题。因此有必要将通货膨胀的不利因素也考虑进来，构造"国家综合金融风险指数"：

$$国家综合金融风险指数 = \frac{(政府内债 + 银行坏债 + 全部外债) \times (1 + 通货膨胀率)}{GDP名义值}$$

这个指数包含了可能引起宏观经济波动的各种因素。通过这个指数可以看到：通货紧缩的形势要求政府采取扩张性的政策，而且这时增发一些债务引起金融风险扩大的程度相对较小。樊纲教授还讨论了如何消除银行坏债。他认为，解决坏债根本上要着眼于控制增量，即着眼于通过体制改革，减少今后坏债的发生。体制改革的重点在短期内是要建立有效的风险管理体制，在中长期内是要从根本上改变国有银行一统天下的体制，发展银行业的竞争。

金融市场改革

弗雷德里克·米什金（Frederic Mishkin）

哥伦比亚大学的米什金教授谈了全球金融改革问题。近几年，金融市场改革已经成为公共政策讨论的热点。在市场转型国家所发生的银行和金融危机显示，当金融体系存在问题时，可能导致经济的严重衰退。人们都认识到，金融市场结构的好坏可以用来解释为什么许多国家依然贫困，而有的却能走向富裕。如何防范金融危机从而避免经济的严重下滑，这一问题变得至关重要。米什金教授在不对称信息的框架中讨论金融市场改革，并由此得出政府介入金融体系的合理性。

信息不对称源于参与各方对信息的不同掌握程度。信息不对称将导致金融体系的两个基本问题：逆向选择和道德风险。逆向选择源于事前的信息不对称，它导致潜在的高风险的投资者更有积极性寻求资金帮助，而贷款者意识到这一点后，会试图提高利率，市场规模因此不断萎缩。为了减小逆向选择的影响必须要求贷款者有能力区分贷款的好坏。道德风险是指交易达成之后，投资者将有积极性从事某些在贷款者看来是不合适的活动。为减少道德风险所产生的问题，贷款者必须对投资者加以限制以防止其从事使贷款收回可能性减少的活动，并且，贷款者必须监督投资者的行动。

另一个十分重要的概念——搭便车问题——也有助于理解如何建立完善的金融体系。搭便车问题源于那些不收集信息的人可以通过利用别人收集的信息使自己得到好处，这使得通过大众监督来实现证券市场效率的可能性变得十分渺茫。

在信息不对称框架下，金融体系的一个重要特征是，银行机构及其他的金融中介起着异乎寻常的作用。银行的私有性质使其避免了搭便车问题。同时，由于银行和客户建立了长期的合作关系，并对贷款实行专业化的管理，在解决信息不对称问题上也具有特殊的优势。在收集信息和避免道德风险方面的这些优势，解释了银行为何能在世界各地扮演着如此重要的角色。更进一步，信息不对称的框架表明，由于市场转型国家更加缺乏从私有企业中收集信息的能力，银行必将在其中扮演更加重要的角色。

以上关于信息不对称的分析为政府规制和监管金融体系的行为提供了解释；信息不对称的存在也说明，政府直接对金融机构——特别是银行——的安全性和合理性提供保障是合理的。在要求那些金融机构公布大量信息以便市场评价其证券组合的质量及该机构的风险程度的基础上，由于搭便车问题的存在，政府还应直接限制金融机构的资产结构和运作，以防止其冒过多的风险。以上的规定还不足以防止金融机构的过度倒闭。为此，政府还必须建立金融安全体系，包括必要时为储户的存款提供担保及为银行注入资金。然而，这种安全体系存在一个致命的弱点：它会导致道德风险的上升，这进一步要求政府为限制金融机构的冒险行为实行更加有力的管制。

米什金教授接着谈到了如何防范金融危机的问题。他认为，金融危机实质是金融市场无力使资源流向最有效率的投资机会，从而导致经济行为的萎缩。产生金融危机的原因在于，市场转型国家的政府和金融机构都没有作好足够的准备以迎接金融自由化。金融市场一旦开放，利率的上升导致贷款的大量流入，在缺乏有效的金融监管制度的前提下，银行会因为可以得到政府的安全保障而冒过多的风险。其结果是，大量的坏账和银行资产负债表的不健康。

资产恶化到一定程度时，银行可能为了提高资本比率，限制其贷款规模，从而引发金融危机。货币危机是导致金融危机另一途径：在实行固定汇率制的转型经济国家，为防止通货膨胀的影响，债务多为短期的，且以外币结算，一旦货币危机引起本币贬值，银行的资本负债情况将进一步恶化，这使中央政府在面对投机冲击时，很难捍卫本币。对金融危机产生原因的分析进一步说明了政府向银行体系提供安全保障体系的重要性。事实上，中央政府是否扮演最后的还款者的角色在于由此带来的道德风险的成本和避免金融危机的受益之间的权衡。

最后，米什金教授讨论了在金融市场改革中政府应该遵循的方向。他指出了 12 个金融改革中应该注意的领域：①银行监管，②会计标准和披露要求，③对相关贷款的限制，④立法和司法体系，⑤以市场导向为原则，⑥外国银行的准入，⑦资本控制，⑧政府不恰当的干预金融市场，⑨对以外币计价的债务的限制，⑩金融自由化，⑪货币政策，⑫选择恰当的汇率制度。

中国的社会保障制度改革

马丁·费尔德斯坦（Martin Feldstein）

社会保障制度改革，对于中国这样一个正处于转型期的国家来说尤其重要。在改革开放以前，中国国有企业实行的是终身雇佣制。当职工退休后，企业经常只是继续把其退休前的工资付给退休职工。如果企业出现亏损，则养老金由国家支付或从银行借款支付。现在，中国正在对国有企业进行改革，而其他所有制的企业尚未参加正规的社会保险，因此更需要建立新的社会保障体系。

1995年，中国通过了新的立法，建立了一种混合社会保障制度，它包括两个部分：一部分是现收现付，它将为退休者提供退休前当地平均工资水平25%的收益；另一部分是基于投资的定额缴款，它将为退休者提供退休前工资水平35%的收益。这样，新制度提供的替代率将达到60%。

首先来看一下中国从纯粹的现收现付制过渡到纯粹的基于个人缴款的基金制所带来的好处。假定3个在职职工承担1个退休职工的养老费用。在现收现付制下，要达到60%的替代率，就意味着对3个在职职工每人征收20%的工薪税。而在纯粹的基金制下，要达到同样的替代率，所需要的缴费率取决于两个要素：一是工资总额的增长率，二是资本的边际产出率。这是因为在现收现付制下，缴款的隐含回报率等于工资总额的增长率，而在基金制下，缴款的实际回报率等于资本的边际产出率。根据世界银行的估计，在未来的几十年内，中国工资总额的增长率为7%。邹至庄估计，中国资本的边际产出率为19%。费尔德斯坦教授采用比较保守的估计，假定未来中国的资本边际产出率为12%。假定一个工人从20岁到60岁间工作，60岁到80岁享受退休金待遇。为方便计算，取平均数，假定这位工人在40岁开始缴款，从70岁开始领取养老金。在现收现付制下，40岁时存入的1元钱到70岁时变为7.6元（按7%的收益率）；而在基金制下，40岁时存入的1元钱到70岁时变为30元（按12%的收益率）。这就意味着，基金制能够在缴款率仅仅等于现收现付制所需要的税率的25%的情况下，提供同样的回报率。要达到60%的替代率，则只需每月存入工资的5%，而不是现收现付制下的20%。这是一种巨大而长远的税收节约。

其次来看如何从现收现付制转向基金制。有人认为这种转轨要求现在的职工"双倍地付出"，即如果现在存在着税收等于工资20%的情况，那么在向基金制转轨的过程中，为已退休职工提供资金的税收和为自己未来收益进行储蓄的基金相结合，将使在职职工的负担达到40%。幸运的是，这种计算在两个方面是错误的：第一，未来基金收益的成本要远远低于现收现付制下的成本。在职职工需要为已退休职工承担20%的税率，再加上为自己将来的收益存入5%的资金，总的缴费率为25%而不是40%。第二，随着新的退休者从他们的个人账户中提取养老金的情况越来越多，20%的现收现付税率也将逐渐下降。

现在来看一下这个计划的第二部分。10%的定额缴款将提供退休前工资35%的收益。如果实际工资的增长率是7%，那么定额缴款回报率和替代工资增长率之间的这种比例隐含着真实的回报率只有 4%，这意味着非常低的回报率。这就提出一个问题：定额缴款的基金部分是否真的能成为一种新的资本积累？或者定额缴款制实质上是真正的基金制，还是名义上的定额缴款制？如果它是真正的基金制，其回报率应为 12%；如果它是名义上的定额缴款制，其回报率应为 7%。费尔德斯坦教授认为问题的关键在于：在没有这种定额缴款制的情况下，政府将通过何种方式来为社会养老筹集资金？如果政府以发行债券给公众或银行的方式来筹资，那么将挤出企业部门的投资。养老基金购买了政府债券，则企业部门可以得到厂房、设备的投资资金。这就意味着定额缴款制实际上增加了社会的资本积累。如果政府通过提高税收来筹集资金，那么这种定额缴款制实际上只是名义上的基金制，它没有增加社会的资本积累。4%的定额缴款账户真实回报率远远低于 12%的资本边际产出，这反映了政府要求这些缴费只能投资于政府债券和银行存款，实际上征收了 65%的隐含税率。

方案的第一部分将通过 9%的工资税来为退休职工提供相当于当地平均工资 25%的收益。对这部分进行如下改革，可以大大降低达到这个目标所需的成本。第一是用基金制替代现行计划中的现收现付的财政开支，这将使 9%的工资税降到 3%或更低。二是对那些在缴费养老金制中收益太低的人实行定额给付养老金，以替代对所有退休者实行规定的定额给付。这将有效降低现收现付制的成本。

最后，费尔德斯坦提出四个问题供大家讨论：①1995 年的立法在理论和实际上仅仅适用于国有企业的职工，还是包括城镇中的其他所有制的企业？②定额缴款制实际上是一种真正的基金制还是名义的定额缴款制？③何时、通过何种方式，定额缴款形成的基金可以不仅投资于政府债券，还可以投资于私人企业证券？④通过何种方式能够把社会保障延伸到乡镇企业和农业部门？

老年保障的新模式及其在中国的应用

詹姆斯·埃丝特尔（James Estelle）

世界银行政策研究部的埃斯特尔博士总结了传统社会保障体系的主要问题，研究了智利养老金制度改革对经济增长及效率的正面影响，比较了三种应用于不同国家的多极改革模式：拉美模式、经合组织模式及瑞典名义账户模式，并分析了这些国家筹措转型经费的方式及对中国的意义。

在今后的 35 年里，世界上 60 岁以上的老人将成倍增长，社会保障支出将大幅上升，对要素供给、生产效率和 GNP 的增长将产生重大影响。过去多数国家的社会保障体系为 PAYG（pay-as-you-go，现收现付），即今天的年轻工人负税以支付老年人的退休金。衰老是可预期的，所以大部分老年保障应该可以由储蓄完成，但是，由于工人的短视，强制是必要的。然而，由于残疾、早逝、收入过低等原因，需要一个强调储蓄的多极体系同时具有融资、管理、再分配的机能，以在私人和公共部门之间分担责任。

现存的多数体系都是由政府管理的，基于工人工资、工龄支付确定的收益，并由工资税在 PAYG 基础上维持。其主要缺点是：①过高的工资税率增加了失业；②工人逃向非正式部门；③提前退休；④资源的不利配置；⑤庞大的隐性公共退休金及财政缺口使得系统难以维持；等等。这些问题内生于 PAYG 体系。世行建议的保障系统是部分"确定贡献"的、基金型私人管理的多极体系。明确地讲，新系统包括三极体系：①强制性的、公共管理税收维持的再分配极；②强制性的、完全基金型私人管理的储蓄极；③自愿参与的追加保护极。

智利的经验表明，多极保障体系对效率和经济增长有正面影响。其优点为：①消除劳动市场扭曲；②维持老年保障系统的稳定；③较好的分配效果，尤其是代内平等；④国民储蓄的增长；⑤有利于金融市场的发展。

目前有三种多极保障模式：①拉美模式，工人选择他们自己的个人退休账户的投资商。②经合组织模式，工人或工会受托人为整个公司或整个行业选择投资商。③瑞典的名义账户模式，名义账户模式针对于存在较大的公共极和较大隐性退休金债务的国家，这些国家很难转向部分基金型的强制性私人极。瑞典名义账户模式的个人账户定义为工人的贡献加利息。然而这种积累是名义上的，因为工人支付的贡献立即支付为退休金而非投资。

拉美国家通常有三种方式筹措转型资金：①削减隐性退休金债务和财政缺口。方法有压缩老系统，仔细确认旧有服务，部分转入新体系、部分保留 PAYG。②寻找特别收入来源。方法有社会保障剩余，资产-债务交易，增加覆盖面。③一般借款和税收。方法有削减其他公共开支，发行一般债券，税收等。

中国的问题不是其债务的大小，因为其债务小于 GDP 的 50%，按国际标准相当小。中国的问题在于不平均的退休金分布，无论是在城乡之间还是在企业之间。中国面临的挑战是如何增加覆盖面并使之有效，以公平并且政治上可行的方式支付转型成本，而这些方面可能不能达到完全一致。尽管这些问题不易解决，但是强调确定贡献，并且允许它赚取市场的边际资本回报，可以减小隐性的交叉补助和转型成本，因此有利于解决现有问题。

美国的社会保障制度改革

安德鲁·塞姆维克（Andrew Samwick）

美国达特茅斯大学的塞姆维克教授介绍了美国的社会保障制度改革。美国的社会保障制度始于 1935 年，当时实行的是以政府所控制的公共账户为主的社会保障制度。这一制度具有诸多优点。例如，它对所有的工作者均一视同仁，采取了消费品价格指数化的支付方式，并具有收入再分配功能，从而使收入较低的阶层得到更多的收益。但这一制度也存在着严重的资金短缺问题。20 世纪 50、60 年代的经济繁荣使资金短缺问题并未暴露出来；但 70 年代以后，随着生产率增长的下降和人均寿命的增长，这一问题日渐突出。尽管目前美国的社会保障账户处于盈余状态，满足退休保险的需要占薪水的 11%，而政府所筹集的资金占工薪的 12.4%，不过，到 2034 年该账户将面临赤字的状态。

美国的社会保障制度面对的是：①如果征收新的税种以确保制度的运转，无疑将遇到很大的阻力，特别是工薪阶层，即使他们能从其中获取巨大的收益。②削减未来的收益在政治上更是十分困难的。为避免将来资金不足的局面，在不降低居民可支配收入的情况下，必须改革现行的制度。公共账户和私人账户的结合和运行是讨论的重点。为此要将三个方面的因素结合在一起。将目前社会保障基金中约占工资2%的盈余部分独立出来，投资于公司的股票和债券，投资的比例与公司的资本结构大致相符。投资回报的75%用于弥补原有公共账户的赤字，25%用于积累个人账户。

设立个人账户是十分必要的，政府也不必对基金的具体运营负责。针对基金账户的投资收益波动较大问题，一个解决办法是由政府提供保险，但这容易引起道德风险。另外一个办法是由政府来为承担风险的个人进行补贴，因为不同的市场上价格波动的情况不同。补贴的标准可以依据市场的平均回报水平，例如投资于金融市场价格指数的回报。为了防止投资的损失和资金的不足，也可以考虑在目前的账户盈余中多提取一部分，比如说3%，其中一半由雇员支付，另一半由雇主支付。社会保险中逆向选择是广泛存在的，影响的程度取决于账户的规模和寿命之间的关联，在政府强制执行情况下，逆向选择的负面作用大为降低。

美国所得税和工资税体系非常完整，要大规模设立这样的个人账户，资金的来源和到位不成问题。那么其管理成本如何呢？为每个人按照社会保障号来统一设立个人社会保障账号是降低管理成本的可行方式。新制度的收入再分配作用在一定程度上被削弱，不过收入的再分配往往使得个人收益和劳动付出不相称，所以在政治上是不受欢迎的。此外，由于保障基金的三分之二仍为政府所掌握，因而收入再分配的功能仍旧可以进行。总之，社会保障制度应当由公共账户和个人账户相结合。政府管理在其中会起到多方面的作用，而个人账户将为未来的收益提供资金。

退休金体系的改革：墨西哥的案例

卡洛斯·塞尔斯（Carlos Sales）

塞尔斯教授分析了墨西哥1995年的退休金改革。这一改革本质上是以基于个人账户与政府提供的最低退休保障为基础的完全基金型（FF）的确定贡献（DC，defined contribution）体系替代确定收益（DB，defined benefit）的现收现付（PAYG，pay as you go）体系。个人账户的总贡献为13.5%的平均工资及2.5%由政府的社会保障局（IMSS，Instituto Mexicano de Seguridad Social）管理的残疾与人寿保险。新体系的优点是：通过限制每年最多转换一次基金管理商降低了管理成本；允许管理商操作多个基金；没有最低基金收益率的规定。其缺点为：禁止基金投资外国证券；IMSS是唯一的残疾和人寿保险提供者；IMSS可以操作一项基金管理；存在最低退休金保障；住房子账户提供的收益过低；存在对市场份额的限制；新系统依然存在一些转换问题。

引起这场改革的一些因素有二。第一，旧有的IVCM-IMSS体系在寿命增加、人口增长、健康开支以及收益水平情况下日益增加的情况下没有相应增加贡献水平，使得墨西哥旧有的PAYG体系在财政上难以维持。第二，墨西哥经济面临严重的短期储蓄和长期储蓄短缺的问题,并且,在过去的几年中,国内储蓄率一直在下降。

墨西哥的这场改革基本上是用一个强制性确定贡献的 FF 体系下的个人账户及政府的最低退休金保证来替代旧有的 PAYG 体系,而成功的改革要求改进和加强退休储蓄系统(SAR)下的个人资本完全基金型组合。这包括完善与发展退休金管理的透明机制以激励所有参与者;完善与发展清晰的基金管理和投资管制与监督程序;与其他社会保障收益实现清晰的分离;设计充分的转型机制及建立贡献和收益的紧密关系。

墨西哥的退休金体制改革对劳动市场的动态、国内储蓄率、资本市场的发展及投资与产出的增长有着重要的影响。这些因素将导致整体经济效率的改善并且增加墨西哥经济进入稳定增长阶段的可能性。例如,这场改革将会对储蓄有显著重大的影响。10 年后墨西哥个人账户的累积平均将可以达到 GDP 的 24%,20 年后的 48% 和 30 年后的 72%。这将会增加墨西哥支持长期投资项目的可能性,并且能够促进金融部门效率的提高。

FF 体系替代 PAYG 体系的结果是,墨西哥政府面临支付现有退休人员的问题和尊重已经对退休金体系作出贡献的工人权益的问题。这一情况意味着政府开支应通过高税收、减少政府其他开支或印发新债券来筹措。这是因为现在的贡献已经直接指向个人账户。墨西哥改革退休金体系与拉美国家的类似改革相比,其财政成本相对较低。改革成本现值约为 GDP 的 82.6%,低于智利和哥伦比亚的情况。这主要是因为墨西哥的这场改革是在墨西哥人口仍然相对年轻时启动的。

世界各国养老保险体制

戴维·怀斯(David Wise)

哈佛大学的怀斯教授的报告是一个针对十一个国家的研究项目的总结。这些国家包括美国、日本、加拿大和一些欧洲国家。怀斯教授首先指出,目前世界各国都在实施从以前的现收现付制度向养老基金制度的转变或已经实现了转变。所谓现收现付制度就是现在的年轻人缴纳养老金付给现在的老年人;而养老基金制度是一个人在年轻时把钱存入自己的养老金账户,在退休之后从养老金账户中领取养老金。推动这种转变的力量有很多,而最重要的首推人口老龄化和劳动参与率的降低。在中国,旨在限制人口增长的"一对夫妇只生一个孩子"政策使得人口老龄化问题更加严重。随着人口结构的变化,年轻人的负担越来越大,使得以前的"现收现付"制度不再具有现实可行性。

随着人口的老龄化,相应地要求提高退休年龄,提高劳动参与率,以缓解巨大的养老金压力,而且让熟练的劳动力继续工作,也是资源最优配置的要求。但是,在现收现付制度下,人们没有激励延长自己的工作年限,而更愿意早退休,这是因为在现收现付制度下,人们到了退休年龄就可以领到一定数额的养老金,如果一个人多工作一年,那意味着多做一年工作,少领一年养老金,而且他并不会因为多工作一年而使每年领到的养老金增加。在这样的激励结构下,人们是不愿意延长工作年限的。相反,人们更愿意找出各种理由提前退休,比如暂时性的伤病、丧失劳动能力、失业等。在这种情形下,劳动参与率难以提高。而且，在世界各国广为存在的高替代率（退休金与平均工资的比率）使得人们更加不愿意延长工作年限。例如，在美国，替代率达到了 83%，而在法国，替代率更高达 91%。在如此之高的替代率下，按时退休甚至早退休成为人们的理性选择。

而在个人账户制度下，以上的问题不再存在。由于每个人贡献的养老金存入自己的账户，是自己的资产，延长工作年份使得自己以后的养老金数额增加，在自己死后个人养老金账户的余额还可以由子女继承，从而彻底地解决了提高劳动参与率中的激励问题。

另辟中国城市养老体制的替代转轨方案

赵耀辉

赵耀辉教授在与中心硕士生徐建国合写的文章中，首先回顾了中国城市养老保险的改革历程。在 1997 年 7 月国务院颁发 26 号文件时，中国养老保险体系存在分散化、多样化和不统一的特征。26 号文件确立了养老保险改革的基本框架，开始对养老保险体系进行统一，逐步建立地区统筹、省级统筹，并为全国统筹的建立打下基础。1999 年开始逐步扩大养老保险的覆盖面，把非国有企业包括到社会统筹的养老保险体系中来。

在 1997 年 26 号文件确立的养老保险改革框架中，养老保险由三个部分组成：首先是基础养老保险，这一部分要求职工缴纳其缴费工资的 13%（目前由工作单位缴纳）达到 15 年以上，退休时将领到相当于本地区平均工资 20% 的退休金，这一部分具有收入再分配的性质，是为了保障退休职工的最低生活标准。其次是个人账户养老金，要求职工缴纳其缴费工资的 11%（由工作单位和职工本人共同缴纳），退休时职工每月领到其个人账户累积余额的 1/120。第一和第二部分合起来要求 24% 的贡献率，估计可以提供 58.5% 的替代率。第三部分是由企业和个人自己选择和经营的额外养老保险。

在回顾了改革历程以后，赵教授指出了现在的改革方案中存在的问题。

首先是信息不对称和激励不相容问题，表现为实际实施中大量存在的不缴费、少缴费、隐瞒工资、早退休等问题。这主要是由三个原因造成：①由于基础养老是一种公共品，因而存在"搭便车"问题；②缴费率高达 24%，加大了人们逃避缴费的动机；③个人账户的回报率很低，使得人们更愿意以其他方式进行投资保值和增值。

其次是由于缴费率低等原因造成的实际上的名义账户问题。个人账户中记载着一个余额，但是这笔钱实际上已经被花掉了，名义账户使得回报率低的问题更加严重。因为利率是政府定的，而政府没有动机支付较高的利率。这实际是一种现收现付制度，并没有实现向基金积累制度的转变。

在指出现在正在实行的改革方案的不足之后，赵教授提出了一个基于智利模式的替代方案。这一替代方案由两个部分组成：第一部分是如何处理现在的养老金债务问题，即现在已退休或已参加工作的国有企业的职工，在过去的现收现付制度下没有为他们积累养老金，面临着在基金积累制度下如何支付他们的养老金的问题。赵耀辉教授提出用财政收入来支付这一部分养老金，并把这一债务分摊到 50 年以降低每一年的负担率。根据世界银行的计算,中国目前的养老金债务约占 GDP 的 40%—60%,如果经济在以后 50 年的增长速度平均为 4%,则政府债券的实际回报率为 4%,而城镇就业增长率为 1.39%(根据世界银行的估计),那么 50 年偿还这一债务每年只需对 GDP 征收 1%的税,如果对工资征税,税率将达到 5.6%。第二部分是建立以个人账户为基础的完全的积累基金制度。考虑一个 20 岁参加工作的人,他将工作 40 年到 60 岁退休,期望寿命为 75 岁,工作期间缴纳养老金存入其个人账户。如果以后工资年均增长 4%,养老金投资回报率为 6%,为了达到 60%的替代率(退休金与当时工资的比率),他每年需缴纳其工资的 10.2%;如果投资回报率达到 8%,那么只需缴纳 5.8%。两个部分加起来缴费率只有 11.4%,大大低于现在 24%的缴费标准,对大多数工人都是可以接受的,是一个可行的方案。另外,赵教授还指出,如果用卖掉部分国有资产,如非生产性国有资产偿还部分养老金债务,缴费率可以进一步降低。

在最后的总结中,赵耀辉教授强调,上述替代转轨方案的实施,依赖于经济增长、较高的投资回报率(如 6%),以及不断发育完善的资本市场。发行利息率接近市场利率的政府特别债券有助于基金的积累,把养老金市场开放让私人部门和国外保险公司进入有助于提高投资回报率,把现有的地区统筹先转化成个人账户再进行更高级的统筹及尽量缩小公共支柱的规模有助于解决道德风险问题。

转型时期的社会保障制度改革

王燕

世界银行的王燕博士在发言中以中国的基本养老保险制度改革为核心,探讨了中国社会保障制度改革应该注意的问题和所需要的配套措施。她认为,要取得改革的成功,必须将工资制度、税收制度的改革和社会保障制度改革紧密结合起来,相互配合。

从 1996 年开始,中国经济遇到了前所未有的困难,GDP 增长率下跌,外贸出口增长乏力,因为爆发东南亚金融危机,金融体制改革放慢。中国政府的社会保障制度改革重点放在扩大社会保障覆盖面、让更多的城市居民享受社会保障上,并努力提高社会保障的统筹级别,力图使统筹范围扩大。但是,政府的这种努力受到私人部门的强烈抵制,无论是工人还是企业,都不愿意缴纳社会保障费。这有两个原因,一是税负太重,二是中国工资制度还很不合理。由于长期受计划经济体制的影响,个人工资水平低,只够支付日常生活必需品,住房、医疗、养老、教育等项目都由国家负责。改革以来这种状况虽有所改变,但是从总体上看,工资制度仍然不尽合理。随着市场化改革的推进,原有的一整套社会保障制度开始解体,住房制度改革已经大大向前推进,城镇居民在住房上的支出大大增加,原来几乎免费的住房消费已经不存在了。医疗制度改革的方向也是个人承担越来越大的费用比重。可是,由于国有企业改革和劳动用工制度改革的深化,城镇居民对未来的收入预期却越来越不明朗。在这种状况下,仅仅对目前水平的职工工资征税是很难建立起新的社会保障制度的。因为工人工资收入太低,而生活支出又在不断上升,所以社会保障税的课税基础过于狭窄，而企业则因为市场竞争激烈，社会保障负担苦乐不均，以致态度消极。这样，征收社会保障税当然会引起私人部门的抵制。

王燕博士利用一个一般均衡模型来分析转型时期的养老保险改革。她的模型包括22个部门和12个家庭收入组，详细地考察了社会保障制度改革对收入分配、居民消费和福利水平、社会总投资、真实国内生产总值等方面可能造成的影响，并仔细对比研究了对工资收入征收3%、6%、9%的社会保障税会产生的不同影响。她的研究表明，一个好的社会保障制度改革方案应该是将工资制度改革、税收体制改革和社会保障制度改革紧密结合的一揽子改革。不改变目前的职工低工资状况，社会保障制度改革就不可能真正取得成功。改革方案应该扩大社会保障税的税基，同时也要避免经济扭曲和加剧社会不平等。对所有职工征收的普通社会保障税将使社会的收入不平等状况趋于恶化，因为每个人的经济状况和家庭负担不尽相同；不过，这种社会保障税却可以增加投资，促进GDP增长。

土地制度和中国农村的社会保障

姚洋

姚洋教授在发言中指出，在广大农村地区实际上几乎不存在有效的现代社会保障制度。农村人口收入很低，并且大部分花在生活必需品上。任何一个包括八亿农民的社会保障制度所需要的巨额资金投入都不是政府能够承担的。现行的均分土地制度尽管会牺牲一定的生产效率，但对于为农村居民提供社会保障来说，却是很好的替代选择。

第一，土地与劳动相结合可以为劳动者生产出足够的粮食，而对劳动力的训练要求十分简单。建立在均分土地基础上的社会保障制度，加上家庭储蓄和其他自我保险措施，足以保障农民、特别是那些贫困家庭和没有能力取得非农收入的家庭的基本生活，抵御收入突然下降可能产生的灾难。另外，土地对那些失去劳动能力的老年人来说是带来收入的重要财富，所以均分土地充当了有效的退休保障。第二，土地在中国历史上长期以来一直为农民提供了基本的生活保障，并是公共品，证明它足以胜任农村的社会保障职能。第三，过去20年农民选择均分土地的历史表明，这种土地制度确实有相当大的好处，其中收入保障尤为主要。第四，土地是"廉价"的生产资料，即不需要复杂的劳动投入与之配合。这意味着，建立在均分土地基础上的社会保障制度是解决当前中国农村社会保障问题的低成本办法：它保障农民的基本生活，但是不影响农民追求现金收入的激励。第五，均分土地可能有益于长期的农村劳动力转移。它提供了一个财富效应和替代效应的平衡，降低了城市劳动市场上的劳动力成本。最后，虽然因为均分土地阻碍了土地投资，导致动态的效率损失，但是，研究表明这种损失很小。

土地无论是对国家还是对农民个人都是农村地区最廉价的社会保障手段。以土地为基础的社会保障制度可以在二元土地权属制度下得到实施。在第一个层次上，土地由村庄集体所有。在第二个层次上，每个村民都享有平等取得这些土地的权利。现有的法律仅仅规定土地由集体所有，规范了二元土地制度的第一层次，但没有为个人权利提供法律依据，也没有为这种权利的交易给出明确的政策。这些都是应该解决的问题。新实施的《土地法》要求土地调整需要有三分之二的村民同意才能进行。但是，这种条款并不会阻止土地调整。虽然愿意调整土地的村民很难超过半数，但是，少数希望调整土地的村民会劝说其他人同意土地调整，或者影响村干部，通过他们去影响村民。中国农村传统的集体生存文化可能强化了这种劝说过程。但是，新《土地法》的规定对降低由村干部主导的随意土地调整起到了限制作用。同时，土地调整不一定非得涉及土地在农户之间的转移。在许多地方，土地调整是利用机动地进行的。

Kotlikoff-Sachs 计划

劳伦斯·科特利科夫（Laurence Kotlikoff）

波士顿大学的科特利科夫教授在本次会议上建议中国实行一种新的养老金制度，即 Kotlikoff-Sachs 计划。具体如下。

个人将工资的 6%存入个人账户。个人账户的养老金与其配偶共享——不论是丈夫工作，妻子在家照顾孩子，还是相反，存入个人账户的钱夫妻双方各拥有一半。政府提供搭配资金（matching-contributions），参与养老金的分配，将养老金适当地从富人转移给穷人。政府为残疾人和失业者提供养老金。

将个人账户的钱投资于市场加权的全球指数基金。举例来说，如果有 1000 元的养老金投资于 S&P500（标准普尔 500 指数），在 S&P500 指数中，如果通用汽车（GM）的市值占总市值的 5%，则应将 50 元投资于通用汽车。当然，不一定投资于 S&P500，还可以投资于其他股票市场或（政府）债券市场。个人在 60—70 岁，可以领取养老金。

养老金制度从现收现付制度转向新的制度的过程中，可以采取如下措施：出售国有企业，在 30 年左右的时间逐步取消旧的福利，增加 3%的工资税。

在 Kotlikoff-Sachs 计划中，需要注意如下方面的问题。

（1）管理成本。政府可以将养老金委托给银行或其他机构来管理，由于养老金规模大，因而单位管理成本非常低。

（2）管理。谁是基金的受托人呢？可以选择指数基金公司，或者委托世界银行或货币基金组织的经济学家作为受托人来进行投资。

（3）托管。可以委托托管银行或类似的机构，个人退休后到这些机构领取退休年金。

（4）汇率风险。由于投资于全球指数基金，如果本币贬值，对投资者有好处。投资于全球指数基金事实上等于对养老金套期保值。

（5）国内投资问题。这样做会不会减少本国的投资？科特利科夫教授认为不会，因为一个国家的养老金相对于整个世界的资本市场来说是很小的。对一个开放的国家来讲，资本的流入足以弥补流出的养老金。

实行这个计划有如下的优点：第一，长期工资税将为零。第二，工人会获得一些实际的好处，退休后的收入有保证。第三，社会更加稳定。第四，妇女更加幸福，因为一般来讲，妇女更多地从事没有报酬的家务劳动。第五，正式部门的规模会扩大。第六，税收会增加。第七，整个国家的储蓄会增加，不管这些储蓄是投资于外国资产，还是投资于本国资产。第八，增加工人工作的激励。

CCER-NBER 第三届年会

通货紧缩与汇率政策

（2000年6月）

北京大学中国经济研究中心（CCER）与美国国家经济研究局（NBER）第三届中国经济与世界年会于2000年6月27日、28日在北京大学召开，来自美国和中国的40多位经济学家就中国的通货紧缩、世界各地公司融资及WTO等热点问题进行了广泛而深入的热烈讨论。

此次年会的演讲嘉宾有：哈佛大学马丁·费尔德斯坦（Martin Feldstein）教授、兰德尔·莫克（Randall Morck）教授，哥伦比亚大学魏尚进教授、格伦·哈伯德（Glenn Hubbard）教授，达特茅斯大学安德鲁·塞姆维克（Andrew Samwick）教授，加州大学圣克鲁兹分校迈克尔·P. 杜利（Michael P. Dooley）教授，密歇根大学琳达·特萨（Linda Tesar）教授，皇后学院罗伯特·利普西（Robert Lipsey）教授，耶鲁大学威廉·戈茨曼（William Goetzmann）教授，北京大学林毅夫教授、陈平教授，香港科技大学李稻葵教授，上海财经大学及英国三一学院文贯中教授，上海社科院张幼文教授，复旦大学华民教授，以及上海交通大学钱振英博士。

2000年中国经济回顾

林毅夫

中国改革开放20年来取得了巨大成绩。在这20年中,首先,中国GDP增长率达到了年平均9.7%,是同期世界上经济增长最快的国家;其次,中国的经济更加开放了,过去20年的国际贸易年增长率达到了14.6%,已成为大国中最开放的国家;再次,从购买力来说,中国已成为世界第二大经济体;另外,在这一次东南亚经济危机中,中国是唯一一个货币不贬值而且还保持了较高增长率的国家;最后,中国的技术水平已有了很大的提高,仍有巨大的潜力保持其较高的增长率。然而,虽然有这么多成绩,中国仍然是一个发展中国家,还没有完成从计划经济向市场经济的转变,并且中国还面临着许多挑战:一是当前面临着通货紧缩,同时GDP增长速度下降了;二是金融系统还很不完善,四大国有银行的呆账、坏账比例还很高;三是腐败问题;四是国有企业的困难,许多大型国企经营不善,已成为经济发展的阻碍;五是地区差异问题;六是加入WTO及全球化的挑战,因为加入WTO,中国将有更多的机会,但同时也将面对更多的冲击和挑战;七是环境的可持续发展问题,这将是长期发展中的一个大问题。

对中国来说,维持比较高的增长速度是非常重要的。首先中国政府每年需要为城市创造800万个新的工作机会,没有高的增长速度,这一目标很难实现。而且只有高的增长速度才使得补偿改革中的失利者更加可能,从而减少了改革的阻力。另外,低的增长速度可能会引发政治斗争。由于以上原因,国家领导人对增长速度向来十分重视。

这一次增长速度的下降和通货紧缩相联系,因此引起了大家对通货紧缩的高度重视。中国政府从1998年起就采取了多种办法来刺激需求,希望能走出通货紧缩。那么,是什么引起了通货紧缩呢?是因为供给大于需求,即过度供给,而中国这种过度供给是由于20世纪90年代初的过度投资造成的。1981至1985年,固定投资年平均增长率为19.5%,1986至1990年为16.5%,而1991至1995年,这一增长率猛增到了年平均36.9%。从全社会固定资产投资相对于全国居民平均消费水平而言的超前系数来看,在1990年前由于短缺经济,这一系数变化平缓,值也较小,但在1991、1992年后,这个值迅速提高。再从代表生产能力的固定资产净值的增长来看,在1990年以前,它的增长率与消费的增长率还比较匹配,而1991、1992年后,固定资产净值就开始迅速增长并超过了消费的增长。另外从产品来看,到1995年,许多重要产品的生产能力利用率都在50%左右,例如彩色电视为46%,洗衣机为43%,空调为34%,而这种低利用率正是过度投资的结果。

由于是生产能力过剩引起的通货紧缩,许多传统的政策手段可能就会失去有效性。政府已采取了许多办法来刺激需求,例如,货币政策方面增加贷款供给,并从1996年开始连续7次降息,到1999年6月,1年期贷款利率只剩5.85%,仅为1996的一半,1年期存款利率只有2.5%。但是,这一政策的实际效果并不显著,主要原因就在于:一是在生产能力普遍过剩的情况下,企业没有好的投资机会,利率再低,企业也不敢贷款;二是企业开工不足，利润下降甚至可能破产，职工面临失业的危险，导致永久性收入预期下降，消费需求下降；三是向市场经济转变的许多改革措施使居民增加储蓄倾向。政府刺激需求的另一种方法是财政政策，扩大政府财政支出以直接形成社会需求，中国政府在 1998 年发行了 1000 亿人民币特别国债来支持基础建设，1999 年发行 1100 亿，今年截至目前已发行 1000 亿，接下来还要再发行 500 亿。但是，这一政策的效果也不明显，主要是因为尽管这些国债占到了中央政府财政收入的 20%—25%，但它只占全社会固定资产投资的 3%。

解决通货紧缩有两种方法。一种是时间，即通过时间来消耗过剩生产能力，并淘汰无竞争力的企业，但是如前面所说的，如果没有一个较高的经济增长速度，整个社会将难以承受。另一种是设法找到或创造出一个巨大的社会需求来消耗过剩生产能力。由于中国还处在转型阶段，还存在许多结构性的阻碍使得一些潜在需求难以实现，因此应努力消除消费和投资的结构性障碍以增加社会总需求。一个很重要的潜在消费需求是农村的消费需求。中国有 70%的人口在农村，有 2.3 亿家庭在农村，但由于基础设施的限制，还有很大的具有购买力的农村消费需求没有办法实现。以耐用消费品为例，1998 年农村每百户居民的彩电、冰箱，洗衣机三大件拥有量分别为 32.6、9.3、22.8，但城镇居民拥有量为 105.4、76.1、90.6，而城乡收入差距不到 3 倍。如果以相同收入作比较，农村居民 1998 年收入约相当于城镇居民 1991 年收入，而 1998 年的家电价格还不及 1991 年价格的一半，但在 1991 年时，城镇居民的家电拥有量为彩电 68.4，电冰箱 48.7，洗衣机 80.6。因此，有理由相信农村确定存在着没有实现的潜在购买能力。但是农村的电网老旧，电压不稳，而且电价高昂，电费支出一般是城镇的 3 倍、5 倍甚至 10 倍；许多农村地区接收不到电视信号；有近一半的农村还没有自来水，这都大大限制了农村对彩电、冰箱、洗衣机的需求。因此，如果政府能够对农村地区投资，改善农村的基础设施，对刺激需求会产生很大的杠杆效应，而且具有投资少、工期短、见效快、经济和社会效益好的特点。在投资方面，国内还存在许多对私人投资者的进入限制，消除这些限制也有利于鼓励私人投资的增加。

一个有趣的现象是：通常通货紧缩伴随着很低的经济增长率，而中国在有通货紧缩的同时还有较高的增长率，1998 年 GDP 增长率为 7%。解释是：通常的通货紧缩都是由需求的波动引起的，比如因泡沫的破裂导致了消费的减少，或者因信贷紧缩导致了投资的减少，但中国这次的通货紧缩是由供给的波动即过度投资引起的，而消费需求增长还正常，总投资需求（非政府投资和政府投资）也还在以较高的速度增长，因此出现了物价水平的不断下降和 GDP 的较高速增长并存的现象。

其余五个挑战是结构性问题，而其中前四个问题的根源都在国有企业。为了维持国有企业的生存，利率不能市场化，而且银行的贷款 70%以上贷给了国有企业，国企的经营不善又造成了大量呆坏账。低利率和其他一些产品的低价格引起了大量腐败行为，同时也是导致地区差异的重要原因，因为中西部的比较优势在初级农矿产品，而恰恰主要是农矿产品的价格被人为地压低，这样就相当于中西部在补贴东部。因此要解决这些结构性问题，必须首先解决国企的问题。

国有企业的改革从 1979 年开始至今，从放权让利，到利改税，到拨改贷，到股份制，到最近的债转股，一直收效甚微。改革的失败是因为没有抓住国企问题的根源。国企问题的根源在于由政策性负担造成的预算软约束，因为政策性负担会引起政策性亏损，又由于信息不对称，国家无法区分政策性亏损和经营性亏损，所以只好承担责任，继续通过宏观政策的扭曲，通过补贴、优惠等给国企以保护，结果导致企业的预算软约束。这种政策性负担又分社会性负担和战略性负担。前者指冗员、养老和其他各种福利，而战略性负担指企业被指示生产一些没有比较优势的产品，产品缺乏市场，没有竞争力，导致企业自生能力差。

如果国企改革不解除政策性负担，创建一个公平竞争的市场，其他任何形式的改革都不能解决国企的根本问题。对于社会性负担，可以通过下岗及社会保障体系解决。而对于战略性负担，须将企业分类以区别对待：一类是那些仍具有战略重要性的企业，国家可以用财政拨款给予补贴；另一类是产品没有市场、没有潜力的企业，这类企业就应允许鼓励其转产；还有一类是那些产品有较大市场份额、效益比较好的国企，国家应鼓励其通过合资或海外上市利用更多的海外资金。

对于当前讨论很多的"债转股是否是一次免费的午餐"的问题，应该认识到，债转股本身不能消除国企的政策性负担，但是债转股可以为消除政策性负担提供一段较为宽松的软时间约束，因为债务融资方式对企业施加的清偿的时间约束要硬于股份融资方式。必须在债转股的同时，剥离国有企业的政策性负担，这样才能真正实现债转股的作用。

通货紧缩、信贷配给和结构调整

陈平

陈平教授在会上作了题为"通货紧缩、信贷配给和结构调整"的报告。他首先指出中国的通货紧缩是个热门话题，同时也是一个非常重要的问题，中国处在了自1979年改革以来的十字路口上，同时这场辩论对宏观经济学的许多学派思想提出了挑战。

陈平教授首先回忆了中国经济研究中心近来举行的一次关于通货紧缩的"专题讨论会"，与会者提出了四种不同的观点并进行了辩论：林毅夫采用凯恩斯方法，他认为是1992年邓小平南方谈话引发的改革热造成了1992—1994的过度投资，形成了大量过剩生产能力，而要走出通货紧缩最好的办法是"新农村运动"，即政府投资于农村基础建设以启动农村需求。宋国青采用了货币主义方法，认为通货紧缩是由于货币增长率的下降导致的，并建议扩大货币供给。易纲从货币主义转向奥地利学派观点，认为货币机制可能是内生的，因为中国人民银行先后7次降息把利率从11%降到2.25%，却仍未能显著地启动投资。他认为，金融市场的不发达和国有企业的微观经营机制是这次通缩的重要原因。海闻从国际贸易角度提出了自己的看法，他认为在东亚主要的出口竞争对手大幅贬值其货币之后，人民币不贬值对1998年、1999年上半年的出口造成严重的负面影响，出口增长率由1997年的20.9%降至1998年的0.5%，对国内市场形成了供给冲击。另外，经济增长率的"保八"政策使得国内一些已经过剩的生产能力继续发挥，存货增加。不过在通货紧缩部分抵消了人民币相对升值带来的不利影响后，1999年下半年出口增长率重新回升。而陈平教授指出传统的微观基础理论和宏观的财政货币政策在治理通货紧缩问题上效果有限，他认为这次通缩主要是金融中介的问题，是"信用配给"导致了通货紧缩。

陈平教授批评了以卢卡斯为首的新古典宏观经济学派的微观基础理论，他们认为宏观经济的大幅波动是由微观企业和家庭的理性选择的涨落引发的。这种猜测是无根据的，因为这违背大数定理。陈平教授认为经济系统并非是微观—宏观两层结构，而是微观—中间层次—宏观三层结构。中间层次包括金融市场和产业组织，经济周期是由中间层次的内生不稳定性产生的，尤其是金融市场的波动。微观涨落加总引起的宏观波动和成正比。以1980年的美国经济为例，当时有8000万个家庭，有300万家企业，微观引起的劳动力市场的波动比宏观波动少200—3000倍，而产品市场的波动比宏观波动少10—100倍，因此可以说，所谓的微观基础理论是没有经验根据的。而中间层次的金融市场的波动只比宏观波动少2—60倍。

陈平教授认为，中国经济的主要问题在金融市场。中国的四大国有银行垄断了金融市场。1997年，四大国有商业银行占银行总资产的70.1%，存款的64%，信贷的61.3%，而其他金融中介如信用社、非国有银行等，虽然他们的效率更高，但市场份额却少得多。在金融危机之前，中国政府还相信金融改革的方向是打破垄断、放松管制、开放民营、加强竞争；但金融危机之后，中国政府片面地理解了亚洲金融危机的教训，在防范风险的名义下，加强垄断，集中风险，企图用大银行联合的办法，为进入WTO后与国外银行竞争作准备，这是个不好的倾向。因为，四大国有银行仍未完全商业化，仍有政策负担，政府控制最后只会形成信贷配给的局面。在金融危机之前，各大银行都争着要信贷配额，而危机之后，他们又都争着把信贷配额还给中央银行，以防范风险，结果形成了银行中有大量存款，而企业却贷不到款的奇怪现象。

同时，中国的三角债一直呈上升趋势，从1991年的2500亿上升到1997年的15000亿人民币，已相当于1/3的流动资金。由于缺乏正常的融资渠道，地方政府用不定期的推迟还债来投资基础建设（打白条），这成为三角债的一个重要源头，加剧了信用危机。

因此，陈平教授认为要走出通货紧缩，除了传统的宏观政策（货币政策和财政政策）外，更重要的是要利用这次的压力进行大步的结构调整，打破国有银行的垄断，向私人和外国投资者开放金融市场，以及发展地方政府债券市场等。

金甫春评论认为，通货紧缩的根本原因在于中国的银行和金融系统的薄弱。从需求面来说，国有银行系统的无效导致个人消费和个人投资不能弥补政府消费、投资的下降、个人和社会保障的缺乏同时引起居民储蓄率的居高不下，金融系统的无效也阻碍了个人财富转化为实物和服务的市场需求。从供给面讲，银行和金融系统的问题是过剩生产能力得以形成的一个重要原因。中国的利率和价格都未能起到传递投资机会信息、融资成本信息的作用，从而不能促使企业及时调整生产，以适应市场需要。而在银行和金融系统完全有效的情况下，股票市场和银行都能有效地约束企业行为，制止许多企业的过度投资，从而阻碍全方位过剩生产能力的形成。因此改革的重点应该放在银行和金融系统上。

世界各地的公司融资

格伦·哈伯德（Glenn Hubbard）

"公司融资"是指企业的融资，并且这里所说的"资本"是物资资本和人力资本的结合。

在以往，资产市场信息构成了许多企业前瞻性投资模型（forward-looking model）的基础，但很多关于投资决策的分析都忽略了这一事实：作为既是外部融资的场所，又是关于投资机会和外部融资成本的信息源泉，资产市场无疑是非常有用的，但其有用性与那些关于资产市场中的融资合同的法律系统紧密相关。很可能正是这一点解释了各个国家影响投资的决定因素和货币传导机制上的差异。哈伯德教授的模型引入法律的因素，并得到：保护投资者的法律体系将影响到投资者能否从资产市场的信息中合理地推断出外部融资的成本。哈伯德强调下列四者的关系：保护投资者的法律体系，内部人所有权的集中度（concentration），外部融资的成本，以及企业投资对代表企业国际净值的指标的敏感度。模型有两个假设：第一，在一个对小股东保护强的国家，企业发行股票比较容易，从而由于减少企业对大股东的依赖而降低了股票融资的边际成本；第二，如果公司资本结构以股票为主，债券为辅，股票融资边际成本低意味着债券融资边际成本低，因此在那些对小股东保护好的国家，其债券融资的边际成本也相对较低，债券融资的边际成本占许多企业外部融资的很小一部分。

哈伯德教授利用这种假设的关系来估计欧拉方程（这方程本身就意味着融资的边际成本与公司的杠杆率相关），结论与理论预期结果相一致，即在对小股东保护弱的国家里，企业内部人的所有权集中度较高，外部融资成本也较高，同时，投资对企业的国际净值的敏感度也较高，企业的融资成本对杠杆率的敏感度也较高。进而可以得到，这种国家的企业的金融结构对利率及公司净资产的各种冲击将更为敏感，而且这种敏感度的差异与各国的金融发展与经济增长以及产出对货币政策的敏感性相联系。

那么，法律保护又是如何影响资金结构的呢？由于企业内部所有人可能会将资金更多地用于"软资本"，即管理或研发等不可见的投资，甚至用于牟取个人福利。而在缺乏强有力的对外部投资者（小股东）进行保护的法律体系的情况下，这种道德风险就会增加，因此为了吸引资金，内部所有者必须提供可信的承诺，这最终导致了内部人所有权集中度的上升，以及外部融资成本的增加。

法律系统结构隐含在大部分企业金融结构的模型中。在经典的 Modigliani 和 Miller 的描述中，公司被看做一系列投资项目和现金流集合，而管理者可以将现金配给给投资者；在 Alchian、Demsetz 和 Jensen、Meckling 和 Gertler，以及 Hubbard 的模型中，外部所有者的占有权被内部所有者的剩余所有权限制；在 Grossman 的模型中，证券法和破产法已勾勒出一些内部和外部投资者的权利。

Laporta，Lopez-di-Silanes，Shleifer 和 Vishny 最初提出了法律系统结构的框架，他们把商业法律体系分成几类，这种分类源于一些大的包括惯例法系、成文法系的法律体系，而这几类法系对外部投资者的保护程度大不相同：惯例法系最强，法国成文法系最弱，德国成文法系和斯堪的纳维亚法系居中。习惯法的这种强保护部分来源于这些国家的决策基于法律先例，而这种法律先例又遵循着信托责任的原则。

当前，学术界重新关注金融发展与经济发展的关系，也重新关注金融发展与资金分配效率的关系，用企业数据的研究往往强调资金市场的不完全对外部融资成本及投资的影响，许多学者在这方面做过一些研究，但哈伯德教授认为他们的研究忽视了两点：第一，没有对企业的投资机会进行的结构性分析；第二，这些研究没有讨论所有者结构的内生性。

什么是引起这种不完全的外在因素呢？哈伯德教授和 Laporta 等一样认为法律体系是

引起这种市场不完全的外在因素，法律保护强度的不同导致了公司所有权结构的不同，也导致了资产市场与投资之间关系的不同。哈伯德教授分两步作实证分析：首先，用 39 个国家的企业数据来说明法律保护与所有权结构的关系；其次，用世界上部分工业化国家的数据，来分析由前面得到的所有权结构的预测值和外部融资成本之间的关系。在第一步让所有权结构横截面的变化依赖于企业变量，并用这些企业变量代表代理人特征，同时增加了衡量各国对投资者的保护程度的指标。哈伯德教授利用 Laporta 等收集的三个指标：一是股东权利指标，二是借方权利指标，三是施法效率指标。在研究资本结构与投资的关系时，主要讨论债权融资只占外部融资中很小一部分的情况，假设债权融资的边际成本随杠杆率的上升而上升，模型的基本假设有：①股票价值上升，则债券融资的边际成本下降；②如果可能，内部所有者愿意将增发的股票卖给小股东，以减少杠杆率和债券融资的成本；③当投资保护弱时，外部股权融资的边际成本高。

数据来自 Wordscope Database 中企业的信息，哈伯德选用了 40 个国家 7000 家大型、公开发行股票的企业在 1988—1998 年的数据，并且那些企业在国与国之间是可比的。内部人所有权集中度指标用 Worldscope 所定义的紧密股权比例（closely held share）来衡量，其他一些企业变量有企业的投资与资金比例、销售与资金比例、账面杠杆率、实际杠杆率等。

结果是法律保护与内部所有权的集中度呈负相关关系。

对回归中得到的内部人所有权集中度的预测值和实际的比例相比较，哈伯德发现两者十分相近，但即使在 13 个欧洲国家和日本、美国、加拿大，这一预测值也有很大差异。

在分析所有权集中度的预测值如何影响债务融资的成本对企业特征指标的敏感度中，用工具变量法和广义矩估计欧拉方程，选用合理的结构变量的值，最后得到所有权集中度的预测值越高，对应着外部融资成本对杠杆率的灵敏度越高，同时，哈伯德发现所有权集中度的预测值与产出对货币政策的敏感度呈正相关，而且当排除日本时，这种相关度为 0.56。

匿名制限制了政府预测——来自中国的理论与证据

李稻葵

香港科技大学的李稻葵教授作了有关银行匿名制的报告，介绍了他与白重恩、钱颖一、王一江合写的文章"匿名制限制了政府预测——来自中国的理论与证据"。

尽管中国还未建立现代市场经济所要求的一些惯例制度（conventional institution），如相关法律、分权及言论自由等，但中国经济自 1978 年以来已取得了巨大的成绩。这是经济学上的一个谜。根据传统的观点，在没有建立惯例制度的情况下，政府难以承诺不对私人经济进行任意的干预（包括各种税费），因此对私人的激励低下，进而导致经济难以快速增长。在对这个谜的解释中，有两个问题的答案至关重要：第一个问题是，在建立传统的市场经济惯例制度之前，中国的改革如何使政府的不干预承诺变得可信，从而给予私人以激励；第二个问题是，为何一个未受约束的政府有激励约束自己，即政府如何从改革中获利。

答案的关键在于银行匿名制和温和的金融压制。

银行匿名制意味着政府放松了对现金交易的限制。具体来说，在 1978 年，流通中的现金占 GDP 的比例小于 6%，而到了 1993 年，这一比例达到了 17%，最近几年为 13%。这种放松意味着政府不能观察到交易收入，同时意味着政府不知道个人的财富，这两点使得政府难以任意地干预。但在银行匿名制的同时，国家保持了一定的金融压制，即国家仍控制着金融部门和利率调整，同时还管制着国际资本流动，这种金融压制使得国家能从金融系统获得可观的准金融收入（quasi-fiscal revenue）。

模型假设居民和政府分两阶段博弈，居民在第一阶段工作并消费，得到一定产出，而第二阶段只消费。居民决定努力水平和消费量，而政府决定税收。以第二阶段所需的最低消费高低来区分两种类型的居民，即低消费类型和高消费类型，政府不知道居民的类型。

在非匿名制的时候，政府对产出可观察。当政府能观察到居民的产出水平时，它可直接对产出征税，最后的均衡是：政府收走所有剩余产出，给所有居民提供同一水平的消费，所有居民都提供低努力水平。这是因为当政府不能使承诺可信时，对所有剩余可观察收入的边际税率都可能达到 100%，给予私人的激励很低。

在匿名制下，政府只能观察到居民的总储蓄，对产出不可观察，因此只能对储蓄征一个统一的税，而且国家征税存在一个上限，超过这一上限，那些贫困的人可能会难以生存。假设居民的储蓄是税率的减函数，税率为 100% 时，储蓄为 0，税率为 0 时，储蓄为一半的产出；政府的税率是总储蓄的增函数，当总储蓄未超过所有人都是低消费类型时的储蓄时，税率为 0，而当总储蓄超过所有人都是高消费类型时的储蓄时，税率为 100%。最后的均衡是：政府对储蓄征的税率小于 100%，而居民实现高努力水平、高收入水平。不过这一定理的前提是人均资本不是很高。

从中国的数据来看，由于一定的金融压制，政府的准财政收入（包括货币税和对储蓄的暗税）在增加，这一收入在 1986—1994 年接近 GDP 的 9%，约为 1/3 的总财政收入；同时金融深化，居民储蓄占 GDP 比例从 1978 年的 6% 增加到 1996 年的 56%，M2/GDP 从 1978 年的小于 50% 发展到 1996 年的 111%。

银行匿名制加上温和的金融压制是一种转型的经济制度，从中国的经验来看，这种制度既可以提高对个人的激励，又不会减少政府收入。然而这仍只是转型过程中的一种不错的选择，中国应继续其建立现代市场经济的努力。银行匿名制终将被取消，金融系统的透明度届时将增加，但这些改革必须有配套系统的改革，特别是约束政府的法律法规的实施。

WTO 与中国未来城市化过程的方向

文贯中

文贯中教授就加入 WTO 对中国城市化的影响以及加入 WTO 后更有效的城市化方式发表了演讲。他指出，自从 1949 年以来，中国的城市化或多或少是一种外生的过程；到 1980 年，中国政府仍有食物短缺、失业及社会秩序混乱等的顾虑，仍不愿意让城市化成为一个内生过程；但是加入 WTO 会大大降低中国城市化的痛苦与阻力，因为许多顾虑已可以消除，中国应遵循一个内生的，即由市场导向的城市化过程，以吸收更多从农业中释放出的劳动力，从聚集效应中获利。城市化是不可避免的，并将使中国社会发生根本变化。

在过去的 20 年里，中国城市化进程很慢，1998 年，城市人口占总人口比例为 30.4%，显著低于世界平均水平 47%。从 1989—1996 年，城市数量增长了 50%，但 100—200 万人口的城市数量只增长了 10%；城市人口增长了 42%，而在 100—200 万城市里的人口只增长了 16%。城市化能带来巨大的经济效益，同时不要求很大的空间，也不要求传统要素投入的增长，因此可以说缓慢的城市化意味着一种效率的损失。城市化由所谓的聚集效应驱动，即一大批人们和厂商聚集在一个相对小的地方以获得规模经济和外部性。厂商能够降低他们的生产成本，这是因为能更容易接近要素和产品市场，有更多的劳动力、工程师、经理，同时享受知识的溢出效应。

这么慢的城市化进程一部分是因为历史的教训，特别是"大跃进"期间曾造成的恶果，使中国政府对城市化有很多顾虑。还有一个原因是受其他制度的制约，例如中国的集体所有土地制度限制了土地流转，进而限制城市化。

城市化过程要避免采取外生的过程，即人为的创造。因为这样的城市往往需要政府的支撑，而这种支撑往往以其他地区的牺牲为代价。与外生过程相对应的是内生过程，内生的城市化是由于城市本身的经济活力吸引人们到这个城市，通过市场自身达到均衡的、最优的城市规模。只有这种城市化，才能真正产生有效的聚集效应。上海等沿海城市在 20 世纪 80 年代后基本上实现的是内生的城市化增长，城市增长很快，而内陆其他一些城市依靠财政补贴人为地扩大城市规模，造成许多问题，变成中央的一种财政负担。

加入 WTO 给加快城市化的内生进程提供了有利的条件，因为 WTO 放松了城市化的两个限制条件。首先是食物供应的波动可以由从国际市场的进出口来消除，加入 WTO 使得中国更容易从其他国家得到粮食；其次，有了更多接近世界市场的机会，会使得工作机会增加，从而可以吸收更多从农业释放出的劳动力，而且中国可以更好地发挥劳动力富裕的比较优势，增加出口。因此加入 WTO 后，政府担忧的许多问题不再显得那么重要，中国的城市化可以成为一个经济增长的必要条件和动力。中国政府应该改变阻碍城市化的集体所有土地制度，取消对农民进城的限制，取消对农民的生产计划的限制，给他们迁移的自由，并且放弃外生的城市化。

内部人交易和股票市场波动的关系

魏尚进

哥伦比亚大学的魏尚进教授作了"内部人交易和股票市场波动的关系"的报告。

他指出各国股票市场的波动很不一样，例如，如果用股票回报率的标准差来衡量，一年内意大利的波动是美国的 2 倍，中国是美国的 6 倍，俄罗斯是美国的 8 倍。高的股市波动会影响投资积极性，会影响股市的信息处理能力。问题是：为什么股市的波动在不同国家会有如此大的差异？一种解释是因为各国有着不同的基础性因素和宏观政策，而且其变化程度也很不一样，其中基础性因素有真实 GDP 的增长率、人均 GDP、市场成熟程度等，宏观政策变量有通货膨胀率、利率、财政收支占 GDP 比例等。从数据来看，股票市场的波动与真实 GDP 增长的波动呈正相关关系，与人均 GDP 呈负相关关系，与市场成熟程度（用股市资金占 GDP 比例来衡量）呈负相关关系，与通货膨胀的变化率成正相关关系，与利率的波动成正相关关系。但魏教授主要想考察的一个制度因素是一个国家内部交易的程度和股市波动之间的关系。

各国对内部人交易的看法非常不一样。不同的国家对不同的类型采取不同的态度，各国的法律条文、对违反者的惩罚及法律实施有许多不同之处。在美国，不合法的内部交易范围比较广，惩罚也比较严，法律实施也比较有效。内部人交易对股票市场波动的影响在学术界还未有定论。一部分人认为，由于内部人交易可以使信息传递得更快，可以减少价格中的噪音，因此可以减少股票市场波动，也能提高效率；另一部分人认为，内部人往往能从股票波动中受益，他们可能会选择高风险的项目，会垄断信息披露的时间和内容，这样这种交易会增加市场波动，也降低了效率。到底哪一种与现实更为接近，魏教授用实证分析来判断。

以前的实证研究中用过两类数据：一类是选择一个国家（美国或英国），分析合法的内部人交易（公司内部人交易）；一类是选择一个国家（美国），以发现的非法内部人交易量代表所有的非法内部人交易量，不过这种指标可能有选择性偏差（selection bias），即往往是股市波动大的时候，查明的非法内部交易多，而并不是非法内部交易增加了股市波动。魏教授用 1985 年 1 月到 1998 年 12 月的月度股票市场回报的标准差来衡量股票市场的波动，用 GCR（*global competition review*）在 53 个国家的企业调查问卷中的回答作为内部人交易的主观性指标。调查问卷的问题是：国内股票市场上内部交易有多么普遍（分 7 种程度）。得到的全国的平均水平就作为这个国家的内部人交易指数。

研究数据表明，股票市场波动程度与内部人交易指数呈明显的正相关关系。用最小二乘法估计，即使加入真实 GDP 增长率、人均 GDP、股票市场成熟程度中的一个或全部来控制基础性变量的影响，股市的波动程度对内部人交易指数仍显著为正。由于这一主观性指标有一个缺陷，即人们可能因为观察到高水平的股市波动而认为内部人交易程度高，因此再用工具变量法估计，结果基本不变。另外当对宏观政策的变化加以控制（加入通货膨胀率、利率、财政收支占 GDP 比例三个指标中的一个或两个），股市的波动程度对内部人交易指数也仍显著为正。

作一个横向比较，美国和中国的内部人交易差异为 1.82 时，将导致 0.122 个点的股市波动差异，而 0.073 的通货膨胀波动差异只导致了 0.00022 个点的股市波动差异，0.013 产出波动差异只导致 0.0038 个点的股市波动差异。即从美国的内部人交易水平到中国的内部人交易水平所增加的股市波动水平相当于增加 555 倍的通货膨胀波动，也相当于增加 32 倍产出的波动。以通货膨胀波动来代表宏观政策的变化，以产出波动来代表基础性变量的变化，从这里就可以看出内部人交易的差异在解释美中两国的股市波动差异中的重要性。

加入 WTO 后中国金融业的发展

张幼文

上海社科院的张幼文教授作了题为"加入 WTO 后中国金融业的发展"的报告。

从总体上说，中国加入 WTO 时对金融业开放的承诺是渐进和稳健的。

对外资银行的全面开放是在 20 世纪 90 年代上海、深圳两地试点基础上实施的，并且走先开放企业业务后开放个人业务的道路。外资银行的进入不仅带来了资金和经营管理经验，而且带来了外资企业的投资和出口市场，另外，创新金融工具的引入对中国传统银行经营方式的改革具有重大意义。一个国家银行系统的安全，不在于是否允许外资进入，而在于能否严格地按照金融管理制度、法规进行监管。在市场开放的同时，只要坚持机构设立与经营监管的严格统一管理，是完全能够防范银行系统金融风险发生的。

保险市场的渐进性表现在对不同险种的分阶段开放，稳妥性表现在对外资比例的控制，而规范性表现在取消市场限制和数量限制以后，实行国际通行的谨慎审批原则。开放的核心问题是市场份额的竞争。

证券市场的开放是更为稳健的，因为证券市场不成熟导致潜在的巨大风险。一个经济体金融危机的爆发不在于其开放度的高低，而在于开放速度的把握。一国的系统性、全局性的金融风险也不在于开放度的高低，而在于金融主管当局对金融系统监管的有效性。从这个意义上讲，不论是外资金融机构还是本国金融机构对金融风险的影响是一样的。资本市场的开放和资本项目的可兑换是国家金融安全的关键点。

在加入 WTO 问题上，金融业的开放是中国最困难的环节之一。这种困难归根到底来自于两个方面：一是微观层面上金融企业的薄弱，二是宏观层面上管理体制的薄弱。这些弱点导致了开放后以下几个方面的竞争，因而中国入世后的过渡期政策应从这些方面来考虑：服务质量、创新品种、人才资源、现代技术、投资回报和产权制度。

股权资本主义、银行资本主义与中国金融改革的取向

华民

复旦大学的华民教授作了题为"股权资本主义、银行资本主义与中国金融改革的取向"的报告。

股权资本主义与银行资本主义的区别体现在三个方面。首先是宏观体制方面：前者是市场导向的，而后者是政府导向的。再次是微观企业制度方面：前者由众多股东的外部人控制，后者主要是内部人控制。最后是金融中介方面：前者主要是直接融资，后者主要是间接融资；前者主要是非官方，后者主要是官方（政府控制银行资金）；前者能够提供风险

投资，而后者则在这方面作用很小。除此之外，银行资本主义存在更为严重的道德风险和信息不对称问题。

新经济产生需要自由的市场经济制度，巨大的知识存量积累，以及特殊的融资方式。其融资方式有三个特点：一是愿意冒险的投资者向公司提供资金；二是投资的对象不是机器设备，而是各种创意与点子；三是需要风险资本与创业板股票市场给予支持。只有股权资本主义能满足这些要求，因此加上其他要素后，美国能够成为新经济的策源地，而欧洲大陆国家与日本的银行资本主义则面临危机。新经济伴随着股权资本主义的胜利，直接融资与风险投资已经成为世界潮流。

中国的金融改革在20世纪90年代以前主要进行了财政与银行的分离，建立中央银行制度以及国有银行商业化。而90年代前半期的改革致力于创建资本，发展货币市场（银行同业拆借市场），推行主力银行制度。但是中国的资本市场仍具有浓厚的官方色彩，而银行体制由于大量的呆账、坏账变成了高风险的体制。东南亚金融风暴及美国的新经济启示必须寻求新的改革方向，包括放弃主办银行制度，加快资本市场的规范化建设，准备创建创业板市场、开放风险投资，同时政府应该退出资本市场。

汇率制度的选择

马丁·费尔德斯坦（Martin Feldstein）

哈佛大学的费尔德斯坦作了关于汇率制度的选择的报告，分析了六种现行汇率制度的利弊。

近年来，尤其是金融危机发生后，许多国家开始反思固定汇率和可调整的固定汇率的弊病。许多国家扩大了可调整的区域，为将来实现汇率浮动做准备。那么有哪些制度也可供选择呢？

在货币基金组织刚成立时，实现美元本位。后来条件变化，许多国家调整了汇率，并实现了可调整的固定汇率。后来又有多种汇率制度出现。在布雷顿森林体系时代，美元本位变成美元纸币标准，许多国家对美元实行钉住政策。但是后来许多国家的货币变得高估，整个经济变得不稳固，这主要有两个原因，一是这些国家的通货膨胀比美国的通货膨胀厉害，二是其他一些主要货币的变动引起货币高估，例如由于日元的贬值使泰国的出口受到重创，导致泰珠的高估。发生了这些情况，货币理应贬值，以回复到均衡状态，但这些国家却都没有及时调整。为什么他们不及时调整呢？有几个原因：首先，这些国家害怕贬值会引起通货膨胀；其次，这些国家的企业往往有大量外债，他们怕贬值引起债务负担的大大增加，并进而导致企业破产；再次，那些有影响的富人、商人及许多官员不愿意贬值，或者希望推迟贬值以获利；最后，政府寄希望于货币的自我调整，或者其他币种发生有利于本币的变化。于是政府继续维持汇率，却最终耗尽储备，发生金融危机，以更痛苦的方式实现了贬值。所幸的是，现在大家认识到可调整的固定汇率并不是任何国家、任何时候都适合的。

现在世界上主要有六种汇率制度：完全浮动、管理浮动、可调整的固定汇率、货币局、货币联盟及美元化。

完全浮动意味着汇率由市场决定，工业化国家基本上实现这一制度，而且越来越多的国家开始实现这一制度。浮动汇率下，当经济中的真实因素偏离均衡时，汇率会作出相应的调整，同时汇率随经济的周期作出相应的调整。但是，浮动汇率有两个缺点：一方面失去了货币政策的所谓"锚"，货币政策现在必须自律以防止高通胀的出现；另一方面汇率会由于各种因素的变动而变动，这样会导致企业尽量避免长期的交易。不过费尔德斯坦教授以及其他许多人还是认为，尽管有这些缺点，浮动汇率还是最好的汇率制度。

管理浮动意味着对外汇市场进行一定的干预以减少汇率的波动。在理想的情况下，凭借经验和智慧，汇率管理者可以知道理想的汇率是什么，从而可以让汇率对经济中的基础因素的变动作出调整，同时又能避免噪声或非自愿的波动。但问题是谁知道真实汇率应该是多少？中央银行或政府如何能知道现在汇率的变动是向着均衡还是偏离均衡？事实也证实干预往往是阻碍了汇率的正常变动。那么汇率管理者为什么要干预呢？与有调整的固定汇率相似，有三个原因，即通货膨胀率的考虑、债务的考虑及既得利益者的阻碍使调整很困难或滞后。管理浮动很普遍，但一个严重的事实是：管理浮动的国家越来越多地进行干预以维持汇率，更糟的是，汇率管理者往往将汇率变化的幅度近似公式化，今年5%，明年4%，这种公式化可能会导致汇率永远达不到均衡水平，因为汇率从错误水平出发，又沿错误的速度调整，经济可能会走向储备的耗尽及最终的经济危机。因此，管理浮动像固定汇率一样是一种危险的汇率制度，它可能在某些时候起作用，但不是一个持久稳定的制度。

现在许多汇率方面的专家认为中间汇率（包括管理浮动和可调整的固定汇率）不可行，只能在完全浮动和完全固定中选择一种。而完全固定有三种形式：货币局、货币联盟和美元化。

人们选择货币局这种制度是因为中国香港地区的示范作用。现在中国香港地区、阿根廷、爱尔兰都实行这一制度。货币局制度中，除了有政府承诺外，还有一个机制来维持固定汇率。拿阿根廷来说，现在比索对美元的比价为1∶1。中央银行保证每个流通和商业银行储备中的比索背后都有价值1美元的外国资产支撑着。这样就有两种效应：一种是心理效应，是指人们形成了不正确的观念，认为1比索就相当于1美元。而事实上，当所有的人都要把所有的比索换成美元时，银行就会破产。不过第二种效应即自动调节机制会在银行破产前发挥作用。事实上，当债务或其他原因引起了换比索为外币的行为，中央银行的储备就会相应减少，货币供应减少，从而比索利率上升，使得比索变得更有吸引力，阻止了比索的贬值。而当市场预计到这一机制会自动运行，挤兑也就不会出现。这样汇率就能保持稳定，货币政策也有所约束，又能防止挤兑。但是有几个问题存在：①当汇率不等于均衡水平汇率时，国家改变现有真实汇率水平的唯一方法是改变国内价格水平，而国内价格水平的变化可能会引起失业等问题。②如果人们有一段时间确实对比索失去信心，自动调节机制就会使利率大大上升。③固定的汇率无法对一些周期性因素作出调整。不过对于像阿根廷这种经历高通胀的国家，不知是否还有其他更好的货币制度。毕竟，货币局给这些国家的货币政策以强约束，使防止通胀的承诺变得可信。但是值得提醒的是，当其他国家的货币局失败时，剩余的货币局国家很可能就会陷入困境。

货币联盟比货币局更进一步。在货币联盟内的国家放弃了自己的货币，并创造了新的货币联盟内通用的货币，这样在联盟内再无汇率的问题，但对外仍有汇率，同时他们还限制了利率的差异。这种制度的优点在于减少了交易成本，促进了联盟内的资本流动。缺点是在有冲击或周期变化时，限制了国家采取有益的利率和汇率的调整。因此只有当放弃独立的利率和汇率的代价不高时，货币联盟才是有利的。这个条件的满足要求有灵活可变的工作，有移民自由，有可扩展的财政平衡，但事实上这些条件美国比欧洲联盟反而要好。

美元化是一个极端的、比货币联盟还要强的制度。这种制度下，国家完全放弃了自己的货币，而且他们不是和亲密的贸易伙伴共同使用一种货币，而是直接使用美元，这种制度缺点也是没有了自己独立的利率和汇率政策来适应国内情况。美元化一般都是因为公民对中央银行完全失去信心，也不期望中央银行将来会变好的情况下才实行的。

新兴市场的汇率管理

迈克尔·P. 杜利（Michael P. Dooley）

在拉丁美洲以及最近亚洲、俄罗斯的货币和银行危机中，人们开始重新关注汇率制度的选择问题、金融开放问题及危机管理的问题。杜利教授作了题为"新兴市场的汇率管理"的演讲，提出了关于金融危机的新解释。

杜利教授首先提出三个主要问题：①什么样的金融开放步伐比较安全？②金融开放后，政府和国际组织应该起什么作用？③汇率区域和金融危机的关系是什么？有三个关于金融危机的模型对这些问题作了回答，并有一定的影响力，它们是财政基础模型（fundamental fiscal model）、多重均衡下的银行挤兑模型（bank runs multiple equilibrium model）和以保险为基础的模型（fundamental insurance model）。其中的银行挤兑模型在当前的政策争论中占主要地位，因为这个模型比较好地解释了亚洲金融危机的情况，而且大家比较熟悉。银行挤兑模型指出，金融开放的关键在于如何在国际资本流动的收益和金融危机的成本之间找到一种权衡，而且为了消除"坏"的均衡，政府的干预可能是必要的，因为政府可以充当最后贷款人，同时可以进行国际债务重组。保险模型是杜利教授的论文所要讨论的模型，它从关于投资攻击的第一代模型出发，但提出了不同的基础。第一代模型认为投资攻击是不一致的政策体制的自然的、可预见的结果，所谓不一致的政策体制是指一个国家要维持名义汇率的稳定，但其货币、财政政策又与此目标不相一致。而保险模型认为私人资本的流动往往发生在金融危机之前，其基本政策冲突指的是受信用约束的政府既想持有资产以平滑消费，又想为那些管理不善的信贷市场提供保险，即为居民的金融债务提供保险。第一个目标要求积累流动资产，而第二个目标促使投资者有动力在有利可图时谋取政府的资产。模型的基本想法是：一些共同的冲击使得在1989年后资金流入到拉丁美洲和亚洲，而政府的两个相冲突的政策体制将产生内在的财政赤字，一旦政府资产的市值与其需承担的可能发生的保险债务相等时，国内债务的收益率低于国际水平，投机攻击发生，投资者将变现他的债权，而政府将耗尽其储备。这种投机攻击是完全被预料到的，而且在攻击时，其政策基础及对这一基础的认识并未发生改变。

在这个模型中，资金流入并最终导致金融危机这个过程的发生还需要三个基础条件：①政府在开始必须拥有正的净国际储备，这个储备包括那些可能将拥有的资产和债务。②政府承诺为了赔偿那些受保的债务，将不惜耗尽这些储备，而且这一承诺是可信的。③私人投资者能够进行那些可能产生受保险的损失（insured losses）的交易。

在模型中，金融危机的发生与有约束力的制约的松动相关。现实中，这种松动来源于两个方面：一个是1989年以来的国际利率的下降使得有着大量国际负债的发展中国家获得了资本收益，促使他们成为新兴市场，也使这些国家的政府成为可信的保险人；另一个是这些国家的经济改革、金融开放以及国际组织或其他政府的信贷使得政府的信贷约束线外移。这种松动触发资金流入，而储备的积累维持并扩大了资金流入。两个来源对于发生金融危机的国家都是相似的，但投机攻击的时间却可能很不一样。这是因为资本流入的持续时间依赖于银行、居民和企业能卖出的受保险债务的比例和可挪用的利润。具体地说，引起投资攻击的隐性债务的增加与许多因素相关。首先是当地的监督系统；其次是金融市场的开放程度；再次是开放后，外国投资家所能获得的国内债务；最后是开放后，原有管理系统的效率是否更差了。投资攻击往往会持续一段时间，而且会从管理不善的、开放的金融市场传播到管理良好、相对封闭的经济。事实上，如果一个国家的监管十分严厉，被挪用（appropriate）的存款比例很小，金融危机可能就不会发生。

固定汇率为产生保险攻击提供了肥沃的土壤，但并不是必要条件。固定汇率之所以是一个有利条件是因为一方面它使受保险的损失更容易产生，因为人们现在为个人风险投资的损失找到了一个借口，即在投机攻击发生后，货币贬值，他们可以把损失归咎于汇率的变动，迫使政府介入给予保险；另一方面，稳定性干预维持了资本的流入，也就扩大了政府的隐性债务和危机的可能性。在拉丁美洲，这种债务的扩大比例达到了约50%，而亚洲达到了约60%，同时这种稳定汇率的承诺也使得人们更加相信政府在投机攻击后会耗尽其储备。说固定汇率不是必要条件，是因为攻击发生后，储备的耗尽是由于政府有强烈的动力充当最后借款人以支持其金融系统，而政府维持固定汇率的动力则要弱得多。

保险模型是一个完全预期的模型，完全预期意味着各国的保险危机的发生应该是完全独立的。而现实中金融危机常在同一时期发生，这种现象常被解释为传染的结果。但是传染并不一定与个人预期的变化相联系。当观察到危机时，人们将重新认识能给予新兴市场实施保险承诺的政府的信贷大小以及在各国的分布，这样一国的危机很可能会触发另一国的危机。例如，在墨西哥和俄罗斯的金融危机后，对于政府信贷和国际组织的贷款能力和意愿，有一半的国家被认为所能得到的贷款会减少，而其中一些可能很快会受到投机攻击。而且根据保险模型，一个共同的、在同时间内使政府的净资产减少的冲击也会在同时间内产生许多金融危机。

那么，根据保险模型，该如何来防范金融危机呢？一个很明显的方法是限制私人投资者利用政府保险的能力。另外在开放资本市场的时候，政府需要对国内信贷市场进行有效的监督和管理，如果短时间内无法实现这种有效管理，则最好还是延迟资本账户的开放。如果政府既不能有效地管理金融系统，又不愿控制资本流动，那么，政府应密切关注资产债务结构以最小化危机发生的可能性和危机发生后的损失，操作上的含义是通过减少债务以及将资产转移给私人部门来迅速清算资产，同时选择合适汇率政策体制以避免产生大量储备。保险模型也给出了金融危机的警报信息：任何类型的国内信贷的快速增长意味着对保险攻击有约束力的制约可能已经松动,如果这种增长是由资金流入引起的,那么问题可能正在酝酿中。这时需要看三个基础条件是否得到满足,即政府是否有净资产,政府是否将耗尽这些资产来承兑债务,居民是否有机会发行没有受谨慎管理但又受保的债务,如果这三条都满足,则国家可能正迎接着危机的到来。

国际证券投资的类型

琳达·特萨(Linda Tesar)

密歇根大学的特萨教授作了题为"国际证券投资的类型"的报告。

在发达国家,资金流动的规模越来越大,总资本流入和总资本流出从 1988 年到 1998 年都增加了约 1 倍,分别达到了 1784.9 亿和 1755 亿美元,其中流向新兴市场的净私人资本增加了近 4 倍,从 1990 年的低于 500 亿到 2000 年的 1900 亿。另外,不同类型的资本流动比例也发生了变化,流向新兴市场的证券投资已从 1990 年的很小的量增加到 1993 年最高值 510 亿美元,接近当年总资本流动的 50%,以后有所减少;而外商直接投资的比重从 1985 年少于 20% 增加到 1998 年的超过一半;外部融资由依赖政府贷款转向在私人市场上借贷。

在新兴市场的第一波金融开放中,大家普遍相信资本市场的全球化是很有利的,但金融危机后,大家开始困惑。另一方面,一直以来经济学家认为持有国际多样化证券是有利的,然而许多发达国家的证据表明,人们大都只持有一部分外国资产,这种现象被称为国内偏向。近些年,人们持有外国资产的比例在上升,但仍然远小于标准理论模型给出的最优证券组合。到 1996 年底,在股票证券中投资于外国证券的比例在加拿大为 11.2%,日本为 5.3%,美国为 10%,德国为 18.2%,英国为 22.5%。

为什么会产生这种偏向呢?一种解释是国内市场的回报率很高,但这并不与传统理论矛盾,因为持有国际证券,风险会下降。一种解释是资金控制、税收或者其他一些成本限制了资金的流动,但是这种解释不能令人信服,因为这些限制可能存在,但程度并不高,尤其在美国这样的发达国家里,即使这些限制起作用,也不足以解释这么大的国内偏向。另一种解释是因为交易成本高,但是从在国外投资的厂商行为来看,并不能得到外国证券的交易成本比本国证券的交易成本高的结论。再一种解释是对外国证券不够熟悉,这个解释虽不够经济学,但却不无道理,毕竟在国内投资比较舒适,有语言、文化、合作容易等因素。还有一种解释是信息不对称,对国内的各种信息比较了解,因此在国内投资信息不对称程度轻,风险也就较小。最后一种解释是,有可能偏差并非不是最优的,或许在证券选择模型中忽略了一些重要因素。偏向于最后一种解释,不过还需进一步论证。

尽管有国内偏向,但典型的资金还是有一部分会外流,从 1990 到 1999 年,向发展中国家的净资本流动总体上升,其中,国外直接投资上升最多,而债务股票投资近些年有所下降,政府贷款变化不大。那么证券投资流向何处了呢?对 1998 年的股票投资来说,流向东亚和太平洋地区的最多,占 58% 以上;其次是欧洲和中亚,占 15%—20%;再次是拉丁美洲、中东、南亚、非洲。但债务投资的流向有所不同,东亚与太平洋地区、欧洲、拉丁美洲的比例相差不多,各占约 25%。针对为何不同国家的证券投资不同的问题,越来越多的经济学家开始关注净购买力,而且发现几个重要现象:①净购买力是自相关的,因此某一时期的净购买力变化的影响会持续以后好几期;②净购买力与回报率变化的滞后量相关,即使用不同的回报率指标,结论基本不变,有时这种现象被称为"回报购买者";③各个市场的净购买力是相关的,自然有人会问这是否就是"传染"的一个证据,不同市场交易成本是相关的,因一个国家的交易成本变化会引起另一个国家的变化。但目前还很难下结论,因为很难分清哪些是所谓的基础,同时也还不清楚基础如何影响证券的选择,又有多少交易成本是因这些基础引起,非理性投机行为又在其中起什么作用?

最后一个问题,从 1985 到 1998 年,资本流动的组成发生了很大变化,外国直接投资所起的作用越来越大,而政府贷款越来越少,证券投资在 1990 年后增加,但 1996 年后又有所下降,1999 年有所回升。当比较发展中国家和工业国家的各个投资类型的组成时,也发现一些有趣的现象:工业国家更多地依赖证券投资特别是债务融资,而发展中国家更多地依赖外国直接投资和股票融资。关于总的资本流动以及每个分项的资本流动的文章很多,但各种投资类型可能会相互作用,不同的类型背后动机也可能不同,而且有人提出东南亚金融危机是资本流动的结构不合理造成的,因此有必要将多种投资形式放在一起考察,并希望能得到什么是最优的组合方式。借用公司融资的说法,认为在国际市场上,借方和贷方间存在信息不对称,而不同类型的资本流动是借贷双方达成的不同类型的合同。但现在的模型未区分长期短期资本流动,还有待于进一步细化。

外商直接投资的类型

罗伯特·利普西(Robert Lipsey)

外商直接投资(foreign direct investment,简称 FDI)在历史上很早就出现了,欧洲的直接投资可追溯到中世纪,美国可追溯到殖民地时期,日本在一战之前就有直接投资,其主要对象是中国,但对 FDI 的研究却开始得很晚。一方面是因为直到最近,政府贷款和证券投资仍是国际资金流动的主要部分。另一方面是因为 FDI 的确与其他投资方式很不一样,它对输入国、输出国的投资公司来说都是很特别的:它创造了一个新的实体,输入国获得了新的技术、管理方式;它创建了一种新的贸易关系,即母公司与子公司的关系。

美国在 19 世纪早期就成为了净对外直接投资国,虽然当时外资流入净值为正。在 1914 年,大部分国家的外国资产以政府贷款或证券投资的形式持有,但美国和日本则以 FDI 为主。在输入国中,分别与美日毗邻的加拿大和中国是个例外,以 FDI 为主。最近二三十年,FDI 在世界总资本流出中的比例逐年上升,1996、1997 年有所下降,1998 年金融危机开始后又开始回升并超过了 30%。FDI 相对于其他资本流动方式,其波动要小得多,对于亚洲的发展中国家,这一差距更为显著。这是因为 FDI 涉及生产设备的物主关系和操作,不易变化,对于制造业尤其如此。因为制造业与跨国公司的其他部分的人员、技术、业务联系更为紧密。在亚洲金融危机中，FDI和其他投资类型的波动的差异非常明显。向亚洲发展中国家的直接投资在1997、1998年间下降了17%，但仍高于1995年的水平。外商直接投资净值1997、1998年共下降了22%。而证券投资在1997年下降了70%，1998年转为负值，即1997、1998年共下降了180%。除FDI和证券投资以外的资本流动就下降得更多了，两年内下降了250%。

直接投资的长期性意味着这些企业更多地融入到输入国的经济中，进而使这些企业产生特殊的行为。在1982年的拉丁美洲经济危机中，美国公司在这些国家的子公司的行为的一个突出特点是大量地从内销转为出口。他们的出口及出口倾向的增长比输入国的其他公司还快，这可能是因为这些子公司比当地的企业更容易由内销转为出口。由于在东南亚金融危机中，这些子公司的出口数据和总的销售数据没有及时收集，因此难以对他们在危机中的反应下结论，但仍能看出与20世纪80年代相似的转移市场的行为。在1994到1996、1997年间，这些子公司的出口占墨西哥制造业出口的份额从35%增加到50%以上。

美国和日本早期直接投资的方式有所不同。美国早期更多地投资于那些美国有比较优势的行业和产品，而日本则更多地投资于那些输入国有比较优势的产品。因此在早期，美国对改变贸易结构的影响更大。不过两个国家渐渐地变得相似，都开始输出本国的技术和投资于本国的比较优势产业。

从东南亚国家的出口在危机后的迅速恢复，以及美国在拉丁美洲的直接投资企业在1982年危机中的出口情况来看，利普西认为外商直接投资企业很可能在经济恢复中起了重要作用。为何会有这种重要作用呢？有人认为这种作用来自于外企带来了新的产业、新的技术，但这是一种长期效应，无法解释波动，而且实证检验表明，当把企业规模、位置、资本密集度考虑进去，外企和内企的技术和效率的差异很小。利普西认为这种作用来自于外企与国际市场更为接近，这种与国际市场的接近性是跨国公司带来的一种优势。事实表明，美国的母公司对某个市场出口多，其在东亚的子公司对这个市场出口也多。跨国公司带来的是国际市场的信息，需求的信息，如何供给的信息，同时他们带来了与公司其他部门共同生产销售的合作机会。

新兴股票市场的独特之处

兰德尔·莫克（Randall Morck）

来自哈佛大学的莫克教授作了题为"新兴股票市场的独特之处"的报告，分析了新兴市场股价及涨落的原因。

在公司融资理论中，股票市场被看做一种信息处理器，股票回报率既反映市场信息，又反映企业信息。在高收入国家，各个股票价格的走向往往同步性弱，但是，在新兴市场中，股票价格却往往一起上涨或者一起下降。对此莫克教授有几种解释：第一种解释莫克教授称之为"结构原因"，认为新兴市场有着更多变化多端的基础性因素（结构因素），例如政策的不确定性及其他引起股价一起变化的事件；第二种解释称为"制度原因"，与股票市场的结构相关，这些因素引起股价一起涨落。即使基础因素在各个企业或各个国家并不相同，莫克教授从实证检验，发现第二种解释更为合理。

比较不同市场 1995 年的前 26 个星期在一个星期内的股价一起涨落的股票的比例，莫克教授发现，在中国这一比例超过 80%，马来西亚、波兰等国家也十分相似，而美国、丹麦、伊朗这一比例却未曾超过 57%。由于丹麦、伊朗的证券数量比中国、马来西亚还小，因此不能把这种巨大差异归因于市场规模的不同。从美国 1926—1995 年月度数据来看，把那些保持股价较稳定的股票剔除，莫克教授发现，在早期，一起波动的股票的比例也很高（大于 60%），但这一比例呈下降趋势。

除了用一段时期内股价同涨落的股票比例来衡量股价同向运动的程度之外，也可以用公司融资中的方法——资产定价模型，即用企业的股票回报率对市场平均回报率做回归，得到的 R^2 值越高，表明股价同向运动程度越高。结果是 R^2 反映出的趋势与前一指标的结果相同。还发现只有 4 个相对富裕的国家有较高的 R^2 值，除此之外，低收入国家 R^2 值高，而高收入国家 R^2 值低。有最高的 R^2 值的地区分别为波兰、中国、马来西亚、中国台湾、土耳其，最低的 R^2 值为美国、伊朗、加拿大、英国、澳大利亚。从人均 GDP 与同涨落的股票比例的图和人均 GDP 与 R^2 值的图来看，可以看到明显的负相关关系，但是从图中也看到低收入国家和高收入国家可以分成两个点集，在点集内，这种负相关关系就不是很明显了。

对于这些现象，莫克教授首先想到的会是发达国家和新兴市场国家的结构因素不同，例如发展中国家往往比较小，且比较集中发展某几个工业，GDP 增长率和通货膨胀率变化大，经济不够多样化，大公司少等等。莫克教授通过计量发现这些结构因素的确部分解释了股价的同涨落，但是它们并没有解释股价的同涨落与人均 GDP 的高度相关性，人均 GDP 与股价的同涨落仍显著相关。莫克教授试了不同的结构变量及不同的指标，结果没有大的变化。

但是当加入反映对私有产权保护的指标时，莫克教授发现这些指标与股价同步性高度负相关，同时人均 GDP 的影响变得不显著。因此可以说，低收入国家的股价同向程度高是因为对私有产权保护低。对私有产权保护的指标可以用政府指标，包括政府腐败、私有财产被政府没收的风险、合同被政府中止的风险三个指标，也可以用法律和施法有效性指标，两个指标的结论一致。

为何对私人产权保护差会增加股价的同向运动程度高呢？一方面，对私人产权保护差意味着企业的市值与政治事件紧密相关，甚至只是有关政治事件的谣言都可能会影响企业市值，因此股价的同向运动可能反映了高的政治风险。另一方面，差的私人产权保护也降低了信息风险套利的吸引力。除了风险由于政策的不确定性而增加外，风险投资者的套利所得也没有保障。信息风险套利的减少阻碍了企业信息资本化成股价，同时弱的产权保护会导致"噪声交易"的增加，从而增加了股价的同向性。

反映股价同步性的高的 R^2 值既可能是反映了企业回报率的低变化率，又可能是反映了市场回报率的高变化率，或者两者结合。现实中，新兴市场 R^2 值高，市场回报率变化也高；发达国家 R^2 值低，市场回报率的变化也低，而且企业回报率的变化也低。这种区别并不和结构因素相关。但单从发达国家的数据看，高的 R^2 值伴随着低的企业回报变化率和高的市场回报变化率，而低 R^2 值伴随着高的企业回报率变化。低的股价同步程度意味着更多的企业信息被资本化成股票价格,而在新兴市场的高的股价同步性,则对应着高比例的"噪声交易"。

如果莫克教授的理论正确,那么他们对于国际货币基金组织的政策建议是:要帮助中国发展金融,光建立一个股票市场大概作用不大,因为这样的股票市场股价同步性程度很高,并不能传递真实企业信息从而实现有效的资源置配。

风险投资

安德鲁·塞姆维克(Andrew Samwick)

来自达特茅斯学院的塞姆维克教授作了题为"风险投资"的报告,他的演讲分四部分,首先他介绍了风险投资(venture capital,简称 VC)的作用,其次介绍了美国的风险投资融资的情况,接着介绍了公众风险投资(public VC investment)和公司风险投资(corporate VC investment),最后指出对发展中国家发展风险投资的启示。

1. 风险投资的作用

新企业未来的高度不确定、企业与外部投资者的信息不对称等问题导致一些新企业不能得到足够的资金,风险资金的作用就在于为这些私人拥有的创业企业提供股票融资渠道。

由于风险投资往往投资于某个"想法"或其他一些很难加以测量的项目,风险投资基金面对着逆向选择和道德风险的难题。风险投资成功的秘诀在于严密的监控加上灵活的退出机制,即阶段性融资,后者在各种形式的风险投资中都是很关键的,它使得有许多机会可以终止资金供给,从而既可以减少风险,也给企业以比较强的约束。对于不确定问题,风险投资利用三大优势来处理这个问题:首先,风险投资基金往往有一个"大财主客户",他能够承受那些受管制的金融中介例如商业银行所不能承受的风险;其次,风险投资基金的投资者往往是某个行业的"专家",能够尽可能地降低风险;最后,风险投资基金有许多部门内分散投资的机会用以降低风险。

2. 美国的风险投资现状

从美国的风险投资基金的情况看,各种类型的风险投资基金的股票收益率都在增长,1 年期风险投资的股票回报率的增长率最快,为 146.2%,其中,处于早期的风险投资(early seed VC)的股票回报率的增长率最快,为 247.9%。

在美国,风险投资融资发展很快,从 1999 年 1 季度到 2000 年 1 季度利用风险投资融资的企业从 851 增加到 1557 个,每个公司的平均融资规模从 700 万增加到 1460 万美元,总投资资金由 61 亿增加到了 227 亿美元。其中,计算机和通信行业融资额最多,增长也最快,分别从 25.66 亿和 163 亿增加到 124.3 亿和 602.2 亿美元,在 1999 年 1 季度还只有 50%的企业与网络相关,到了 2000 年 1 季度,这一比例达到了 75%。这种快速增长得益于两方面原因:一方面,计算机和通信行业生产率的巨大提高和公司产品集中而非拼盘的趋势的持续，给风险投资提供了更多的投资机会；另一方面，股票市场中的资金在寻求着新的投资机会。

3. 公众风险投资基金和公司风险投资基金

由于私人投资者处于信息劣势，因此有必要对私人投资者进行保护。这种保护对于风险投资的发展很重要。投资者从下面几个方面得到保护。首先，如果把风险投资基金看成是一个组织，他是有限合作的，而且基金设计成 10 年左右清算，这样就给风险投资经营者一个硬约束，防止他们过度冒险。其次，风险投资可以通过企业的首次公开募股直接将资金按比例归还给投资者。如果没有首次公开募股市场，可以通过那些能够多样化投资、能随时变现企业股票的股票市场收回投资。另外，风险投资基金的管理者被给予了足够利益补偿，以激励他为投资者谋利。风险投资基金的管理者拿走利润的 20% 并不少见，但是即使在美国，在某些情况下，你不能给风险投资基金的管理者支付太多。风险投资基金仍受着委托-代理问题的困扰。

在美国并不是只有由私人提供资金的风险投资基金，由小公司投资的基金在 1958 年成立，到了 1999 年，这一基金已经为 8000 家小公司提供了 224 亿基金。但是，这一基金几乎完全是早阶段类型的融资。公众实体提供了资金，也必须给他们以退出机制，而早阶段类型的融资退出较容易。同时，这一基金的规模比私人提供资金的基金的规模小得多。在风险投资刚出现的时候，公众风险基金是私人风险基金的 3 倍多，而现在主要都由私人提供资金，但公众风险基金在转型期间的确帮助了许多企业的成长。SBIC 等曾帮助苹果、康柏、英特尔融资。

传统的公司内风险投资基金在历史上没有运作成功。有许多原因，包括不能给基金管理者以足够补偿所导致的管理问题，不同项目如与内部 R&D 项目相竞争问题，资金不能集中使用问题，缺乏结束低利润投资的约束问题等。现在的公司风险资金的运作有所不同，以英特尔为例，在 20 世纪 90 年代的 10 年中，英特尔公开的投资额中所列的风险基金有 17% 是他自己投资的。有 42 家企业和英特尔一起上市，英特尔在其中做战略投资者。英特尔 1999 年的 R&D 资金组成中 31 亿用于了研究开发，60 亿用于了对 12 家企业的收购，80 亿用于了证券战略投资。为何英特尔的公司风险基金能够成功，而其他的公司风险基金未能成功？有人认为是信息不对称的原因，虽然公司的管理者对公司的实际运营和产品的组合更加了解，但是英特尔只是少数几家知道同样多信息中的一家。不过，虽然英特尔对管理者的工作并没有了解更多，但的确更了解管理者努力的效率，因为首先可以看到回报。

4. 对发展中国家发展风险投资的启示

发展中国家的货币化及经济增长给外国投资提供了更多的舞台，同时技术进步提高了通信和监控能力。许多新近私有化的企业需要资金，需要现代化，因而风险投资基金在发展中国家有着巨大潜力，但是发展风险投资基金需要很多条件，对于金融市场的要求有以下几点：有大量有能力的企业管理人才，可灵活设计的证券以提高风险投资投资者的监控，有透明的审计和会计制度，以及及时准确的宏观和金融市场信息；在首次公开募股或退出市场中有更多流动性。对法律结构的要求有以下几点：有限责任制以明确的风险投资的时间约束，允许风险投资管理者的得到高薪的补偿制，知识产权的保护，以及股东合同的保护。

中国风险投资市场现状

钱振英

上海交通大学钱振英博士就中国风险投资市场现状作了报告。

他指出，中国风险投资市场还非常不成熟，国内的风险投资企业只有约 100 家，其资金来源主要是政府，而基金总额只有约人民币 400 亿。在中国的外资风险投资企业包括 IDG、Softbank、Acer Group 和 Intel CIV 等，他们在中国的投资额少于 3 亿美元，而且采取了比较特殊的投资方式及退出机制——离岸持股公司。但是国内对于风险投资基金的需求非常大，据估计有 200 家孵卵器和 10000 家出租公司需要风险投资基金。

国内风险投资基金的资金结构中仍以政府资金为主，另有一些风险投资公司是中国的一些企业用在海外上市红筹股筹集的资金建立起来的，还有一些由大学或公开上市的公司等提供资金。例如，上海智能网络风险投资管理公司的资金总量为 1.5 亿人民币，其资金由三个地方提供：一是上海风险投资公司（从上海市政府拿到了 6 亿人民币），二是上海徐汇地政府，三是上海交通大学，三者各占 1/3。

与外资风险投资企业相比，国内的风险投资企业有着一定的优势，首先他能享受当地政府的支持，其次他在国内能比较好的起到连接作用，特别是在孵卵器和加速器的基础上，他能帮助企业找到有意向的证券公司进行合作，另外它还不受投资限制条款的约束。但是国内的风险投资公司也有一些劣势，一是缺乏有经验的风险投资家，二是决策过程复杂，三是退出困难。

钱教授得出两个结论：第一，总的来说，风险投资行业在中国的前途光明。法律正在加以健全，《工业风险投资基金法》有望在明年初开始实施；加入 WTO 以后，中国经济将更加开放，国内的股票市场将向外商投资企业开放，深圳的二板市场也将在明年开放；同时中国市场将是世界上巨大的潜在市场，中国也将成为一个主要的网络经济国，在这 5 年内，中国的网民已超过 1 亿，汉语已成了第二大网络语言；另外，来源于私人资金的养老基金、保险基金仍将逐步增加。这一切都将有助于风险基金的发展。第二，外资风险投资企业和国内风险投资企业的合作将取得大的成功。外资风险投资企业和国内风险投资企业的优势是互补的，因此两者合作必将成功。

世界房地产市场

威廉·戈茨曼（William Goetzmann）

耶鲁大学的戈茨曼教授作了关于世界房地产市场的报告。

房地产行业由于其产品的不可携带性而区别于其他行业，同时，顾客的选择也不仅仅考虑价格、质量，短期套利机会的缺乏导致一个地区房地产价格可能会迅速升高，而另一个地方的房地产价格却在下降。由此可以预期各个国家间的房地产市场的相关性很弱，同时已有不少人说明房地产是多样化投资的一个很有效的途径。

然而事实却令人吃惊，从1987年到1997年的21国数据来看，各国的房地产市场明显相关。在1991—1993年间，大部分市场和大部分房地产产品都经历了负的真实回报率，只有中国香港地区、新加坡、马来西亚、葡萄牙呈明显的正回报率，1997年的情况与此相似。与GDP的波动相比较后，戈茨曼教授发现，房地产回报率的波动与GDP的波动十分相似。戈茨曼教授将GDP看成是一个基本因素，分别分析全球经济（以世界平均GDP为代表，各国权重相等）和本地经济（以各国GDP为代表）对各国房地产市场的相关性的影响。数据来源于 International Commercial Property Associate（ICPA）。他们抽取1987—1997年间有时序资料的22个国家的关于工业房地产、办公楼、商品楼的收益，资金率及有效租金的数据，并将其转化成真实美元。

戈茨曼教授做了两种检验：第一种检验中除去本国GDP的影响，拿各地房地产的回报率对世界平均GDP的变化作回归，比较原始各国房地产市场回报率相关性与回归残差的相关性。如果本国GDP对本国房地产市场回报率影响非常大，而且各国之间是不相关的，则除去这一因素会导致回归残差的相关性增加。如果本国GDP既反映了本地经济的影响，又反映了世界经济的影响，则结果不一定。在第二种检验中，除去全球平均GDP的影响，作同样的比较，在这个检验中预计回归残差的相关性会下降。在两个检验中都发现各国房地产市场回报率的相关性明显减少了。除去本国GDP的影响，工业用房和商品房的相关性分别从0.33和0.36降到0.13和0.16，而办公用房的相关性从0.44降到0.26；而若除去全球GDP的影响，工业用户和商品房的相关性下降更多，降到0.08和0.12，办公用房则下降到0.265。但是这些影响国与国之间可能不同，有些国家本国GDP影响更大，有些国家则全球GDP影响更大。

戈茨曼教授用下面的方法将两者的影响公开，用房地产回报率对全球GDP和本国GDP对全球GDP回归的残差作回归得到一个R_1^2，将房地产回报率对全球GDP回归得到R_2^2。这样，每个国家每种房地产利用时序资料就得到了一个比率R_1^2/R_2^2，这一比率越高，说明国际GDP的作用越大。结果表明，大部分国家主要受本国GDP影响，但中国香港主要受全球GDP影响，美国的工业房地产、加拿大的办公楼、泰国的商品房受全球GDP影响大。

接下来考虑国际房地产证券（各国权数相等）对全球GDP及其滞后一期项，以及房地产回报率的滞后一期项作回归，以便控制残差项的自相关。结果是当期的GDP的仍旧显著而GDP的滞后项不显著。由于国际的时间序列资料很短，戈茨曼教授采用了美国的从1960年开始的时序资料作分析，将GDP的1年、2年、3年滞后量，以及回报率的1年、2年、3年滞后量作为解释变量，结果是当期和滞后两期的GDP影响显著。

房地产回报率一定程度的同向运动性说明通过房地产进行多样化的作用是有限的。事实上，通过与股票市场比较，发现房地产国际市场的多样性收益与股票市场并没有量级的差别。其中，工业房地产的这种收益最高，而办公楼和商品房的这种收益都低于股票市场，办公楼最低。但是如果去除全球GDP的影响时，工业房地产证券的投资风险就大大下降了。

综上所述，得到的几个结论如下：

（1）不同国家的房地产市场的相关性是由于他们都受着全球 GDP 的影响。
（2）对许多国家来说，本国的 GDP 变化对本国的房地产市场影响更大。
（3）房地产市场从根本来说是地方性的，但其共同变化性却是国际性的。

加入 WTO，中国的保险业准备好了吗？

孙祁祥

北京大学的孙祁祥教授作了题为"加入 WTO，中国的保险业准备好了吗？"的报告。她的报告主要分四部分：一是加入 WTO 对中国保险业的具体含义；二是对过去 20 年保险业发展的回顾；三是中国保险业面临的挑战；四是一些政策建议。

在第一部分，孙教授指出，加入 WTO 意味着要求有更透明、更公平的保险审批程序，意味着逐渐消除外资保险公司开展业务的地区限制以及服务种类限制，外企可以进入医疗保险和养老金业务。同时，再保险业务也将马上向外企开放（但有所限制），外资经纪公司也将被允许逐渐开展业务。对于中外合资保险公司，在人寿保险业外企的资金不超过 50%，在非人寿保险业不超过 51%。在一段时间内，非人寿保险公司的子公司将允许 100%外资，总而言之，内资企业将在 WTO 的规则下与外资企业竞争，竞争将会更加激烈。但是 WTO 对内资企业的冲击效应并不会像许多人想象的那样强。从 1995 年起，亚洲有 22 个国家和地区加入 WTO，但没有一个国家的保险业因此而崩溃。而且，保险产品与一般的工业产品不同，它与文化、习惯、法律都密切相关，国内企业在这方面有优势。另外，中国的保险业市场虽潜力很大，但还很不成熟，大部分外企进入后会采取谨慎和保守的策略。

在第二部分，孙教授认为中国的保险业近 20 年发展十分迅速。从数据看，中国的保险金额已从 1980 年的 46 亿发展到了 1999 年的 1393 亿人民币，公司由 1980 年的 1 家发展到现在的 27 家（12 家人寿业、12 家非人寿业、3 家综合保险公司），资产到 1999 年已达 2545 亿，债务达 2367 亿，职工数达 17184 人，而且建立了 3 个经纪公司、9 家专业代理、58000 家集团公司。法律也从无到了有，1995 起每年颁布一项法律，基本框架已经搭起。同时，孙教授比较了中国和世界其他一些国家的保险业发展情况。在 1998 年 88 个被调查的国家中，中国的保险金额列第 17 位，只有美国的近 1/50，只占世界市场份额的 0.66%，而且 1997、1998 的真实增长率低于印度，为 6.6%；而人均保险金额，中国列在了第 78 位。中国保险企业还很少，集中度很高，最大企业的市场份额，中国为 70%，而美国这一比例只有 5%，日本只有 20%。从中可以看到，中国的保险业还很不成熟。在 1992 年，中国政府在上海搞试点开放保险业，到现在已有 8 个国家的 13 家外企在中国设立了 20 家分支机构，在一定区域内开展外国居民的人寿保险业务。他们已拥有 44 亿资产和 18 亿的保额。以后的竞争将很激烈，但保险业的开放对提高国内的保险业很有帮助，它首先打破了垄断，其次带来了新的管理经验和方式，最后是给国内企业施加了竞争压力。

在第三部分，孙教授提出了保险业的四大挑战：首先是农业社会的传统文化和计划经济都造成了人们的保险意识薄弱；其次是人才短缺；再次是融资能力差，内部管理水平低，利润低，偿债能力差；最后是国内金融机构的竞争，其他金融机构如商业银行、证券公司，拿走了居民财富的大部分，留给保险业的资金量比例很小。

最后，孙教授提出了一些政策建议，她认为保险业需要改革，但并非是因为要加入WTO才改革。具体的建议有：公司制改革，注重密集型发展模式，加强管理，注意培养和保护企业，加强监管，建立与国际相适应的市场环境，提高消费者的保险意识等。

CCER-NBER 第四届年会

财政改革、通货紧缩等

（2001年6月）

北京大学中国经济研究中心与美国国家经济研究局第四届中国与世界经济年会于2001年6月23—25日在北京召开。

本次年会的演讲嘉宾有：加州大学伯克利分校詹姆斯·海因斯（James Hines）教授、艾伦·J. 奥尔巴克（Alan J. Auerbach）教授、米歇尔·J. 怀特（Michelle J. White）教授，哥伦比亚大学魏尚进教授、查尔斯·W. 卡洛米利斯（Charles W. Calomiris）教授，加州大学圣地亚哥分校罗杰·戈登（Roger Gordon）教授，密歇根大学凯瑟琳·多明格斯（Kathryn Dominguez）教授，中国财政部副部长楼继伟先生，北京大学林毅夫教授、陈平教授、易纲教授、姚洋教授、梁能教授、赵耀辉教授，中银国际曹远征先生，中国银行证券公司方星海先生，中国人民银行郭树清先生。

财政的改革

楼继伟

财政部常务副部长楼继伟在 CCER-NBER 第四届经济年会上说，目前财政政策正面临着重大选择，国家正在研究如何从财政的角度接受 WTO 的挑战。

楼继伟指出，现在社会上有一种误解，似乎扩张性财政政策只是政府增加了投资，其实，扩张性财政政策是各种政策的综合，它包括增加基础设施的投资力度、提高中低收入者的收入、支持社会保障体系的建立及调整部分税率等。另外，扩张性财政政策的规模应该用赤字，即实际财政支出大于收入的差额来表达，现在往往只用国家出了多少钱来表达，这是不准确的。如果按照实际支出大于收入的差额来衡量扩张规模的话，实际上去年扩张力度已经大幅度下降了。虽然2000年的赤字是2600亿，但是其中一个重大的变化是把债务付息列入赤字，扣除这个因素之后，赤字比上一年没有任何增加。

现在一些部门的专家说，1998年以来的经济增长主要靠财政部政策的支持。楼继伟承认1998年、1999年是这样的，但是他认为去年财政部的政策对中国经济增长 8% 没有贡献。那么为什么经济增长能够达到 8%？这必然是其他因素在起作用。这说明了两个问题：第一，确实出现了其他因素使得国内需求得到了回升；第二，财政政策确实到了转换它的作用的时候了。

楼继伟透露，今后要逐步减少财政扩张的力度，甚至最后走向预算的平衡，但这确实需要一些条件。他提出两个条件。首先，金融部门在经济运转中的作用应该更好地发挥。现在银行新增加的资产中增加最多的是财政部发行的国债，增加第二多的是对个人的消费信贷，而对于企业，特别是中小企业的贷款增加得很少，有时甚至没有增长、反而下降。楼继伟认为，中国应该更好地发展资本市场，让一些优良的企业尽量从资本市场融资，包括让它们更自主地发行企业债，这样就逼着银行更多地为中小企业服务。第二，财政在弥补东部和西部地区之间公共服务的能力差距上要有一些新的资金来源。最近几年，随着扩张性财政政策的实施，以往那种仅仅依靠大量增加赤字的支出模式将无法适应发展西部地区的需要。如果今后支持规模下降的话，那些地区必须有新的收入来源。现在正在设想把企业所得税和个人所得税变成一个中央和地方共享的税收，并且中央分享一个比较大的比例，这一税收 70% 来自东部，经过这样的调整之后，就可以从东部获得更多的收入来支持中西部地区。在这个过程中，要修改这两个税法。新的企业所得税法将与中国加入 WTO 后的外资企业所得税法、其他企业所得税法统一起来。同时要修改个人所得税法，使它从单项征收变成综合征收。目前也正在考虑把 GDP 型增值税改为消费性增值税，这恐怕要减少一些财政收入，但这也是加入 WTO 之后在财政上必须要做的一些事情。

楼继伟认为这样做是必要的。进入 WTO 之后，主要得益的将是沿海地区，可能广东将占得益的一半，受到损失的将是中部和西部地区，特别是中部地区，因为中部地区是农业的主要省份，加入 WTO 之后，按照中国现行的制度，恐怕会发现出口退税会大幅度增加。中央财政将通过转移支付的方式减少中国加入 WTO 对国民收入分配的不良影响。这种对中西部地区的支持今后还是两个方面：一个是增加它们的一般财力，另一个是支持它们的基础设施建设。楼继伟强调，为适应加入 WTO 以后的形势，中国需要很多改革，比如国有企业的改革、社会保障制度的改革、推进城镇化的改革等。有些专家认为这些改革如果没有完成，财政政策就应该一直保持扩张。楼继伟说，如果这样的话，财政就垮了，财政政策能做的事情是有限的。财政政策是宏观的，主要影响总需求，对于那些更为基础性的改革，无论采取什么样的财政政策，这些改革都是应该继续的，而不是财政政策能不能转向的一个条件。

美国人逃税行为的观察

詹姆斯·海因斯（James Hines）

逃税问题在美国和世界其他地方都是一个重要的问题。据估计，在美国，逃税总额占到美国国家税收的 10%—17%，世界上其他国家的逃税问题普遍还要更严重一些。逃税分为各种不同的种类，严重程度也各不相同。第一种是有意识地进行逃税，包括伪造文件，这属于严重的犯罪，各国对这种情况都有严厉的惩罚。第二种是在一些职责不明的领域低报收入、高报税收减免。在这种情况下，惩罚相对来说就不很严了。还有一种是可能由于人们不太清楚相应的规定而犯了无意识的错误。

对于逃税问题，人们主要是从五个角度进行研究。第一是研究随机审察（random audits）得到的数据。但是美国随机审察的工作终止于 1988 年，所以当前人们只拥有至 1988 的抽样数据。第二是使用统计回归的方法研究各个变量如税率和收入等之间的关系。第三是进行税收调查（survey）。第四是研究惩罚方式对逃税行为的影响。第五是进行试验（laboratory experiments）。

从随机审察的研究发现，1988 年美国 40%纳税人少缴了税收，53%的纳税人交纳了正确的数额，还有 7%的人多缴了。如果没有随机审察，平均每人的税收为 5500 美元，但是根据随机审察而补缴的税收，平均每人将多缴 289 美元。

从已有的统计回归的研究可以发现，纳税人面临的税率越高，他就越倾向于逃税；未婚者和老年人更诚实一些；职业也是一个很重要的影响因素，自己经营业务的（self-employed）和农民最容易逃税；对逃税者的惩罚和税收审核也对逃税行为有重要的影响，惩罚越严厉、审核越认真，则逃税行为越少。

还有一些其他的因素同时影响着纳税人的行为，首先是人们对审察可能性的预期。美国税收审察的人口不过 1%，但是根据调查，美国国民却不知道这个数字，他们相信每年会有 15%的国民将被审察税收。显然，这种错误的意识将有助于纳税人诚实地缴税。另外一个重要的影响因素是信息报告（information reporting）。在美国，雇主经常被要求向税收机关报告雇员的税收情况，这一制度安排激励人们诚实缴税。最后一点，税收系统越复杂，人们越容易逃税。

海因斯教授研究了过去未被发现的逃税对当前逃税行为的影响，这篇文章发表在 NBER 工作报告第 6903 篇（NBER working paper 6903）。在美国有一个现象，如果某个纳税人被税收机构发现逃税的话，他过去 5 年的税收情况也将被进行调查。所以有这样一种现象，如果一个人过去有很严重的逃税行为的话，现在他就有很强的激励不逃税。海因斯教授研究了 1947—1993 年美国的数据，发现对逃税的惩罚和罚款不仅仅影响当前的税收行为，它还是过去 5 年逃税行为的影响因素。同时他还发现，如果过去逃税较少，则现在逃税就会较高；如果所得税率上升很快或者收入上升很快的话，则人们的逃税倾向也会很高。换句话说，如果纳税人面临的潜在损失比较低的话，他就倾向于逃税。

海因斯对此做了计量回归检验，他以逃税额为被解释变量，收入变化额、税率变化额及税收审察概率（audit probability）为解释变量。回归的结果支持了他上述的观点。由此得到以下结论：逃税很大程度上是由潜在的可能被查出的逃税行为所决定；其次，税收审察也对逃税有着巨大的影响，根据海因斯的研究，如果人们对当前美国的税收审查制度持无所谓态度的话，那么当前逃税的实际额会比这种情况中逃税额少 40%。最后一点，美国经常实施特赦（amnesty），只要缴纳少量的罚金就可以对以往的逃税既往不咎。这种系统的一个弊病是实际上削弱了审察潜在逃税对逃税者的震慑效果，促使人们更多地逃税。

关税税率与关税逃税：从"进口消失"角度观察

魏尚进

从经济理论的角度看，税率对逃税的影响不是很确定。研究这个问题的一个难点就在于估计逃税的数额是很困难的。文献有许多通过某种方法间接估计逃税金额了，但这些估计都不是非常准确，因为它们都需要一些未经证实的前提假设，同时它们无法解答税率对逃税数额到底是什么影响。当前一些学者从比较直接的角度对这个问题进行了分析。在美国的税收遵从度量项目（taxpayer compliance measurement program，TCMP）的帮助下，Clotfelter（1983）认为二者之间的关系为正向关系，Feinstein（1991）认为二者是负向关系。这些研究的问题在于它们都无法区分开来税率效应和收入效应。

魏尚进教授从另外一个角度研究了税率变化对逃税行为的影响。他详细地比较了中国内地自己公布的从中国香港的进口数额和中国香港公布的向中国内地的出口数额，同时比较了货物的金额以及数量（physical quantities）。在研究中，魏尚进假设，中国香港公布的向内地的出口金额是内地从中国香港的真实进口，这个数值和内地公布的从中国香港的进口金额之间的差额为逃税额。他对 2043 种货物进行核对，然后进行计量分析。

如果以关税税率对货物的逃税差额进行回归，发现关税税率和进口差额之间存在正向关系，并且还可以计算出：当前如果中国内地的关税税率提高 1 个百分点，则逃税的增长会超过税率提高带来的增收，也就是说总税收反而会下降。这表明，中国内地当前关税税率处在拉弗曲线最优值的右端。上述研究没有区分高税率商品和低税率商品，因此他又研究了税率变化对相近商品的逃税行为的影响，即加入相近商品的平均关税这一解释变量后进行计量分析，发现对于同一种商品，税率的上升同样会导致逃税上升；对于相近商品，平均税率上升时导致相应的逃税金额下降，这表明如果某一类商品的税率上升时，人们在报关时可能有意地将该类商品报到其他种类的商品。而后，魏尚进教授又研究了关税税率对货物的数量差额影响，得到了与上面同样的结论。

魏尚进教授还对该研究结论的可靠性（robustness）进行了检验。如果在计量分析中剔除反常观察点的影响，结论没有变化；如果在计量分析中剔除企业信息因素的影响，结论没有变化；如果对这些商品子样本（sub-sample）进行分析，上述结论同样没有变化。如果在回归中加入减免税收的因素（exemption information），关税税率上升引起逃税增幅相对会比较小。

最后，魏尚进教授总结到，中国关税税率的变化对关税逃税的影响不仅仅在统计上是显著的，在经济上的含义上也是巨大的。关税税率每提高1个百分点，逃税就会增长7个百分点。这表明关税改革（降低关税）所带来的财政收入的减少可能没有想象中的那么严重。同时从这个研究中也可以看出，人们不仅仅以低报（under-reporting）的方式进行逃税，还以错报货物种类（mis-reporting）的方式进行逃税。

政府债务

艾伦·J. 奥尔巴克（Alan J. Auerbach）

奥尔巴克教授简单讨论了两个议题：与政府债务相关的经济议题及政府债务的度量问题。

考虑到政府的作用，国民收入恒等式应该为：$S+(T-r*B)=I+G+NX+Y_f$（Y_f代表国民在外国收入，G代表政府支出，NX代表净出口，I代表投资，S代表储蓄，$T-r*B$代表政府税收），进行恒等变换得：$S+(T-r*B-G)=I+(NX+Y_f)$。$(T-r*B-G)$就是政府的盈余，$(NX+Y_f)$就是经常项余额。由上式可知，保持其他变量不变的情况下，政府债务发生变化，政府的盈余就会发生相应的改变，进而会冲击其他三个变量。如果保持储蓄不变，则结果是挤出了民间投资，同时冲击了贸易余额。这一系列的影响在进行政府支出时需要认真的分析。

给定政府的债务，其赤字是否可支撑下去也是一个需要认真思考的问题，这就是所谓的稳定性问题（sustainability）。政府的债务是依靠未来的政府盈余来支撑的。如果这个条件无法满足，那么可以想象当前政府的政策肯定是不稳定的（unsustainable）。这必定产生以下三种后果：改变当前的财政政策；改变当前的货币政策，通过通货膨胀减少债务；或是市场力量通过某种危机（如货币危机等）释放能量。后两种情况的例子很多，比如南美洲的玻利维亚债务危机等。

关于政府债务的另外一个重要的问题是如何度量政府债务及赤字，这对于分析预测宏观经济的冲击和政府财政政策的稳定性有着重要的作用。首先，债务的构成是一个重要的因素。外债和内债会受到不同因素的影响，比如通货膨胀率对两者的影响效果就有很大的不同。其次，赤字也可以分解为不同的部分，上面曾经介绍过，赤字的变化会对投资和外贸部门产生冲击，但那是在国民储蓄保持不变的条件下。而现实中储蓄也要发生变动，不同的赤字构成所产生的实际冲击效果是不一样的，因为它们对国民储蓄的影响不一样。最后一个需要认真思考的重要因素是隐性债务（implicit liability）。隐性债务可以产生和显性债务一样的冲击，也可以产生挤出效应，同样可以使得政策无法稳定（less sustainable）。但是在当前通用的标准中，它并不计入赤字中。这些隐性债务包括很多内容，比如那些没有支持的养老金（unfunded public pension）就是一种政府的隐性债务，中国当前就是这种情况；还有政府担保的一些国有企业和私有企业的亏损也是一种隐性债务。隐性债务会产生并且已经产生重要的影响。这个影响在欧洲已经显现出来，欧洲政府面临着老龄化的人口，因此虽然一些国家账面上的政府赤字很小，但是考虑到巨大的隐性债务，其政策已经很不稳定。

政府债务关系到宏观经济的运行及稳定，债务的结构和度量都是在制定政策时需要认真的考虑因素。同时，如果在制定政策时忽略隐性债务，无疑会使政府错误定位，导致错误政策选择。

中国的通货紧缩与金融问题

林毅夫

经济增长保持一定的速度对中国而言是很重要的。这是因为，首先，中国政府每年需要在城市创造大约 800 万个就业机会，同时在农村创造 800 万个就业机会。除非中国保持一定的经济增长，否则创造上述这么多的就业机会就是不可能的。其次，过去 20 年之所以改革比较顺利，原因之一就是"饼做大了"，高速的经济增长有助于政府补偿那些利益受损者，维持社会稳定。第三，经济增长速度减缓会带来政局动荡，因为现在都是"经济挂帅"，经济增长表现不良会冲击一些领导人的官职。

通货紧缩也是中国最高领导层一直想要解决的一个问题。自从 1998 年以来，中国政府陆续实施了一系列的宏观政策，但是都不见起色，反观其他国家如日本等国，陷入"通货紧缩陷阱"达 10 年之久，现在还在苦苦挣扎，因此有一些经济学家认为，解决中国当前的通货紧缩问题可能需要很长的时间。林教授认为，要想正确地分析清楚通货紧缩的问题，首先就应该清楚通货紧缩是怎样形成的。中国通货紧缩的主要原因在于 1992 年至 1996 年的过度投资（investment rash）。比如，从 1981 年到 1985 年，每年固定资产投资的增长率平均大约为 20%；1986 年到 1990 年，固定资产投资增长率为 17%；而 1991 到 1995 年，平均增长率竟然达到 37%。从 1986 年到 1990 年，中国总投资的增长率和总消费的增长率相差甚微，而 1990 年后，投资增长率却大幅度地超过了消费增长率。1995 年的国有企业净资产与 1990 年相比，增长了 1.8 倍，而非国有企业的增长更高。从上可以看到，由于大量的投资，到 90 年代后半期，中国的生产能力有了巨大的提升。1995 年，中国进行了一次工业调查，发现所有主要行业的生产能力率只有 50%—60%，有一些行业甚至只有 25%。

在生产能力过剩的情况下,要想使经济继续得到快速的发展不是一个容易解决的问题。货币政策很难起到作用。这是因为当前中国的货币政策的主要调控手段就是改变利率,而由于生产能力过剩,因此投资机会不会很好,利率政策也就很难刺激投资。由于直接创造需求,财政政策在这种通货紧缩情况下会起到一定的效果。但是当前中国的财政收入占GDP的比重只有15%,这就严重地制约了政府实施财政政策的能力。

那么怎样摆脱通货紧缩呢?一种方法就是时间,日本花了10年的时间消化掉通货紧缩,但这对中国而言显然不是一个好办法。另外就是刺激新的需求,比如放松某些对民营企业的行业准入限制,或是为当前的消费提供消费信贷服务等。然而林教授认为需求增长潜力最大的地区在中国广大的农村地区,中国70%的人口、2/3的家庭住在农村,但是农村地区的消费需求却没有启动起来。林教授展示了一组数据,在1998年,各种家用电器的每百人拥有量:彩电在城市地区是100多台,而农村地区只有32台;电冰箱在城市地区是76台,农村地区9台;洗衣机在城市地区是91台,农村地区为23台。尽管当时城市人口人均收入为5400元,农村人口人均收入为2100元,农村人均收入只有城市人均收入的60%,但是收入并不是主要的制约因素。因为当前农村人均收入与1991年城市人口的人均收入相当,而1991年时每百名城市人口各种家用电器拥有量:彩电为61台、电冰箱为49台、洗衣机81台,当前的每百名农村人口家用电器拥有量只有1991年时城市人口的25%—50%,并且当前这些耐用品的价格只有当时的1/4—1/2,由此可见,当前农村地区的消费潜力远远没有挖掘出来。林教授认为,之所以会导致这种状况最重要的原因是农村地区的基础设施如电力设施、自来水设施、通信设施等严重不足。因此林教授对当前通货紧缩的政策建议是消除针对民营企业的行业准入歧视,大力进行农村地区基础设施建设。一旦这方面的工作都做到,就一定能将内需启动起来。

这里有一个疑问,为什么中国在通货紧缩的情况下还能继续使经济高速增长?这主要是因为导致通货紧缩的原因与其他国家相比是不同的。一般说来,其他国家的通货紧缩都是因为需求突然地下降,而中国这次通货紧缩主要是因为供给过剩,在这种情况下,政府可以通过种种财政手段保持一定的投资增长,进而维持了经济的增长。

林教授接下来讨论了当前中国当前的金融问题(weak financial sector issues)、腐败问题(corruption issues)、地区发展不平衡问题和国有企业问题。他认为所有这些问题其实都源于国有企业问题。比如,中国的银行贷款中70%是贷给国有企业,而由于国有企业的绩效问题,许多贷款最终都无法偿还,造成了当前中国的银行系统中的大量的呆坏账,导致金融不稳定;当前政府还继续控制着一些价格如名义利率等以支持国有企业的发展,它可以给予国有企业某些特殊的扶持如信贷,这就产生了寻租现象,进而导致了腐败;中国为了支持国有企业,人为地压低农产品的价格,而中国相对贫困的人口、地区都集中于农业部门,这就相当于从贫困人口和地区向富裕人口和地区进行转移支付,当然最终将导致地区发展的不平衡问题和两极分化问题。

除非解决了国有企业问题,否则上述的结构问题都继续存在着。中国政府也为此实施了许多的政策来改革国有企业。20世纪80年代初中国国有企业改革的思路是"放权让利",增加经理人员的决策权,并让企业的经营者分得一部分利润;80年代后期直至90年代,思路变为"明晰产权",包括股份制改造。但是,所有这些改革的效果都不理想,为什么?林教授认为,最主要的原因是它们都没有抓住国有企业问题的本质。林教授认为国有企业问题的根源在于政策负担。由于中国的国有企业背负着养老、保险等社会性政策性负担和资金过度密集不符合中国比较优势的战略性政策负担,当国有企业出现亏损时,政府有义务给予国有企业一些经营决算前的优惠和经营决算后的补贴。但是由于信息不对称,政府分不清哪些是真正的政策性负担,哪些是经营性亏损,不得不背负起所有的国有企业的亏损。因而国有企业缺乏预算硬约束的机制,经营效率低下。要根本解决国有企业的问题,应该完全剥离国有企业的政策性负担。

那么中国政府应该怎样消除政策性负担呢?林毅夫教授提出了自己的观点。首先,对于社会性政策性负担,中国应该直接剥离那些现在企业承担的社会性福利,同时让冗员下岗,并同时为他们提供培训等服务,并且大力完善社会保障体制。对于战略性负担,应该允许那些产品和服务在国内很有市场的大型国有企业与外商合资办厂,或到境外上市,以降低资金成本,克服中国的比较劣势;对于那些产品和服务没有国内市场的企业,鼓励它们转向劳动密集型产品的生产,以提高其竞争力;对于那些产品和服务的确是没有市场而转产困难的企业,则让其破产。只要政策性负担被剥离,具有正常管理水平的企业就应该在市场竞争中赚得正常利润,然后可以根据企业是否赚得正常利润来确立经理人员的奖惩,如此才有可能克服所有者和经营者的信息不对称和激励不相容,改善国有企业的治理结构,彻底地解决当前困扰中国的国有企业问题。

中国金融改革的基本问题

曹远征

中国金融部门发展的历史是很短的,在改革之前,中国只有一家银行——中国人民银行,它同时担负着中央银行和商业银行的职能,这是因为当时中国处于一种高度计划的经济体制中,财政计划主导了一切,所以银行、资本市场都没有存在的必要。

1979年之后,中国金融部门的改革是伴随着国有企业及其他部门的改革进行的。在1984年,中国开始采用了双层的银行体系,也就是将商业银行从中央银行中分离出来,并建立起四大国有商业银行,即中国工商银行、中国银行、中国农业银行和中国建设银行。自那之后,政府鼓励其他部门进入银行业,相应地就出现了许多的中小型银行,比如交通银行、招商银行、深圳发展银行等。但银行业的市场结构则是另一幅图景,因为四大国有商业银行占了整个银行业市场份额的80%。在1990年,资本市场开始在中国出现,到现在为止,资本市场上已经有了1000多家上市公司,并且有40余家公司在香港、纽约和伦敦上市。从这一点来看,中国金融改革的进程是很快的,其重要的特征就是分权化(decentralization)。从目前来看,中国金融改革已经取得了不小的成就,但仍有许多问题等待解决。曹远征先生从7个方面来阐述这些问题:

1. 国有商业银行改革

在1993年,中国第一次对商业银行的目标、职能作了清楚的描述,同样也指明了中央银行的目标和职能。从那时起,银行改革尤其是四大商业银行的改革就成为了非常重要的问题,尽管在这方面已经做了许多工作,但仍存在许多问题:首先是产权问题,四大银行归国家所有,产权改革虽然不能改变它们的内在机制,但应该明白一点,这四家国有银行的资本充足率都明显地低于国际标准。其次是透明度问题,这些银行的激励机制都还存在很大的问题,因为四大银行的会计报表都不是按国际通行的会计标准编制的。经过几年的银行改革,中国在许多方面都取得了进展,比如不良贷款的增长速度在下降;1997年政府向四大银行补充了2700亿元的资本金,使四大商业银行的资本充足率明显上升;过去3年中,银行的税率也降低到1%,从而增强了这些银行消化不良贷款的能力。但从整个经营机制上来看,比如在激励机制、透明度和产权改革方面,情况却没有多大改善。

2. 存款保险

如果考虑到商业银行的商业化问题,就不能不考虑到存款保险问题,因为商业银行有破产的危险。银行倒闭了,谁来对这些存款负责呢?这个问题在商业周期和金融危机中讨论得很多。人们普遍认为,四大银行是国有的,所以国家会对储户的存款进行担保;但对于其他一些中小银行,比如民生银行,谁来对它们的存款负责呢?所以,存款保险是一个问题。

3. 利率、汇率市场化

尽管中国的金融改革进程很快,但大家都看到利率(存款利率和贷款利率)却都是固定的,所以利率市场化是一个重要的问题。相关的,现阶段的汇率也是固定的。如果利率已经市场化了,那么汇率也必然会产生相应当调整,即汇率是浮动的,这是另外一个问题。

4. 中小银行或非银行金融机构

中国出台了许多政策来鼓励中小金融机构的发展,但到目前为止,四大银行仍然占据着市场份额的80%,中小金融机构仍没有多大的发展。也可以观察到另一个现象,无论中小银行的服务是多么周到,储户一般都愿意到大银行去存款。有人说,也许这四大银行太大了,它们已经发展了许多经验,从而成本较低。但同世界上的大银行相比,这些银行并不算太大。

现阶段中国的中小企业发展得很快,许多人都认为应该大力发展中小银行来解决中小企业的融资问题,因为中小银行能够为中小企业提供更好的服务,而且许多人对此提出了实际的建议来帮助中小银行的发展。

5. 农村的金融状况

农村金融问题是一个具有中国特色的问题,因为中国70%的人口都居住在农村,他们都是一些小的农户,并且需要金融服务。但由于向他们提供金融服务的成本非常高,所以银行一般都不愿意向农村提供金融服务:可以看到一种有趣的现象,中国农业银行的分支机构一般都设立在城市,很少有银行愿意将分支机构设在农村。农村信用合作社落户在农村,但也由于成本太高而导致亏损。如何帮助农村信用合作社走出困境,这也是一个很重要的问题。

6. 银行部门基本的支付体系

在现阶段的中国，几乎每家银行都有一个自己的支付体系，而一个统一的支付体系则会降低成本，并增加银行间的竞争。

7. 银行和资本市场的监管和法律

中国现在的银行监管，比如分业监管，不允许银行从事其他经营活动，如证券保险等；同时，证券和保险公司也不能从事银行业务。这同美国现在的情形不一样，因为美国允许银行进行混业经营，进行一种统一监管，也许这反映了世界的趋势，各种金融服务应该可以由统一的机构提供。但是这种统一监管的安排取决于相应部门的监管能力，如果监管能力不是很强，则进行统一监管将是很危险的。

金融风险与管理

查尔斯·W. 卡洛米利斯（Charles W. Calomiris）

中国的金融改革即将进入一个新的阶段。中国加入 WTO，市场将进一步开放，一些制度性的改革将会提到议事日程上来。中国未来的金融系统是否会变得像那些发生金融危机的国家的金融系统那样脆弱是一个值得认真思考的问题，其中防范风险的银行管理系统更是值得研究。

卡洛米利斯教授主要回答了两个问题：第一，从历史上各个国家特别是发展中国家发生的银行危机中，得到了什么经验教训，特别是针对安全网（safety net）政策制定方面？第二，应该怎样将得到的教训应用于实际的政策制定中？

对于历史上的银行恐慌，人们常常有许多错误的认识。实际上以往银行的支付危机（banking disability）和银行恐慌（banking panics）关系不大，银行恐慌多与人们对银行的错误判断（confusion）有关。当银行遭受某一冲击时，人们并不知道到底是哪一家银行可能会倒闭，因此人们都去银行提款直至真相大白。回顾历史上的银行恐慌，真正因此而破产的银行在数目和规模上都很小。在 1893 年爆发了美国历史上最大的银行恐慌，但是只有 300 家美国银行破产，而当时美国有 1 万家银行，破产银行净值不过 GDP 的 0.1%，所以银行恐慌并不意味着大量的银行破产。在全球化的初期（1913 年前），当时的资本流动和 GDP 的比值要高于现在，实施着固定汇率，源于贸易的冲击也非常多，但是大规模银行危机的案例少之又少。从 1870 到 1913 年只有 7 次危机涉及的银行净值超过该国 GDP 的 1%。最大的两次是 1890 年阿根廷和 1893 年澳大利亚发生的银行危机，涉及的银行净值不过是 GDP 的 8%—10%，其他的危机规模都不到 3%。

这与当前银行的问题有很大不同，现在的问题主要是银行崩溃（bank collapses）发生的频率高、规模大。比如最近 20 年爆发银行危机的有智利（1982—1983 年）、墨西哥（1993—1994

年)、日本(1990—1997年)、亚洲金融危机(1995—1997年)。为什么现在的银行系统这么脆弱,发生了这么多的银行危机?答案可能很简单,问题在于政府的财政纪律不严厉,同时银行缺少市场规范:银行承担着巨大的风险,而政府实际上暗中以财政对它进行支持。

当前的银行系统缺乏风险管理,所以内生出如下后果:首先,由于缺乏市场的规范,存款人不是很在乎银行的管理,在这种情况下,银行的管理就会很糟。其次,当银行面临危机时,它往往会存在一些非常危险的债务,而这些债务往往和汇率相关。因为当一个国家陷入危机时,它的汇率就不会很稳定,而汇率的变动虽然有很高的风险,但是一旦贬值,预期利润是巨大的。因此往往看到,当一个国家经济波动时,银行系统的行为往往放大了汇率波动的风险。这点在智利金融危机(1982)、墨西哥金融危机(1994)、亚洲金融危机(1997)都有很明显的体现。所有这些问题都源于缺乏对风险的管理,银行没有压力去改善管理、控制信贷的风险。

那么以前的银行系统是怎样避免这些问题的呢?关键之处在于,以前的那些缺少政府保护的银行在面临冲击时,往往会马上调整资产组合(portfolio)以降低资产风险。这可能导致信用崩溃(credit crunch),但是不会使银行崩溃。在危机时刻,银行选择的恰恰应该是信用崩溃。如果有人说银行首先考虑如何避免信用崩溃的话,他只能使情况变得更糟。在那种时刻,让银行承担更大的风险来补偿资本损失绝不是一个稳定宏观经济的政策。

分析20世纪20、30年代美国花旗银行的行为可以发现许多有意思的现象。在20年代,花旗银行的贷款增长很快。但是由于30年代的经济危机,其贷款大幅下降,到了1940年,贷款资本的比值从3.3降到0.25。这就是所谓的信用崩溃。为什么会发生信用崩溃?这是因为银行蒙受资本损失后,卡洛米利斯教授证明这时它会有很强的激励去减少贷款、减少分红,降低破产的风险,使之保持在一个低水平上。而反过来看一些日本银行,2001年的分红比1993年还要高。当前日本经济并不景气,银行也面临着重重困难,但是由于有着日本政府的保护,银行并不是减少分红,相反,而是将资本转化为红利分给了股东。这显然与规范风险下的理性选择相违背,也无助于日本银行走出困境。

人们进一步会问:应该制定怎样的政策使银行可以自觉地进行风险管理?如果没有很好的激励机制的话,银行系统就可能步那些发生危机的银行系统的后尘。世界银行曾经做了一个相关研究发现,不同的存款保险系统(depositing insurance protection)对银行危机发生的可能性有很大的影响。政府对银行存款保险越慷慨,银行危机发生的可能性越大,二者高度相关。 上述研究提供了一些避免银行危机的思路。观察那些防范银行危机比较成功的国家,比如阿根廷。阿根廷的银行要承担总债务的一定比例,这部分政府不担保,完全由银行自己承担,这就在边际上创造了类似于市场纪律的激励机制;同时它也创造了一个显示银行运作好坏的信号,管理者(regulator)可以观察、使用。让银行承担所有的亏损在政治上可能是行不通的,但是如果让它承担一定比例的损失,是可以的。这就成为一种激励,使得银行不得不管理自己的风险;并且,更重要的是,这将强制政府去对本应破产的银行采取行动,因为实际上经常看到,政府往往装作不知道一些银行已经破产,还让它们继续生存。

中国的逃税和银行的低效

陈平

1978年以前，政府财政主要来源于国有企业的利润。改革开放以后，非国有企业的迅猛发展对国有企业构成了强有力的竞争，也可以观察到，国有企业的份额不断下降的同时政府的财政占GDP的比例也呈下降的态势。从数据上也可以看到，从1985年到2000年，国有工业部门产出占工业总产值的比重不断下降，而非国有部门的比重却连年上升。政府税收结构也相应地发生变化，国有企业和集体企业对税收的贡献也有显著地下降，从1985年的35%降到2000年的10%；而工商税（industry and commercial tax）却大幅上升，已经成为税收的主要来源，到2000年，其份额已经达到90%以上。

从另一个角度看，保持一定的税收对于政府的正常运作是一件重要的事情，但是自从1978年，中国政府预算内税收（government revenue）占GDP的比重连年下降，近年来已经下降到15%以下。这就激励政府通过其他渠道去获得预算外收入，这也是中国当前寻租现象和腐败现象的根源之一。

中国当前税收的征缴和分配也有很大的问题。首先，在中国衡量人们的资产和收入是一个很大的问题；其次，在中国由于缺乏对产权的清晰定义和保护，因此人们缺乏积极性去支付税收；再加上税收中必定存在的交易成本，所有这些都使得中国的税收征缴存在着巨大的问题。还有一点需要指出的很具有中国特色的制度安排是，中国缺乏一种稳定的中央和地方的税收分配体系，因此税收分配的变动对政府行为有着很大的影响。当地方政府所得税留成上升时，地方政府就有很高的积极性进行基础设施建设、发展地方经济；而当中央政府降低地方政府留成时，地方政府就会将"扶助之手"转为"掠夺之手"，地方经济的发展就会减慢。

陈教授从一个微观的问题入手，进而来考虑税收问题。首先对中国1978—2000年的真实GDP做HP滤波，分解出波动部分和趋势部分，计算波动部分的方差和趋势部分的方差之比，称之为相对方差（relative deviation），中国的相对方差是美国的6倍，然而根据美国实际数据算出的相对方差值是根据卢卡斯（Lucas）的理论计算出的数值的20倍。并且根据计算，中国的商业周期要比城市居民产生的周期大100倍。

上述这些计算有什么含义呢？陈教授认为含义之一就是市场经济不能仅用宏观经济学和微观经济学这两个层次的经济学来解释，建立在产业组织和金融中介基础之上的中间层次的经济学在解释经济周期时可能会发挥更大的作用。

经常可以观察到这种现象：金融中介出现的问题经常预示着宏观经济的危机，美国的大萧条和亚洲金融危机等就可以说明这点。所以陈平教授认为，中国金融中介的问题可能是当前逃税问题、国有企业问题的根源。

陈教授曾经听说过这样的故事：一个人在北大里无法将手中的美元换成人民币，还有经常有一些商人拎着现金做生意等。为什么会出现这种现象？陈平教授认为最主要的原因在于四大银行垄断着中国当前的银行体系,这种无效的银行体系导致了现金经济(cash economy)。而这种现金经济更进一步地导致了逃税的现象,因为现金流动于银行系统之外,政府无法知晓人们所从事的确切的经济活动,进而使税收流失。这种低效的现金经济也是当前国有企业问题的根源。因为国有企业有着良好的经济记录,因此它们的逃税就很少,这样相对而言,就将社会负担转嫁到国有企业身上。这也正是国有企业问题的根源之一。

以下是当前中国银行的垄断状况,从资产的角度看,四大国有商业银行所占全国银行资产的比重为69.8%,其他12家商业银行占8.4%,4500家农村信用合作社占9.4%,90家城市信用合作社占4.4%,其他金融机构占8%。从中可以看到,在中国银行系统中,存在着非常严重的垄断现象,并且当前中国政府还是不愿意向中小民营银行开放银行系统。

中国金融改革的前景如何?在亚洲金融危机之前,中国政府积极朝着开放、竞争的方向发展银行体系,当时主要的顾虑是国有企业的坏账和大批的下岗职工。然而亚洲金融危机过后,政府完全改变了想法,当前的主要工作变成了风险防范。在银行改革中,有几个关键问题一直没有得到很好的解决,而它们又关系到改革的成败:首先是对呆坏账的定价问题,当前对它们的定价过高;其次是国有银行的政策性负担问题,政策性负担始终没有剥离;再次是政府的小金库问题,小金库其实是在激励政府阻碍银行的改革;最后就是政府职员的高于平均的工资体系。这些问题不得到解决,银行改革成功就无从谈起。

中小企业融资

米歇尔·J. 怀特(Michelle J. White)

怀特教授首先介绍了美国中小企业的一些事实:同其他发达国家相比,一方面,美国的中小企业是比较多的,大约12%的美国家庭宣称拥有自己的企业——同欧洲和日本相比,这是一个相当高的数字。在1990到1995年间,雇员在500人以下的企业提供了所有新增就业机会的3/4;另一方面,中小企业倒闭的频率也非常高。

在美国,中小企业的融资途径主要有如下几种:①信用卡,信用卡虽然利率很高,但它却容易获得;②从亲戚朋友得到的借款;③银行贷款,但却需要企业的商业计划、信用记录及银行的批准;④风险资本,只有那些高科技企业才会得到这类资本;⑤交易信用,提供者会给以信用而不是直接提供资金;⑥租赁,比如租借机器设备等。 那么,美国建立了哪些有利于中小企业的制度安排,又有哪些制度不利于中小企业的发展呢?怀特教授谈到了四种直接影响中小企业的制度安排——有抵押和无抵押的信用,企业组织形式的选择,风险资本,以及企业的破产法规。

第一是有抵押信用、无抵押信用和租赁这类情况。有抵押信用是指借款者以房屋、机器设备、存货和银行账目作为抵押,向银行或其他金融机构借款。如果借款者不能按期还贷,则债权人就可以在未经法庭批准的情况下,取消抵押品的赎回权,并将抵押品兑现,这个过程是很快的。根据抵押品去注册一个抵押利率会提高成本,那么为什么还要有抵押信用呢?因为它保护了债权人,在借款人不能还贷的情况下,债权人可得到抵押品作为补偿；而且根据抵押理论，即使在抵押品的兑现价值为零的情况下，抵押也是有用的，因为它对于借款者而言是有价值的，借款者将会有动力去按时还贷。例如，贷款者为一家软件公司，并以软件为抵押提供担保利率，这些软件完全是属于专卖性质的，所以贷款者即使拿到了软件也无法销售出去，但贷款者仍会选择抵押利率，因为这些软件对这家软件公司是有价值的。无抵押信用是指，在借款者不能还贷的情况下，债权人可以对借款者的任何资产提出要求，而不受抵押利率的约束，但这必须得到法庭的认可，所以这个过程是很慢的。在租赁情形下，债权人将重新得到资产的所有权，这是一种比抵押的债权人更强的地位。

第二种相关制度是企业组织形式的选择。在过去的20年中，美国的法律已使得个人建立公司成为了一件比较容易的事情，所以很多中小企业都采用了公司的组织形式。如果采用的不是公司的组织形式，则企业的资产和负债也就是企业所有者的资产和负债；在这种情况下，如果企业倒闭，则企业主将承担企业的所有债务。与此相反，如果采用了公司的组织形式，企业主就不再以个人身份来承担公司债务，这也就是"有限责任"。由于贷款者知道，小企业主很容易就能将资产从公司账户转移到他们自己的私人账户下，所以给小企业贷款风险很高；由此，贷款者常常要求企业主以私人财产作为贷款抵押。介于这两者间的一种混合的组织形式叫"Subchapter S"公司，这种形式既规定了所有者的有限责任，但又按照非公司形式的标准来处理企业利润。还有一种形式是合伙人形式，它类似于非公司的组织形式，差别仅在于它有多个企业主。

第三是风险资本。风险资本公司投资于那些开发高科技产品的企业，这些企业需要大量的资金来进行产品开发，风险资本公司拥有股份权益并负责资金的使用。一般使用风险资本的企业也从银行贷款，而且银行资产要求权的级别比风险资本公司要高，所以一旦企业经营不善，在有些时候风险资本公司就将偿还银行的贷款。如果企业经营失败，风险资本公司就会将它卖给同行业的大公司；如果企业的项目获得成功，风险资本公司就会在纳斯达克对企业的股票进行首次公开发售。

第四种相关制度是破产法规——与破产相关的政府政策是如何影响中小企业的？美国拥有许多针对公司和个人的不同的破产程序。

首先是个人破产，当非公司形式的小企业破产时，企业的所有者将承担企业的巨额债务，这些所有者就被归类为个人破产。在美国，大约20%的个人破产都包含着企业债务。美国的破产法对小企业主是很友好的：当企业主被认定破产后，他们的企业和个人债务将被免除；企业主将来的收入不必用来偿还现在的债务；超过免债额度（exemption level）的资产将被用来偿还破产前的债务，免债额度是由美国各个州自己定的。

那么，免债额度的变化是如何影响小企业的呢？在这里，怀特教授提出了两个可检验的假说：①当破产的免债额度更高时，该州的居民就更愿意拥有企业；②当破产的免债额度更高时，则该州的贷款者就更不愿意贷款给小企业，因为该州的企业主更愿意去申请破产。在后面的实证分析中，这两个假说得到了证实。

其次是公司破产的政策。破产公司的经理有权选择两种不同的破产程序，一是资产清理（liquidation），二是公司重组（reorganization）。在资产清理的情况下，企业被关闭进行资产清理，所清理的资产用来偿还给那些无抵押的债权人；在公司重组情况下，公司经理有权提出一个重组方案，以在几年之中偿还无抵押的负债，债券人对此方案投票，如果通过，则公司的股权保持不变。公司重组的方案对小企业而言成本很高，它们一般都选择资产清理的方案。

最后，怀特教授还讨论了关于破产的一些重要问题。①如果没有破产程序，债权人会在企业破产时立即清理企业资产，这往往是无效率的，因为让企业继续经营下去会对大家都更好；②可以利用资产清理和公司重组这两种不同的破产程序作为一种分离机制等问题。

金融——中国经济发展的瓶颈

方星海

方先生认为未来一段时间内中国还将继续保持快速稳定的增长。他说到，在他回到中国之前，曾经在世界银行任职，去过很多发展中国家。根据他的观察，如果与这些国家相比，中国未来的发展态势应该是最乐观的。这个判断主要基于以下四个原因。第一是政治稳定，这点在许多人看来可能无足轻重，但是对于一个发展中国家而言，却是至关重要的。印度尼西亚就是一个例子。方先生提到 1993、1994 年因世界银行的一个项目去过印度尼西亚。那时印尼的人均 GDP 要高于中国，当时雅加达也比北京发展得好。但是现在再去印尼就会发现，它已经被中国远远地甩在了后面，究其原因就是政局不稳。还有一个因素，外国直接投资对中国的发展有着很大的贡献，而政局稳定是外商来华投资的前提保证。令人欣慰的是可以预计未来的一段时间里，中国的政局将是比较稳定的。第二个原因是充足的国民储蓄。有些国家资金表面上很充足，但是很大部分是外国资本，这对经济的发展不是一个稳定的因素。幸运的是中国拥有充足的国民储蓄，可能许多人没有意识到，中国是一个资金富裕的国家，这点方先生在证券公司工作时有着切身的体会，这对于中国经济的发展也将起着巨大的推动作用。第三个原因是中国非常重视教育。最近方先生参与了一个国内企业和法国的 Michillin 组建合资公司的项目。他们正将原先在泰国的企业转移到中国。方先生问 Michillin 的人，为什么选择中国作为合作的对象，他们说，中国工人的素质要高于泰国工人的素质，生产的产品质量也高于在泰国生产的质量，因此他们选择中国建厂。制约一个国家发展的根本因素不是自然资源，而是劳动力的素质和国民储蓄的丰富程度，在这点上，中国都有着很好的前景。第四个原因是中国巨大的市场规模，这也是中国的一个巨大的优势，方先生举了一个电信例子。去年中国台湾地区的一家电信公司试图在国际市场上市，结果没有成功。而中国的电信公司在国际市场是却是大受欢迎，现在在国际市场上市的电信公司有中国联通、中国移动，中国电信最近也将上市，其前景非常乐观。究其原因，人们看重的就是中国广阔的市场。中国有 13 亿人口，这就是中国吸引人之处，也是中国进一步发展的潜力所在。几年前，中国的高速公路还只是一块一块的，北京周围有一块，上海周围有一块。这几年，中国大力将这些高速公路连接起来，使之成为一个网络，可以想象这个连接起来的网络与中国庞大的市场所蕴藏的商机有多么巨大。比如，许多大厂商可以在中国生产产品，然后通过四通八达的网络迅速地销售出去。中国庞大的市场可以使这些企业规模扩大到理想的规模，在此基础上，这些企业还可以进一步地将产品出口到国际市场。总而言之，中国巨大的市场将是其发展的最重要动力之一。

中国过去的经济发展的确非常不错,但是不是原本可以更好?是否还有未来需要注意的地方?方先生认为,中国的金融部门是值得认真研究的领域。刚才提到,充足的储蓄是中国的一个优势所在,但是它也是问题所在。当前金融部门利用储蓄的效率是非常之低的。首先中国银行里的呆坏账的数目是非常庞大的,没有一个确切公布的数目,可能最高领导层也未必准确知晓,但是普遍估计,呆坏账率至少在30%。这个数字是非常惊人的。虽然一部分呆坏账被转移到资产管理公司,但是根本的问题还是没有解决。其次,上市公司质量不高。在股市上圈钱、弄虚作假的故事屡见不鲜,比如郑百文、猴王等。方先生提到他曾经参与一个项目,真正地了解了一家公司的情况。那家公司账面资产30亿,但是真正有生产能力的资产不过20亿。去年上市公司的资产回报率为7.8%,与银行的表现相比似乎很不错,但是与私有部门的绩效相比,这个回报是无法令人满意的。最后,中国的信托公司的呆坏账比银行还要惊人。

上述现象导致如下一系列结果:第一,总投资非常高,但是投资质量低下。许多投资实际上是在浪费资源,并没有使收入相应地增长,最终导致有效需求不足。第二,低资产回报率使得利率保持在低水平,市盈率保持在高水平,这样那些低效的企业就可以继续以低的成本使用资本,而效率高的私有部门要想得到资本必须付出很高的成本。在北京,小私有企业借款需要支付1.5%的月息。

脆弱的金融部门是中国未来进一步发展的隐忧。目前中国还可以依靠相对充足的资源进行低效的投资,使经济继续保持增长,但是当经济发展到一定水平,如果还没有解决问题的话,这种低效的经济增长模式是无法维持的,因此当务之急是消除金融部门的隐患。

在短期内,金融部门还将继续制约中国经济的发展,这是因为:第一,解决金融部门丛生的问题不是仅仅依靠改革金融系统本身就能成功的,这与当前中国的发展战略相关,与当前中国的国有企业发展相关。只要政府不停止依靠金融系统支持国有企业发展的做法,这个问题就无法得到解决。但是方先生相信,这将是一个艰难的工作。第二,引入现代高效的金融制度的步伐会比较缓慢。虽然加入WTO有助于促进中国进一步向国际化靠拢,但是考虑到当前中国大银行的生存能力、竞争力及现存的不良资产问题,制度的引进、竞争的提高、外国银行的进入都将面临重重阻力。第三,在上述问题没有得到解决的情况下,当前改革所带来的金融部门运作效率的提高都不会解决根本问题。

但是未来发展的前景也并不是一片黯淡,虽然中国的金融部门有着种种问题,但是它们并不是不能解决,当前中国的金融发展还只是处于初级阶段,还可以在许多问题并没有发展成顽症时及时得到纠正。比如在股市,上市公司只有1100家,只要能够将市场导向的管理体制(涉及公司上市、证券公司进入等问题)引入进来,中国的股市还是可以健康发展的。

技术选择、生存能力及企业绩效

林毅夫

人们都清楚企业的管理水平决定了企业的绩效,在这个报告中,林毅夫教授指出,企业的绩效同时取决于产业的选择和技术的选择,并且他以中国的数据检验了技术选择、产业选择和企业绩效之间的因果关系。

首先,林毅夫教授定义了一个概念:生存能力(viability)。生存能力指的是如果在一个自由、开放、竞争的市场当中,一个企业在正常的管理之下,可以获得一个正常的利润水平,就称这个企业有生存能力。他指出,假设在一个自由、开放、竞争的环境中,对于一个企业而言,它的生存成本就应该是它的最低成本,高于这个最低成本,它就会被淘汰。那么给定一个行业各个产品的等产值曲线及每个行业的等产值线,追求成本最小化的厂商就会在等成本线和等产值线的切点进行生产,否则它就不会有生存能力了。这就意味着一个国家生产的产品、发展的产业都将由该国的资源禀赋内生决定。比如说如果一个国家的劳动力相对丰富,这就意味着劳动力的价格相对较低,那么在一个竞争、开放的环境中,企业从自生能力角度考虑,会最终选择劳动密集型的技术和产业以使成本最小化。

在上述微观理论基础之上,林毅夫教授进一步提出了一个待检验的推论:企业的最优产业选择和技术选择是经济中劳动力和资本的相对价格决定的,偏离最优的产业选择或技术选择将降低企业绩效,因为偏离最优产业或技术选择就意味着这个企业没有自生能力,那么其绩效必定是低下的。他以(K/L)/(w/r)作为技术选择指数(technology choice index,简称 TCI)衡量该国的技术选择情况,其中 K 衡量资本额,L 衡量劳动力,w 衡量工人的工资水平,r 衡量利率水平。假设最优的 TCI 为 TCI*,则(TCI−TCI*)^2 衡量着该国技术选择状况和最优技术选择状况的偏离。那么根据前面的理论,这个值应该与企业的利润率成反比,也就是说技术选择的偏离越远,企业的经营状况越差。将(TCI−TCI*)^2 展开,假设 TCI*^{2} 为常数,如果以 TCI 和 TCI^2 为解释变量,企业的利润率为被解释变量,则 TCI 的系数应该是正值,TCI^2 的系数为负值。

林毅夫教授使用 1995 年中国第三次工业普查的数据进行回归分析,数据包括了 30 个省、372 个行业的信息。企业的利润率用两种指标衡量,一种是税前利润与资本总额的比值(计为 PTRTA),另一种情况是税前利润中减去资本的机会成本再与资本总额的比值(计为 PETRTA),林教授对这两种指标都分别进行了回归,同时在回归式的右端又加入几个解释变量:生产性固定资产在固定资产中的比例,计为 PFAR,由于许多中国的国有企业都有着许多的学校、医院、托儿所等福利设施,因此 PFAR 这个变量衡量了企业的社会负担(social burden);每一个企业资本的平均规模,计为 ASC,它衡量着企业的规模效应;销售额与生产总值的比值,计为 RSO,这个变量衡量着企业的管理水平;固定资产净值和固定资产总值的比值,计为 AFA,最后这个变量衡量着企业资本的现代化程度,如果资本的现代化程度高,则企业的生产水平也就可能越高。回归发现,无论在 PTRTA 的情况下还是在 PETRTA 的情况下,得到的结果正如理论所预见的那样,TCI 的系数显著的为正,TCI^2 的系数显著的为负。这就表明,除了管理水平,企业的技术选择对利润率也是重要的决定性因素。

政府转制与民营化改革绩效

姚洋

随着 20 世纪 90 年代以来中国经济改革的不断深入，民营化的改革也取得了长足的进步。根据最新的调查，中国当前 80%的中小国有企业已经通过种种形式民营化了。但是这些民营化了的中小企业的表现却在各个地方有着巨大的差异。姚洋教授对比了苏南和广东顺德这两个地区的中小民营企业的表现，分析了政府在民营化中的作用。

在这两个地区，80 年代都以乡镇企业为主。在 1992 年，顺德率先进行了民营化的改革，苏南的民营化改革则相对较晚，开始于 90 年代中期。现在谈论起来，人们多认为苏南模式失败了。在苏南，问题之一是资产外流（asset flight），企业的经理经常将资产转移到其他企业，以从中牟取私利，许多以前发展很好的产业现在都已退化成家庭作坊。而与此产生鲜明对照的是，顺德的经济继续保持快速健康的发展势头。在这里不禁要问一个问题，为什么在 90 年代后期这两个同在 80 年代快速发展的地区表现会有如此差别？

姚洋教授认为，最主要的原因在于管治（governance）改革上，这是由于这两个地区的管治改革的效果不同，导致了最终不同的结局。姚洋教授指出，管治改革和民营化是一个硬币的两面，没有管治改革，民营化就不可能获得成功。这里的管治指的是法治（rule of law）和管制的规范性（administrative regularity）。管治改革（governance reform）与政府改革（government reform）是不同的，精简的机构并不意味着拥有良好的管治，它可能还继续乱收费等；相反，大政府也可以比较廉洁，比如毛泽东时代的政府就很少有乱收费、集资等。

姚洋教授用一个数学模型对管治改革和民营化问题进行了研究。假设经济由一家企业、一个政府官员和一个企业家（或是经理人）组成，开始时企业是公有的，而后可以进行私有化改革。企业的收益与企业家的努力成正向关系，与政府的规模、掠夺强度（grabbing rate）成负向关系。企业的收益、政府规模、掠夺的强度都会给政府官员带来正的效用。管治改革就定义为减少掠夺强度，政府改革定义为减小政府规模。在上述情况下，姚洋教授证明：第一，如果政府官员承诺进行管治改革，那么民营化将是一个帕累托改进，政府官员、企业家和公众都会从中受益。第二，如果政府没有管治改革的承诺，那么就可能产生典型的动态不一致性问题（time-inconsistency）。由于不像民营化，管治改革是一个可逆转的（reversible）过程，因此在预期所有的可能后，对于企业家和政府官员而言，民营化可能不是一个很好的选择。第三，姚洋教授证明，对政府官员来说，存在一种承诺的机制确保管治改革。政府改革就可以作为一个承诺机制，这样就可以保证改革在时间上的一致性。

最后，姚洋教授结合上述理论简单分析了顺德民营化改革成功的原因。顺德在 1993 年开始了政府改革，这次改革是比较激进的，它砍掉了一半的政府机构和人员，转换了政府职能，增加了政府管理的透明度，同时增强了法治的建设。所有这些政府改革作为一个承诺机制，保证了顺德管治改革的一致性，同时也提供了一个良好的经济环境，保证了顺德民营化改革的顺利进行，而民营化改革的成功所带来的受益又反过来继续促进顺德政府进一步进行政府改革和管治改革。

中国民营经济的董事会结构和作用

梁能

人们基本都同意这样一个观点，董事会结构（board structure）是很重要的，但是迄今为止，人们对最优的董事会结构到底应该是什么样的、外部人控制（outsider dominance）好还是内部人控制（insider dominance）好，一直就没有一个共识。这方面有许多的经验研究，有些研究认为外部人控制与企业表现有正向的关系，有些研究认为是负向关系，又有些认为没有关系。之所以会出现上述的结果，原因可能是度量的困难：这里涉及内生性问题（endogeneity）、噪声的问题（noise）等，也可能是由于外部人控制导致了一些意外结果（unintended consequences）使得研究结果发生偏离。梁能教授通过一个改进的模型研究了董事局结构与公司表现的关系，并且调查了在各种不同的社会环境下董事会的表现。

在中国，民营经济在1978年以前是完全被禁止的。改革开放后，非国有经济迅猛发展，截至1999年，占中国GDP的比重已达46.9%，民营部门雇佣的劳动力占全部工业劳动力的15.65%。根据1999年6月的数据，上海的民营企业已达11万家，投资者达到20万人，雇佣的劳动力达93万人，1999年1月至6月的销售额达到70亿美元，注册资本达到96亿美元，其中有限公司比重占到85%，合伙企业比重占到14%。

以前的文献在研究董事会时一般考察它的下述几个作用：监管（monitoring）、提议（advise）和作为一种资源（serve as resource）。因为上海的民营企业主一般说来既是该企业的拥有者又是管理者，因此梁能教授在这项研究中忽略了董事会的监管作用。结合董事会的作用，他分析了董事会结构和企业表现的绩效，指出：第一，如果董事会更多的是一种象征的意义（stewardship），则民营企业的董事会更愿意采纳内部人控制的结构；如果董事会的提议和提供资源的作用更重要的话，那么民营企业更愿意采取外部人控制的结构。第二，如果指挥模式的效力（command life effectiveness）更重要，则民营企业更愿意让经理和董事长结合起来；如果董事会的提议和提供资源的作用更重要的话，那么民营企业倾向于将经理和董事长分离开。第三，如果指挥模式的效力更重要，则小的民营企业中的二元性（duality）有助于企业的发展。

数据的样本来源于上海私有企业联合会（Shanghai Association of Private Firms，简称SAPE），调查人员对SAPE最大的500家企业进行了问卷调查，收回228份。在这里用资产回报率与同行业的比值来衡量企业绩效，并且定义如果外部人的数量占整个董事会人数的比值超过2/3，就称外部人控制。通过调查得到如下一些结果：

从董事会的大小和构成来看，董事会平均规模为4人，范围为2至11人；外部人一般为1.18人，范围为0至11人；每年董事会会议次数为3.54次，范围为0至36次。

对于董事会的各种功能的看法：①战略指导但不直接参与运作——同意者占13.6%，不同意者占 21.9%。②咨询——同意者占 21.1%，不同意者占 13.2%。③积极参与企业运作——同意者占 49.6%，不同意者 6.5%。④积极参与并且分工明确——同意者占 24.1%，不同意者占 9.2%。⑤只是门面——同意者占 4.3%，不同意者占 37.7%（注：另外一个选项是"不清楚"）。

关于董事会怎样看待他们的管理，有 80%认为有效，20%认为无效；30%的被调查者认为董事会有助于解决继任者问题（succession issues），但是只有 9%的企业有继任委员会（succession committee）；还有 30%的受访者认为董事会过于干涉管理运作。

在管理风格方面，43.2%的受访者风格是筹划和分析的方法（planning and analytical approach），23.2%的受访者是以行动为基础的方法（action based approach），13.3%的受访者是试错方法（trial and error approach），20.3%的受访者无法识别的方法（unidentified approach）。

最后，梁能教授以董事会的各个特征变量和企业的特征变量为解释变量，以企业的表现为被解释变量进行计量分析，发现董事会中有外部人有助于企业的运作，外部人对管理的完善、技术的提高同样是正效应。

中国养老体制改革

赵耀辉

赵教授认为，中国的养老保险体制改革源于国有企业改革，但是，它也因此受到了限制。结果，当前的系统缺乏一个全局性的规划，更重要的是，它不能为加入者提供一种激励。

在改革前，中国的养老保险系统建立在国有企业的基础之上，所有成员从国有企业那里获得养老金。这种系统运行良好，因为当时劳动力缺乏流动并且国有企业在当时看来将永远地存在下去。在 20 世纪 80 年代，国有企业改革正式拉开了序幕，企业要求获得更多的自主权，它们也可以保留利润，这时能否获得一个合理的利润对于一个企业来说就很重要了。各个企业退休人员和职工之间的不平等待遇冲击着企业的绩效和人们的福利，因此当时的一个反应就是在各个行业建立养老保险系统。

到了 90 年代初期，激烈的市场竞争进一步削弱了国有企业的垄断地位，亏损加大了。但是国有企业又不能缩减规模，因为换企业就意味着养老金关系也要发生变化，离开原来的养老金系统就意味着损失养老金，因此当时的一个做法就是由政府补贴国有企业以维持就业。随着时间的推移，养老体制改革逐渐成为了国有企业改革的前提条件。人们在转换职业单位时，相应的养老保险也转移就成为了一个关键。在一个分割零散的养老保险体系中，建立个人账户就成为首选。1995 年的养老体制改革就在现收现付体系中加入了个人账户（individual account），并且提出扩大养老保险覆盖范围，将集体企业、民营企业也纳入进来。

在 1996 年、1997 年，大约 2000 万国有企业职工下岗，同时养老保险体系出现了金融危机，一些亏损的国有企业无力支付养老金，而其他运行良好的国有企业拒绝支付。从数据上看，1993 年至 1998 年，系统抚养比（system dependency ratio）由 0.22 上升至 0.32，上升了 10 个百分点；同时年度余额（annual balance）由 32 亿元降至负的 53 亿元。1997年养老体制的改革提出将养老基金从市级统筹提升至省级统筹：在省内统一发放养老金以缓解部分地区的危机，同时统一全国的养老金缴纳、发放标准。统一的养老金体系拥有三个支柱：第一个支柱是定义养老金支付方法的社会支柱，由 13% 的工资税在税前支付，保证交费 15 年以上的工人在退休时获得 20% 的替代率；第二个支柱是定义缴费方法的个人养老金账户，由个人和企业共同承担，按缴费工资的 11% 缴纳，希望获得 40% 的替代率；第三个支柱是由各个企业和私营保险公司经营的自愿的补充养老保险。1997 年的养老保险体制改革还包括扩大覆盖面，到 1997 年底，93.9% 的国有企业、53.8% 的集体企业、32% 的外资和民营企业都加入了该体系，它的目标是到 1999 年 6 月，所有企业和工人都纳入该体系。

改革出台后，出现了大量的企业逃费、拒缴的现象。许多已经加入该体系的企业少报就业人数、工资金额或是拖欠养老金。同时，许多没有加入该体系的企业则不想加入，原来目标是到 1999 年年底覆盖率达到 100%，而实际上到 1999 年年底，覆盖率才达到 55.6%，仅比 1998 年增加 5.2 个百分点。之所以出现这些逃费、拒缴的现象主要有两个原因：首先具有很强再分配色彩的社会支柱过于庞大；其次是个人账户的回报率过低，当前的个人账户是一种名义账户（nominal accounts），上缴工资都用来支付当前退休人员的养老金，这样其回报就具有行政规定性质了。

还有，从收缴养老金的角度看，地方政府征缴养老金的积极性也不是很高。原来养老金对于他们来说是一块可以运用的资源，而一旦控制权被收回后，地方政府收缴养老金的积极性就减弱了。并且，由于这些养老金是省级统筹，因此盈余的基金将补偿其他有赤字的基金，这样也降低了人们征缴养老金的积极性。因此在很多地方，出现了大规模的提前退休现象，同时提高本地退休人员的福利待遇。所有这些导致财政状况恶化，1997 年赤字 50 亿，1998 年赤字 100 亿，1999 年赤字 200 亿，到了 2000 年赤字达到 400 亿元人民币。与此同时，养老基金规模增长缓慢，覆盖面扩展的速度也不理想。

在个人账户建立之前的现收现付养老保险体系中，对已经退休和在职人员的养老金承诺就成为一种隐性债务，中国政府实际上是在使用当前工人交纳的养老金来支付这些隐性债务，结果目前中国现收现支部分的比重过大，同时个人账户实际上成为了一种名义上的账户。 那么，怎样解决当前的这些问题呢？赵耀辉教授指出，应该建立具有激励的养老金体制。对已有的养老金的支付应该完全独立于当前养老金的征缴工作，雇佣职业经理人员运作养老基金，要使得参与养老保险与否成为所有工人的一个机会成本，这样他们就有积极性交纳养老金。如果激励问题得到了解决，假设实际工资按 4% 增长而实际利率是 6%，一个工人预期寿命是 75 岁，想在退休时享受 60% 的替代率，若他交纳养老金的时间跨度为 40 年，那么他只需要支付当前工资的 10.2%。假设当前的隐性债务规模是 GDP 的 50%，折旧率为 4%，GDP 增长率为 4%，还清债务的时间是 50 年，那么当前工人只需交纳工资 5.56%。所以，如果工人加入养老保险体制的激励性问题得到解决，综上计算，人们只需交纳工资的 15.76%，远低于当前 24% 的贡献率。这中间最重要的区别就在于激励问题的解决。

2001 年，中国已经开始采取了一系列的积极的措施。中央政府承诺解决隐性债务的问题，建立了国家社会保障基金，同时拍卖国有企业的股份以支付隐性债务。例如，在辽宁，养老保险体制将完全从国有企业剥离，下岗工人的养老保险问题完全推向社会，同时个人账户完全独立地运作。

中国经济的现状和问题：一个美国经济学家眼中的中国经济

罗杰·戈登（Roger Gordon）

戈登教授15年前曾来中国作过讲座，那时中国没有高速公路，马路也不宽，私人汽车也不多，现在再次踏上这片土地却几乎认不出来这是他曾经来过的地方，中国20年来确实发生了巨大的变化。但是，更令人惊奇的是中国这20年来选择了一条完全不同于俄罗斯和波兰的被西方经济学家所推崇的发展道路。俄罗斯、波兰选择的是一种激进的改革道路，引入一套完整的西方政治经济法律制度，迅速加以实施。他们完全放开价格、开放市场，迅速进行私有化，鼓励私有企业发展。而中国走的却是另外一条道路：它渐进地改造法律系统，逐步放开价格、开放市场，没有进行大规模私有化，并且至少在改革初期对私有企业有着种种歧视。当中国进行改革时，大部分西方经济学家都怀疑的这些政策是否会有好的效果，但事实证明了当时那些怀疑是不必要的。但是在这里，戈登教授没有去分析中国为何能够取得如此成功，只是谈一谈在他看到的中国现在和未来可能面临的问题，沿着15年前作的关于中国发展的演讲，戈登教授分析当时提到的那些问题，哪些得到了解决，还存在哪些问题，以及以后将怎么解决。

80年代初，西方经济学家对中国的第一个印象就是国有企业支配了整个中国的经济。当时国有企业生产 2/3 的产出，并且得到政府的保护；而私有企业却面临着准入障碍；与此同时乡镇企业异军突起。过去的10年情况发生了很大的变化，私有企业得到了迅速的发展，乡镇企业也继续发展壮大。所有这些发展的一个直接结果就是当前中国几乎所有领域都有着激烈的市场竞争，这与10年前的情形有着根本的不同。国有企业的发展速度远不如其他所有制的企业，因此现在它的地位已经远没有以前那么突出了。近年来，中国政府对国有企业改革进行了一系列深入的改革：比如对国有企业进行"关停并转"改革、让冗员下岗、允许一些企业上市等。一个有意思的问题是，以后中国的国有企业应该怎样发展？怎样消除林毅夫教授提到的中国国有企业的预算软约束问题，以使国有企业更好地发展？当东欧国家面临类似的问题时，它们将国有企业卖给了那些成功的私有企业和外商，这样那些股东可以以外部人的身份监督企业的运作，中国也可以学习这种做法。

戈登教授在15年前的另一个感觉就是贸易保护比较严重。在中国，地方企业是地方政府税收的重要来源之一，所以它们可能会保护一些相关的企业以防止进口的冲击，进而保证自己的税收。现在的情况已经截然不同了，戈登教授认为香港地区在其中发挥了很大的作用，它为内地提供外国金融资本、外国先进的技术，同时连接着中国大陆和中国台湾地区，它还将继续促进中国进一步的开放。中国未来可能加入 WTO 也将是一个促进中国更加开放的决定性的因素。中国进一步的开放可能带来的一个严峻问题就是农业部门未来面对的挑战。中国大部分人口集中在农业部门，并且农业人口相对而言也是中国最穷的，中国政府未来是否应该补贴农业部门以抵御国际化的冲击？戈登教授认为这将是最糟糕的政策。中国需要做的应该是考虑怎样将农业人口转移出农业、转移到中国更具有比较优势的产业比如轻工业等。当波兰政府面临类似的问题时，并不是补贴农民，而是帮助那些遭受冲击的农业人口转移到其他的产业部门。这点值得中国政府借鉴。

虽然中国这 20 年发展迅速，但是戈登教授从其中国学生和朋友讲的故事中吃惊地发现，中国缺乏某些要素市场（input market），比如中国没有土地市场、劳动力市场等，过去缺乏，现在还是缺乏。戈登教授曾经参与了一个关于中国企业的调查工作，发现在那些企业中熟练的工人和非熟练工人的工资差别非常小，而在美国的企业，经理和蓝领工人的工资差别能达到上百倍。这种扭曲的工资体系本身就反映出中国没有一个健全的、运行良好的劳动力市场，同时也反映了中国政府对收入两极分化的担忧。戈登教授认为，中国未来应该做的可能不是设置种种障碍阻止一部分人先富起来，而是应该通过减少扭曲劳动力市场的手段促进人们共同富裕，比如通过税收转移系统等。

15 年前，中国也没有真正的资本市场。虽然银行也进行贷款，但是那都是出于一种行政上的信贷配给，领导们可以将信贷调拨给自己意愿中的企业，不管这么做经济上是否合适。7 年前的银行改革试图打破这一状况，使银行真正的成为一个商业银行。但是问题还是存在的，国有企业继续低效地使用银行贷款，并且加入 WTO 后外国大银行将进入中国市场，所有这些因素意味着中国的银行改革还将有很长的路要走。

15 年前，中国税收系统已经基本建立起来了，早期是没有的，不过其税率过高。公司税高达 55%，这还不计入其他各种收费，实际的税率一定更高，所以戈登教授表示很难理解，在这种高税率体系，人们怎么可能愿意努力工作。也是在 1994 年，中国进行了税制改革，现在的税率与其他国家相比是比较适中的，公司税已经降到 33%。政府预算中与税收相对的就是政府支出，戈登教授的感觉是，20 世纪 80 年代中国很多公共物品不是政府部门，而是国有企业提供的，比如公共医疗、教育、养老等，同时基础设施如通信、交通等匮乏，严重制约了经济的发展。现在情况已经得到很大的改善，高速公路的建设速度惊人，通信网络发达，所有这些都是好的一面。而让人担忧的是国有企业逐步放下福利负担后，谁来担负起这个责任？戈登教授认为政府有必要担负起来，无论怎样，职工的养老保险、子女教育等福利负担决不应该继续让企业承担，而是应该依靠企业以外的制度安排。最后，戈登教授还谈了腐败的问题。在中国，某些腐败可能还对经济发展有促进作用，比如一些地方官员有很强的激励搞好地方企业，因为地方企业越好，他们从地方企业得的好处就越多。但是随着国有企业在经济中所占比重不断下降，政府原来搞好地方经济的激励就将下降，如果这个问题不解决好，它将影响未来中国民营经济的发展，进而影响整个经济的发展。

外汇政策

郭树清

中国人民银行副行长郭树清先生首先简单介绍了一些基本事实：中国当前的外汇体系创建于1994 年那次改革。过去的 7 年里，中国的 GDP 年均增长 9.2%，消费价格指数年均增长 6.8%。1 年期储蓄存款利息率为 9%，包括了其间的利率补贴。过去 7 年中，人民币对美元汇率上升了 5.1%，考虑到物价的因素，人民币对美元的实际汇率上升 40%。同时其他一些研究表明，人民币对世界 20 种主要货币的汇率平均上升近 30%。在过去的几年中，中国还出现了巨额的外资流入。4 月底，中国拥有（机构持有）的外国资产已达 3100 亿美元，绝大部分储蓄在美国。

人们普遍认为，中国对资本流动的控制过于严格，但是郭树清认为，中国的资本账户比人们想象的要灵活得多。比如，中国现在有 30 多万家合资企业，它们可以从国外的银行、企业等机构获得贷款。中国同时拥有 B 股市场，这里放开的程度更大了。并且，自从 1993 年开始，中国的公民出入境每次可随身携带最多 6000 元人民币或 2000 美元，考虑到中国公民出入香港地区、澳门地区的频繁程度，这其间的资本流动就将是巨大的。以上所说的还都只是合法的资本流动，没有计入非法的地下的资本流动。比如当前许多大陆企业在香港地区有分支机构，和一些当地企业也有着很密切的联系，因此在这里面会有许多钻法律空子的机会。

从上述的这些事实中，可以得到一些结论。首先，中国当前的汇率体系已经很市场化了，一些学者认为当前中国汇率制度人为因素太多，但是从上面介绍的事实可以看到，过去 10 年，人民币的波动幅度和美元相差无几，甚至还要大。其次，中国的汇率政策对宏观经济的稳定起了积极的作用，并且对香港地区经济的稳定也做出了巨大的贡献，这点从 1997 年国际金融炒家对香港地区金融体系的冲击中可以很明显地看出来。最后，郭行长认为最近一段时间内，中国没有对汇率政策进行大改动的需要。当前国际贸易方面的压力并不是很大，中央政府主要将精力放在刺激内需上面，并且中国的内需还是有着巨大的潜力可挖的。

而后，郭行长对中国未来长远的汇率改革谈了自己的一些看法。他认为影响未来中国外汇体系的主要有 4 个因素：第一是中国市场化进程，当前中国正朝着市场经济的方向发展，汇率的市场化也将与之紧密相连。第二是宏观经济的稳定状况，由于货币政策、利率政策和汇率政策都对整个宏观经济的稳定有着影响，因此任何汇率政策的调整都要考虑到对宏观经济稳定的影响及其他政策的实施。第三是经济结构的调整，随着中国进一步开放，将有越来越多的商品与国外商品进行交换，在理论情况下，两国之间的汇率平价应该由它们两国总体的价格水平决定，但是中国许多行业还有着深深的计划经济的烙印，比如在服务业，城市居民享受的房租水平非常低，这些扭曲的价格将会使汇率所反应的信息大打折扣。第四是对资本流动的管理，鉴于亚洲金融危机给带来的启示，资本流动的管理也将是未来外汇政策制定的一个重要考虑因素。

汇率体制比较与改革

凯瑟琳·多明格斯（Kathryn Dominguez）

根据蒙代尔的"不可能三角"，一个国家不可能同时完全控制资本流动、货币政策的独立性和汇率的稳定性。中国当前实行资本管制，以换取货币政策的独立性和汇率的稳定。当今世界上所有的汇率制度，根据国际货币基金组织的标准，可以分为 7 类：货币联盟、货币局、管理浮动、爬行钉住、爬行带内的钉住、完全浮动、传统固定钉住。其中，中国就被归类于传统固定钉住，美国和日本归类为完全浮动汇率，新加坡和挪威归类为管理浮动，中国香港、阿根廷为货币局，欧盟是货币联盟，等等。

在布雷顿森林体系时代，大多数国家实行的是固定汇率。布雷顿森林体系以后，在20世纪70年代早期有两种明显的趋势，大多数发达国家实行了浮动汇率，资本自由放开；而大多数发展中国家采用了固定汇率，实行资本管制。但是实施后一种体系的国家越来越少，在70年代中期，大约85%的发展中国家实施固定汇率，而现在只有不到35%的发展中国家还在实施这个体系。

那么，实施浮动汇率有什么好处呢？第一，浮动汇率可以保证货币政策的独立性；第二，浮动汇率可以帮助平滑外部的冲击；第三，政府干预减少，汇率将由市场决定，更具有透明性；第四，不需要维持巨额的外汇储备；第五，提供了"对冲的激励"（incentives for hedging）以防范货币波动。但是人们对浮动汇率也有一些顾虑，首先，浮动汇率可能不利于贸易和投资；其次，由于汇率自由浮动，人们就可能进行投机套利；最后，如果缺乏规范，独立的货币政策反而会对经济发展带来副作用。

那么，固定汇率有什么利弊呢？首先，汇率波动的不确定性将降低；其次，汇率可以看做一个名义锚（nominal anchor）。但是，近些年来那些固定汇率国家发生的货币危机也促使大家认真思考，如1992—1993年的欧洲汇率机制危机、1994年的墨西哥比索危机、1997年的亚洲金融危机、1998年的俄罗斯卢布危机等。这些发生危机的国家都是采用了固定汇率，当它们无法维持这个汇率时，货币崩溃，危机爆发了。这时，将出现资本外逃，外汇储备剧减，外债增加，国际信用丧失等。

那么，怎样在浮动汇率和固定汇率之间取得一个平衡点呢？许多经济学家认为一个比较好的选择就是管理浮动。实施这种汇率制度可以依靠三种工具：第一种是货币政策工具，第二种是政府对汇率市场的干预（sterilized intervention），第三种是资本管制（capital controls）。由于和中国目前情况联系比较紧密，Kathryn教授重点讨论了资本管制。

资本管制首先可以弥补金融市场本身的一些缺陷，如信息的不对称性等；其次，资本管制可以在固定汇率的体系下维持货币政策的独立性；再次，面对大规模的资本流动，可以保护金融的稳定性，正如亚洲金融危机中中国的经历；最后，资本管制还利于引导资源的流向。但是资本管制也是有成本的：首先，由于不是市场决定汇率比价，因此一个结果是导致资源无效的分配；其次，为腐败等现象提供了土壤；最后，过滤了来自于国际同行的竞争，不利于国内金融部门的发展。

对于中国，一个可能更重要的议题是固定汇率的转轨问题。近年来，许多国家都放弃了曾经实施的固定汇率，比如巴西、哥伦比亚、韩国、俄罗斯、泰国和土耳其。但是这些国家大多是由于金融危机的爆发而非自愿放弃固定汇率的，因而往往伴随着自信心的丧失、金融系统的恶化、经济增长的放慢及政局的动荡。那么，有没有一些国家从固定汇率成功地进行转轨呢？答案是肯定的，像波兰、以色列、智利和新加坡都是成功的例子。

多明格斯教授指出，对于中国这样当前实施固定汇率的国家，要想转轨需要两个重要的条件，首先是转轨期应该选在资本流入的时期进行，另一个条件是当时应该有货币升值的压力。多明格斯教授做过研究发现，如果当前中国进行汇率转轨，其货币将会升值。联系到当前中国的大量的资本流入，多明格斯教授认为当前是中国进行汇率转轨的一个比较好的时机。

对于汇率制度的转轨，其他一些配套政策也是很重要的。首先是当前比较流行的通货膨胀钉住（inflation targeting），实施这种政策的初衷之一是控制价格的增长，另外，对于汇率转轨国家来说，通货膨胀钉住也将可以替代原来的汇率成为一个名义锚（anchor）。其次，对于汇率转轨国家而言，财政的透明化也是一个至关重要的因素。因为以往的经验表明，有些国家之所以发生货币贬值是因为投资者对财政的信息产生疑问而发生恐慌，进而导致货币的贬值。再次要配合的是中央银行在汇率转轨时所扮演的角色转换。最后，也是各国一直在努力的，加强国内金融部门特别是银行部门的竞争力。

汇率制度"角点解假设"

易纲

根据国际货币基金组织 1999 年对汇率制度的重新分类（共八类），易纲教授将第一类（货币联盟和美元化）、第二类（货币局）和第八类（单独浮动）定义为"角点汇率制度"；将第三类至第七类（传统固定汇率、水平带内的钉住、爬行钉住、爬行带内的汇率安排、不事先公布干预方式的管理浮动）通称为"中间汇率制度"。易纲教授比较了"角点解"和"中间解"，分析了它们之间的关系，为人们提供了一个分析预测汇率制度变迁的理论框架。

易纲教授将蒙代尔的不可能三角进行扩展，提出了扩展三角这个假说。扩展三角的三边表示三个宏观经济目标：资本完全自由流动、货币完全独立和汇率稳定。著名的蒙代尔三角清晰地展示了三个政策目标的关系，但是没有表述出中间制度的影响。为了克服这个缺陷，易纲教授通过建立一个新的指标体系对其进行了扩展。他构造了数值体系（x, y, m）分别表示汇率的稳定性、货币政策独立性和资本流动性的大小，标准化后都属于[0, 1]。比如，$x=0$ 时表示汇率完全自由浮动，$x=1$ 时表示汇率完全固定；$y=0$ 时表示货币联盟，$y=1$ 时表示货币政策完全独立；$m=0$ 时表示资本完全管制，$m=1$ 时表示资本完全自由流动。其余中间值表示中间状态。这样每一个可能的汇率制度（x）及相关组合（y, m）都可以用一组"0—1"赋值系统加以描述。比如，（1, 0, 1）属于第一类制度，如中国香港地区和欧盟；（0, 1, 1）属于第八类制度，如美国。这样，易纲教授就为全面分析和检验汇率制度的选择提供了一个理论框架。

在此基础上，易纲教授首先提出了汇率风险不可规避时的汇率制度选择模型，考察了决定一国的汇率制度的外生结构参数。这个模型有两个前提假设，假设一是金融衍生工具不发达。这使得汇率风险不能通过对冲来规避，另一方面也使得投机攻击缺乏有力的放大杠杆。这时汇率制度是政府选择的结果。假定二是资本流动外生给定，由国内的金融体系发育成熟程度所决定。在这种情况下，借助扩展三角易纲教授通过计算指出，"没有哪一种汇率制度对所有国家以及所有时期都适用"这个论断是成立的。由于蒙代尔的不可能三角只能研究"角点解"的情况，不能成为分析"汇率制度角点假设"的理论基础，因此易纲教授的工作弥补了这个不足。

而后，易纲教授分析了市场主导情况下的中间汇率制度的危机。进入 20 世纪 80 年代后，为了规避风险，金融交易者在风险管理领域进行了金融创新，创造了许多金融衍生产品。但它们是一柄双刃剑，一方面为规避风险提供了工具，另一方面大规模的投机攻击成为可能。这样，前面那部分的前提假设已不成立。替代假设是：汇率风险可以规避并且可能存在投机攻击。这时就需要考虑汇率制度和公众预期形成、变化的相互关系。第二代货币危机理论考察的是公众预期对汇率制度的决定影响，而在这里，易纲教授想要强调的是汇率制度对公众预期的反作用，这就考察了更为一般意义上的均衡。还是在扩展三角的框架下，易纲教授指出，公众面对投机攻击时，将基于政府放弃已有汇率制度的成本和政府的透明度来判断政府承诺的可信性来采取行动。如果可信性高，公众不会恐慌；但是如果可信性低，公众由于事前没有进行套期保值，所以他们将跟进，抢先抛售本币资产。而公众的跟进将使得市场噪声产生系统性的大偏差。这时市场汇率在市场机制下就会对此进行"超调"，这样政府控制的汇率和市场汇率的差别会进一步拉大。当政府反向操作的弹药（外汇储备）告罄时，中间汇率制度将崩溃。

易纲教授最后总结到，当汇率的要求使得世界各国趋向于资本完全流动时，汇率制度的发展趋势将向更加灵活或者趋于联盟转变，最终的趋势将是角点汇率制度占据优势地位。到那时，完全浮动将与货币联盟并存，而货币联盟对外是完全浮动的。

CCER-NBER 第五届年会

经济增长与农村发展

（2002年6月）

北京大学中国经济研究中心（CCER）与美国国家经济研究局（NBER）第五届年会于2002年6月30日—7月2日在北京大学中国经济研究中心万众楼举行。

本次年会的演讲嘉宾有：哈佛大学马丁·费尔德斯坦（Martin Feldstein）教授、布莱恩·霍尔（Brian Hall）教授，本杰明·弗里德曼（Benjamin Friedman）教授、理查德·弗里曼（Richard Freeman）教授，普林斯顿大学本·S.伯南克（Ben S. Bernanke）教授，斯坦福大学查尔斯·克洛特费尔特（Charles Clotfelter）教授、维克托·富克斯（Victor Fuchs）教授，北京大学林毅夫教授、陈平教授、赵耀辉教授、宋晓青教授、Ran Tao博士，以及香港中文大学张俊森（Junsen Zhang）教授。

美国经济增长的中期预测

马丁·费尔德斯坦（Martin Feldstein）

2001年夏天，NBER发表声明，认为美国经济开始出现了衰退；并在同年11月发表看法，认为衰退实际上从2001年5月开始。如何准确把握经济膨胀和衰退的时间对每个国家和研究者来说都是非常重要的问题。NBER的判断是根据不同领域的专家对美国经济不同领域的统计数据进行认真估计后做出的。当时NBER主要根据就业率、总产出、销售和收入4项主要统计指标的下降趋势判断经济正处于衰退之中，并且衰退从5月开始。现在，经济出现了复苏的迹象，那么，复苏从什么时候开始，这种趋势能否持续下去成为各方密切关心的问题，作出判断还需要有更多的统计数据来支持。

费尔德斯坦教授认为，美国经济已经恢复了增长，并且已经持续了4个月。事实上，在NBER内部对这个问题也有不同看法，对此也多次展开过讨论。最近公布的统计数据显示，第一季度美国GDP增长幅度达到5.6%，真实GDP的增长甚至可能达到6.1%，这是一个非常强劲的增长势头。与此同时，存货结束了下降趋势，出现大幅增长，最终消费上涨了2%，就业率也出现回升。所以，费尔德斯坦教授认为，美国经济已经摆脱了衰退，开始出现增长。在2002年第一季度，私人消费、存货投资和政府开支都有了大幅度的提高，其他国内指标也有不同程度上升。

费尔德斯坦教授指出，如果关注近期美国货币政策和财政政策，就会发现经济增长并不是一个突发事件或者说是低谷之后的短暂反弹。首先，过去一年美联储大幅下调利率，2000年12月的联储利率为6%，但现在只有1.75%，费尔德斯坦教授认为，利率下调对经济的刺激作用非常明显。美联储之所以能够容易地运用货币政策刺激经济，首要原因是较低通货膨胀率使美联储不必担心扩张性的货币政策会带来通货膨胀率的快速上升。同时，雇佣成本统计指标的增长开始放慢，在过去几个月中只上升了不到4%，这是因为生产率快速上升，单位劳动使用成本下降，并且下降速度非常快。虽然货币总量的上升比较缓慢，但这并不会对货币政策的作用造成很大影响，一个值得关注的问题是美联储虽然成功地降低了短期利率，但是长期利率仍然保持在一个比较高的水平上。

另一个刺激增长的因素是财政政策。布什总统在衰退出现之前就开始实施一个持续性降低税率的计划，美国已经有了很多年财政盈余，因此，扩张性的财政政策并不会导致政府的收支恶化。这项降低税率的计划至少可以从两个方面刺激经济增长：第一，它可以增加人们实际可支配收入；第二，有助于人们形成税率降低预期，从而增加消费和投资。

对经济增长产生影响的一个不确定因素是商业投资。2002年第一季度对生产设备和软件的投资仍然是下降的，但是同时期IT行业的投资有非常明显上升，而且设备的生产和进口也出现了上升。费尔德斯坦教授认为，最终消费、盈利水平和现金流水平的上升有助于恢复企业的信心，因此，投资增加只是早晚的事。基于此，费尔德斯坦教授认为2002年美国的投资水平肯定会上升，全年的GDP增长率可望达到3.5%，在通货膨胀率低于2%的情况下，这是一个非常高的数字。

拉动经济增长率提高的最主要因素,在费尔德斯坦教授看来是生产率的迅速提高。生产率指标可以用 1 单位投入的产出水平来衡量。生产率提高可以从四个方面促进经济增长:①促进真实 GDP 增长;②促进劳动力收入提高,从而增加消费;③促进投资回报率增长,从而增加投资;④有利于降低劳动力成本和通货膨胀率。从一些简单的事实可以看到美国生产率提高的幅度:1970—1995 年,生产率平均每年仅提高了 1.6%,1995—2000 年上升至年均提高 2.7%,2001 年下降到 1.9%,但在 2001 年第四季度和 2002 年第一季度生产率的上升幅度分别高达 5.1%和 8.4%。费尔德斯坦教授认为造成生产率快速提升的主要原因是信息技术的快速发展和广泛应用,除此之外,美国的劳动力市场流动性很强,因此,新技术很容易扩散;美国公司对管理人员的报酬方式也提高了管理者的工作积极性,使他们更愿意采用新技术,提高生产率。后两种因素促进了新技术被广泛应用,从而提高全社会的生产率,这也是造成美国和拥有相似技术水平的西欧国家之间经济增长出现巨大差异的主要原因。

那么,在今后 10 年中,美国经济增长前景怎样?根据美国政府的预测,在今后 10 年中,美国年平均劳动力增长 1.1%,企业生产率年均增长 2.5%(企业生产率指标覆盖范围较窄,不包含住户拥有的住宅和政府部门等,而这些部门生产率增长较慢),GDP 生产率年均增长 2.0%。由此估计美国 GDP 年均增长率为 3.1%,这比 10 年前预测要高出整整一个百分点。

尽管费尔德斯坦教授对美国经济增长基本持乐观态度,但是一些因素很可能对经济增长造成负面影响,他强调了两个因素:第一是美国储蓄率可能大幅度增长,第二是美国经常账户的赤字。

在 1990—2000 年,美国经济一直处于快速增长中,私人储蓄率(包括企业储蓄)从 7.8%下降至 1%,全社会储蓄率则从 4.6%上升到 5.6%,这是因为政府的储蓄增加了。过去 10 年中居民储蓄率下降的主要原因是股票市场的快速增值促使人们将更多的资金投向股市。但是,现在的一些因素会促使人们提高自己的储蓄率,这些因素包括股票市场低迷、未来税率可能提高(这只是一种可能,并不代表一定发生)、恐怖主义行为增加了不确定性等。储蓄率的快速提高可能会引起衰退,除非投资或者出口同时出现大幅度的上升。

另一个很重要的因素是美国巨额经常账户赤字,2001 年美国经常账户赤字达到 4170 亿美元,约占当年 GDP 的 4.1%。经常账户赤字可以通过资本账户盈余来平衡,换句话说,就是资本净流入来弥补。预计 2003 年美国的经常账户赤字将达到 5500 亿美元,超过 GDP 的 5%。现在,外国在美国的净资产累计达到 94 000 亿美元,对应的美国在外国的净资产为 72 000 亿美元,净流入美国的资产大约是 22 000 亿美元。尽管如此,美元贬值似乎仍然不可避免,这是因为:①经常账户赤字过大,超过 5%,给美元造成了巨大的贬值压力;②美国的利率水平不足以吸引投资者投资于美国债券;③股票市场的低迷也会降低国外投资者的投资意愿;④欧元升值会吸引资金流向欧洲。美元贬值有助于改善经常账户平衡,但是同时也会造成资本净流入减少,这将提高美国的实际利率;另一方面,美元贬值引发国内通货膨胀,造成名义利率的升高。这些都不利于美国经济的增长。但是,从另一个角度看,美元贬值带来的出口增加有可能弥补国内需求的不足,从而保证经济增长的稳定性。两种作用究竟哪个更强,还需要进一步观察。

美国的银行业

本杰明·弗里德曼(Benjamin Friedman)

1. 美国商业银行的规模和经营范围

从绝对数量上说,美国银行的资产总值在不断扩大,并且同 GDP 的比例大体保持不变。但是,银行的市场份额正在逐年下降,在信贷市场上,银行贷款的比例越来越小,银行资产占美国经济融资总额的比例也越来越小。近年来,美国金融自由化和资本市场的快速发展使得直接融资得到了巨大发展,传统银行融资的份额正在不断缩小。从银行的资产负债表,可以读出很多关于银行业经营情况的信息。从银行的资产分布情况来看,美国银行持有的各种证券在资产总值中比例正在不断下降,各种贷款占资产总值比例基本保持不变,而持有房地产的比例却逐年升高,这反映了近年来美国银行投资的重点正在逐渐由证券向房地产转移。从银行的负债情况看,原先作为主要资金来源的活期存款账户的份额从 50 年代的 70%下降到今天的 10%左右,小额储蓄存款的份额则从 15%上升到 45%,成为今天银行最主要的资金来源,大额储蓄存款的份额也有一定程度的上升。这种变化反映了技术进步对银行经营管理的影响,支付技术的进步和手段多样化使银行即使在对应的储蓄资金不到位的情况下,仍然可以满足客户支取资金的需要。

弗里德曼教授进行国际比较的重点放在资本市场和银行的关系上。在世界上的主要发达国家中,银行资产都超过了资本市场的总值,德国等国家的比例甚至可以达到 2:1,而美国这一比例恰好反过来,是 1:2。从银行的资金流向看,商业贷款仍然是美国银行资金投向的最主要方向,占银行贷款总额的 60%。但是如果换个角度观察就会发现,银行在向企业提供资金方面的地位已经大大降低了。1994 年,美国非金融类企业的负债中,银行贷款只占不到 20%,企业债券的比例超过了 50%。这种变化说明以银行为主导的融资方式正逐渐让位给以证券融资为主的方式。

2. 银行系统快速恢复健康的主要原因

20 世纪 80 年代末,美国爆发了严重的银行危机,1988 年破产的银行数量高达 200 家,政府当年为了治理危机耗费的资金超过 90 亿美元。但是今天,美国银行业已经完全从危机的阴影中走了出来,银行的破产率和用于解决银行破产问题的花费都接近于 0。是什么原因让美国银行如此迅速地走出危机?有 6 个因素的作用是最值得关注的。①银行恢复了稳定的盈利能力。这部分源于银行成功地降低了经营成本,换句话说,银行提高了经营效率。技术进步和银行经理人员越来越注重节约是其中的关键。②银行间的合并与重组,从 80 年代末开始,美国银行业掀起了合并的浪潮,虽然同其他发达国家比,美国的商业银行数量仍然很多,但同过去相比已经大大减少了。③美国银行的地区性分支机构逐年增加(包括国内分支机构和国外分支机构的数目)。④同过去相比,银行更有效地控制了信贷风险,不良贷款比例大大降低。由于技术进步,银行现在拥有越来越多的手段来评估和控制风险,这方面进步也是为了适应原来越严格的银行监管制度的需要。⑤尽管银行在贷款市场上的份额逐渐下降,但是银行从其他中介服务中获得的收益正稳步上升。对某些大银行来说,其他收费业务的收入已经超过了传统的贷款业务的利息收入,这些业务成为银行收入的主要来源。⑥宏观经济长时间运行良好,实际利率稳定是美国银行能够快速走出危机的大背景。

3. 银行监管的发展

20世纪80年代,美国银行业爆发了重大的危机,这是双重因素综合作用的结果:一是对金融自由化的需求越来越强烈,要求赋予银行经营者更多的权力,放松对银行进入新领域、行使新功能的约束;二是政府对银行监管制度持消极态度。后来的经验表明,银行监管同金融自由化并不对立,相反必要的有效监管是实现金融自由化的基本条件之一。

近年来,美国银行业的监管制度发展主要体现在下面5个方面。第一,参与并执行巴塞尔协议。第二,建立了缩写为"CAMELS"的银行评估和监管体系。在这个体系中,银行监管的主要内容被分解成6个方面:资本充足率(capital adequacy)、资产质量(asset quality)、管理水平(management)、盈利状况(earnings)、银行资产负债的流动性(liquidity)及对市场风险的敏感程度(sensitivity to market risk)。所有银行评估和监管工作基本都围绕这6方面的指标展开。第三,建立了一套快速纠偏机制(prompt corrective action),以便监管当局对出现问题的银行及时采取措施。一旦在审查中发现银行某方面指标不合格,监管者有权利采取措施,甚至包括暂停该银行的经营,来处理银行出现的问题。第四,对建立统一的银行监管体系作了一些努力。第五,尽管美国在1999年通过了允许银行混业经营的法案,但令人意外的是,人们并没有发现期望中银行大举进军证券业的局面。虽然没有观察到银行大规模进入证券业的趋势,但是银行持有的各类金融衍生品价值不断上升却是一个事实,在经历了1994—1995年短暂的下降之后,银行持有金融衍生品的价值从1996年开始上升,1995年底这一数字仅为5万亿美元左右,到2001年底已经达到23万亿美元,是同年GDP的2倍多,这种上升幅度远远超过了GDP的增长速度,这可能成为美国银行监管者今后所要面临的一个主要问题。

新兴市场经济国家的货币政策

本·S. 伯南克(Ben S. Bernanke)

伯南克教授讨论的问题是:发展中国家和新兴市场经济国家如何管理和执行他们的货币政策。伯南克教授报告中指的不是最穷国家,而是中等发展水平国家,这些国家对经济政策很有经验,并且有比较完善的中央银行和市场管理机构,特别是金融机构。而且有一个很重要的特点就是他们愿意对国际商品和资本市场开放。因此这里讨论的是类似阿根廷的国家,中国在许多方面都与其他的发展中国家不同。

伯南克教授指出制订一个成功的货币政策有两个非常关键的要素,它们都不是中央银行所能控制的。一是财政方面对货币体系的最少控制,否则不可能有成功的货币政策。二是对发展中国家和新兴市场经济国家特别重要的金融系统健康。因此，货币政策是一个完整体系的一部分：货币政策、货币供给和通货膨胀的控制、财政约束和控制、金融市场发展和金融市场监管。

要讨论发展中国家的货币政策，当然就要讨论他们的不同历史。伯南克教授称他对经济史比较感兴趣，所以了解金本位和其他一些时期的事情，也对货币一体化和它的机制很感兴趣，但是最近有两件事情引起了他对发展中国家的兴趣。第一个是固定汇率，第二个就是伯南克教授所称为通胀目标区（inflation targeting）的政策。对于工业化国家来说，通胀目标区基本上是成功的政策。在新兴市场经济国家，伯南克教授觉得通胀目标区也应是个不错的战略。

在过去的三四十年间，发展中国家的货币政策管理一直用固定汇率。现在固定汇率有很多变种，但是主要都是像其他的目标区一样要维持汇率的稳定。伯南克教授提到有一篇国际货币基金组织首席经济学家写的文章，谈论的是固定汇率现实情况。许多国家并不是像他们宣称得那样实行了固定汇率，现实存在很多不确定因素。赞成固定汇率政策的人能提出来它有什么优点，然而，很多时候优点也是缺点。传统上大家都认为固定汇率的缺点就是失去了货币政策的独立性，这种思想是说如果你固定了汇率，你就不可能再利用货币政策去达到别的目标。赞成固定汇率的人有两个论点：第一个优点在于固定汇率有利于本国同其他国家之间的经济整合，如果本国的货币钉住其他国的货币，那将会使得贸易变得简单并且会增加贸易量，减少交易成本并使得经济得到整合；第二个优点在于固定汇率有利于加强监管，那就是说如果一个国家是固定汇率，那么必须保证比较低的通货膨胀，因而实际上对货币政策提出了更严格的约束。不论这些优点在逻辑上多么在理，历史表明，这两条实际上不是优点。

先看第一个，实行固定汇率并没有促进各国之间的贸易、金融市场及金融机构的整合，实际上固定汇率只是这种国际经济联系的很有限的一部分。更进一步就会看到，近20年来所谓固定汇率实际上并没有固定。这些国家的汇率往往随着巨大的经济冲击而出现很大波动，可以看看墨西哥的金融危机、东南亚的金融危机，这都是很明显的例子。所以说认为实行固定汇率就能促进各国之间的经济整合是很愚蠢的。第二个是说固定汇率会加强对货币政策的监管，因为你要用货币政策维持汇率，并且保持国内的低通胀。伯南克教授认为这也是幻觉。问题是并不是执行货币政策的中央银行需要监管，而是财政方面真正需要监管。财政当局都有巨大的预算开支，并且数额非常不稳定，甚至像阿根廷这样固定汇率政策执行得非常严格的国家也是如此。因此固定汇率可能会对货币政策有些约束，但是对财政政策根本没有任何益处。所以近年越来越多的国家放弃固定汇率，而寻求其他的汇率机制来管理货币政策。

当然，第一个替代办法就是浮动汇率，事实上以前某些时期美国也实行过。但是现在许多国家发现可以建立某些框架，在这些框架下我们可以设定各种目标和运用各种工具，一种可能的框架就是通胀目标区。通胀目标区是一种方法，而不是理论。许多工业化国家都用这种方法，但是美国和日本例外。现在很多中等收入的国家比如智利、墨西哥等都采用通胀目标区政策。

建立通胀目标区体制的程序可以分成五步：第一步就是要公布通胀目标区，这将是中长期的通货膨胀目标，有时是很简单的数字，有时候是某个范围，伯南克教授认为，简单的数字和范围一样好。第二步就是中央银行要制定维持物价长期稳定的政策，强调是长期的。第三步通胀目标区就是要提供某种平台，在这个平台上它会告诉你哪些政策要改变，哪些政策必须维持，并允许因为经济冲击做出相应的短期调整。从经验上观察，去年美国的格林斯潘降低了美联储利率以反击经济衰退，但并不能认为这是通胀目标区方法，即使这种反击与长期的通胀稳定的目标相一致，区别在于是不是公布了目标区域，而不在于行为上是不是力求与长期通胀目标相一致。第四步是要运用最广泛的信息，有一个问题就是，很多政策都只钉住一个指标，在某种程度上通胀目标区是一个基础目标，因此在看到通胀的同时你还能看到很多相关的信息。第五步就是要增加责任的透明性，中央银行会向公众提供很多方面的信息，目的就是让公众了解政策究竟是怎样的以及要达到的目的。

通胀目标区方法不是万灵丹，它也有致命的弱点：首先如果你有财政问题，比如你有很大的财政赤字，在发展中国家一般赤字比较严重，通胀目标区方法不会管用；其次如果金融体系不稳定，比如像日本货币传导机制受阻，通胀目标区方法也不会适用；另外如果因为汇率的波动在国内出现比较大的资本流进流出，即使根据通胀目标区作出比较适当的调整，可能还是会有很多问题。

比较两个典型国家的货币政策，一个是阿根廷，固定汇率政策执行最严格的国家，另一个是智利，从1991年起就实行通胀目标区。智利有很完备的通胀目标区、财政控制和金融监管体系，智利也有很高的经济增长及很低的通货膨胀。这说明通胀目标区的确是比较成功的一种方法。

回到中国的问题上来，伯南克教授认为中国的问题不是用通胀目标区方法所能解决的，中国首要的问题在于金融体系和国际资本流动体系滞后于其他经济部门的发展。所以中国首先要完善金融体系和国际资本流动体系，等到这些领域都开放稳定之后再实行通胀目标区。

伯南克教授演讲后，进行了问答环节，讨论如下。

易纲教授问了两个问题。第一个问题是如果通胀目标区方法真的那么好，为什么美国和日本没有实行？并且欧洲是两个政策同时用，一个是通胀目标区政策，另一个是货币供给控制？第二个问题是请伯南克评价一下中国的货币政策，中国实行的是固定汇率和国际资本控制政策，有独立的货币政策，去年中国的利率是2%而美国的利率是5%。

伯南克教授回答，美国实行的是隐性的通胀目标区政策，除了没有公开通货膨胀目标区域之外，其所作所为都和通胀目标区政策很相似。因为格林斯潘不会一直担任美联储主席，真正实行通胀目标区政策会使得货币政策更加具有连续性，避免因为个人风格而影响货币政策。伯南克教授认为欧洲实行的双重货币政策是为了支持德国，只是一个过渡性的政策，并认为他们应该进一步深入实行真正的通胀目标区政策。对于日本，伯南克教授表示他根本就不理解这个国家到底在干什么。第二个问题是中国实行的是固定汇率，同时也有稳定的通货膨胀，他不知道这是怎样实现的。首先中国的通货膨胀并不稳定，而是通货紧缩，这是对经济很不利的，因为中国并没有很大的赤字，同在日本一样，通货紧缩在中国也是具有破坏性的。其次伯南克教授觉得中国应该放开国际资本流动，然后才能实行通胀目标区政策，那样才会有比较稳定的局面。

林毅夫教授提问："当经济出现通货紧缩的时候实行通胀目标区政策，我觉得有一个问题，因为通货紧缩一般是由于过度生产能力造成的，当生产能力过剩的时候，很难再进行投资,因为企业很难再发现比较好的机会,在这种情况下人们更多的投资是选择储蓄,所以在这种情况下货币供给将变得内生化,你怎么可能再通过扩张货币政策实现通胀目标区?"

伯南克教授回答:"每个国家的中央银行都能通过发行纸币获得通货膨胀,如果本国没有通货膨胀,那就是让整个世界发生了通货膨胀。"

林毅夫教授又提问:"但是如果政府没什么项目好投资的,又怎么能通过发行纸币来获得通货膨胀呢?"

伯南克教授回答:"你的一个问题就是政府能否产生通货膨胀,另一个问题就是通货膨胀是否会让经济变得更加强健。对日本来说,答案是肯定的。政府能够使得价格上涨,这对日本经济是非常有好处的,这有利于企业融资。对中国的情况我不是很了解,中国现在是通货紧缩,但是我想如果中国政府能够通过扩张的货币政策实现通货膨胀可能会有一定的好处。"

卢锋教授提问:"通胀目标区概念假设某个国家存在对它的经济发展来说适当的通货膨胀目标水平。比如美国和欧洲,你认为2%的通货膨胀水平可能比较理想。但是像中国这样的新兴市场经济国家,经济增长率比较高,理论上的适当通货膨胀水平是不是应该高一点?"

伯南克教授回答说:"我觉得不是这样的,经济转型国家也是可以实行通胀目标区政策的,各个国家的通货膨胀目标不同,有高有低,但是我不觉得经济增长快的国家通货膨胀目标就应该定得高。中国的货币供给增长很快,但是中国没有发生通货膨胀,我觉得这真是一个谜。但这其实不是谜,是可以解释的,首先因为经济增长很快,其次是因为金融深化,人们对金融工具变得越来越有经验,使用的频率越来越高。所以发展中国家都有比较快的货币供给增长,但是这并不是与低通货膨胀就不相一致,实际上是相平衡的。"

经济增长波动原因和金融改革战略

陈平

一般来讲,解释商业周期和金融危机发生的原因有三种视角:第一种是 Frisch 所倡导的外生驱动学说;第二种就是 Lucas 所倡导的宏观波动的微观基础说,也是最有影响力的一种;第三种视角正在变得越来越引人注目,特别是在讨论中国经济问题的过程中,它强调经济波动的内生性。为了防范金融危机,三个学派采取的政策也不一样,理性预期学派强调预期的作用和硬约束,而外生驱动学派则强调扩张性的货币政策和财政政策,但是如果考虑到经济的内生不稳定性,结构改革的渠道将是非常重要的。陈平教授在报告中提出了相对波动的概念,运用中国经济的实际数据计算表明,Lucas 的微观基础论是明显存在常识性错误的。

陈平教授在报告中进一步强调:地方政府实际上是中国经济的推动力,并且在金融创新中也发挥了重要作用。经济整体不只是有宏观和微观两极,中间还有一个中间层次。微观层是家庭和企业，宏观层次是政府，而中间层是金融中介、产业组织，也包括这里的地方政府。中间层次在引起经济的巨大波动中发挥了很重要的作用。

观察几次金融危机，可以发现一个共同点，那就是在金融危机发生之前都有过度投资和长期的经济扩张。中国1997年以来的通货紧缩主要是因为过剩生产能力造成的。但是陈平教授认为，中国的金融危机也并不是不可避免的，因为中央政府控制了物质资产、土地和其他自然资源。如果中央政府对基础性改革采取比较严厉的措施，中国经济将会克服目前的困难。中国经济快速增长的同时也累计了巨大的隐性不良债务，关于其原因，传统经济学有很多解释，但是陈平教授强调这些原因都不是充分的，它们不足以说明为什么经济同时还在高速增长，而他认为技术竞争才是形成这种局面的主要原因。技术竞争产生的技术替代成本是巨大的，技术进步是过剩生产能力也是金融危机发生的推动力。

Kornai 的软约束理论局限于分析计划经济体制。陈平教授认为将软约束理论运用于像中国这样的开放竞争的经济，以此为起点，将会对中国经济产生一些正面的影响，比如，大量的技术引进和外商直接投资。所有这些经济事件的发生都是通过经济扩张的各种渠道来完成的，而地方政府则是起始人。地方政府的这种行为显然是在中央银行的货币政策渠道之外的。因为地方政府在软约束中发挥了重要作用，这就使得中央政府很难关闭那些经营失败的企业和银行，因此就增加了金融改革的难度。汉语中有个词叫"危机"，它不同于西方的"risk"，它有两层意思，一是危险的意思，二是机会、机遇的意思。为什么这么讲？技术进步虽然可以提高生产力，但是它需要巨大的初期投资，并且投资的回报是不确定的，即使某种技术再好，也不能确保它就能赚钱，这是因为存在路径依赖的问题。因为初期投资是有风险的，所以软约束从某种程度上降低了新技术的进入壁垒。但是这也为以后的发展埋下了祸根，那就是流动资金不足。因此在结构调整中，战略上用的办法第一种就是市场纠正方法，中国和大部分的市场经济国家都用这种方法，他们的信条就是"让市场去做吧"。但是当我们面临根本性的技术变迁的时候，你会看到大规模的银行业危机，政府只好跳伞。陈平教授认为还有第二种办法，中国和日本都可以采用，但是不知道他们有没有足够的勇气和信心。那就是说政府应该在金融危机失控之前就对结构调整进行引导。

最近几年，中国政府采取了很多措施来防范金融风险，而陈平教授认为这些措施从传统经济学看来似乎是标准的，但是由于中国的特殊国情，这些措施对中国的情况并不适用。一方面，很多时候政府所谓的"防范金融风险"实际上集中了风险，而不是分散风险。另一方面，"防范金融风险"实际上是收缩了信贷，增加了小企业的进入障碍。陈平教授认为这是非常危险的事情，因为小企业是创造新的就业机会的主要动力，收紧信贷实际上就是使得商品变得更值钱了。再一方面，中国政府相信银行业是有规模经济的，因此他们很不情愿向私人开放银行业，尤其是中小银行。陈平教授认为这是一个问题，中央政府实际上过度控制了银行业。这可能是中国政府金融改革的第三个错误方向。最后一方面，也是非常严重的一点，就是中央政府对用破产法来约束市场表现得很迟疑。

陈平教授在报告中很谨慎地提出了中国金融改革的程序和措施。他认为中国首先应该建立和完善信用监管体系，目前中国政府正在做这件事情。他曾经建议建立两到三家信用公司进行竞争，这可以防止政府腐败，但是中央政府依然集中控制着信用货币体系。他认为这将是寻租的又一个根源。其次，如果中国银行业要向中小银行开放的话，就必须建立存款保险体系，否则就没办法阻止这些银行的破产。中国政府现在实际上是做了全额担保，陈平教授的建议是只需要设立一个最低保障金额度，然后就可以开始鼓励银行业进行分拆了。剩下的一些事情中，陈平教授认为最重要的就是要理清地方政府的账目。目前信贷市场的混乱主要是由于地方政府造成的。地方政府没有信用监管体系，因此中央政府不允许开放全国统一的债券市场，但陈平教授认为这是中国改革的一个很重要的方面，而建立全国统一的债券市场的前提就是要理清地方政府的财政，然后我们才能把地方政府和私人实体当作等同等经济实体来对待。

中国的劳动力问题

理查德·弗里曼（Richard Freeman）

过去 20 年中，中国的劳动力市场发生了巨大的变化。在传统的计划经济体制下，中国的劳动力配置方法可能是世界上最僵化的体制，每个人的工作都由国家安排，企业和个人没有丝毫的自主权。现在，中国许多地方的劳动力市场已经初具规模，企业和个人可以自主选择，而这一切都是在非常短的时间内发生的。但是，中国的劳动力市场仍然存在着不少问题，归结为一句话就是新兴的劳动力市场和传统僵化的制度不配套，中国的劳动力体制很有可能是中国改革进程中发展最缓慢的地方，也许政府有他自己的考虑，因为在一个劳动力供给过剩、农业人口众多的经济里，农村劳动力大量涌入城市会带来很多问题。

弗里曼教授没有多谈农村劳动力的问题，讨论主要集中于城市。目前对城市劳动力谈论最多的问题就是劳动报酬不平等的问题，许多学者在这方面作了研究。但是，作为中国改革的局外人，弗里曼教授指出中国经济从计划经济向市场经济逐渐过渡，人为设置的工资体系依然发挥一定作用，因此，名义收入差距不可能很大，但是其他的一些因素可能造成人们实际可支配的收入差距拉大，一些学者认为这是引起社会不安定的因素。从 1995 年以来，国有企业吸收就业能力的持续下降是一个值得关注的问题，这在一些地区引起了人们的强烈不满。关于劳动力的另一个问题是工资、福利等劳动力报酬的拖欠，这个问题在西北地区尤为突出。那些失去工作的人并没有得到他们在被雇佣时被许诺得到的应有补偿，这是目前造成劳动力不满情绪（labor protest）的主要原因。弗里曼教授谈的最后一个问题是有关工作条件恶劣的问题。在南方的私营企业中，工人主要是外地来打工的妇女，她们的工作环境非常恶劣，这方面有许多案例。所用的评价指标主要是事故率和死亡率。弗里曼教授认为，造成这些问题的一个潜在原因是政府没能严格地实施劳动法，而这也与过时僵化的制度有关。

从数据可以看出，基尼系数从 1978 年开始逐年升高，1999 年已经达到了 0.45。城乡收入差距呈现先缩小、后扩大的趋势，其他一些指标也反映出在进入 20 世纪 90 年代后，中国的收入差距逐渐扩大；另一方面，不应该忽视的进步是随着经济增长，中国的贫困率逐年下降，农村贫困率从 1978 年的 33%下降到 6%，城市贫困率从 22%下降到不到 5%，这里没有考虑农村税收和教育费用等负担，所以这些数字的效用可能打一些折扣，但基本上能反映变化的趋势。从 1995 年到 1999 年，国有企业的就业减少了 2 600 万，其中的一部分可能进入了新兴的私人企业，但是很明显，城市的就业率下降了，官方报告的失业率为 3.5%，而一些学者的估算达到了 8%—9%的水平，下岗的总人数大约有 1 420 万人，这部分人被认为仍能得到原来工资的 70%左右，因此官方的统计没有包括这部分没有工作的人。但是实际上，下岗工人并不能按时拿到那些许诺给他们的报酬，工人们的不满情绪非常强烈。下岗职工也给国有企业带来了沉重的负担，据弗里曼教授估算，因为负担下岗工人的生活保障，国有企业的成本提高了 34%，这同时削弱了国有企业的竞争力。在其他的经济体制下，这部分多出来的负担应该由政府税收或社会福利体系承担，但在中国，社会保障体制不健全，下岗就成为企业的负担。现在，不仅下岗工人的工资存在拖欠问题，甚至仍然工作的工人工资也得不到保障，据中华全国总工会估计，中国国有企业 25%存在工资拖欠问题，11%的工人（不包括下岗）的工资被拖欠，拖欠的平均时间为 4 个月，67%的下岗工人只能靠借债生活。接下来看工作条件的问题。一些案例表明，中国的一些企业，尤其是南方的某些私营企业中，工人工作环境非常恶劣，工人每天的工作时间超过 12 小时，但报酬非常低，而对迟到、请假的惩罚措施却相当严厉。但是在这方面缺乏全国的统一数据，只能通过工作中的事故发生率和死亡率的国际比较来看中国工人工作条件中存在的问题。从 90 年代的数据看，在采矿类企业中，中国的死亡率为每 10 万人 133，美国为 24，其他发展中国家的平均数字为 50；从全国范围看，中国企业的平均死亡率为每 10 万人 12，美国是 4，发展中国家最高的是 18，最低的是 1。

　　上述的问题将成为中国进一步发展和社会安定的隐患，2001 年中国国内的一份报告指出："目前在中国，人们对政府的不满情绪和反对意见日趋升温，并且这种情绪正逐渐从农民、退休工人向在岗工人扩散，日益拉大的贫富差距是引起这种不满的主要原因，政府官员的腐败则起了火上浇油的作用。"如果中国依然不对其僵化落后的劳动力制度进行改革的话，劳动力的问题很有可能成为社会不稳定的因素。近年来，有关劳动力问题的纠纷越来越多，官方的统计数字 1992 年这类纠纷只有 8150 起，而 1999 年上升到 12 0191 起，据香港地区一些机构的估计，2000 年这一数字达到 30 0000 以上；集体的纠纷和抗议行动也越来越多，人们采用游行、静坐的方式表达自己的不满，弗里曼教授对西方媒体报道的发生在 1997—2002 年的 79 件集体抗议的案例进行了简单的统计分析，同类事件发生的频率在 2001—2002 年明显上升，其中 46 起因为工资拖欠，18 起因为失业，9 起因为腐败，另外 7 起因为工作环境问题。

　　腐败问题是引起人们不满的一个重要原因。许多工人认为，是腐败的厂长经理拿走了他们应得的利益。根据世界银行有关腐败的调查，中国在 91 个国家中排名 57，腐败指数为 3.5，尼日利亚最低（腐败程度最高）为 1，美国为 7.6，而中国的商业行贿问题在 19 个被调查国家中是最严重的。在中国对广大居民的调查中，腐败问题是人们最关心的问题之一。

　　为了进一步研究上述出现的问题对社会稳定性的影响，弗里曼教授运用一个冲击响应模型来考察不同类型的因素影响社会稳定的程度。在模型中存在两类当事人——居民和政府，当事人都根据利益最大化的原则选择自己的行为。居民的行为有两类——抗议和保持沉默，抗议的收益是有可能提高自己的生活水平，而成本是被镇压；政府在面临抗议时有两种政策选择：增加给居民的补贴，或者增加警察的力量用来镇压抗议，两种政策都要付出成本，政府的收益是最终保留在政府手中的净收益，而整个模型的稳定性依赖于两种当事人的互动。在这个模型中，居民的视界（vision）是有界的，因此，居民行为彼此的相关性很弱。换句话说，抗议行为的发生是区域性的，当一些全局性的因素发生变化，比如腐败问题加重，信息交流的方便程度提高，出现严重经济危机的概率和爆发银行危机的概率提高，居民同时选择抗议行为的机率就会增加，社会就变得不稳定。当劳动力的问题加剧时，政府用于处理这部分问题的投入就会增加，这将削弱政府在其他方面的投入，由此会增加社会不稳定的可能性。弗里曼教授对改革劳动力制度的影响作了分析，发现改革劳动力制度可以明显地降低出现社会动荡的概率。

中国城市的收入不平等问题

艾伯特·帕克（Albert Park）、宋晓青、
张俊森（Junsen Zhang）、赵耀辉

这项研究的主要内容是用实证的方法研究中国城市劳动力收入差距拉大的原因，所用的数据是中国统计局城市家庭调查 1988—1999 年共 11 年的数据，调查范围包括北京、广东、辽宁、陕西、四川和浙江 6 个省区。通过对数据的整理分析，可以看到很多有趣的现象。

对数据进行一些简单的计算，不难发现在样本时期内，中国的收入差距越来越大。可以看到，从 1988 年到 1999 年，基尼系数从 0.253 上升到 0.377，虽然东欧的一些国家因为经济转型也出现了收入差距快速上升的现象，但考虑到中国的经济改革已经进行了 10 年，因此中国这一时期的收入差距上升是非常惊人的。如果将样本时期分解成 4 个时段，可以观察到 1992—1994 年和 1997—1999 年是收入差距增长最快的时期。

可以运用数据对中国快速上升的收入差距提供一些解释，让大家了解一些变化的趋势，并通过分解的方法考察不同的因素对这些变化趋势的作用。现有的文献，尤其是解释美国收入差距的文献认为收入差距主要来源于三方面：技术进步，国际贸易和全球化，以及劳动力组织（主要是工会）的影响。但是，这些因素不足以解释中国的收入差距，因为在过去的 20 年中，中国的经济发生了巨大的变化。制度变迁，包括人事权力下放，废除由政府分配工作的制度，放松工资制度的限制；竞争的压力，包括非国有部门的发展和人口流动的加剧；国有企业重组；劳动力市场分割和其他一些特殊因素都会对劳动力收入分配造成巨大影响。

帕克教授他们的研究集中在一些收入差距快速上升的时期。1992—1994 年，出现了收

入差距快速上升，他们认为是邓小平南方谈话的效应。众所周知，1992年邓小平发表了著名的南方谈话，带动了新一轮中国经济的高涨，这也是非国有部门尤其是乡镇企业快速发展的时期，许多国有部门也开始涉足经济领域，比如北大和清华在那个时期成立了属于自己的计算机公司。所以，在那段时间里，发生许多非常剧烈的变化也就不足为奇。另外一个收入差距非常快的时期，即1997—1999年，这正是深化国有企业改革的时期，这个时期发生的一些变化已有详细研究。

一个对中国的劳动力收入差距产生重要影响的因素是劳动力市场的分割。中国的户籍制度人为地将中国人口分成城市和农村两个部分，并且严格限制了人口的流动，这一制度是造成城乡差距的最主要原因。显而易见，这种制度也造成了劳动力市场的不完善，受到户籍制度约束的劳动力很难移动到其他收入较高的地区。数据显示，中国劳动力跨省区的移动非常小，通常只能向户口所在地附近的大城市流动。

帕克教授想要解释的问题是：中国劳动力收入差距究竟发生了怎样的变化？所有权结构、教育程度和地区差异这些可观测因素的差异在多大程度上能够解释中国城市劳动力的收入差异。为了解决这些问题，帕克教授等对手头的资料按照不同的标准进行细分，对不同组别的资料分别进行分析，有了一些发现。

首先，按照收入水平的不同对数据分组，结果发现，在样本时间内，高收入人群的收入增长是最快的，在10年内年平均收入增加了1.5倍，而低收入人群的收入基本没有变化；同时，收入差异的变化主要集中在高收入人群和中低收入人群收入的差异拉大上，而中等收入人群同收入较低的人群之间收入差异的变化并不明显。这反映了收入差距的变化主要来自于高收入人群的收入增长。如果按照劳动力教育水平分组，可以发现，教育水平越高，收入增长越快，而且同等教育水平人群的收入差距越明显。如果按照工作年限和企业所有权结构对劳动力进行分组，并没有发现明显的收入差异变化。这说明受过高等教育的人收入水平逐渐加大，这是收入差距扩大的一个主要来源。接着，考察教育程度、性别、行业、所有权结构、地区、所有权结构变化等因素对收入差异的影响，结果发现，教育水平、地区差异和所有权结构变化对城市劳动力收入差距的作用是显著的，但是回归结果也显示，模型的残差有逐渐扩大的趋势，这反映了一些未包含的因素对劳动力收入差异也有很强的影响。

综上所述，研究的主要结论是：在1988—1999年的11年中，中国的城市劳动力收入差距明显上升，而1992—1994年和1997—1999年是收入差距上升最明显的两个时期。这种收入差距的上升主要来自于高收入人群收入的变化和差距加大。教育程度、地区差异对收入差距有明显的影响，一些在帕克教授等的研究中没有包含的因素也对收入差距产生了明显的影响。所有制结构对收入差距并没有影响，因为国有部门和非国有部门的收入差距变化几乎是一样的，但是国有企业的改组对城市人口的收入差距有明显影响。因此，帕克教授等的建议是：①劳动力市场的整合应该成为未来研究和政策关注的重点；②在未来的一段时间里，可能会看到国有企业改组对收入差距的显著影响；③行业内和行业间的收入差距可以成为进一步研究的课题。

股权基础的补偿和激励

布莱恩·霍尔（Brian Hall）

1. 股权补偿和激励的标准化事实

第一，美国经理人的报酬增长非常快，高层主管的平均报酬1980年是100万美元，到2000年已是500多万美元。

第二，以股权为基础的报酬激励逐渐成为经理人报酬的主要部分。在美国，股权激励（主要是期权激励）发展非常快，CEO的平均报酬构成中，股权部分逐渐增加，1980年完全是现金，到2000年股权部分达到60%。

第三，世界各个地区股权激励的发展趋势相似。与欧洲、拉丁美洲、亚洲等地区相比，美国经理人的报酬最高，同时报酬中股权激励所占的比重也最高。但是，如果比较各个地区和国家经理人报酬结构的变化，可以发现股权报酬所占比重从1996年到2001年的增长基本是相同的，上升了12个百分点左右。

第四，经理人的财富和股票价格具有很强的关系。如果考察高层经理人员每年报酬中的股权，其中期权和股票的比例为15:1；如果考察高层经理人持有的股权，也就是历年来所积累的股权，那么期权和股票的比例为4:1。财富500强企业的高层经理人员的年均报酬是500万美元，其中100万美元是工资，100万美元是奖金，其余300万美元是实现的期权。因此，他们的年收入主要取决于他们所持有的股权，而不是公司支付的年工资。他们历年所积累的股权（包括期权和股票）在他们的资产组合中平均达到2000万，这些股权的价格如果上升30%，他们将得到900万美元，如果价格下降30%，他们将损失800万美元。如果研究1980年到2000年这些公司CEO的财富在公司市场价值每增加10%的增长状况，以及这些公司CEO的财富构成在其财富价值每增加1000美元的变化状况，可以发现两者的趋势非常接近，也就是说，随着股票价格的变化，经理人的资产组合的价值也有很大的变化。

2. 股权激励方式面临的挑战

第一个挑战是市场不完全性和不恰当的激励。股权激励能够很好地提高经理人员的经营绩效，但是这种利用所有权对经理人员激励的方式对整个社会是否有利？期权和股票形式的股权激励最终能够促进社会价值增加的前提假设是具有相对有效的金融市场和相对有效的产品市场。有效的金融市场使得股权激励能够增加所有者的价值，而具备了有效的产品市场才能使所有者价值的增加带来社会价值的增加。股票和期权使经理人对企业的所有权越来越多，他们更可能提高经营绩效，从而使公司股票上升。这些信息如果在资本市场上很好地公布，公司可以获得更多的资金进行发展，从而提高生产能力。如果产品市场是有效的，那么公司可以利用产品市场的实力和外部性为所有者建立长期价值，从而为整个社会创造长期价值。

第二个挑战是管理价值—成本效率，也就是说经理人价值和公司成本之间的区别非常重要。布莱克-舒尔茨价值是研究公司成本的最合理起点，因为这包含在公开市场上出售期权并且有人购买，从而反映了公司的经济成本（机会成本）。但是经理人价值并不是公司成本的合理起点，由于期权有时不可交易，而且经理人基本上同样是风险规避的，所以经理人价值比公司成本要低。这也就是说股权激励要付出昂贵的成本。对经理人提供现金激励还是股权激励是一个两难的选择，而且这种选择的代价变得越来越昂贵。观察1992年到1999年的数据，可以发现公司成本和经理人价值之间的差距越来越大，原因是一些企业的股票风险越来越大，而经理人变得越来越趋于同样风险规避，从而使得提供期权激励的成本越来越高。

第三个挑战是怎样调整时间范围，这是安然事件的一个很重要的起因。解决经理人激励的最好方法是扩大经理人的投资，即不允许经理人很快地出售所持有的股份，霍尔教授认为经理人长时间地持有股份可以解决很多上面的问题。但是长时间持有股份是有成本的，因而会降低股权的价值，这又是一个两难的选择。

第四个挑战是怎样调整对风险接受者的激励。期权对风险偏好的经理人员的激励作用更大，这可能是一件好事，也可能是一件坏事。可以设想一方面要面对非常谨慎的经理人，同时又要激励那些风险偏好的经理人，这也很困难。

第五个挑战，最为重要的挑战是在期权杠杆作用和期权激励脆弱性之间的两难选择。设想公司的董事将决定怎样激励其经理人，是用股票还是期权？期权激励的最大优点是在拿到会计结果后不必用所有创造的价值去支付经理人员的报酬，而可以支付期权给他们，他们只有在股票价格上升时才能赚钱。这也就是说期权激励具有杠杆作用，支付3单位期权可以和支付1单位股票具有相同的期望收益。

但是，期权激励也存在问题，第一个问题是期权的价值—成本效率很低，股票的经理人价值和公司成本的比例是0.85，而期权的这一比例只有0.6，因此期权的风险更高。观察公司对经理人提供的补偿选择，现金、股票和期权，经理人员往往会选择现金而不是贴现的股票和更高贴现的期权。第二个问题是期权的脆弱性，即期权可能缩水（underwater），1999年底和2000年底经理人期权缩水（underwater）的比例都在30%左右。期权激励发挥作用的条件是它没有价格下降的风险，如果它具有很强的价格下降风险，那么期权出现缩水（underwater），经理人不会继续持有股权，激励作用也不能实现。观察财富500强企业，其股权价值下降的趋势比股票价值下降的趋势更快，而经理人员持有股权价值的下降趋势尤为快。因此，期权价值是脆弱的，存在能否保持的问题，从而期权激励也是脆弱的，存在能否实现激励的问题。

那么企业怎样处理期权的脆弱性？他们并不采取重新定价的措施，而是采取经理人员在下一年可以实现更多期权的办法，这一方法可以恢复40%的激励。如果股票价格上涨非常大，那么经理人员可以获得很大的回报；如果股票价格下降非常多，那么经理人员也可以通过下一期实现更多期权而保持激励作用。这种方法大大降低了期权激励的脆弱性，因此期权计划是灵活的，它同时提供有力的当前激励和未来激励。

第六个挑战是怎样处理过度和滥用期权。《财富》杂志认为历年实现的期权价值是8.7亿美元，但是另一种观点认为应该是0，因为这些实现的期权再一次变为股权形式了。实际上，价值为0是不准确的，8.7亿美元也不准确，因为这是股票的价值，而股票价值并不等于期权价值。最好的测量指标是经理人价值。历年来实现的布莱克-舒尔茨价值是 5.1 亿美元，但由于缩水（underwater）原因，现在的布莱克-舒尔茨价值是 1.8 亿美元。因此经理人员价值应在 6000 万和 1.2 亿美元之间。这是很大一笔钱，很难想象这笔投入只是为了激励经理人员。期权的复杂性确实带来了期权的滥用。

股票和期权激励存在区别。股票激励比期权激励更为可取（不考虑会计原因），主要有三个原因：一个原因是股票的价值—成本比值比期权高；第二个原因是股票的脆弱性比期权小；第三个原因是股票没有期权那么复杂，因此相对来说不容易导致滥用。

3. 有关会计方法的争论和改革建议

在美国，经理人的期权并不记入会计成本，这在会计上有很多争论。一部分人如布什总统认为期权不应该记入会计成本，理由是担心记入会计成本后，期权激励这一很好的机制将不再起作用，同时很多商业团体也支持这一观点。另一部分人如美联储主席格林斯潘却认为期权应该记入会计成本，因为需要反映真实经济成本的确切会计结果。

目前美国会计面临的主要问题：一是偏好于某一种支付方式而导致的激励扭曲；二是需要向投资者显示确切的企业信息。这也是安然公司出问题的一个重要原因，所以像安然公司这样的企业必须进行改革。改革的目的是控制经理人补偿支付的滥用和减少使企业扭曲会计信息的诱因。

报告最后提出了三个改革建议：①提高使用期权激励的代价，通过确定期权非免费性，控制期权激励的滥用；②通过扩大员工保留退休金的权利和增加对欺骗行为的惩罚，降低企业扭曲会计信息的诱因；③降低经理人的权力，例如分离董事会主席和 CEO 这两个职位，由不同的人担当，或者使董事成为一个更为重要的职位。

中国农村税收和财政改革

Ran Tao、林毅夫

近年来，农民负担过重的问题日益突出，农民对此意见非常大，并把这种局面归咎于地方政府。Ran Tao 和林教授的研究试图证明，中央政府的有关政策是导致农民负担过重的主要原因，尽管中央政府也采取了一些措施试图减轻农民负担，但收效甚微。这项研究的主要内容是解释政府监管和农村税收、农村要素生产率和收入差异之间的关系。

中国农村税收的一个特征是农民不仅需要缴纳正式的税收，还要支付许多地方政府指定的和农村合作组织摊派的各种名目繁多的费用，这是因为地方政府和农村合作组织承担着不少中央政府指派的任务，而仅靠分配给地方政府的税收是远远不够的，所以上述的各种费用就成为他们保障这些任务完成的主要资金来源。农民每年需要承担的税费名目繁多，除去交纳给中央政府的税收，还包括多种地方政府征收的费用、若干种农村合作组织征收的费用及各类罚款和义务劳动等负担，农村教育也是农民的负担之一，因为农村的教育经费完全靠农民自己负担，而城市的教育享受国家的补贴，政府的粮食征收也是农民的一种隐性税收，因为政府的粮食收购价低于市场价格。

林教授他们运用农业部对农村 1986—1999 年定点调查的数据分析了税收对农民的影响，并将各种税费占农民净收入的比例作为衡量农民税收负担的指标，根据税费来源、性质的不同，进行适当地分类和加总，形成了多个指标来考察税收负担对农民的影响。结果发现：第一，经济越发达的地区，比如广东、浙江，那里农民的负担相对低得多；第二，税收负担增加的来源主要是收入不平等和税收负担分配不合理带来的贫者越贫和富者越富的问题。数据显示，中央政府和地方政府税收的增加并不明显。但是，研究表明，在进入 20 世纪 90 年代后，收入水平越低的农民，其税收负担越重，这种倾向还有逐渐加重的趋势。这是因为收入较低的农民往往是那些缺乏非农业就业机会的农民，因此，他们的收入来源主要是农业生产，而政府的各种税费有主要集中在农业生产上，这造成了这部分农民的负担过重。

那么，是什么原因造成贫困地区反而多交税？是什么原因造成农村地区性收入差距拉大？林教授他们认为，政府的农业政策，尤其是现行的粮食征收制度，是造成收入差距拉大的主要原因。粮食征收制度对每个地区都适用，但是每个地区粮食征收的份额是不一样的，各省之间的征收份额差距很大，而这个份额是由中央政府参照历史情况和其他一些因素确定的。所以，这个制度对每个省份的影响是不一样的。林教授他们的假说是负担粮食征收任务越多的地区和农户实际上承担的税收负担也越重，这部分地区和农户受地方政府的官僚主义和腐败的伤害也就越大，因为地方政府有动机以完成中央计划的名义向农民征收过多的税费。这形成一个恶性循环，那些承担粮食征收任务越多的地区和农户所承担的税费比例也越高，这又导致了他们必须将更多的劳动投入农业生产中，他们的劳动力被束缚在土地上，进一步导致了这些地区和农户的收入增长率低；反观那些粮食征收任务轻的地区和农户，一方面他们的税费比例低、负担轻，另一方面，他们可以将更多的劳动投入非农业生产中，获得较高的收入增长率。

通过计量研究的方法分析了粮食征收制度对农村税收负担和农村收入差距的影响，得到了如下结论：第一，粮食征收份额对地区性税收负担有明显影响，这是因为地方政府为了满足中央政府指派的征收任务，必须付出大量的人力物力保证征收任务的完成，这需要额外的成本，另外也会滋生腐败现象。第二，粮食征收体制的另外一个弊端是束缚了生产要素的流动性，尤其是劳动力的流动性，因为农户必须完成自己的粮食征收份额，而进行农业生产意味着他们必然背负政策性负担。第三，粮食征收制度对收入增长率有明显影响。一方面，粮食征收制度造成了从事农业生产的农户负担过重；另一方面，这种制度限制了这部分农户的劳动力流动，减少了他们从事非农业生产的机会，从而对农民的收入增长带来明显的负面作用。

基于此，林教授他们的政策建议是：①改变中央和地方的税收分配比例，从全国水平讲，农村税收的主体来自农村的非农业生产收入，而地方政府这方面的留成比例很小，增加地方政府的税收留成比例，尤其是非农业生产税收的比例，这有助于缓解地方政府的财政状况，降低地方政府对农业生产征收的费用。②增加地方政府对农村教育的投入，解决农业人口教育负担过重的问题，而且提高劳动力的教育水平有助于提高农村生产率水平，因此，中央政府应该对农村教育投资给予更多的支持。③建立公平的税制，改革粮食征收制度，可以减轻农业生产人口的税收负担，增加生产要素的流动性，有利于提高生产率水平和收入增长。

美国高等教育经济学：成本、筹资和分层

查尔斯·克洛特费尔特（Charles Clotfelter）

克洛特费尔特教授讨论了美国高等教育的几个重要问题：为什么高等教育的成本不断上升？大学的成本是怎样筹得的？近年来美国高等教育的结构是否更为层极化？这三个问题在研究任何国家的高等教育时都是必须回答的，他希望通过对美国的研究可以给大家一些启示。他所谈的主要是本科教育，不包括研究生培训、大学技术创新研究、高等教育市场的竞争、大学师资的退休和终生职位等问题。

美国高等教育制度结构具有一些特征。作为一个产业，美国高等教育的规模非常大，占 GDP 的 2.5%，大约是汽车产业或法律服务产业的两倍。

为了描述美国的大专院校，有必要用两个标准来划分。一个最重要划分指标是政府支持的程度。在美国，四分之三学生进入州立大专院校，余下学生大部分在私立非营利学校学习，只有很少一些学校是营利的。另外，少数教育机构是联邦政府创办的，主要是军事院校。另一个划分标准是四年制和两年制的学制不同。大概有 70%的学生进入四年制学校，这些学校包括所有的知名院校，像哈佛大学、芝加哥大学、伯克利大学等；余下的 30%学生进入政府建立的两年制社区学院，最近 40 年，这种学校作为高中之后的技术培训方式在有些州发展很快。

显示美国高等教育重要性上升的一个指标是入学人数的增长，从 1900 年的不满 30 万人，到 1930 年 110 万人，直至 1997 年 1400 万人。另一个迹象是美国高等教育的支出占 GDP 的比重从 1930 年的 0.6%上升到现在大约 2.5%。

美国高等教育存在三个问题：第一是成本不断上升。和高等教育支出上升同时出现的最直观的现象是成本中个人负担部分稳定增加。预算外的大学培训成本在很多国家由政府承担，但在美国，这部分成本由学生分担。一个学生需要负担学费、杂费、食宿费（也就是所谓的"固定价格"），当然学生也可能得到助学金、贷学金和勤工俭学的机会。公立学校和私立学校的主要区别在于固定价格的不同。比如下个秋季进入哈佛大学的学生需要支付固定价格 37750 美元，而加州本地的学生进入加州伯克利大学需要支付固定价格 13947 美元，这些费用对应于 2000 年美国中产阶级家庭收入的 73%和 27%，不容置疑，这是很多家庭支付不起的。

有些价格不仅很高，而且最近 20 年来在稳定增长。分析最近 40 年公立和私立学校经物价调整后的平均价格，可以发现私立学校的平均价格 1980 年以来有明显增加趋势。公立学校的成本也在增长，但是从一个较低的基础开始的。

经济学家担心的问题是为何这些成本的真实水平上升如此快？根据对哈佛、芝加哥、杜克大学的研究，造成真实支出增长的原因有五个：一是不断上升的要素价格，如教员工资 70 年代有所下降，此后真实工资在增长；二是一些机构的教师规模的增长，这个增长伴随着教师负担的降低和更多非正式师资被雇佣；三是管理成本增加，这部分费用的增加部

分是为了保持学校的排名,还有部分是由于购买计算机设备;四是给学生提供的平均经济支持的上升,尤其在一些私立教学机构,它们决定接受学生申请的时候并不考虑学生的金融需求;最后一个原因很难量化,但却最重要,即不确定和无限制地要求管理层提高机构的质量,如提供新的项目、邀请更著名的教授、选拔更聪明的学生等。

第二个问题是谁为大学院校提供资金和政府政策的角色。美国高等教育公共政策建立的基础是学生及其家人需要承担教育费用的一部分。这个政策使得美国学生的经济压力比其他国家重。采用这种成本分担方式的一个理由是个人经济收益的很大一部分取决于获得一个大学学位。常用的一个衡量大学教育经济收益的指标是高中学历和大学学历人员平均收入的差额。虽然这一指标并没有测量大学培训的独立效应,但一般认为它与大学学历的经济收益强相关。大学教育的收益在20世纪70年代由于国家过于鼓励大学升学率而下降,但之后一直稳定增长,导致对受过大学教育的工人的需求增长,而只有高中学历或更低学历的人收入减少。

显然即使在受补贴的公立机构,大学的成本也是低收入家庭学生入学的障碍。因此美国教育政策的核心是使得这些学生得以入学的一系列补贴机制。这些补贴的一个结果是导致公立和私立教学机构筹资方式不同。公立机构分别从国家和地方政府获得其收入的40%,学费只是其收入的20%。相反,私立机构的收入40%来自学费,超过10%的收入来自个人捐款和其财产收入。这些补贴的另一个结果是学生很少完全支付其大学教育的成本。三分之二的大学生获得各种形式的经济补贴;54%的大学生获得助学金;44%的大学生获得贷学金支持。由于美国政策对这些补贴的存在很有争论,这些补贴的效果引起了经济分析师们的关注。

克洛特菲尔特提供了两个关于这些补贴政策的效果的研究。NBER研究员Tom Kane和Cecilia Rouse对两年制社区大学的研究表明社区大学确实增加了教育的平均收益,增加了受过这些教育的人员的收入。他们还提出,如果预算困难使得政府提高社区大学原来很低的学费,那么对入学率的影响是非常显著的,因为入学率对学费的弹性是很大的。

另一位NBER研究员Susan Dynarski和其他人的一些研究表明,助学金确实增加大学入学的可能:助学金每增长1000美元,大学入学可能性增加3—5个百分点。最近,她还研究了近年来增长很快的贷学金的影响,得出和助学金相似的结果。

如果金融帮助确实影响学生的选择,那么它们和分配一样具有重要的配置效果。通过使有学术能力但收入低的学生进入大学,这些帮助可以被看做是对资本市场不完全性的纠正。但是即使有这些政策,教育水平还是要随着收入的增加而上升。

第三个问题是教育机构的层级分类。教学机构之间显然存在区别,如规模、目的、资源支持的不同,当然还有质量区别。最高层次的机构一般来说比较富有,拥有排名高的研究项目,具有优先选择学生的地位。教学机构的一个分类方法是对平均每个学生得到的补贴进行排名。排名前10%的学校给学生的平均补贴是22800美元,而排名最后10%的学校给学生的平均补贴仅有1800美元。虽然这些补贴的计算方法存在一定的问题,但排名前10%的学校的特征还是很明显,即在标准SAT(Scholastic Assessment Test,学术评估测试)测试中取得高成绩、高学术水平的学生比例很高。

该分层方法的一个有趣特点是一种特征在最近几十年来越来越显著。在很多州立大学,特别聪明学生的数量在下降,同时精英学校(有钱但并非表现突出的学生占很大比重的学校)高学术水平的学生数量在增加。观察14所最受欢迎的私立学院或大学在1951年、1976年和1989年的入学学生,分析其质量的提高,可以发现高排名学校所占的比重从77%上升到94%,入学学生的平均SAT分数从1140上升到1289。

Caroline 给出了此现象的一个解释。她认为造成这种增长差异的原因是高等教育的全国化。在最近的30年,国际交通和长途电话的成本显著下降,使得佛罗里达和科罗拉多的学生也可以进入哈佛大学和耶鲁大学。精英学校中在本州学生的比例从1951年的47%下降到1989年的26%,这表明高等教育市场全国化特征在发展。

Hoxby 的研究指出了美国高等教育地理整合的另一个结果,即不仅教育机构发展相互之间出现了很大的区别,而且同一大学的学生间的能力区别在下降,因此精英学校很少有能力差的学生,而较差的州立大学就很少有能力很强的学生。

健康的决定因素

维克托·富克斯(Victor Fuchs)

准确预测未来对经济学家来说是很困难的,但是富克斯教授认为他完全可以给出一个非常一致的预测,就是中国如果仍在未来20年持续像过去20年那样的发展,那么中国的经济研究将越来越多地关注不断增长的卫生保健成本及其飞快的增长速度。在美国,卫生保健费用占到GDP的14%,在加拿大,也占到GDP的10%,目前中国的这一数字还不高,但确实也在不断上升,因此经济学家必须关注这一点。

这次之所以讨论"健康",是因为很多经济学家在研究的时候往往简单地将健康等同于卫生保健。卫生保健确实能带来健康,但是健康事实上依赖于很多因素,而不是只有卫生保健的单一原因。

第一个问题是健康决定因素的分类。决定健康的因素有很多,除了卫生保健外,还有很多非卫生保健因素。很容易想到基因,此外还有一系列因素。

(1) 物质环境,包括母体子宫、居住环境、工作地点、空气和水、街道和高速公路等。在美国,吸烟的妇女比不吸烟的妇女高出50%的机率产下低体重婴儿;在高速公路密集的地方如新墨西哥的妇女产下低体重婴儿的机率比一般妇女高出25%;空气和水的污染、工作事故都影响了人们的健康;美国1到45岁的人群的死亡原因中,事故是第一位,在中国,不断发展的交通和汽车的增长也带来更多的事故。

(2) 社会心理环境,包括家庭、学校、媒体、工作地点、社区等的氛围,其中媒体的影响越来越重要。这里社区是指邻里关系。

(3) 社会经济因素,包括收入、教育、种族划分等。收入和健康的关系总体上呈正相关。但是在考虑因果关系的时候,必须注意很多时候健康对收入的作用比收入对健康的作用更重要。种族背景和健康之间也有非常强的相关关系,婴儿28天内死亡的原因95%可以由低出生体重来解释,但是华裔美国人产下低出生体重婴儿的机率比欧洲裔美国人的低50%,可以在中国做一项研究来分析这个差异。

(4) 个人行为，包括抽烟、酗酒、减肥、锻炼、吸毒、性行为等。吸烟对健康肯定是不利的，现在减肥和锻炼对健康的影响越来越重要。不正当的性行为会带来诸如艾滋病等疾病。

所有这些因素都不是上帝给的，对这些因素都可以进行深入的研究，不应该错误地把这些因素都当做是给定的，在研究中作为控制变量处理。

以上这些因素的相互作用非常重要。虽然现在还不是很清楚是怎样的交叉作用，但是可以肯定地预测以后的研究将大量集中于这一领域，尤其是研究这些因素对基因的影响，而基因看起来是不受任何因素影响的。

第二个问题就是这些因素到底起多大的作用？富克斯教授的回答是具体情况具体分析。首先这依赖于不同的观察范围，是研究随时间变化的差异还是在给定时点上的差异。美国过去的50年中，老年人口的死亡率每年下降1%。针对这一现象，长期看，富克斯教授认为下降的主要原因是医学和医疗技术的发展；但是如果是在某一时点上，那么医学和医疗技术的发展就很难有解释力，可能就需要寻找刚才提到的（除卫生保健因素外）的因素。其次这依赖于研究问题的不同背景，到底是研究什么时间、什么地点、什么人的什么问题。

第三个问题讨论一些实证结果。

首先分析平均人口预期寿命和真实人均 GDP 的关系。观察 20 世纪 90 年代的 149 个国家的数据，人口预期寿命为出生时的预期寿命，真实人均 GDP 取对数形式。可以发现，人口预期寿命随着人均 GDP 的增长以一个稳定的速度增长，但是人均 GDP 达到一定水平后预期寿命的增长越来越慢，趋近于不满 80 岁。这说明各个发达国家的人均寿命趋向于收敛。

对这个指标的观察中，中国做得非常好，因为中国的人均 GDP 所对应的人口预期寿命高于同一人均 GDP 所对应的世界平均水平。为什么中国的人均 GDP 比其他国家带来更高的预期寿命？这是一个很好的研究课题。对政策感兴趣的人可以考虑这个问题：如果资源很少，那么卫生保健起到的作用很小，几乎无能为力。在未来中国将要面对这样的压力，但现在中国已经有了一个很好的经验可以参考。

用美国 1900 年以来的时间序列数据分析上述指标，并和 20 世纪 90 年代世界平均的结果比较，可以发现，在给定的人均 GDP 水平，其他国家的平均预期寿命超过了美国当年在同一 GDP 水平上的预期寿命。

其次分析男女预期寿命比率和真实人均 GDP 的关系。观察 149 个国家 20 世纪 90 年代的数据，真实人均 GDP 取对数形式。女性和男性预期寿命的比率随着人均 GDP 的增加而上升，到达人均 1 万美元的时候，似乎达到一个峰值，然后逐渐下降，直至稳定在 1.08。也就是说，高收入国家的女性和男性的预期寿命比率收敛于一个稳定的值 1.08。

中国女性和男性预期寿命的比率处于同一人均 GDP 水平所对应的世界平均预期寿命之下。这也是一个很好的研究课题，为什么中国的这一指标低于国际平均水平？

用美国自 1900 年以来的时间序列数据作同样的分析，可以发现，整体的趋势和世界平均的分析结果一致。从 1900 年开始，女性和男性预期寿命比率随着人均真实 GDP 的增长而上升，20 世纪 70 年代达到峰值 1.11，然后逐渐下降，到 90 年代时稳定在 1.08。费尔德斯坦教授问为什么会这样，富克斯教授的一个部分答案是：当女性和男性一样地生活和工作的时候，她们也和男性一样地死亡。

以美国的吸烟情况为例,20世纪60年代前,男性吸烟的比较多,但是50多年来,这个吸烟习惯逐渐改变了。观察1963年以来的男女肺癌死亡率的变化情况,男性肺癌死亡率的下降比女性早,并且逐年下降,到现在已经是负增长了;女性肺癌死亡率也逐年下降,但是总体上仍比男性高。这个现象很好地表现了吸烟习惯的变化,因为到现在为止,肺癌的治疗方法并没有很大的变化。

最后富克斯教授提到了一篇还未发表的文章的结果。观察美国10%发达地区与10%落后地区65—84岁的老年人,比较他们的一些疾病在控制教育、真实收入、地区、人口规模、人种结构因素时由污染、吸烟、肥胖造成的预测死亡率。可以发现对于呼吸道疾病、心血管疾病、肺癌、神经系统疾病等,污染、吸烟、肥胖这三个风险因素起的作用都非常明显,而其中肥胖因素是首要的。

仍观察美国10%发达地区与10%落后地区65—84岁的老年人,控制教育、真实收入、地区、人口规模、人种结构因素,比较他们在不同医疗状态下,分别受污染、吸烟、肥胖因素影响时的预测卫生保健效用。可以发现,总体上落后地区污染的影响比发达地区高15%;对于门诊病人的卫生保健效用,落后地区比发达地区更受污染的影响;而对于手术病人,发达地区比落后地区更受污染的影响,但受肥胖的影响相近。

在美国,低收入和高收入人的健康受吸烟的影响都已经不是很大,现在体形肥胖是最为迫切的问题。中国的变化非常大,不久以前控制疾病原因是第一位的工作,中国在这方面的工作很成功,这也可能是预期寿命非常高的原因。接下来,由于食物结构的变化、汽车使用的流行、卫生费用占GDP比重的增加等原因,中国面临的问题将会改变,肥胖也可能会成为非常重要的因素。

富克斯教授的结论是:①健康依赖于很多不同的因素,而且这些因素的相对重要性取决于不同的观察范围和背景;②有效的卫生政策要求准确认识不同决定因素所产生的健康效应及其相互作用;③由于确定性的鉴定试验不可行,所以必须寻求更为广泛的分析技术和数据;④必须考虑提高健康措施的成本,不考虑成本的措施不可能有效。

CCER-NBER 第六届年会
中国改革及世界经济
（2004年7月）

自1998年以来，北京大学中国经济研究中心（CCER）与美国国家经济研究局(NBER)联合举办年度研讨会。除了2003年由于"非典"影响停办一次，至今已总共举办六届。历次年会，NBER都组成以主席马丁·费尔德斯坦（Martin Feldstein）教授为首的美国经济学家代表团，与CCER研究人员以及应邀参会的其他中国学者和官员，针对中国经济改革发展及世界经济的热点和深层问题，进行广泛而深入的研讨。

以"中国与世界经济"为题，CCER与NBER第六届年会于2004年7月1－3日在北京大学中国经济研究中心万众楼召开。与会经济学家和高级官员围绕宏观经济、银行和国企改革、社会保障、环境政策和经济全球化等问题展开交流讨论。

本次年会的嘉宾有：罗格斯大学迈克尔·博尔多（Michael Bordo）教授，哈佛大学马丁·费尔德斯坦（Martin Feldstein）教授、米希尔·德赛（Mihir Desai）教授，霍普金斯大学罗伯特·莫菲特（Robert Moffitt）教授，加州大学洛杉矶分校塞巴斯蒂安·爱德华兹（Sebastian Edwards）教授，德州大学奥斯汀分校唐·富尔克森（Don Fullerton）教授，北京大学林毅夫教授、曾毅教授、赵耀辉教授、姚洋教授，中国人民银行郭树清先生，中国银监会刘明康先生，中国证监会张新博士，中国社会科学院江小娟研究员，以及清华大学胡鞍钢教授。

中国经济增长绩效和宏观经济形势

林毅夫

中国经济研究中心林毅夫教授分析了中国经济的两大热点问题：一是中国经济增长是否真实，二是中国经济是否过热。他报告的主要内容如下。

两年前人们之所以怀疑中国经济增长数据的真实性，是因为1998年以后出现了通货紧缩、高经济增长和能源消费下降并存现象。常识认为，当通货紧缩出现时，经济是停滞的。然而1998年出现通货紧缩以来，中国在1998—2002年5年间经济的平均增长率保持在一个相当高水平上，同时，能源消费却减少了。中国的通货紧缩有些独特。以日本与美国为例，1991年后的日本、2001年后的美国所经历的通货紧缩都是在泡沫破裂之后发生的：由于财富缩水的效应，导致消费与投资需求减少，在消费和投资都不振时，通货紧缩和经济停滞就会同时出现。

在中国，通货紧缩并不主要因为泡沫破裂，而是由于投资热潮导致的生产能力过剩。投资热潮始于20世纪90年代初邓小平的南方谈话。1992—1996年，中国投资的年均增长率约为25%。在此期间，投资不仅来自国内而且来自国外。数据显示，1992年以前，中国的外商直接投资占国内投资的比例未超过5%；1992年以后，外商直接投资增长很快，其占总投资的比例最高时达到20%，中国的生产能力大约增长了200%。这使中国由短缺的计划经济变成了几乎所有行业都过剩的经济。由于生产能力过剩，通货紧缩出现了。在中国，通货紧缩是投资热潮的结果，并没有明显的财富效应。1998年以来，消费以年均7%的速度增长，和通货紧缩发生以前相似，但私人投资明显地下降了。为此，政府采取财政政策来弥补总需求的不足，在1998—2002年间，政府发行了约8000亿元的国债，因此投资在这5年中以平均11%的速度增长，消费以6%—7%的速度增长，所以8%的GDP增长率是可信的。同时，这一时期中国特有的结构变化造成了能源消费减少，技术落后、能源消耗很大的乡镇企业被新的更节约能源的生产方式所取代。所以可以看到通货紧缩、能源消费减少和高增长并存的现象。如果没有注意到这种结构变化，就会认为存在着不一致。

中国经济是否过热是当前中国经济学家争执不下的问题。2003年的GDP增长率是9.1%，消费物价指数增长了1.2%，零售物价指数的变化是−0.1%；今年第一季度GDP增长率是9.8%，消费物价指数增长了2.8%，零售物价指数增长了1.4%。中国经济在高增长的同时保持价格水平基本不变，而且在此期间厂商盈利能力大为增加，政府收入增长也很快。对此有两种观点：一派认为中国将走出通货紧缩，开始新一轮的经济增长；另一派则对当前形势非常担忧，原因是去年的增长主要是由投资推动的，去年投资增长率为26.7%，这是自1978年以来增长最快的。今年第一季度投资的增长率为43%，远远大于去年。投资不仅增长迅速而且集中在三个行业：房地产、汽车和建筑材料。建筑材料等原材料的价格增幅较大，钢铁价格提高了20%，水泥价格提高了50%。但其他许多商品仍处于通货紧缩中。零售价格指数所包括的17类商品中，只有4类商品的价格是上升的。由此可以判断某些行业过热了，但其他行业不是。建筑材料的投资是由住宅、汽车行业的投资热潮引起的，而住宅和汽车行业的投资又是由需求推动的。信贷政策变化使去年消费需求增长迅速。1998年通货紧缩后，为了刺激需求，中国开始试行消费信贷。两三年前，这项政策被采用，2003年正式实行，这促进了汽车和住宅消费需求的快速增长。此外，信贷的扩张也是投资迅速增长的原因，因为私人投资大部分通过银行贷款融资。由于银行对绩效的评价标准从不良贷款的绝对量变为不良贷款率，使得去年银行愿意为投资提供大量贷款。这两个因素同时作用使汽车和住宅行业的私人投资增长非常迅速，且有可能形成过剩的供给能力。在其他消费品已经过剩时，如果在汽车和住宅再形成新的过剩供给，那么未来的通货紧缩将会比1998年以来的更为严重。如果是这样，已经下降的不良贷款率可能再次迅速地上升。

尽管对宏观情况有广泛的争议，在看到第一季度投资增长率为43%后，政府决定采取行动遏制投资的过快增长。经济学家此时对应当采取何种措施又出现了新的争论，主要有两种不同意见：一派认为，应当使用市场手段来处理；另一派认为，像成熟市场经济国家那样通过提高利率不足以遏制投资的过快增长。林毅夫教授持第二种观点。第一个理由是，提高利率并不能降低投资。主要原因是尽管投资是私人部门作出的，但大多数来源于银行。他们的预期利润率很高，故提高利率无法抑制投资；而且这里存在逆向选择，真正好的项目会受到挫伤，而不好的项目又得不到遏制。第二个理由是，提高利率会挫伤消费。尽管利率对投资影响有限，但它对家庭决策的影响是全面的。政府通过债券融资时，因其利率较高，看到人们把钱从银行取出，彻夜排队等候购买国库券，这表明家庭对利率相当敏感。

所以，更适当的措施应是通过银行来监督投资。银行负有监督项目的责任，项目的好坏取决于其未来的市场潜力，但也要注意借款人对项目是否有足够的承诺，一个主要的特征是自有资金的比例。中国确实执行过此类政策，在钢铁行业自有资金比例的最低要求是25%，水泥行业是20%，住宅行业是20%，否则他们无法从银行借到钱。但去年这个标准不再执行，导致银行为一些有风险的项目提供了融资。现在政府已经提高了自有资金比例的标准，钢铁行业提高到40%，水泥行业提高到35%，住宅行业提高到35%，同时要求银行监督项目。这些措施的效果很明显，5月份投资的同比增长率下降到18.3%，同第一季度的43%相比下降了很多；考虑到去年"非典"影响，去年中国5月份投资额较低，因此今年5月份投资下降效果就更为明显。虽然从投资增长率来看下降是剧烈的，是一次硬着陆，但就经济增长率而言是一次软着陆。林毅夫教授预期今年消费将增长8%，投资将增长15%—20%，GDP将增长9%。明年GDP仍将增长8%。

通货紧缩影响的历史透视

迈克尔·博尔多（Michael Bordo）

博尔多教授通过回顾分析历史案例和数据，对通货紧缩与经济增长的关系进行了系统研究，并对通货紧缩的经济影响和作用提出了新的解释。下面是其发言的主要内容。

一谈到通货紧缩，人们往往把它与经济萧条联系起来，从而对它产生恐惧。但是从历史上看，上述两方面情况并不存在必然联系。通货紧缩时确实发生了萧条，即价格与产出同时剧烈下跌的危机局面，然而更多情形是，通货紧缩是由生产能力膨胀推动的，因而仅仅伴随着轻微的经济衰退。经济学家对最优通货膨胀率也莫衷一是。比如弗里克曼的最优货币数量论支持温和的通货紧缩，他认为最优的通货膨胀率应等于名义利率的相反数，因而小于零。Akerlof 等人则认为由于存在名义工资刚性，最优通货膨胀率应大于零。在二战前，价格下降是比较常见的情形。此后价格下降发生频率越来越低，现在则似乎有变多的趋向。

30 个国家、200 年的数据统计表明，通货紧缩发生频率如下：在 1801—1879 年是 41%，1880—1913 年是 37%，1914—1949 年是 32%，1950—1969 年是 11%，1970—1989 年是 1%，1990—2000 年是 4%。1914 年以前的通货紧缩往往伴随着经济增长，而两次世界大战之间通货紧缩往往伴以经济衰退。似乎可以根据与产出的关系，把通货紧缩分为好的通货紧缩和坏的通货紧缩。好的通货紧缩如 1873—1896 年、1921—1929 年，与产出的迅速增长并存。坏的通货紧缩如 1837—1843 年、1919—1921 年、1937—1938 年和 1948—1949 年，与衰退同时发生。1929—1933 年的大萧条是最为严重的坏的通货紧缩，在许多国家都发生了价格和产出的剧烈下降。

伴随总供给增长超过总需求增长的通货紧缩，通常是好的通货紧缩；相反，伴随总需求增长超过总供给增长的通货紧缩，通常是坏的通货紧缩；还有第三种可能——通货紧缩是中性的，对产出没有什么影响。对历史数据的分析表明，两个因素对区分通货紧缩好坏类型至为关键：货币存量与产出比率和是否发生银行危机。发生银行危机会大大增加坏的通货紧缩发生的概率。计量结果表明，银行危机会使好的通货紧缩发生的概率由 93%下降到 38%，而使坏的通货紧缩发生的概率由 7%上升为 62%。

历史经验表明，适当的货币政策框架应针对通货膨胀环境即通货膨胀区来设计选择。中央银行应根据通货膨胀的程度来确定所使用的货币政策工具。当高通货膨胀发生时，应通过货币总量控制、恢复财政收支平衡并重建可信的承诺机制来克服。处在中等通货膨胀时，由于不稳定的货币流通速度，短期利率目标和较高的利率水平是合适政策工具。在通货紧缩很严重时，大萧条的教训要求猛烈扩张货币总量，并通过财政手段处理银行危机。

总之，通货紧缩并不必然是坏的，历史上的通货紧缩较多情况下属于好的通货紧缩或中性的。中国目前经历的通货紧缩在一战前世界经济中比较常见，因为现在的通胀环境与 20 世纪 60—90 年代不同，而与更遥远的年代情形相类似。

人民币汇率与贸易和经济

郭树清

中国汇率水平和汇率制度演变，是大家关注的重要课题。中国人民银行副行长、中国外汇管理局局长郭树清作了题为"人民币汇率与贸易和经济"的报告。

改革以来，人民币汇率制度的历史沿革大致可分为三个阶段：1979—1993 年是汇率双轨制阶段，1994—1997年属于浮动汇率制阶段，此后汇率基本稳定。纵观中国汇率制度演变历史，可以发现以下基本事实特征：第一，尽管外部冲击会带来麻烦，中国的汇率制度伴随着市场导向的改革进程已经发生了深刻改变。第二，过去10年中人民币名义汇率在上升，尽管升值幅度很小，但人民币确实在持续升值。第三，与贸易伙伴相比，并且如果考虑通货膨胀因素，人民币实际汇率上升更为明显。第四，1997以来，亚洲金融危机后，由于对亚洲地区负有承诺，中国改变了政策，使汇率浮动非常区间收窄。第五，中国从未操纵汇率，从未通过操纵汇率水平来获得额外经济利益。

一个广为流传但稍显简单化的看法是，贸易和汇率之间存在着极为密切的关系。不论是支持还是反对中国维持现行汇率制度的人都以此为其立论基础。但这种关系实际并不那么密切。20世纪60—70年代，德、日都有巨额贸易顺差，但在90年代，即便这些国家货币升值了，仍有巨额贸易顺差。从中国的角度看，这种关系会更弱。原因在于：第一，中国出口的是附加值很低的产品，不仅进口原料、还大量进口半成品和资本品。中国是先进口，再出口。如果汇率发生变化，会同时影响出口和进口。第二，中国的劳动力非常便宜。在制造业，中国现行的平均工资仅相当于美国的3%。即便人民币汇率升值100%，也仅为美国的6%，仍然很有竞争力；如果是升值10%，就几乎毫无影响。第三，中国出口商品的平均离岸价格约为在海外零售价的25%。如果人民币升值100%，最终消费品的价格会上升25%；如果升值10%，就上升2.5%，也没有明显影响。在改革之初，汇率和贸易余额有密切联系，但后来，特别是1996年之后，尽管实际汇率上升了，贸易没有受到什么影响，仍然增长很快。所以从经济学的观点来看，贸易余额主要取决于国内的储蓄和投资。郭树清先生提到的下一个事实是，中国的贸易条件变差了，在长期内恶化了。似乎汇率与贸易条件有密切关系，但也缺乏解释力。主要是因为中国是个大国，有13亿人口，无论他出口什么，价格都会降低，进口的价格会上升，使贸易条件恶化。

另一个问题是如果中国进口更多，中国人是否会失去更多工作机会。中国是个大国，人口众多，行业广泛。如果进口更多，会有更多项目，更多投资，更多产出，对国内就业不会有很大影响。另外汇率也与其他国家的就业无密切关系，但是汇率和产业结构可能有较密切的联系。中国出口的产品价值低、能耗高，往往带来严重污染。比如焦炭，中国是最大的焦炭生产国。汇率制度与出口产品的结构有关，也影响国内的产业结构。而目前的汇率制度安排对沿海有利，对外向产业有利、对外国投资有利。这是应当认真考虑的。

这次报告的基本结论包括：第一，应适当评价汇率的作用和重要性。汇率是重要的，但没有那么重要。第二，中国的汇率制度改革是市场导向的，这一点肯定不会改变。第三，汇率制度改革是全面的改革，不能简单地视为只是人民币的币值重估。第四，保持人民币基本稳定对中国和世界都有利。稳定不表示没有浮动，可以有一定的浮动，但要控制易变性，控制危机。在这个领域中国需要更多的国际合作。

中国养老金改革问题

马丁·费尔德斯坦（Martin Feldstein）

费尔德斯坦教授以"养老金改革：一般原则及其在中国的应用"为题作报告。

随着人口老龄化，退休人员与工人的比率上升很快。为维持现行的现收现付的养老金制，势必需要提高税率。这个问题在世界各工业国都是很典型的。但上述变化也是一个改革的机会，这个改革是值得的，即便没有人口老龄化也是值得的。中国也面临着老龄化和养老金改革的问题。

社会保障系统按两个维度可以分为四种类型。第一个维度是现收现付制还是投资基金制（个人账户制）。现收现付制下征收和支付是同时发生的；投资基金制是将征收的基金用于投资，投资收益用于支付养老金。另一个维度是固定收益制还是固定缴费制。固定收益制是指工人退休时的收益由某些公式确定，比如根据他们的工作年限、他们的平均所得等；固定缴费制是指个人有一个账户，基金进入个人账户，退休时收益根据个人账户积累的多少来确定。因此有四种可能的社会保障系统。固定缴款的现收现付制似乎是不可能的，但它确实存在，而且就存在于目前的中国。

20年前，中国城市社会保障系统的主要形式是：由国有企业支付退休金。那时工人即使不再工作，也继续从企业领取工资，这和美国历史上的做法类似，是固定收益的现收现付制。现在的社会保障系统，在形式上，是固定收益的现收现付制与固定缴款的基金制的混合；但事实上，是固定收益的现收现付制与固定缴款的现收现付制的混合，因为固定缴款是概念上的。

一般来讲，选择现收现付制和投资基金制的最优混合需要考虑三方面因素：两种社会保障系统的收益和风险；现收现付制对税收的扭曲；在引入和扩大现收现付制时的意外收益效应（windfall effect）。

投资基金制的收益是全国资本的边际收益率。这个数字在美国是10%，但考虑到国外向美国投资并获取收益、住宅投资收益较低等因素，从过去50年的数据看，实际的资产组合收益率较低，为7%。中国的具体情况不得而知，而且用美国的方法来估计中国的资本边际收益率也未必适当。估计中国资本边际收益率应比美国高，会大于10%。现收现付制下隐含的收益率应为人口增长率和生产率（也是实际工资增长率）之和。在美国约为3%，在中国会更高一些。但不论怎样，两国的现收现付制下的收益总是低于资本的边际收益。现收现付制下的风险来自于：人口增长率的不确定性，在美国，人们寿命不断延长、退休的年龄提前和出生率不断下降都给现收现付制带来了风险，还有经济增长的不确定性和政治的不确定性。所以，现收现付制也有很多风险。投资基金制的风险来自市场收益率的不确定性。在过去的50年里，资本平均的收益率是7%，但是在年度之间，甚至在十年与十年之间，收益率有很大的变动。不过，从全美国来看，真实资本的收益率很稳定，变化不大。

有关现收现付制的另一个问题是意外收益效应。在引入现收现付制时，最早退休的工人不用付任何代价就可以得到好处；在扩张现收现付制时，即将退休的工人付出少，收益多；在一个没有资本收入税的经济体中，这种意外收益会使两种社会保障制度对当前一代提供的收益率差不多。但在更实际的情况下，这种意外收益并不重要。对各代而言，其消费的现值都是比在投资基金制下的更高。意外收益效应并没有改变基本的结论。

此外，现收现付制会对税收造成扭曲。因为现收现付制下增加的收益的现值要小于所付额外税的现值，所以提高了边际税率。并且工资税上升可能会减少劳动供给，这意味着效率损失。投资基金制需要的税收较少，因而效率损失较少。

中国长期的社会保障计划包括：退休后雇员平均能得到其工作时最终所得的 60%。其中的 25 个百分点来自现收现付的社保统筹，对那些已工作 40 年的人，其个人账户的年金占 35 个百分点，这部分是可以遗赠的。社会保障基金从工资中扣除，尽管在各省之间有不同，一般情况是雇主大约付出工资的 20%，个人付出工资的 8%，这是非常高的工资税，税率差不多有 28%。

目前中国社会保障的主要问题是：不景气的国有企业越来越无力为即将退休的工人支付基金，而且那些已经关门的工厂没有为原来的工人提供基金。因为没有积累个人账户的基金，他们只能依靠现收现付的社保统筹提供退休金。在未来的几十年会有几千万农民工进入城市。由于没有个人账户，他们也需要更多地依靠社保统筹。但是来自工资的缴款不足以满足需要。所以尽管有个人账户，但只是概念上的，里面没有钱。结果是要么无法满足未来的 60% 平均工资的退休金要求，要么在长期提高现收现付制所需的税率。

中国的工资税税率是美国的两倍，仍感觉资金不足的原因何在？因为所谓 28% 的税率实际征收只有其三分之一。社保基金并不是作为税来收取，逃避它并不违法，所以执行是很弱的。而且缴款基于正式工资，这比现金收入要少。同时，在非正式的部门很难征收。在税率的 28 个百分点中只有 8 个百分点是直接对个人有益的，而且这部分的收益率很低；其他 20 个百分点进入社保统筹。支付社保基金是一种所得税，不论个人还是工厂都有动机逃税。

可能的解决方案包括以下几种。一是工资税只限制用于个人账户基金，并给以反映投资回报的高收益率，这样会提高从工资中缴款的激励。二是在长期对新退休工人的社会统筹部分不应与工资联系，而应从增值税中提取。三是政府应认识到在转型期向现在和即将退休的工人支付退休金是国家的债务的一部分。政府或者是在长期支付债务的利息，变卖资产，或者是从其他收入来支付这笔债务。如果对三种情况分别使用上述三条办法来提供资金，那么中国的社保制度将是一个有着良好财务基础的混合型制度。

中国人口老化与农村养老保障问题

曾毅

曾毅教授以"中国人口老化与农村养老保障"为题发言，建议加快建立中国农村养老保障体制。

中国的老龄化非常迅速。65 岁以上的老人在人口中的比例从 10% 上升到 20% 的时间在美国用了 57 年，瑞典用了 64 年，日本用了 23 年，但在中国将仅需 20 年。日本是老龄化很快的国家，中国甚至比日本更快。同时，中国老人所占比例和绝对数都将是巨大的。中国 65 岁以上的老龄人口在总人口的比例在 1990 年是 5.6%，预计到 2030 年将达 15.7%，到 2050 年将达 22.6%。1990 年，中国 65 岁以上的老人口和 80 岁以上的高龄人口分别为 6440 万和 783 万，到 2050 年将分别增加到 3.34 亿和近 1 亿。而且农村向城市移民使得农村的老龄化比城市更严重。2000年，农村的老龄人口比例比城市的高1个百分点，预计到2020年将高出4个百分点以上。

不仅由于老龄化问题，而且由于中国农村的一些特点使在农村建立储备积累式社会养老保障体制显得尤为必要。现在中国有很多农民为"养儿防老"，对产前孕妇进行非法性别鉴定，流产女婴，保胎男婴，而且往往不生男孩不罢休，中国0—4岁婴幼儿的性别比从1982年的107.1%上升到2000年的120.6%。有人会认为农村老人会更多得到家庭帮助，但数据表明，与1990年相比，2000年65岁以上老人与子女一起居住的比例显著下降。在20世纪50—60年代生育高峰时，在农村出生的人有两个或仅有一个孩子，当他们步入老年，他们的孩子很多已离开农村，还有一部分高龄老人的子女也已经进入老年。无论在农村还是在城市，中国老人想完全依赖他们的子女和家庭养老是不可行的。

在农村发展养老保障体制对中国的可持续发展极为重要。这既是出于保障农村老人的基本权利和生活质量、维持社会的平等与稳定的考虑，也是为了减少对儿子的偏好，从而减少基于性别选择的人工流产，扭转出生性别比不断增长的危险趋势，因为持续增长的出生性别比和不正常的高女婴死亡率将会引起社会不稳定。

从国际经验来看，现在建立农村养老保障体制并不算早，丹麦1891年建立农村养老保障时的人均GDP只有中国1999年人均GDP的79.3%，葡萄牙1919年建立类似制度时的人均GDP只有1999中国人均GDP的46.6%。为什么他们可以在100年前做到，而中国现在却做不到？

20世纪90年代初，民政部就在全国开展储备积累式社会养老保障试点。最初在山东的试点非常成功，并且很快推广到其他省市。到1996年初，全国30个省级行政区划中的1608个县的6120万农民自愿参加社会养老保障，占农村20—60岁人口的14.2%，共缴纳养老保障金62亿元。到1999年底，参保人数增加到8000多万人，缴纳保障金增加到184亿元。但是1999年以后，农村养老保障处于停滞状态。一个原因是一些领导人没有意识到农村养老保障的战略重要性，甚至认为这是农民的额外负担。另一个原因是政府机构改革。1999年以前，该项目由民政部实施；政府机构改革后，改由劳动与社会保障部实施，但他们没有相应的实施网络。

政府有责任促进、领导和管理农村养老保障体制以利于可持续发展。只将政府投入给城市人民，而将农村人民排除在养老保障体制之外是不公平的。同时，持续到2020年的人口视窗（或人口红利）给予中国一个很好的机遇，这是在农村和城市地区建立养老保障体制的一个良机。考虑到民政部的工作网络已经不再管理农村养老保障体制，而新的劳动与社会保障部又不具备相应的网络，曾教授建议由国家计生委来实施这项工作，并且推广到全国。这不仅有益于中国的可持续发展，还有益于实现降低生育率的任务，扭转出生性别比不断增长的危险趋势。中国的计划生育网络在将养老保障作为奖励农村夫妇实行一孩政策的过程中已经积累了一些经验，该网络是全国乃至全世界最强有力的社会工作网络，拥有众多的机构与工作人员。

农村移民与中国城市工资差别问题

赵耀辉

赵耀辉教授以"农村移民对中国城市工资差别的影响"为题作了发言。

20 世纪 90 年代,中国农民进城打工是中国经济中发生的一个重要现象,也可能是中国劳动力市场发生的最重要的变化。毫无疑问,在力图实现工业化和制度转型的中国,农民进城打工对农村的发展和城市经济都很重要,因而有必要准确地估计其对城市真实工资和劳动供给的影响。

数据表明,1988—1999 年城市真实工资和高教育水平(大学及大学以上)的回报在增加,而低教育水平(初中)的回报则徘徊不前。一种解释是:农民工已经成为城市劳动力的一个重要部分,而农民工的受教育水平和技能都较低,因此,当大量农民工进入城市时,低技能的劳动供给大大增加,使高、低技能工人的工资之间的差距扩大了。由 1990 年和 2000 年人口普查和城市家计调查数据得知,农民工在城市劳动力中的份额从 1990 年的 7.91% 上升到 2000 年的 18.58%。在所取样本的 64 个城市中,1990 年初中水平的农民工占全部农民工的 54.48%,同时期城市劳动力中该比例是 40.04%;到 2000 年,初中水平的农民工占全部农民工的 54.97%,而同时期城市劳动力中该比例下降为 28.23%。可以直观地看出,农民工的确增加了城市低技能劳动力的供给,所以,问题是估计在此期间农民工对不同技能回报率的差别的影响有多大。

一般地说,如果一个城市的农民工的工资较低时,进入这个城市的农民工会较少。所以,低技能工人工资与低技能劳动力的供给是同时被一组外生变量确定的。这种内生性为准确地估计影响相对工资的参数造成了不便。克服内生性的经典方法是工具变量法,合理的工具变量应当影响向城市移民数量,而对相对工资没有影响。这里所用的工具变量比较复杂。首先,找到农民工来源省份遭受自然灾害土地的面积;然后,再将该省面积标准化;最后,根据该城市农民工的来源省份加权平均,得到工具变量。

具体做法是将技能分为 3 类:高技能为大学及以上,中技能为高中和技校,低技能是初中及以下。对 1990 和 2000 年的相对工资分别进行回归,控制变量包括性别、经验变量和经验变量的高次方项、行业、所有制。结果表明,农民工流入增加了低技能的劳动力供给,同时农民工流入减少了低技能工人的相对工资。

劳动力市场划分问题

罗伯特·莫菲特(Robert Moffitt)

莫菲特教授在报告中主要讨论了现有研究中的劳动力市场划分问题。

劳动力市场是经济学中令人望而生畏的部分，即使是最基本和最初级的部分也并非定论。因此，理想的模型与实际情况往往不一样。在转型期的中国，劳动配置尤其纷繁复杂，要比较准确地把握其运作的方式和预测可能的结果都是困难的。

一个简化的办法是将中国的劳动力市场视为分部门的。目前为人们所接受的、理想的分部门劳动力市场模型基于如下假设：按工人不同的技能水平或不同的产业将劳动力市场分割为不同部门；在这些不同的市场中工资和劳动供给将分别确定；产业内和不同产业间的厂商可以在不同类型的工人之间相互替代；工人在技能上投资，并可以在部门间移动。当存在工资刚性时，比如工资固定在一个较高的水平上，多余的劳动力会向其他部门转移，因而，其他部门将使用更多的工人，而且工资更低。另一个可能的结果是，如果一个部门给一个人的工资足够高，那么，他也许会等待在高工资部门就业的机会，而不去低工资部门就业，这种等待使人们可以观察到存在失业。

一个对中国城市区域可能是可行的分部门劳动力市场模型是存在5个部门：国有企业，其工资是固定的，但就业人数在不断下降；政府和事业单位，其工资是准固定的，就业是配给的；外资企业，其工资较高，由市场配置劳动；私营企业，其工资较低，由市场配置劳动；非正式的部门，工资最低，由市场配置劳动。根据一般的经济学认识，由于固定工资水平的存在，国有企业和政府部门的就业并非均衡的，多余的劳动力会流向那些由市场配置劳动的部门，尤其是私营企业和非正式部门，导致其工资更低，就业更多；另外，由于国有企业、政府部门和外资企业的工资较高，会存在因等候进入这些部门形成的失业；也许会有人力资本的不平衡，例如，大学毕业生人数和可提供的工作数量不匹配。

中国国有独资银行改革与监管问题

刘明康

中国银监会主席刘明康发表题为"中国国有独资银行的改革、监管与未来"的报告。

首先刘明康主席介绍了中国经济及其银行业的总体图景。从GDP、进出口总额角度看，中国是亚洲第二大国，仅次于日本。最近的热点问题是，中国是否出现经济过热，紧缩政策是否已经起到了效果。中国货币供应量从4月开始减少，5月继续减少，CPI与产品价格指数（包括一些生产性产品）的增长率从4月开始下降，同时存款也从3、4月开始下降，信用扩张得到有效控制，短期贷款、中长期贷款的增速都减缓了，投资热潮也已经开始消退。中国经济加速增长的动力是固定资产投资，私人部门的投资是重要来源，从数据上看，固定资产投资已经降下来了。

无论从存款总额还是贷款总额看，中国的银行部门都是相当庞大的，在亚洲仅次于日本。中国银行业的资产超过了所有金融部门资产的90%，保险业占3%—4%，证券业最多时也仅占3%，因此实际上银行业至少占了93%。同时国有银行在银行业还占据着相当重要的地位，银行业资产的55%属国有，62%的固定资产是通过银行融资形成的。

将450亿美元外汇储备注入中国银行与中国建设银行，帮助他们解决历史负担——不良贷款问题。而且这不仅是吸引外资、民间资本进入国有独资银行，促进股权多元化的必要手段；还可以改进资产负债表，从而强化管理者的职责。这次改革有所不同之处在于以下几点：一是所有权结构的变化，二是管理（治理）的变化，三是从最初就明确提出目标，四是有一个明确的时间表。

实现所有权变化的改革程序包括以下几步：第一是不良贷款的处理，大量不良资产存在会导致明确管理者职责困难，因为大部分不良资产来自于计划经济；第二是重组这两家银行使之成为非国有独资的股份有限公司；第三是吸引国内外的战略投资者投资入股；第四是银行的公开上市；第五是改变激励机制；第六但也同等重要的是政府收回投资，逐步让出政府股份，减少股份持有，让私人部门充分发展。

关于银行治理改革，中国银监会给出了10条指导原则：①建立一个有股东会议、董事会、监事会和相应制衡机制的管理结构；②吸引国内外战略投资者；③确定未来几年的发展策略；④建立健全的决策程序、内部管理与风险管理机制；⑤减少管理层级，改革银行的行政管理色彩；⑥引入管理责任约束机制与激励机制；⑦建立谨慎的财务制度，提高透明性；⑧建立一个现代的管理信息系统；⑨推广员工培训，加强吸收高素质员工；⑩充分利用专业咨询服务提高各项工作绩效。

对于即将建立的管理结构，关键在于一个功能健全的董事会。关于董事会的几项规则已经确立，首先，由董事会作为最终管理主体而非个人；其次，在董事会下，至少必须设立审计委员会、风险管理委员会与薪酬与补偿管理委员会；再次，为吸引新的投资者，委员会成员必须由金融专家组成，审计委员会主席必须是独立董事。

这次改革一个重大不同之处就是目标明确。改革确立了一系列具体指标，如绩效评估指标包括股本回报率、资产回报率、费用收入比率；资产质量指标如不良贷款比率；谨慎管理指标如资本充足率等。而且所有银行都将要严格遵守旧巴塞尔协定及新巴塞尔协定的第二与第三条款。

还确定了清晰的改革时间表。例如到2005年，资产回报率必须达到0.6%，到2007年接近1%；到2005年，股本回报率必须达到11%，2007年至少达到13%。从2005年开始，每年的费用收入比将控制在35%—45%范围内，这个比率目前的水平是在40%—50%之间。从2004年开始，不良贷款比率将控制在3%—5%间，也就是说今年底就必须达到这个水平。2004之后，资产充足率将始终保持在8%水平以上。从2005年开始，风险暴露（large exposure）、单个顾客的贷款不能超过银行净资产10%。到2005年底，中国银行的不良贷款拨备覆盖率（NPL provisioning coverage ratio）将提高到60%，而中国建设银行的不良贷款拨备覆盖率将提高到80%，2007年底的这个比率还将继续提高。

中国银行业的改革是一个长期而又复杂的过程。为了达到这些目标，必须有一系列相配套的措施与程序。第一，每一个季度都要审查两家银行的经营绩效与改革进展，并形成报告直接呈送国务院与并将其意见反馈给银行管理层；第二，每年都有一个年度总体评估，要求管理者对实现这些目标是有职责与义务的，从而对银行改革的方向与进展进行监管。对银行机构的监管有5个重要的标准：公司治理结构、内部管理水平、资本充足率、风险暴露及不良贷款余额。这些举措与方法并不能保证这一次的中国银行业改革就一定会成功，根本性的改革涉及行为习惯等文化特性，不是一件容易的事。中国银行业改革将与政治、法律、社会等领域的改革密不可分。

在自由讨论阶段，费尔德斯坦教授问刘明康主席："你在报告中提到将来要吸引外资参股中国的国有独资银行，那么你是否考虑过将来外资在这些银行中是大股东，还是只能持有少部分股权。相关的一个问题是，如何解释尽管商业银行与政策性银行早就分离了，但中国商业银行的贷款行为还是经常受到政府各种影响，并不严格依据商业原则行事。另一个问题，将来这些商业银行是不是可以开展一些投资银行业务，还是主要开展存贷款业务？"

刘明康主席回答："开放中国的银行业是很明显的，外国战略投资者将很受欢迎，没有对外资并购中国银行的限制，当外资股份超过 25% 时，银行的性质就变了，就成了中外合资银行，但到 2006 年底，中外合资银行还不能开展业务，所以我们鼓励外国战略投资者入股，但建议不要高于 25%，单个投资者，目前规定是不能高于 15%，但我们将很好地修改这一规定，将来单个投资者可以投资 20%。"

中国银行和金融部门的改革问题

张新

中国证监会张新博士就中国银行和金融部门改革问题发表讲演。

近期政府向两家国有商业银行注入 450 亿美元资本金，这标志着国有大银行重建的开始，而中国金融部门的重建计划也引起了人们的兴趣。在中国，融资结构非常简单。银行在其中居于主导地位，资本市场在中国的金融部门并不那么重要。去年年底，银行贷款占整个融资的 85%；今年的情况更糟，从最新数据看，第一季度银行占 93.8%，股票市场首次公开募股占 2%，政府债券占 3.6%，公司债券占 0.6%，超过 90% 的融资为银行贷款，所以可以说银行业的重组是整个金融部门改革的核心。虽然在长期应该发展资本市场，建立一个更平衡的金融部门，但现在必须首先处理银行的问题，否则金融系统将无法良好地运行。

中国的银行有许多问题，如资本金不充足、坏账很多。与邻居相比，无论核心资本充足率还是总资本充足率都较低，不仅低于中国香港地区、新加坡、马来西亚和菲律宾，也低于备受银行不良贷款困扰的韩国和泰国。从金融机构总资产看，四家国有商业银行占了 60%，股份制商业银行占了 14%，政策性银行和农村信用合作社各占 10%，其他金融机构不足 10%。不良贷款数额巨大，四家国有商业银行有 18900 亿元，政策性银行有 3000 亿元，股份制商业银行有 1870 亿元，农村信用合作社有 4920 亿元，城市信用合作社有 1000 亿元，资产管理公司有 5000 亿元，总共有 35000 亿元，占 GDP 的 30% 以上，和其他存在很多坏账的国家相比有过之而无不及。与这些国家不同的是，中国尚未遭受危机的打击，所以还有时间消化坏账。

由于处理不良贷款是本次计划的核心内容，人们自然关心不良贷款是如何形成的。不良贷款的成因是多方面的，但政策因素是尤其要强调的。在 2002 年，张新他们研究了 314 家银行分支机构的贷款情况，并将不良贷款的成因分为六类。发现由政府导致的重复建设占 8.5%，国有企业管理不善占 26.8%，政府导致的破产占 6.1%，政策性贷款占 29.2%，滥用法院判决逃债占 10.1%，银行自身管理不善占 19.3%。当然，这项研究的估计会有错误，因为依靠银行所提供的数据，而银行有动机说坏账是由外部原因造成的，而不是由他们造成的。但通过这个数据可以得出一些推论：第一，银行坏账的形成有其历史原因。第二，因为主要的贷款决定都由政府作出，过去对于银行来说现代公司治理和内部控制缺少必要性。

坏账形成的历史原因、解决问题速度、不断提供新贷款、政治压力是影响中国金融部门改革的四个最主要的决定因素。例如，解决问题速度就是一个重要的考虑因素。因为到 2006 年底，基于加入 WTO 的承诺，中国将向国际竞争者开放银行业。而要达到改革的目标，就必须使用一些政府可控制的工具。而可以使用的工具包括建立资产管理公司，直接向银行补贴，对核销贷款损失实行税收激励等。

中国的银行业重建计划包括三个阶段：金融重建、公司治理重建和上市。到今年 6 月底，金融重建已经完成。中国银行和中国建设银行的金融状况明显改善，不良贷款率低于 5%，资本充足率达到 10%。到本年年底，将完成公司治理改革。明年（具体时间视市场情况而定）将实现上市。理想的考虑是希望使用上市公司的压力来迫使管理层、政府表现得更好一些。

这个方案可能不是最终理想的解决办法，但这是向前进的步骤，而私有化是未被考虑的。许多研究表明，在转型国家里，私有银行并不必然比政府控制的银行表现更好，严肃思考后的结论是私有化并非可行方案。

从上面讨论中可以发现政府应对银行业危机的一些政策含义。第一，政府介入银行危机处理是很重要的，尤其在由于政府行为引起问题时更是如此。政府有责任、同时也有资源来解决这个问题。第二，必须使银行认识到贷款损失。很久以来，银行并不承认存在贷款损失，这阻碍了银行业的重建。第三，资产管理公司是处理不良贷款的有效工具，但难以帮助银行的重建工作。一个明显的原因是他们在政治上不够强。现在资产管理公司的领导是原来国有商业银行的副行长，他们无法去和原来的上司周旋，以推动银行重建。

中国国有企业改革问题

姚洋

姚洋教授的报告讨论了中国国有企业的私有化进程。

1996 年以后，中国国有企业私有化进程很快。与 1996 年国有企业数目相比，到 2001 年，只有 60% 左右的企业仍是国有的。引起这个现象的主要原因有两方面：市场的自由化和银行部门的商业化。随着市场自由化程度越来越高，国有企业失去了原来在产品和要素市场上的特权，而且来自私有部门的竞争也越来越激烈，现状已难以维持。1994 年和 1998 年的两次政策变化加速了银行部门的商业化，同过去相比，国有企业在向银行贷款时面临越来越硬的约束。这些都促使国有企业加速私有化。

在官方，这个过程被称做改制。改制的形式多种多样，有上市、公司化改造、分立重组、债转股、破产重组、员工自愿持股、出售、租赁和合资嫁接等。从改制形式的份额上看，员工自愿持股最大，占27%；内部重组其次，占23%；租赁占15%；出售占13%；破产重组占11%；上市占7%；合资嫁接占4%。在这个过程中，出售国有资产是个颇为敏感问题。信息不对称大概是其主要障碍，因为很少使用公开投标的方式。在多数情况下，内部人购得企业，或是由管理层购买，或是员工自愿持股。这是考虑到国家工人原先作为雇员其工作是有保障的，而且基本是终身的，所以改制时雇员通常能得到一些企业资产作为失去国家工人地位的补偿。

在出售国有企业的过程中，通常价格是有折扣的。折扣的标准包括雇佣原职工的数量，是否购买新的资产，是否一次付清款项等。以哈尔滨为例，一次付清款项折扣为30%；购买60%净资产能得到10%的折扣，超过60%的部分，每增加1个百分点，折扣率就增加0.5个百分点，以此计算，全部购买净资产的折扣率是60%，是相当高的。从所调查的11个城市看，在314家改制企业中，有64家存在折扣，平均折扣率是20.4%。另外，有一些改制企业净资产是负数，也就是说，如果企业被私有化，政府需要向购买人付钱。在实际中，政府从未向购买者付钱，政府只是向工人付钱。这时土地在改制中起到平衡资产作用。土地被估值并计入资产，使净资产为正数，同时土地也被用做雇佣原职工的补偿。如果即使计入土地价值，工厂的净资产依然为负，那么此时私有化就很难实现。

在改制的过程中，企业往往逃避债务。重组是逃避债务、尤其是逃避银行债务的普遍办法。地方政府也常常和当地企业、当地法院合谋逃避银行债务。在这一过程中，除了中央政府外，大家都能得到好处。

安置工人是改制中的一个难题。通常的做法有以下三类：内退，其退休工资较高，而且费用全部由企业承担；下岗，指暂时离开工作岗位，其费用由政府和工厂共同承担；失业，工人通过失业保险维持生计，费用完全由政府承担。调查数据显示，在1996—2001年，裁员是非常普遍的。在被调查的企业中，不论是国有企业、国有控股企业和还是私人控股企业都经历了大幅裁员。改制企业员工平均有65.1%在岗，26.2%退休，16.8%下岗，1.0%失业；非改制企业员工平均有43.9%在岗，22.1%退休，32.7%下岗，1.3%失业。在一些极端的例子里，比如抚顺，合三类相加的失业率高达45%，非常高。

对解雇工人补偿水平也相差很大。理论上，补偿应等于其在工厂继续工作应得的价值，一般数额在数万元。但与谈判能力也有关系，比如大庆，一般达到10万元，最高达到15万元。改制企业喜欢通过更多雇佣原职工来获得购买时的折扣。值得一提的是重庆市南安区的做法，这是一个比较好的例子。政府首先接管全部职工，然后评估企业的资产，并单独出售。工厂被要求至少雇佣原职工的50%，其余工人进入下岗范畴。

改制后的企业绩效表现有了改善。与非改制企业相比，改制企业新增到期未付欠款的比例要小，而且人均工业增加值提高了。在对改制和非改制企业的回归分析中发现，改制对就业和工资增长都有显著的正影响了这支持改制是提高了经济效率的假设。一般的结论是：私有化可以在很大程度上改变中国经济状况，而且改进了企业的效率，但其最重要的障碍是庞大的债务和冗员。

FDI 与中国经济成长

江小娟

中国社会科学院财贸经济研究所江小娟所长作了题为"FDI 与中国经济成长"的报告。

FDI 和中国正在崛起成为世界制造中心是近期备受关注的话题。在这个过程中，与其他国家相比，比如日本、早期的美国，中国有一些新的特点：第一，FDI 在制造业和出口的份额更大。第二，中国有很高的加工贸易比率。这是中国一个独特地参与国际制造网络的渠道。相应地，世界也从中国的高速成长中受益。

无论对 FDI 持支持还是反对态度，大部分人都承认其在中国经济中扮演了重要的角色。伴随着 FDI 大量输入中国，外资企业在中国经济，尤其是在制造业中的作用很突出，对中国成为全球的制造业中心贡献明显。FDI 在国内制造业总资产中仅占 10%，但外资企业在制造业的增加值占到 26%，缴纳的增值税占到 27%，利润占到 30%。外资企业已经是目前中国制造业主要的贡献者之一。

FDI 对中国经济的重要性还在于输入先进的技术。跨国公司是否引进了先进技术是有争议的问题。过去 5 年中，江小娟及其合作者研究了在华跨国公司的技术情况。样本选取的是 128 家在华外资企业，它们都属于《财富》杂志 500 强。他们将其所使用的技术分为三类：最先进、先进和中等。在 1997 年，其中只有 15%的企业向中国输入了最先进的技术；但现在情况发生了变化，2001 年，有 41%的企业向中国输入了最先进的技术；2002 年，这个比例达到近 60%。

此外，FDI 对促进出口和改变出口结构也有贡献。20 世纪 90 年代初，只有近 20%的出口是外资企业的，现在这个比率提高到 55%；而且其出口的技术水平高于中国出口的平均水平。比如，在电子和机器设备类出口中，外资企业占 45%；在高技术产品类中占 84%；在个人计算机中占 96%。FDI 为中国成为制造业中心中有贡献，同时，外资企业也从中获益颇丰。

在过去 10 年中，一种特殊的贸易形式——加工贸易迅速发展起来。加工贸易一般指通过进口资本品和半成品，在中国装配，并出口制成品。因此，其出口与进口的关系非常紧密。外资企业在加工贸易中占有重要份额。在目前全部出口中，约有 55%属于加工贸易。对国内企业而言，加工贸易出口只占其出口的 36%，而外资企业则占 79%，看来外资企业更喜欢通过加工贸易出口产品。这大概是因为加工贸易与世界制造网络关系更密切，而跨国公司拥有全球性的经营网络。加工贸易需要进口更多的资本品和半成品。对普通贸易而言，只有 55%的设备需要进口；而对加工贸易而言，75%的设备是进口的。对半成品进口而言，普通贸易约为 28%，加工贸易则近 90%。

如果加工贸易企业出口得更多，那么其进口得也更多。一个具体的例子是一家在华生产个人计算机的跨国公司的进口和出口情况。对其出口总值而言，其中大部分为中间品的进口，比如，CPU（U.S.）占 10%，主板（中国台湾地区）8%，显示器（中国台湾地区）

10%, 硬盘（U.S.）6%, 内存（中国台湾地区）5%, 光驱（韩国）5%, 显卡（新加坡）5%, 声卡（U.S.）4%。国内的份额大约在40%，而其中37%是劳动成本，其他部分均来自国外。因为中国很大，有劳动成本优势和良好的工业基础，所以将会成为某些产业的世界制造中心，同时，由于中国也需要大量的进口从而使整个世界从中国的成长中获益。

将FDI引入国内会带来很多挑战：首先人们在担心利润外流。目前这尚不严重，因为跨国公司将其利润再投入中国，以扩大生产规模；但是，总有一天，投资会停止，也许是降低投资的增长率，也许是将利润汇出，这里会有些问题。其次，跨国公司潜在的垄断力量也会是一个问题。目前这在制造业这还不严重，但在开放服务业、允许跨国公司并购和起诉国内企业时，潜在的垄断市场的危险就大大增加了。另外，对国外的资源过度依赖，比如资本和技术资源，会使人们担心国家安全。比如，FDI是否会在支柱产业占据很大的份额，是否会导致中国支柱产业过度依赖国外资源等。

跨国公司内部市场问题

米希尔·德赛（Mihir Desai）

德赛教授分析了跨国公司内部市场问题。

跨国公司的重要性和上升势头是令人瞩目的，但人们对其内部市场运作的机理却知之甚少，在此德赛教授概括了他对其内部市场运作的研究。讨论的主要意图是分析其内部市场运作是否是其相对优势的一个来源，以及能否把跨国公司作为一个研究微观、金融理论的实验室。具体地讲要分析四个问题：第一，跨国公司如何决定其在全球的资本结构，以及能从中学到什么。第二，跨国公司能否对当地的扭曲作出反应，以及是否能从对跨国公司的研究中增进对当地企业行为的理解。第三，跨国公司如何对货币危机作出反应。第四，跨国公司如何利用避税港，以及避税港对非避税港有何影响。研究的样本包括1982—1997年美国3700家跨国公司及其在150个国家的30000家附属机构。

第一个问题涉及跨国公司的资本结构和内部资本市场。可以分解为四个问题：①跨国公司如何决定其资本结构，即分析在不同的税收激励和资本市场条件下，跨国公司的附属机构的资本结构。②内部资本市场的功能如何，即比较内部借款和外部借款的决定因素。其中内部借款指从母公司借款，外部借款指从当地资本市场借款。③内部资本市场的价值如何，即分析内部借款和外部借款的相互关系。④借款成本和内部资本市场是否反映和如何反映当地的资本市场情况，即分析是否内外部融资的差价随不同的制度条件变化。

研究表明：①对于资本结构的决定因素，税收是一个显著的因素，而资本市场条件对资本结构影响不大。②对于内部资本市场的功能，税收对内部资本市场的敏感程度是其对外部资本市场的敏感程度的近两倍，并且资本市场条件深刻地影响借款来源的决定。③对于内部资本市场的价值，工具变量法分析表明，内部借款大约可以替代由于资本市场条件引起的先前的外部借款的近四分之三。④对于制度是否引起的更高借款成本，并对内部资本市场造成影响，研究结果支持内部资本市场是制度引起的更高的借款成本的反应这一论断。

资本项目控制是普遍政策手段,但现有的文献对其有效性并无定论。这里的基本问题是:①资本控制是否普遍与更高的借款成本并存?②跨国公司的内部产品和资本市场能否使其避开资本控制?③在实施资本控制和吸引外国直接投资之间是否有一个此消彼长的关系?这种关系显著吗?研究表明:①资本控制使借款成本提高了5.4%。②跨国公司通过转移利润来避开资本控制。具体的表现有:更低的报告利润和更高的报告内部交易赤字;通过转让定价转移利润,资本控制与对转让定价征20%的税效果相同;在资本控制下,分红更频繁,且分红政策更持久。③资本控制减少外国直接投资。在资本控制下的跨国公司的附属机构平均要小13%—16%,而且在资本自由化后,规模扩大了。

新兴市场对外国直接投资依赖性很强,经常表现出波动性。这里的基本问题是:①与当地公司相比,跨国公司对危机的反应如何?将当地企业与跨国公司机构放在一起来研究其不同之处。②为何跨国公司会有不同的反应?③在经济冲击时,跨国公司如何利用内部市场?分析跨国公司如何改变生产决策和筹资决策。研究表明:①在危机发生后,跨国公司的销售、资产和资本支出比当地公司要高5.4%、7.5%和34.5%。②尽管当地企业和跨国公司有相似的盈利能力,但资本结构使当地企业面临更大限制,而跨国公司则没有过度负债之虞。③跨国公司会增加通过股票融资,并在世界范围内重新启动生产。这是跨国公司帮助当地经济的另一个重要渠道。

现在使用避税港变得越来越广泛,人们也越来越关心有害的税收竞争。这里的基本问题有:①哪些因素能解释对避税港的需求,以及避税港是否有不同。②跨国公司如何利用避税港,以及这对非避税港有何影响。③能利用避税港对非避税港的活动有何影响。研究表明:①那些在平均对外税率较低的跨国公司母公司更倾向利用避税港,这表明避税动机是利用避税港的动力。②但是,对7个主要避税港而言,转让定价利润是很明显的。拥有避税港分支机构以减少临近非避税港分支机构的税收支付和减少21%的当地税率的作用相当。③那些在非避税港业务增长迅速的企业更倾向于建立新的避税港分支机构,这表明避税港和非避税港的业务有某种互补关系。

因此,可以得出跨国公司是在尽可能地利用内部资本市场来克服当地的种种不完善,包括总的资本市场条件、资本控制、经济冲击、税收。毫无疑问,这使跨国公司相对当地公司,尤其是扭曲严重地方的公司,有更大的优势。同时,也有助于认识那些具有部分跨国公司优势的当地公司的行为,以及深刻理解广泛的政策效果。

开放经济的金融冲击问题

塞巴斯蒂安·爱德华兹(Sebastian Edwards)

爱德华兹教授通过研究全球范围国别大样本数据,讨论了开放经济面临的金融冲击的类型、性质和影响等问题。

爱德华兹教授主要研究了 150 个国家、30 多年的对外贸易数据，从中理解金融冲击调整过程的各个方面，重点分析一个国家突然接受很多外来资金流入会受到什么影响，这种资金流入突然停止又会有什么结果，以及这种情况发生的频率与如何理解这一过程。具体而言，爱德华兹教授着重分析了两个问题：一是金融开放是否与资本流入的突然停止有关，是否与经常账户的逆转有关，即经常账户是否受到金融开放的影响；二是汇率制度的改变、经济的美元化程度、经济的开放程度如何影响资本流向突然逆转对经济的影响。

一般而言，很难对这么多国家几十年来金融开放程度进行准确的量化。法国现在的金融开放程度比 30 年前要大得多，但很难说是 2 倍还是 3 倍，同样也很难说某一年，两国的金融领域哪个更开放，即跨期与国际比较都比较困难。曾经有学者用二元变量表示开放程度，即分为"开放"与"不开放"，但不久大家都意识到这样做远远不够。爱德华兹教授所用的数据是整合了许多学者的已有工作与国际货币基金组织、世界银行等一些研究机构的相关报告，数据来源于从 1970 年到 2002 年的 157 个国家，包括工业化国家、拉丁美洲、亚洲、非洲、北非与中东、东欧这 6 个部分。

30 年来，金融开放程度提高最快的是工业化国家，从 66.5 的平均水平提高到 88.8 的平均水平（0 表示完全不开放，100 表示最开放），而北非与中东地区国家的金融开放程度提高的幅度最小，平均水平仅从 62.3 增加到了 66.3。

中国等发展中国家正在逐步开放金融账户。一个无论是政治家还是学者都在争论不休的问题是，新兴工业化国家开放金融的危险性相当大，很多人都认为这些国家不应该开放金融账户。当然争论也涉及金融自由化的顺序问题。爱德华兹教授希望通过分析这些数据，有助于理解这些争论。

爱德华兹教授集中讨论了两类现象：资本流入突然停止与经常账户的逆转。资本流入的突然停止是指 6 个地区中吸收外资量较大的国家（吸收外资额排在前 25%）遭遇到突然的资本流入中断，不一定就是说变为资本净流出，爱德华兹教授的定义是资本流入量至少减少了 GDP 的 5%。经常账户的逆转是指 1 年内经常账户赤字减少（或盈余增加）的量超过 GDP 的 4%。这 157 个国家在这 31 年内发生经常账户逆转的平均概率是 11.8%，而发生资本流入突然停止的平均概率是 5.6%。并且计量检验表明，不能拒绝这两类事件相关的假设，大约 40% 发生了资本流入突然停止的国家也发生了经常账户的逆转。另一个问题是这些国家在经历上述逆转时是否也往往发生了汇率的大幅贬值，从这些数据上看，答案是否定的。5.7% 突然发生经常账户逆转的国家也发生了银行危机，14% 的发生银行危机的国家同时发生突然性的经常账户逆转，但两者同时发生的假设被拒绝了。银行危机的发生往往并不是与资本流入的突然停止或经济账户的逆转同时发生。研究还表明，一般而言 IMF 的项目并不与资本流入的突然停止或经济账户的逆转同时发生，并不是因为 IMF 的项目而导致了这些情况的出现。

爱德华兹教授估计了经历突然性经常账户逆转的国家发生其他危机的概率及对经济增长率的影响。这个问题很重要，如果资本流入的突然减少的成本确定很高，则政策应该避免这种情况的发生；也有学者认为没有什么成本，只要政府对国际贸易的干预比较小，对经常账户余额形成的影响不大，就无需要过分担忧这一点，例如 IMF 的几个学者认为经常账户大幅变动对经济的影响不大。

与其他许多学者如斯蒂格利茨的观点不同，爱德华兹教授的结论是，金融开放并不增加经常账户逆转或资本流入大幅减少的概率。经常账户开放程度而不是指资本账户的开放程度显著影响着经济账户逆转给经济带来的成本,经济越开放,越容易从这些波动中恢复过来。爱德华兹教授的研究还表明,实际的汇率制度越偏向固定汇率制的国家,外部冲击对经济发展的负面影响越大,而浮动汇率制国家下,这些外部冲击不会给经济发展带来负面影响。总之,基本结论是,一个国家的经济越开放,与世界经济融入程度越高,汇率越有弹性,外部冲击的对其经济发展的负面影响越弱。

环境经济学理论和政策

唐·富尔克森(Don Fullerton)

富尔克森教授介绍了环境政策的现实选择及其理论依据。

环境经济学的一个重要的问题是寻找处理环境问题的合适的政策工具。通常考虑的可能方案有污染税、排污权交易、命令和控制措施。污染税即为庇古税,是庇古在1920年提出的,既可以是对污染直接征税,也可以是对减少污染行为补贴。可交易的排污权可以由政府发给厂商,厂商间可以一定价格交易,也可以由政府通过拍卖出售。命令和控制措施是政府直接管制污染,可以是设立工厂的排放标准,也可以要求工厂达到某种技术标准。科斯的产权解,是明晰地界定产权,并在完美市场下交易产权。产权可以赋予污染者,也可以赋予"受害者"。

评判这些方法的标准很多:经济效率、管理效率、是否便于监视和实施、是否存在信息不对称和不确定性、政治和伦理上的考虑、公平和分配上的影响、是否会产生垄断等其他扭曲、是否有弹性以动态调整等。因此,难以判断哪一种是最好的,但通常的出发点是经济效率。

通常,经济学家们喜欢通过市场办法,即通过征收污染税来解决问题。假设对每单位废物收税,并存在两个不同的处理污染的边际成本。这可以是表示两个厂商、两种处理方法、两个行业甚至两个国家,其中一条成本曲线较高,另一个较低,因此会有不同的最佳处理量。通过政府的控制和命令措施处理污染,在政府确切地知道成本函数时,有可能要求正确的处理水平;但如果不知道,就不会有效地排放和处理污染。比如假设政府规定了一个在处于高、低成本下的最佳处理量之间的标准。对于高成本而言,其边际处理成本高于最优时成本,造成福利损失;同样地,低成本下相对最优时处理量较少,也造成福利损失。污染与劳动和资本一样,具有投入性质,产出需要污染。而污染税改变了污染的相对要素价格,通过替代效应,厂商会用干净的投入如劳动、资本替代污染。同时,提高了产出价格,通过产出效应,使用污染较多产品的消费会减少。

然而污染税是难以实施的,因为排放量难以正确度量,征收也难以使用通常的通过交易征收的办法。一个较为可行的办法是两部分工具法。第一部分是不直接向污染收税,因为污染难以交易,而向可以交易的对象比如产出来收税。这个方法同污染税是同样有效率的。第二部分是对干净的投入补贴可以改变相对价格,并通过替代效应减少污染,但补贴降低了产出的成本和价格。对产出征税可以提高产出价格，并通过替代效应减少污染。这个方法可以应用在许多方面。例如，治理工业排放可以补贴废物处理，对产出征税；治理过多私人用车造成的交通堵塞可以补贴公共交通；控制家庭废物可以补贴收集废物，或对所有废物再利用的行为进行补贴。

所以，对于控制污染的方法而言，通过激励总是比通过管制好。如果可以度量污染的排放，那么直接应用污染税是有效率的；如果不能，可以使用两部分工具法；即便两部分工具法也不完美，同时使用两种工具比仅用征税或仅用补贴都好。

水资源短缺和水权交易问题

胡鞍钢

胡鞍钢教授讨论了中国的水资源短缺和水权交易问题。

目前中国水资源非常短缺，并出现了"水危机"。1997年，黄河断流了227天。在中国，三分之二的城市缺水。每年由于缺水造成的工业损失多达2000亿人民币。中国的淡水量很少，是用世界7%的淡水量来维持世界21%的人口。而且水资源在空间和时间上的分布十分不均匀。中国北方拥有中国42%的可耕地，而地表径流只占全国的8%。

在这个背景下，人们会问一个问题：市场机制在水资源配置中可以运行吗？如果可以，它能起什么作用？有三种不同的观点，一种观点认为市场机制可以在其中起基础性的作用；另一种截然相反，认为市场机制的有效性令人怀疑；第三种看法认为其作用有限。

水资源和一般的经济物品的配置不同，有一些特点。水不仅是人类重要的经济物品，而且是生态系统和地球上所有生物最重要的自然资源。因此，通常管理水资源最核心考虑是安全问题。另外，平等和社会可接受性也是常常被优先考虑的。

大多数人认为调配水资源的两种基本方式是基于行政的机制和基于市场的机制。实际中采用何种方法应取决于其成本和收益。基于行政方法的好处是它容易满足人们对社会文化、安全和平等的关切。但同时，行政方法的效率较低，并可能存在政府失效的问题。随着水资源越来越匮乏，行政方法的机会成本在上升，引入市场方法就变得越来越有吸引力了。而引入市场机制的一个途径是建立水权交易市场。所谓水权是水的产权，是围绕着水资源的一系列权利。水权交易市场就是各平等主体通过价格机制交易水权的场所与制度。有效的水权交易市场取决于低的运行市场系统的运营成本和低的由行政方法向市场方法转变的转型成本。

通过一系列案例研究，胡鞍钢教授他们发现水资源的日益匮乏是引入水权交易的最本质的推动力；市场化改革提高了引入市场的好处，这也是一个重要因素。并且在所研究的案例中，行政方法的成本高昂，而引入市场机制的转型成本低廉。

另一个重要结论是，水资源管理改革的基本趋势是改进现有的行政系统的效率，并部分引入水权交易市场。因为现有的行政系统仍然有效，而且由于运营成本和转型成本较高，水权交易市场尚不能完全代替它。目前，水权交易市场只是通过行政系统按配额分配水资源的辅助工具。但在将来，随着行政调配机制的成本上升和市场调配机制的成本降低，水权交易市场将不断发展。

另外,水资源管理应当在政府有力的监管和监视之下运行。尽管市场机制在解决当前水资源短缺的危机中作用有限,但在政策上它仍值得探索和发展。实际上,因为对水资源利用没有什么制度性限制,可以任意获得,从而导致对水资源过度开采、低效率利用和破坏,形成了"水危机"。当前"水危机"的实质是由于国家对制度建设投入不足造成了"政府缺位"。因此,良好的水资源管理呼唤制度建设。这需要大规模的制度建设,而不是工程建设。

CCER–NBER 第七届年会

宏观经济与银行改革

（2005 年 6 月）

北京大学中国经济研究中心（CCER）与美国国家经济研究局(NBER)第七届中国与世界经济年会于 2005 年 6 月 30 日至 7 月 2 日在北京大学中国经济研究中心召开。来自美国和中国的多位经济学家就中美宏观经济问题、银行与货币政策、资本市场与税收政策、管制与经济秩序、移民与卫生经济学、公共财政与退休社会保障、国际贸易与外商直接投资等热点问题进行了广泛而深入的讨论。

本次年会的嘉宾有：哈佛大学马丁·费尔德斯坦（Martin Feldstein）教授、杰弗里·利布曼（Jeffrey Liebman）教授、乔治·鲍哈斯（George Borjas）教授、戴维·怀斯（David Wise）教授，芝加哥大学阿尼尔·卡什亚普（Anil Kashyap）教授，哥伦比亚大学理查德·克拉里达（Richard Clarida）教授、魏尚进教授，麻省理工学院本杰明·奥尔肯（Benjamin Olken）教授，伊利诺伊大学厄巴纳-香槟分校杰弗里·布朗（Jeffrey Brown）教授，宾夕法尼亚大学肯特·斯梅特斯（Kent Smetters），北京大学林毅夫教授、姚洋教授、赵耀辉教授、李玲教授、平新乔教授、卢锋教授、沈艳助理教授，中国人民银行副行长吴晓灵女士，中国商务部王世春局长，中国人民银行李波博士。

中国宏观经济：从通货紧缩到通货膨胀

林毅夫

1998 到 2002 年间，中国经历了通货紧缩。零售物价指数（retail price index，以下简称 RPI）在 1998 年下降了 2.28%，1999 年下降了 3%，2000 年下降了 1.5%，2001 年下降了 0.8%，最后 2002 年下降了 1.8%。林教授认为这是典型的通货紧缩现象。到了 2003 年，中国似乎走出了通货紧缩，因为 2003 年 RPI 下降了 0.1%，即基本上没有通货紧缩也没有通货膨胀。同时，消费者物价指数 CPI 在 2003 年上升了 1.2%，出现了正向的变动。同年，国民生产总值增长率达到 9.5%。

根据以上数据显示的宏观形势，针对中国宏观经济及运行周期有了一些争论。一种观点是中国已经处在一种宏观调控所能达到的理想情形，因为中国的通货膨胀率很低，而经济增长速度却很高。在这种情况下，政府不应该干涉经济运行，让市场自主运行从而经济可能长时间地维持这种理想的状态。但另一种观点则认为虽然宏观指标表现不错，但是如果仔细观察，可以发现有几点值得注意，而且如果对这些潜在因素不加控制，通货紧缩将会很快重返。其中一个重要的原因是 2003 年出现的很高的增长率主要是投资的急速增长所带来的。在这一年，固定投资增长率为 27.7%，并且主要集中在三个方面：一个是房地产方面，投资增长率为 29.9%；另一个是汽车制造业，投资增长率为 69%；上述两个产业投资的急速增长又带动了建设物资行业的投资，钢材投资增长了 97%，水泥制造的投资则增长了 121%。在这些投资没有完成建设时，它们是一种需求，而建成时，它们就变成了供给能力。但中国是不可能在短时间内能够消化如此多的生产能力的。2003 年的低通货膨胀率主要是由于除了少数几种产品的价格上升之外，其他大多数产品的价格都是下降的。在构成零售物价指数的一篮子商品中，共有 16 类商品。而在这 16 类商品中，只有 4 类商品的价格是上升的，其余的 12 类商品的价格则是持续下降的。这 4 类商品中，一种是食品，如农产品，这是由于 2003 年糟糕的天气和前些年持续的产量下降；另一类价格上升的商品是黄金和珠宝，这是由于利率水平过低，只有 1.8%，因此产生了对于黄金之类商品的投机性需求导致价格上升；第三类商品是书籍之类的印刷品，但这类商品的价格只有轻微的上升；最后一类商品是能源产品，这类产品价格上升是由前面提高的三个产业的急速增长所推动的，这三个产业都是高能耗产业，而同时国际能源价格也上升，结果就是中国国内能源价格的上升。但是其他 12 类商品，其中大多数为制造业产品，到现在为止已经持续 18 个月价格下降。因此，在这种情况下，如果不对宏观经济进行干预，那么可以预见通货紧缩将很快重返。

但是在 2003 年，大家一直无法在对宏观形势的认识上达成一致，因为经济运行表现强劲。直到 2004 年 4 月，理论界才对实行宏观调控达成一致，这是由于第一季度宏观统计数据的公布。2003 年，投资的急速增长主要出现在沿海地区，而到了 2004 年第一季度，沿海地区固定资产投资增长率为 43%，而中国中部地区的固定资产投资增长率为 53%，西部地区则为 52%。这时，进行宏观调控干预经济运行成为了共识。但是这里出现了新的政策争论，一种观点认为现在中国已经是市场经济，要控制投资就应该提高投资的价格，即通过提高利率来减少投资，所以央行应该运用货币政策来进行宏观调控。但是另一种观点是中国经济仍处于转型期，只实行利率政策调控的效果不佳，应该实施其他更多的调控政策。这其中最重要的就是强调资本金充足率，提高自有资本金在投资总资本中的比例。另外，就是要限制获得贷款的渠道，因为很多投资都是在地方政府的推动下进行的，而在多数情况下，地方政府几乎是不计成本地为投资项目提供贷款，这是导致地区投资过度的一个重要因素。林毅夫教授赞同第二种观点。仔细观察 2003 年及 2004 年第一季度的投资项目，以房地产项目为例，投资者希望在房地产泡沫破灭前完成建设并且尽可能多地销售，对于这些投资者而言，提高利率是难以降低其贷款需求的。另一方面，2003 年及 2004 年开始的投资项目中，90%以上的投资资金来自于银行贷款。如果投资能够得到好的回报，那么贷款者会偿还贷款；而如果投资回报很差，那么他们将取回自己 10%的投入，而将亏损留给银行。在这种情况下，即使提高利率，出于完成项目的动机，贷款者还是会继续借贷，并且由于利率提高，贷款者更有可能无法偿还贷款而携自有资本离开。还有一方面，正如前面提到的，2003 年及 2004 年中，多数的产业部门仍在经历通货紧缩，需要刺激消费需求。而负利率是刺激消费需求的有利措施，一旦利率变成正的，那么消费需求将受到打击，这对于宏观经济的发展是很不利的。这场争论持续了约一个月，最后政府听取了第二种观点，提高了自有资本在总资本中的最低比例要求，要求银行在进行贷款审核时对自有资本低于 30%的项目不予以批准；同时，中央政府要求地方政府在为投资项目提供贷款时必须以公开拍卖的方式进行，并且中央政府还控制了年度放贷总量。这样一来，宏观经济运行基本上得到了控制。

　　2004 年，零售物价指数增长 2.8%，消费者物价指数增长 3.9%，国民生产总值增长 9.5%。2005 年第一季度，消费者物价指数增长 2.8%，零售物价指数增长 1.6%，国民生产总值增长 9.5%。从这些数据上看，宏观经济形势良好，但是已经有多种现象暗示通货紧缩将再次出现。首先粮食价格将下降，而粮食价格正是 2003 年、2004 年消费者物价指数上升的主要因素。其次，建设物资的价格也将显著下降，钢材的价格已经下降，并且林毅夫教授相信价格下跌也将出现在其他的建设物资产品中。两个原因造成这种价格下跌：第一是投资的增长率下降，从 27%下降到 15%—20%，即需求下降；第二是 2003 年和 2004 年开始的投资项目已经接近完工，这些项目由需求转变为供给，供大于求的情况进一步加剧，从而带来价格的下降。最后，能源的价格也将随着投资增长变缓而下降。而其他的 12 类商品价格从 1997 年以来持续下降，这种价格下降还将继续。在这种情况下，有理由相信通货紧缩即将来临。最迟在 2005 年年底，通货紧缩将出现。但是林教授相信中国经济将继续保持高增长率，达到 8%或者之上。其他国家出现通货紧缩时，往往出现经济发展的停滞，即增长率为零或者负值，但中国却不会出现这样的情形。因为，在其他市场经济国家，通货紧缩是价格泡沫破灭、需求下降的结果，而在中国则是供给突然上升的结果。因此，消费需求的增长将维持在 7%到 8%的水平，而投资需求的增长将降为 20%至 15%，从而保持 8%及其以上的 GDP 增长率。

美国宏观经济形势及对其他国家的启示

马丁·费尔德斯坦（Martin Feldstein）

美国短期内经济形势非常好。2004年真实国民生产总值增长率超过4%，2005年第一季度增长率为3.8%，这是同年欧盟同一指标的2倍；同时失业率也降到了相当低水平，刚刚超过5%。物价水平方面的情况也很好，消费者物价指数增长了3%，而去除食品和能源的核心物价指数增长率为2.2%。但是未来一年经济增长率将很有可能低于预期水平，即低于预期的3.8%至3.5%的国民生产总值增长率。能源价格上涨是导致经济增长变缓的一个因素。石油价格从每桶30美元增加到超过60美元，如此高的能源价格相当于征收了过高消费税，将导致需求的下降，从而经济增长变缓。但是费尔德斯坦教授个人在这方面有乐观的估计。相比于去年，今年油价上升的幅度较低，而去年油价的因素只在一个季度显著地影响了经济，因此今年的情况将更为乐观；同时，考虑到收入的增加，费尔德斯坦教授认为美国经济将保持3.5%左右的增长率。

通货膨胀是费尔德斯坦教授更加担心的问题。不仅是因为能源价格上涨，更重要的是劳动力价格的变化。商业成本及最终产品价格中，很重要的一部分是劳动力价格。由于劳动生产率极大提高，2002年及2003年间，劳动力价格实际上是下降的，这就导致了这两年低通货膨胀率，并且在制造业部门出现了通货紧缩。但是在2004年劳动力价格持平，2005年第一季度劳动力价格显著上升，年增长率超过3%。如果这种情况持续下去，将导致更高的产品价格、服务价格，从而加重通货膨胀的压力。美联储对此的反应是逐步提高利率。在经济脆弱、面临通货紧缩压力的情况下，美联储将隔夜拆借利率降低了1%，然后非常缓慢地提升，每次上升0.25%，最近将从3%提升到3.25%。即使这样，短期利率水平还是非常低的。美联储控制的不仅是短期利率，还有住房抵押贷款利率，10年期的抵押贷款利率低于4%。而通货膨胀率为2%，所以真实的短期利率水平约为1%，而真实的长期利率水平约为2%。所以，在未来将看到利率的进一步增加。

长期的困难来自于为社会保障和医疗体系融资。随着人口老龄化程度的增加，养老保险和医疗开支都会大幅度增加，如果一些基本因素没有发生改变的话，这将导致税收压力大幅度提高。主要的影响因素在10年内发生变化的可能性不大，但是如果从现在开始改革的话，未来的情形将更为乐观。

费尔德斯坦教授关心的另一个问题是美国国际贸易收支的巨额赤字。美国经常账户现有赤字约为6000亿美元，占到美国国民生产总值超过6%，并且还在快速地增长。这一指标在几年前还只有现有水平的50%，10年前只有现有水平的20%，所以经常账户赤字的规模名义上持续快速增长。值得注意的是，经常账户赤字融资方式发生了巨大变化。2000年，经常账户赤字主要通过外国对美国的股权投资来弥补。那时，外国投资者购买美国公司的股票，外国企业在美国投资建立新企业，或者购买美国企业。人们认为美国市场上的回报相对于风险来说比其他市场更高。但是，目前就净值来说，美国已不是最有吸引力的股权市场，美国向其他国家投资的股权更多。债权融资成为更主要的方式，外国投资者购买了美国国库券、公司债券及其他固定收益证券。这种变化发生的原因不是美国经济对于外国投资者的吸引力发生了变化，而是外国政府的决策发生了变化，包括中国、韩国等投资于美元资产的外国政府。如果这些外来资金都撤离的话，美国将会出现高利率，从而导致经济增长速度显著变缓。

对于经常账户巨额赤字的出现，一个直接的解释就是储蓄率过低。在过去的几十年中，美国家庭的储蓄率从占税后收入的 10%、国民生产总值的 7%下降到接近于 0。在过去的 10 年中，股市市值翻了 3 倍，房产价值以两位数以上的速度增长，所以人们认为自己比以前富有了很多，对于储蓄的重视程度下降了，美国的储蓄率从而显著下降。也就是说，美国是通过其他国家高储蓄率来为自己经常账户赤字融资。如果其他国家储蓄率下降，美国将无法为自己赤字融资。而在过去的 10 年中，虽然不是普遍的现象，但是很多国家储蓄率都在下降，例如日本、欧盟等。但中国、新加坡、韩国及俄罗斯等国由于石油及天然气价格上涨以及制造业竞争力增强，经常账户出现大量盈余，中国有 700 亿美元盈余，俄罗斯有 500 亿美元盈余，新加坡和韩国合起来有 500 亿美元的盈余。这就是为什么美国能够为自己经常账户的巨额赤字融资的原因。

但是为什么是美国出现了如此大的经常账户赤字？世界其他国家的高水平储蓄率并不意味着美国应该拥有如此大赤字。美国的家庭储蓄率下降，很幸运的是美国投资者的储蓄率没有下降。未来的一种乐观情况是美国的储蓄率上升，并且将对进口产品的需求部分地转向对国内产品的需求。费尔德斯坦教授认为有理由相信美国的储蓄率将恢复到高于常规水平，这将降低美国对于外来投资的依赖性，从而在维持经济高增长的同时，拥有更健康的国际账户平衡。但这将给世界其他国家造成问题。如果美国经常账户的赤字从国民生产总值的 7%下降到 3%，也就是说世界总需求将减少 5000 亿美元，这将对中国、中国的贸易伙伴及其他出口这部分商品的国家造成不利影响。

国有银行改革及入世后中国银行体系

吴晓灵

中国国有商业银行在中国的金融体系中有着很重要的地位。国有商业银行占整个银行业总资产的 53.6%，贷款的比例则占到贷款总额的 53.4%。但是，另一方面，按照银行资产的五级分类，国有商业银行不良资产率为 15.6%。至今，中国按时履行了入世的承诺。入世之初，中国就全面放开了外汇业务。目前，有 16 个城市允许外资银行进行人民币业务，2003 年 12 月，在中国的外资银行的人民币业务客户已经发展到了中资企业；到 2005 年年底，将在 16 个城市的基础上增加西安等 4 个城市；而到 2006 年年底，将取消所有的地域限制，同时开放中国居民的人民币业务，也就是说到 2006 年底，中资银行将面临来自外资银行的本外币业务的全面竞争。在股权改革方面，外资参股中资银行总额的上限是 25%，而单个外资投资者参股的上限是 20%。

在国有商业银行改革方面，1993年以前，国有商业银行是作为国家专业银行，在管理上按照事业单位来进行。1993年以后，国家确立了商业银行是特殊的企业的属性和商业化改革的目标，并体现在1995年通过的《国有商业银行法》中。在20世纪70年代末开始的改革开放之前及其初期，国有商业银行的主要客户是国有和集体企业，并且国有企业的资金基本上来自国有商业银行，因而国有企业的不良资产和国有商业银行的不良资产是一个问题的两个方面。国有商业银行的不良资产，除了一小部分是经营管理不善带来的以外，其他绝大部分都是经济转型、结构调整和国有企业转型成本的体现。

国有商业银行的改革从1993年以来大致经过了三个阶段。第一个阶段是1993到1995年，在这个阶段主要加强了经营管理，努力从这个方面减少不良资产，强化贷款责任制，并发行了2700亿的国债对国有商业银行进行注资。第二个阶段是从1999年开始，大量剥离国有商业银行的不良资产并由专门的资产管理公司来处理，共剥离1.4亿不良资产。在这个阶段同时还加强了国有商业银行管理体制的改革，强调三个方面的内容：第一以风险控制为目标，加强内部制度的建设；第二是集中业务管理权限，实行扁平化管理；第三是精简机构和人员，提高银行运作的效率。第三个阶段是2003年用外汇对国有商业银行进行注资，进一步提高资本充足率。

第二次注资的原因是，由于第一次注资资本金补充的渠道不畅，也由于当时对于不良资产分类不当，与现在按照巴塞尔协议和五级分类标准分类不同，分类后资产质量有所下降，因而造成了资本金的不足。而银监会强调2006年年底，当所有业务向外资银行开放后，中资商业银行也必须达到8%的资本充足率，但国有商业银行达不到，所以才进行了第二次注资。

目前所进行的国有商业银行改革分为四个步骤：第一是财务重组，第二是核销呆坏账，第三是注资进行股份制改革，第四是准备公开上市。以中国银行和中国建设银行为例，在财务重组过程中，中国银行核销了资产损失1795亿元，而中国建设银行核销了1075.5亿元。在利用各种资源完成第一、第二步骤之后，两个银行的资本金充足率达到了0，然后国家对两个银行分别注资225亿美元，两个银行还发行了次级债券提高自身的资本金充足率。这次股份制改革的目标是转换经营机制、加强市场约束，满足不断增长的资本充足率需要。在股份制改革的过程中，核心是建立有效的法人治理结构。在这方面，主要做了几方面的工作。第一是明确出资方代表，即汇金公司。第二是完善董事会，汇金派出了包括董事长在内的7名专业董事，还设立了独立董事，注重了董事会的专业水准，并把原有的外部监事会变成了内部监事会。为了促进法人治理结构的完善，还提出了引进战略投资者的任务。引进战略投资者不只是为了引进资金，更主要的是引进管理机制、改进管理水平，因为在完善治理结构方面，人的管理是很重要的，如果引进了战略投资者，改变了董事会的构成，对于完善人力资源的管理是有好处的。股份制改革的另外一项措施是加强风险控制，其中第一就是业务流程的再造。在1993年以前，国有商业银行在建立的时候都是按照行政区域来设立的，而且都是按照准法人行事，因而业务的开发和运行流程都是独立完成的。这就不利于统一管理，必须进行流程再造。第二个方面是进行数据集中，只有总行了解了这些数据之后，才可能掌握全行的运行情况和进行有效的风险控制。第三是加强了内部的集合，加强内部控制，上级下派一级检查，并对金额向上级报告。以前，按照同级稽核管理，但是在中国的官本位为主的制度环境下，同级稽核不能达到预想的效果，而上级对下级的管理将改善稽核效果。第四个方面是加强信息的披露，在健全商业银行的经营管理的过程当中，加强内部约束是第一位的，加强社会监督是第二位的，加强监管是第三位的。

弗尔德斯坦教授接着介绍了改革的成效。仍以中国银行和中国建设银行为例，资本充足率、资产拨备覆盖比例和拨备前利润变化的情况，都达到了要求。今年改革的目标是资产回报率达到0.6%，而世界前100家银行10年的平均资本回报率是1%；股本的回报率目标是达到11%，而世界前100家银行10年的平均资本回报率是12%到14%；不良资产率目标为下降到3%到5%，而世界前100家银行10年的平均资本回报率为2%到3%；中国银行资产拨备率要达到60%，而2004年底已经达到71%，中国建设银行的资产拨备率要到80%，而2004年年底已经达到70%，完成目标是不成问题的。国有商业银行改革的现状和今年的目标与世界前沿水平仍有差距，但是只要有信心循序渐进地提高和进步，充分认识到改革中的问题，这些困难都是可以逐步解决的。

货币政策的传递

阿尼尔·卡什亚普（Anil Kashyap）

利率对于产出的影响已经有了经典的、被广泛认可的理论解释。预料之外的利率上升导致产出下降，而价格下降在产出下降之后出现。但仅仅知道提高利率会减缓经济增长在很多情况下是没有帮助的。在一个开放的经济中，央行调整利率，会影响货币需求，因而接下来要讨论的是利率变化对汇率的影响，以及单独的汇率变化对经济的影响。另一个需要讨论的问题是利率变化对于可获得的信贷额度的影响，即对借款者或者家庭的影响，更具体的是利率变化对于银行及其客户行为的影响。要回答这些问题，需要了解的是货币政策的传导机制是什么，是怎样发生作用的，通过怎样的渠道影响经济。如果改变了隔夜拆借利率，由于价格黏性，真实利率也发生改变；短期名义利率发生变化，短期真实利率也将发生变化。而在所有的模型中，都没有对真实利率的变化和真实利率对经济行为的影响作出完整的描述。例如，绝大多数教科书都没有指出隔夜拆借利率是很重要的经济变量。而且，如果相信这是现实中货币政策作用的渠道，那么需要考察隔夜拆借利率对于耐用消费品、投资及其他货币需求的影响。在中国，这是一个需要进一步讨论的话题，即隔夜拆借利率是不是货币政策发生作用的主要渠道。从经验上看，如果进行计量回归，会发现短期名义变量将会比长期真实变量对于预测各种经济变量更有效。经验数据也表明，在美国，这是货币政策发生作用的主要渠道，而且没有人会怀疑在小型开放性经济中，这个作用机制也同样适用。

实际上，如果提高利率，汇率会向着与理论预测相反的方向变化。这是因为如果提高利率导致国内经济衰退，进口急剧下降，而出口没有太多变化，结果就是净出口增加，从而使汇率向着不利于出口的方向变化。这可以很容易地解释，但是就政策实施来说，这就是不容易控制的不确定性，即在利率变化的前提下，很难预测经济变量的变化。英国中央银行就是一个很好的例子,在他们所作的预测中,对于很多的变量都假设为不变,例如汇率就假设为不变。这些都是考察汇率变化和货币政策遇到的挑战。

当把一个宏观经济视为只有货币和债券时,货币及其利率是大家所关心的变量,也是央行可以影响的变量。而其他的所有金融资产都归为债券,并且假设所有的资产的回报率都是相同的。但是这里有很多可以扩展的方向,任何一种扩展都使得模型偏离两种资产的模式,并且更加复杂。一个例子是,如果考虑资金的时间价值,已有的文献中有一种"资产平衡表"理论,其中借款者的净资产价值是问题的中心。如果假设借款者有未来现金流,现在破产将导致未来现金流的可获得性受到损失,那么现在利率变化就不仅有单方面的影响。这方面以及其他可能带来的影响都有可能与货币政策的初衷相反,这时衡量各种作用的大小就变得非常关键。这也就是考察货币政策的另一个挑战。

中国 1980 年到 2004 年的利率政策

李稻葵

李稻葵教授首先指出研究中国利率政策的动机有三个:第一,利率是中国少数几个还未自由化、市场化的价格之一;第二,为什么利率迟迟不能市场化;第三,中国利率政策变化的决定性因素是什么,即利率调整的中国模式。进一步具体化的研究工作是:第一,描述和整理过去 25 年来的利率改革;第二,提出六个关于中国利率政策决策的假说;最后,通过实证检验来找出一个简单的关于利率政策变化的解释。

回顾中国利率的历史水平,李教授的研究主要考察了真实储蓄利率和真实贷款利率。对比这两种利率,可以发现,有一些年份,储蓄利率甚至高于贷款利率,并且两者之间的利差很小,在 20 世纪 90 年代初期,这种差距接近于零。进一步地,利率的变化大致可以分为三个阶段:第一个阶段是 1980 年至 1985 年,这段时期中央银行建成,利率开始成为政策工具变量,在此之前只有一家商业银行和中央银行合二为一的银行,叫做中央计划体制下的单一银行。在第二个阶段是从 1986 年至 1996 年,利率开始了频繁的调整,这段时期有着相对较高的利率水平。第三个阶段是从 1996 年到 2003 年,名义利率开始逐步下调,这时宏观经济经历着低通货膨胀甚至是通货紧缩。

在第一个阶段,这时的企业大多数是国有企业,这些企业必须向政府缴纳税收和所有的利润,同时企业也依赖政府分配的资金来进行投资,而这种资金也是没有成本的。利率在这段时间不是政策工具变量,家庭储蓄率在这段时间也是非常低的。政府逐步提高名义利率,以此来强调这一变量的重要性,同时逐步完善利率结构,初期利率只有 1 年期和 5 年期的,而现在利率有了 1 年期、3 年期、5 年期和 10 年期。在第二个阶段,可以观察到相对波动的利率水平。10 年间出现了两次利率水平的顶峰,一次是 1989 年,1 年期利率水平为 11%,另一次是 1993 年,1 年期利率水平为 10.9%,而最低的是 1991 年的 7.56%,但其实其绝对水平也较高。在这一时期,关于利率政策的利益集团也开始形成。有三个可以确认的利益集团:储蓄者、国有企业及国有商业银行。这段时期还实施了多项利率改革,最有意思的是建立了全国银行间拆借市场。银行间拆借市场的利率从 1996 年开始市场化，而且国债利率也开始以拍卖的形式定价。第三阶段利率水平持续下降，1 年期储蓄利率从 11%下降到 2%，而通货紧缩成为宏观经济的特点。1996 年开始经济软着陆，国有企业的经营出现了很大的困难，这时帮助国有企业成为了政府的主要政策目标。在金融部门改革方面，政府滥用了当时很重要的贷款额度。1998 年之前，政府将贷款额度计划分配给每个省市、每个支行，无论一个银行能吸引多少存款，只能在贷款额度之内放出贷款。这是一种宏观调控的措施，以控制过热的宏观经济形势。政府还加强了对贷款利率浮动的干预，银行贷款利率在央行规定基准利率的 0.9 倍至 1.7 倍间浮动，而对中国农业银行来说，这个上限是 2 倍的基准利率。这也就是逐步的贷款利率自由化。

这里有六个关于利率政策决定性因素的。第一种假说是中央银行希望降低利率来保护国有企业，国有企业是商业银行最大的客户，并且在国企改革之后，国有企业几乎完全依赖商业银行的信贷，成为其投资融资的不可替代的渠道。第二种假说是利率代表政府的借款成本，中国政府通过借贷来支持改革，这是转型经济的特征，政府在金融市场上通过各种渠道融资来补充税收相对于支出的不足。第三种假说是利率政策是为帮助国有商业银行。国有商业银行在判断贷款项目的质量方面能力非常有限，因此提高利率对国有商业银行的帮助并不大。但是提高储蓄利率将必定会伤害商业银行的利益。其余三个假说在论文中有详细描述，而对于这些假说的实证检验，现在还在进行中，暂不详细介绍。

银行存贷利差的比较经济分析

李波

首先，李波列举了 1988—1995 年部分国家和地区主要银行平均净利差，通过将国家按地域分组，发现平均净利差最高的是拉丁美洲国家，达到了 6.2，亚洲和非洲国家多半处于 3 左右的水平。另外，如果将这些国家分为发达国家和转型国家，转型国家的平均净利差（6.4）明显大于发达国家（2.7）。目前，中国的这一指标为 2.1。

李波认为，影响银行存贷利差的因素包括银行的管理经营状况、银行运营的制度环境、金融压制状况及其他因素。银行的管理经营状况一般通过不良贷款率、非资产业务（中间业务）收入比例及运营成本率等指标来反映。而对于银行运营的制度环境，度量的系统则更为复杂，Demirguc-Kunt, Laeven 和 Levine（2003）使用的指标包括产权保护指数、综合制度指数和经济自由度指数；而 Demirguc-Kunt 和 Huizinga 则使用合同执行情况、法律和秩序指数、政府腐败程度等指标来度量某个国家的制度环境。金融压制方面，麦金农（McKinnon）1973 年、1993 年的文章和肖（Shaw）在 1973 年发表的文章都非常有影响。关于影响银行存贷利差的其他因素，Demirguc-Kunt, Laeven 和 Levine（2003）使用了银行资产的流动性、通货膨胀率、银行的国有化程度、股票市场交易量等指标。他们同时也使用了银行业集中程度、政府对银行业的监管措施（准入、业务范围、准备金）这两个指标作为解释变量，但回归结果显示，它们并不显著。而 Demirguc-Kunt 和 Huizinga（1999）

则使用了公司（银行）收入税率、储蓄保险制度、股票市场总市值相对于该国银行业总资产的比例、人均国内生产总值的水平和经济增长率等指标，其中人均国内生产总值的水平和经济增长率等两项指标不显著。

李波就中国和发达国家银行的管理和经营状况进行了比较。关于不良贷款率，2003年花旗银行的不良贷款率为2.0%，美洲银行为0.8%，汇丰银行为2.8%，瑞士银行为2.2%，而中国银行为16.3%，中国建设银行为9.1%，中国工商银行更是达到了21.2%。这个数据还不包括转移给四家资产管理公司的不良贷款。

关于非资产业务（中间业务）收入比例，花旗银行2003年的比例为48.3%，美洲银行为43.3%，汇丰银行为37.6%，瑞士银行为64.1%。相比之下，中国银行的比例为23.4%，中国建设银行为10.8%，中国工商银行为8.3%，远远低于发达国家银行的水平。

关于运营成本率，花旗银行2003年的数据是3.1%，美洲银行为2.7%，汇丰银行为2.2%，瑞士银行为1.8%。中国银行业的运营成本率相比较低，中国银行为0.9%，中国建设银行为1.1%，中国工商银行为1.0%。如果以国家区分来看，美国2003年的数据为3.8%，2002年为4.0%，2001年为4.1%。而中国2003年为1.0%，2002年为1.1%，2001年为1.2%。但这个数据可能有偏差，原因在于对中国银行运营成本的统计口径不全。

关于银行的运营制度环境，李波列举了若干国家的经济自由度指数和产权保护指数。其中经济自由度指数包含对产权保护、政府对经济的干预、监管体系的透明度、执法的能力和效果等方面的评价。根据美国遗产基金会（Heritage Foundation）2004年的最新排名，在全球155个国家和地区中，中国的经济自由度排在第128位，属于经济自由度最低的国家之一。

关于影响银行存贷利差的其他因素，李波比较了2003年中美两国银行直接融资和间接融资的比例：2003年美国股市总交易量17.3万亿美元，股市总市值相对于银行业总资产的比例为195%；而中国股市总交易为3.3万亿人民币，股市总市值相对于银行业总资产的比例仅为15%。

在此基础上，李波估算了中国应有的存贷利差。估算主要基于制度环境和运营成本这两个主要因素。按照Demirguc-Kunt等（2003）的研究，经济自由度指数每降低一个标准方差（0.54），银行净利差提高1.1%；运营成本率每提高1%，假设银行净利差也提高1%。而现实的数据是，2003年经济自由度指数，美国为4.14，中国为2.46；主要银行加权平均运营成本率，美国为3.8%，中国至少1%；主要银行加权平均净利差，美国为3.7%，中国为1.9%。假设两国其他方面都一样，再假设1995至2003年间两国银行净利差的决定因素没有发生结构性的变化，那么2003年中国主要银行的加权平均净利差应该至少为4.3%。按类似的方法，2004年经济自由度指数，美国为4.15，中国为2.36，主要银行加权平均运营成本率，假设美国仍为3.8%，中国至少仍为1%；主要银行加权平均净利差，假设美国仍为3.7%，则中国至少为4.5%，则按照不良贷款率分别为5%、10%和15%估计，毛利差至少应分别为4.7、5.0和5.3。但中国实际毛利差为3.20。

通过将估计的结果和实际数据进行对比，李波认为，银行存贷利差过低是导致中国不良贷款形成的重要原因，结果是国家买单不可避免。这种现象归根到底是"重工业，轻金融"和"重物质生产，轻金融"的思维方式的结果。制度改革是解决问题的根本办法，但制度改革是一条很长的路，不可能一蹴而就，在制度到位前，必须有合理的（较高的）存贷利差。

最后，李波还讨论了存贷款利差和经济周期与金融危机的关系。观察存贷净利差，应该观察一个长周期中的变化和平均水平。经济衰退或金融危机的严重程度往往取决于银行在经济景气时是否有足够的积累（坏账准备）。不同的国家有两种不同做法：美国等传统发达国家在经济景气时保持较大的存贷净利差，以备经济衰退或金融危机时渡过难关；而韩国等新兴工业化国家通过衰退或危机后的很高的存贷净利差来弥补衰退或危机期间的损失。第二种方法的成本是很高的，原因有三：第一，大量的银行在经济衰退或金融危机时倒闭，使经济衰退或金融危机进一步恶化；第二，政府被迫救助，增加政府的财政赤字或通货膨胀的危险，妨碍经济的正常复苏，同时增加银行业的道德风险；第三，衰退或危机后的很高的存贷净利差往往对经济的复苏产生抑制作用，增加经济复苏的难度。

有说法认为，"中国四大国有银行近两年的年利润有好几百亿，似乎利差过高"。这是不全面的：第一，四大国有银行还没有按照国际标准和审慎原则进行不良贷款拨备和补充资本金；第二，现在是经济很景气的时候，应该观察一个长周期中的变化和平均水平。

利用税收手段资助低工资工人

杰弗里·利布曼（Jeffrey Liebman）

许多国家最近开始使用税收资助低工资的工人。美国始于1975年，并在1986年、1990年和1993等年度推广。芬兰在1996年、英国在1999年、荷兰在2001年、爱尔兰在2001年、比利时在2002年等也相继开始采取这一政策。

资助低工资个人的两个动机分别是缓解收入不平等的增加和缓解传统福利计划的不利影响。收入转移计划分为两种：福利计划和社会保险计划。美国的福利计划包括对有子女家庭补助计划（aid to families with dependent children，AFDC）、食品券计划（food stamps）、补充保障计划和住房补贴等。这几种计划的收益递减率（随着收入增加，获得的福利减少的比例）分别为100%、30%、50%和30%。总的来说，20世纪80年代中期，美国福利系统的工作激励是很弱的。例如，一个原来没有工作的人参加工作之后，虽然获得10000美元的工资，同时也失去了5336美元福利所得，还要交纳765美元税收，消耗3000美元与工作相关的支出，还失去了政府提供的健康保险。这样，他的可支配收入从不参加工作时的7798美元仅仅上升到8697美元，如果每小时的毛工资率为6.67美金的话，那么考虑到福利所得的损失之后，他的净工资率仅为每小时0.60美元。

收入所得税抵免（earned income tax credit，以下简称EITC）是一种具有工作激励效应的福利计划，在工资收入较低时，例如低于10000美元，福利收入以一定比例随着工资上升而上升，例如40%，而当工资收入大于一定程度时，例如13100美元，福利收入随着工资收入的上升以一定的比例下降，例如21%，这样有利于激励人们参加工作。继续上面的例子，此人如果接受 EITC，则在获得 10000 美元工资之后，实际可支配收入为 12353 美元，净工资率相当于每小时 3.04 美元。

利布曼教授指出，EITC 的两个关键特点是：首先，具有特殊的预算约束。如果不工作，则获得不了任何福利补贴，福利补贴的数额具有上限，达到这一上限之前，补贴额随着工资上升，达到这一上限之后，补贴额随着工资上升而下降。其次，EITC 是通过税收系统来管理的，因此管理成本较低，覆盖率较高，但是滥用的问题比较严重。

利布曼教授比较了传统的福利系统和 EITC。关于管理成本占总福利总支出的比例，传统福利体系为 16%，EITC 为 3%；关于覆盖率（符合条件的纳税者获得的福利收入占总福利支出的比例），传统福利体系为 75%，EITC 为 80%；关于滥用比例（过度支出的金额占总福利支出的比例），传统福利体系为 6%，EITC 为 32%。

全球经常账户持续不平衡和调整

理查德·克拉里达（Richard Clarida）

每年美国经常账户赤字达到 6000 亿美元的规模，这些赤字来源于为了填补美国国内投资和储蓄之间的巨大鸿沟而流入的净资本。尽管从历史上看，美国的投资处于低水平，但是另一方面，美国的国内储蓄处于更低水平，即使以美国的标准来看也是这样。这是由于家庭储蓄的水平较低以及大规模（但并非是前所未有的）的预算赤字。

克拉里达教授讨论了这种经常账户赤字的持续性和调整策略。他认为，国外持有的美国债权是以美元的形式，而美国持有的国外债权是以外币的形式。因此，美元的贬值相对提高了美国人持有的国外债权的价值，这是国家间调整经常账户赤字的一种重要途径。在效果上，由于一部分外国愿意借给美国美元债券，这样在其他条件（包括其他资产的价格）不变的情况下，美元的贬值就导致了外国的财富向美国的转移。Goueinchas 和 Rey 的实证研究表明，这种国际调整是传统调整途径的重要补充。

应当指出的是，虽然这种转移效应提高了美国资产相对于债务的价值，使美国受益；但同时造成了另一种结果，即贸易条件的恶化。因为美元的贬值降低了美元收入的购买力，提高了美国产品进口的投入品的价格。另外，就像 Obstfeld 和 Rogoff 强调的，经常账户的可持续性要求资源从不可贸易产品部门转向可贸易产品部门。

2003 年的数据阐明了美元贬值带来的持续性效应。2003 年初，美国的国外资产总额为 6.6 万亿美元，总外债为 9.2 万亿美元，因此净外债为 2.6 万亿美元。这一年当中，美国的经常账户赤字为 5300 亿美元，如果不考虑任何资产价格和汇率的变化，结果将是约 3.1 万亿美元的外债。实际上，这一年中，资产价格是稳定的，并且对于净外债规模影响很小。相反，汇率的变化带来了显著的效果。当年美元的贬值使得在国外的美国资产升值了 3980 亿美元。到 2003 年年底，美国的净外债为 2.7 万亿美元，仅仅比年初增加了 1000 亿美元，而不是上面说到的经常账户赤字 5300 亿美元。

克拉里达教授指出，研究经常账户不均衡及其调整要考虑的另一因素是，长期以来的证据表明，美国投资者在国外投资回报率和国外投资者在美国投资回报率显著不同。即使美国连续多年扮演世界上最大的净债务国，正如 2003 年年底它有 2.7 万亿美元的净外债，美国仍然能够保证，其从国外资产中获得的回报超过它为外债付出的，尽管其（毛）外债超过其国外资产大约 3 万亿美元。拿 2004 年来说，美国在国外的资产获得的收益为 3680 亿美元，而外国在美国的资产获得的收益为 3440 亿美元。美国是怎样在拥有如此大规模外债的情况下仍然保持国际投资收入盈余的呢？通过在资产组合上的差别可以解释。例如，近年来，美国在国外资本的 60% 为国外资产净值和国外直接投资，相反，外国持有的美国资本只有 40% 为美国资产净值和直接投资。然而，仅仅用资产组合的差别来解释美国的国际投资收益盈余是不充分的，事实上，这种盈余主要是由美国的对别国的 FDI 的收益高于别国对美国的 FDI 收益造成的。

克拉里达教授讨论的另一个问题是所谓的"格林斯潘之谜"（Greenspan's conundrum）和美国的经常项目赤字之间的关系。他提到，几星期前，格林斯潘指出当时尽管已经有快速增长，但债券收益仍是低水平的，这和联邦储备率自 6 月份以来的增加，构成了一个"谜题"。不出所料，这一发言引发了债券价格的调整和收益的增加，当美联储明确联邦储备率将进一步提高时，债券收益也进一步增加。克拉里达教授认为，对于联邦储备和月度通货膨胀的关注模糊了对"格林斯潘之谜"真正的解释。美国在未来 10 年投资于零风险政府债券的预期收益率为 1.70%，而过去 8 年的平均为 3.1%，即使在美国经济处于衰退的 2001 年的 10 个月，依然有 2.86%。货币经济学和实际经验表明，美联储控制长期平均利率的能力极为有限，长期平均真实利率是由世界资本市场决定的。

所以，问题真正的答案是，现在处于"后泡沫时代"，全球的储蓄总额大于总的投资机会。在 90 年代末的泡沫中，情况恰恰相反——全球投资飙升，大大超过储蓄的增长，抬高了真实利率（达到顶峰的时候，2000 年 3 月为 4%）。克拉里达教授认为，这种储蓄和投资的失衡是现在的难题的真正原因。

当储蓄规模超过投资时，不仅真实利率会下降，而且必然有些国家出现经常账户赤字来吸收储蓄，由于美元在国际金融中的地位，以及美国的货币政策成功地保持了低水平和稳定的通货膨胀，美国资本市场吸收了大量的全球过剩储蓄。如果美国的经常账户赤字在一夜之间减少一半，那样只会使得全球储蓄和投资的不均衡更加恶化，更大的经常账户赤字将出现在其他地区，全球经济增长将出现紧缩。因此，"格林斯潘之谜"和美国的经常账户赤字是一个硬币的两面。

基层民主和农民应对健康问题的能力

姚洋

大的疾病是使农民掉进贫困陷阱的主要因素，但这方面的系统研究还很少。一些学者提出，在乡村治理中，通过增加支援贫困的公共投资对缓和健康冲击的负面影响可以起到一定的作用。利用一个从 1987 年到 2002 年包括中国 8 个省、1354 个农户的面板数据，姚洋教授等人考察了健康冲击在冲击发生后的不同年份的动态作用,以及乡村选举通过什么机制缓和健康冲击的负面影响。

该理论模型假设有两类人,即穷人和富人。具体的定义是富人不需要通过借贷来支付医疗费,而穷人需要通过借贷支付医疗费,并且穷人借贷的唯一来源就是他们的富裕的亲戚。该模型还包括以下一些其他假设。每个人都有一个初始的财富存量和健康冲击,人们无限期地生存下去。每个人最多只受到一次健康冲击,冲击在每期期初按照伯努里分布发生。每期的收入用来进行消费、储蓄和资产投资。疾病治疗是即刻进行的。

在这些假设下,理论分析得到有关资产积累和收入的四个命题。命题1:受到健康冲击的人的收入能力与他的正常情况相比呈现U型轨线。命题2:初始财富存量较多的人的U型相对收入轨线比较平缓。一个人越富有则他的借贷越少,从而可以在有回报的资产上进行更多投资。命题3:居住在有选举的乡村的受到健康冲击的人会比居住在没有选举的乡村的人借贷少。穷人向富人借钱对富人是一种损害,因为富人借出去的钱是没有利息回报的。但乡村选举增加了地方官员的责任,引导他们去赞助穷人,具体可以通过直接的补贴、医疗规划等措施使穷人减少借贷。命题4:居住在有选举的乡村的受到健康冲击的人的相对收入轨线比居住在没有选举的乡村的人的相对收入轨线要平缓。

国民定点调查提供了1354个农户在1987—2002年间的面板数据,随后在2003年春天的调查中,取得了家庭成员健康史和乡村治理的信息。研究中将大的健康冲击定义为需要住院且支出超过5000元的疾病。计量分析的结果显示一次大的健康冲击对家庭人均收入有强烈且持久的负面影响。在健康冲击发生后的头12年,平均意义上一个受到健康冲击的家庭比它正常的收入轨线下降13.2%,并且根据模型的预测,这种负面影响会持续24年。另外健康冲击对初始财富存量较少的贫穷家庭有较大的影响。研究还发现乡村选举能提高受到健康冲击的家庭的收入轨线,使之更接近于它的正常水平,并且可以减少借贷的数量和时间长度。

腐败——印度尼西亚的经验事实

本杰明·奥尔肯(Benjamin Olken)

腐败被认为是发展的严重障碍,会带来潜在的严重效率损失。奥尔肯在这里主要关注一种特定类型的腐败——贪污、盗窃政府资金。此外还有很多其他类型的腐败存在,如贿赂、逃税等。许多关于贪污的问题还没有得到很好的解答,比如贪污的规模有多大,贪污的成本是什么,以及设计怎样的机制去减少它。

贪污的规模有多大?衡量策略是比较同一数量的两种度量,一种是腐败发生之前的度量,一种是腐败发生之后的度量。例如,用衡量策略估计印度尼西亚的乡村公路建设中贪污的规模,可以从乡村政府那里获得公路建设最终支出的报告,同时还可以通过独立调查来估计公路建设成本。独立调查包括通过抽样来衡量建筑材料使用量、调查附近村庄的供给者获取建筑材料的价格以及通过走访村民了解支付的工资和义务劳动份额。甚至还可以建设几条无腐败的实验公路以衡量修路过程中的损失。研究结果显示有 25%的资本去向不明。其他的例子有乌干达的教育拨款和印度尼西亚的大米补贴。通过比较地区分配方案和对校长的调查，发现乌干达 80%的教育拨款没有到达学校；而通过比较分配到地区的大米数量和对农户的调查，发现印度尼西亚至少 18%的大米没有进入家庭。

为什么关注贪污？贪污的直接损失是政府资金转移到了腐败的官员手里，既会产生收入再分配的效果，也会产生效率损失。效率损失表现在项目被扭曲为用来盗窃政府资金，有时候损失大到使一些项目不值得去做。例如，在印度尼西亚的公路建设中，通过在底层偷工减料来盗窃资金，因为这样很难被发现，但公路坏得很快。

怎样减少贪污腐败？根据奥尔肯在印度尼西亚的工作，他认为可以运用不同类型的监督来减少贪污腐败。印度尼西亚公路建设的随机实验考察了两种类型的监督：①自上而下的监督。通过政府审计员进行审计，这是标准的做法，但如果审计员也腐败的话效果就不明显。解决这一问题可以将审计概率从 4%提高到 100%。②基层民众的监督。村民掌握的信息比较多，但却存在严重的搭便车问题。要解决这一问题，可以邀请上百位村民组成"责任委员会"，进行匿名评议，以保护检举者。实施审计的结果是将面临审计的村庄的贪污降低了大约 8%,基层民众监督的作用主要是把隐性腐败地区的工资支付变成了购买建筑材料。其他减少贪污腐败的措施有提高政府官员的工资、增加透明度以利于地方监督以及暂时的腐败惩罚等。

间接贸易和关税逃避

魏尚进

间接贸易在世界商业活动中是很突出的，有三十多个国家或地区进行相当数量的间接贸易，这些国家或地区包括中国香港地区、中国澳门地区、塞浦路斯、塞内加尔和新加坡等。

为什么会有间接贸易呢？有观点认为中间人在使买方和卖方匹配上具有比较优势，这种比较优势体现在更好的信息、更好的合约执行以及交通成本的节省。魏尚进教授提出了另一种解释，他认为逃税关税是间接贸易的一个很重要的动机。香港地区的情况就可以反映这一点。

假设只有通过间接贸易才能逃避关税，贸易者是风险中性的。简单的理论模型预测间接贸易比率和关税之间存在线性关系。利用中国 29 个主要进口伙伴国人 1996 年到 2001 年对中国的出口数据，以间接出口比例为因变量进行回归发现，当平均关税水平从 0 提高到 19%,会导致间接出口比例提高 4.7%—5.5%,同时关税规避大约能解释 1/5—1/4 的间接贸易。

但仅仅通过简单的计量模型计算不能排除以下问题存在的可能。①在其他的模型设定下结果还成立吗？②会不会存在非线性关系的可能？③这是否只是一种巧合，即关税可能刚好在某些特定产品上比较高？④是否可以说这是非法的逃避关税而不是合法的？⑤该结论对香港地区来说是否会比对新加坡来说更成立？

魏教授通过扩展简单计量模型，对上面的问题进行更有说服力的检验，发现关税逃避的确是间接贸易的一个重要动机。他认为未来的研究可以考察不同的出口者是否使用不同的逃税方法。

中国城市中外地工人劳动力市场分割情况

赵耀辉

从2000年的人口普查可以看出劳动力迁移是相当普遍的现象。很多情况下，外地工人相对于本地工人往往从事更危险、更繁重的劳动。对这种劳动力市场的分割情况有多种解释。一种解释是外地工人往往受到公共政策和本地人的歧视，尤其是地方政府会限制外地工人可以从事的职位、行业。比如，北京市从1995年开始实行的《北京市外地来京务工经商人员管理条例》就规定了由市劳动局每年公布外地工人可以和不可以从事的职位及行业。在2000年，有103个职业和8个行业是限制外地工人从事的，其中涉及的职业包括专业技术人员、办事人员，以及商业、服务业人员中的购销人员、饭店（宾馆）服务人员、导游等，涉及的行业有金融、保险、邮政、房地产、广告、信息咨询服务、计算机应用服务和旅行社等。另一种解释注意到外地工人与本地工人在人力资本上存在差异，而这些差异使得本地工人和外地工人从事不同的职位和行业。这里着重讨论如何度量在工作准入上的分割，地区间工作分割的差异，以及这种现实的分割对农村劳动力的外迁有何影响。

基于2000年人口普查的0.98‰抽样数据，赵教授首先构造了一个指标来量化各个省的本地工人与外地工人在劳动力市场上的分割程度。具体做法是首先估计各省本地工人和外地工人的行业选择模型，其中控制变量包括教育、经验、迁出省份、性别、婚姻状态、民族、户口类别等。然后根据上述回归估计的参数来此估计各省本地工人和外地工人选择某个行业的概率。最后计算相同特征下本地工人与外地工人选择同一个行业的概率差的平均。因为这个指标度量了从某个省到另一个省的外地工人和本地工人从事相同行业概率的差别，从而反映了这个行业的分割程度。以全国的行业分布和迁出地分布做权重，并且将其按省取加权平均，就得到各个省的行业分割程度。类似地，可以得到分行业和分迁出地的行业分割程度。

从结果上看，外地工人劳动力市场分割程度最高的前五个省区是江西、安徽、甘肃、青海和陕西，最低的五个省区是河北、浙江、辽宁、北京和内蒙古。对这一个结果的初步的解释是在本地工人更难找到工作的地区、国有部门就业比重大的地区分割程度大，而移入工人多的地区分割程度小。对这些假说还需要进一步的检验。而对于研究这种劳动力市场的分割对农村劳动力的外迁有何影响，赵教授倾向于将此指标加入农村劳动力迁移的选择方程进行回归分析。

衡量移民对劳动力市场的影响

乔治·鲍哈斯（George Borjas）

鲍哈斯教授指出，近数十年来，大规模的国际移民再次出现。在 2000 年，大约有 1.75 亿人，即约全球 3%的人口，所居住的国家与其出生的国家不同。德国有 9%的人口是在国外出生的，这个数字在法国和瑞典是 11%，美国是 12%，加拿大是 19%，新西兰是 23%，瑞士是 25%。这些数据都表明了国际移民潮汹涌的程度。

随之而来的问题是移民会改变本地工人的就业条件吗？萨缪尔森在其 1964 年版的《经济学》中称："一战后制定了严格的限制性法律，使得允许移入的人数甚微。通过减少劳动供给，这种移民政策抬高了工资。"

研究这个问题的常规方法是空间相关法（spatial correlation approach）。该方法假设存在一些封闭的劳动力市场，移民随机地迁入其中。如果观察到某个市场工资的变化和迁入其中者的数量，那么这个相关关系就是移民对工资的因果性影响。基于这个方法的大多数研究是分析移民在地域上的聚集情况并度量移民地区当地人的就业机会。典型的做法是将各个城市的工资和移民迁入的某种度量联系在一起。如果移民是"坏的"，那么在有移民迁入城市的人会比没有移民迁入城市的人生活得要差一些。国家科学院的结论是："实证证据表明，移民对当地竞争性工人的工资影响甚微。"但是事实上移民往往聚集在少数地域，而不是随机分布于各地。比如在美国，69.2%的移民居住在加利福尼亚、纽约、德克萨斯、佛罗里达、伊利诺伊和新泽西六个州；同时这些州只有 33.7%本地出生的人仍居住在本州，没有迁往别处。这些事实与模型的假设并不符合。

也就是说，这种方法的问题是，移民并非随机分布。如果移民聚集在本身经济繁荣的城市，那么在移民和当地的就业条件之间就会有正的相关性，但这也是虚假的相关关系。同时，在移民面前，当地人或许会将他们的劳动和资本移往别处，使经济重新均衡。所以，即便移民使总的工资水平下降了，比较城市间的情况也可能得出移民不影响当地的劳动力市场的结论。

为了避免上述弊病，新的方法将研究的重点转移到考虑全国的工资趋势上。这个方法强调了萨缪尔森的观点：某些特定技能的移民的流入会改变当地的相对工资。

这里使用的数据来自 10 年一度的人口普查中供公众使用的综合微观样本（IPUMS）。回归模型考虑当地工人就业条件与移民比例的关系，同时控制时间、教育和经验及其交叉项。加入交叉项允许教育和经验的效应可以随时间变化，不同教育程度的年龄断面也可以不同。因为移民在受教育程度和年龄上的分布并不平衡，移民流入将对具有不同年龄的工人产生不同的影响，而且这种供给的不平衡在随时间变化而变化。回归结果表明，移民比例对领取薪金的工人及自雇者的劳动所得、工作时间均有负的影响。

总之，实证结果是，全国工资结构的演化支持移民会降低工资的常识，但这并不是说移民会对美国经济造成损害。因为工人的工资损失会使利润增加，并最终降低消费品的价格。另外,移民政策的作用实际上是再分配,即移民使收入从工人转移到雇主,从低技能工人转移到高技能工人,而这种转移是否是合理的仍在争议之中。

中国的医院改革

李玲

李玲教授认为,目前中国卫生系统的情况不能令人满意,事实上,病人、医疗机构和政府对现状均不满意。就病人而言,医疗支出不断上升,人们普遍感到看病贵、看病难,而且质量差。从统计数据上看,医疗支出上升幅度很大,而且这里面个人支付的比例也在不断上升;但政府投入的比例在下降,医疗保险覆盖范围也在缩小。另外,医疗资源分布很不均衡。

造成上述情况的原因是多方面的,既有政府失效,也有市场失效,但其中重要的一点是供给者在诱导需求,也就是说,因为对医生的激励机制不当,医生为了自己的利益在制造需求。医生不仅有动机影响需求,而且有能力通过向病人提供不全面的信息来制造需求。目前的医疗服务收费制度使那些利润高的服务供给过度,而无利可图的服务又供给不足。并且医院沉重的财务压力和扭曲的收费规定又进一步恶化了这种状况。

虽然实证中很难区分病人的合理需求和由医生诱导的需求,但种种证据表明乱开药的情况很严重。例如,平均每个门诊病人的支出中有 54.7%是药费,每个住院病人的支出中有 44.7%是药费。大多数国家药费占卫生支出的比例是从 15%到 40%,而中国是 52%。此外,估计用于阑尾炎和肺炎的支出中有 18%—20%是不必要的,16%的 CT 检查是不必要的。近年来,剖腹产数量大大增加。李玲教授他们使用 1993、1998、2003 年的全国卫生普查数据,发现剖腹产服务的价格在这段时间上涨很快,而且这部分费用由保险支付的比例很高。这是一个明显的例子表明医生有动机、同时有能力诱导病人采取剖腹产手术。

根据目前的情况,李教授的政策建议强调改善现有体制的激励机制,强调公私部门的互补,同时伴以有效的执行和监管。

美国 1960—2000 年医疗保健部门成长

埃米·芬克尔斯坦(Amy Finkelstein)

1960—2000 年间,美国医疗保健部门发生了四个明显的变化:一是医疗支出占 GDP 的份额不断上升。20 世纪 60 年代初,医疗支出约占 GDP 的 5%,到 2002 年已超过 15%。二是医疗保险覆盖范围大大扩大。1960 年,由医疗保险支付的医疗支出不足半数,到 2000 年,80%的医疗支出由保险支付。三是技术进步,尤其是在心血管疾病的治疗上有了长足的进展。四是居民健康状况改善,尤其是中老年人的健康状况。1960 至 2000 年间,65 岁时的预期寿命增加了 3.5 岁。

芬克尔斯坦着重探讨了医疗保险、技术进步和医疗支出之间的关系。在解释医疗费用上升时有两种对立的观点。Feldstein 在 1971 年和 1977 年著文认为是医疗保险提高了医疗支出。另一种观点基于兰德（RAND）健康保险实验的结果，认为医疗保险不是医疗支出增加的主要原因，而技术进步是主要原因。但芬克尔斯坦认为这两种不同的观点并不矛盾。一方面的原因是整个市场范围的医疗保险的变化对医疗费用的影响要比基于个人水平的变化大得多，这就是说医疗保险不仅有局部均衡效果，其一般均衡效果更显著。另一方面是整个市场范围的医疗保险的变化可能会影响医疗领域的技术变化。

实证结果如何呢？医疗保险制度自 1965 年推行后，所有 65 岁以上的老人都有保险；而在此之前，没有任何公共保险，仅有 25%的老人有私人保险。实证结果表明医疗保险制度的施行可以解释 1965—1970 年间医疗费用增长的三分之一。这个结果比兰德健康保险实验的估计要高 4 倍多。同时，1950—1990 年间医疗保险的扩张可以解释至少 40%的真实人均医疗费用增加。此外，实证结果表明，市场范围的医疗保险变化对医疗支出的影响很大程度上是通过它对采用和发展新医疗技术的影响实现的，也就是说，医学的技术进步受到对医学技术进步需求强度的影响。

美国养老金收益担保公司的经验

杰弗里·布朗（Jeffrey Brown）

美国的养老金系统分为公共部分和私人部分。公共部分即社会保障，它普遍覆盖了美国的雇员。公共养老金系统的收益是固定的，而且是没有基金的现收现付系统。目前它大约有 11 万亿美元没有基金的负债，到 2017 年，目前 12.4%的工资税水平将无法支付其承诺的养老金。私人养老金系统由雇主资助，覆盖了私人部门大约 50%的工人。它享有税收优惠。在过去的 25 年中，私人养老金系统逐步地由固定收益制转向固定交费制。

1974 年，为了保障固定收益的养老金计划，国会成立了养老金收益担保公司（Pension Benefit Guaranty Corp，以下简称 PBGC），它是联邦政府所有的独资机构。如果私人部门中的固定收益养老金计划无法兑现，PBGC 将保证兑付承诺的固定收益。其担保的对象不包括固定交费养老金计划，也不包括联邦、州和地方政府的养老金计划。目前，养老金收益担保公司为 31000 个养老金计划中的 4400 万雇员提供保险，涉及大约 15000 亿美元的养老金支付。其强制要求那些采取固定收益养老金计划的厂商，也就是因此享受税收优惠的厂商参加该计划。这些厂商必须预先提供基金，并根据参加计划的人数和基金中的不足数额向 PBGC 缴费，缴费水平为每个工人 19 美元，基金中不足的数额每 1000 美元交 9 美元。如果厂商满足相应的要求，参加其养老金计划的雇员的养老金支付将得到保障。

但近期固定收益养老金计划的财务状况不妙。低利率增加了负债的净现值，同时，由于大多数固定收益养老金计划的资产投资于股票市场，证券市场表现平平大大削减了其资产。2005 年 6 月，美国所有固定收益养老金中基金不足的数额达 3540 亿美元。PBGC 的财务情况也不乐观。虽然在现行法律下，PBGC 只承担有限责任，但政治现实却使它暗含了联邦政府的保证。PBGC 目前的收入结构无法偿付其负债。2004 财年结束时，PBGC 有 230 亿美元的亏空，其资产为 400 亿美元，而负债高达 630 亿美元，尤其是最近发生的美国联合航空和全美航空的欠费事件是 PBGC 有史以来第一和第三大损失，使其财务状况岌岌可危。而且这不是一个短期的流动性问题，预计在未来的 10 年中这种情况会进一步恶化。如果只通过增加公司的缴费水平来偿债，那么费用需要增加 5 倍。

造成这种情况是因为 PBGC 有三个主要缺陷：第一是道德风险。财务状况不佳的公司有动机增加不良负债，因为如果失败，成本将转嫁到 PBGC。同时，PBGC 无法根据风险调整缴费水平。例如，尽管美国联合航空的债券评级极低，而且养老金基金中不足数额巨大，它在 1994—2005 年间只交纳了 7500 万美元的费用，而现在 PBGC 需要为其支付 60 多亿美元的养老金。第二是其机制无法保障资金充足。厂商可以与 PBGC 博弈以逃避责任。为了减少负债的净现值，厂商倾向于在计算负债时使用未作风险调整的高利率，而计算缴费时，PBGC 没有系统考虑计划结束时的实际成本，同时资产价值被美化了。例如，根据目前的规则，Bethlehem Steel 的资产是其负债的 84%，而其倒闭时，其资产实仅占负债的 45%。第三是信息不充分。在充分信息的理性模型下，工人的补偿是反映违约不支付可能性的。但是，参加计划的雇员只是在资金不足已很严重时才能获悉。另外，向投资者提供的信息也不充分，使得难以衡量这些资金不足的养老金的真实市场价值。可以看到，在 Bethlehem Steel 倒闭前数年，其养老金财务情况的指标表现仍属差强人意，但这并没有起到预警作用。

为解决以上问题可供选择的政策有：注入纳税人的钱，增加缴费率，根据信用风险制定缴费率，强化资金规则，提高养老金基金上限，提高 PBGC 在厂商破产时得到偿付的优先地位，限制 PBGC 的保障程度，将 PBGC 私有化等。目前更可能采取的措施是：更严格的规则，将追加资金的最低比率由 90% 提高到 100%，更高的缴费率，限制资金不足的计划，承诺增加收益，消除"倒闭"收益，将贴现率向市场利率靠拢等。

中国的财政分权和地方公共品供给

平新乔

在中国的财政分权改革对经济发展的作用上有两种观点。一种观点认为财政分权改革促进了经济发展。另一种观点认为这种改革改变了地方政府的激励机制，因而可能使公共品的供给与当地居民的需求不匹配，并扭曲资源配置。

中国的财政系统有 5 层：中央、省、地区、县和乡镇。通常把中央财政之外的层级称为地方财政。近 20 年来，财政分权是中国经济改革的重要部分。因为 20 世纪 80 年代以来，中央税收收入占总税收的比例不断下降，所以 1994 年进行了新的财政税制改革。新改革的核心内容是分税制：税收分为国家税、地方税和共享税，分别由国家税务局和地方税务局征收。地方政府仍要为当地提供公共品，如教育、卫生、社会保障、基础设施等。因此，相对于其收入而言，地方政府的负担很重。所以，中央政府开始向地方政府转移支付，实行税收分享规则,并允许地方政府有预算外收入。

平教授考虑了 1994 年税制改革对地方政府的作用。实证结果表明,财政分权不仅显著地改变了公共品的供给,而且改变了地方政府预算和预算外支出的构成。随着预算外收入的增加,地方政府大大增加了道路,尤其是高速公路的投入,以吸引外资。同时,人均卫生医疗支出也随之上升。而地方预算支出主要用于教育、城市建设和支持农业上。相对于预算外资金,预算资金对当地的教育需求更敏感。所以,可以认为存在着公共开支的扭曲。同时,实证结果支持地方政府是经济发展的"代表"的假说,而且这种"代表"作用更大程度体现在预算外资金的使用上。最后,财政分权改善了公共品供给对当地居民的公共品需求的敏感程度。

但目前的制度也存在很多问题。一是预算外资金的存在使得政府倾向于扩大其规模,因而,管理费用的增长速度高于经济发展速度。二是预算外支出存在规模收益递减的现象。三是城市化与地方的资本形成和城市建设的预算外支出有负向的关系。

社会保障和退休

戴维·怀斯(David Wise)

在现收现付制的社会保障系统下,很多国家的政府许下了它们无法实现的诺言。过去所做的承诺是不可持续的,原因在于人口老龄化和不断增长的寿命。尽管退休年龄没有变化,人们在相对更年轻的时候退休了。所以,社会保障系统本身导致其与劳动大军的情况相背离。

根据美国、加拿大、日本和欧洲 9 个国家的数据推测,到未来的 2020 年和 2050 年,这些国家 65 岁以上的人口占全部人口的比例会不断增加。同时,1960 年至今,各国 60 到 64 岁人群的劳动参与率的趋势是在不断下降。这导致各国 55 到 65 岁人群的未被利用的生产能力比例很大。其中,最高的比利时有近七成未被使用,最低的日本也有近三成,其他国家均在 40%到 60%之间。

一些关键性的社会保障条款,比如可以退休的年龄和推迟一年退休对收益的影响等,会影响这些即将退休或刚刚退休人群是否参加劳动力市场。通常各国社会保障条款规定的可以退休的年龄从 53 到 62 岁。如果仅仅比较各期收入之和,通常人们认为推迟一年退休收益是增加。但由于没有做精算的调整,实际上经常是负的,德国的情况就是一例。推迟一年退休使退休金减少的现值与收入的净增加之比反映了工作与退休的激励程度。由于人们的预期寿命延长,退休金的现值增加,所以人们更愿意尽早退休享受丰厚的退休金。

实证结果支持社会保障条款对劳动力参与率和社会保障系统的生存能力有重要影响。其中可以退休的年龄是一个非常重要的变量。随着预期寿命的提高,应当提高可以退休的年龄。最后,应当对退休金收益做精算调整,这同样重要,否则就是隐性地向工作征税,鼓励人们尽早退休。

人民币实际汇率的趋势性变动

卢锋

随着中国在世界经济中的地位越来越重要,人民币实际汇率也引起越来越多的研究兴趣。现有的研究主要集中在估计均衡实际汇率以及考察短期内真实实际汇率与均衡实际汇率的偏差上。卢锋教授研究则采取与之不同的角度,他观察到人民币实际汇率在过去的25年中经历了一个趋势性的变化,其研究主要考察是什么因素导致了这样的变化。

人民币实际汇率的趋势性变化表现在,中国与主要贸易伙伴国的双边汇率以及人民币的有效实际汇率在20世纪90年代中期开始止跌回升,1998年以后虽然出现一定程度贬值,但是与改革开放初期十多年间的长期贬值趋势相比,显然发生了趋势性变动。什么原因决定了这一趋势性的变化呢?卢锋教授着重讨论了三个因素。

(1) 中国可贸易品部门劳动生产率的相对增长。按照巴拉萨—萨缪尔森效应,可贸易品部门劳动生产率的相对增长是实际汇率变动的关键决定因素。中国制造业部门的劳动生产率数据显示,从20世纪90年代中期开始,制造业部门的劳动生产率出现增长,相对于美国和13个经合组织国家的平均值的增长率也在提升,并且这一增长从20世纪末至今出现加速趋势。中国劳动生产率与实际汇率的变动趋势与巴拉萨—萨缪尔森效应的理论预测相一致。

(2) 中国国际收支的结构性变化。国际收支的结构性变化决定人民币名义汇率的变动趋势,从而会影响实际汇率的变动。中国国际收支在20世纪90年代呈现双顺差,并且这一顺差在不断增长,这很大程度上取决于加工贸易和国外直接投资的结合。20世纪90年代后期加工贸易在中国总贸易中所占的比重不断提高,而且中国的贸易盈余主要是由加工贸易产生的。从事加工贸易的大部分是外资企业,外资的大量流入导致资本账户盈余。双盈余使中国的外汇储备猛增,支持了人民币名义汇率的上升。

(3) 价格和贸易改革的影响。计划经济时代,许多出口品的价格是被人为压低的,价格自由化改革使出口丧失竞争力。若继续出口,要么需要政府补贴,要么需要名义汇率下降。但与此同时,贸易改革在逐步取消出口补贴。这对国际收支带来极大压力,部分地导致了人民币在20世纪80年代的间歇性贬值。到1992年,90%以上的零售物品和80%以上的生产资料的价格都已经放开,出口补贴在1994年也被取消。结果是人民币持续贬值的压力在20世纪90年代中期不复存在。

如果上面的观点是成立的,卢锋教授认为可以进一步假设人民币实际汇率从长期看已经有了升值趋势。1998—2001年人民币实际汇率贬值是暂时性的,主要受国内宏观经济通货紧缩周期性因素和亚洲金融危机外部冲击的影响。危机过后,那些决定人民币长期变动的因素已经并将继续发生重要作用。存在人民币实际汇率长期上升趋势,不等于说人民币名义汇率短期注定要上升。人民币实际汇率从90年代后期以来逐步面临长期升值的压力,对其进行的分析判断有助于解释近几年中国整体经济运行的若干表现,如人民币汇率的争议、宏观经济过热、出口大幅度增长及贸易摩擦等。

美国保守经济学研究议程的五个问题

肯特·斯梅斯特（Kent Smetters）

1. 美国社会保障改革

美国社会保障的目的是为老年人提供收入，这主要通过提高税收来实现，但高税率会造成效率损失。保守主义者的建议是把社会保障体系私有化。斯梅特斯博士认为这一方案是有意义的，但建立社会保障信托基金无益于解决这一问题。中国可以吸取的教训是：①不要相信信托基金，信托基金不是解决未来问题的好办法；②中国现在处于经济快速增长阶段，社会保障不成问题；但从长期来看，中国迟早会收敛到美国的情形，那时不再有免费的午餐，所以中国现在不应承诺太多。

2. 基本税改革

美国的税率很高，大家不喜欢这么高的税率，希望降低税率。保守主义的建议是增加消费税和商品零售税，但这一建议没有被采纳。斯梅特斯认为中国应该做的是扩大税基、降低税率。

3. 民事侵权法改革

美国的法律分为刑法和民法，而民法又分为合约法和没有合约的民事侵权法。一个企业出售劣质产品，消费者因此受到损害而投诉企业要求赔偿，即属于没有合约的民事侵权范围。这类纠纷的诉讼费用占到 GDP 的 1%到 2%，是一个很大的数目，养活了很多律师。美国人口占世界 4%，而美国的律师占世界的 75%。另外，人们也愿意选择低价而没有保障的产品，这样可以要求赔偿。这对中国的教训是要建立完善的损失赔偿体系，例如上诉的人如果上诉不成功的话要承担另一方的诉讼费。

4. 医疗改革

医疗体系主要为有工作的穷人提供保障。医疗体系的问题要比社会保障体系的问题大很多，但保守主义者却不太关心这一问题。这对中国的教训是预算问题，做出承诺的时候要保证以后能够实现。

5. 中国问题

中国问题实际上包括两个问题，一个是汇率问题，中国强劲的出口使汇率问题显得很突出。另一个是知识产权问题，中国对知识产权的保护还不是很到位，许多在中国进行投资的企业对此有顾虑。中国应该进一步完善法律体制，遵循 WTO 规则，使中国对外资更具吸引力。

中国处理贸易争端的行动

王世春

2004 年，中国的出口量和进口量都位居世界第三，今年头 5 个月中国的进出口总额达到 5220 亿美元，比去年同期增长 23%。2004 年中美两国的双边贸易额达到 1696 亿美元，在过去的 25 中增长了 7 倍。美国现在是中国第二大贸易伙伴国及最大的出口市场，中国也是美国除北美自由贸易区外最大的贸易伙伴国。中国外贸的迅速增长一方面为世界经济作出了贡献，另一方面也带来很多贸易摩擦。从 1979 年到现在，中国已经遇到了上百件贸易摩擦，现在中国是受到反倾销诉讼最多的国家。中美双边贸易迅速增长，同时贸易摩擦也相应在增长，美国最近又对中国纺织品展开了大规模的调查。中国是如何处理贸易摩擦的呢？2003 年，温家宝总理在访美期间提出了处理中美公平贸易和经济合作的五条原则。这五条原则分别是：互利共赢；把发展放在首位，通过扩大经贸合作来化解分歧；发挥双边经贸协调机制作用；平等协商，不动辄设限和制裁；不把经贸问题政治化。这五条原则是与 WTO 的规则相一致的，无论现在和未来都是处理经贸关系时要遵循的基本原则。中国成为 WTO 的成员国意味着中国有权利参与制定解决贸易摩擦的法律法规。中国不仅积极参与多边贸易谈判，还与很多国家通过双边谈判解决贸易摩擦。设立于 1983 年的美中商贸联合委员会（the US-China Joint Commission on Commerce and Trade，JCCT）就是为解决美中两国之间的贸易争端、推动双边贸易发展提供的一个政府之间的高层对话磋商机制。

贸易摩擦的上升是经济全球化的一个重要特点，中国作为世界第三大贸易国也无法避免。在王局长看来，关键是如何看待和如何适当地解决这些摩擦，一个首要的原则是平等交流、平等对待。承认中国的市场经济地位是很重要的问题，因为中国确实已经是市场经济国家，而且已经有 41 个国家承认了中国的市场经济地位，包括新西兰、巴基斯坦和俄罗斯等国家。中国是一个负责任的大国，一直致力于促进公平贸易，愿意通过对话解决贸易摩擦，实现双赢格局。

中国金融部门效率、FDI 和经济增长

沈艳

从 1979 年到 2003 年中国 GDP 经历了平均每年 9.4% 的增长，目前的文献对于金融市场和制度的发展与经济增长正相关的看法基本达成一致，但对于金融发展和经济增长的因果关系还存在争议。改革期间，中国的金融部门积累了 48000 亿元的坏账，相当于 1997 年总的家庭储蓄。有人预测如果不立即实现一个有效的现代银行体系，中国未来的经济增长会慢下来。

如果金融部门对经济增长很重要，一个运作不良的金融部门是如何支撑中国的快速经济增长的呢？沈艳和沈明高博士利用中国 1978—2002 年的数据考察了银行部门、外商直接投资和经济增长的关系。他们认为中国金融部门中有些部门是有效率的，从而满足了真实经济部门的金融需求，他们利用非国有银行贷款作为有效率的金融指标。与金融部门有关的另一因素是外国直接投资（以下简称 FDI），FDI 既提供了资本流，又带来了技术转移和效率溢出。但 FDI 和经济增长本身并不能直接结合在一起，而要通过它们与国内金融部门的发展进行长期互动。

计量分析的数据基本上都来自《中国统计年鉴》，包括 1978—2002 年中国的 GDP、总贷款、国有商业银行贷款、总产出、国有企业产出和 FDI 等数据。通过格兰杰检验发现，实际贷款的增长确实支持 GDP 的增长，反之则不成立。

中国的国有银行因为继承国有企业的政策性负担而缺乏效率，把这一因素控制住，再来进行回归发现，有效率的实际贷款仍然与实际 GDP 的自然对数有稳定的长期关系。

另外中国经济在这期间经历了多次周期性波动，通过允许结构性中断（加入开关变量）回归发现，实际 GDP、实际贷款和实际 FDI 的自然对数之间存在稳定的长期关系，实际 FDI 和实际贷款都对长期经济增长有正的影响。

沈艳博士等的研究发现控制结构性中断对做出合理推断很重要，而更重要的是，他们发现经济增长渴望有效率的资金配置，所以国有银行的效率问题值得重视。

CCER-NBER 第八届年会

经济全球化与货币政策

（2006 年 7 月）

  2006 年 6 月 28 日—7 月 1 日，CCER-NBER 第八届中国与世界经济年会在北京大学中国经济研究中心召开。年会邀请了来自哈佛大学、加州大学圣地亚哥分校、普林斯顿大学、麻省理工学院、芝加哥大学、马里兰大学等高校以及国际货币基金组织等机构的多位国外著名教授，以及北京大学、清华大学、复旦大学、厦门大学等的众多国内学者和专家参加会议。

  本次年会的嘉宾有：哈佛大学马丁·费尔德斯坦（Martin Feldstein）教授、阿尔贝托·阿莱西纳（Alberto Alesina）教授、加州大学圣地亚哥分校戈登·汉森（Gordon Hanson）教授，哥伦比亚大学魏尚进教授、迈克尔·伍德福特（Michael Woodford）教授，麻省理工学院詹姆斯·波特巴（James Poterba），南希·L.罗丝（Nancy L. Rose）教授，芝加哥大学凯西·马利根（Casey Mulligan），马里兰大学马克·达根（Mark Duggan），范德比特大学威廉·柯林斯（William Collins），厄尼·伯恩特（Ernie Berndt），堪萨斯大学金一教授,北京大学林毅夫教授、卢锋教授、沈艳助理教授、武常岐教授、龚强博士、何茵博士，复旦大学陆铭教授，全国社保基金理事会理事长项怀诚先生，中国建设银行董事长郭树清先生，清华大学龚刚博士，厦门大学龚敏博士。

"十一五"规划与中国未来经济发展

林毅夫

2005年10月11日,由胡锦涛总书记提出的《中共中央关于制定国民经济和社会发展第十一个五年规划的建议》(以下简称《建议》)在党的十六届五中全会上通过。在该《建议》的基础上,国务院起草了"十一五"规划,并在2006年3月14日由十届人大四次会议审议通过。《建议》和"十一五"规划都体现了胡锦涛总书记和温家宝总理对中国未来发展的思路和政策框架。林毅夫教授在报告里主要讨论了四个方面的内容:胡温领导下的经济表现,"十一五"规划面临的挑战,科学发展观和"十一五"规划,以及结论。

1. 中国经济的表现

从1998年开始,中国开始了通货紧缩。1998—2002年,中国经济经历了一段相对疲软的阶段。2003年3月,胡锦涛和温家宝执政。执政后,胡温立即遇到"非典"的挑战。然而,2003年中国走出了通货紧缩的阴影。消费者价格指数在经历了1998—2002年的持续下降之后,终于在2003年开始上扬,经济开始走出通货紧缩的阴影。在胡锦涛和温家宝的领导下,中国经济增长和对外贸易表现出良好增长势头。2003、2004、2005三年中,GDP增长率分别达到10.0%、10.1%和9.9%;贸易增长率分别为37.4%、35.7%和23.2%。如此高的增长率在世界经济发展史上并不多见。

2. "十一五"规划时期面临的主要挑战

近三年来,中国经济虽然发展势头良好,但"十一五"规划依然面临着巨大的挑战。
一是过剩的生产能力。2003、2004、2005年中国经济走出通货紧缩的主要原因是连续三年的投资过热。2003年投资增长率为27.7%,2004年投资增长率为25.8%,2005年投资增长率为25.7%,可见这三年投资增长都维持在很高的水平。投资过热导致原材料和能源价格上涨,从而导致一般价格水平上升,因而走出通货紧缩。过剩生产能力会导致一些问题,比如导致通货紧缩等。目前,过剩生产能力仍然是中国经济一个潜在的大问题。从1998年开始中国就存在过剩生产能力,2003年开始了大规模投资浪潮,目前这些项目已经陆续建成,导致产能过剩问题日趋突出,相关产品价格下跌,库存上升,通货紧缩的压力再度凸显,企业盈利下降,亏损增加。

二是收入水平低。尽管在过去27年中,中国GDP平均增长率达到了令人诧异的9.4%的高水平,但中国目前仍然是一个低收入国家。从人均收入水平来看,2005年美国人均收入水平为40100美元,而中国人均收入水平为1730美元,仅仅是美国的4%。以购买力平价来衡量,2005年中国人均收入水平也仅仅是美国的15%。从人均社会财富来看,中国仅仅为9387美元,是美国的1.8%。

三是资源与环境压力。在2004年,中国的GDP占全球总量的4%,但却消耗世界总量

12%的主要能源、15%的淡水、25%的铝氧化物、28%的钢材和50%的水泥。能源和电力弹性在近年来显著增长。世界银行研究发现，20世纪90年代中国因为空气和水污染而损失8%的GDP，而中科院的一项研究则显示2003年的这一损失达到15%。资源和环境日益成为中国经济持续发展的一个潜在阻碍因素。

四是收入差距。中国的基尼系数已达到0.45，超过了国际警戒线。城乡差距也在扩大。城乡收入比率从80年代中期以后逐渐波动上升，到2002年以后，已经超过3:1。这种个体间、地区间及城乡间收入不平衡造成了社会不稳定的隐患。

五是社会保障和老龄化。中国已经进入了老龄化社会。2004年已经有12.4%的人口超过60岁。据估计，目前社会保障基金存在3000亿到10000亿人民币的缺口。

六是改革进程尚未完成。经过20多年的努力，中国的经济和社会改革取得了巨大的成就，但还有许多改革尚未完成，需要进一步推进。据估计，国有银行目前已经积压了超过10000亿人民币的坏账；股票市场投机性大，各种弊端丛生；县一级政府共有约8000亿人民币的债务；多数国有企业经营状况仍然不佳……这些都是下一步亟待解决的问题，也是进一步改革的重大课题。

3. 科学发展观与"十一五"规划

胡锦涛总书记提出用"科学发展观"作为指导中国未来发展的总体原则。其主要内容为：发展才是硬道理，政府应该依靠经济改革和发展来解决经济中出现的各种问题；以人为本，均衡发展。

在科学发展观指导下形成的"十一五"规划，体现着科学发展观的思想线索。其主要政策措施包括：建设社会主义新农村，调整经济结构和发展模式，提升自主创新的能力，促进区域均衡增长，大力构建和谐社会，深化制度改革和对外开放。关于中国经济增长，有如下三个问题必须回答清楚。

第一，过剩生产能力是否会减慢中国的经济增长？虽然中国经济会受到过剩生产能力的影响，但是经济还是很有可能保持高速增长。首先，中国产业结构升级的空间还很大。投资增长率在未来几年中还是很可能保持在15%—20%。其次，新农村建设需要巨大的农村基础设施投资，可以吸收过剩的产能，同时还可以释放很大一部分存量需求。最后，中国消费增长率在2006年还是很可能保持在8%或者更高，并在未来几年中保持在7%以上。

第二，金融业是否会出现危机？林教授认为不会。国有银行的存款有国家完全的保障，不存在银行破产的风险。国企改革会减少政策性贷款的需求。外资银行的进入会加速银行业的改革。

第三，社会动荡是否会发生？不会。在快速发展和转型的过程中，社会矛盾是不可避免的。但是，中国目前的这些矛盾都是区域性的，不太可能演变为全国性的事件。中国政府具有较强的执政能力，有能力处理各种区域性的不稳定。中国政府在"十一五"计划中将致力于构建和谐社会，完善收入分配、减小地区差距和促进社会发展，由此将缓解社会的紧张态势。所以虽然中国还存在一些社会问题，但不会引起社会动荡，可以通过经济发展逐步得到很好的解决。

总的来说，中国经济目前具有三个非常有利的持续增长条件：首先，中国的领导人是非常有智慧与务实的。第二，现在中国的民众与20世纪50—80年代年代的中国台湾地区、韩国和日本民众一样，对于经由自己的努力来改善生活具有强烈的愿望。第三，外国直接投资将继续大量涌入中国并带来新的资本、管理、技术和市场。这些将是中国在未来相当长时间内保持经济持续增长的三个非常有利的条件。

4. 结论

中国将毫不动摇地坚持改革和开放政策。在"十一五"期间和下一个十年中，中国有能力克服或者缓解目前存在的社会和经济问题，保持经济持续增长。中国经济的特点和巨大发展，使经济学家观察到许多非常有趣的现象，为经济理论创新提供了天然的温床。

国际资本流动

马丁·费尔德斯坦（Martin Feldstein）

2005年，美国经济表现出相当强劲的增长势头。2005年，美国遭遇了两次大规模飓风袭击，而且石油价格比2003年翻了一番，从而使美国实际收入下降了1400亿美元，超过美国GDP的1%。在这么不利的条件下，去年实际GDP增长率达到3.5%，这非常了不起。货币政策是经济能在能源价格上涨的条件下保持高速增长的关键原因。尽管截至2004年年初，GDP价格指数和其他通货膨胀指标上升到大约3%，但由于担心回到2003年的通货紧缩，美联储在2003年将联邦基金利率降低至仅1%后，采取了逐步升息的方法，每步只升25个基本点。极低的联邦基金利率和对联邦基金利率只会缓慢地逐步上升的预期，导致长期利率下降并且持续走低。传统新型家庭抵押贷款利率在2001年高于7%，而到2005年下半年在它和其他利率一起开始上升之前，已经下降到了只有5.75%。

抵押贷款利率之所以非常重要，是因为它导致了史无前例的抵押贷款融资量。用新抵押贷款代替旧抵押贷款不仅支付更低的月利率，而且能在他们进行再融资时提出资金。由于前期住宅价格上升，使得可供提取的证券数量常常很大。资金一小部分用于减少其他负债或投资到其他金融资产，大部分被用于了消费支出。因而，这种再融资过程使得消费者现金支出的增加快于收入增长，即导致储蓄率下降。2005年下半年，总体家庭储蓄率下降到-1.1%。这种个人储蓄率的急剧下降，大约相当于GDP的2.5%。这足够在支付因能源上涨增加的成本的同时提高国内产品和服务的消费。因此，抵押贷款再融资的繁荣是导致2005年消费支出得以持续和经济总体增长势头强劲的主要原因。

劳动生产率在1995年以前年均增长率为1.5%，1995—2001年上升到2.5%，2001—2005年突然加速增长到3.5%。但是2002年以后生产率开始下降。2001—2002年生产率增长率为4%，但以后3年逐年下降，分别为3.8%、3.4%和2.7%。最近4年生产率增长放慢以及伴随的名义工资增长加速，导致单位劳动成本持续上升。非农业部门对单位劳动小时的补偿逐渐上升，2001—2002年度为3.5%，以后3年分别为4.0%、4.5%和5.2%。结果是，4年内单位劳动成本的增长幅度在增加。从2001—2002年度的-0.5%，上升为随后3年的0.2%、1.1%和2.4%。可以认为，单位劳动成本逐年上升的路径对产品施加了涨价的压力。

这在随后 4 年中非农业部门的隐含价格指数的变化路径中显而易见。2001—2002 年，非农业部门的隐含价格指数上升率为 1.1%，随后 3 年分别上升了 1.1%、1.3% 和 2.8%。

对美国资本项目盈余（经常项目赤字）的原因进行分析，通过比较中国和美国储蓄率的巨大差异，就会明白为什么中国有巨大的贸易盈余，而美国有巨大的贸易赤字。美国的贸易逆差和经常项目逆差很大，在工业化国家中是史无前例的，而且还在快速增加。2005 年，美国贸易逆差达到 7250 亿美元，占美国 GDP 的 5.8%，是 2001 年的 2 倍，1998 年的 4 倍多。为了为美国巨大的经常项目赤字融资，美国需要巨大的资本项目盈余。尽管无法弄清楚谁为美国提供了巨额资本流入，但是最大的来源可能是外国政府和其他公共组织，比如中国、OPEC 等。

美国可以自己解决巨额贸易赤字问题，而不一定非得需要多个国家统一协调。美国巨额贸易赤字的原因在于美国储蓄率太低，近年来甚至维持在负的水平上。根据贸易余额等于储蓄减去投资，由于美国投资率相对稳定为正，低的（甚至负的）储蓄率必然导致贸易逆差。所以，国内投资和消费习性才是导致美国贸易逆差的主要原因。中国的情况正好相反。近年来由于中国储蓄率高达 45% 以上，超过投资率，所以尽管中国投资率也非常高，中国仍然具有巨大的贸易顺差。人民币汇率的上升可能对中国的贸易盈余有一些影响，但影响不大，对美国贸易逆差的影响就更小。所以，美国解决巨额经常项目赤字的途径在于提高储蓄率或者降低投资率，同时可以配以美元的适当贬值。

国际人口流动与全球化

戈登·汉森（Gordon Hanson）

数据显示在 1990 年到 2000 年间，国际人口流动存量已经由 1.54 亿增加到 1.75 亿，另外 Docquier 和 Marfouk（2006）估计，在 2000 年，OECD（经济合作与发展组织）国家中有 35% 的移民拥有 13 年或更高以上的教育背景，而同时这样的人群却只占世界人口的 11%，这说明了受教育程度高的人群移民率相对高一些，这些事实都说明国际人口流动在全球化的进程中扮演着极其重要的角色。

汉森教授首先利用一些数据确认了关于国际人口流动尚未被解答的一些重要问题的答案，并且运用国际人口流动存量的新数据来检验一些国际劳动力流动的决定因素。这里的数据来自 Docquier 和 Marfouk（2006），他们统计了生活在 193 个 OECD 国家的年龄在 25 岁和 64 岁之间的国际移民的资料，并且将这些国际移民按照接受教育时间分为了三类：0—8 年、9—12 年和 13 年以上。汉森教授将受教育程度高的移民定义在接受了 13 年或者更长时间教育的人们，也就是至少是本科学历。

国际人口流动来自哪里？回答是来自发展中国家的移民占有越来越多的份额。事实上，数据显示：有 32% 的移民来自 8 个中低收入水平的国家，包括墨西哥、中国、印度等。受教育程度高的国际人口流动来自于哪里？与上面一致，也是随着时间的推移，来自发展中国家的移民占有越来越多的份额，其中有 28% 来自 8 个中低收入水平的国家。总结以上问题带来的启示，可以得到这样的结论：发展中国家正在逐步取代欧洲成为国际移民的来源区域，即发展中国家呈现递增的趋势而欧洲正在逐步缩减。

哪些国家拥有最高的移民率？答案是小国和贫穷的国家，以及距离美国近的国家。虽然中国的移民就占了全世界总量的3%，但是与中国本身的人口数量比，这个数字却是微不足道的。哪些国家在受教育程度高的部分拥有最高的移民率？答案是小国和贫穷的国家，以及饱受战火洗礼的国家。以上问题的答案说明，受教育程度高的这一类人群具有较高的移民率，虽然一些大国都具有较低的移民率，但是在这些国家中也是受教育程度高的人们移民率较高。哪些国家在移民率上增长最快？答案是拉丁美洲、中欧和东欧。哪些国家在受教育程度高的人群的移民率增长最快？答案是正在经历军事冲突的国家。

除了研究了一些移民率上的基本数据之外，汉森教授还将移民率与经济发展阶段联系起来，探讨两者之间是否存在关系以及存在怎样的关系。经过对数据进行处理分析，发现在国家移民率与人均GDP之间存在着一种平稳的非线性关系，并且两者之间的关系受一种固定效应而不是随机效应控制，更进一步地，如果只考虑受教育程度高的这一部分人群，在移民率与人均GDP之间的关系更密切了。

综上所述，不可否认，国家的收入水平及国家大小是移民率的重要决定因素，同时货币危机、军事冲突、自然灾害也可以成为推动移民率变动的因素，但还是需要用数据进一步验证，并且还需要搞清这些经济的与非经济的因素如何具体影响移民率。另一方面，尽管受教育程度越高进行移民的可能性越高，但是仍然不知道这样的移民选择是否受接受国家的政策及移民成本影响，这种受教育程度高的移民会产生怎样的长期效应，是否会影响小国的经济能力，这些都将是未来的研究方向。

中国国际收支账户"双顺差"现象

卢锋

观察中国国际收支账户可以发现，在过去16年中的13年，中国经常账户和资本账户同时出现了盈余，也就是出现了"双顺差"现象。这是非常特殊的现象。早期发展经济学"双缺口模型"认为，发展中国家通常面临两个缺口，一个是实现目标经济增长率所需投资与国内储蓄之间的差距构成储蓄缺口，另一个是经济增长所需进口和出口能力之间的差距形成贸易缺口。由于发展中国家需要通过资本流入利用外部储蓄，以弥补国内储蓄不足并为贸易缺口提供融资，因而国际收支结构应具有经常账户逆差和资本账户顺差的"逆顺差组合"特点。"双顺差"从国际比较经验角度观察也是特殊现象。观察50个贸易大国20世纪70年代以来的数据（其中中国数据是从1982年到2005年），发现在整个统计年份中发生"双顺差"现象的年份有154个，占了总数的11%，应该算是一个比较大的数字，而对于中国，这个比例更是达到了60.9%。如果把两个账户顺差都超过GDP的2%定义为"规模显著双顺差"，发生这类显著双顺差的有中国台湾地区、新加坡、韩国、丹麦、挪威等较小国家和经济体，大国中发生这类"双顺差"的只有中国一个。

中国"双顺差"结构出现的直接原因是加工贸易与外商直接投资流入的相似性。首先经研究发现，货物贸易的平衡趋势与波动特征和经常账户之间存在着密切的联系，并存在一定的拟合度，大体上经常账户的余额都形成于货物贸易。中国货物贸易分为两种：加工贸易和非加工贸易，其中加工贸易活动是通过运用从境外保税进口的部件、包装物料及中间投入品经境内企业加工或装配后，将成品或半成品重新出口的一种贸易活动。中国从 1980 到 2005 年加工贸易占总贸易的份额在逐渐增加，构成了进出口贸易增长的最重要推动因素，也在经济发展中扮演了越来越重要的角色。另一方面，资本账户记录一国与外国资产交易，平衡状态取决于一国利用外资和对外投资的数量比较关系。今年，中国企业开始通过对外投资获得国外资产，但总体而言，过去 20 年中国资本项目平衡状态主要由外资流入规模决定。更重要的是，外商直接投资与加工贸易之间似乎也有着千丝万缕的联系。以 2003 年为例，有近 80%的加工贸易是来自于外商投资企业，外资企业加工贸易的出口中又有三分之二由外商独资企业完成，另外三成由中外合资企业承担，这就证明了作为资本账户余额形成原因的外商直接投资与加工贸易之间存在着密切的关系，加工贸易已经不仅仅是贸易活动，它在推动中国参与当代全球化产品内分工并实现快速成长发挥了关键作用。"产品内分工"指产品生产过程包含的不同工序或区段分布到不同国家和经济体进行，是特定产品生产过程的不同工序或区段通过空间分散化展开成跨区或者跨国性的生产链条或体系，从而有越来越多国家的企业参与特定产品生产过程不同环节或者区段的生产或供应活动。

进一步观察，中国国际账户的"双顺差"现象与当代经济全球化的全新时代环境具有深刻联系，从国际分工形态演变视角看，当代经济全球化的最重要特点是使产品内分工迅速兴起并在国际分工领域扮演越来越重要角色。加工贸易的本质属性在于不是独立生产某个产品，而是承担某个或若干特定工序活动，因而加工贸易是中国境内企业参与全球产品内分工的产物。通过研究相关数据发现，中国可贸易部门相对劳动生产率呈现 V 型的变化，推动人民币实际汇率逐步形成上升趋势，也与加工贸易和外商直接投资存在直接或间接联系。

国际资本流动悖论的一个解决方法

魏尚进

世界范围内跨疆界的资本流动已经增长得非常迅速，到 2004 年已经达到了 6 万亿美元，其中小于 10%的部分流入发展中国家。卢卡斯（1996）指出，如果考虑到在单部门模型中，在富有和贫穷国家之间资本的边际回报的不同，那么就应该有较多的资本从富有国家流动到资本边际回报较高的贫穷国家，导致与实际数据相比就产生了"流动太少的悖论"。另一方面，如果考虑一个两部门、两要素、新古典交易模型，那么针对这个模型有一个简单的结论就是：要素价格均等化，即在货物是自由贸易的前提下，要素报酬即使在没有要素流动的前提下也应该是均等的。由于这个原因，观测到的任何数量的资本流动都应当是过度的，这也就是"流动太多的悖论"。

在过去的文献中提到了一些解决"卢卡斯悖论"的方法：第一，将富有国家的一个工人看做与贫穷国家的数个工人有相同的生产力；第二，假设人力资本作为生产的另一要素；

第三，存在国家风险；第四，引入货物交易的成本。而魏教授认为以上这些处理方法都没有逃脱要素价格均等化的影响。因此，假设要素价格均等化不成立的原因适用于资本流动的类型以期待能解决"卢卡斯悖论"。

现在脱离新古典理论的框架，换一种方式思考，建立一种拥有微观基础的理论来理解货物贸易以及要素流动。将一个金融合同模型和异质性厂商的假设引入到 Heckscher-Ohlin-Samuelson 所建立的分析过程中。这个新理论的主要特征是：金融投资的回报与实物投资的回报不尽相同。金融投资者也就是储蓄者仅仅获得实物投资回报中的一少部分，因为他们需要与企业家共同分享资本的回报。而金融系统越发达，投资者所占有的份额将越多。那么，一个拥有较低资本与劳动比率和无效率的金融部门的国家就会有大量金融资本的流出，同时拥有对外直接投资，这些都导致了少量的净流入甚至流出。除了金融产业的发展，这个模型也将产权保护作为考虑的重点。例如，尽管拥有较低的资本与劳动比率，一个拥有不健全的产权保护系统的国家，也就具有较高的征用风险，那么，它就可能产生金融资本的流出而得不到外商直接投资的流入冲抵力量。

要打破要素价格均等化就需要说明，对于要素价格，除了产品价格外还有别的决定因素。达到这一点的一个方式就是假设生产函数是边际报酬递减的，但这仅仅适用于短期的情况，并不能解释为何在长期厂商不能调整自己的要素使用状况。因此，在这个模型中，假设在厂商范畴下边际报酬不变，而在部门范畴下边际报酬递减。特别地，假设企业家在他们管理资本的能力上是异质的。当一个部门扩张的时候，更多的企业家进入，边际企业家的能力递减，因此整个部门的投资回报也是递减的。虽然货物的自由贸易使得产品价格与要素回报均等化了，但在国家之间仍然会存在差异。保持其他变量不变，那么在资本丰富的国家里，利率比较低的同时工资率是比较高的。换句话说，两部门模型延续了典型的单部门模型的一些结果，但仍然显示出在富有与贫穷的国家之间应该存在少量的净资本流动。

与许多文献都将风险规避作为国际资本流动的一个重要动机不同，这个模型中仍然假设所有企业家与金融投资者风险中立。加入风险规避可能会使得资本流动的方式更多样化但是并不会脱离此模型的基本作用原理。即使没有风险规避这个动机，这个模型也能形成资本流动的两条路径。

除了探讨悖论的解决方法，这个模型也提供了一个一般均衡分析过程，在这里，金融与产权制度在对资本流动形式的决定上起到了非常重要的作用。例如，假设在国家之间征用风险是无差异的，企业家是完全流动的，但金融部门的运作效率在国家之间是不同的情况下，根据模型，世界资本市场上的唯一均衡是较不发达的金融系统会被所有的企业家与金融投资者规避；同时拥有这样金融系统的国家会使得他们所有的储蓄以金融资本的形式流入拥有更好的金融系统的国家，但会获得来自其他国家的外商直接投资。

人们在进行研究时经常将多种不同的制度放在一起，而在这个模型中，金融制度与产权制度则扮演着非常不同的角色。低效率的金融系统可以被投资者们完全规避，但是较高的征用风险却不能被规避。当金融资本流出具有无效的金融系统的国家时，外商投资可能在国家具有较低劳动成本的情况下由于较高的征用风险而被阻隔在外。在均衡时，可以得到如下结论：不论一个国家原始的禀赋如何，只要具备好的制度，不论是金融方面还是产权制度方面，都可以拥有较高的工资率。

稳定通胀的货币政策规则

迈克尔·伍德福特（Michael Woodford）

在过去 15 年，货币政策的总趋势是中央银行对数量目标的明确化，特别是中期的通胀目标。主要表现在：①经济合作发展组织国家（如英国、加拿大、澳大利亚等）和非经合组织国家（如智利、巴西、韩国等）都开始采用明确的通货膨胀目标。②欧洲中央银行（ECB）和日本央行都对价格稳定作了数量上的定义：欧洲中央银行将价格稳定定义为 CPI 衡量的年通货膨胀应接近或小于 2%；今年年初日本央行将价格稳定定义为通货膨胀率在 0—2% 之间。③非正式的价格稳定定义，如公众和政府机构一般认为美联储的政策隐含将价格上涨维持在一定范围之内。

明确价格稳定的目的在于既可以实现价格的稳定，同时又可以稳定公众对于通货膨胀的预期。但是，要稳定预期，仅仅宣布一个政策目标是不够的，还必须建立系统的达到这一目标的机制。因此，对政策规则的合理承诺即被用来达到政策的最终目标。在一般的文献讨论中主要有三种形式的政策规则：主要盛行于 20 世纪 60—70 年代的货币增长目标（money growth targets）、在 90 年代比较认同的泰勒规则（Taylor rules）和最新的通货膨胀预期目标（inflation-forecast targeting）。

货币增长目标是指采取政策保证货币供给的稳定增长。长期来看，给定对实际经济增长的预期，货币供给增长将与通货膨胀目标相一致。例如，欧洲中央银行的 M3 的参考值是 4.5%，若期望通货膨胀率是 1.5%，就可以与官方的价格稳定目标相一致。采取这一规则的好处是定义了一个中间目标——货币供给，中央银行可以更加直接地对其进行控制，对货币政策可以进行更清晰的指导，可以改进政策的可识别性。理论和经验研究表明，在足够长的时间内，货币供给增长与通货膨胀有直接的关系。在实践中，一般采取相当宽泛的总量指标，如 M3，因为宽泛的总量指标与最终政策目标的关系更加稳定。

但采用货币增长目标规则也有其缺陷，主要问题是货币供给增长不能对短期货币政策是否正确提供指导。因为即使在价格稳定的均衡中，货币供给也可能改变。此外，潜在产出的增长也会增加货币的需求。货币需求与实际收入的关系随交易方式而变，这在面临迅速的管制转变和（或）制度变迁的经济体中更加重要。因此，尽管在长期货币与价格的关系很稳定，但在短期对货币政策的制定毫无用处。发达国家（如美国）很少关注货币总量的增长，M3 作为参考值的重要性在欧洲中央银行也已经下降。

泰勒规则主要基于下列公式：目标利率＝均衡实际利率＋目标通胀率＋系数×（当期通货膨胀率－目标通胀率）＋系数×（实际产出－潜在产出）

泰勒（1993）将目标通胀率设定为 2%，均衡实际利率设定为 2%，系数均设为 0.5，从而很好地描述了格林斯潘时代的货币政策实施。研究发现，泰勒规则也大致地反映了其他中央银行的政策规则,特别是那些(明确或暗含地)钉住通胀率的央行。为了更好地拟合政策的状况,大量的文献分析了泰勒规则在宏观模型中的适用性,并试图找出最优的系数。

对泰勒规则的改进包括对潜在产出和均衡实际利率的其他衡量方法,加入部分的动态调整,加入对通货膨胀、实际产出预期的反应(而不是当期值),以及差分形式(利率变动=系数×通胀率变动+系数×产出变动)。

需要指出的是,美联储或其他中央银行并不是遵循泰勒规则执行政策,但将其作为重要的指导原则予以考虑,如在挪威央行(Norges Bank)的通货膨胀报告中就曾公开讨论。采取泰勒规则使得央行在可以直接控制的情况下,确立一个明确的可操作目标,比如更加具体的政策指导及更好的政策识别。大量研究表明泰勒规则所反映的性质是很稳定的。泰勒规则的缺点主要体现在以下三方面:①对潜在产出的错误估计很容易影响泰勒规则的有效性。不注意趋势增长将导致持续地高估潜在产出并进而导致持续的过度通胀,因而更好的方法是对实际产出变动作出反应。同样,利率的自然率水平也很容易影响泰勒规则的有效性,利率自然率水平的永久性变动将会导致持续的通货膨胀或紧缩偏离。这时最好采用差分形式的泰勒规则。②不能很好地利用央行所掌握的大量当前信息。泰勒规则在一个较宽松的程度上保证利率调整的方向,但不是对每一个可能的扰动作最优调整;而原则上使用最新和更详细的信息是有利于政策制定的。③要求将银行间同业拆借市场作为(唯一)政策工具。这在发达国家比较有效,但对于欠发达国家或金融管制较严的国家泰勒规则的有效性下降——泰勒规则要求有发达的银行间市场,要求隔夜拆借市场与其他短期货币市场、货币市场与其他资产市场之间没有套利的障碍,要求家庭、企业、金融机构对资产市场的自由进入以及没有借出款项数额的限制。

通货膨胀预期目标除了确立明确的通胀目标之外,还必须承诺与此相一致的决策程序,即央行为实现既定的数量目标,将适时采取必要的政策调整。如英格兰银行确保估计2年期的CPI通胀指数为2%。央行通过承诺定期公布估计的指标、解释央行对经济的分析和判断,从而保证政策的可预见性和可识别性。每年5月,如果委员会注意到估计的指标使得产出增长接近长期平均水平、通胀水平在其中期目标附近,考虑到风险,委员会便会保持公布的利率水平,从而保持通胀的合理水平来服从中期目标。采用通货膨胀目标可以利用所有可以获得的信息来准确判断政策的实施背景,并不局限于机械化的反应方程。具体来说,未预期到的信息以及非数量的判断都可以纳入指标估计。在实施通胀预期目标时,可以通过公布央行对未来经济的分析来稳定预期通胀。在这个政策规则中,还可以看出当前通胀偏离与不变的中期目标的一致程度。最后,这也是表明近期货币政策意向的便利方法,可以包括利率估计,如挪威央行。

这一规则的问题主要有几下两点:①要求有相当的分析能力来作出估计。包括要求政策委员会愿意站在公众的立场上看待方方面面的问题,而不仅仅局限于当前的政策行为,以及要求公众对信息的敏感,能够及时利用可获得的信息。②可识别性存在很大问题。在这一规则中,只能看到估计的指标,而不能保证实际发生了什么,这就使得政策必须依赖于人们对于政策的信念和估计准确性的信任。

固定汇率下的独立货币政策

龚刚

人民币汇率问题是这两年的热点，各国的学者、政府和公众都对人民币汇率问题给予了关注。一般认为，中国货币当局在外汇市场的干预使得人民币币值出现低估，而正是这种低估造成了中国相对于美国等发达国家的巨额贸易顺差。所以有人认为，中国应该如美国政府所要求的，对人民币进行升值，或者将现行的固定汇率制度改为市场导向的浮动汇率制度，特别是人民币汇率浮动既可以使人民币币值回归到均衡水平，同时还可以使中国在资本账户开放的趋势下保持货币政策的独立性。这种观点显然是基于开放经济中的蒙代尔三角定理（或蒙代尔三角悖论）。蒙代尔三角定理（基于20世纪60年代的蒙代尔—弗莱明模型）认为在开放经济中，资本账户开放和固定汇率将会导致货币政策无效，要保持货币政策的独立性，就应该使汇率浮动。而最新的由 Obstfeld 和 Rogoff（1995）提出的关于宏观开放经济的模型也没有改变这个基本的结论。

基于人民币汇率问题的重要性以及对中国是否应该让人民币升值还存在争论，龚刚通过分析当前中国经济的环境和制度特征，构建关于货币流通、债券市场、货币市场、外汇市场以及消费、投资和政府消费、进出口的模型，进而进行分析，主要得出以下三个结论：①蒙代尔三角定理只在一定的制度约束下成立。这里所说的"一定的制度约束"主要包括以下制度安排：商业银行发放的贷款用于金融投资（如购买债券）存在障碍；商业银行进行金融投资（如购买债券）存在障碍；以及只有商业银行可以按照央行公布的再贴现率借贷储备，即使资本账户开放和汇率固定，货币政策也可以实现充分的独立。②固定汇率有利于中国和其贸易伙伴国的宏观经济稳定。③为维持固定汇率，设定的目标汇率应该低估。

中国是区域贸易增长之桥？

龚敏

改革开放 20 多年来，中国迅速融入了世界经济。2005 年，中国的进出口贸易依存度超过 70%，经济增长越来越依赖于进出口贸易，而国内需求对经济增长的作用下降。在这个过程中，美国、日本、韩国成为中国的重要贸易伙伴，但贸易账户显示中国对这三个经济体的贸易流向是非常不对称的：在对美（以及欧盟）贸易顺差不断增长的同时，同日本和韩国的贸易逆差也在迅速增加。2005 年，中国的进出口总额为 14221.2 亿美元，贸易顺差为 1018.8 亿美元。一方面，对美出口占总出口的 21.38%，从美国进口占总进口的 7.38%，贸易顺差为 1141.7 亿美元，高于总的贸易顺差；另一方面，对日韩的出口达到总出口的 15.63%，进口占总进口的 26.85%，贸易逆差达 581.7 亿美元，大约是对美贸易顺差的一半。

上述贸易流向的非对称性与中国独特的地理位置、要素禀赋及发展阶段密切相关。由于中国的鼓励出口政策，导致中国已经成为第二大外商直接投资接受国，并且研究表明，出口鼓励政策促进了出口导向的外商直接投资的增长。截至 2005 年年底，外商投资企业进出口额分别占进口和出口总额的 58.3%和 58.7%。从 1999 年到 2005 年，中国进出口占世界的份额增长了 1 倍。

龚敏博士通过回顾当前中国和其贸易伙伴在贸易发展中的地位，以及进行经验分析和协整检验（co-integration test）、格兰杰因果检验（Granger causality test），研究表明在中国和其贸易伙伴之间存在两种间接的贸易流向关系：日韩通过中国到美国，以及韩国（日本）通过中国到日本（韩国）。这些间接关系表明中国扮演了贸易发展的桥梁作用。因此，从世界经济和贸易的角度看，中国的开放和经济迅速增长不仅有利于区域内（东北亚）贸易的发展，也有利于区域间（亚洲与美国）贸易的发展。从这个意义上讲，中国已经是区域和世界经济增长的引擎。

但是，从长期来看，作为贸易之桥的角色会对中国本身的经济发展带来负面影响，这主要是因为以下几个原因：首先，在有大量廉价劳动的情况下，出口导向的外商直接投资导致外向的加工制造业迅速增长，从而使得出口严重依赖于加工制造业，而加工制造业是低附加值和劳动密集型的，不利于经济长期发展。其次，不平衡的贸易账户将引发更多的贸易摩擦，美国贸易保护主义抬头会使得中国的贸易顺差迅速下降，而中国对日韩的逆差却因为要素禀赋和经济发展阶段的局限不会迅速改变，从而恶化经常项目账户。最后，由于日韩两国通过中国对美国进行贸易扩张，使得原本日韩与美国之间的贸易摩擦转化为中国与美国之间的摩擦，这不利于中国贸易和经济的发展。

要素禀赋、发展战略和经济制度

林毅夫

社会主义国家和发展中国家都普遍存在着对经济的"扭曲"，主要包括价格扭曲、金融抑制、贸易限制、资本和外汇的配给、投资许可证、行政垄断和国家所有制等。这些扭曲在众多发展中国家中普遍存在，对经济产生广泛而深刻的影响。因而对这些现象的研究非常重要。

许多文献试图对这些现象做一个解释，也取得了一定的成果。Shleifer and Vishny（1994）的文章认为，发展中国家政府之所以对企业进行严格控制，是因为政治家想从中获取租金。Esfahani（2000）和 Gordon and Li（2004）的文章认为，政府对企业进行干预和控制是为了缓和通过税收筹集公共开支资金的成本。Acemoglu etc.（2002）的文章阐述了合适制度对经济发展的重要作用。这些研究在解释社会主义国家和发展中国家政府对经济的干预和扭曲时取得了一定的效果，但这些研究只是局限于对现象的解释，还没有认识到问题的本质，也没有真正认识到社会主义国家和发展中国家出现这些扭曲的根本原因。

林毅夫教授认为，社会主义国家和发展中国家经济中扭曲的出现，内生于这些国家采取的不适当的国家发展战略——赶超战略。为了国家建设，大多数发展中国家，包括社会主义国家，在建国后相当长的时间内，都采取了不适当的赶超战略——优先大力发展资本密集度较高的产业。由于这些发展中国家和社会主义国家资本短缺而劳动力资源相对丰富，资本密集型产业不符合这些国家的比较优势。这导致这些优先发展的产业中的许多企业，在开放竞争的市场环境中没有自身能力。为了让这些没有自身能力的企业生存下来，政府就必须对其进行补贴。这就需要①人为地压低投入品价格，包括利率、汇率、工资等；②对经济资源实行集中的计划配置和管理；③剥夺微观主体的经营自主权，从而形成了三位一体的传统计划经济体制。

在对该现象的深刻认识基础上，林毅夫教授及张鹏飞、刘明兴、潘士远博士建立了一个理论模型，在一个完整自洽的逻辑框架下清晰地阐明了上述观点，即传统计划经济体制的形成内生于赶超战略，这不仅仅是包括中国在内的社会主义经济的独有特点，也是其他发展中国家广泛存在的共同特点。这个分析框架对理解发展中国家的政府干预和经济制度有重要的价值。

税制改革的指导原则

詹姆斯·波特巴（James Poterba）

税收是制度的一个关键方面，使用广泛，通过税收可以影响经济构成，可以实现政府的特定目标，并且税收制度也会影响其他改革。本文主要讨论中国和美国税制改革中的一些基本原则。

美国最近最重要的一次改革是 1986 年的税制改革，这次改革调整了收入税的结构，大大降低了边际税率。1986 年改革以后，又陆续推行了一些其他改革，使税收法规已经发生了 15000 种变化。去年美国总统提出了一个新的税收改革方案，提出要实行收益中立性税制改革，但没有获得政治支持。对中国来说，1994 年是税制改革的分水岭，此后税收结构和税收收入水平都有很大改善，但难以对随后的相关改革法案获得一致，必须认识到许多问题还需要进一步解决。

长期来看，税制改革有四个主要目标：第一是改进经济效率。通过合理的税收、合理的资源配置以提高经济绩效，并减少征税带来的损失。第二是简化税制，使税收便于征收和管理。第三是达到税收负担的公平配置。第四是为中央和各级地方政府提供足够的财政资金，这一点对目前的中国来说尤其重要。

有些时候，税收最大化经济效率和追求政府的其他目标可能是相冲突的，需要一个权衡。如何改进经济效率呢？主要有以下一些措施：首先是税收应该实行广税基、低税率。而中国现在的情况是边际税率很高，但税基很窄。以个人所得税为例，最高边际税率可达 45%。其次是对资本应该不征税或者只征收很低的税，以减少对投资的扭曲，否则会减少储蓄和投资，但中国现在的增值税是包括了对资本征税的。最后，税收应该避免部门间的扭曲。而中国现在不同部门的增值税税率差异较大，国内公司和外国公司税率不同，正式和非正式部门税负也不同。这些都需要进一步改进。

经济增长和税制改革也有重要关系。纯消费税能在 20 年内使 GDP 提高 5%—8%，波特巴教授个人认为在中国效果会更大。收入税效果略小一些。税制改革中应该首先关注的是对增长的促进效应，其他效应应该放在第二位。

税收体系需要简化。亚当·斯密曾经说过："每个人应该交的税必须一目了然，对纳税者来说必须简单和清楚。"复杂的税收体系增加了服从的成本，以美国收入税为例，每年成本高达 1500 亿美元。税收的复杂性和高边际税率都会导致更多的税收规避。中国各种不同的出口补贴条款造成的规避就是例证。同时，税收的复杂性也会降低民众对税收制度的支持。

税负必须公平分配。定义"公平"是非常困难的，最终的政治因素决定什么方案才是可行的。以资本税为例，资本税的税负分配并不公平。美国税收体系中，1986 年改革追求的"税收分配中性"就是追求税负公平的一种尝试。2006 年美国联邦收入税中，收入最高的 1% 人口承担了联邦收入税的 36.7%，收入最高的 5% 的人口承担了 58.6%，而收入最高的 10% 人口承担了高达 70.8% 的联邦收入税。

税制改革的一种思路是实行简化的收入税，同时注意广税基、低税率。第二种思路是关注增长和投资，实行消费税和收入税的混合税制。税制改革必须同时注意以下一些问题：首先是避免税制改革造成短期混乱。然后是要认识到税制改革会给某些人施加一些不公平的税收负担，而且需要清楚谁在改革中承受了更大的税收负担。要对现存的债务合同实行特殊处理，对原有资产进行折价，并避免税收给商业环境带来一些未预期到的冲击。最后还要认识到，过渡期慷慨的税收免除可能会影响经济效率。

外商直接投资对中国经济增长的影响

何茵

随着 20 个世纪 80 年代商业银行对发展中国家贷款的枯竭，发展中国家普遍采取了吸引外资政策，包括减少壁垒和提供更优惠政策等。这些政策来自于如下理论结果：FDI 能为发展中国家引入发达国家的资本、高技术和先进的管理技术；FDI 能使技术和生产工艺的转移更容易，而且这种转移对整个经济可能有巨大的溢出效应；内向型 FDI 能帮助发展中国家克服经济发展的瓶颈，刺激经济增长。但是 FDI 在现实经济中的效果尚不清楚。对此，经典文献提出过微观和宏观方面的证据。分析 FDI 对经济的影响的因果效应有两个关键问题。第一个是内生性问题，FDI 可能选择生产率更高的产业和地区。第二个问题是经济增长可能不是由 FDI 引起，而是由同时发生的其他因素如宏观经济政策、制度变迁等引起。用计量方法分析 FDI 对经济发展的影响，必须解决上面两个问题。

FDI 对经济有正效应的同时，也可能通过其他途径对经济产生负面影响。FDI 会挤出国内投资和生产，尤其对地区和产业内部的挤出效应更为严重。如果 FDI 是由经济的快速增长吸引进来的，而且挤出效应大于其外溢的正效应，则总的来说，FDI 对经济的总贡献为负，经济就无法获得持续的增长。

因此，弄清楚 FDI 对发展中国家经济的影响非常重要。中国有巨额的 FDI 流入，而且具有很大的国内多样性；亚洲金融危机外生地减少了流入中国的 FDI；中国金融系统和国际资本市场相对独立，使亚洲金融危机除了影响中国 FDI 流入和出口外，对经济的其他方面影响很小。这些给研究 FDI 对中国经济的影响提供了良好的机会。何茵利用亚洲金融危机这个天然的实验场，试图在控制住外生性和同时性问题的条件下，探讨 FDI 对 GDP 的影响。利用 28 个省在 1978—2003 年的数据回归的结果显示，统计上，内向型 FDI 显著地提高中国的当期实际 GDP，但经济上效果不大。本文没有研究 FDI 流入对长期经济的影响，这是一个值得进一步研究的课题。

福利政府的选择

阿尔贝托·阿莱西纳（Alberto Alesina）

阿莱西纳从西方福利国家间存在的差异入手阐述东欧和中欧国家的福利政策和制度选择的问题。首先，阿莱西纳从美国和欧洲之间的对比给出欧美间福利内容方面的不同：福利政策的差异，长期的历史原因造成的根深蒂固的对于"过分的给予"和"贫困"的理解差异，种族分化社会与种族融合社会间的差异，社会主义或共产主义政党的作用差异以下分三点进行具体阐述。

（1）福利国家分为北欧、盎格鲁—撒克逊和大陆性与地中海国家三系。其中北欧系包括瑞典、挪威、荷兰、芬兰和丹麦，这些国家有着最高水平的社会保障和大众福利供给、广泛的劳动力市场财政干预，如非常慷慨的失业救济，但同时存在解雇成本低和劳动力市场流动性低的问题。盎格鲁—撒克逊系主要有美国、英国和爱尔兰，他们将提供社会帮助作为最后的措施，而不是采取养老金和失业补助形式。最后，大陆性和地中海系则包含有法国、德国、意大利、西班牙、希腊和葡萄牙，他们侧重养老金和较多的劳动力市场管制，如很高的解雇成本。

（2）相比较而言，北欧系和盎格鲁—撒克逊系较多地采用再分配，但相应的激励效应存在问题；大陆性和地中海系，一方面在贫富两极间的资源再分配方面缺乏效率，同时在劳动力市场产生了与失业和年轻工人相对的特权、老年工人和内部人阶层，产生会导致养老金制度不稳定的过早退休动机以及源于内部人权力的改革障碍。在与此相关的财政问题方面，20 世纪 70—80 年代的经济冲击和日益加剧的国际竞争都对各福利体系产生压力，结果是大陆性和地中海系的国家妨碍了其应对这些冲击的微观经济调整，关于社会转移支付前后的贫困风险统计显示——尽管各国都在进行转移支付后降低了贫困风险，但是明显地，大陆性和地中海系国家的效果要小于其他两系国家的。

（3）北欧系模式的可借鉴性讨论。首先北欧系模式的代价高昂——像大陆性和地中海系国家未必能负担得起，特别是其既定的公共部门的规模和养老金的数额；其次北欧系模式较适用于较小和种族相对融合的国家或者高度"诚信"和社会资本充裕的国家,而这些因素都降低了北欧系模式的可借鉴度。

在描述完上述各国福利的差异后,作者接着提出东欧和中欧国家面临的福利体系选择问题——东欧社会主义阵营瓦解后基本上产生两种个人对于政府作用的观点,即"要求广泛干预的家长式的政府"和"极端自由主义的政府无用论"。作者以民主德国和联邦德国的统一作为一个极有用的政策"实验"——民主德国人要求政府提供一系列的服务、社会保险和工作等,这样德国的主要"政治冲击"会使得自由市场改革很难开展,通过列举德国的相关数据和以德国为样本的实证研究来验证了德国"转移支付改善贫困"的观点即说明德国的福利政策有效,并进一步给出了现有的"究竟何种福利政策有效完全取决于具体的国家自身"的论断的证据。然后作者以此推广给出了大陆性和地中海系国家的福利政策选择(异于北欧系和盎格鲁—撒克逊系国家)的原因和后果:首先,这些国家无法"负担"北欧系模式——高税收的慷慨的福利系统对于人均收入很低的国家并不适用,他们需要把更多的资金来用于增长和赶超。其次,这些国家并不具备民族融合的特征和能使北欧系模式的福利系统运作起来的社会资本。最后,地中海和大陆性(福利)系统不仅代价高而且极可能阻碍了这些国家赶超西欧的过程。

基层民主与收入分配

沈艳

一般来说,有两个原因使得民主具有缓解收入极化的作用:①民主通常导致政府为了取悦中间选民而采取收入再分配的政策,但这通常被认为是不利于经济发展;②民主通常使得政府加大在公共设施上的开支,从而增强穷人致富的能力。但现存的实证文献并没有对上述作用给出确定性结论,文章利用村一级从1986年到2002年长达17年的面板数据揭示了村民选举对于降低样本村庄的收入不平等具有显著作用,并且指出这种作用的渠道在于公共设施开支的增加,而非偏向低收入阶层的收入再分配。

20世纪80年代初,中国公社制度开始逐步解体,1982年由宪法规定的自治单位——村民委员会取代了传统的生产队,随着《村民委员会组织法》的颁布和不断完善,几乎所有的村庄都至少进行过一次选举。为了避免政治周期给问题带来的复杂性,文章集中观察第一次选举对于收入分配的影响。

文章的数据主要来自农业部农业经济研究所始自80年代早期的定点调研和作者在2003年春的自主调研,样本数据囊括了从1986年到2002年8个省、48个村庄的材料。数据显示,代表收入不平等的基尼系数一直在上升,从1987年的0.26上升到1992年的0.28,再到2002年的0.31,收入呈现出越来越不平等的趋势。同时,数据又显示,除了个别例外的情况,样本村庄一旦开始进行选举,则今后每3年例行下一次选举,所以第一次选举在研究中显得尤为重要。然而各地实行第一次选举的情况则有很大的差别,在样本中,有12个村庄在1987年实现了选举,在样本的8个省中,除了湖南和广东,其余6省中均有村庄实现了选举。在 90 年代早期，在样本中至少有一半村庄进行过选举，而最富有的省份广东则直到 1999 年才实行选举。这种混合类型的数据便于区分选举和收入增加对于收入不平等的影响。

计量回归结果表明，收入不平等呈现出显著的路径依赖现象，即本期收入不平等程度可以显著影响下一期收入分配，当把选举处理为外生变量时，选举对收入分配的影响较为微弱，但若将其内生化，则影响较为明显。具体来说，选举对于收入不平等的直接作用是使样本村庄基尼系数降低 11.8%，但由于各种间接作用相互抵消，总的作用偏低，只使样本村庄基尼系数降低 9.6%。

计量回归结果同时表明，选举对于净收入转移的影响是微弱的，既没有对净收入转移的数量产生重要影响，也没有对净收入转移的速度产生影响；而选举对于人均公共设施开支的影响则是显著的，从 189 元提高到 237 元。

长期以来，中国村庄选举被认为是一种昂贵且低效率的机制，文章的结论有力地反击了这一点。文章表明，中国基层的村庄选举对于降低收入不平等的作用是显著的，而且这种作用是通过增加对公共设施的支出获得的，而非通过低效率的收入再分配。

市场化对于社会资本减贫作用的影响

陆铭

作为一种非市场力量——社会资本对于降低贫困的作用非常明显，然而市场化对于这种作用影响的方向仍不确定，文章利用中国农村的数据，讨论了社会资本、市场化和贫困三者之间的关系，发现以下一些现象：①在中国，社会资本对于降低贫困的作用非常显著；②市场化会使得社会资本的减贫作用降低，这种现象尤其表现在家庭层面的数据上。

社会资本指那些诸如社会关系网络、信任和各种能够促进个体合作的准则等。社会资本主要通过配置资源和形成各种非正式制度的手段影响经济。社会资本对于减贫的作用主要是通过信息分享、风险共担、共同决策、介绍工作和减少交易成本来实现的。

市场化如何影响社会资本对于减少贫困的作用？社会学曾讨论过市场化与社会阶级的关系这一类似的问题。社会学的研究集中在市场化进程中权力的转移，并发展出两套理论：①权力转移理论。这一理论认为在市场化的过程中传统权力会转移到市场中，旧有社会阶级会逐渐瓦解。②权力固守理论。这一理论认为传统权力不会发生转移，传统精英阶层在市场中仍起主导作用。

由权力转移理论推知，在市场化的过程中，市场将取代传统力量成为配置资源的机制，所以拥有较多社会资本的人将丧失其惯有的权力，社会资本的作用将会被减弱。而相反，权力固守理论认为，在市场化的过程中，传统精英阶层利用他们拥有的社会资本来尽可能地攫取资源，社会资本的作用更为明显。文章利用数据对上述两个结论进行检验。

文章主要数据来源是复旦大学中国经济研究中心 2004 年的中国农村调研，该调研覆盖 22 个省、48 个村庄的 938 个家户。市场化程度的数据来自《2002 年中国市场化报告》。

贫困线则采用国家统计局 2003 年统一划定的人均年收入 637 元。

实证分析的结果显示，在社区层面，社会资本可以有效起到减少贫困的作用，这也意味着，社会资本可以被视为一种公共品；但在市场化的进程中，这种作用将逐渐被削弱，尤其表现在家庭层面的数据上。从直觉上来看，传统中国，尤其是农村地区，社会网络和成员间的相互信任关系构成了大部分活动的基础，社会资本对于减少贫困有着重要的意义，而在转型过程中，市场逐渐在资源配置中起主导力量，削弱了传统社会资本的作用，虽然市场本身也有降低贫困的作用。

全球管制改革的经验

南希·L. 罗丝（Nancy L. Rose）

竞争市场中普遍存在市场失灵的现象，单靠竞争无法排除诸如垄断、恶性竞争和外部性（尤其是信息问题）等现象，然而，上述因素仅仅是政府实行管制在理论上的原因，在实际中，管制更多是各种利益集团争夺"租金"的结果。

经济学家普遍认为，作为被管制的对象——企业，比监管者拥有更多信息优势，可以针对自身作出更加恰当的决策，所以应该适当放松管制，让企业自己进行决策。但由于不同的部门具有不同的特点，放松管制的方式也没有一个一般的模式。下面将就自然垄断部门和竞争性部门来分析放松管制的方式及其影响。

长久以来，诸如电力、通信、有线电视和铁路等行业由于集中生产的平均成本最小，所以会产生自然垄断现象。在这些行业，普遍可以看到垂直整合的行业链，例如电力企业往往同时具有发电、传输、分配和销售等各环节。在美国，这类行业往往是合法垄断行业，拥有一定的市场准入限制，并通过直接管制，使其产品价格位于平均成本左右。20 世纪 80 年代中期，美国开始对放松对这些行业的管制，其主要手段有私有化、垂直分解行业链、引入竞争和采用有激励机制的管制措施等。

竞争性部门依然存在管制，最明显的例子有航空公司、银行系统和保险行业等。对于这些部门的管制改革主要集中在去除价格管制和准入门槛，并且更多地利用市场力量来配置资源，但仍会保留一些管制力量来影响这些行业中的一些功能，例如航空公司的安全问题。

实证数据表明，在实行管制的竞争性部门，产品成本和价格均较高，而且缺乏研发创新的动机；在放松管制后，就会出现价格降低和市场业务拓展的现象，但放松管制有可能是一个不稳定的过程，而且可能会持续较长时间。

总之，市场不是完美的，竞争的环境会产生市场失灵的现象，但政府管制也不是万能的，而且管制所带来的巨大成本往往容易被人们所忽略。

边际私有化

武常岐

私有化通常指政府现有生产性财产股份转移的过程。在实际中,尚存在另一种私有化的形式——边际私有化,即政府保持对现有财产所有权不变,但允许非政府投资者进行新的投资,并对总资产拥有一定比例的所有权。现存文献普遍怀疑边际私有化的有效性。然而,数据显示,边际私有化显著改善了国有企业的表现,同时提高了企业自主权改革的有效性。

边际私有化是中国的私有化进程中重要的组成部分,例如大部分国有企业首次公开募股以及利用外商直接投资组建合资公司都属于边际私有化的范畴。

由于政治上和社会上的各种考虑,边际私有化对于中国当前的改革有着重要意义:首先,官员不会感觉到丧失对企业的控制权,所以政府比较容易接受这种私有化的方式;其次,边际私有化可以为企业在保持现有财产权不变的情况下带来额外的收益,并且不会出现大规模的裁员现象;再次,边际私有化不会产生国有资产流失的现象,不会引起过多关于公平性的争议;最后,边际私有化是一个不断将政府所有权稀释的过程,不会引起意识形态和民粹主义的争议。

抛开政治上的便利,边际私有化效率的高低仍未有定论,此外同其他改革手段如赋予企业自主权和引入市场竞争相比,边际私有化的效果在已有文献中也尚未得到验证。传统理论认为,非政府投资者很难获取全部甚至部分控制权,而且预算软约束问题依然存在,所以对原有企业绩效没有显著影响,边际私有化作用不显著。

始自中国改革之初的边际私有化,其本意并不是进行产权改革,而是为扩大生产而寻求投资的源头。当时,自筹资金投资的源头有四种:①员工自筹资金,并可以通过这种方式获取企业今后一定比例的利润;②境外非政府投资者;③境外政府投资者;④企业留存利润。其中,除了最后一种较为模糊之外,前三种都是非国有投资者。样本数据显示,上述四种投资者大部分都能至少获取部分控制权,从这个角度来看,边际私有化仍是一种有效的私有化方式。

总之,实证分析的结果支持上述结论,边际私有化与其他改革方式一样,都能显著促进企业的绩效,并且边际私有化可以使得赋予企业自主权这种改革措施的作用变得更加显著。

金融结构、创新和经济增长

龚强

金融市场与经济增长有着显著的相关关系。在金融市场发展的最初阶段,往往罕有金融中介，随着人均收入的增加，金融市场也相应地变得成熟。

龚强通过建立一个两阶段跨期迭代模型讨论了银行系统对于经济增长的影响，证明在引入银行系统之后，均衡状态下的资本绝对量和总资本中用于投资的部分都有所提高，并且经济主体的社会福利会有所改善。随后又证明只有当收入增加到一定程度，才可能出现股票市场，此时则有两种金融中介，即银行系统和股票市场。

在发展中国家，由于人均收入较低，由模型可知，股票市场规模较小，源自股票市场的收入也远小于发达国家，实际数据也恰好支持这一结论。并且由于可以向境外股票市场投资，且本国股票市场规模较小，势必出现本国资金流向境外股票市场的现象，即出现资本流向较为发达的地区，出现所谓的"卢卡斯悖论"。

另外，外商直接投资很大程度上决定了资本流入，并且随着外商直接投资，大量新商品和新技术涌入发展中国家，有利于一国经济的增长。这也正是为什么中国的开放成为中国经济迅速发展的原因之一。

技术价格与女性劳动力市场

凯西·马利根（Casey Mulligan）

在劳动力市场上，性别内的不平等显著扩大，在男性劳动力中，工资的基尼系数增加了；相对于高中毕业生，大学毕业生的工资增长了；在工资分布中，相对于低分位（10分位）处的工资水平，高分位（90分位）处的工资水平提高了。如果工资水平主要取决于性别和技术，那么性别内不平等的扩大就暗示着技术价格的提高。在技术价格提高的情况下，女性在劳动力市场上就可能具备比较优势。因此可以推测：女性的工资会显著地升高；更多的女性参加了工作；相对于以前不同类型的女性参加了工作；女性在人力资本上会进行更多的投资。女性劳动者的这些变化不是性别歧视弱化的结果，而是性别内不平等扩大的结果。

实际数据支持以上的结论。首先，双职工家庭中女性工资与男性工资的比值的变化趋势与男性工资不平等指数（高分位处的工资水平与低分位处的工资水平的比值）的变化趋势基本相符：在20世纪70年代及以前没有显著增长；在70年代末到90年代初增长显著；90年代以后增长较缓慢。其次，全年全职工作的女性的比例的变化趋势也与男性工资不平等指数的变化趋势基本相符。再次，80年代中期以前，低技术水平的女性劳动力较多；80年代中期之后，高技术水平的女性劳动力较多——女性劳动力的类型发生了变化。从另一个角度看，不同类别的女性对性别内不平等扩大的反应也各不相同：白人女性的反应大于黑人女性；有孩子的女性的反应大于没有孩子的女性的反应。但随着反应强度的逐渐衰弱，不同类别的女性的劳动供给逐渐收敛到一起。最后，女性受教育的相对年限的变化趋势也与男性工资不平等指数的变化趋势基本相符。

总之，美国女性劳动力市场上的主要变化可以看做技术价格升高的结果。在分析中，不能把女性的比较优势和性别歧视的弱化混淆在一起，还要恰当地运用性别内的分析和性别间的分析。但技术价格的提高是暂时的。随着技术价格的下降，女性的就业率会下降，市场和家庭又会回到原来的样子。

人力资本、经济增长和收入不平等

金一

经济增长与收入不平等之间的关系一直没有定论。有些研究认为经济增长与收入不平等的扩大同时出现，有些研究认为经济增长与收入不平等的缩小同时出现，还有一些研究认为它们之间的关系视具体情况而定。

在前人研究的基础上，金一教授他们将通过一个纳入物质资本的异质性和人力资本的异质性的两部门增长模型来分析经济增长与收入不平等的关系。结论是：在均衡路径上，个体的物质资本份额和人力资本份额都是不变的，且个体的收入份额是其物质资本份额和人力资本份额的凸组合。一些基本经济变量（比如生产率）的变化会影响经济增长率和收入的不平等。但由于物质资本的异质性和人力资本的异质性对收入不平等的影响方向是相反的，所以当物质资本的异质性占主要地位时，生产率的提高将会带来经济增长率的提高和收入不平等的扩大；而当人力资本的异质性占主要地位时，生产率的提高会带来经济增长率的提高和收入不平等的缩小，即经济增长和收入不平等之间关系的正负取决于物质资本和人力资本的相对重要程度。这一模型成功地解释了实证研究中经济增长与收入不平等具有模糊关系的现象。

美国1870—2000年的种族与教育的长期分析

威廉·柯林斯（William Collins）

研究美国不同种族的历史，既有利于涉及历史和种族层面的政策的制定，又有利于对诸如再分配、政治改革、人力资本的代际转移等问题的研究。在美国南北战争前夕的1860年，90%的黑人都是奴隶。当时，因为黑奴读书是非法的，所以绝大部分黑奴都是文盲。在南北战争结束后，黑人在正规教育、资产财富等方面远远落后于白人，且大都生活在美国南部。

随着时间的推移，黑人的识字率显著提高。19世纪70年代，黑人的识字率只有20%；而到了20世纪30年代，黑人的识字率已达到85%左右；与此同时，白人的识字率从90%左右增加到几乎100%。在识字率方面，黑人与白人之间的差距显著变小。

在就学率方面（5—19岁），19世纪70年代，黑人的就学率只有10%，而在20世纪80年代增加到90%；与此同时，白人的就学率从50%增加到90%。黑人与白人在就学率上的差距几乎不存在了。

在平均在校时间方面，1880—1884 年出生的黑人的平均在校时间是 4 年左右，而 1950—1954 年出生的黑人的平均在校时间已达到 12 年左右；与此同时，白人的平均在校时间从 8 年增长到 13 年左右。黑人和白人在平均在校时间上的差距也显著变小。

柯林斯分析这个问题的经济学模型是一个强调父母代际转移作用的模型：是否上学和上多少年学由父母来决定。最后的结论是：最优上学年限是上学的期望回报、父母的人力资本和学校质量的增函数，是上学的机会成本和其他成本的减函数。

历史上，在南北战争后，新宪法支持建立了许多公立学校，但黑人的政治权利却在被逐步地剥夺。在 1890 年之后，白人学校与被隔离的黑人学校之间的质量差距扩大；在 1930 年之后，这一差距在南部以及在南部与其他地区之间缩小。南部黑人劳动力的教育回报总是显著为正，但这一正的回报率被劳动力市场上的种族歧视大大削弱了。

1954 年，具有重大意义的布朗诉教育委员会（Brown vs. Board of Education）案终结了种族隔离学校。废除种族隔离始于 20 世纪 60 年代中期，一系列反种族歧视的政策纷纷出台。据研究，在布朗案之前，因为种族隔离，黑人得到了较低质量的教育，致使他们的实际收入显著低于应有的期望收入；而种族隔离的废除，使黑人的实际收入大大增加。

总之，在教育所得上，黑人和白人之间的差距显著缩小，但是缩小得不够快、不够彻底。造成这一结果的原因有许多，比如黑人的父母在资源上相对白人较少、美国南部在资源上相对其他地区较少、黑人学校的质量较低以及劳动力市场上的种族歧视仍然存在等。甚至，据研究，黑人与白人之间的教育所得的差距在 20 世纪 90 年代之后就不再显著缩小了，致使黑人与白人之间的技术和工资差距仍然很大。造成这一结果的原因仍然未知，解决不同种族之间的教育差距问题仍充满挑战。

生物制药业研发和创新

厄尼·伯恩特（Ernie Berndt）

传统的观点认为，每年对研究与开发（R&D）投入增速加快而美国食品及药物管理局（以下简称 FDA）新批准的产品数目在下降。由此可以推出这样一个结论：药物的价格会继续上升，而且由于市场的作用并不令人满意，因此有必要更改生物制药行业研发中公共研发与私人研发的比例。然而，这种观点正确吗？生物制药工业的研发能力真的在下滑吗？伯恩特的观点是：仅仅关注诸如美国食品及药物管理局批准的产品此类吸引人眼球的研发成果的数目是不合理的，因为这种观点忽视了连续创新行为的积累效应。

生物制药工业的研发能力在下滑的表象包括：有数据表明在 1990—2004 年间，名义（不剔除通货膨胀因素）的研发支出上升了 55%，而 GDP 通货膨胀率仅为 33%。

首先介绍一下对研发投入的度量。一般而言，药品的研发时期包括四个阶段：临床前时期（一般为 1—5 年）、临床时期（一般为 5—11 年）、申报批准时期（一般为 0.5—2 年）以及投放市场时期（一般为 11—14 年）。另外，根据 Tufts 药品开发研究中心的估计：1979—1991 年、1991—2003 年平均每种药物投放市场前的研发费用分别为 8.02 亿美元和 8.97 亿美元。

然而，对研发产出的衡量指标却只有新化学物质（NCE）和生物制品许可申请（BLA），而且每一种被批准的产品的权重是相同的。FDA 把每种新药申请（new drag application，以下简称 NDA）归为如下 7 类：新的分子，过去被批准的药物中新的无机盐，过去被批准的药物新的表示方式，两种或者更多种药物新的合成物，已经投放市场的药品的复制——新的生产厂家，已经投放市场的药品的新出售方式（包括从柜台销售转为只在场外销售），以及已经投放市场的药品但过去没有被批准的 NDA。还有一些其他度量研发产出的指标，如新产品的销售量、专利等。

传统的研发产出度量指标的弊端包括以下几点。①仅仅关注 NDA/BLA 是不合理的。原因在于 GERD（扫描隧道显微镜）的应用（1986 年批准）比溃疡治疗（1983 年批准）要重要得多；NDA 没有包括避免焦虑、PMS（经前综合症）和其他很多非急性抑郁症的继续恶化和预防此类病的药物等。②投放市场后的研发比想象中要重要得多。有研究表明：30% 的研发支出用在生产线的扩张方面，25.8%的研发支出用于产品被批准之后的研究。③传统的度量方式容易下偏。比如这三类治疗药物——ACE 抑制剂、PP 抑制剂和 SSR/SNR 抑制剂——都有很多的后续开发和应用，但是按照 NDA/BLA 计算时统统把它们各自只算为一种。实际上，如果把后续开发和应用都计算进去的话，近年来，这三类治疗药物的新产品数目都呈现出显著的增长趋势。

基于以上的讨论，有以下一些值得进一步研究的问题：①除了上述三种治疗药物，其他药物是否呈现出同样的趋势呢？②对 FDA 和 EMEA（欧洲药品评价局）普遍对新药申请的评价的来源和优先性是什么呢？③投放市场前 R&D 的回报与投放市场后 R&D 的回报之比是多少呢？④新药申请批准数目的国际比较如何？

残疾人的社会保障问题

马克·达根（Mark Duggan）

联邦政府给未过退休年龄但残疾的人提供健康保险的原因在于三个方面：市场失灵（逆向选择问题）、个人短视及再分配。目前，美国两个最大的给残疾人提供社会保障的组织是残疾人社会保险组织（以下简称 SSDI）和收入补助组织（以下简称 SSI）。前者成立于 1956 年，现在为 80%未过退休年龄的成年人提供保险，它要求申请者在加入本组织之前必须至少工作过 5 年；后者成立于 1973 年，它对申请者加入之前是否工作过没有要求。

首先看 SSDI 和 SSI 的发展现状。一是 SSDI 和 SSI 的补助水平。SSDI 提供的每月补助取决于成员过去的收入，它包含全国平均工资指数。而 SSI 的每月补助是相同的，但是与成员其他收入成负向变动。二是 SSDI 和 SSI 成员录取人数及支出的趋势。自 1985 年后，SSDI 和 SSI 的成员录取人数迅速上升。到目前，SSDI 的成员达到了 660 万，每年保持 2.2%—4.1%的增幅；SSI 的成员也达到了 410 万，也保持了每年 1.4%—2.4%的增幅。支出增长得更加迅速。SSDI 在 2005 年的现金支出为 880 亿美元，在 1985—2005 年间的增幅为 10%—17%，医疗保险的健康支出达到了 490 亿美元，医疗现金补助从 250 亿上升到了 1000 亿。

总共有 2600 亿花在了 970 万人身上。

为什么 SSDI 和 SSI 的成员录取人数增长得如此迅速呢？原因有四个：①自 1985 年起，残疾人的标准放松了；②低技术能力工人的工资下降或者停滞；③越来越多的女性参加工作；④人口的老龄化。

那么 SSDI 和 SSI 的成员录取人数的迅速上升会产生什么影响呢？过去的研究大都集中在 SSDI 对劳动力供给方面的影响，一般认为 SSDI 和 SSI 会降低人们工作的积极性。另外，还有一些学者研究了 SSDI 和 SSI 对经济下滑的敏感度，以及 SSDI 和 SSI 降低了美国失业率等。

SSDI 和 SSI 是否应该改革？据研究，SSDI 和 SSI 主要有以下几个问题。一是从 1984 年起加入组织的条件放宽了，并且更加主观。二是受商业周期影响严重，即经济低迷期成员录取人数迅速增加，支出也迅速增加；经济繁荣期成员录取人数增速下降，支出增长也相对变缓。据计算，1999—2004 年间，支出受商业周期影响的比例累计达到 78%。三是越来越多的补助和奖金通过上诉的方式来获得。据研究，自 1977 到 2002 年，通过上诉形式获得补助的份额从 12% 上升到了 27%。机构里全职处理案件的行政人员达到了 980 人，专门的律师也增加得特别多。四是自己宣布丧失工作能力的人多了 2 倍。11.7% 的 25—46 岁的成年人声称他们有健康问题使得他们不能工作或者不能继续从事他们目前所从事的工作，而且，大部分的人声称他们的残疾问题很严重。五是再分配效应。受惠者比一般的人教育水平更低、加入前的平均工资水平更低，SSDI 和 SSI 在某种程度上担当了再分配的角色。

最后提出对 SSDI 和 SSI 改革的建议。一是降低第一类错误和第二类错误。允许 SSDI 和 SSI 委托医疗和职业评估，并允许 SSDI 和 SSI 拥有自己的诉讼律师。二是给残疾人提供健康保险。这是提高 SSDI 和 SSI 吸引力的一个途径。三是引入如华盛顿的退伍军人项目那样的规模不同、补助不同的形式。比如，从 10%—100% 分为 10 个补助等级，等级越高补助越多，可以从 120 美元到 2400 美元不等。

中国银行业改革的突破性进展

郭树清

中国商业银行改革从前些年开始，取得了突破性的进展。作为新一轮的改革措施，政府投入大量精力将国有银行改造成股份制银行，中国建设银行和中国银行成为首批两家银行，共注入 450 亿美元。这些年，中国国有银行改革取得了突破性的进展。郭教授认为主要体现在以下六个方面。

第一，资本充足率大大提高。全国资本充足率达到 8% 的商业银行由 2004 年年初的 8 家，增加到 2005 年年末的 53 家。资本充足率达标行资产占商业银行总资产的比重由 2003 年年初的 0.6%，上升到 2005 年年末的 75% 左右。4 家国有银行的资本充足率由 2003 年的 -5% 上升到 2005 年年末的 4.02%。除去还没有进行改造的中国农业银行，其他的 3 家国有银行的这个比率更高。以中国建设银行为例，2003 年资本充足率为 6.51%，而到 2005

年已经增加到 13.57%。其中股份资本所占的比例超过 11%。中国银行、中国工商银行股份资本比例大约为 9%。

第二，不良贷款率显著下降。中国银行改革的另一个重大突破是不良贷款率显著下降，这一点非常主要。根据官方数据，中国主要商业银行（国有商业银行和股份制商业银行）不良贷款率从 2003 年的 17.2%，下降到 2005 年的 8.89%。到 2006 年 5 月末，4 家国有银行和 15 家股份制银行的不良贷款余额为 12007 亿元，比上月减少 37 亿元，不良贷款率为 8.02%。中国建设银行在 2003 到 2005 年的 3 年中，不良贷款率基本都稳定在 5% 左右。目前，一些外国企业、学者及国际货币基金组织认为中国现在的不良贷款率仍然很高，对中国公布的官方数据持有怀疑。当然由于不同银行之间差别很大，你不能说这个数据没有一点遗漏，但郭树清认为这个数据还是比较准确和可信的。但改革之前，4 家国有商业银行的不良贷款比率超过了 25%，这是非常高的。

第三，人员结构有很大改善。人员包袱问题曾是一个困扰各家银行发展的头痛问题，许多银行都冗员众多，以中国建设银行为例，股改前人员曾经超过 40 万人。实际上在股改前，四大行就开始大幅度减员和撤并机构。2003 年股改启动后，四大行继续推动劳动用工制度改革，实施人员分流、削减冗员，基本建立起了与绩效挂钩的用工制度。中国建设银行在最近 4 年减员幅度达 25%，到 2005 年年底，建行员工数量减少到大约只有 30 万人。但对下岗工人的安置也是一个问题，郭树清认为在其他国家，裁员也会遇到同样的问题，即使发达国家亦然。通过这些改革，银行人员结构得到了优化，人员素质明显提高，并且还实施了与经营业绩相挂钩的薪酬制度。

第四，服务水平大幅度提高。服务水平是衡量所有商业银行经营管理状况的最基本尺度。服务水平的提高不仅包括服务态度的好转，还有服务内容的增加，各行更加注重围绕客户需要提供银行服务。通过改革，中国建设银行完全改变了以前对待客户的态度，逐步倡导和确立了"以客户为中心"的经营文化，新的经营理念已经深入每一个员工的头脑。中国建设银行从战略合作伙伴美国银行（Bank of American）请来大批专家，帮助提高关键领域的管理和经营水平，也取得了不错的成就。

第五，风险管理水平普遍加强。通过改革，中国银行业的风险管理水平普遍提高。例如，建行采取了一些有效的改革和措施，具体如下。在董事会下设审计委员会和风险管理委员会，由非执行董事担任主席，具有较强的独立性；设立了首席风险官职位，负责全行风险管理系统的组织、运行和垂直管理；实行经济资本管理制度，强化资本对风险和效益的约束；实行贷款独立审批制度；实行审计、风险条线垂直化管理等。这些措施的实施，有效地提高了建行的风险管理水平。其他银行也进行了类似的改革，并取得了良好的效果。

第六，产权结构发生了根本性变化。改革以后，中国银行业的产权结构发生了巨大的变化。例如，建行在香港上市后，外资股东持股比例为 25.75%；中行在香港上市后，外资股东持股比例为 26.159%；工行目前的三家境外战略投资者的持股比例为 8.89%，预计海外上市后，外资股东持股比例会超过 15%。"四大国有商业银行"的称呼已不准确，也许应称"四家最大商业银行"或"四大国有控股商业银行"。中国建设银行有亚洲其他国家的股东，并且有 10 万外国持股者。这些改革都比较成功。就整个中国的银行部门来说，外资持股总额大约占 15%，当然各个银行有差异。

中国银行业改革取得了巨大的成功，但同时也遇到了一些问题。面临这许多挑战，银行改革的任务仍然很重。郭教授认为这主要表现在以下几个方面。

第一，内部公司治理仍需要改进。三家大银行已经基本上搭建起了符合现代企业制度的公司治理框架，都成立了股东大会、董事会和监事会，但是仍有一些关系需要进一步厘清。

首先是如何正确处理好股东大会与董事会的关系。总的来说，这一点在理论上没有什么问题，但在实施上会遇到一些困难。在中国，商业银行遵循《公司法》，而中国《公司法》和其他国家可能有些差别，和中国香港也有很大差异。和其他国家相比，中国股东大会在决策上有更大的权力，许多事情都必须通过股东大会才能实施。比如在经营目标确定方面，在香港不需要经过股东大会决定，但在中国按照《公司法》，需要通过股东大会才能实施。所以，如果给股东大会更大的决策权力，这使股东尤其是一些大股东在决策中发挥着很重大的作用，仿佛股东自己成为了管理者。这就限制了董事会和管理层的作用，有时会混淆谁是管理者。其次要处理的关系是董事会与管理层的关系。问题是以前没有董事会，现在有董事会以后，董事会可能发挥了太大的作用，太积极反而可能会产生负面影响，干预到管理层的工作。所以必须分清董事会和管理层各自应该发挥的作用。然后一个要正确处理的关系是监事会与董事会的关系。这是中国的一个特殊安排。中国建设银行现在管理很好，但郭树清说不太确定是因为制度安排，还是因为员工相互很友善。最后是如何处理好公司法定治理机构与职工代表大会的关系。

第二，平等竞争的外部条件有待统一。平等竞争需要平等的竞争环境。经过改革以后，竞争环境有了一定的改善，但还存在一定程度的行政限制和干预。各级政府对于金融市场仍然可能有一定的直接干预，尤其是一些特殊的政府部门与某些垄断行业联系在一起，例如铁路、运输等。总的来说，这些行业是银行非常好的客户，但由于其垄断地位，有时也会带来一些问题。与其他股份制银行相比，四大银行更多地承担了宏观调控责任。另外税收政策不合理。与外资银行相比，中资银行所得税税率是33%，外资银行的外币业务所得税率是15%，营业税也不平等。

第三，信用制度和法律环境需要完善。社会信用缺失严重；企业信息披露机制不健全，信息披露的真实性、完整性缺乏法律约束；个人征信系统刚刚建立，还需要不断完善。这些会给银行带来额外的困难。法律对债权人的保护仍然比较薄弱，司法环境也需要进一步改善。

第四，业务结构转型面临困难。从银行内部来看，存贷款业务仍然高速增长，仍是银行收入的主要来源，但发展中间业务所需要的人才不足。从外部因素来看，中外银行中间业务收入差距大的主要原因是中外银行的业务范围不同。欧美的大型银行多是全能型银行；而中国的商业银行囿于分业经营，只能将业务集中在传统的商业银行业务上。中间业务的发展需要业务结构有一个大的转型。

第五，国有银行内部仍有许多工作要做。银行的业务流程和经营机制不能真正体现"以客户为中心，以市场为导向"的要求；机构重组、人员分流任务非常艰巨；银行发展所需要的复合型专业技术人才和高级管理人才以及年轻人进入较为困难；银行的网点分布不合理，落后地区的机构不容易撤并，发达地区不好增加；激励约束机制的建设受到一系列条件的制约等。

为了使中国的银行业能真正符合国际标准，更好地为中国经济服务，中国建设银行必须继续采取一些改革措施。

第一，必须真正建立起"以客户为中心、以市场为导向"的经营机制。以客户需求为出发点和归宿点，对组织架构、操作规章和业务流程进行彻底再造。

第二，要继续深化人力资源管理体制改革，改革劳动用工制度和薪酬制度，建立起符合现代商业银行需要的员工队伍，要改革决策、执行、监督机制，真正做到决策科学、执行有力、监督有效。

第三，加大金融市场和金融产品创新，允许银行发展更多的产品。要适应市场和客户的需要，就要允许商业银行的业务扩展到更多的金融服务领域，如保险、投资银行业务、咨询业务等。应该进一步扩大金融业的对外开放，允许国内银行与国际一流银行进行战略合作，引进先进的管理技术和经营理念。

第四，应该为银行营造公平竞争的市场环境。政府应该尽可能不以任何形式干预银行经营，为银行营造公平竞争的市场环境；尽快统一税收政策，完善法律环境，切实做到保护债权人利益。

中国银行业的改革已经取得历史性突破，国有银行的经营机制已经发生实质性变化，已不可能再回到过去的轨道上。只要在中央的统一领导下，坚持正确的方向，持之以恒，中国会建成符合国内国际经济需要的世界一流的银行体系。

郭树清先生演讲后，费尔德斯坦提问道："国有银行的重要性如何？它们在政府中扮演什么角色？国有银行和其他股份制银行的区别是什么？"郭先生回答说："也许"四大国有商业银行"的称呼已不准确，也许应称"四家最大商业银行"或"四大国有控股商业银行"，因为其股权结果已经发生了很大的变化，个人股、外资股已经占有很大的一部分，但政府仍然是最大的股东，持有大部分股权。至于四大银行和其他股份制银行的区别，可能在于作为最大股东的国家，会通过一些具体的相关公司起一些作用，比如中央汇金公司等，但政府现在只是作为最大的股东，在经营上不会有太大的差别。政府在创造公平的环境，让四大银行和其他商业银行平等竞争，保证公平竞争的环境，同时保证不侵害中小股东的利益。"

另有人问道："在改革成效方面，中国商业银行已经基本建立起独立信贷系统。而在挑战方面，和其他银行相比，四大国有商业银行有宏观控制的负担，这也意味着由于四大国有银行和政府的特殊关系，它们需要为政府垄断企业提供扶持。在这种情况下，四大国有商业银行的独立信贷系统如何发挥作用？"郭先生回复道："经过改革，中国商业银行已经基本建立起独立信贷系统，四大银行在经营上已经有了很大的独立性。而独立信贷系统需要对企业有很好的了解，还需要规范的评级系统，这都是以后改革要继续改进的地方。"

还有人问道："作为银行家，您同时又是党员和政治家，党和政治家对银行日常经营干预大吗？"郭先生说："我其实是一个商人，一个银行家。党当然很重要，有许多党员。但党员并不干预经营，和商业并没有太大直接关系。那是相对独立的。"

CCER-NBER 第九届年会

中国经济发展与结构性问题

（2007年6月）

2007年6月28日至30日，第九届CCER-NBER中国与世界经济年会在北京大学中国经济研究中万众楼举行。来自NBER、CCER以及北京大学光华管理学院、清华大学等机构的学者围绕有关中国与世界经济的议题互相交流并进行讨论。

本年会的演讲嘉宾有：哈佛大学马丁·菲尔德斯坦（Martin Feldstein）、阿尔文·罗思（Alvin Roth）教授，麻省理工学院克莉丝汀·福布斯（Kristin Forbes）教授，达特茅斯学院的道格拉斯·欧文（Douglas Irwin）教授，哥伦比亚大学魏尚进教授，美国西北大学的斯科特·斯特恩（Scott Stern）教授，普林斯顿大学马克·沃森（Mark Watson）教授，塔夫茨大学吉尔伯特·E.梅特卡夫（Gilbert E. Metcalf）教授，加州大学洛杉矶分校的凯瑟琳·麦加里（Kathleen McGarry）教授，北京大学林毅夫教授、卢锋教授、蔡洪滨教授、姚洋教授、周黎安教授、李玲教授、易纲教授，清华大学钱颖一教授、白重恩教授、李宏彬教授、李稻葵教授，中国人民大学查道炯教授，以及上海社会科学院左学金教授。

中国的经济改革：新的挑战和政策选择

林毅夫

从 1978 年改革开始，中国经济取得了巨大的成就。GDP 平均年增长率达到 9.7%，28 年间 GDP 增长了 13 倍；贸易年增长率达到 17.2%，28 年间增长了 85 倍。中国目前在世界的经济地位也有巨大提高：GDP 排世界第四，贸易排世界第三，吸引外国直接投资排世界第二，外汇储备排世界第一。

但是，中国同时也面临着许多新的挑战——各种内外不均衡。这主要表现在五个方面：

第一，城乡收入差距大，而且近年来有继续扩大的趋势。1978 年，城乡人均收入比率是 2.6:1。随着 20 世纪 80 年代初农村改革的深入，农村人均收入水平获得提高，1984 年城乡人均收入比率下降为 1.8:1。但此后该比率开始快速提高，到 2006 年达到了 3.3:1。据估计，到 2010 年城乡人均收入比率可能达到 4.2:1。

第二，收入不平等。改革开放初期收入分配相对比较公平，但随后收入分配不公平的现象开始恶化，到目前基尼系数已经达到 0.45，而且还有继续增大的趋势。

第三，投资过热。由于 1992—1997 年间的过度投资导致的过剩生产能力，中国在 1998—2002 年间经历了持续的通货紧缩。为了摆脱这个通货紧缩，中国经历了又一次的投资过热。从 2003 年开始，固定资产投资年增长率达到 25%。可以预测，等这些投资完成投产之后，中国很可能会经历另一次通货紧缩。

第四，潮涌现象（wave phenomenon）。与一般的过度投资不同，"潮涌现象"是指在一定时期内集中于个别产业的过度投资。例如，2003—2005 年在汽车产业、建筑材料产业和房地产，以及 2006 年的化工产业的集中过度投资。这种集中于个别产业的过度投资会进一步恶化产能过剩的状况，导致这些部门投资的金融回报率很低。

第五，经常账户和资本账户双顺差。经常账户盈余的原因是中国国内存在过剩生产能力，以及美国存在过度需求。资本账户盈余的原因是大量的外国直接投资（以下简称 FDI）涌入中国。这些 FDI 涌入中国，一方面是为了将中国作为出口基地，另一方面是为了利用中国这个广阔的大市场。双顺差对中国有巨大的影响，它导致中国外汇储备快速增长，导致大量对人民币升值的投机活动，以及证券市场和房地产市场的泡沫。

这些内外不均衡的形成原因多种多样，但主要原因在于尚未完成的改革。在向市场经济过渡的过程中，中国采取了双轨制渐进改革的方式。这种方式保证了转型过程中中国经济的稳定和动态增长。由于对金融结构、资源税和行政垄断制度的改革尚未完成，中国还存在上述各种各样的内外不均衡。而另外一些内外不均衡，如潮涌现象和双顺差则是中国这个快速发展的发展中国家的特征现象。

首先，中国的金融结构改革尚未完成，金融部门仍然主要由四大国有银行主导。一方面，中小企业很难获得银行贷款，这导致中小企业发展动力不足。中小企业应该是第三产业的主力军，但 2006 年中国中小企业仅占第三产业的 39.5%。中小企业发展不好也减少了就业机会，体现在二元经济、低工资及城乡收入差距上。另一方面，利率被人为压低，存款和贷款利率都很低，这是一种对企业和富人的变相补贴，因为他们是贷款投资的主要人群。这进一步加剧了收入不平等。

其次，资源税改革尚未完成。在中国，资源国有。在改革之前，采掘企业都是国有企业，资源价格被人为压低，对开采自然资源也不收费；改革之后，由于资源价格很低并且采掘企业背负社会负担，资源税也定得很低——仅仅占价格的 1.8%。1980 年以后，私有企业允许进入开采业，由于低资源税和资源价格的市场化，开采业成为暴利行业。这一方面导致收入差距加剧，另一方面也导致寻租盛行。

再次，对行政垄断的改革还未完成。行政垄断是为了保护国有企业，在能源、通信和银行部门都还存在相当程度的垄断力量。这有三个方面的结果：垄断租金，垄断部门的高收入及由此导致的收入差距，以及寻租行为。

最后，潮涌现象。这是重要的发展经济学问题。发达国家的产业处于世界产业链的最前沿。多数情况下，对于哪一个产业是下一个新的有利可图的产业，企业很难形成共识。而发展中国家的产业处于世界产业链内部，对于哪一个产业是下一个新的有利可图的升级产业，企业更容易形成共识。这类似于公地的悲剧，许多企业同时涌入这个新的产业，导致在这个新的产业形成过度投资和产能过剩。而高度集中的银行部门及地方政府之间的竞争都会加剧潮涌现象。经常和资本账户双顺差是中国另一个重要的发展问题。如前所述，经常账户盈余是由于中国过剩生产能力以及美国的过度需求，与美国的双赤字并存。资本账户盈余则是由于大量 FDI 流入中国寻求出口基地以及中国广阔的大市场。

为了应对这些挑战，解决内外不均衡的问题，可以采取以下政策。首先是完成向市场经济的过渡。一方面需要发展中小银行以支持中小企业的发展。这可以降低城乡差距和收入差距，并可以降低银行集中度以减少潮涌现象。另一方面需要提高资源税到国际水平并减少行政垄断，以降低收入差距并减少寻租行为。其次是实行必要的应对潮涌现象和双顺差的政策。为了解决潮涌现象，可以加强发挥政府在指导投资方面的提供信息、协调和规制的功能。这可以降低投资过热，分散投资的行业分布，减少产能过剩，并有助于降低贸易盈余。为了解决双盈余问题，需要降低甚至取消对外资的税收优惠。

中国经济转型透视

钱颖一

从 1978 年开始，中国经济取得的成就是举世瞩目的。在不到 30 年的时间里，中国从一个严格中央集权经济过渡到一个新兴市场经济，从一个封闭经济过渡到开放经济，从一个贫穷的农业经济过渡到低中等收入水平的工业化经济。可以说，中国经济在这段时间里取得了巨大的成就。

从改革的角度看，所有制改革取得了巨大的成就。国有经济的增加值贡献占国民经济的比重稳步下降，私营经济的贡献占比快速上升，外资经济的贡献占比也略有上升。从开放的角度看，中国外贸增长较快，建立了一部分外向型产业。2006年，对外贸易达到17600亿美元，贸易盈余1770亿美元，外国直接投资630亿美元，外汇储备达到10600亿美元。从发展的角度看，第一产业、第二产业和第三产业占国民经济的比重发生了明显的变化。第一产业比重明显下降，第二、三产业比重稳步上升。

关于中国经济，传统上有两种观点：第一种认为中国经济是"奇迹"；第二种认为中国经济存在许多不健全的基本因素，例如制度不完善、收入不平等、环境污染问题等，因此认为中国经济必然会崩溃。但是，本文从历史和现实的角度，提出另一种更合理的观点，即认为，中国经济既不是奇迹，也不会必然崩溃，它只是"正常"，只是它比其他经济体都大，而且很开放，所以表面上看起来与众不同。下面提出四个观察来论证这一观点。

第一个观察是中国经济的增长是惊人的，但并不是奇迹。首先，中国经济增长率非常惊人。从1978年到2001年，平均维持了超过9%的增长率，甚至远远高于中国台湾地区、日本等被认为已经是快速增长的经济，和韩国基本持平。但是，中国经济增长率并不让人惊奇，因为已经有很多国家和地区在历史上都经历过如此快速增长的时期。例如，中国台湾地区在1958年到1987年、日本在1950年到1973年、韩国在1962年到1990年等都经历过像中国一样的高速增长，增长率甚至超过中国。

第二个观察是中国经济虽然还存在一些问题，例如腐败、法律不完善、收入分配不均等，但它们不是中国特有的，更不会导致中国经济走向崩溃，因为根据其他国家发展经验，这些问题是一个国家经济发展过程必然要经历的阵痛，需要经济发展到一定程度才能很好地解决这些问题。据研究，中国的腐败指数仅仅排名全球71位（从好到坏排位）。而法律治理指数仅仅在中下层，远远差于新加坡、日本、中国香港、韩国等，甚至不如印度、巴西和墨西哥，只是好于秘鲁、俄罗斯等。收入分配不均等情况更是严重，1988、1995、2002年农村基尼系数分别是0.32、0.38、0.37，城市基尼系数分别是0.23、0.28、0.32，而总基尼系数分别是0.39、0.44、0.45。可见，不仅农村和城市收入分配都很不均，而且城乡收入差距也非常严重。但是，从世界其他国家的发展历程来看，中国的这些问题都很正常。因为根据历史经验，随着经济增长，腐败问题会减轻，法律治理也会改善，中国基本处于"腐败—人均GDP"、"法律指数—人均GDP"两条正常线上。收入分配也是如此，世界经济发展经验是随着经济从极穷向富裕发展，收入分配会先趋向不均，然后回复公平，表现为基尼系数的先上升后下降，而中国正好处于"基尼系数—人均GDP"的回归轨迹上。因此可以说，中国经济的这些问题都是世界其他国家共有的现象。

第三个观察是中国的投资率非常高。从物质资本投资的角度看，1980以后，中国基础设施投资快速增长，尤其是电力、天然气、水等的投资增长非常快，交通运输、通信的投资也有较大增长。1988年中国高速公路只有147公里，2005年达到41 000公里，计划未来达到85 000公里。但参照美国的情况，这些投资增长就并不过分令人惊异。另一方面，教育投资也急剧增长。年入大学新生人数从1997年的大约100万人，到2005年超过了500万人。大学在校生人数也从1995年的大约300万人，增长到2005年的超过1500万人。增长速度非常之快。但中国的大学生人数在总人口中的比例并不高，和发达国家相比，还处于一个相对较低的水平。因此，大学入学率的快速增长也是比较正常的。

第四个观察是中国经济的开放程度非常高。按照购买力评价计算的中国GDP占世界GDP的比重，从1820年到现在，经历了一个先下降后上升的过程。从1820年占世界的约

1/3，降到 1950 年最低 4.5%，然后逐渐上升到 2001 年的 12.3%，预计 2005 年将达到世界的 1/4 左右。考虑到中国人口占世界总人口的比例，GDP 近年来的增长势头是比较正常的。但中国的进出口水平却非常高，2006 年中国进口占 GDP 比重为 30% 左右，出口高达 35%。这虽然不是说非常不正常，但比许多国家要高得多。例如，美国大约是出口占 GDP 的 10%，进口占 15%。因此，中国经济非常开放。

综上所述，中国经济既不是奇迹，也不会必然崩溃，仍然只是"正常"的经济发展历程，它看起来与众不同只是因为它比其他经济体都大，而且很开放。

中国经济增长的新方向

马丁·费尔德斯坦（Martin Feldstein）

总的来说，中国经济取得了非常好的成绩。传统的激励机制仍然是提高生产率的有效手段。例如，促进研究和开发、加速采用新技术以及提高企业和投资者的风险投资收益等。20 多年来，中国的产出取得了巨大的成就，国内消费水平也有增长，但与产出增长率相比，消费增长率较低。这是中国需要解决的一个重要问题。因为，在经济增长过程中，消费必须是最终的也是最重要的目标。经济增长政策的目标必须是消费，而不仅仅是产出的增长。

中国在经济增长中，目前应该追求三个特别的目标：第一，应该通过降低过度储蓄和投资，以及鼓励更多的国内消费而不是出口，让消费比 GDP 更快得增长。第二，中国必须解决收入和消费不平等的问题，提高弱势群体的消费水平。第三，提高非农业就业率。

为了达到上述三个目标，有三个政策可以尝试。

首先是利用新税收制度降低企业储蓄，刺激家庭消费，毕竟中国接近 50% 的储蓄率是世界罕见的。在降低企业储蓄方面，一方面提高对私有企业征收的未分配利润税率（高于对红利征收的税率），鼓励更多的企业支出；另一方面命令国有企业动用他们的盈余，而不是用于储蓄。在刺激家庭消费方面，用工资税代替增值税，对税收导致的价格在未来将上涨的预期会提高当期的消费；在当前补贴特定的消费，然后逐步取消这些补贴，这样家庭对未来价格上涨的预期会提高当期消费。其他提高消费的办法还包括建立健全社会保障制度以提高消费者对养老保险制度的信心，发展医疗保险市场以降低消费者对医疗费的个人储蓄等。

其次，增加政府对健康、教育等的补贴。健康、教育等是优先的消费部门。这些政策已经开始实施，但力度不够，政府可以加大对健康和教育消费的补贴。实际上，在健康和教育服务上投入 1 美元比在生产工业品上投入 1 美元能产生更多的就业，因而中国可以通过适当增加健康和教育等服务来提高就业率。提高就业率的其他政策还包括对服务业免除增值税（因为服务业是劳动密集型产业，比资本密集型企业能提供更多的就业机会），降低工资税，以及对提供新就业机会和就业培训的企业进行工资补贴等。

最后，在提高消费的过程中，可以允许政府有适当的更大的财政赤字。对中国来说，连续一段时间增加财政赤字不会带来多大的影响，因为中国目前的赤字很小，而且政府有足够的收入并且经济增长速度足够快。只有对于储蓄率低,而且为赤字融资会带来通货膨胀的国家,财政赤字才会带来问题。而中国不仅储蓄率高,而且为赤字融资也不会导致通货膨胀,因为政府有足够的能力用其他温和的方式为赤字融资。因此,适度的连续几年的财政赤字不会给中国带来大的问题。这些财政赤字可以有多种使用途径:用于资助社会保障账户,补贴健康保险,暂时降低增值税率,以及补贴农村地区医疗和教育等。而且所有这些用途都能增加劳动密集型企业,从而可以提高就业率。

金融流动将会继续支持全球不平衡吗?

克里丝汀·福布斯(Kristin Forbes)

福布斯教授介绍了一些有关国际金融的问题。她首先讨论了这些问题的分析背景。美国自1980年以来一直处于经常项目赤字的情况,最近一两年经常账户赤字更是达到了GDP的7%。2007年,美国经常项目赤字已达8350亿美元,这一数字远远高于世界其他国家和地区。与此同时,2007年亚洲地区的经常项目账户盈余达到了3090亿美元,其中的大部分份额由中国占有。2006年全年,共有18000亿美元的资本流入美国,10000亿美元的资本流出美国,因此经常账户赤字为8000亿美元,而发展中国家和新兴市场是流入美国资本的主要来源。数字上的描述引发了下面几个问题:是谁在美国进行投资?投资的回报率如何?哪些因素使得其他国家更偏好在美国投资?福布斯教授对这几个问题分别作了详细的回答。

通过对美国债务持有情况的分析,可将其分为政府持有、政府国库券、公司债券、外商直接投资、股票等形式。将美国债务的主要持有者分为长期债务持有者、短期债务持有者和股票持有者。数据显示,日本是美国债务的最大持有者,总量超过10000亿美元,并主要以长期债务的形式持有。中国排在第二,总量超过5000亿美元,也是以长期债务为主要持有形式。当只考虑最大的私人部门持有者时,日本仍然是最大的持有者,接着是英国和卢森堡,中国没有排入前15位。

一些基于长期数据的研究表明,外国投资者在美国债务上投资的回报率明显低于美国投资者在国外的投资回报率。但是,实际上,现在大多数的投资者只关心最近3到5年的投资回报率。通过对比2001年到2005年投资的总回报率,可以观察到,无论是否考虑汇率的影响,美国资产在外国的回报率(6.2%,4.6%)都要明显高于外国资产在美国的回报率(2.2%,2.0%)。一个可能的原因是美国资产在外国的投资形式与外国资产在美国的投资形式不同,例如,美国资产主要是通过外商直接投资而外国资产则主要是通过购买债券,而外商直接投资的回报率又是明显高于债券的回报率的。外国资产投资于美国债券可能是由外国政府决定的,而外国政府关心的并不是回报率,而是其他的一些东西,如美国金融市场的稳定性和有效性。

在一些标准的假设下,投资者将持有世界资产投资组合,但是因为"本地偏好"的原因,投资者将偏好于持有更多的本地资产。根据这一理论,计算出不同国家对美国股票和债务的投资的比例,并分别比较与市场投资组合中美国股票与债务的比例的偏差,且分析不同因素对这一偏差的影响,就可以衡量哪些因素对该国家向美国投资情况有影响。实证分析的结果表明,对资本外流控制较弱的国家或者与美国市场回报联系较小的国家,在美国的股票和债务市场投资较多;金融市场较不发达的国家,企业管理状况较好的国家或者与美国关系较密切的国家,在美国的股票市场投资较多;与美国贸易较多的国家,在美国的债务市场投资较多。

沿着这一思路,接下来的问题是,认识到外国投资者在美国债务上投资的回报率明显低于美国投资者在国外的投资回报率后,外国投资者是否会减少对美国的投资?美元是否需要调整?这些是需要进一步研究的问题。

贸易、外商直接投资和技术升级

姚洋

姚洋教授报告了他最近研究的两个发现:一个是中国的出口并没有遵循比较优势理论,而是具有很强的赶超特征。另一个是中国出口的产品的技术在过去的 25 年内有了很大升级。

首先,姚洋教授定义了有限赶超(limited catch-up),与比较优势不同,有限赶超是指一国的出口产品的技术含量水平要高于以比较优势为基础的国际劳动分工所决定的水平。

姚洋教授首先用比较优势的概念来解释中国的赶超。考虑只有两个国家的情形下,例如中国和美国,假设美国是技术的领导者,即高新技术源自美国,而中国是技术的跟随者,可以无代价地获得技术。那么,根据比较优势理论,中国有劳动力优势,应该出口劳动密集型产品(通常是低技术产品),美国有高新技术优势,应该出口高技术产品。但问题是,随着美国在高新技术方面的创新,中国在产品技术等级上能否缩小和美国的差距?当美国开发高技术产品时,它的劳动力成本会上升,因此会让出一部分低技术产品给中国生产。但是,这可能不足以让中国的产品追赶上美国,原因在于,中国由于生产了更多的产品也不得不提高工人工资,而且,由于美国新发展的高技术产品所需要的劳动力数量低于它让出的低技术产品所需要的劳动力数量,中国工资的增长速度会高于美国。因此,如果仅仅按照比较优势来生产,中国不可能在产品技术上或者收入上赶上美国。这是下面讨论的一个背景及动机。

其次,姚洋教授提出了商品技术含量指数(technological content index,以下简称 TCI)以及有限赶超指数(limited catch-up index,以下简称 LCI)的定义,TCI 反映出了一国实际的出口商品的平均技术含量与世界贸易格局所决定的该国的国际劳动分工水平之间的差异,不但需要对出口同一商品的不同国家进行平均,也需要对不同商品进行平均。不同国家的回归结果显示,log(TCI)与 log(人均国内生产总值)之间存在线性关系,有些国家位于线上,有些国家位于线下,这样就可以自然地将一个国家相对于另一个国家的 LCI 定义为 log(TCI)的差值。一个国家位于线上则该国家的增长就快,回归结果与经验观察是基本一致的。接着选取 1985、1990、1995、2000 年为分界点,分别考察这些年份的 LCI 与今后 5 年人均 GDP 平均增长速度的关系。回归结果显示,LCI 与今后 5 年的人均 GDP

增长速度高度正相关。5 年平均截面数据回归和 10 年平均截面数据回归得到了一致的结论。比较不同国家的 LCI 同样可以得到一些与现实相符的结论，例如，韩国和中国台湾地区的 1970—2000 年的 LCI 显示它们的有限赶超趋于一致；美国的 LCI 几乎为零，这是有意义的，因为美国一直处于世界技术的前沿；中国、印度和阿根廷相比较，中国的 LCI 最高，紧接着是印度，而阿根廷的 LCI 则在零附近波动较大。

最后，姚洋教授提出，尽管近年来中国的出口产品的技术含量有了很大的升级，但由于 60%的出口是由三资企业完成的，所以问题是中国出口产品的技术含量的赶超是否就代表了中国本土企业的技术赶超？数据显示，本土企业的出口产品的技术水平的确低于三资企业的，但是，它的增长速度高于三资企业，可以预期，本土企业出口产品的技术水平会赶上三资企业。另外，广东的经验表明，从劳动密集型产品的出口开始，本土企业经过不断学习，进行了产业升级，而且这一模式逐渐向内地转移。因此，中国出口的技术在确实有了很大升级。

美国贸易政策的发展

道格拉斯·欧文（Douglas Irwin）

欧文教授介绍了 19 世纪以来美国贸易政策的改变和发展过程。他首先介绍了 1970 年至 2005 年美国进口加权平均关税的表现情况，主要有以下三个特点：第一个特点是美国的贸易政策的发展分为三个时期，可以分别用三个"R"来代表其特点。第一个时期是内战前，这段时期美国的贸易政策倾向于高关税，这里的主要原因是关税是联邦政府的主要收入（revenue）来源。第二个时期是从内战到第二次世界大战，这时期美国的贸易保护主义不断加深，通过增加关税对贸易进行限制（restriction）。第三个时期是从第二次世界大战到现在，美国的贸易政策倾向于互惠（reciprocity），因为美国没有全面自由贸易的传统，它更倾向于使用谈判的权力。第二个重要特点是，这段时期内进口加权平均关税有很大的波动，但这些波动与税率的改变无关，只与进口商品价格的改变有关。第三个特点进口加权平均关税随政策变化而动态地变化，这个特点不是这次报告讨论的重点。

其次，欧文教授主要介绍了有关美国贸易政策发展的两个方面的内容：一个是过去以及现在美国贸易保护所造成的损失；另一个是关税及贸易总协定（GATT），也就是世界贸易组织（WTO）的前身的起源。

为了计算衡量贸易保护的额外损失（deadweight loss，以下简称 DWL），欧文教授采取了 Harry Johnson（1960）的指标。在该指标中，将进口/国内生产总值的比例、进口需求的弹性、出口与 GDP 的比例，以及税率的平方四个因素看做是衡量额外损失的主要因素。通过数据计算以及对弹性的假设，可以估算出贸易保护的额外损失。内战后数据显示：一方面，美国的进口比例一直不高，最高时也没超过 GDP 的 8%，这点与中国的情况是不相同的；另一方面，免税进口占了美国进口的大部分。另外，二战后，美国的进口比例以及免税进口比例都得到了很大的提高。最重要的是，美国贸易保护的 DWL 一直不高，内战后几乎一直保持在 1%以下，并在一直下降。那么，美国贸易保护的 DWL 为什么这么低呢？

有以下一些可能的原因：第一，历史上美国的对外贸易份额一直较小；第二，免税进口占了美国进口的大部分；第三，关税不是一个特别扭曲的贸易保护限制；第四，美国技术比较接近世界技术前沿。最后，欧文教授简要介绍了这种分析方法的一些局限性，如未考虑寻租行为、贸易保护的内生性及产品的多样性等。

最后，关税及贸易总协定（GATT）是一个政府间缔结的有关关税和贸易规则的多边国际协定。它的宗旨是通过削减关税和其他贸易壁垒，消除国际贸易中的差别待遇，促进国际贸易自由化，以充分利用世界资源，扩大商品的生产与流通。关税及贸易总协定于1947年10月30日在日内瓦签订，并于1948年1月1日开始生效。欧文教授主要讨论的是关税及贸易总协定的起源。一个重要的人物是罗斯福总统时期的国务卿康德尔·赫尔（Cordell Hull），他不但深信"无论是长久太平或国家福利，都与善意、公平、平等及最大程度的国际贸易自由密不可分"，而且直接参与了关税及贸易总协定的创建与组织。在赫尔的建议下，美国通过了一系列互惠的自由贸易法案，与欧洲及拉美签订了包括有降低关税的最惠国待遇原则的协定。之后，自由贸易逐渐成为了世界贸易的必然趋势。通过一系列的国际会议及谈判，各国终于在1947年签订了关税及贸易总协定。之所以介绍这段历史是因为欧文教授认为关税及贸易总协定的起源对开放后持续发展的中国有着重要的指导意义。

中国资本回报率

白重恩

白重恩教授的报告是关于他和钱颖一、谢长泰所作的关于中国资本回报率的研究。过去二十多年投资占国内生产总值比例大幅增长，问题是中国的投资是否太高。这项研究希望通过对中国资本回报率的估计为这个问题提供一些参考价值。

他们主要采用 Hall-Jorgensen 公式估计资本回报率，即通过资本份额、资本存量、国内生产总值以及资本和产出的通货膨胀率估计资本回报率。其中，资本存量和国内生产总值都采用现价价格，资本存量通过永续盘存法利用1952年以来的投资数据估计。投资有固定资产投资和资本形成总额两组数据，最近几年固定资产投资占国内生产总值比例增长很快，资本形成总额增长相对缓慢。其中一个重要原因是固定资产投资数据存在重复计算。比如A企业向B企业出售厂房在中国的统计中计入固定资产投资，但实际上仅仅发生资产转移并没有增加净投资。计算资本存量时将投资分为建筑和设备两类，分别采用不同的折旧率和价格指数进行计算。计算收入的资本份额时，中国也不同于其他国家。通常因为自营职业者的工资一般计入资本收入而担心高估资本份额；中国恰恰相反，2004年以前自营职业者的工资全部计入劳动收入。此外，他们计算平均回报而非边际回报，但是通过一些假设利用平均回报推算边际回报。

估计资本回报率有诸多方法。一是利用资本市场回报率，但由于中国资本市场极其缺乏效率，此类数据存在很大问题。二是通过生产函数估计资本的边际回报率，但该方法存在内生性问题。三是利用企业层面的数据。企业数据的好处是数据更加丰富，能够提供更多的分析。但是如果感兴趣的是平均资本回报率的话，国民收入账户数据可能更好。这主要是因为企业层面数据仅覆盖工业企业,而且企业覆盖面随时间发生变化。例如,1998年以前,工业统计包括50万家企业,1998年以后仅包括16万家企业。另一个问题是企业层面数据中资本存量是账面价值,没有经过物价调整。因此他们选择国民收入账户数据。

白教授首先做一个基础估计,其中资本存量仅包含固定资产而不包含存货,利润采用税前利润,包括所有部门,由此得出第一个投资回报率的序列。基本结论是1998年以来资本回报率并且没有显著下降。但是由于基础估计存在很多问题,还需对其进行一一调整。

首先,占投资很大比例的城镇住宅投资在国民收入核算中未得到正确处理。国家统计局采用住宅建造时价值的3%作为住宅回报,当住宅发生升值,这一计算就不再恰当。但由于无法计算城镇住宅投资的真实回报,因此将整个部门的投资和收入全部去除在外,计算其余部门的资本回报率。结果可以看到去除该部门后,资本回报率大大提高。其次,因为资源的租金不应计入资本收入,所以同样地,白教授他们从资本和利润中都去除了农业和采掘业。结果看到去除农业和采掘业对近年的资本回报率并没有带来显著影响,早年的资本回报率发生变化,主要是由于早年资源定价过低所造成。此外,去除增值税和企业所得税之后,企业回报率降低了10个百分点。税前利润率最近几年并没有发生显著下降,2001年以来有所上升。最后,如果考虑存货在内,投资回报率显著下降。从各个估计结果看,1978—2005年间,资本回报率发生波动,但不存在明显的趋势。

利用佩恩表(Penn World Table,以下简称PWT)数据进行国际比较,考虑可比性直接采用PWT数据而不是调整后的资本回报率数据,比较结果发现中国是世界上资本回报率最高的国家之一。分别计算三次产业资本回报率发现,20世纪90年代初期,三次产业资本回报率非常相似,之后开始发散。分省资本回报率计算发现地区间存在趋同,即资本回报率的标准差呈现下降趋势,但东部地区表现更好。

高投资率之下仍有高资本回报率的一个重要因素是1998年以来资本份额的显著增加。第一产业和第二产业资本份额增加,更重要的是第一产业比重的下降。由于第一产业资本份额相对较低,第一产业比重下降带来平均资本份额上升。如果将第二产业分解开,可以看到几乎所有两位数行业的资本份额都在增加。由于国有企业资本份额显著低于其他类型企业的资本份额,国有企业比重的下降使得整体经济资本份额上升。

白教授说,他们的估计并不意味投资没有问题,其实目前存在很多问题,比如资源配置缺乏效率,但是该研究结果中确实并没有看到资本回报率发生下降。此外,由于有一些成本并不包括在国民账户中,该估计可能存在误差,比如未考虑环境成本会高估资本回报率。

国内公司治理与全球化关系

魏尚进

魏尚进教授最近的两项研究考察了国内公司与全球化之间的关系,结果表明其联系是双向的：一方面国内公司影响国际资本流动，另一方面全球化也会影响国内公司。下面分别讨论这两个方面。

国内公司影响国际资本流动的研究主要考察国内腐败的影响。理论上，腐败对外商直接投资的影响是两面的：通常认为腐败对与资本流动存在负面效应；但腐败也可能有助于绕过某些过分的政府监管，从而提高效率。绝大多数实证研究认为，腐败对于外商直接投资流入的净效应是负向的，即腐败减少东道国的外商直接投资流入。可能的影响机制分析如下。有关公司财务的文献认为治理较差的公司倾向于采用较高的资产负债率。类似的逻辑有可能适用于整个国家，即监管更差（比如法制不健全、腐败更多）的国家倾向于采用更高的资产负债率，从而影响资本流入。有关文献发现不同机构对资本流动影响程度不同，公司透明度和公司治理也会影响资本流动。

魏教授和 Woochan Kim 与 Taeyoon Sung 最近的研究考察了公司治理中的所有权和控制权分离现象对国际资本流动的影响。所有权和控制权分离现象在发展中国家并不少见，所有者可以通过金字塔结构或者交叉持股等方式实现所有权和控制权分离。以韩国电信公司 Dacom 为例，Koo 氏家族利用金字塔结构通过 LG 电子、LG 化学、LG 产电、LG 信息通信公司间接控制 Dacom 公司。Koo 氏家族只拥有不到 2%的股份，却拥有 Dacom 公司 53.5%的投票权。因此，Koo 氏家族有权安排 Dacom 公司与 Koo 氏旗下由 Koo 氏全部控股的 XYZ 公司在交易时作出额外支付。Dacom 公司每支付 100 万美元，Koo 氏家族仅损失 2 万美元，却从 XYZ 获得 100 万美元。因此，Koo 氏家族有损害其他股东的潜在动机和可能性。所有权和控制权分离并非韩国所特有，日本之外的大多数东亚国家都大量存在；西欧也存在，如意大利、法国；但在美国极其罕见，只有纽约时报、华盛顿邮报、华尔街日报等少数公司存在。

研究利用外国投资者对韩国股票的持有状况和韩国商业集团股权结构数据考察韩国公司所有权和控制权分离对国外投资的影响。研究发现，国际投资者避免投资于所有权和控制权分离的公司。但并非所有投资都是如此，美国（所有权和控制权分离程度较低）投资者比法国、意大利（所有权和控制权分离程度较高）投资者更加关注这一问题。对于美国投资者而言，仅仅东南亚金融危机之后才开始重视所有权和控制权的分离。这一结果与现实观察相吻合，过去提到新兴经济时通常讨论投资于新兴经济可以获得更高的回报，现在谈到新兴经济却主要讨论公司治理、腐败等问题，商学院的金融投资课程在金融危机后也发生了变化，报刊新闻对于新兴经济的公司治理的关注也发生了飞跃。

如何解释美国和意大利、法国对待所有权和控制权分离的差异？一种解释是意大利和法国投资者本国也是相同的情况，因此别无选择；另一种解释是意大利、法国投资者更加熟悉所有权和控制权分离的市场，具有比较优势，他们有可能找到某种方法避免所有者利用分离的产权结构损害其他投资者的利益。但比较意大利、法国投资者持有与美国投资者持有的存在所有权与控制权分离现象的公司股票表现，结果发现意大利、法国投资者不具备比较优势。

第二个问题是全球化是否影响国内公司。有关研究通常从贸易开放度和国际资本流动两个方面考虑全球化对国内公司的影响。魏教授和 Hui Tong 最近的研究考察了贸易开放度对公司治理中信息披露的影响，假定影响机制如下。以中国的纺织企业为例，如果外国停止对中国的征税和限额措施，企业潜在出口增加，公司可能会进行扩张，因而需要引入更多资本。如果公司依赖外部融资实现扩张，有可能改善信息披露等公司治理状况以吸引更多投资者。魏教授他们利用1990—2004年间50个国家的800家公司的数据检验出口机会对信息披露水平的影响。

魏教授他们通过会计文献中常用的两个指标衡量公司信息披露程度：一是分析员对公司盈利水平预测的准确度——预测值与实际值的偏离百分比；另一个是分析员人数。出口机会则由贸易伙伴国的关税结构衡量。依据 SIC（标准行业分类）四位数行业分类将所有公司按照其主营业务划入400个行业，计算每个行业的出口机会。企业的外部融资依存度由资本支出中非现金支出所占比例计算。

结果表明，出口机会增加时，公司倾向于改善其信息披露，尤其是依赖于外部融资的公司。以韩国的钢管行业和滚珠滚柱轴承行业为例，1993—2004年，这两个行业的出口对象国的贸易自由化程度的提高远高于其他行业的出口对象国。区别在于钢管行业更加依赖外部融资，而钢管行业预测准确度的提高显著高于滚珠滚柱轴承行业。研究结果表明这一规律不仅适用于这一对行业，是非常稳健的。

中国工业企业资本回报率（1978—2006年）

卢锋

这是卢锋教授与宋国青教授以及其他几位研究助手合作研究的成果。宋国青教授在本研究进行之前已对这一问题进行了初步研究，并提出了与之后仔细研究所得结果类似的分析判断。

资本回报率从定义上由利润除以资本来计算所得。如果有可靠的相关时间序列数据，那么事情就非常简单，一年级大学生就可以做。问题在于并非所有数据都是现成的。中国处于制度转型之中，其中也包括统计体系的转型，数据经常不完全，并且即使有数据，解释也存在困难。计算资本回报率可以采用两类数据，一类是国民账户数据，一类是企业数据。卢锋教授他们选择企业数据。首先，企业数据更加丰富，可以考察不同类别企业的资本回报率。其次，企业数据更加及时，月度公布，因此可以考察最新情况。最后，去年资本回报率争论集中讨论的是企业资本回报率。

本研究提供以下主要发现。

第一，晚近时期中国工业资本回报率发生了真实而非虚构的强劲增长。经过仔细分析的经验证据显示，1998—2006年，9个资本回报率系列指标以很高统计相关性同时增长。以权益作为资本存量计算，净资产净利润率从1998年的2.2%上升到2006年的13.4%，税前利润率从3.7%上升到15.1%，总回报率从6.8%上升到18.5%。

第二，不同类型企业资本回报率存在显著差异。比较不同类型企业的资本回报率绝对水平，可以发现私营企业较高，三资企业其次，国有或国有控股企业（下面简称国有企业）较低。以净资产税前利润率为例，2005年私营企业为17.3%，三资企业14.9%，国有企业12.9%。不过比较1998年以来资本回报率的增长幅度，三类企业排序则正好相反。晚近时期国有企业资本回报率较快增长，说明国有企业改革政策发生成效。然而比较国有和私营企业主要盈利行业分布可以看出，国有企业盈利增长在相当程度上仍依赖于行政管制政策的扶持和保护。

第三，体制转型背景下资本回报率呈现先降后升走势。中国资本回报率晚近时期的增长是承接此前20年左右的趋势性下降，使该指标变动在整个改革开放时期大体展现出一个先降后升的长程走势。

第四，调整物价因素后资本回报率增长判断仍然成立。对企业会计利润率进行物价因素调整结果显示，在通货膨胀最高的1993年前后，账面会计利润率绝大部分来自物价上涨因素影响；晚近时期，物价对会计利润率影响的绝对水平大幅下降，近年大体在3个百分点上下。调整通货膨胀因素后，真实资本回报率在1990到1998年经历"锅底形"低谷期，然而贯穿整个时期，先降后升的大势形态依然存在。1998年以来，真实回报率绝对和相对增加幅度更高，2005年用固定资产净值作为资本存量计算的真实税前回报率约为12.9%，扣除实际所得税负后真实回报率约为10%左右。

第五，资本回报率与经济景气波动存在显著联系。用税前利润率对其HP偏离作为资本回报率短期变动度量指标，用实际国内生产总值对其HP趋势偏离作为经济景气短期变动度量指标，发现会计资本回报率以及经过物价变动因素调整的真实资本回报率与实际国内生产总值波动都存在显著正向联系。晚近时期中国宏观经济运行经历了通货紧缩和景气高涨等不同周期阶段变动，同期会计和经济资本回报率持续强劲增长，说明中国资本回报率变动主要代表某种趋势性变动，而不仅仅是宏观景气周期变动的结果。

第六，中国工业资本回报率胜过日本且逼近美国。中国资本回报率在20世纪90年代中后期处于低谷时，远不及日本经济快速追赶阶段的制造业回报率水平，与美国同期制造业资本回报率相比差距更大。晚近时期，中国资本回报率快速增长，目前会计利润率已超过日本，经过物价调整的经济回报率的比较情况可能有所不同，但推测至少中国私营企业该指标已超过日本。中国工业会计利润率与美国制造业同一指标相比差距快速缩小，私营企业与美国回报率水平已相当接近。考虑中美有关物价动态的比较情况，两国经济回报率与会计回报率的比较情况应大体类似，因而真实资本回报率逼近美国仍能成立。

中国近年经历了投资高速增长，为了控制经济过热，政府近年实施了较大力度的宏观调控措施。评估这些政策与分析投资增长原因有关。一种观点倾向于认为近年投资高增长主要来自于扭曲因素，比如地方政府干预、劳动力市场扭曲、环境外部性等。这些因素都是重要的，但是考虑这些扭曲因素的同时也需要考虑资本回报率对投资增长的作用。

资本回报率问题对重新审视人民币汇率和外部失衡问题也有启示意义。一方面，如果国内资本回报率比较高，则说明中国持有过量外汇储备成本较大。另一方面，有关讨论对于汇率调整减少外部需求的负面影响存在很多担心。如果国内资本回报率非常高，那么在人民币汇率升值带来外部需求减少的同时，有可能在短期甚至中期内可以通过进一步增加投资来维持较高增长，因而调整外部失衡并非注定要以国内经济失去增长动力为代价。

跨国公司研究投入和本国企业家精神

蔡洪滨

中国政府于1988年在北京中关村建立了中国的"硅谷",希望能够激励高科技的创新和发展,而且在现实中高科技企业的进入确实形成了快速的群聚。为什么会有这样的群聚效应?蔡教授和他的合作者将研究的注意力放在跨国公司的研究投入对这种群聚效应的影响上面。

国外数据的研究并没有明确的结论。Gorg and Strobl(2002)用爱尔兰的数据得到的结果表明,跨国企业的规模对本土企业的进入有正面效果;Backer and Sleuwaegen(2003)用比利时的数据得到的结果是短期存在负面效果,长期表现出正面效果。

蔡教授和他的合作者们所作的贡献在于检验了几种不同的理论假设。这些理论基本可以分为正面和负面两种。认为有正面效果的包括知识外溢效果和纯聚集效应(加总效应和规模经济,例如在几个企业聚集的地方更加容易形成比较活跃的劳动力市场)。认为有负面效果的可以分为挤出效应和先发效应,挤出效应是指市场的竞争可能会导致企业的退出,先发效应是指市场中的企业会运用研究投入阻止潜在的竞争者进入。他们的研究结果表明,跨国公司的研究投入行为对本土企业的进入有正面的效应,跨国公司的非研究投入行为没有明显的效果。这样的话,知识外溢的效果就成为比较合理的解释。跨国公司与本土企业相比较而言拥有更加先进的技术(中关村科技园中的企业的全要素生产率比跨国企业低40%),跨国公司的研究投入行为可以通过以下渠道产生知识外溢的效应:模仿学习,研发型人才的跳槽,技术领域的合作,研究投入的外包,等等。跨国企业对研究投入越多,知识的外溢越多,刺激更多的本国企业的研究投入和进入。

蔡教授运用了行业层面和公司层面的数据来估计跨国公司研发对本国企业群聚效应的影响。在处理行业层面数据时,被解释变量包括度量本国企业群聚的三种类型的变量,分别为本国企业进入(科技园)的总数、进入其他地方(非科技园)的总数和进入企业的净数目(进入的数目减去退出的数目);本国的进入企业对研发型劳动力的雇佣(R&D employment)和进入科技园的跨国公司总数。解释变量方面,主要的变量包括跨国公司对非研究型劳动力的雇佣(non-R&D employment),跨国公司对研发型劳动力的雇佣和本国企业对研发型劳力的雇佣,其他还包括销售总额、销售总额的增长速度以及公司销售额和存在时间的均值等。

同时,主要考虑到有随时间不变的行业特定的效果(industry-specific and time invariant effects)和内生性的问题(如行业的增长会吸引更多的跨国企业),所以采用了一阶差分处理面板数据中的不变效应和广义矩办法(GMM)来处理。

在处理公司层面的数据时,他们收集了中关村科技园中的企业在1998—2003年间的数据,由于中国政府要求科技园中的所有企业(不论大小)都要报告其基本情况,所以在这6年间的企业进入和退出可以很容易地观察到。随着本国企业和跨国公司的进入,科技园中公司的数量、销售额、研究型劳力的雇佣都得到了快速的增长,科技园中的企业以通信技术的公司为主。跨国企业在销售额、数量等方面占据了比较大的份额，分别占销售额的33%，占数量的15%。

计量分析的结果显示，知识外溢假说得到了支持而其他假说被拒绝。下一步的工作是通过具体的访谈来确定特定的传导渠道，例如公司人才的跳槽、研究设计的共同投资以及外包等。

企业家精神和经济增长：来自中国的证据

李宏彬

中国经济在过去三十年间经历了快速的增长，国内生产总值在 2006 年达到 20.94 万亿人民币，人均国内生产总值达到 15744 元人民币（约合 2000 美元）。很多文献分析了促进中国经济增长的因素，包括部门改革、地方政府推动和计划生育政策。林毅夫教授指出了中国 20 世纪 70 年代末和 80 年代初的农村改革对经济增长的贡献，Che and Qian（1998）讨论了非国有企业的崛起对经济增长的作用。后来的文献指出，地方政府发挥了很重要的作用，这是因为中央政府将一部分权力下放之后，建立了政府间的财政收支规则，地方政府官员的升迁决定于该地区的经济增长表现，地方政府官员出于政治前途的考虑努力促进经济增长。中国政府的计划生育政策对经济增长的贡献大约为每年 1%（Li and Zhang, 2007）。

增长理论的框架包括初始的国内生产总值水平、物质资本、人力资本（教育）和制度。但是企业家精神被大部分文献所忽略，只有三篇提出这个问题的文献（Audretsch and Feldman, 1996; Caves, 1998; Blanceflower, 2000）。

为什么企业家精神如此重要呢？李宏彬以林毅夫教授为例，他是经济学家中的企业家。林毅夫教授在几乎一无所有的条件下创办了中国经济研究中心，中国经济研究中心的成长历程大家有目共睹。而且林教授的这种精神具有外溢效应，他的回国带动了一批海外学成的经济学家回国来为经济学的研究作出贡献。企业家精神还意味着创新，中国经济研究中心邀请美国国家经济研究局的专家带来了经济学研究方面的新的观点和想法。企业家精神对经济学的教学和研究至关重要，对经济更加重要。问题非常简单，就是要利用中国的数据弄清楚是否企业家精神是经济增长的贡献因素。仅运用一个国家的数据有优势，同时也是有缺陷的。优势就是可以对各省作一致的估计，但是难以对国家之间作一致的估计。问题在于如何度量企业家精神，这是一个富有挑战性的工作。在文献中，自我雇佣（self-employment）可以被看做企业家精神的一种度量。为什么自我雇佣如此重要呢？李宏彬曾经在浙江、江苏和广东作过考察，跟当地的企业家进行交流之后，他发现一些有趣的现象。跟其交谈的企业家，他们曾经都是一些自我雇佣的小企业主。另一个困难之处在于内生性问题。第一，可能有反向的因果关系（reverse causality）。经济发展水平越高越有可能出现比较多的企业家，只要这批人风险厌恶的程度比较低。第二，也有可能有些因素既影响企业家精神，又影响经济发展水平。为了解决这些问题，运用固定效应（fixed effect）的办法，同时运用工具变量（这些工具变量的可用性可以讨论）。具体来说，运用了两个工具变量：一个是国有企业的雇佣量，因为国有企业的存在会对企业家精神的发挥产生负面作用；另一个是农村人均耕地的占有量，因为如果人均耕地比较多的话农民就没有激励去创办自己的企业。

首先运用一阶差分的方法消除固定效应，然后运用广义矩办法（GMM）对这些一阶差分作估计。研究发现，企业家精神对经济增长具有显著的正面效果，帮助小企业的政策可以推动经济增长。企业家精神每增长一个标准差单位，人均真实国内生产总值会增长 2.2%，可以使稳定状态下的人均国内生产总值增长 57%。这个结果在控制了其他变量之后是稳健的。

为什么想法不是免费的：专利对科学研究的影响

斯科特·斯特恩（Scott Stern）

关于想法的商业化问题，斯特恩教授及其合作者首先从 Oncomose 开始。Oncomose 是 Leder & Stewart（哈佛大学）于 1984 年开发出来的一种老鼠，这种老鼠被植入一种基因，该基因使得这些老鼠容易患癌症。这种老鼠提供了一种难以置信的了解癌症的科学方法，它可以指引人们对于癌症的基因根源的科学化理解，而且对于生物高科技企业来说，这种老鼠可以提供寻找治疗癌症药物的方法。这种老鼠在《细胞》杂志上公之于众，几年之后，被美国专利和商标局（Patent and Trademark Office）授予专利，如果有人要使用这种老鼠作科学研究，例如研制新的药物，那么需要支付相当大一部分使用费（可能有 10%）。经过激烈的争论之后，学术界得以免费使用该种老鼠，但是同时留下一个问题：如何处理科学和技术边界上的问题？具体地说，就是这种有商业潜力的学术研究会如何影响商业组织过程？斯特恩教授将注意力集中在所谓的双重知识（dual knowledge）上，这种双重知识被定义为这样一种既对科学研究有贡献又有商业价值的研究。在过去的 20 年间，大学申请的专利，尤其是生命科学领域的专利，呈现出快速增长的态势。在大学和商业界的相互作用之下，美国法律发生了很多改变，"贝多法案"（Bayh-Dole Act）只是许许多多改变中的一个。专利论文成对（Patent-Paper Pairs）出现的现象是对公共知识进行产权保护的典型例证，这种现象发生对科学知识是具有双重效应的，而且既通过公开出版物又通过专利传播。

制定知识产权政策面临诸多挑战，例如：做研究的激励效果如何依赖于研究的成果，是科学发现、技术创新还是两者都有；研究人员如何处理"公开的科学"和"商业化的财产激励"，这两个标准之间可能存在对立；这种正式的知识产权保护将如何影响知识在学术界的发展、传播以及在商业界的产业化。

斯特恩教授他们的关键发现在于，专利不仅仅是提供了一种激励机制，而且使得想法的市场得以发展，这样的话，新的发明和创新会以一种更加有效的途径被商业化。在许多领域中，科学研究和商业性的研究往往会出现矛盾，例如肝细胞的研究和纳米技术。正式的知识产权保护的兴起越来越多地影响到科学研究和商业研究的组织、运作和成果。从经验研究的角度来看，可以得到的详细数据的爆炸式增长为科学研究和创新提供了强有力的工具。

科学重在理解为什么，科学从假设出发，经过逻辑推理得到结论，然后让这些结论经受经验事实的检验，在检验中又对理论进一步修正。技术集中在如何做的问题上，技术创新发明出更加实用和成熟的技术。科学为技术创新提供新的工具、观念以促进其有效的发展，技术的发展反过来又为科学研究提供新的工具、提出新的问题。科学发现的传统影响主要在于对后来研究和技术创新正面的溢出效应，正式的知识产权保护兴起之后，形成了想法的市场，这种市场不仅为创新提供了激励机制，而且使得刚刚起步的创新者可以和已经立足的企业在商业化的过程中进行合作。在发现知识之后，研究人员通常需要对披露的时间表作出策略性的选择。与纯粹的科学和技术知识不同，双重知识通常是在公开发表之后一段时间内申请专利。

知识产权保护可能会限制后续的科学研究进程，因为被授予专利的研究人员可以限制其对手的研究或者征收使用费，这样后续研究人员将面临很高的交易成本。以艾滋病病毒的发现为例，在20世纪80年代早期，有两个研究机构相互竞争以找出引起艾滋病的病毒，这项研究基本上是由他们同时完成的。但在专利的申请问题上，两家机构产生了分歧，最终的裁决是他们共同拥有发现艾滋病病毒的荣誉并且分享该项研究的使用费。

近年来，关于专利对科学研究的影响的经验研究集中在两个问题上：专利有没有改变科学研究者的生产率，以及专利对科学知识的运用和传播有什么影响。

专利到底有没有影响科学研究的公开出版呢？即使是在专利最密集的领域，公开出版发行仍然是比专利更加普遍的披露方式。尽管大多数顶级大学的教授们每年都会出版发行多篇论文，但是只有不到20%的部分会被授予专利。而且，专利和公开发行之间存在很明显的正的相关性，专利通常会出现在一系列学术论文的发表之后。总体而言，一些显著的基础性发现通常会导致专利和公开发行都出现。

专利会影响科学知识的传播和运用吗？斯特恩教授研究了对论文授予专利的情况，由于论文的公开发表通常要先于论文被授予专利，通过观察论文的引用率来度量论文对后续研究的影响。换句话说，要分析在论文被授予专利之后引用率会产生什么样的变化，同时要考虑到论文的固定差异和相似论文的引用趋势。斯特恩教授收集了1997到1999年间发表在 Nature Biotechnology（《自然生物技术》）上的文章作为样本，在340篇文章中，有169篇被授予专利。斯特恩教授收集了这些论文及其相应专利的详细信息。大多数发表在 Nature Biotechnology 上的文章都有一定申请专利的潜力。在分析这些数据的基础上，发现被授予专利的文章通常有更加高的引用率，更可能是基于美国的研究而且更有可能包含一位来自私人部门的作者。被授予专利的文章刚开始的时候通常会有比较高的引用率，但是在随后的4至5年内会趋向于没有被授予专利的文章的引用率水平。在控制了文章的固定效果之后，在被授予专利之后，文章的引用率下降了10%—20%。在专利授予之前引用率没有明显的趋势，但是在授予专利之后，文章的引用率出现了加速下降的趋势。尽管知识产权保护一定程度上对知识的传播有负面的影响，但是这种效果是相对温和的，而且引用率的下降并不意味着总体上研究变少了，而可能是科学家们选择了更加好的替代项目。

中国国内生产总值中劳动比重的降低——证据和解释

李稻葵

李教授首先指出,缓和社会中不和谐的因素是当今中国的一个基本发展问题,而在此过程中,日益扩大的收入差距是中国很重要的一个社会问题。对此问题的研究从两个角度进行,一个角度是微观的,另外一个是宏观的。在微观方面,人们做了很多家庭层面的调查;在宏观方面,可以使用对资本—劳动收入分配做国民收入统计分析。在已有的文献中,家庭层面的研究有两个重要的结论:一是从1988年到2005年,收入差距确实扩大了,基尼系数从0.39上升到0.47,几乎和美国相同,并且中国收入差距扩大的速度比美国更高。收入差距扩大的原因是城市和乡村的收入差距扩大,城乡人均收入比差距从2.0上升到3.22。二是收入的流动性也在增加。

这篇文章研究的是中国的劳动—资本收入比重,在官方公布的劳动份额中,加入了政府转移支付的那一部分,可以清楚地看到,劳动在总收入中所占的份额,从1992年的62%左右降低到了2005年的42%左右,这是非常惊人的。而在美国和英国,从1935年到1985年,劳动份额基本上在65%到80%之间。根据联合国1994年公布的各个国家的劳动份额的数据,在低收入的国家,劳动份额的变动非常大,而高收入的国家劳动份额基本上稳定在70%到80%之间。文献中,对劳动—资本收入比重变化的解释主要集中在资本—产出比、技术进步、劳动力市场中工人的谈判能力、财政政策等方面。1970—1990年间,在12个经济合作组织国家中,日本、芬兰等四个国家的劳动—资本收入比重下降了,而荷兰、法国等8个国家劳动—资本收入比重上升了,在劳动—资本收入比重下降的国家,实际工资的增长率大体上高于劳动—资本收入比重上升的国家。

下面看中国的情况,对中国劳动—资本收入比重下降可能的解释有技术进步、工人谈判能力的降低、企业利润的增加及政府再分配的减少。李教授等的这篇文章主要有两个贡献:其一是用省的数据和企业层面的数据描述中国国家收入中劳动部分的比重的变化,其二是实证检验一些对劳动—资本收入比重下降的理论解释的正确性。

文章中使用了1991—2003年中国31个省的数据,并且考虑到政府的转移支付,重新计算了劳动的比重。在各省数据中可以发现,各省的变化非常大,在西藏,劳动占国内生产总值的比重最高,接近90%;而在上海最低,大约33%。使用混合最小二乘法和固定效应最小二乘法,可以得出基本的结论:①收入越高的省份的劳动比重越低。②工业比重可以解释一部分劳动比重的下降,一个省的工业比重每上升1%,劳动比重会下降0.57%。③国有企业数目越多,劳动比重越低。④资本回报率(ROA)对劳动比重有负面影响。

中国产业的发展集中在劳动力比重比较低的部分,在研究的13年中,2%的劳动收入比重下降可以由产业发展来解释(其中2000年这个比重要低一些)。在所有的行业中,技术研发和创新都更加倾向于资本密集型。从2000年到2004年间,微观数据来自于中国社会科学研究院的企业数据调查问卷,这个调查涵盖了5个城市(成都、沈阳、郑州、无锡和江门）中 1022 个企业在 4 个行业（纺织、化学、机械和电子）的数据。微观数据表明，在调查的所有行业中，2004 年的劳动比重都比总工资中工人利润留成的比例逐渐下降得多；在几乎所有的行业，公司雇佣的工人都偏少。

最后，李稻葵教授总结了他们的主要发现：首先，中国国内生产总值中的劳动收入以及公司价值增加中劳动的贡献在降低。其次，这种降低背后的宏观因素主要包括工业份额的增加、资本报酬的增加、单位资本收入的增加；微观因素主要包括利润中劳动的比重降低、公司利润的增加、长期技术朝资本密集型方向发展。根据这些发现，对未来劳动收入比重有如下的预期：首先，在短期，由于利润的降低，劳动比重将增加；其次，在长期，由于技术越来越朝向资本密集型方向发展，劳动比重也将增加。

通货膨胀与产出波动

马克·沃森（Mark Watson）

首先考虑美国的通货膨胀和产出的波动情况。产出方面，沃森教授使用自回归（AR）模型，在这个模型中，所有变量的波动主要来自于冲击，利用计算机模拟，可以得到自回归的系数和标准差，接着可以计算产出的方差、产出年增长率的方差等。将这个模型使用在美国数据上，可以看到美国国内生产总值的波动在 20 个世纪 80 年代突然有大幅度的下降。使用同样的模型和计算方法对七国集团（以下简称 G7）的国家的数据进行处理，可以发现，从 1960 到 2006 年，这些国家的产出波动都有下降，但是下降的形式有些不同，比如，法国的下降比较微小，而意大利在 1985 年左右有大幅度的下降等。

其次探讨的是 G7 国家的增长率的联合波动情况，最简单的办法是看相关系数矩阵，通过对 1960—1983 年和 1984—2002 年两个时间段的相关系数矩阵的比较，可以发现，平均起来，增长率的相关程度在这两个区段中没有太大的变化。比如，法国与德国和意大利增长率之间的相关性有小幅度的增加，加拿大和法国、意大利、英国以及美国增长率之间的相关性也有小幅度的增加，而德国和日本、英国、美国增长率之间的相关性有小幅度的下降，等等。

为了研究相关性的下降，沃森教授使用了向量自回归（VAR）模型，在模型中，冲击被分成了两个部分，一个是国际上都有的冲击，另外一个来自于某个特定国家的冲击。这样，对于一个冲击，可以知道这个冲击有多少来自于国际冲击，有多少来自于其他国家特定的冲击，还有多少来自于该国前一期的冲击。比如说，美国经济的波动下降了 4.8%，可以将波动的下降分解为这三个部分，大约有 25% 的波动的下降来自于国际冲击，而国际冲击对于美国经济波动的影响在这些年中是下降的。

再次，沃森教授总结了这篇文章在产出波动方面的主要发现：一是在 G7 国家中，产出波动都有不同程度的下降，但这并不是由于统一的国际冲击造成的。二是产出波动之间的相关性没有明显的增加，国际冲击对波动的作用越来越小。对于产出波动下降的可能原因，沃森教授认为这依然是一个谜，但是有一些假说可供证伪。首先是经济中的技术进步方式的变化；其次是政策方面，这方面的考虑主要集中在反周期货币政策上，但是通过数据建立的模型显示,主要的影响还是来自于常规的政策、金融创新等;最后一种解释是好运气,也就是说,仅仅是因为运气好产出波动下降。

最后是对美国和 G7 国家中通货膨胀的波动情况的研究,沃森教授认为对通货膨胀波动的研究比较新颖有趣而且有潜力。他将通货膨胀的变化分解为两个部分,一个是长期缓慢的趋势,另一个是比较猛烈变化的波动,即通货膨胀波动的高频率部分。他对这些国家的数据进行了研究,重点研究总的趋势方面的变化以及比较突然猛烈的波动的变化。首先是美国,一个比较重要的发现是,总的趋势在 20 世纪 90 年代之前一直在增加,即通货膨胀逐渐增加,但是,从 1990 年左右开始,通货膨胀的趋势部分下降到一个比较低的水平。而对其他国家进行同样的研究可以发现,加拿大、法国、德国、意大利、日本、英国这些国家的通货膨胀的变化和产出的变化非常相像;即从某个几乎同样的时间开始,通货膨胀的趋势开始下降并且稳定化。对于通货膨胀的高频率部分,沃森教授还没有太多考虑。

政治竞赛和中国的经济增长

周黎安

中国的经济增长成就是显著的,而 30 年前对中国的增长潜力并没有共识。对中国高速增长的解释有很多,比如自然资源、人力资本,或者是资本增加、好的制度。但是从人力资本和自然资源方面来看,中国比俄罗斯还要差一些。制度方面,中国也不算很好。中国经济好的表现与较差的制度之间的对比,使大家产生了制度到底重不重要的疑问,但是制度经济学方面的研究表明,制度以及由此而产生的激励对于经济发展非常重要,那么,制度如何影响中国经济呢?这就需要深入了解中国制度的内在机制,从中找到可能为投资和增长提供很强激励的部分。此外,中国增长奇迹中还有不好的部分,出现了很多社会和经济问题,中国目前遇到的三个重要问题是环境问题、社会保障不足(比如医疗问题)及收入差距过大。因此,一方面可以看到中国的高速增长,而另外一方面,在增长过程中出现了这些问题。如何用一个统一的框架解释这两个方面呢?

投资和增长的激励主要来自于政府的推动,因为在中国,政府对经济的掌控力非常强,特别地,地方政府对于投资和增长的推动力非常大。中国有 31 个省、2000 多个县市,如何激励这些官员是很棘手的问题。首先,中国官员的选拔主要是上级进行的,不受其他的控制。其次,地方官员对所管辖地区有相当大的控制权力,如果没有正确的激励,这些官员将变得非常腐败。而从结果来看,地方政府的官员对于地方经济大多有促进作用,那么,官员的激励来自何处?

因此,对地方政府激励的很重要的解释是中国形式的诸侯制度,中国的经济改革中,没有经历严重的政治改革,但是从政府间的关系来看,经济改革做了两个重要的改变:一是权利的下放,决策的权利被下放到地方政府和企业;二是财政契约系统,即两个层级相近的政府的财政收入分享系统。

假设地方政府是经济主体,并且会对经济的激励做出反应,但是地方政府的官员并不能将财政收入归为己有,他们为什么要如此关心财政收入呢?原因在于,地方政府的官员关心自己职位的升迁。在中国，官员的升迁是通过竞争的，如果一个低层的官员要向上升，就要在竞争中获胜。那么，如何规定竞争的标准呢？改革开放以前的标准是关心地方官员的忠诚度和政治质量，改革开放以后，经济发展被赋予很高的权重。从 20 世纪 80 年代早期开始，政府官员就开始依靠他们的专业能力、教育、年龄，特别是经济表现升迁。而且，从 1982 年开始，强制退休制度开始推行。地方官员必须大力推动地方的经济增长，从而获得升迁，否则将有可能面临降级或者退休。

Maskin 等（2000）发现地方官员都在为经济排名操心，并且如果中央政府宣布了一个年度增长目标，地方政府总是会宣布一个更高的目标，政府的层级越低，宣布的目标越高。此外，Li&zhou（2005a）提供了更加系统化的证据，表明在 1979—1995 年间，一个省级领导升迁的可能性和此省的生产总值增长率正相关，而且，他们职务的罢免和经济表现负相关。Chen，Li&zhou（2005b）将样本扩大到 1979—2002 年，得到了类似的结论。

政治竞赛理论可以适用的条件包括：人事控制的集中化，地方之间的经济表现是可以比较的，地方官员对于促进经济增长的主要要素有控制能力，地方政府官员之间不可以有共谋。

那么，政治竞赛对地方经济的影响主要体现在哪些方面呢？第一，促使地方政府之间竞争关键的生产要素，比如资本、企业家等；第二，促进地方政府保护投资者，特别是外国投资者的财产权；第三，提高地方政府的效率和服务质量，并且减少政府的寻租行为；第四，降低利益集团影响地方经济增长的可能性。更进一步地，政治竞赛的实行，需要对赢者奖励兑现的可信性，这在中国是可信的，因为对官员的提拔对中央来说，不需要成本；其次，高层的政治竞赛将把高层的激励传导到下层，而且呈扩大趋势。

然而，政治竞赛在带来经济发展的同时，也引发了一些问题。政府的目标本来应该是多元的，比如经济增长、社会正义、环境保护等，但是由于这套特殊的政治竞赛体制，地方政府的目标变得单一化，地方政府官员更多地关注可以看得到的指标的变化，比如生产总值增长率、外商直接投资等，从而忽视了其他不可测量的或者回报率比较低的维度。这引起了环境问题、收入差距的扩大及社会保障提供的不足，因为这些问题的解决和改善都需要资源，而地方政府更希望把资源投向对自己更有利的生产总值的增长等方面。

那么，为什么要采用这样强的激励呢？因为地方政府不受地方老百姓的监督，只受到更高一级政府的管制，如果选择比较弱的激励，地方政府将有可能将政府的资源用于一些对生产不利的地方。最近，中央提出构建和谐社会的宗旨，更加强调社会正义、社会公平以及更少的污染。评价系统也越来越多元化，例如，使用绿色生产总值来代替生产总值作为考核的标准，地方的老百姓通过地方人民代表大会，对地方官员的任职可以有更多的话语权。

中国的能源战略

查道炯

查教授首先指出，当在国际范围内讨论中国能源问题的时候必须认识到的一点是，中国节约了能源等于扩大了世界其他地方的能源供应。中国能源问题的关键不在于供应而在于使用效率。

查教授接着介绍了中国政府制定能源战略的框架、能源"十一五"计划及中国进行能源问题研究所面临的问题。查教授指出，中国制定能源战略的框架由五个部分组成，分别是鼓励节约能源、最大化能源自我供给、分散能源供应的来源、环境保护及国际协作。而其中分散能源供应的来源是这个框架的中心。关于能源的"十一五"规划，查教授列举了一些关键的数据：2010年能源总消费控制在27亿吨标准煤，即每年增长4%，其中煤占66.1%，石油占20.5%，天然气占5.3%，核能占0.9%，水力占3%；每单位国内生产总值能耗降低20%；石油储备达到30天的进口量。按照这个计划，在未来5年，煤和石油的消费在总能源消费中的占比将下降而天然气的比重将上升。另外查教授也对这个计划提出一些质疑。例如从2000年到2005年中国能源总消费量以每年10%的速度增加，未来5年将消费增长速度控制在4%是一个很有雄心的目标；计划中也没有指明石油储备达到30天的进口量是哪30天的进口量。查教授认为，当前在中国进行能源问题研究最基本的问题是数据的问题。中国直到1980年才建立了系统的能源消费数据收集机制，更麻烦的是地方政府甚至是国家统计局都会因为各种原因高报或低报能源消费的数据。虽然国际能源署（IEA）和一些外国政府已经尝试在中国进行一些培训以提高地方官员收集统计数据的能力，但是查教授认为，中国的学者在开始研究能源问题的时候应该首先关注数据的质量而不是能源的消费。

然后查教授指出一个在中国很有意思的现象，那就是政府官员、学者，特别是媒体对任何改变能源价格的建议都很敏感，正如10到15年前对粮食价格的敏感一样。中国对能源公司没有征收资源税，而且花了很大努力才从中国石油和中国石化征收到很少量的暴利税和盈利税。从理论上，大家都同意价格是影响消费水平和提高效率的工具，但是强烈的风险厌恶心理、命令式的经济增长要求以及人们对高能源价格的反对使价格没法充分发挥应有的功能。为了使价格能起到应有的作用，查教授建议向美国及其他经合组织国家学习，特别是在二级能源价格上。另外，查教授还建议梳理好主要能源的价格形成机制，主要是煤炭价格和石油价格。但是在进行价格改革的时候，也不能忽略了中国的现状，那就是穷人还是太多，1000万的农村家庭依然没有用上电。

再者，查教授认为中国的能源节约主要应该从工业领域开始，特别是重工业。令人惊奇的是，能源开采与生产产业本身所消耗的能源占工业行业能源消耗的30%，这在查教授看来是十分浪费的。政府近来依靠技术来降低能源消耗，包括采用新的技术和设备，淘汰落后的工厂等。在新技术方面，中国需要决定是引进技术还是自己研发。当美国和欧洲的公司到中国来发展的时候，有一个很不好的趋势，他们把中国当成是新技术的试验场，而不考虑环境问题。

最后，查教授谈到了中国电力市场的改革。他先介绍了中国当前主要的电力政策，如全国范围的电网，城市和农村相同的电价，电网公司从发电公司以非竞争的方式获得电力。他认为当前中国电网公司的垄断势力太大。政府采用的电力政策是有违效率原则的，特别是电网公司从发电公司以非竞争的方式获得电力这一点，这个政策使得很多发电公司选择最便宜的发电方式发电，否则他们没法盈利。另外地方政府为了吸引企业到当地的开发区投资也纷纷为企业提供优惠电价，而不考虑这些企业对环境的污染。

能源与气候变化

吉尔伯特·E. 梅特卡夫（Gilbert E. Metcalf）

梅特卡夫教授讨论了美国关于全球变暖政策的不断变化的前景。首先他引用了政府间气候变化专门委员会（Intergovermental Plan on Climate Change，以下简称 IPCC）今年早期发表的一篇报告，这篇报告反映了我们逐步加深的关于温室气体排放的认识和理解。在这篇报告里，IPCC 指出："由于人类的活动，从 1750 年以来，全球大气中碳氧化物、甲烷和氮氧化物的浓度显著增加。现在的浓度水平已经远远超过了工业化以前的水平。"这篇报告还提供了一些关于我们已经意识到的气候变化的指标，例如：到 20 世纪末，全球温度比 20 世纪的平均水平大约要高 1 度，其中最后 30 年的气温升高尤其迅速；而海水也由于吸收了空气中的热量开始膨胀，海平面上升；到 20 世纪末，海平面比 20 世纪初要高 150 毫米。

国际社会在全球气候变暖问题上要取得一致是很困难的，因为解决全球气候变暖的协议不像自由贸易协议那样有直接的好处，解决全球气候变暖的好处更多是对于下一代而言而不是这一代人。因此，解决全球气候变暖是一个十分具有挑战性的工作。首先，全球气候变暖是一个国际性的问题，需要国际合作。其次，温室气体排放的社会边际损害（social marginal damage）高度不确定。虽然我们对这些损害的认识不断提高，但是我们还是有太多东西不了解。一份调查报告估计，每吨二氧化碳的社会边际损害平均为 12 美元，但是这个估计的范围很大，从最低的 3 美元到最高 95 美元。另外，这些估计是建立在我们能够测量的损害的范围内的。再次，科学家们越来越认识到，我们真正关心的是温室气体排放导致大灾难的可能。大灾难发生的可能性很小，但是影响很严重。至今为止，我们仍然无法预计这种可能性，所以我们正在进入一个高风险、高不确定的世界。最后，梅特卡夫教授以前提到过的全球气候变暖问题的减轻将有很长的滞后期，也使这个问题变得更有挑战性。

2005 年，美国的温室气体排放总量相当于 71.5 亿吨二氧化碳。其中二氧化碳 60.9 亿吨，70%来自于发电和交通工具的排放。在美国，51%的电力来自于煤炭，虽然这一比例远低于中国，但仍然很高。美国有很丰富的煤炭储量。这意味着国家安全和环境保护的潜在冲突。

梅特卡夫教授接下来讲了他与麻省理工的教授合作完成的一个项目。这个项目主要是评估关于温室气体排放收费的一些提议。事实上，在 3 年前，难想象会有严肃的关于二氧化碳收费的讨论。但是现在越来越多的法学家对征收温室气体排放税感兴趣。梅特卡夫教授分享了一些关于 CGE（可计算的一般均衡）模型的结果。有两种工具来对温室气体排放收费，其中一个是税收，这是价格控制。为了将温室气体排放量限定在一定范围，只要征收合适的税收，提高边际成本，使边际成本与边际收益的交点刚好处于希望的排放量上，从而达到目标。显然，还可以进行排放量的直接控制。可以硬性规定排放量，并且在这个给定排放量范围内允许企业自由交易排放量许可证。在这种制度下，排放量许可证将会有一个反映其稀缺程度的价格，而这种稀缺恰恰是由排放量限制造成的。在一个边际损害和边际收益没有不确定性的世界中，这两种制度是等价的。但是如果边际损害或边际收益中有一个是不确定的，则这两种制度是不等价的。有一篇 30 年前的文章专门讨论了在不确定性的条件下，应该如何进行价格控制和产量控制的选择。因为温室气体将在大气中存在很长时间，价格控制将是更好的选择。但是政策制定者更愿意选择数量控制，因为征税对世界上任何国家都是很麻烦的事。有意思的是，人们越来越认识到数量控制的高成本问题。

EEPA（排放量的预测和政策分析）模型是一个国际范围的模型，很多国家都包括在这个模型里。这个模型精确到行业，特别是能源行业。梅特卡夫教授找到去年和今年国会通过的 7 项法案，并让麻省理工的研究生认真地阅读了这些法案。通过研究这些法案，他们希望能找出排放量许可在 2012 到 2050 年间的分配。每年的排放许可不一定等于排放量，因为排放许可在这段时期可以跨期借贷。通过分析三个有代表性的气体排放提议而不是分析某个特别的提议来对这些提议进行评估。依靠排放量许可在 2012 到 2050 年间的分配的不同，可以区分这三项提议。其中排放量最高的提议将使排放量保持在当前的水平，排放量中等的提议将减少 2050 年的排放量到 1990 年水平的一半，而排放量最低的提议将减少 2050 年的排放量到 1990 年水平的 20%。为了完成分析，还要考虑其他国家的行动。对于发达国家，假定它们执行后京都议定书（Post-Kyoto Policy）的规定，在 2050 年将排放量缩减到 1990 年的一半。对于发展中国家，假定他们在 2025 年的时候排放量返回到 2015 年的水平，而在 2035 年的时候返回到 2000 年的水平。2050 年之后，假定所有国家的排放量都保持在 2050 年的水平直到 2100 年。

第一个问题是排放量许可证的价格将会怎么变化？在排放量最高的提议下，排放许可证的价格最低，开始的价格为每吨 18 美元；在排放量中等的提议下，排放许可证开始的价格为每吨 41 美元；在排放量最低的提议下，排放许可证开始的价格为每吨 53 美元。并且在所有三种提议下，排放许可证的价格都以每年 4%的速度随时间增加，因为排放许可证也必须达到其他金融资产的回报率。

政府将会得到多少收入以及政府应该如何处理这些收入是另一个问题。在排放量最高的提议下，政府收入刚开始的时候比较低，然后以一个较快的速度增加；在排放量中等的提议下，政府收入刚开始的时候较高，然后每年的收入也一直增加，但增加的速度慢于在排放量最高的提议下的增长速度，并最终被第一种情况下的收入超过；在排放量最低的提议下，政府开始时的收入最高，然后逐渐增加到一个最高的水平，最后因为排放量的减少速度快于价格的增加速度而出现收入下降。下面看政府应该如何处理这些收入。政府可以一次性返还所有的收入，也可以通过在其他方面减税来返还这些收入。通过比较一次性返还、减少资本税（capital tax）和减少劳动税（labor tax）三种方法，梅特卡夫教授发现通过在其他方面减税来返还这些收入比一次性返还效率更高，社会福利损失更低。其中减少资本税是三者中效率最高的。

最后，梅特卡夫教授讨论了对气候的影响。他首先介绍了在各种情况下温室气体的浓度以及相应的大气温度的变化。如果我们不采取任何措施控制温室气体的排放，到 2100 年，全球累积的温室气体浓度将达到将近 90 万每百万立方体积（以下简称 PPM），全球气温将升高 4 度。这是我们最不想看到的。如果仅有附件一国家采取措施，全球累积的温室气体浓度将达到将近 75 万 PPM，全球气温升高超过 3 度，这仍然是无法接受的。如果全球

（包括发展中国家）一起采取措施，我们能将全球累积的温室气体浓度控制在将近 50 万 PPM 的水平。即便发展中国家推迟采取措施，到 21 世纪末，全球累积的温室气体浓度仍然可以控制在一个合理的水平。所以关键的信息是，发展中国家的参与对控制全球温室气体的排放十分重要，但发展中国家并不需要与发达国家同时采取措施。

老年人的医疗保健：长期护理的提供

凯瑟琳·麦加里（Kathleen McGarry）

  麦加里教授首先回顾了老年人护理的一些相关文献，包括成年子女在老年护理中扮演的角色，提供护理是否影响工作，长期护理保险市场中私人信息的多个维度和保险市场的动态无效率，以及保险市场中偏好的异质性等。接着，她对比了中美两国 2000 年和预计的 2050 年人口年龄结构，指出老龄化是发展的趋势。同时，医疗保健的成本迅速上升，在美国其支出占国内生产总值的 16%。老年人的人均医疗支出明显高于年轻人，2003 年 65 岁以上人均支出为 7905 美元，而 65 岁以下的人均才 2383 美元。医疗支出的大部分花在临终时期，生命最后一年的平均医疗支出为 37851 美元，而其他年份平均为 7365 美元。随着死亡年龄的延迟，长期护理的费用也不断增加。

  长期护理的需求是普遍的。65 岁以上的老人中，大约 60% 需要长期护理，其中男性中的 27% 和女性中的 44% 将进入疗养院。虽然大部分人在疗养院待的时间相对较短，大约 2/3 的老年人只有 3 个月或者更短，但平均入住疗养院时间却是 3 年，其中女性平均 3.7 年，男性平均 2.2 年。2004 年疗养花费为 1580 亿美元。但并不是所有的人都住进了疗养院，很多人留在家中治疗。患有功能性障碍的人中，只有 25% 住进了疗养院，其余的留在社区中。

  1994—1995 年，需要接受护理的人中有 78% 从未接受过正规护理，而非正规护理的费用在官方统计时往往被遗漏。因此官方统计的老年人长期护理费用只是真实费用的很小一部分。为老年人提供非正规护理服务的，41.3% 是子女，23.4% 是配偶，26.1% 是其他亲戚。而其护理提供者主要是女性，配偶提供护理者中的 65% 是妻子、子女提供护理者中的 70% 是女儿，孙辈提供护理者中的 76% 是孙女，女婿或儿媳提供护理者中的 85% 是儿媳。

  1998 年，非正规护理提供者每周提供 41 小时以上护理者占 20%，提供 21—40 小时占 12%，9—20 小时占 23%，8 小时以下占 45%。这些非正规护理提供者关系到劳动供给和健康，但是很难估计他们服务的价值，因为这些人不太可能去工作，找不到合适的评估参照。一些尝试使用工具变量进行评估的研究并未提供有价值的方法。

  但是，很难维持如此庞大的一个非正规护理提供者的大军。因为生育率的下降使能提供护理的孩子数量变少，工作的女性没有更多的时间护理父母。这是否意味着要更多依赖正规护理服务？正规的护理是昂贵的。美国疗养 1 年的平均价格是 75000 美元，平均家庭医疗援助每小时 19 美元，1 周 40 小时则 1 年花费 39500 美元。如何支付得起？疗养支出中，44.3% 是医疗补助，27.7% 是个人支付，13% 是医疗保险，7.8% 是私人健康保险，3.6% 是其他基金的资助。因此，发展保险市场十分必要。

可如何为长期护理保险定价？这方面目前很少有管制且价格表比较粗糙。定价的依据通常是年龄和两三项健康指标，性别差别不予考虑。保险申请者经常被拒绝，只有15%的申请者被接受，大约25%的65岁以上者申请前就被拒绝。开始申请越早，越有可能被批准。当风险增加时，风险升水的名义条款保持不变，这导致风险被提前卸载。谁会买私人保险呢？大约10%的老年人购买了这种保险，购买时的平均年龄是67岁，男女各占一半，他们比一般同龄人更富有。80%的条款是非集体条款（non-group policies），但有时会发生变化。

可以通过对购买长期护理保险者的税收优惠、促使雇主为保险买单和各个州发展私人保险和医疗救助等手段来增加保险的覆盖率。像德国、日本和荷兰，由国家提供长期护理保险，他们可以通过减少医院的使用、加强护理的管理和大公司在减少道德风险上的优势降低保险的成本，但由于挤出了家庭护理援助和道德风险,仍有可能增加保险的成本。

为何长期护理保险市场如此之小呢？原因可能有对医疗保险规则、风险和成本的误解，和孩子的"博弈"（Pauly,1990），对医疗补助的挤出，保险产品设计的不合理，风险扩散的困难和信息不对称等。

医疗补助为贫穷者提供完全的医疗覆盖，但医疗贫困条款允许一些人故意花掉很多钱以使自己符合医疗补助的条件。医疗补助意味着对长期护理好处的征税，这样就产生了医疗补助的挤出。

保险产品可分为：每日收益封顶，通常为100或150美元；终生收益封顶，通常为3或5年；免除期100天；微小通胀保护条款，5%的增加或与通货膨胀率一起增加。由于横截面异质性风险和医疗成本增加的长期风险使得聚集足够多的参保客户至关重要，这导致一些保险封顶政策的出现，比如3年内每天150美元。

信息不对称导致逆向选择和道德风险。个人对未来的预期在购买保险中扮演重要角色，但是现实中，购买了长期护理保险的人更少进疗养院，这和逆向选择的推测有些矛盾。对此的解释是两种人购买保险，一种是风险更高者，另一种是对风险更厌恶者。风险更厌恶者可能更健康，因此进疗养院的可能性更小。这种正向的选择抵消了部分逆向选择。大约7%的保险合同会在1年内终止，保险条款关注的是那些健康状况不佳的条款终止者。最后发现那些终止合同的人更少进疗养院，这正是逆向选择的结果。

其他保险市场上也存在这样的抵补性的选择。在人身保险市场上，一些行为如少吸烟、少喝酒、少从事危险的职业等减少了风险，另一些如预防性的保健、使用安全带同样减少了风险。这样的抵补选择也出现在医疗保险市场、汽车保险市场、信用卡欺诈保险市场等。养老金购买者减少了更多的风险行为，但他们把更大的风险留给了保险提供者，因为活得越长风险就越大。风险厌恶者的选择强化了保险市场的风险，这可以解释长期护理保险市场为何失败。长期保险市场的条款没有经历过评定，但保险提供者却增加保险持有者的风险升水。最近升水由50%提高到80%。这种做法增加了保险的成本，加重了逆向选择，需要政府对保险市场进行规范。

总之，对长期护理的需求不断增长。老龄化意味着相对于非正规护理，正规护理将扮演更重要角色，但正规护理费用高昂。由于信息不对称、长期风险、保险产品缺乏和医疗补助的挤出等原因，长期护理保险市场发展不足。所以护理的成本都要由政府来承担，因此政策制定者应当为长期护理保险市场的发展寻求对策。

中国医疗改革面临的挑战

李玲

李玲教授首先向我们展示"戴安全帽的医护人员"、"医院排队人群"、"前国家药监局长的落马"这样几幅图片。接着指出中国医疗体系现存的问题：医疗支出增长迅速；个人卫生支出占卫生总费用入的份额不断增加，原因是政府投入不足，保险覆盖比率降低；医疗服务可及性不足，而且价高质次；医疗存在地区和人群间的不平等等。

相关统计数据印证了上述问题的严重性。1978—2004年，卫生总费用不断增加，2004年占国内生产总值的份额达到5.5%。卫生总费用的增长速度超过国内生产总值的增速。卫生总费用中，政府卫生支出的份额在下降，个人现金卫生支出的份额在上升，2005年达到52.2%。政府卫生支出绝对值在增加，但在政府总财政支出中的占比在下降。医疗支出中个人支付比例在世界上处于较高排名，高于发展中国家平均水平并不断上升。2003年在大城市应住院而未住院人群中，有64.4%的人是因为看病贵，而在农村这一比例高达73%—78%。在北京，由于医疗服务差而选择不看医生的人数从1998年的142.4万增加到2003年的415.4万。医疗资源在地理分布上极不公平，农村缺医少药现象严重，农村人均卫生总费用仅仅是城市的24%（2004年）。城市的年龄别卫生费用分布图是和国际上一致的J型曲线，儿童和老年人的人均卫生费用高于青年人，但是农村的曲线比较反常，年龄别卫生费用从50岁就开始下降，老年人的人均医疗支出少于青年和中年人，这反映出农村地区的医疗服务可及性严重不足。

1950—1978年，中国在医疗领域取得巨大的成就，虽然当时人均收入很低，但人口死亡率迅速下降，并且建立了一个低成本、广覆盖的基本医疗体系。经过28年的改革开放，中国医疗体系并没有取得像经济建设那样的进步，相反在很多方面不断恶化。病人、医生和政府都不满意，医疗成本迅速增加。

医疗卫生体系的改革，是一个综合性的配套改革。医疗卫生体系的三大支柱是筹资体系、服务提供体系和管理监督体系，此外还离不开药品器械和卫生人力这两个支持体系。这些体系必须统筹兼顾，密切配合，缺一不可。接下来逐一分析中国各体系的现状。

首先是中国的卫生筹资现状。目前，中国的医疗保障主要由公费医疗、城镇职工基本医疗保险、新型农村合作医疗、商业保险和社会医疗救助等形式构成。城镇职工享有个人账户和社会统筹相结合的城镇职工基本医疗保险，农村医疗保险覆盖率很低，从2003年才开始推行自愿参加的新型农村合作医疗，但是受益率很低。目前的医疗保障覆盖率比较低，并且更多地惠及城市。到2003年，农村地区医疗保险覆盖率为21%，城市为55.2%。医保覆盖率在穷人中的比率更低，他们几乎享受不到什么医疗保险。越穷的人，医疗服务利用率越低。

其次是中国的医疗服务提供体系现状。中国营利性医疗机构的数量占51%，但非营利机构的床位数占95%。但这只是名义上的，1980年以后的改革减少了对公立非营利医院的预算支持，他们多是自筹资金进行运营。由于管制造成了价格扭曲，基本的医疗服务利润很低甚至为负，因此，高档的医疗器械和药品创造了最多的利润，医院的经营者不断引入更高档的器械和药品，2005年药品收入占到医院收入的50%以上。

再次是中国的公众卫生状况。财政分权之后，大部分的卫生支出由地方政府承担，贫困县没有资源和能力投入医疗卫生。各级政府在医疗卫生工作中的角色定位不清。贫困省区在公共卫生上的支出很少，尽管这些地方卫生状况堪忧。结果在1980—2003年间，中国人口的预期寿命只增加3岁，5岁以下儿童死亡率仅下降到37‰，这些指标远低于斯里兰卡、马来西亚等国。

最后是监督和管理体系现状。管理体制有待完善，存在多头管理、责权不清、管理体制同质化等问题，并且医疗机构和医疗保险都存在管办不分的问题，监督软弱，跨部门协调机制不够完善，政策缺乏一致性，经营管理权限下放过度，责任机制不够完善，监管手段比较陈旧，监管基础薄弱。

造成以上问题的主要原因有两个：一是政府失灵，政府在满足人民基本医疗需求方面缺位，表现为公共卫生体系的脆弱、三级转诊体系的失效、政府管制的缺乏；二是市场失灵，信息不对称、外部性造成保险市场和医疗服务市场的失败。

中国医疗卫生体系目前面临的挑战有以下几点：不断增加的医疗需求，老龄化，疾病模式的变化，工业化和城市化带来的职业病和传染病，全球化的影响，生活方式的变化，等等。其中，老龄化问题日益严重，计划生育政策加速了老龄化的进程。世界银行的报告预测，中国老龄人口将在2030年达到顶峰3亿，占中国人口的22%，老龄人口依存度达到2，老龄人口的医疗支出将占国内生产总值的8.92%。在疾病模式上，恶性肿瘤、脑血管病和心脏病成为最主要的疾病。

医疗改革的目标是什么呢？就是要优化医疗资源的配置，调整政府在医疗领域的角色，平衡公共卫生和医疗服务的发展；通过竞争和良好的管理提高医疗服务的效率和质量，满足不同层次的医疗需求；通过整合市场机制和政府干预的优点，实现公平、成本控制、效率和可持续性。

中国政府提出科学发展观与建设和谐社会，健康是经济社会发展的最终目标，政府应当保证人民享有基本的医疗服务，这是改革进行的有利契机。胡锦涛主席在政治局学习时指出：坚持公共医疗卫生的公益性质，深化医疗卫生体制改革，强化政府责任，严格监督管理，建设覆盖城乡居民的基本卫生保健制度，为群众提供安全、有效、方便、价廉的公共卫生和基本医疗服务。

从更长远的角度来说，中国的目标是建立一个有利于人民健康的社会经济发展体系，包括医疗保健、环境、社会经济状况、生活方式等各个方面。

肾脏交换的经济学

阿尔文·罗思（Alvin Roth）

近几年，博弈论学者在市场设计方面发挥重要作用，例如劳动力市场、学校选择市场和拍卖市场等。成功的市场设计是在现有实践基础上进行边际上的改革而不是激进地抛弃原来的做法。实现市场的有效运转需要三个条件：一是市场厚度，任一时刻要有足够多的潜在交易；二是市场非拥挤，有足够多的时间供人们提出、接受或拒绝一个要约；三是市场安全，保证交易参与者的安全。这些条件都是市场设计需要满足的。但是有一些交易被认为不可接受的，这是对市场设计的一个重要约束。

罗思和同事们设计过医疗劳动力市场、学校选择市场、美国经济学博士就业学术机构市场和肾脏交换市场。

简单回顾一下学校选择的市场设计。2003年前的纽约和2006年前的波士顿的学校选择系统使学校的选择充满风险，这一点类似中国的高考志愿填报。每个学生根据自己的偏好填写第一、第二、第三志愿。如果一个学生的第一志愿落选了，那么他的第二志愿实现的可能性也会很小，因为他的第二志愿可能是其他人的第一志愿，录取都是第一志愿优先的，这样他可能去了一个更差的学校。结果，许多学生发现保守一些比较好，就会把一个不是很好但比较有把握被录取的学校填为了第一志愿，导致每年有30000名学生并不是根据他们的偏好被录取。对于这种结果，学生和学校都不满意，因为这种匹配还有改善的余地。2003年后的纽约和2006年后的波士顿采用了罗思及其同事设计的新的战略稳定分配机制，结果，符合学生偏好的匹配越来越多。

在美国，每年有超过70000位病人等待着来自刚刚逝世的人的肾脏移植。2006年，美国有10659例来自逝者的肾脏移植手术。同年，等待名单上3875位病人死去，超过1000个从等待名单上划去，因为他们的病情已不允许做移植手术。同年也有6428例来自活体捐赠者的肾脏移植。显然，肾脏移植的供给和需求严重不匹配，但价格不能发挥作用，因为美国国家器官移植法规定任何出于价值的考虑故意获取、接受或转让任何人体器官用于移植都是违法的。

在肾脏捐赠者中，活体捐赠的数量越来越多，到2004年达到6648个，超过了死体捐赠的数量。在移植的成活率方面，最高的是有血亲关系者之间的移植，但没有血亲关系的活体移植远高于死体移植。然而对活体捐赠移植的组织远不如死体移植做得好。多数情况下是一个病人找到了一个捐赠者，如果两个人血型匹配和也没有免疫排斥，则可以实施移植；如果他们不匹配，则捐赠者就回家去了，病人继续等待别的死体的捐赠。在2004年以前，有几例活体捐赠者之间的交换移植，促使了手术成功。

考虑将活体捐赠者有效组织起来，就可以增加匹配的几率，这样没有金钱也可以形成肾脏交换的市场，这就满足了市场厚度的要求。开始于2005年的新英格兰肾脏交换计划和俄亥俄配对肾脏捐赠协会都是这样的市场代表。

在肾脏移植匹配中，两个基因特征至关重要。一个是血型，O型肾脏可以移植给任何人，A型可以移植给A或AB型，B可以移植给B或AB型，AB型只能移植给AB型。这样O型的病人面临不利的境地，因为O型的捐赠者相对供应短缺。另一个是人类白细胞抗原（HLA）类型，抗原匹配的移植大大增加了移植的成功率。在一个足够大的市场上，一些不匹配的"病人—捐赠者"配对可以分为以下几类：一类是配对中的捐赠者很难找到别的接受者，这样的称为市场中供应过多的一方，如O—A；另一类是配对中的捐赠者很容易找到别的接受者，这样的称为供应较少的一方A—O；还有一类供求性对等的，如A—A。

如果不是仅仅局限于这些不能匹配的配对中,就可能找到增加匹配的机会。比如有三队对 A1d—A1s,A2d—B2s,B3d—A3s 中,任意两个配对也不能互换成功,但把他们三对放在一起,可以实现 A1s 移植给 A2d,B2s 移植给 B3d,A3s 移植给 A1d,这样三对都可以实现移植(其中 A1d 表示第一对中病人的血型,A1s 表示第一对中捐赠者的血型)。

显然三方的互换可以增加很多匹配的概率,但四方的互换匹配概率增加较少。当有 25 对时,两方的互换只能移植 9 例,两方或三方的互换并用可以移植 11.3 例,当两方三方四方互换都运用时可以移植 11.8 例。当放在一起的对数越多时,成功匹配的概率越高。因此,多个移植中心有动力进行中心间的互换,因为这增加了匹配成功的概率。波士顿在 2007 年实现了一个六方的互换移植。

为什么我们认为某些交易如此令人厌恶呢?比如用金钱买卖肾脏移植的市场。历史表明我们对事物的厌恶或接受态度是会发生改变的。例如用于研究用的尸体,活体的器官移植,捐赠认为是合乎道德的,买卖则不可容忍。可不要忘记,我们曾经认为使用奴隶是道德的,曾经认为雇佣军是不道德的,曾经认为对种族歧视是道德的,曾经认为利息是不道德的,曾经认为投机是不道德的,可这些态度今天我们都改变了。当某样东西和金钱联系起来时,我们就认为这个东西是不可接受的,比如利息、在收养孩子时对其亲生父母的支付、性交易者的收入、对移植器官的购买等。

总之,有效的市场设计需要满足厚度、非拥挤性和安全三个条件。但一些交易被人们认为是不可接受的,这是设计市场时的一个约束条件。不仅要研究现存的市场,而且要用不同的方式去研究。只有充分理解市场是如何运作的,我们才能在市场失灵或缺失时修补或重建它。

中国的社保改革

易纲

易纲教授在与其报告相关的文章里,提出了进行养老保障体制改革的新思路:转型名义账户制。这个计划的主体部分采用了世界银行提出的"三支柱"(three-pillar)模型。在这个计划里,第一支柱利用一个低水平的、全国统一的、由财政支持的基础养老金来保障最低生活需要,这一支柱用于现收现付资金的汇集。第三支柱采用与世界银行相同的定义。易纲教授主要集中讨论第二支柱个人账户养老金的设计。转型名义账户制由一个名义账户和一个基金积累制账户构成,并且采取一种进化的思想逐渐将名义账户转变为满额账户。

易纲教授首先回顾了中国现有的养老保障体系。中国现有的养老保障体系建立于 1997 年,采用了世界银行的"三支柱"模型。超过 60% 的养老金缴款进入现收现付基础养老金(第一支柱),剩下的进入个人账户养老金(第二支柱),而第三支柱是自愿养老金。当前养老保障体系的主要问题是严重的资金缺口。造成资金缺口的原因有三个:第一,越来越高的依赖率给现收现付的基础养老金体系带来了很大的冲击。在基础养老金体系里,在职人员与退休人员的比例由 1993 年的 4.4:1 降低到 2005 年的 3:1。据估计,依赖率将会十分快速地增长，由 2004 年的 31.4%增长到 2080 年的 83.3%。第二，在向由现收现付基础养老金和个人账户养老金构成的系统转型的过程中，怎样解决由此带来的转型成本依然没有答案。巨大的转型成本将加重原来就已经空虚的个人账户养老金。而个人账户养老金亏空的原因在于地方政府常常用工人的个人账户养老金缴款来弥补基础养老金的短缺。为了将基础养老金和个人账户养老金区别开来，中国已经进行了一系列的调整。但是，个人账户养老金的积累严重依赖各级政府对基础养老金的财政支持。第三，低的参与激励导致有限的覆盖率和很低的强制性，进而导致社会保障费的来源有限。而参与激励低的原因在于人们的基础养老金收益与他们的工作时的缴款没有关系。另外，理论和实证研究都表明，人们选择社保基金和储蓄率之间有很强的关系。总之，任何成功的养老保障体系改革都必须同时协调如下四个政策目标：解决人口老龄化的问题，解决巨大的转型成本，提高参与激励，调整储蓄率。

接下来易纲教授详细地介绍了他们这个计划。在介绍转型名义账户制之前，先简要地介绍了养老金设计的主要思想。当前设计养老金的可用选择包括：现收现付，基金积累制，名义账户制和现收现付的基础养老金与个人账户养老金的结合系统。相比其他选择，转型名义账户制有以下特点：在开始的时候会受人口老龄化的影响，在转型的过程中这种影响将逐渐减少直至为零；转型成本推迟到后期才发生并且比较均匀；没有再分配效应；储蓄效应在开始的时候较低，在后期较高。关于转型名义账户制的第一支柱，学者们普遍赞同应该采用具有收入再分配效应的确定的收益计划，但是学者们对于应该如何收取养老金费用和怎样分配收益有不同的意见。世界银行（1998）提出工资税和现收现付基础养老金的方案；而 Martin Feldstein（2000,2005）建议使用增值税取代工资税；Lawrence Lau （2004）则提出采用一个低水平的、全国统一的、由财政支持的基础养老金方案。易纲教授支持 Lawrence Lau （2004）的观点，因为其有以下几个优点：这个方案覆盖了所有城市的老年人；由政府财政拨款；只是有选择地对一部分无法从个人账户养老金得到足够收益的人群支付，财政负担低；全国统一的收益标准有利于穷人并且有利于全国劳动力的流动。第三支柱是自愿保险和商业保险，这不在本文讨论的范围之内。对于第二支柱，也就是易纲教授重点讨论的一个支柱，有很多学者如周小川（1993）、世界银行（1994，1998）、Martin Feldstein（1998，2000，2005）、Lawrence Lau（2005）和赵耀辉（2001）都做过研究。他们尝试使用名义账户制，使转型成为可能。现在总的缴费率是 28%，其中 20%由雇主支付，8%由雇员自己支付。建议是将缴费率降低到 24%，其中 16%由雇员自己支付，8%由雇主支付。虽然 24%可能还太高，但是出于可行性的考虑从 24%开始。易纲教授还建议这 24%中的 5%从今年开始进入个人账户。这个个人账户是可转移的、全国范围的、跨省的账户，完全取决于个人的社会福利号和身份证号。其他 95%进入现收现付账户以缓解当前的资金短缺问题。以后进入个人账户的资金每两年提高 1%，到 2045 年则所有 24%的缴费都进入个人账户。到 2085 年，个人账户将做实。再考虑个人账户的收益。个人账户的收益由名义账户的收益和全额账户的收益构成。名义账户的收益比较低，可能跟消费价格指数相近。而全额账户的收益取决于对全额账户资金的管理。因为中国太大了，通常偏好于将对全额账户的管理权交给省级政府。但省级政府既可以选择将管理权交给中央政府也可以选择自己管理。这个计划是针对城市居民的，但是也覆盖了超过 1.2 亿在城市务工的农村工。这个账户既对城市居民有效，也对农村来城市务工的人有效，个人账户可以转移、可以跨省。

这就是计划的主要部分。

易纲教授再讲了这个计划的优点。这个计划基本上可以解决大家关心的问题。首先，这个计划比其他的选择要稳定的多，转型成本相对较低。另外，雇员和雇主，特别是雇员，都有激励确保雇主向个人账户交款。这个账户的资金是雇员真实拥有的。最后，这个计划也有利于降低中国的储蓄率。中国的储蓄率已经超过了40%并且还在不断升高，不需要一个会继续提高储蓄率的社会保障体系。

为了讨论计划的可行性，易纲教授他们对这个计划进行了模拟。模拟结果显示，当前的政府赤字为国民生产总值的0.4%，随着越来越多的资金进入个人账户，越来越少的进入现收现付账户，政府赤字会越来越高，并在2040年达到最高（国民生产总值的1.5%）。2040年以后，随着个人账户的资金越来越充裕，个人将越来越多地依赖他们的个人账户，这将逐渐减少政府的财政赤字，到2080年政府预算将实现平衡。

中国人口老龄化和社保体系的改革

左学金

左教授的报告是跟易纲教授的报告有关的，但左教授的报告是一个政策导向的讨论而不是学术研究。

左教授首先介绍了中国的人口转变过程。大家知道1949年后，中国的死亡率的下降导致50、60年代人口的高速增长。人们可能不会相信这次高速增长是由死亡率下降导致的而不是由出生率上升造成的。70年代及以后，出生率急剧下降。在50、60年代，中国妇女平均有5—6个小孩，到70年代，平均只有2—3个。到了90年代早期，中国的人口出生率下降到低于更替水平（replacement level）。2005年，中国进行了一次对百分之一人口的人口普查。发现在2001至2005年期间，人口增长率平均为1.2%，很接近于发达国家1.1%的平均水平。增长率等于出生率减去死亡率。人口出生率降低到6.23‰，在2004年更是低于6‰，比世界平均出生率还要低。官方估计的总和生育率为1.7，一些学者认为总和生育率更低，接近于1.4。上海地区的总和生育率则只有0.7至0.9。基于2005年人口普查所进行的预测表明，到2032年，中国人口将达到最高的14.7亿，届时印度将超过中国成为世界上人口最多的国家。2005年的普查还显示，60岁以上老人为1.44亿，占总人口的11.03%；65岁以上老人为1.0045亿，占总人口的7.69%。一些研究发现，到2020年，60岁以上老人将占总人口的17%；2050年，60岁以上老人将占总人口的30%或者说超过4亿。上海的比例更高，60岁以上和65岁以上老人分别占当地总人口的19.58%和14.97%。

人口的老龄化将对社会经济发展产生很多影响。其中一个影响是劳动力的供应，有人预计2013至2015年间，适宜工作人口将下降。接下来，左教授主要集中讨论人口老龄化对社会保障体系的冲击。在90年代后期，从以企业为基础的社保体系转型到以地方收集和管理的体系。基本上，企业和员工都被要求缴纳养老金。企业贡献了占总薪水20%的资金到养老金，而雇员则将8%的工资给了养老金。养老基金分为两个账户，个人储蓄账户和社会联合账户，雇员和企业缴纳的养老金中占总工资 11% 的部分进入个人储蓄账户，17% 进入社会联合账户。但现有的社保体系存在一些问题，首先是覆盖率太低。养老金计划仅仅覆盖了一部分城市雇员，而没有覆盖大多数非正式工人、城市中的移民工人及在城市化进程中失去土地的农民。根据劳动与社会保障部公布的数据，在 2003 年，养老金计划覆盖了 1.55 亿人口，其中 1.16 亿是正在工作的雇员。平均每月的养老金是 621 元人民币。至于低覆盖率的原因，左教授想其中一个是太高的缴费率。缴费率高达 28%，20% 来自企业，8% 来自雇员。这实在太高了，即便跟国际水平比较也是如此。因为缴费率太高，穷人无法支付，所以很难扩张，也就很难提高覆盖率。一些城市虽然专门为农民工、非正式工人及移民设立了特别的计划，但是由于费率太高，他们实际上没有动力参加。另外没有全国性的计划，现在所有的计划都是地方性的。为什么？因为中国区域收入的差距，不只有省与省之间的差距，也有省内的差距。地方性的养老金计划导致了低效率、高管理成本和很低的收益率。中央政府面临着一个两难的情况，是否应该让地方养老金计划投资于高风险、高收益的投资项目。在 1997 年之前，中央政府是允许地方政府进行这类投资的。但是因为错误的投资决策，这导致了很大的损失。然后政府决定不让地方政府进行高风险项目的投资，养老金只能储蓄于银行或者投资于国债。地方性的养老金计划还会成为社会流动和劳动力流动的障碍。另外，预算软约束和巨大的资金短缺也是一个很大的问题。从全国范围来看，自从 1998 年出现资金短缺以来，短缺问题一直在恶化。并且养老金账户的资金短缺问题主要由政府预算和个人储蓄账户的资金来解决。两年前，个人储蓄账户的缺口也许就已经达到 6000 亿人民币。除了巨大的资金短缺，巨大的隐性债务也达到了创纪录的水平。据估计，2000 年，隐性债务达到了 78000 亿，占当年国内生产总值的 80%。左教授认为问题不在于现在的债务，而是未来如何限制和如何偿还债务的机制，这个机制现在仍然没有出现。

谈到社会保障体系的三支柱，第一支柱太大了，考虑到养老金计划有限的缴费，第一支柱事实上挤出了其他两支柱。在中国，第三支柱被定义为辅助计划。但是这个辅助计划仅对一些垄断企业才在财务上可行。这实际上是对富裕工人的补贴而不是一个公平的计划。在东南沿海进行的调整计划其实是通过做实个人储蓄账户同时以缩小个人储蓄账户为代价扩大社会联合账户。左教授想这只是一个为了方便而进行的改革，因为个人账户缩小后更容易做实。但是考虑到人口老龄化以及不断提高的依赖率，如果继续这样进行下去，将来会遇到更多困难。左教授不能完全同意易纲教授提出的名义账户制，因为在大多数国家，如果他们采用了名义账户制，他们就没有第一支柱了。所以名义账户制是对第一支柱的代替而不是对第二支柱的代替。左教授相信名义账户制实际上还是一个现收现付体制。如果既有第一支柱，然后用名义账户制代替第二支柱，实际上回到了改革的起点。左教授的建议很大程度上按照 Lawrence Lau 的观点。应该建立一个全国范围的计划。这个计划必须是具有低的缴费率、高的覆盖率的多支柱养老金计划。一个全国性的计划有利于劳动力的流动和社会的流动。高的覆盖率将能够既覆盖城市本地工人，又能覆盖农民工和非正式工人。低的缴费率将允许低收入工人也参与这个计划并且不会对雇主和雇员产生太大的压力。随着改革产生的一个疑问是：全国性的计划会不会影响富裕地区参与的积极性？左教授的回答是：富裕地区高平均工资优势将会部分被高依赖率抵消。他们曾经用上海、陕西和湖北三个省份的数据进行过模拟，发现对上海的负面效应很有限。

最后，左教授认为个人储蓄账户应该由专业的养老金管理公司在全国范围内运作。也应该逐步提高强制退休年龄（从 55/60 岁到 65 岁），同时改革以资历为基础的工资系统。中国还应该改革公共卫生保险体系，以便降低家庭医疗费用的高风险和减轻对养老金系统的负担。与此同时，应该放松计划生育政策，在人力资本上多投资。

CCER-NBER 第十届年会

经济增长与国际贸易

（2008 年 7 月）

2008 年 7 月 3 日至 4 日，第十届 CCER-NBER 中国与世界经济年会在北京大学中国经济研究中心万众楼举行。来自 NBER、CCER 以及清华大学等机构学者围绕有关中国与世界经济的议题互相交流并进行讨论。

本年会的演讲嘉宾有：哈佛大学吉塔·过匹纳斯（Gita Gopinath）教授、卡迪克·穆拉里达兰（Karthik Muralidharan）博士，芝加哥大学延斯·路德维希（Jens Ludwig）教授、托马斯·J. 菲利普森（Tomas J. Philipson）教授，世界银行徐高博士，哥伦比亚大学魏尚进教授，加拿大西安大略大学徐滇庆教授，马里兰大学查尔斯·赫尔腾（Charles Hulten）教授、孟岭生博士，北京大学卢锋教授、朱家祥教授、巫和懋教授、霍德明教授、姚洋教授，清华大学白重恩教授、王一江教授、李宏彬教授、迟巍教授、李稻葵教授、曹静博士、郦金梁副教授。

近年中国宏观经济增长和问题

卢锋

改革开放 30 年来，中国经济快速发展，GDP 年均增长率接近 10%。最近 5—6 年中国经历新一波景气增长，GDP 年增长率连续达到或高于 10%，国际贸易快速增长，2007 年贸易额超过 2 万亿美元，成为全球第三大贸易国。卢锋教授认为，以下因素驱动了中国经济迅速增长。

一是劳动生产率的提高。世纪之交以来，中国制造业劳动生产率年均增长率大幅提升，达到 15%左右。服务业劳动生产率也保持 6%以上的年均增长率，近年百分数增速甚至超过两位数。

二是资本回报率增长。自 1998 年以来，工业部门的净利润/资产比、净利润/权益比强劲增加，2007 年分别达到约 6%和 15%。虽然 2007 年公司盈利能力统计值可能受到显著通胀和股市价格飙升等因素额外拉高的影响，但是总起来看，资本回报率增长对近年投资和经济增长推动效应产生了重要积极影响。

三是经济的结构性变化——工业化和城市化迅速推进。改革开放 30 年来，农业劳动人口比例逐年下降，截至 2007 年已降至约 40%，过去 5—6 年这一指标变动速度显著加快。城镇化进程发展迅速，房屋建筑和高速公路里程快速增长都显示这一进程加快。

四是以人口抚养比下降或劳动力占总人口比例上升衡量的人口视窗（demographic windows）或人口红利（population bonus）的影响。目前，中国仍处于人口红利后期阶段，这一因素仍是推动中国 GDP 高速增长的动力之一。然而，依据人口学界对中国人口结构长期变动趋势的研究和预测，随着中国老龄化进程加快，劳动年龄人口占总人口比重在 2010 年前后将达到顶峰，之后将会逐年下降，因而这一因素对经济增长作用不久将发生逆转。

五是国外投资的拉动。1993 年以来，总的国外资本和 FDI 都维持在较高水平，2007 年更是达到近 700 亿美元之巨。中国目前国内储蓄大于投资，并不缺钱；然而大规模 FDI 流入不同程度地伴随着成熟技术、管理方法流入以及国外市场扩大，有利于解决中国资金富裕和资本不足问题，因而仍对中国经济经济增长具有积极作用。

卢锋教授预计，如果中国能保持迅速增长的势头，人民币相对美元升值趋势继续，到 2025 年，中国的人均名义 GDP 有望达到 1.2 万美元（基于 2005 年美元价值）。虽然中国经济发展基本面长期看好，同时也应注意到过去 5—6 年经济高速增长也累积产生了一系列需要解决的矛盾和问题。

一是外部不平衡。集中表现为贸易顺差快速强劲增长，2005—2007 年在经济增长显著高于潜在供给能力的同时，贸易顺差对经济增长贡献率每年都在 20%—30%之间，与此前 20 多年顺差增长逆周期的经验形态形成鲜明对照。加上资本项目盈余以及近来境外资金违规渠道流入，外汇储备几乎呈指数形态增长，截至 2008 年 3 月底已达到 1.68 万亿美元，6 月底达到 1.8 万亿美元左右。

卢锋教授介绍了解释外部失衡的两种视角，一是认为外部不平衡根源于中国的高储蓄率，然而这一解释基于宏观经济变量等式定义关系，在提供经济假说方面存在明显局限。二是从相对价格角度看，外部不平衡基本根源是人民币实际汇率偏低，与中国经济追赶过程中生产率相对增长的基本面因素要求不相适应。

二是不断增加的通货膨胀压力。2007年以来，中国通货膨胀压力显著增加，表现为消费者物价指数（以下简称 CPI）、生产者物价指数（PPI）和原材料价格指数（RMPI）较快增长。卢锋教授也介绍了对通胀现象的两种解释观点：一种是结构主义分析观点，认为物价上涨是不同部门和方面的供给逆向冲击通过成本推动带来的结果，因而需要主要采用结构性措施应对。另一种是货币分析观点，认为一段时期内，经济偏快增长累积了失衡压力，通过广义货币过快增长导致通货膨胀压力增大，因而应当主要采用总量调节手段应对。

三是剧烈波动的房地产市场和股票市场。2007年，房地产价格和股市指数大幅上涨，但是进入2008年后，房地产市场疲软，沪深两市指数剧烈震荡，这些成为宏观经济中的不稳定因素。

之后，卢锋教授介绍了中国宏观经济政策。政策基本原则是中国决策层提出的科学发展观与和谐社会理念。大体包含两层面内容：发展是硬道理，发展过程中出现的各种问题只有通过经济发展来解决；实现经济和社会的平衡发展，建设社会主义和谐社会。基于这样的原则，当前中国主要采取以下几种宏观经济政策。

在涉外经济政策方面，中国继续推进人民币汇率制度改革，逐步使人民币汇率由市场供需关系决定；减少出口退税，降低特定进口商品的关税；鼓励国内企业"走出去"；建立中国投资有限责任公司（CIC）尝试在全球范围进行多样化投资；通过合格的境内机构投资者（QDII）逐步扩大国外证券投资管道。

在货币政策方面，央行综合采取法定存款准备金率政策、公开市场操作政策、利率政策，以及窗口指导和信贷数量控制政策。卢锋教授指出，在现阶段，窗口指导和信贷数量控制政策仍然发挥着显著作用。

另外中国政府还实行不同种类的结构性政策以调节宏观经济矛盾。这方面政策包括政府通过财政补贴对母猪提供保险以鼓励生猪生产，限制粮食出口鼓励进口，发改委实行临时性价格管制措施等。

卢锋教授预计，如果目前紧缩宏观政策能适度坚持到位，今年中国GDP增长率可能降到略低于10%，年底CPI增长率将降至约5%左右，全年CPI增长率约为6%—7%。卢锋教授最后总结到：中国经济新一轮景气增长，再次证明30年改革开放发展道路选择的正确和成功。最新增长经验也提示，随着中国经济规模的增大，中国与世界经济互动会给国内宏观经济稳定带来各种比早先时期更为广泛和深刻的挑战，需要在总结经验教训基础上对这一领域的问题提出新的思维和应对方针。短期内，中国需要继续保持一段从紧货币和宏观政策，有效遏制通货膨胀增长势头，从而为国民经济又好又快增长创造有利的宏观环境。

国际贸易商品价格与汇率传递

吉塔·过匹纳斯（Gita Gopinath）

过匹纳斯教授研究了国际贸易商品价格与汇率之间的关系。两国货币相对汇率每变化一个百分点后，两国贸易商品价格调整的幅度，称为汇率传导弹性。在这一研究领域，他们感兴趣的问题有：汇率变化多久后，贸易商品会重新定价？价格黏性程度有多强？当价格调整时，汇率传递弹性有多高？贸易商品标价所采用的货币种类在价格调整中扮演何种角色？以及为何在以美国为代表的一些国家中，汇率传递弹性如此之低？

过匹纳斯教授分析了美国劳动统计局提供的微观数据，发现美国进口商品价格平均调整间隔为 10.6 个月，出口商品价格平均调整间隔为 12.8 个月。其中进口自中国的商品价格平均调整间隔为 13.5 个月，这意味着，在美元不断贬值、人民币不断升值的环境下，进口自中国的产品约需要一年多的时间才重新定价，在此期间，汇率变化将给中国出口商带来不可忽略的损失。美国进口及出口贸易存在显著的价格黏性，而且进出口货物中有采用美元标价的商品，甚至进口自中国的所有商品几乎都采用美元标价。这一现象很特别，世界上很少有其他国家在进出口贸易中以如此高的比例采用本国货币标价。过匹纳斯教授认为这可能是由于外国出口商的竞争。另外，1994 至 2004 年的数据表明，美国进出口商品重新定价时间间隔有逐渐延长的趋势，过匹纳斯教授认为原因之一是来自中国的商品所占比重的逐年增加。

这些事实背后隐藏着众多疑问。尽管美元贬值幅度较大，进口商品价格变化幅度却很小。过匹纳斯教授认为，其中一个因素是进口商品价格合约期限较长所带来的价格黏性；另一个因素是来自中国等国家的进口商品所占比重的上升，因为进口自这些国家的商品拥有较长的价格调整期限。过匹纳斯教授还提及了同质商品和异质商品的影响，由于异质商品的不完全替代性，如果进出口商品更多地偏重于异质商品，那么价格调整频率也将有所下降。

过匹纳斯教授选取 12 个国家对美进出口贸易的市场交易数据，定量分析汇率传递弹性。这 12 个国家分别是德国、瑞士、意大利、日本、英国、比利时、法国、瑞典、西班牙、挪威、奥地利和加拿大。这些国家以非美元标价的货物总量不低于全部货物总量的 5%，且货物种类在 10 种以上。过匹纳斯教授采用传统模型，加总 12 个国家美元标价和非美元标价商品的数据，用价格变化数据对汇率变化数据进行回归，由此得到加总的汇率传递弹性。研究发现，汇率传递短期弹性约 20%，两年内，汇率传递弹性逐步缓慢上升到约 30%。

通过区分美元标价商品和非美元标价商品，过匹纳斯教授发现不同货币标价商品的汇率传递弹性不同。非美元标价的商品短期汇率传递弹性为 90%，此后两年内，此弹性基本保持不变；而美元标价的商品对汇率变化反应较慢，汇率改变后，需要两年时间，汇率传递弹性才从 0 增加到约 10%。这表明，非美元标价商品的汇率传递反应迅速且程度较完全，而美元标价商品则相反。

接着，过匹纳斯教授将这一模型应用于国别数据，发现对于这 12 个不同的国家，上述结论依然成立。而且不同国家非美元标价和美元标价商品加总的汇率传递弹性的不同，可以通过这两种商品各自的汇率传递率和两种商品相对比例来解释。

中国要素收入分配

白重恩

中国要素收入分配结构自改革开放以来发生了很大的变化，资本要素收入比重从 1978 年的 37.34% 上升到 2006 年的 45.23%，税收占总产出的比重由 1978 年的 12.85% 上升到 2006 年的 14.16%，劳动要素收入比重由 1978 年的 49.8% 下降为 2006 年的 40.61%。2003 到 2004 年间，劳动力要素和资本要素的收入相对比例显著跳跃。其中，资本收入比重由 2003 年 39.93% 跃升为 2004 年 44.35%，劳动收入比重由 2003 年 46.16% 下降到 2004 年 41.55%。那么，是什么因素引起中国要素收入分配的变化？2003 年到 2004 年间资本收入比重的跳跃式增加又当如何解释？

研究这个问题具有重要的意义。要素收入分配的变化可能引起规模收入分配的变化。正如 *Bussiness Standard*（《商业标准报》）中的文章所提到的，"要素收入分配是所有再分配的源泉"，"经济中劳动力要素分配比重下降也许会成为经济增长的隐患"，"能否通过政治政策提高劳动力要素比重，这或许是中国所面临的一大问题"。*Economist*（《经济学人》）的相关文章也涉及中国要素收入分配的问题："近年来，很多国家都经历了劳动力要素收入比重下降的过程，但是没有哪个国家下降程度如中国这般巨大"，"这一事实部分地反映出中国劳动力过剩的现状"。很多经济学家也注意到这个问题，提出了大量的政策建议，政府部门正在考虑实施各种政策解决这个问题。

白重恩教授详细分析了 2003 年到 2004 年要素收入比重剧烈变化的原因。他认为，这一变化可以归因于统计方法的改变、体制变迁和工业生产中劳动力比重变化这三个方面的因素。2004 年前，自营业者所获得的收入被算作劳动收入，而 2004 年起，这些收入被划入资本收益。另一方面，在 2004 年的经济普查中，在将近一半的省份，国有及集体企业的营业盈余被划归劳动收入，这也使得当年工业部门的劳动要素收入比重显著上升。白重恩教授依据这些信息，对 2004 年数据进行了相应的调整。调整后的数据表明，统计方法改变在所有影响因素中占约 51% 的比重。

经济结构的变迁也是那两年要素收入比例变化原因之一。第一产业的劳动要素收入比例明显高于其他部门，其中部分原因是统计数据时将农业人口总收入计算为劳动收入，从而高估了第一产业劳动要素收入。改革开放 30 年来，第一产业占国民经济比重不断下降，而第三产业比重逐年上升，由于第三产业中劳动力比重比第一产业低，所以在这一转型过程中，劳动力要素收入比重不断下降。白重恩教授估计，如果去除经济结构变迁因素，2004 年劳动力要素收入比重应该是 53.6%，而非当前估计的 57%。白重恩教授认为，经济结构变迁因素在导致劳动要素收入变化的所有因素中约占 31% 的比重。

白重恩教授认为影响因素还包括产业内部技术变化，这一因素在所有因素中约占15%的比重。通过建立一个劳动力、资本替代的理论模型，白重恩教授将产业内部劳动力要素比重影响因素归结到四个方面：①所有权效应，当企业追求大的企业规模时，劳动力比重相对较高；②垄断力量效应，当企业具有更强的垄断力量时，劳动力比重相对较低；③劳动价格、资本价格的比率能有效反映产业中这两种要素的比重；④要素替代弹性决定了劳动和资本要素产出率。

之后，白重恩教授采用国家统计局1998到2005的年度调查数据，通过系统广义矩阵估计（GMM）方法，检验了这一模型。实证结果很好地契合了理论模型，佐证了所有权效应和垄断力量效应两大因素，同时也得到如下结论：资本和劳动要素的替代弹性并非显著地偏离1，资本和劳动相对价格不是劳动要素收入比例变化的显著原因。

犯罪经济学

延斯·路德维希（Jens Ludwig）

路德维希教授的报告主要涉及以下内容：收益—成本分析在制定犯罪政策中的作用，对监禁政策的分析，以及其他惩罚罪犯的措施。在政府行政资源的有限性和保障公民基本自由的双重限制条件约束下，最大程度降低犯罪给社会带来的损失，这是美国打击犯罪的目标。打击犯罪的收益—成本分析根源于Gary Becker 1968年的文章 *Crime and Punishment: An Economic Approach*。Becker 认为最优犯罪数量并非为零，而是应该通过收益—成本分析，使预防与打击犯罪的边际成本等于由此引致的犯罪的减少所产生的社会边际收益。因此需要衡量减少犯罪所带来的收益，即衡量犯罪的社会成本。

衡量犯罪的社会成本是一大难题。犯罪数量数据并不足以支撑收益—成本分析，需要以一致的计量单位（如美元、人民币）衡量犯罪带来的经济社会损失。在这些损失中，有形损失较容易用货币数量衡量，但是这些数据还远远不够，因为无形损失在犯罪的社会损失中占据重要份额。

衡量无形损失可以从两个不同的角度入手。通过度量公众为了减少未来犯罪风险所愿意支付的费用（willingness to pay，以下简称WTP），也就是从事前角度衡量无形损失。另外也可以从事后的角度衡量无形损失，此时需要加总犯罪受害者的医疗成本、误工成本和法律成本等一切直接和间接成本。从事前角度出发，通过人们的市场行为（例如居民愿意花费在住宅安保方面的资金）衡量WTP颇具挑战，之前的类似研究关注于住房市场；也有研究通过直接调查获得人们愿意支付的数据，这一颇有争议的方法在环境经济学中使用广泛，最初的努力见于 Cook and Ludwig（2000）和 Cohen et al.（2004）的论文，迄今环境经济学中已有一些可行的实践，但在犯罪研究领域中还没有相关应用。

据路德维希教授估计，犯罪每年带给美国的损失将近2万亿美元之巨，犯罪行为主要集中于暴力犯罪和经济犯罪，且对低收入和少数族裔影响更大。这些事实预示，即使预防犯罪的举措更为昂贵，也依旧可能在收益—成本分析框架下被证明有所裨益。

监禁是美国当前打击犯罪的主要政策,它在预防犯罪方面主要包括以下三个方面的收益:一般而言,曾犯罪的人比普通人有更强烈的犯罪倾向,通过监禁,可以避免他们进入社会继续犯罪;监禁作为对犯罪的严重惩罚可以威慑潜在的犯罪者,减少犯罪发生;在监禁过程中改造犯罪者的思想,减少其出狱后犯罪的几率。但是,可以预见到,随着监禁人数的增加,这一政策的边际收益将呈现递减趋势。

当前,美国监禁政策是否超过最优程度呢?自 1980 年以来,美国监狱中服刑人数加速增加,截至 2006 年已接近 240 万。美国入狱服刑人员占总人口比重也远远高于其他国家,几乎是中国的 6.5 倍。当然,路德维希教授也指出,中国之所以能保持这么低的服刑人员比例,原因之一可能是中国的监禁年限比美国更长。

依据 Steve Levitt(1996)的研究,20 世纪 90 年代初,美国监禁政策的边际成本与其边际收益基本持平,这也许意味着,在那之后服刑人员的大量增加会使这一政策执行过头,越过最优政策点。因此,通过减少在监狱方面的投入,将这些资源用于其他减少犯罪的项目中,或许能够增加预防犯罪的收益。

除监禁外,政府还可以考虑其他惩处犯罪的政策。例如,可以通过扩大警察队伍的规模、增加警务支出来减少犯罪发生。当前,美国的警察数目偏低,每千人口中警察数量只有 3.3 人,依据 Donohue and Ludwig(2007),警务支出投入每增加 1 美元,可以带来 4 到 8 美元的预防犯罪收益。虽然当前就如何衡量犯罪带来的社会成本这一问题还存有争议,但是美国近年来正在逐步增加警务支出。路德维希教授还提到,中国可能也面临和美国同样的机遇——因为中国警察比例更低,每千人只有 1 名警察,所以中国增加警务支出所能带来的收益可能比美国更高。

另外,政府需要设法增进警察的执法效率。一方面,警务部门应该更重视影响最大、危害最严重的那些犯罪行为,如 Lawrence Sherman(2003)研究的"犯罪热点"现象,Braga 等研究的犯罪帮派现象,Ludwig and Cohen(2003)研究的非法携带枪支现象,以及累犯者问题等。另一方面,警务部门要加强数据收集分析工作,为制定干预犯罪的政策提供可靠的依据。

政府可以推行各种社会福利计划,增加犯罪的机会成本,降低犯罪比例。众多的研究表明,学校教育和工作机会的增加均有助于减少犯罪。必要的时候,还可以考虑药物干预。虽然大部分人在药物治疗后都重萌故态,但是从成本—收益分析的角度来衡量,这一政策依旧是有利的。

最后,路德维希教授总结到,Becker 提出的犯罪的收益—成本分析有助于在众多的预防和减少犯罪的政策中作出选择。虽然由于度量 WTP 的困难程度以及政策效果错综复杂的因果关系,收益—成本分析颇具难度,但这一方法还是可以协助我们改进当前的预防犯罪和减少犯罪政策。

政府官员受贿的个人与环境因素分析

迟巍

迟巍博士发言的内容基于其与清华大学王一江教授合著的论文——《政府官员受贿的

个人与环境因素分析》。受贿是一个古老的世界性现象，它严重危害社会公平正义和经济繁荣发展。现有的大量文献都论证了如下现象：受贿阻碍经济发展，减少投资，增加收入分配的不平等，并且导致地下经济规模扩大。影响一国总体受贿严重程度的因素包括该国人均收入水平、政府雇员工资水平、国际贸易开放程度、新闻舆论监督、政治体制等。迟巍博士所作研究的切入角度是影响官员受贿的个人因素和环境因素，其中个人因素包括年龄、性别和受教育程度等，环境因素包括官阶高低、所管理的部门权力大小等。迟巍博士希望通过这样的研究，建立官员个人受贿行为的理性决策的经济模型，弥补当前针对官员腐败问题的研究集中于国际和行业层面而缺乏个人因素层面研究这一不足。

此处理论模型的前提假设是，官员作决策时采用成本—收益分析方法，最大化其期望效用，是基于个人独立的理性决策所采取的行为。在迟巍博士的模型中，只有上文所述的个人因素和环境因素影响官员决策。官员受贿金额的最高限度与其职位高低正相关，他如果决定受贿，就能在受贿金额限度内选择接受多少贿赂。但是，受贿后，该官员有一定概率会受到法律制裁，此时他将失去收受的贿赂以及原来的职位，同时还将受到额外的惩罚。迟巍博士假设这一惩罚与受贿数额以及个人因素正相关，且随着受贿数额增大，边际惩罚力度减小。因此，受贿官员受贿被抓的机会成本可以表示为其职位未来收益的贴现值与其所受惩罚之和。

在迟巍博士的模型中，官员风险中性，其决策过程是：首先依据自身个体因素，选择收受贿赂的数量以最大化受贿的期望利润（受贿金额减去受贿被抓的期望损失），然后将最大化后的期望受贿利润与不受贿、继续维持原职位所能获得的收益的现值相比较，如果前者大于后者，他将选择收受贿赂。

迟巍博士基于这一理论模型得到如下预测：①当其他条件不变时，如果官员自身条件不利于其个人仕途的升迁，则其所面临的受贿机会成本（丢掉官位）更低，因而更有可能受贿。这些不利的个人条件包括受教育程度更低，年龄更接近于退休期限，其性别不适宜在所工作的部门升职等。②官职越高的官员，所能收受贿赂的最大数量越大。但是，法律惩罚却无法随着受贿金额无限制提高，即法律惩罚函数相对于受贿金额的二阶导数小于零。因此，其他因素不变情况下，官职越高的人，越有可能收受贿赂，且金额越大。③由于法律惩罚函数对于受贿金额的一阶导数为正，二阶导数为负，所以若受贿官员的个人特征能降低法律惩罚的边际成本，那么就有空间收受更多贿赂。④官员环境因素越好（如官职越高、所管理部门实权越大），那么如果其受贿，则受贿数额也将越大。

迟巍博士通过中国监察部网站（http://www.mos.gov.cn），收集了2003年到2006年间被起诉的130个政府受贿官员的相关数据，并在此基础上构建计量模型对上述模型进行检验。数据内容包括官员年龄、性别、受教育程度、官职、工作部门、工作的省份城市及受贿金额。模型回归的结果表明，职位高低是受贿与否的重要因素，在高层官员中受贿现象更为严重；不同政府部门受贿严重程度不一，交通和金融部门受贿现象较其他部门更普遍；受教育程度越高的官员的受贿倾向相对越低；不同省份（市）的比较中，私营部门规模越大，市场经济越活跃，该省份（市）官员受贿的现象越少。

最后，迟巍博士也提及了当前研究的不足以及未来的研究方向。一方面，当前的研究只检验了理论模型的第三和第四两个假设，未来需要更翔实的数据以便检验其他两个假设；另一方面，数据可能存在样本选择偏差的问题，因为一般公布的受贿案件基本都是大案要案，所以那些数额小、官职低的受贿案件可能没有被纳入样本。

经济周期核算：中印对比

徐高

来自世界银行的徐高博士所作的报告基于他与斯德哥尔摩经济学院、CCER 访问学者 Christer Ljungwall 教授合著的文章 *Business Cycle Accounting: China vs. India*。

中印两国是世界人口最多的两大发展中国家，也是新兴市场国家的代表。近年来，中印经济都取得了巨大发展。中国制造已遍及世界每个角落，印度的外包服务也成为世界经济中不可忽视的组成部分。不仅如此，中印都历经了相似的发展路径，中国通过改革开放，由僵化的计划经济逐步转轨进入社会主义市场经济；印度从僵化的邦政府管理逐步融入开放的世界经济。而在这些相似之处以外，两国经济发展也存在各种不同：中国年均国内生产总值增长率达 9.8%，印度只有约 3.4%；投资是中国经济发展主要动力，而印度经济发展主要动力是消费的拉动；中国制造业在世界经济中竞争力明显，印度则以服务外包见长等。因此，通过数量化的分析框架，研究比较中印两国经济的异同，无论在理论上还是实践上都有重要的意义。

当前对中国经济周期的研究主要集中于描述性统计和结构变量自回归（SVAR）两个方面。徐高博士采用 Mulligan（2002）和 Chari, Kehoe and McGratten （2007）建立的经济周期核算方法（business cycle accounting，以下简称 BCA），基于包含有随时间变化波动因素的动态随机一般均衡（DSGE）模型，利用现实数据测量各波动因素随时间变化的值，从而估计各个波动因素对经济波动的影响程度。

Chari 等证明，当前宏观经济模型中所引入的各种用以引起经济波动的机制性摩擦，通过一定转换，都可以被归结到 BCA 方法的原型模型（Prototype Model）中的四种波动因素。这些波动因素分别是：①生产效率波动（efficiency wedge），相当于索洛剩余，其均衡值被设定为 1，企业生产的融资困难可被转化为此波动；②投资波动（investment wedge），取值区间为（0,1]，相当于影响投资实现的随机阻力，信贷市场摩擦等可被转化为此波动；③劳动所得波动（labor wedge），取值区间为（0,1]，相当于对劳动收入随机征税，黏性工资、货币政策冲击、工会、反托拉斯法规等都可以被转化到此波动因素；④政府支出波动（government consumption wedges），相当于政府支出的随机变化，值得一提的是，开放经济模型中随机波动的国际间借贷可以转化为封闭经济中的政府支出波动。

徐高博士首先利用现实数据，对模型中部分参数进行校准（calibration），通过此过程还可以直接得到政府支出波动的均衡值；其次经推导，得到欧拉方程，再结合生产技术、预算约束等约束条件，得到均衡条件；然后对均衡条件对数线性化，利用 Blanchard and Kahn（1980）提出的方法解此线性化方程；接下来借助于 Kalman 滤波得出最大似然函数，随后通过贝叶斯方法，利用长期数据估计上述波动因素的均衡值；最后用 Kalman 平滑算法估计各种波动的实现值。实际操作中，只使其中一种或几种综合的波动变化，将剩下的那些波动固定住，这样的话，通过模拟可以得到其中某种或某几种综合波动引起的效果。

接下来，徐高博士通过上述方法，利用中国1978—2006年和印度1981—2006年的年度国内生产总值、私人消费、投资和政府支出加净出口数据，得到如下结论：中国产出和消费波动都很大，产出增长持续性强，投资支出增长滞后于产出增长；印度产出和消费波动都较小，产出增长的持续性也较低，投资增长和产出增长几乎如影随形。

徐高博士通过对照模拟结果与现实数据发现，中印两国经济增长的主要动力在于生产效率波动（索洛剩余），这一点与当前BCA实证研究的大多数结论相同。这一结果可能预示了技术进步和体制变迁在经济增长中的重要地位，当然这一结果也可能意味着真实商业周期（real business cycle，简称RBC）模型中还存在隐藏的因素未被发现。印度相对较高的劳动所得波动可能揭示，印度的劳动力市场中存在比中国更大的摩擦因素。至于投资波动（金融市场摩擦）和政府支出波动这些因素，无论在印度还是在中国都可以忽略。

中国宏观金融的稳定指数

朱家祥

金融稳定性是经济体抵御金融冲击的能力。根据中国人民银行的定义，金融稳定性是指金融体系处于能够有效发挥其关键功能的状态。在这种状态下，宏观经济健康运行，货币和财政政策稳健有效，金融生态环境不断改善，金融机构、金融市场和金融基础设施能够发挥资源配置、风险管理、支付结算等关键功能，而且在受到内外部因素冲击时，金融体系整体上仍然能够平稳运行。然而，现有对于金融稳定性的定义过于抽象，需要对其进行进一步的量化。朱教授与霍德明教授合作完成的关于中国宏观金融稳定指数的研究，正是基于这一考虑开展的。

国际货币基金组织（以下简称IMF）于2006年出版了39个金融健全指标（financial soundness indicators，以下简称FSI），供各国参考。其中包含了12个核心集（core set）指标与27个参考集（encouraged set）指标。核心集的指标都是有关金融部门的变量，除了管理健全性难以量化之外，核心集指标与"骆驼"原则（CAMELS，即资本充足率、资产质量、管理水平、盈利状况、流动性及对于市场风险的敏感度）大体一致。欧盟央行在IMF金融健全指标的基础上，对会员国建议了一套宏观审慎指标（macro-prudential indicators，MPI），其中包含174个指标，远超过IMF的FSI。其核心思想是，实体部门（real sector）的不稳定性会扩散到金融部门，导致金融危机。因此，为了分析金融部门，必须从实体部门入手。

对于金融危机的研究主要可以采用以下三种方法：

第一种方法是二元响应模型（binary response model）。Frandel and Ross（1996）运用这一模型探讨了货币危机的问题，通过特定的统计方法分析了FSI对于金融危机的预测能力。然而，这种方法只能检验FSI的重要性，而无法检定哪些变量会触发货币危机，从而难以基于这种方法推行预防措施。此外，由于中国尚未发生过重大金融危机，也很难通过这种方法识别出能够对中国的金融危机进行有效监控的指标集。同时，相对于以二元变量表示的金融危机事件而言，朱教授更为关注的是金融稳定性，而这是一个连续变量。因而，这种方法对他们的研究不适用。

第二种方法是信号理论（signaling approach）。Kaminsky, Lizondo and Reinhart（1998）利用这一方法，通过构建"噪声—信号比率"（noise-to-signal ratio）分析了各指标对于危机的预测能力。该比率的分子是错误预测所占比例，分母是正确预测所占比例，如果该比率等于1，则意味着相应的指标完全没有预测能力。然而，这种方法存在以下几个问题。①在这种方法下，最终的结果在很大程度上取决于研究者所设定的临界值。若临界值过高，则可能难于提供有效的预警；而若临界值过低，则可能产生过多的错误预警。临界值的设定会受到数据挖掘（data mining）的影响，因而，数据挖掘偏误会对结果造成很大的影响。②这种方法缺乏一致性。如果所选指标中的一些发出预警信号，而另一些处于正常状况，则很难判断总体信号是否超出了警戒值。③这种方法也缺乏相应的统计检验。

第三种方法是评分方法（scoring approach）。这种方法对FSI的时间序列作评分转换，并对转换后的数据进行加总。朱教授的研究使用的就是这种方法。朱教授从"波动性"和"水平"两个角度，通过加权平均法来构建中国的宏观金融稳定指数（macro financial stability indices，MSI），这在文献中尚属首创。在两种指数都达到较高水平的时候，金融的稳定性就相对较差。从分析结果来看，这一指标很好地吻合了我国1988—1989年的宏观经济"硬着陆"、1993—1994年的宏观经济"软着陆"及之后的一系列重大宏观经济事件。

之后，我们从中国的资本外逃、股市回报率和外商直接投资三个方面，对这一指标的适用性进行了检验，得到如下结论。①决定中国资本外逃的因素主要是"套补利率差价"（covered interest rate differential，CID）和MSI。在加入MSI后，模型估计结果较之前显著改善。CID与资本外逃负相关，而MSI与资本外逃正相关②决定中国股市回报率的最主要因素是MSI和期限差价（term spread），此外，益本比（earning to price ratio）在10%的水平上显著。同时，在加入MSI后，模型估计结果较之前显著改善。③在外商直接投资方面，在加入MSI后，模型估计结果也较之前有显著改善，MSI的符号也同假说相符。

中国储蓄之谜

魏尚进

以广义储蓄来衡量，今天中国的储蓄在国内生产总值中所占比率已经高达50%，远远高于其他国家以及中国的历史情况。由于高投资率促进增长，因而高储蓄率间接导致了增长。此外，高储蓄率还可能同外汇储备的增加相关。

现有对于高储蓄率的解释主要有生命周期理论和预防性储蓄理论。但是，生命周期理论与家庭数据的情况不符。预防性储蓄理论用社会保障的不足或金融结构的缺失来解释高储蓄率，尽管这一理论能够为截面数据所支持，然而与时间序列数据的结果不一致。

魏教授他们认为，中国高储蓄率与中国性别比例失调相关。在自然状况下，新生儿的男女比例应该为 105/100，而中国的性别比已由 1986 年的 107/100 提高到现在的 120/100。从中国 1975—2005 年的数据来看，储蓄率的变动趋势与滞后 20 年的性别比的变动趋势极为相似，因而性别比或许能够在一定程度上解释中国的高储蓄率现象。性别比与储蓄率的关系或许可以为 Gary Becker 的理论所解释。魏教授说而他在动物园的游览经历告诉他，雄性往往通过增大自己的体型来提高对于异性的吸引力。人类在过去或许也曾经历这一阶段，而在当今世界，男性往往能够通过增加储蓄而达到吸引女性的目的，这或许能够解释性别比与储蓄率之间的关系。

魏教授介绍了他们通过实证研究获得的对于上述理论的支持。

第一个证据来自储蓄率和性别比的省级数据，数据期间为 1978—2006 年。以储蓄率为被解释变量，性别比在回归结果中高度显著，且符号为正，表明性别比越高，储蓄率相应越高。同时在农村数据的回归结果中，性别比的回归系数显著高于以城市数据回归所得的结果。一种可能的解释是，在农村，人们选择配偶的地域范围通常较小，因而在性别比较高的地区，男性的求偶压力也相应较大；而在城市地区，人员流动性相对较强，因而性别比的影响相对较小。此外，在其他因素不变的情况下，农村储蓄率实际增长中的 68% 可以为性别比所解释，而城市储蓄率实际增长中的 18% 可以为性别比所解释。

第二个证据来自性别比、储蓄率、房屋建筑的县级数据。分别以银行存款和住房面积为被解释变量，性别比在回归结果中均高度显著。

第三个证据来自一个关于结婚成本和性别比的小样本，数据来源于互联网上一篇题为"中国九城市娶老婆成本曝光"的文章。以结婚成本为被解释变量，地方收入水平和性别比在回归结果中都是显著的。

第四个证据来自家庭数据。回归结果表明，在性别比较高的区域，家庭储蓄率也往往较高。具体而言，在农村，在性别比较高的地区，有 1 个儿子的家庭的储蓄率往往高于性别比较低的地区，且其储蓄率高于有 1 个或 2 个女儿的家庭；在城市，在性别比较高的城市，有 1 个儿子的家庭和有 1 个女儿的家庭的储蓄率都高于性别比较低的地区，且前者的储蓄率略高于后者。

第五个证据来自跨国数据，样本为 131 个国家在 2006 年的数据。回归结果表明，性别比越高的国家，其储蓄率也相应越高。在将中国从样本中剔除之后，性别比仍然能够显著地解释储蓄率。

综上可知，性别比的不平衡是储蓄率的重要驱动力。因而，计划生育政策的取消可能会导致中国储蓄率的降低。

中国的房地产市场

徐滇庆

数据显示，2007 年北京和深圳的房价上涨速度百分比均为两位数，原因主要在于供给面与需求面的不平衡。从需求面来看：①在中国现阶段，人们的收入增加，人均住房面积不断增加，对于房地产的需求也不断提高；②每年有 980 万对新人结婚，也创造了大量的房地产需求；③每年有 1700 万人从农村转移到城市，也增加了对于房地产的需求。因此，由以上因素所致，中国现阶段的房地产需求相当高。而从供给面来看，在城市、特别是北京、上海、广州、深圳等大城市中，土地的供给十分有限，在很大程度上限制了房地产供给的增加。需求和供给的巨大差距不可避免地导致了房价的提升。与此同时，自 2007 年 10 月以来，中国股市急剧下跌，跌幅逾 50%，人们对于股市的信心丧失，这也在一定程度上推动了房价的上涨。

在 2008 年 3 月底，中国的外汇储备已高达 1.68 万亿美元，增长率达到 39.94%。在过去的 4 年中，外汇储备增加了 1.1 万亿美元。贸易盈余是导致外汇储备增加的一个重要因素。近年来，中国的进出口均连年增加，但进口的增幅小于出口，因此贸易盈余持续增加。仅 2008 年 4 月，中国的外资流入量就达到 5020 亿美元。与此同时，中国的居民储蓄由 2007 年 10 月底的 1.6 万亿人民币升高到 2008 年 3 月的近 20 万亿，这一增速不同寻常。因此，可以看出，流入中国的资本可能并未流入房地产市场或股市，而是直接成为银行存款。这对于中国的金融体系而言是一个巨大的挑战。

有人说这些流入的资本是"热钱"（hot money），徐教授则认为热钱应当具有两个特征：一是短期性；二是高度流动性。热钱往往会流入具有如下特征的领域：①交易成本低；②流动性高；③资金交易量大；④价格波动性高。因而，热钱通常会流入房地产市场或股票市场。如果这些热钱持有者的目的是投机，则很可能会引发金融危机，但在金融危机发生之前，通常难于区分投机者和投资者。

资本流动的原因主要有如下几种：①人民币升值，人民币目前的升值幅度已达 18.5%；②高利率，在 2008 年 5 月，美国的利率仅为 2%，而中国的利率高达 4.14%；③中国的高速经济增长率创造了国内市场的投资机遇及对于资本投资的巨大需求；④世界其他地区金融市场的不确定性高于中国，这也在一定程度上吸引资本流入中国。

从目前情况来看，资本流入并未对中国造成不利的影响。中国经济的现状仍然很好，并没有出现本土企业外逃的现象。因此，不应当把当前的资本流入视为"热钱"，因为它们既非短期资金，也没有流走的迹象。

以下分析资本流动的潜在影响。流入的资本可能会存在于以下形态或市场：消费、现金持有、银行存款、房地产市场、股票市场、债券市场、期货市场和外汇市场等。如果这些资本流入消费市场，则可能会引发高通货膨胀，但计量分析表明，流入的资本没有对消费市场造成显著影响，因为其中的绝大多数都成为银行存款，不具购买力。由于持有现金会损失大量利息，这些资本很少会以现金形式存在。债券市场的规模很小，因而这些资本也基本不会流入债券市场。期货市场和外汇市场的管制十分严格，因此这些资本也很难流入这些市场。如果大量资本流入股票市场，就会提高股市的波动性，而如果大量资本流入房地产市场，则会推动房价的上升。

最后介绍资本外逃的影响。在短期内，资本外逃不会给中国经济带来威胁，但是在长期内则可能会造成经济波动和金融体系的不稳定。吸取亚洲金融危机的经验，中国需要通过以下途径有效地控制资本外逃：①限制货币可兑换性；②加强股市监管；③加强对人民币资本账户的监控；④完善监管体系。

劳动收入占国内生产总值比例的刘易斯式观点

李稻葵

李教授的研究是与刘霖林、王红领共同完成的。劳动收入占国内生产总值的比例（以下简称劳动份额）是理解收入分配问题的重要变量，它同时也是分析经济体中投资、储蓄和消费的基础，并反映了经济体内的微观行为。在中国，收入分配问题已经成为一个重要议题，而劳动份额的降低能够在一定程度上解释消费率（消费在国内生产总值中所占比重）的下降以及投资率（投资在国内生产总值中所占比重）的上升。

同这个问题相关的观点，包括古典经济学和马克思主义政治经济学中的"生存工资率"（survival wage rate）、新古典经济学中的生产技术，以及制度经济学中的谈判能力（bargaining power）。这个方面的文献不是很多。Gollin（2002）认为，劳动份额在所有国家都是相同的。Harrison（2002）认为，在过去的40年内，发展中国家的劳动份额在下降，而发达国家的劳动份额在上升。在这个问题上，基于中国情况所做的研究得出的结论也不尽相同。在20世纪80年代，一些学者认为，中国存在"工资侵蚀利润"的现象（戴园晨、黎汉明，1988），另一些学者对此作出了质疑（唐宗昆，1990；杨瑞龙、周业安、张玉仁，1998）。2000年以来，一些学者认为中国的高储蓄率是由劳动份额的下降所引致的（李扬、殷剑峰，2007；Kuijs、Louis，2005）。Bai and Qian（2008）则探讨了中国要素收入份额背后的一些原因。

李教授讲他们的研究目的是探讨经济发展中的劳动份额的一般规律，以及这一规律对于中国的适用性，从而更好地理解中国劳动份额的未来走向。数据来源于多种途径，包括世界银行的世界发展指标（2006）、亚洲经济数据库（CEIC）、中国统计年鉴、Matthew等对于1856—1973年间英国经济增长情况的研究、日本长期统计纵览、联合国统计数据、中国社会科学院2005年开展的中国企业调查等。

从中国数据来看，近年来，中国的劳动份额呈下降趋势。从美国数据来看，在1960—2006年间，美国的劳动份额维持在60%—70%的水平，相对较为稳定。从英国数据来看，英国的劳动份额在二战之后显著提高。从日本数据来看，在1985—1998年间，劳动份额逐渐由55%上升至80%，而若加入对自营业者的考虑，则在这一期间，日本的劳动份额相对较为稳定，维持在80%—90%之间。此外，李教授他们从世界发展指标（2006）中选取了24个国家（其中低收入国家、中等收入国家、高收入国家各8个），分析了这些国家在1965—1997年间的劳动份额。结果表明，低收入国家、中等收入国家和高收入国家的平均劳动份额分别为65%、55%和59%，劳动份额与人均GDP的关系呈U型曲线。从1991—2003年间中国省级数据来看，经济发展水平和劳动份额基本呈线性负相关关系。而从企业数据来看，不同产业的劳动份额存在显著差异，服装业的劳动份额最高，而化工业的劳动份额最低。

在刘易斯模型中，经济是由农业和工业（或服务业）组成的二元经济。劳动力的流动是不完全的，农业部门中的劳动边际产量（marginal product of labor，以下简称MPL）低于或等于工业（或服务业）部门的 MPL。农业和工业（或服务业）部门的工资率均与农业部门的 MPL 相等。农业部门的劳动份额较高，工业部门的劳动份额相对较低。伴随着经济发展，越来越多的劳动力离开农业部门，因而农业部门的 MPL 逐渐提高，各部门的工资水平也相应提高，但始终低于工业部门的 MPL。当农业部门的 MPL 与工业部门的 MPL 相等时，劳动力停止转移，劳动份额保持稳定。而在此之前，伴随着劳动力的转移，劳动份额先下降、然后逐渐上升，因而劳动份额与人均产量的关系呈 U 型。

由此，李教授得到三个待检验的假说：①劳动份额与人均收入之间的关系呈 U 型；②劳动份额与工业/农业比之间的关系呈 U 型；③当资本或储蓄较高时，劳动份额较低。以下分别运用跨国数据、跨省数据和企业数据对这三个假说进行实证检验。

在利用跨国数据估计的计量模型中，被解释变量为劳动份额，主要解释变量为人均国内生产总值或经济体中的工业（或服务业）比重。其他控制变量包括投资率、国内生产总值增长率、工会力量、政府的公共开支与私人消费的比率、进出口总额在国内生产总值中所占份额、FDI 在国内生产总值中所占份额等。估计结果支持了上述 3 个假说。

在利用中国跨省数据估计的计量模型中，被解释变量为劳动份额，解释变量包括人均国内生产总值、工业与服务业的比率、资本回报率、小企业份额、国企比重、国际贸易、外商直接投资、政府财政等。估计结果显示，劳动份额与人均国内生产总值、非农产业和农业的比重均呈显著的负相关关系，即表现为 U 型曲线的前半部分。

在利用企业数据估计的计量模型中，解释变量包括人均资产、人均工资、是否为国有企业、税前资产收益率、税率等。估计结果表明，劳动份额与人均资产、税前资产收益率等呈显著的负相关关系。

结论如下：①中国的劳动份额在降低，而且低于其他国家；②发展经济中的劳动份额呈现 U 型，最低点出现在人均国内生产总值为 4600 美元时；③截至 2003 年，中国经济符合这一发展趋势，其他影响中国劳动份额的因素包括企业的（短期）盈利性和劳动者的谈判能力。

无形资产对于生产力及企业估值的影响

查尔斯·赫尔腾（Charles Hulten）

技术的变迁及与之相关的全球化，带来了世界经济与企业组织的结构性变迁。在这一过程中，相对于生产本身，产品和流程创新被给予更多的关注；相对于有形资产，无形资产被给予更多的关注。然而，尽管经济学家和会计师已经认识到了无形资产的存在，在理论和实践中却往往忽视了这一资产。我们在数据或现有理论中很难找到同信息技术革命相关的信息，增长理论和增长核算的实践也尚未将无形资产这一创新和增长的核心要素纳入考虑。

针对无形资产的传统观点认为，企业在无形资产上的支出通常被视作当前支出，而不是对于企业的未来所作的投资。这一支出并没能创造产出或价值。此外，企业的股市市值和资产账面价值之间的差异被视为"商誉"(goodwill),与无形资产具有或多或少的联系。

Lev(2001)研究了无形资产的结构特征,将无形资产划分为同创新相关的无形资产、人力资源无形资产及组织性无形资产。一些学者从产出角度研究无形资产的功能特征,涉及产出的股市价值、产出的未来预期价值、证券化、指标和指数等内容。还有一些学者从投入角度研究无形资产的功能特征,涉及价值投资、托宾 Q 理论的成本—价值联系等。

赫尔腾教授及其合作者(Corrado、Hulten、Sichel,2006)研究了 1998—2000 年美国非农业(non-farm business,NFB)部门的无形资产投资。研究结果表明:①非农部门对于信息技术的投资额为 1540 亿美元,其中,对于计算机软件和数据库的投资额分别为 1510 亿美元和 30 亿美元。②非农部门对于创新性资产的投资额为 4240 亿美元,其中,对于科学研发、矿产勘探、版权和许可证的投资额分别为 1840 亿美元、180 亿美元和 750 亿美元。③非农部门对于经济能力(economic competency)的投资额为 6420 亿美元,其中,对于品牌资产、企业特定人力资本、组织结构管理的投资额分别为 2360 亿美元、1160 亿美元和 2910 亿美元。

有形资产和无形资产都是资本投资,都利用现有资源创造未来消费。无形资产不同于有形资产的主要特性是:①无形资产不是对于当前生产的持续性投资;②无形资产通常是在企业内部创造的,而无法在市场中交易;③无形资产难于观察,很难衡量;④无形资产在很大程度上是非竞争性的,且其所有者很难直接从中获益,只有在进行商业投资时,无形资产的部分利益才能直接显现出来,而未显现的部分则分散于成本的降低和全要素生产力(total factor productivity,以下简称 TFP)的提高。

无形资产对于经济体而言非常重要,且近年来,企业对于无形资产的投资一直呈上升趋势。无形资产能够解释企业的股市市值和资产账面价值之间差距中的很大一部分。在加入对无形资产的考虑之后,美国非农企业的增长结构发生了变化,TFP 对于增长的贡献显著降低,而无形资产对于增长的贡献十分显著。此外,对比日本、英国、美国三国企业的增长情况可知,无形资产对于美国企业的贡献最大,英国次之,对于日本企业的贡献最小。

综上,无形资产投资是决定创新速度、经济增长和企业估值的关键因素。在将无形资产引入传统生产力分析后,研究的注意力会从产品转移到企业的组织形态。无形资产对于企业估值的影响主要是通过影响 TFP 和多要素生产率(multi-factor productivity,简称 MFP)而实现的。

中国生产力增长

曹静

中国的经济增长取得了巨大的成功,那么,推动这一成功增长的动力是什么?是资本积累、全要素生产率的提高,还是经济结构由农业向工业和服务业的转变?这是这一研究所要探讨的主要问题。

为了分析这一问题,曹静首先分部门测算生产率的增长情况。其次,通过三种不同的加总方法——总量生产函数法、总量生产可能性边界法及 Domar 加权加总法,来估计总量生产率增长。之后,在时间序列式投入—产出表(time-series input-output table)中使用新获得的数据,并运用了由劳动力调查获得的微观数据。最后,在进行必要的物价平减的基础上,构建部门层级的时间序列数据。

所使用的数据的期间为 1982—2000 年。为了便于分析,将这一期间划分为三个子期间:①1982—1984 年,在这一期间,农业生产率的提高和农业增长由家庭联产承包责任制的推行所引致;②1984—1988 年,在这一期间,经济增长由工业部门的改革和开放政策所引致;③1988—1994 年,在这一期间,中国开始建立"社会主义市场经济"和经济特区;④1994—2000 年,在这一期间,国有企业份额下降,民营企业逐渐成长起来,加入 WTO 导致关税削减。

已有针对全要素生产力的研究所得的结论不尽相同。一些学者对于中国全要素生产力的测算结果十分乐观,如 Chow and Li(2002)认为中国 1978—1998 年间的全要素生产力增长达到 3.03%,Fan, Zhang and Ostry(1996)认为中国 1978—1994 年间的全要素生产力增长达到 4.2%。但另一些学者得到的结论不十分乐观,如 Woo(1998)认为,中国 1979—1993 年间的全要素生产力增长仅为 1.1%。

由于已有研究结论存在较大的分歧,曹静认为需要重新测算中国的生产率增长情况。他们将经济体划分为初级部门、工业部门和第三产业部门,其中,工业部门被进一步划分为 26 个子部门。在资本投入方面,考虑结构、机器设备和汽车等;在劳动投入方面,考虑劳动者数量,并基于性别、年龄和教育程度对劳动者进行分类。在中间品投入方面,考虑在生产过程中使用的本国产品和进口产品。假设各部门在每个特定期间的总产出都是通过 Hicks 中性生产函数得到的,生产中使用了各种资本、劳动和中间品。通过对生产函数进行分解和转换,可以得到产业层级的全要素生产力增长规模。

曹静在增长核算中所做的一个重要技术创新,就是构建一个具有内在一致性的时间序列式投入—产出表。所使用的数据来自于四个基准官方投入—产出表(1981 年、1987 年、1992 年和 1997 年)。在此基础上,通过 Kuroda 残差最小化方法(Kuroda minimization of errors approach)构建了时间序列式现值 U 表(time-series current value U table)。在这些现值 U 表的基础上,进一步构建了时间序列式实际值 U 表(time-series real value U table)。最后,从这些实际值 U 表中提取了时间序列的 KLEM(资本、劳动、能源、材料)数据。从产出增长率来看,在 1982—2000 年间,超过半数的产业的产出增长率高于 10%;而在 1994—2000 年间,只有少数产业的产出增长率超过 10%。从全要素生产力增长率来看,在 1982—2000 年间,能源类产业的全要素生产力增长率为负值,其他大多数产业的 TFP 增长率均为正;而在 1994—2000 年间,仅有半数产业的全要素生产力增长率为正。由 Domar 加权法得到的贡献率的情况类似于全要素生产力增长率。

曹静分别通过总量生产函数法、总量生产可能性边界法以及 Domar 加权加总法来估计总量生产率的增长。在总量生产函数法下,总附加值是总资本和总劳动的函数,这一方法的潜在假设是部门之间完全替代,具有相同的劳动力价格和资本价格。总量生产可能性边界法放松了总量生产函数法的存在假设,并假设附加值在产业间非完全替代。而 Domar 加权加总法则是对于产业特定生产率的简单加权加总。总量生产函数法下得到的全要素生产力增长,可以分解为 Domar 加权加总法下获得的部门增长、部门间附加值的再分配以及部门间劳动和资本的再分配。

由通过总量生产可能性边界法获得的结果来看，四个子期间的附加值增长逐渐下降，资本投入逐渐增加，劳动投入基本维持稳定。此外，在附加值的增长中，资本的贡献率逐渐提高，从 1982—1984 年的 1.72%提高到 1994—2000 年的 6.33%；劳动的贡献率基本稳定在 1.5%—2.1%之间；但总和全要素生产力的贡献逐渐下降，由 1982—1984 年的 9.12%下降到 1984—1988 年的 3.26%、1988—1994 年的 2.64%，并进而下降到 1994—2000 年的 －0.31%。从全要素生产力的变动趋势来看，中国的生产效率可能在降低，须对此给予必要的关注。

最后，得到如下结论：在不同的产业和时期，全要素生产力增长率具有显著的差异；总量生产可能性边界法是首选的加总方法，在这种方法下，可以将全要素生产力增长分解为 Domar 加权的部门增长以及劳动和资本的再分配；在 1982—2000 年间，总和全要素生产力为 2.5，在四个子期间内，全要素生产力的增长逐渐下降；在考虑整个期间的时候，劳动和资本再分配的作用很小。

当然，曹静说他的研究也存在以下一些缺陷：①在服务业部门存在很多自营业者，但是无法获得这部分人的数据，因此存在数据缺失问题；②在受到高度管制的部门（如电力、石油和天然气开采、石油冶炼等行业）有一定的数据缺失问题，因而这些部门的产出可能会被低估；③在过去高度垂直化的企业中，近年来出现了分包合同（sub-contract）或分拆现象，因而，总产量可能会提高，但没有考虑这一问题；④对于一些部门，没有估计土地投入，而是将其视为资本投入，这也有可能会导致一些偏误。

肥胖经济学

托马斯·J. 菲利普森（Tomas J. Philipson）

在过去的几十年间，发达国家肥胖人口数量出现了巨大的增长，产生了严重的社会健康问题。近年来，某些发展中国家也开始出现肥胖人口数量快速增长的现象，并且迅速演变为主要的社会健康问题之一，这引起政府和公众的极大关注。一直以来，肥胖都被视为一个公共健康或个人饮食习惯问题，但是，菲利普森教授认为，肥胖更是一个经济问题，他通过自己近几年的研究，报告了他对肥胖与经济之间关系的看法。

菲利普森教授首先介绍了研究的背景。肥胖目前主要通过体重指数（body mass index，以下简称 BMI）来度量，该指数以体重对身高的比来测度。在人口数据的定义中，BMI 高于 25 被视为超重，高于 30 被视为肥胖。按照这一定义，根据世界卫生组织的调查，2006 年世界总人口中有 17%属于超重，5%属于肥胖；美国总人口中有 65%属于超重，33%属于肥胖；中国总人口中有 15%属于超重，3%属于肥胖。肥胖在发达国家中已经成为了一个大的社会问题，其人口规模超过了吸烟人口和吸毒人口，其也成为了心脏病、糖尿病、中风等一系列疾病的主要因素。所以，肥胖对诸如社会医疗保险等公共领域都有重大的影响。

菲利普森教授随后报告了他的研究方法和研究结果。他认为，人口健康常常取决于医疗保健市场外的行为，比如饮食习惯、身体锻炼等。肥胖这一健康状况也主要取决于医疗保健市场外的因素，从经济学的角度来看，它是理性个人对不同行为选择进行权衡后的结果。菲利普森教授通过对肥胖增加与人均每日卡路里消耗两张图的对比，指出两个图时序上不具有正相关性，因而肥胖的成因不能仅归因与食品消费，还应联系到工作强度的改变。他认为，在人们的偏好保持不变的假设下，肥胖人口数量的长期增长主要来源于驱动经济增长的技术进步，技术进步一方面降低了食品的价格，另外一方面使得工作条件变得更现代化，人们易于久坐而不活动。Philipson 教授构建了一个模型，把影响体重的主要因素最终归为价格效应、身体活动效应和收入效应。价格对体重有负效应，食品价格越高，体重越低；身体活动对体重有负效应；非工资收入对体重效应为倒 U 型，工资收入对体重为单调效应，即要么为正，要么为负，这取决于工作期间活动与闲暇期间活动之间强度的对比。除了自己的研究，Philipson 教授也列举了其他解释肥胖人口快速增长成因的观点，如遗传解释等。

菲利普森教授最后根据他的研究结果对政府部门的政策制定进行了探讨，并指出他研究中的不足以及未来的研究方向。私人部门推行减肥项目是无效的，如何由公共部门即政府来完成这样一个任务是需要研究的问题。菲利普森教授认为，食品价格下降的趋势从世界范围来讲是一件好事，并且经他估计，技术改变在改善工作条件上的收益比肥胖的成本要大。他研究认为技术的改变使得肥胖人口增加，如果真是这样，政府如何通过政策去进行干预呢？菲利普森教授介绍了当前已经实施和尚未实施的一些政策干预方法，包括对普及健康教育和提供健康信息进行补贴，对食品征税，对研发防治肥胖药物进行补贴等。菲利普森教授也指出了经济学在研究肥胖问题上的某些不足，如肥胖成瘾（addictiveness）现象就不能以常规的经济学模型解释。

教师绩效工资制度——来自印度的证据

卡迪克·穆拉里达兰（Karthik Muralidharan）

如何找到有效的政策促进教育质量的提高，一直是发展中国家教育部门关注的主题，穆拉里达兰博士和其合作者通过对印度一项教育工资制度实验的研究，实证了绩效工资制度的优点，并对其政策含义进行了阐述。

穆拉里达兰博士首先介绍了印度教育的现状以及学术界目前对教育激励研究的进展。作为第二大发展中国家的印度，整体教育水平非常低。2008 年的一项统计报告指出，印度 6—14 岁的儿童虽有 95%的入学率，但该年龄段 58%的儿童却连相当于二年级水平的简单文章都读不懂。在发展中国家，提高教育质量的传统理念是增加教育投入，在印度，超过 90%的非资本教育投入用于支付教师工资，总计约占印度 GDP 的 4%。但是，2005 年的一项研究发现，印度每天约 25%的教师不在岗，只有不到一半的教师从事教育活动。在穆拉里达兰博士看来，这与印度的工资制度有关：教师的努力得不到相应回报，工资由工龄和职称决定；也与印度强大的工会有关：教师几乎不可能被解雇，在 3000 所被调查学校中仅有一名教师因离岗过多而被解雇。所以，穆拉里达兰博士认为印度对教育的投入是低效率的，虽然效率工资制度一直被建议用来解决激励问题且在很多国家中被实施，但是，一直以来没有明显的证据来证实这种工资制度的有效性，而这正是穆拉里达兰博士要研究的问题之一。

穆拉里达兰博士其次阐述了印度 Andhra Pradesh（AP）邦教育工资制度实验的程序以及他的研究结果。AP 邦是印度第五大邦，拥有 8000 万人口，由 23 个县组成，由于 AP 邦在诸如毛入学率等各项与研究有关的指标都与印度的平均指标接近，所以选择 AP 邦作为研究的试点。在实验中，AP 邦的农村公立学校被分层抽样，一共抽取 500 所学校，被平均分为 5 个样本。其中，两个样本实施工资激励制度，分别为集体激励和个人激励；两个样本在实验初期被拨予近似激励金的资金，以两种非绩效工资激励方式的工资制度对教师进行支付，这两种工资制度被认为比印度当前的工资制度更有效率；一个样本为控制组，没有任何改变。激励机制的设计中，实验者以学生数学和外语测试的平均成绩作为奖励与否的标准，总奖励金额设定为约教师年收入的 3%。为保证实验结果的客观性，整个实验过程中的测试由独立于学校的测试机构统一实施，测试结果由另外一个独立的非政府组织处理。

穆拉里达兰博士的研究主要关注如下问题：①绩效工资制度是否能提高学生的测试分数；②绩效工资制度是否存在负效应；③选择集体激励还是个人激励；④教师行为如何受绩效工资制度改变；⑤激励制度能带来多大的有效性；⑥教师对激励制度如何反应。

穆拉里达兰博士的研究结果表明以下结论：①所有年级（1—5 年级）学生在数学和外语的测试上，激励组的都高于控制组，且这种差异是统计显著的。激励组学生测试分数的分布一阶随机占优于控制组，表明在激励组的学生中没有学生变差。②测试被集中在英语和数学两个部分，前为机械部分（mechanical components），反映学生死记硬背的能力；后为概念部分（conceptual components），反映学生对问题的深刻理解。不但这两个测试的实验结果在激励组都显著高于控制组，而且在其他非激励的学科上，激励组的学生也显著优于控制组，所以，穆拉里达兰博士认为绩效工资制度没有带来负效应。③实验第一年，在集体激励和个人激励的样本内，没有发现显著的差别，穆拉里达兰博士认为是因为 AP 邦的农村学校平均只有 3 个教师，对集体激励的学校监督成本相对较小。而实验第 2 年，个人激励样本内的学校表现显著优于集体激励样本内的学校，所以，个人激励的绩效工资制度能带来更大的激励效果，更能促进教育质量的提高。④研究结果表明，教师的出勤情况并没有显著的改变，但这并不意味着绩效工资制度对教师教育活动不存在激励，在事后的教师访谈中，实验者发现，在实施激励制度的学校中，教师会有更多的教育活动，例如布置附加作业、提供课外辅导等，这些都与学生的测试成绩有直接的关系。所以，虽然出勤状况没改变，教师对教育的投入还是增加了。⑤为检验绩效工资制度的有效性有多大，实验者设计了另外两种相同投入的工资制度进行比较。结果表明，相对于控制组，另外 4 组内的测试分数都更高，但是，绩效工资制度的激励效果明显更优。绩效工资制度的成本不是对教师的奖励，而是在一个工资变动系统里需要支付给教师以保证他们期望效用不变的风险升水（risk premium）和管理成本。穆拉里达兰博士研究中估计的风险升水低于奖励金的 10%，管理成本约占激励成本的 50%，因而总的来说，绩效工资制度对教育质量的提高在长期有较高的成本有效性（cost effective）。⑥在每年奖金披露前，实验者对教师进行访谈，有 75%的教师认为绩效工资制度提高了他们的积极性，有 85%的教师认为这样的工资制度能提高教育质量,有 65%的教师认为政府应该把绩效工资制度引入所有的学校,有 75%的愿意在总工资不变的情况下接受这样的工资制度。总的来说,绩效工资制度得到大部分人支持,而且那些事前支持这一制度的教师往往有更好的事后表现。

穆拉里达兰博士最后进行了总结,指出两年的实验研究为绩效工资的有效性提供了一个数据支持,绩效工资制度比其他相同投入的工资调整制度有更高的成本有效性。但是,穆拉里达兰博士也指出,绩效工资制度的研究仍然有很多问题没有解决,比如基本工资与奖金的比例如何确定、长期的激励机制如何设计等,实施这样一种工资制度还需要更多细节的工作。

评估中国的扶贫计划

孟岭生

研究表明,持续的经济增长会减少贫困,但是,经济增长并不是解决贫困问题的万能药,一个国家的不同区域在经济增长前有不同的初始条件,差的初始条件可能会使当地的居民不能分享经济增长带来的收益,所以,在一个国家经济增长的同时,其某些区域可能仍会陷于贫困。为了解决贫困问题,很多国家都实施了各种政策去减少贫困人口和降低社会不平等,尽管各种政策都有理论支持,但是,政策的有效性仍然是个实证问题。孟岭生博士及其合作者研究了中国始于 1994 年的"八七扶贫攻坚计划",并对其效果进行了评估。

孟岭生博士首先介绍了整个研究的背景。"八七计划"是中国政府为减少贫困人口而实施的全国范围内的大规模扶贫计划,其目标是在 2000 年之前,解决中国剩余 8000 万贫困人口的温饱问题。这一计划覆盖 592 个县,占全国县级行政单位的 28%,在"八七计划"实施的 7 年间,共投入 1.24 万亿人民币,约占中国政府年支出的 5%—7%。中国在 20 世纪 80 年代中期就开始实施扶贫政策,1986 年成立了跨部门的减贫领导小组,监督和协调扶贫政策的实施。"八七计划"相对于之前的扶贫政策有两个显著的特点:一是计划所要达到的目标以指标的形式给出,对接受扶贫的地方给予大力支持;二是在县级行政单位直接实施干预政策,希望通过支持生产投资而不是补贴消费的方式来提高持久收入。1986 年,减贫领导小组通过以农村人均净收入划贫困线的方式把 258 个县级行政单位划为国家级贫困县,对其进行了大力扶贫。"八七计划"实施之前,政府部门基于 1992 年农村人均净收入统计调查,重新划定了国家级贫困县,约占中国县级行政单位的三分之一,其为"八七计划"最终实施所覆盖的区域。孟岭生博士用一张经过颜色标注的地图展示了所有受扶贫政策覆盖的国家级贫困县,它们大部分位于中国最贫困的中部和西部山区,据政府估计,约 72%的农村贫困人口居住在这些地方。"八七计划"实施过程中,政府干预政策主要包括三个方面:①贫困县得到中国农业银行的信贷支持,农村企业和家庭可以获得补贴贷款;②财政部直接对贫困县进行预算资金的分配;③"以工代赈"增加就业的措施得以实施。政府倾向于诸如公路、饮水系统等基础设施的建设,对所有的受扶贫县进行同等力度的财政和政策支持。

随后，孟岭生博士介绍了之前其他人关于中国扶贫计划所做的研究，分析了他们所做研究的不同点，描述他们数据的结构，阐述了他们的研究方法。三种估计方式在他们的研究中被提到，分别是双重差分（DID）估计、不连续回归、工具变量框架下的模糊设定（fuzzy design in IV framework）。孟岭生博士分别对三种方法的优缺点进行了评述并报告了研究结果。他们发现，用不连续回归得出的结果远高于传统的 DID 估计，间接揭示了经济发展中初始条件的重要性。"八七计划"实施使得受扶贫地区的人均收入得到显著提高，特别是对于不连续回归，在不同的模型设定下，都能得出稳定的结果，他们估计，在 1994 年到 2004 年间，人均收入提高了约 0.45 个标准差。总的来说，中国"八七计划"取得了显著的成功。

中国股票市场的并购行为和股票估值

巫和懋

近 20 年来，在独特的双轨制股权结构下，中国股票市场走过了快速增长的发展道路。双轨制股权结构演变的主要特征是国有控股公司在过去的 10 年里逐步实现股权私有化。到 2002 年，已经有 11% 的上市公司实现私有化。到 2005 年底，私有化的上市公司达到 26%。管理层收购和控股权协议转让是私有化实现的主要途径。

巫教授本次研究的目的是探究中国股票市场并购行为的实质，并分析其如何影响公司价值，从而更好地理解在独特的双轨制股权结构下中国股票市场的功能。巫教授及其合作者重点研究 2004—2005 年发生的并购行为，主要是基于以下几点考虑：一是 2004—2005 年，股市的并购行为有显著的增长，其中 2004 年并购资产的总额达到 2110 亿（人民币，以下同），是 2003 年的 2 倍和 2002 年的 3 倍；此外，2005 年年中首次实施了双轨制股权结构改革。中国股票市场的基础性转变进一步催生上市公司的并购行为，也使得对这一时期公司并购行为的研究更有意义。

在本次研究中，巫教授观察了 2004—2005 年的 1363 个并购事件，涉及 1086 家深沪两市的上市公司。其中，2004 年有 611 个并购事件，涉及 499 家上市公司；2005 年有 752 个并购事件，涉及 587 家上市公司。在第一部分，他们采用了事件研究法，用累积超常收益（CAR）（使用资产定价模型估计股票实际收益和预期收益之差）衡量并购行为的经济影响。第二部分用财务指标作辅助，分析并购行为的经济收益。Jensen and Ruback（1983）也曾用同样的方法对美国市场进行分析，发现成功的合并能给目标公司带来 20%—30% 的正收益，但收购方的收益近似于 0。近年来的相关研究也在不断证实以上结论，相关文献可参考 Bruner（2002）的综述。中国股票市场的并购收益和国外是否雷同？这是一个有意思的话题。

把并购交易公告日作为事件发生日，公告前 1 交易日到前 50 个交易日为事件发生前时期，公告后 1 个交易日到 39 个交易日为事件发生后期。在事件窗的时间段内，先把单只股票的超常收益（AR）在每个交易日做横截面加总并取平均，计算出 AAR_t。在此基础上，把 AAR_t，即超常收益横截面日平均按交易日累加，得到 CAR_t。然后分别对 AAR 和 CAR

作双尾 t 检验。检验结果是，2004 年 AAR 的 t 值为 -2.1747762，CAR 的 t 值为 -10.75884，两者都是显著的，且方向为负；而 2005 年 AAR 的 t 值为 1.429，CAR 的 t 值为 6.881，CAR 显著为正。这是一个令人惊讶且和其他国家的经验事实有很大不同的结果：在 2004 年，AAR 和 CAR 都显著为负，但 2005 年则相反，两者都为正。

另外，巫教授还观察了并购事件引起的股票交易量变化。在 2005 年，在并购事件发生日，发生并购事件的股票其交易量都有一个向上的跳跃，但其余时间的交易量都比较平稳。在交易量变化方面，2004 年和 2005 年的情况类似。一个可能的结论是：发出并购公告可被视为一个新的市场信息。

为了更好地理解 2004 年 CAR 影响为负的检验结果，巫教授对并购事件做了行业分解，但并没有发现行业间的 CAR 有显著不同。然而，当把并购事件按公司的股权结构进行分类并做检验时，发现国有控股公司和私人持股公司的 CAR 有显著不同。国有控股公司的 CAR 有很大的负向收益，但私人控股公司的 CAR 显著为正。既然国有控股公司的并购事件在 2004 年总并购事件中的权重达到近 70%（426/611=0.7），2004 年 CAR 整体为负的检验结果也就不足为奇了。这似乎可以理解为政府经营的目标和私人目标的背离：国有控股公司的并购活动目的并不一定是提高公司价值，而私人持股公司发起并购的确是从提高经营效率出发。

巫教授对 2005 年的并购事件分析了在不同的所有者结构下，并购对公司价值的影响。发现国有控股公司的 $CAR_{t=40}=1.83\%$，私人控股公司的 $CAR_{t=40}=1.11\%$，两者都为正收益。这可能说明，在 2005 年国有控股公司更多地注重通过并购方式提高经营效率。2005 年所有者结构不再是影响并购收益的显著性因素。

为了找到影响 2005 年 CAR 的真正原因，分别对收购方和被收购方的 CAR 进行分析。t 检验结果是，收购方和被收购方的 AAR 都是不显著的，但 CAR 都是显著为正的。其中收购方 CAR 的 t 值为 8.948，被收购方 t 值为 4.946，但收购方 $CAR_{t=40}=1.68\%$，被收购方的 $CAR_{t=40}=2.03\%$，两者严格小于美国 20%—30% 的收益。

导致并购收益在 2004 年和 2005 年出现方向性差异的一个决定性因素，可能是市场的整体收益。在整个 2004 年，市场整体收益有一个向下的趋势。但 2005 年市场整体收益向下的趋势（2005 年 6 月 3 日前）和向上的趋势都有所出现。为此，把 2005 年分为收缩期和扩张期。分析发现，收缩期的 $CAR_{t=40}=3.19\%$，扩张期的 $CAR_{t=40}=0.78\%$。既然使用了资产定价模型作为计算超常收益的基准，那么分析的结果表明，并购事件在 2005 年的收缩期和扩张期都提高了公司的估值。进而一个可能的结论是：双轨制股权结构改革对公司的并购业绩没有直接的影响，但不能排除对提高资本市场资源配置效率的渐进、间接影响。

此外，巫教授还对事件窗的时间段进行了调整，但这些调整的检验结果和上述结果类似，因此不在此一一列举了。为了观察并购事件的中长期影响，采用了财务指标分析法。既然 2004 年并购事件的收益为负，巫教授他们把注意力集中在 2005 年的并购事件。搜集了 2005 年发生并购事件的 587 家公司在 2002—2006 年的财务信息。2005 年（事件发生年）和 2006 年每股收益（EPS）的增长率分别为 -27% 和 55%，每股息税前利润（EBIT）增长率分别为 -8% 和 23%，每股现金流（CFPS）增长率分别为 -138% 和 270%，股本回报率（ROE）增长率为 -71% 和 273%，资本回报率（ROA）增长率为 -14% 和 25%。这些财务信息表明并购行为在中长期提升了公司价值。

与盈利指标相比,公司的偿债指标却因并购而相对恶化。先看短期偿债能力,在被观察的 587 家上市公司中,其平均的流动比率虽然位于 0.5—2.0 之间的正常值范围内,但中长期来看有下降的趋势,且平均的速动比低于正常值 1。再看长期偿债能力,并购公司的债务股本比和股东权益倍数同时上升,公司的偿债能力在并购后没有出现好转。

总的来说,巫教授的研究可视为中国股票市场并购行为研究的先锋之作,发现了并购行为中的一些有趣的现象。更精确地衡量并购行为的影响并对其效果进行分类估计,应该成为下一步研究的重点。随着中国股票市场的快速增长和基本制度的转变,对并购行为的更深入研究将有助于我们理解市场交易功能的本质。

股票的非弹性需求:中国股权分置改革

郦金梁

股票需求弹性假设是许多金融理论的基础。但在真实市场上,股票之间并非是完全替代的,所以在其他情况相同的情况下,股价与市场供给有关。目前已经有很多实证研究认识和检验股票的非弹性需求理论。郦金梁研究的目的就是在中国股权分置改革的背景下,检验中国市场股票的需求弹性。

中国股票市场自创立时,就形成了股权分置结构。而股权分置结构被认为是阻碍中国股票市场发展的最大障碍。上市公司的大部分股票为非流通股。非流通股股东大多是发起人或战略合作者,拥有和流通股股东同样的投票权和分红权。流通股股东多是个人投资者或公共机构投资者。流通股在证交所竞价交易,非流通股大多以公司的账面价值交易,因而非流通股股东只关心公司的账面价值而非市值。流通股所有权与管理层的分离催生了委托代理问题。

认识到委托代理问题的严重性后,证监会发起了股权分置改革。在 2005 到 2006 年间,大多数的 A 股上市公司在证监会的指引下完成了股权分置改革,占总股本约三分之二的非流通股被转换成流通股。这一转换无疑给流通股的交易形成了一次巨大的供给冲击。对此,郦金梁及其合作者形成了两个假说:一是股票需求非弹性假说;二是股权分置改革减轻了委托代理问题,从而提高了 A 股公司的内在价值。

通过观察此次独特的事件,找到了支持以上两个假说的直接证据。先把累计超常收益分为两个纬度:股票供给冲击引起的超常收益,以及公司代理问题减轻引起的超常收益。把样本公司按非流通股票相对流通股数量分为大、中、小三个层级,每个层级的公司数量分别是 30%、40%、30%。在三个层级中,每个层级再按照资产回报率(ROA)的大小排序分为三组。

在完成股权分置改革的样本公司中,股权分置方案通过后的 21 个交易日内的平均收益接近 19%。在控制了 Fama-French 因素后,由股权分置事件导致的累计超常收益平均达到 13.2%。这一正超常收益可被看成是代理人问题的减轻在股价上的反映。

进而发现,累计超常收益和股票供给量大小成负相关的关系。公共投资者对短期股票冲击和长期股票供给冲击做出两种不同的行为反应。短期股票供给冲击是通过赠股形成的,长期股票供给冲击则是锁定期过后的股票供给冲击造成的。回归结果显示，赠股形成的短期股票供给冲击与流通股超额收益没有显著关系。这说明，非流通股在改革中并无支付过高对价。对远期股票供给冲击，可流通股股价平均下降 63%。在股权分置决议通过的前 11 个交易日，样本公司可流通股的平均市值为 6.95 亿，因而每个样本公司对股票供给冲击的价格边际反应是市值减少 4.38 亿，总市值股票市值减少 3920 亿。在控制了股票供给后，这些结果是衡量公司价值变化的重要指标，也论证了股票需求非弹性的假说。

在本次研究中论证的股票需求曲线向下倾斜和信息因素无关，尽管这些信息因素在之前的文献研究中被着重强调。这种负相关无论在统计意义还是经济意义上都是显著的，并且在控制了公司规模、公司盈利能力和非流通股集中度后仍然是稳健的。既然卖空在 A 股市场上是被禁止的，那么 A 股股票的供给曲线应该是一条垂直线。供给曲线外移同时价格下降，意味着需求曲线的斜率为负。

CCER-NBER 第十一届年会

金融危机与货币政策

（2009年7月）

2009年7月2—3日，第十一届CCER-NBER年会在北京大学中国经济研究中心举行。来自NBER、CCER、北大光华管理学院、清华大学、中国社会科学院等机构学者围绕有关中国与世界经济的议题进行交流讨论。

本年会的演讲嘉宾有：西北大学德博拉·卢卡斯（Deborah Lucas）教授，威斯康星大学麦迪逊分校查尔斯·恩格尔（Charles Engel）教授，哥伦比亚大学戴维·E. 温斯坦（David E. Weinstein）教授、魏尚进教授，宾夕法尼亚大学托德·西奈（Todd Sinai）教授，达特茅斯大学乔纳森·斯金纳（Jonathan Skinner）教授，普林斯顿大学彭妮·戈德堡（Pinelopi Goldberg）教授，北京大学卢锋教授、姚洋教授、黄益平教授、余淼杰副教授、陈玉宇教授、雷晓燕助教授，清华大学李稻葵教授、白重恩教授，清华大学和弗吉尼亚理工大学杨涛（Dennis Yang）教授，中国社会科学院何帆研究员，以及上海财经大学和英国三一学院文贯中教授。

中国宏观经济"V"型走势

卢锋

去年底和今年初中国经济增速急剧下滑，政府出台经济刺激政策，评论人士分析经济走势并提出 L 型、U 型、W 型、V 型甚至"VVV"型的不同推测观点。经济刺激政策已实施半年有余，综合半年来宏观经济走势的各种数据，卢锋教授认为中国宏观经济运行出现"V"型走势可能性最大。他结合经验和证据阐述 V 型走势判断，然后讨论不同解读观点及其政策含义。

首先从若干部门产出增长和采购经理指数的角度看。钢产量从去年 7 月的 5053 万吨下降到去年 10 到 11 月低谷时的 4300 万吨上下，此后回升增长到今年 5 月份的 5396 万吨。发电量从去年 5 月的 2970 亿千瓦小时下降到今年 2 月低谷时的 2606 亿千瓦小时，过去几个月回升到 5 月份的 2869 亿千瓦小时。工业增加值以 1995 年为基期指数，从去年 6 月的 598 下降到 11 月的 568，此后回升到今年 5 月份的 627。MPI 指数从 2008 年 4 月的 59.2% 下跌到 2008 年 11 月的 38.8%，此后回升到今年 4 到 5 月的 53 左右。

其次从汽车、房地产、股市等市场表现看。汽车月度销量从 2008 年 1 月的 92.6 万辆下降到 62.8 万辆，过去 5 个月回升到 107.4 万辆。房地产销售额从上次峰值 2007 年 8 月的 2898 亿元下降到 2008 年 11 月低谷时的 1641 亿元，此后强劲回升，今年 5 月达到 3616 亿元。上证 A 股指数从 2007 年 10 月的 6251 点下降到 2008 年 10 月的 1816 点，此后反弹到今年 6 月的 3123 点。

最后从总需求增长角度看。进口从 2008 年 7 月的 1039 亿美元下降到 2009 年 1 月的 592 亿美元，此后回升到 5 月份的 756 亿美元。出口从 2008 年 7 月的 1297 亿美元下跌到 2009 年 2 月的 860 亿美元，3 月回升到 934 亿美元，不过 4 到 5 月又微弱下降到 920 亿美元上下。投资从 2008 年 9 月 29% 左右下降到 2008 年 12 月 21% 上下，此后回升到今年 5 月 38.6%。零售额从 2008 年 9 月 23% 下降到今年 2 月 15%，主要由于消费物价指数变动造成。4 月 25 日发布的"朗润预测"显示，第二季度国内生产总值增长率为 7%。考虑第一季度经济增长率为 6.1%，预测结果显示主流宏观经济预测专家普遍认为经济下滑已经触底。最近媒体报道二季度国内生产总值增长率预测结果为 7.5%，今年三、四季度增长率会达到 9% 和 11%。

随着更多统计数据的公布，宏观经济 V 型回升判断会被更多观察人士接受。问题在于 V 型走势在提振总需求意义上是否具有内在推动力或可持续性？其持续展开是否会在不久的将来派生总需求增长过快和通胀压力？质疑 V 型走势具有内在推动力的看法较多从以下方面阐述其逻辑和经验依据，即去年年底政府实施空前规模的保增长政策，目前 V 型走势主要是刺激政策的一次性效果，释放殆尽后经济可能会再次快速下滑，V 型走势基础不稳因而难以自我推动和持续。

侧重从产能过剩角度分析的人士可能认为，"如果全球经济没有明显的实质性反弹，那么以外需为主要增长动力的中国经济也不可能迅速复苏"。美欧危机阴霾未散,中国总需求增长难以一枝独秀,还会再次下滑探底并走出 W 型甚至所谓"VVV"型轨迹。对比 1998 年的情况,那次通货紧缩前后延续 4 到 5 年,也被看做目前 V 型走势难以持续的历史依据。

重视经济回升仍面临的基础不稳因素有一定道理,避免过早改变扩张性政策导致保增长出现反复也有现实意义,然而系统分析经济回升表现和根源可以发现,目前 V 型走势存在后续内推力。

4 万亿元概念下新增投资项目对经济较快企稳回升确实发挥了关键作用。然而回顾 1998 年的情况告诉我们,当时政府虽在 3 年间增发两千多亿国债大举投资启动内需,全国信贷增速却不升反降,2000 年下跌到 10% 以下的历史低位。这次经济复苏的突出特点在于上半年信贷增长近 30%,比 2008 年 15.9% 增长率提升十多个百分点。信贷超常增长推动强劲复苏,显然不能完全由财政刺激政策解释。

中国经济对刺激政策的超常敏感性,还是与我国处于城市化和工业化快速推进阶段这个国情特征有关,中国目前所处发展阶段的特点为实施投资主导的刺激政策提供了客观便利条件。更为重要的是,得益于体制转型效应和晚近时期经济快速增长,中国家庭和政府部门财务状态良好,银行和企业部门资产负债表强健,在实行大规模扩张刺激政策时受到财务约束较小,为配合和呼应短期总需求刺激政策提供了独特有利条件。

就与合意投资关系密切的财务条件观察,1998 年,我国银行系统普遍资本金不足,并受到估计高达 20%—30% 的坏账率困扰;目前我国商业银行资本金普遍充足,2008 年坏账率不到 3%。企业财务状况也有利于顺利复苏:规模以上工业企业资产负债率从 1998 年的 63.7% 下降到 2008 年的 59.2%,同期净资产收益率从 3.6% 上升到 2008 年 14.6%。

虽然两次应对紧缩采取的货币政策性质类似,然而在操作时机和实际效果方面大相径庭。受到"九五计划"实行从紧货币政策方针及其他有关认识制约,1998 年财政货币政策调整比较滞后,名义利率下调过慢,实际利率在 10% 上下,远高于投资回报率平均水平,对扩大合意投资构成深层制约。目前贷款实际利率也不低,然而资本回报率相对较高,有利于快速启动投资提振总需求。

现在需要关注海量信贷扩张以及经济过度刺激的潜在风险。如信贷增长过快刺激投资和总需求反弹过快,不久可能会带来经济增长过速和显著通胀压力。总需求回升和投资增长过快,在上游矿物原料资源进口依存度较高的背景下,推动国际大宗商品价格过快回升,通过进口价格上涨和贸易条件恶化造成国民福利不利影响。过量货币发行与未来通胀预期,可能会推动资产价格快速走高并逐步引发泡沫。目前一线城市楼市趋热并向二线城市传递延伸,股票市场行情快速走高,虽包含对前一段资产价格低迷进行调整的积极意义,也不同程度显示通胀预期推动资产价格失衡迹象。

宏观政策成功应对总需求的疲软冲击,既要果断推出足够力度的刺激措施,也要依据形势演变选择最佳调整时机。在 V 型走势提示宏观运行从年初单向风险转变为双向风险的形势下,宏观政策需要同时防备和应对信贷和经济过度扩张可能派生的问题。

度量与管理政府的金融风险

德博拉·卢卡斯（Deborah Lucas）

政府面临着很大的金融风险，但一般来讲，政府容易忽视自身金融风险的度量和管理，造成其承担过度的金融风险，进而为社会增加负担。因此卢卡斯教授认为，金融危机的根源之一是许多政府疏于度量和控制自身面临的金融风险。

先来厘清一些概念。应该认识到，市场风险是政府的一项成本。经济学中一个强有力的概念是阿罗—德布罗状态价格，它的观点是一单位消费在总资源稀缺时比在总资源丰富时更有价值。它的含义是未来良好状态下的折现率高于未来较差状态。这套理论在20世纪50年代提出，在60年代有了进一步讨论，有人认为应有可分担与不可分担风险间的区分。处理可分担风险的直接方式就是让风险分散，但不可分担风险，也就是整体风险不能通过这种方式处理。政府可以做什么？它可以影响整体风险的规模，并且它可以对其进行再分配。同样，它也可以影响可分担风险的规模。那么政府不能做什么？政府不可能消除整体风险，也不可能避免整体风险向纳税人转移。

政府在制定预算时往往按照无风险利率计算贴现率，这样就忽视了风险带来的成本。为什么政府使用无风险利率？这其中有两个误区。第一是认为因为政府可以按照无风险利率借款，因此其融资成本就是无风险利率。这个看法违反了"莫迪利亚尼—米勒原理"，即融资成本取决于其投资行为的风险，而不是其融资风险。这背后的故事就是纳税人实际上为政府提供了低息的贷款并且承担了剩余的风险。第二，在不完全市场中，无风险利率是计算折现率的客观基准。事实上，无风险利率同样由市场决定，来自于政府债券的市场价格，因此在看待无风险利率时不考虑市场的反应是不能认清问题的本质的。

为什么度量和管理政府金融风险是重要的？因为政府是世界上最大规模的金融机构，而其会计准则落后于私人部门。私人部门已经向权责发生制和公平的价值原则迈进，而多数政府机构还没有做到。这导致了政府系统性地低估了可能的金融风险给其带来的成本，由此导致其承担了过多的金融风险。这在实务中有许多后果，例如美国政府越来越倾向于过度使用信用来支持慷慨的拨款计划，因为信用看起来非常廉价；过度依赖政府雇员因为养老金成本被低估。就当前金融危机而言，政府低估风险导致了对房地产过度投资的鼓励，对联邦存款保险定价过低，以及容忍庞大到不允许倒闭的机构的存在，这些造成了严重的道德风险问题最终导致危机发生。

在进入更具体的讨论之前，卢卡斯教授指出在度量和管理政府的金融风险中存在的一些技术挑战。人们认为政府只要想做到这些就可以做到，这一点并不尽然。政府的金融责任远比一般的私人机构复杂，尤其是在政府项目上，因此要对其进行估价也更为困难。第一个困难在于很多政府行为没有私人市场交易可参照，例如补贴信贷挤出私人信贷，如果试图估计政府补贴信贷的成本，当私人信贷被挤出后，便失去了市场的参照系，使得工作变得困难重重。另一个困难在于存在着很多复杂的应变性权益。第三个困难在于政府合同的期限往往长于私人部门合同，如社会保障、学生贷款等往往需要持续一代人甚至几代人，因此政府需要考虑短期和长期整体风险的区别。在这些技术挑战之上，如何与政府官员沟通使他们了解风险管理的重要性，同样是一项复杂而具有挑战性的工作。

卢卡斯教授接下来谈了一些实例。首先是住房融资。最新的消息是房地美和房利美被允许向负债为房产价值 125%的个人发放住房贷款。它们是美国二级抵押贷款市场最大的参与者，它们也是宽松的住房信贷供给条件的主要贡献者。它们为什么有这么大的规模并且使得信贷如此廉价？一个原因是它们长期受惠于政府的隐性担保，这相当于政府为其提供大量的免费补贴。房产泡沫破裂后，房利美和房地美接受了联邦政府托管，这耗费了 250 亿美元。政府是否按正确的价格提供了担保？可以用"KMV—默顿模型"对风险和成本进行估计，把价格信用看做对公司资产看跌期权的担保。估计的结果是，在 2005 年，估计的政府担保公平费率为 20 个基点。而当 10%的资产价值下跌发生时，公平费率升至 80 个基点。

第二个例子是养老金和社会保险。关键的问题仍然是什么是正确的折现率。与最终工资相联结的养老金究竟是种股权还是债权？对于年轻工人来说它是种股权而对年老以及退休工人来说它是种债权。因此需要使用不同的折现率计算这些未支付的养老金现值。Rauh 和 Novy Marx 的一项研究指出，州政府系统地使用了过高的贴现率，从而低估了其未支付养老金现值达 1 万亿美元。很多学者都认为美国州政府可能将面临一场养老金支付危机。

卢卡斯教授总结如下，为政府的金融义务定价是管理和控制政府金融风险，以及对政策选择进行有意义的成本—收益分析的先决条件。目前，美国对这一部分工作开始重视，但仍然系统地低估了风险成本。而卢卡斯教授认为，学术界可以在这个过程中发挥重要作用，如发展更好的估值方法、影响政府的会计标准，以及让政策制定者和公众关注这个问题。

有关国际货币体系的中国观点

李稻葵

在目前的金融危机中，许多人努力致力于寻找危机背后隐藏的教训。探讨当前国际货币体系存在的问题及其与当前金融危机的关系因此成为我们关注的话题。李稻葵教授他们与中国人民银行合作，对国际货币体系做了一些研究。

首先，金融危机之前世界经济有哪些特征呢？第一是在金融危机发生前的 10 年间，世界 GDP 加速增长。第二，国际贸易的增速甚至超过了 GDP。第三，金融深化不断推进，上市公司市值占 GDP 比重的变化显示了这一点。这三个特征的一个后果是发展中国家，包括"金砖四国"，拥有了空前庞大外汇储备和主权财富。

当前国际货币体系具有三个特征。

第一，美元在各国央行储备中仍占有主导地位。从国际货币基金组织公布的数据来看，美元在各国外汇储备中所占比重仍然维持在 65%左右，欧元占到 20%左右，而日元从 20 世纪 80 年代的 10%下降至目前的 4%—5%。

第二，欧元的地位不断提升。在危机之前，欧元在债券市场中的比重已经超过了美元，美元在固定收益证券市场中的比重下降到 35%。而在国际货币市场工具中，欧元在 2003 年左右超过了美元所占份额。欧元也超过了美元成为世界主要的贸易结算货币。当然，如果扣除掉欧洲内部的大量所谓"国际贸易"，也许欧元的份额并没有看起来那么大。但无论如何，欧元的崛起影响深远。

第三，尽管美元在很多领域的主导地位被欧元取代，美国的货币政策对世界经济仍然能产生重要的影响。用美国的 M2 除以其 GDP，这个指标的变动呈现一定的规律。这个指标下降意味着美元供给的萎缩，而这对世界其他经济体产生影响，即美元升值而其他货币贬值。这项指标的下降能够很好地与新兴市场国家发生的金融危机相吻合。这个指标最低点正是在 20 世纪 90 年代末亚洲金融危机开始的时候。其他几次危机，如阿根廷危机、墨西哥危机、俄罗斯危机、巴西危机等都发生在美国 M2/GDP 比重较低的时期，换言之，它们都发生在美国货币条件收缩的时候。在过去的研究中李教授详细讨论过哪些因素导致了新兴市场国家经历的资本流动反转，一般认为国内经济条件对此影响较大，如资本账户赤字、国内通胀危机等，研究发现，在美国 M2/GDP 比重较低的时候，资本流动反转的概率较高，同时经常账户赤字占 GDP 的比重对资本流动反转有较强的解释能力，相反，在美国货币条件宽松时，资本流动反转概率较低且与经常账户赤字比重关系不大。

那么，当前国际货币体系有哪些问题呢？一是激励不相容问题，这常常被称为特里芬难题。全世界不太可能成为单一的最优货币区，各国仍然倾向于使用不同的货币。在这种情形下，各国总是有激励增加对美元或者欧元的需求。而我们不能指望美国的货币政策能够照顾到全球的经济形势。二是这个体系的不可持续性。美元的信用价值现在有了问题。美国经济在世界经济中所占比重在不断下降，而美国政府的财政赤字在不断地膨胀，同时美国持有的净外国长期证券是负的，美国现在是债务人而不是债权人。第三是各国所认识到的该体系的不公平，美国垄断了国际货币收益。

改革当前体系有三种方向。

一是回到金本位或者商品本位。这个方向显然行不通，不仅仅是因为其无法满足世界经济对流动性的要求，而且使得黄金或者重要商品的生产国对世界货币供给有重大影响，这同样是不公平的。

二是美元和欧元，或者还有其他主要货币，双重或者多重锚定的体系。李教授认为这是一个拖延的方案，如果我们不做任何事情，这件事情就会发生。也许人民币也会成为锚定货币之一。

三是改革当前国际货币体系可以从增加各国在国际货币基金组中的特别提款权规模入手。这项改革要想成功，经济条件上，第一要增加特别提款权的信用分配规模；第二是增加以特别提款权计价的金融工具，这件事各国也正在计划当中；第三是要增加特别提款权货币篮中的货币种类，当前只有四种货币，需要增加如卢布和人民币；第四是扩大特别提款权的交易范围。这项改革面临主要障碍可能来自政治层面，首先是国际货币基金组织的改革问题，当特别提款权改革实施时，人们会担心是否美国仍然对国际货币基金组织的货币政策拥有掌控权；而后是美国的承诺问题，也许金融危机期间是国际货币体系改革最坏的时机，因为美国财政状况恶化，需要持续不断的资本流入，此时改革可能面临更多阻碍。

汇率与货币政策

查尔斯·恩格尔（Charles Engel）

恩格尔教授指出，以前的很多学者不赞成用货币政策调控汇率，提倡浮动汇率制，主要有两个原因：第一，正如 Milton Freedman 所指出的，自由浮动的汇率可以对进出口产品价格迅速作出反应，有利于维持国际贸易平衡；第二，浮动汇率体制下，汇率由市场决定，货币政策拥有独立性，可以集中精力于调控通胀和促进就业。

然而，后来的学者指出了不同的观点。第一，在 Milton Freedman 提出自由浮动汇率的时代（20 世纪 40 年代），国际资本的流动量非常少，对外币的需求也主要集中于进口，在这种环境下，汇率的调整可以保证国际贸易的平衡。但在此后几十年中，国际资本市场发展很快，以跨国投资表达的外币需求明显增加，这些需求可能使汇率偏离国际贸易均衡时的水平。而且，当国际资本市场发展起来后，汇率渐渐变成一种资产价格。各国在权衡是否持有以及持有多少外币资产时，不仅要考虑当期的国际贸易需求，还要考虑未来的资产收益。因此，即使在完全浮动汇率制下，市场汇率并不一定保证国际贸易平衡。第二，货币政策的独立性并不必然保证经济的稳定。独立但变化无常的货币政策，无助于人们形成稳定的预期，因而也无助于经济的稳定。

恩格尔教授在这些理论研究的基础之上，进行了大量的汇率与国际贸易关系的实证研究。他认为，即使在浮动汇率制下，国内不可贸易部门的商品与服务存在的价格黏性也会导致名义汇率和真实汇率发生偏离，不考虑这种偏离的货币政策就不能实现资源的最优配置。因此，国家的货币政策需要把调整汇率失衡作为一个重要的目标。虽然这会影响到货币政策的独立性，但可以较好地约束货币当局的行为，从而换来民众对经济的稳定预期。同时，恩格尔教授也指出，要保证货币政策可以很好地调整汇率失衡，还必须考虑如下问题：第一，如何从数量上估算真实有效汇率，从而为货币政策的调整提供可靠的依据，在目前看来这还很困难，当各国的商品数量、种类、交易环境相差很大时，以往用来计算真实有效汇率的购买力平价指数（PPP）并不是一个有效的指标。第二，利用货币政策调整汇率需要不同国家货币当局的通力合作，但开放程度较高的国家与封闭的国家相比，前者受汇率失衡的影响更大，因而也更关心汇率失衡的调整问题，而封闭国家却不太关心，这种差异增加了各国在货币政策协调与合作上的困难。

人民币汇率管理制度：回到过去？

何帆

何帆教授指出，自 1998 年后，中国一直实行钉住美元的固定汇率制。2003 年时，国内对人民币币值被低估、汇率管制应当适当放松达成了较广泛的共识,迫使央行决定自2005年7月21日起,开始实行有管理的浮动汇率体制,并于当日将人民币升值2.05个百分点。2005年7月至2008年8月期间,人民币对美元汇率累计升值20%,名义有效汇率累计升值10%,真实有效汇率累计升值15%。

然而,自2008年8月起,人民币兑美元汇率基本维持在6块多人民币兑换1美元的水平,波动非常小,几乎没有变化。这由此引出一个问题,中国是否放弃了有管理的浮动汇率体制,回到了以钉住美元为主的固定汇率体制?为此,何帆教授利用2002年1月8日至2009年1月19日的欧元、日元、韩元、人民币、瑞郎对美元汇率的日度数据构建回归模型,希望通过实证分析来检验这一猜想。

为方便分析,何帆教授首先对数据做了如下处理:第一,剔除所有重大节假日的汇率交易数据,从而避免因各国法定节假日不同对汇率带来的不同影响,剔除之后的数据总样本为1634个。第二,以瑞郎对美元的汇率为基准,计算出各国货币对瑞郎的间接汇率。这样,人民币相对于美元升值也就等同于相对瑞郎升值。第三,计算各种货币间接汇率值的对数一阶差分,以衡量各国汇率的变化。然后,以人民币间接汇率变动值为因变量,其他各种货币间接汇率变动值为自变量进行回归分析,结果显示如下:第一,美元在中国的一篮子货币体系中所占比重在2005年7月汇改之前一直接近100%,实行有管理的浮动汇率体制后,虽有下调,但仍维持在不低于60%的水平。2008年年初以后,又有明显的上升趋势。2009年年初又接近100%。第二,与此相对应,欧元、日元、韩元三者在中国的一篮子货币体系中占比在2005年7月之前接近于零,实行有管理的浮动汇率体制后,有一定程度上升,但没有一种货币占比超过30%。2008年年初以后,所有货币的占比明显下降,甚至接近于零。这些结果基本证实了前面的猜想。

何帆教授还从人民币贬值预期、资本净流出、净出口三个方面对比分析了2008年和1998年中国面临的国际环境差异。他指出,2009年年初的几个月,人民币有很明显的贬值预期,但与1998年相比,今年的形势要好很多。2008年下半年已经出现较为明显的资本净流出,这与1998年所面对的情形大致相似。从净出口占国内生产总值的百分比数据看,2008年下半年及2009年年初的净出口下跌得比1998年更严重。综合这些比较,何帆教授认为,中国的人民币汇率管理制度所面临的国际环境与1998年非常相似,这次实行的完全钉住美元的汇率制度一时不会改变。

产品创新与质量提升对价格水平和社会福利的影响

戴维·E. 温斯坦（David E. Weinstein）

来自哥伦比亚大学的温斯坦教授指出,新产品的出现和原种类产品质量的提升是人类社会经济增长的主要内容之一,但当我们进行国民经济统计与核算时,很多经济指标都没能很好地度量这些变化。以消费者物价指数（以下简称CPI）为例,为形成统一的度量标准,这些指数所选取的产品种类大多固定不变。因此,由于忽略了大量产品创新和质量提升,CPI可能高估通货膨胀。而在通货紧缩时,CPI又可能因为没有考虑到产品质量的提升而低估了人们的福利水平。

为了从理论上估计产品种类增加对物价总水平和社会福利的影响,作者构建了一个包含产品种类创新的理论模型,利用常替代弹性效用函数（一般的效用函数也可得到类似结果）计算出物价总水平和社会总效用。理论分析结果表明,产品创新越多,物价总水平越低,社会的总效用也越高。同时,产品质量的提升等同于人们可用于消费的产品品质的提升。如果把所有商品都视为同一类,那么产品质量的上升也就等同于产品种类的增加。因此,产品质量的提升也会降低物价总水平,提高社会总效用。

在理论研究的基础上,温斯坦教授还做了大量实证研究。他利用1994—2003年的商品种类及价格数据计算出更一般的物价水平变化率,并将之和CPI作比较,结果发现以CPI为衡量标准的美国通货膨胀率至少被高估了0.6—0.9个百分点。此外,作者还发现,以1994—2003年的数据为例,全球大多数国家进口的产品种类不断增长,通过国际贸易实现的产品种类创新和质量提升对各国全要素生产率（TFP）的贡献率高达10%。

最后,温斯坦教授指出,过去十多年的全球经济增长在很大程度上是产品不断创新和质量不断提升的过程,但我们的宏观经济统计却不能很好地反映这些结构性变化对人类福利改善带来的影响,因此,他建议构建更加合理的经济统计指标,以正确地记录全球宏观经济形势所带来的深刻变化。

中国市场不对称开放的后果

黄益平

关于中国过去30年的改革成功的原因,许多人认为是由于引进了自由市场机制。但如果再仔细考察一下便不难发现,中国对于自由市场机制的引进并不对称：商品市场几乎完全开放,要素市场依然高度扭曲。这种商品市场的开放和要素市场的扭曲对于中国经济究竟有何影响？

目前,关于中国的改革和经济发展有两派截然相反的意见。乐观派认为,中国的改革十分成功,中国经济将持续高速增长,并有可能于未来的一二十年超越美国；另一派则认为,中国经济存在着巨大的风险,结构不平衡、腐败及分配不平等等问题仍然困扰着中国经济,部分悲观派甚至认为中国经济随时可能崩溃。

在黄益平教授看来,这两派的意见其实是一枚硬币的两面,即中国市场开放不对称问题,而这一问题的核心在于对生产和投资补贴。一方面,由于这些补贴的存在,中国在过去的30年中取得了接近10%的增长；与此同时,许多结构不平衡问题也随之而来。因此,中国下一步的改革方向,是在30年的商品市场开放进程之后,再完成要素市场的开放。这样,中国的市场化进程才算大功告成。

从历史上中国国内生产总值年度增长率和季度增长率可以看出,中国长期保持了9%左右的增长。尽管近来受到外部冲击,但国家统计局仍然表示,2009年第二季度的增长率可能接近8%。但是国内生产总值数据对于普通民众、对于政策制定者而言,究竟扮演着怎样的角色？即便8%左右的国内生产总值增长得以保住，经济的结构问题仍然令人担忧。黄益平教授认为，由于政府强大的资源动员能力，增长速度永远不成问题，重要的是增长的质量以及可持续性的问题。

2008年年中，当美国陷入衰退时，许多人认为中国低估了金融海啸的严重性。但这其实并非中国首次经历这种"接近于危机的情形"。在黄益平教授看来，改革开放以后中国至少经历了3次"接近于危机的情形"。第一次是在1988—1989年，当时高通货膨胀，且伴随严重的腐败问题。于是1989年之后，改革的步伐暂时地停止了，数年后才重新启动。改革的深化使中国渡过那次危机。

第二次"接近于危机的情形"发生在1998—1999年，其外在的原因是亚洲金融危机，但其根源并非外部冲击，而是中国的国企亏损、银行坏账以及财政赤字所形成的三角死结。这三个问题相互关联、相互深化，使宏观经济几乎到了危机的边缘。于是政府大刀阔斧地重构了银行体系，将国有企业私有化，并对财政体系进行了改革。

现在中国正面临第三次挑战。这次危机的主要原因是非对称的改革方法。黄益平教授不清楚政府是否了解应该做些什么，但就其所见，目前进展十分有限。如果考察中国经济的结构，就不免让人担忧：中国的净出口占国内生产总值的比例在不断上升，与此同时，投资占国内生产总值的比重也超过了40%，而消费比重不断下降。这样的增长质量如果不加以修正，在一些糟糕的情形下经济确实有可能崩溃。

过去30年改革的最大成就是商品市场的开放，但诸如劳动力、资本、土地、能源、环境等重要生产要素仍然严重扭曲，这不论从要素的供求关系还是价格都不难体现。例如，劳动力市场方面，中国还存在限制劳动力流动的户籍登记制度，社会保障体系还不完善。资本市场方面，中国有资本账户流动控制，汇率扭曲，受管制的信贷分配和利率等。把这些扭曲的要素对经济的影响加总起来，大约占国内生产总值的7%，也就是说，如果上述市场都开放，中国的国内生产总值还可以提高7%。

如果上述观点正确的话，可以把要素价格扭曲等同于对于生产者的补贴。在此采用一个动态宏观模型来模拟要素价格扭曲的可能后果。为了模拟扭曲市场机制，模型中采用了税收冲击。模型所采用的外生冲击是，将企业所得税下调1个百分点，而将个人所得税上调5个百分点，这将降低居民劳动收入，提高企业收入。模拟的结果是，国内生产总值增长率上升，第二年达到最高值，比初值高1.2个百分点，但增长率会随着时间推移逐渐回落，收敛到比初始状态高0.4个百分点的水平；消费将下降，长期降幅在0.5个百分点；出口上升，在长期接近0.8个百分点；投资最终也将收敛于高出初值0.3个百分点的水平。这是因为要素市场的扭曲导致了生产方面的过度激励，造成投资和出口高于市场开放的水平，而消费者收入降低，导致消费低于市场开放的水平，从而经济增长强劲，但不平衡的现象也相当严重。因此，上述乐观和悲观派的论点其实出于同一原因。

最后，黄益平教授总结到，只有要素价格完全市场化，真正的比较优势才有可能得以体现，经济才有可能以符合比较优势的模式发展。

房产持有的风险评估

托德·西奈(Todd Sinai)

许多人认为,持有房产的风险很高。如果从近 25 年来美国的房产价格走势来看,波动确实很大:从 2000 至 2006 年,房价上升了约 80%,2006 年至今又下降了约 1/3。在美国,由于租房市场尚待完善,大约一半以上的家庭购买住房。因此,有人认为,我们需要有房子居住,而不需要持有它,因为房产市场的波动太大了。西奈的观点恰好相反:人们应该拥有房产,因为它可以对冲风险。

首先,房产和股票不同。对于股票,人们可以选择持有或者不持有;而对于房产,人人都需要安家之处,可供选择的只是购买或者租赁。西奈认为,拥有房产可以对冲个人一生中各种大额支出的风险。房产价格的波动越大,越有利于对冲风险,因为这种波动和其他市场的波动相互一致。

在此先澄清两个重要的概念:第一,所有家庭从一开始都没有住房,即非买即租。第二,房产市场具有波动性,而非房屋本身。因此,当出生之后,人们需要为未来的居住支出的不确定性做计划。因此,持有房产具有双重优势:第一,房产可以作为一项以租金为红利的金融资产,租金和房价的同步波动可以对冲风险;第二,由于房产的价值和租金正相关,因此相类似的城市的房价波动具有同步性,因此如果需要在不同城市间迁移,持有房产可以对冲房价波动。

其次,先不考虑迁移,如果只在一个城市短期居住,那么租房是一个占优的选择,因为租金的波动小于房价的波动;而如果在一个城市长期居住的话,买房则是一个更好的选择,因为租房在每一期都要面临风险,而买房则可以在一开始锁定价格,而多年之后的出售价格的波动也因为折现而变得不重要。因此,一个城市的房屋租金波动越大,房产地价格也越高,因为其中包含了对冲租金风险的溢价。短期居住者由于面临的租金风险较低,不愿意支付这一溢价,因此更倾向于租房,而长期居住者正好相反,他们更倾向于买房。

如果考虑在不同城市之间的迁移,那么持有房屋仍然可以对冲风险。考察美国旧金山的房价指数,可以发现,1995 年指数在 80 左右,2005 年上升到最高值 180,现在又下降至 90 左右。这给人的印象似乎是,旧金山的房产价格波动很大,于是卖出价格的风险也很大。但是,卖出价并不是重要的,重要的是迁移时两个城市的房产价格之差。考察同在加州的洛杉矶的房价,得到了几乎一致的趋势。因此,持有旧金山的房产可以对冲洛杉矶房价波动的风险。也就是说,如果两个城市的房价波动具有高度的相关性,那么房产价格波动的风险就变得不重要;如果两个城市的房价波动完全不相关,那么房产价格波动的风险才是重要的。

许多文献认为,美国各城市的房产价格不存在显著的相关性。这对于投资者而言也许是正确的,但对于居住者而言未必适用。首先,美国的房产价格的相关性在不同的城市对之间存在严重的异质性。例如,波士顿和纽约的房价高度相关,而波士顿和德州首府奥斯汀的房价则高度不相关。其次，人们更多地在那些纽约和波士顿这样相似的城市之间迁移，而很少有人在波士顿和奥斯汀之间迁移，而相似的城市的房价是高度相关的。从数据上看，用迁移概率作为权重，可以得到大城市和其他主要城市之间的房价相关系数的中位数在 0.6，而四分之三的分位数接近 0.9。因此，拥有一处房产对于在这些城市之间迁移的人们而言是一种很好的风险对冲。

最后，西奈探讨了为什么目前美国的房产市场风险如此之高。第一个原因是杠杆。上述讨论都是基于无杠杆的假设之上的。一旦利用了杠杆，那么价格的下跌将导致房产持有人的破产。这一点并不仅作用于房产，任何风险资产一旦运用了过高的杠杆，都会导致风险的上升。因此，高风险的来源并非房产，而是作用于房产之上的杠杆。第二，理论上房产的价值和租金应该高度相关，但事实上并非如此。当房产价格上升时，人们会感到自己的财富增加了，因此会增加消费，然而事实上的租金并未上升。这一点在老年人身上更为显著，因为他们的有生之年不长，因此更加短视，这也是造成波动加剧的原因之一。

中国滞后的土地制度与城市化

文贯中

文贯中教授就目前中国滞后的土地制度及其对城市化、服务业和其他结构性问题的影响作了探讨。

关于外部冲击下中国经济发展遇到的问题的讨论，虽然结论尚存争议，但有一点大家达成一致，即中国的外部需求近期难以恢复到危机前的水平。因此，中国亟需设法提振内需以支持经济增长。不幸的是，目前中国提振内需的政策很大程度上依赖于政府的财力支持。文教授认为以为，只有中国对土地制度和户籍登记制度进行彻底改革，才能找到摆脱危机的路径。

卢锋和黄益平的演讲都提到了中国的城市化率低于国际平均水平的问题。2008 年，城市化率的国际平均水平在 50% 左右，而中国只有 45%，如果按照户籍人口估计，则只有 28%。与此同时，中国的服务业占经济总量的比例也远落后于国际平均水平。2005 年，中国的服务业就业人口只占总就业人口的 31.4%，同期的国际平均水平为 45%，两者相差 14 个百分点。如果按照 2007 年总就业人口 7.69 亿的 14% 计算，中国失去了 1.07 亿就业机会。需要强调的是，与制造业不同，服务业就业人口的增加不会导致外贸不平衡和人民币重估压力，因为大多数服务业都属于不可贸易行业。如果把目前的中国情况和处于类似发展阶段的发达国家历史数据作比较，可以发现中国的服务业上升缓慢。例如，英国的该项指标从 1820 年的 30% 上升到了 1890 年的 41%，美国也有类似的迅速上升时期。

问题是，导致中国城市化和服务业发展滞后的原因是什么？在文教授看来，这一问题的根源在于土地制度和户籍登记制度。在此，他把主要的精力放在土地制度上。市场经济要求所有要素可流动，这其中理应包含土地的流转。而现行土地制度限制了土地的流转，从而失去了很大一部分的集聚效应。中国的土地批租制度与香港地区和新加坡十分相似，其区别在于后两地的所有土地均为政府所有，而中国农村土地则由农民集体所有。随着城市的扩张，政府需要以"公众利益"为由征用近郊农民土地转为国有土地，并给予农民相当于农业产出的补偿。这样，政府占有了所有的土地升值。这一做法在短期有其优势，这体现为政府利用上述收入，迅速投入到基础设施和房产的建设之中，这使得许多人，包括本人在内，对于中国城市面貌的迅速变化叹为观止。

然而，"香港模式"有其弱点。首先，土地批租不利于城市化进程。城市化的对象理应为人，而非土地，因此中国的政策存在严重问题，因为中国香港地区和新加坡都不曾有为数众多的农村人口需要进入城市，他们只需建设现代化的城市，而不需要为进城的农村人口提供廉价的住房。在中国，因征地失去土地的农民，由于土地制度和户籍登记制度的阻碍无法转变为城市居民，因此城市化也进展缓慢。由于发展服务业需要以城市化和人口集聚为基础，中国的服务业发展缓慢也就不难理解了。在中国，土地仍然由政府以计划的形式控制，农民即使以集体的名义，也无法将土地直接出售给开发商或者个人，而必须经由政府征地，再由政府根据配额分配，这一配额的分配标准经常让人难以琢磨。在18亿亩耕地红线之下，土地配额自上而下逐级由政府进行分配，也促成了寻租和腐败的产生。按照官方的说法，实行配额是为了确保粮食安全，但政府也没有说明为什么是18亿亩而非16亿亩。2008年，中国尚存耕地18.26亿亩，按照18亿亩的红线，城市占有耕地进行扩张的空间极其有限。

导致中国城市化和服务业发展滞后的另一原因是政府垄断下财富从农村向城市的转移。可以说，中国城市现代化是以牺牲农民的收入、权利及农业生产效率为代价的。经常可以看见在城市扩张和房价飙升之下，农民与政府以及开发商之间的对峙。地方政府作为土地征用的买方垄断者和土地拍卖的卖方垄断者，有强烈的激励通过这一过程最大化其自身利益。其结果便是高房价：世界上的房价/年收入比一般在3—6，而这一指标在中国达到20甚至更高。与此同时，中国的城乡收入比达到3.36，基尼系数超过了0.5。在此情况下，对于城市化的对象——农民而言，在城市购买住房几乎是不现实的。因此，这种"城市化"的方式不适合于中国这样农业人口占比较大的国家。

总而言之，随着外部需求下降，就业形势正在恶化。据官方统计，迄今为止，今年大约有2000万农民工失业。因此，中国亟需促进内需。然而，中国的土地制度和户籍登记制度大大地制约了城市化的步伐，也阻碍了服务业的发展。中国需要对现行土地和户籍登记制度进行彻底的改革，以降低其高昂的城市化成本，从而加快城市化进程、促进服务业发展。如果中国能成功地对这两项制度进行改革，使它们与市场经济体系相兼容，文教授相信中国能够显著地改善地区间、城乡间的分配不平等问题，从而有效地促进内需，更好地适应外需的减弱和世界格局的重构。

中国要素收入的变化

白重恩

白教授首先分析了从1978年到2006年资本和劳动要素收入比重的变化。数据显示，

1978—1984 年，劳动回报率缓慢上升；1984—1994 年为劳动回报率轻微波动阶段；1995—2006 年，劳动回报率显著下降，其中 2003—2004 年，1 年内劳动回报率就下降了 5.25 个百分点。相关文献，如 Atkinson（2000）、Arvind Subramanian（2008）等，都证明劳动回报率的下降会影响收入和其他资源的分配。政府在这方面也开始采取一些措施，如最近颁布的劳动合同法等。然而，这些政策或法律并没有能够有效地解决劳动回报率下降的问题。那么，什么因素影响了 1978 年以来劳动回报率的变化？进一步，1995 年后劳动回报率下降的原因是什么？

白教授及其合作者的研究发现，2003—2004 年劳动回报率的下降主要是由于记账方法的变化所引起的。2003 年以前，私营企业主的收入是按劳动回报计算的；2004 年的经济普查在统计方法上做了调整，私营企业主的收入划分为劳动回报和资本回报两个部分。研究指出，2003—2004 年劳动回报率变化的 50%是由于记账方法的变化所引起的。除去统计误差之后，劳动回报的下降主要是由产业结构变迁所引起的，产业结构的变迁可以解释劳动回报率下降的 61%。另外，大约 40%左右的下降主要是由产业内的变化。在产业内，尤其是在工业部门内，劳动回报率的下降主要是由于国有企业改革和垄断行业市场份额的增加。白教授还指出，劳动和资本相对价格的变化以及技术革新对劳动资本回报率的变化没有显著的影响。

此外，白教授及其合作者还分析了家庭、企业和政府间的收入分配。结果显示，1993—2006 年，家庭收入在国民收入中的比重显著下降。劳动回报率的下降可以解释家庭收入比重下降的 45.7%。另外对家庭收入比重有显著影响的因素还包括低利率和养老保险体系。

中国实际工资的上涨的因素分析

杨涛（Dennis Yang）

城市住户调查（urban household survey）显示，从 1992 年到 2006 年，城市居民实际工资增加了 196%。目前还没有文献对中国实际工资变化趋势及原因做系统的研究。本研究对近年来实际工资增长作了分解，同时分析了外商直接投资、出口、国有部门改组、技术供给、资本深化和劳动技术变迁等因素对工资变化的影响。

杨涛研究使用的数据是国家统计局 1992—2006 年城市住户调查。这里的工资是指全年的劳动收入，并按 2006 年各省的物价指数折算成实际工资。从数据中杨涛他们发现，1992—2006 年，实际工资上升了 196.3%。相对于其他受教育程度不同的群体，大专及大专以上学历的群体工资上升的最快，为 224.6%。按男女性别划分，实际工资上升分别为 205.2%和 176.7%。比较不同的所有制企业，国有企业工资在这 15 年里上升最快，为 225.3%，集体和私营企业工资上升为 140.6%。比较不同的行业，制造业工资上升了 204.3%，高端服务行业上升了 205.5%。在所有地区中，东部沿海地区的工资上升最快，为 204.5%。

控制了教育程度、性别、企业所有制、行业和地区等因素后，研究发现，基准工资的对数值从 1992 年的 7.6 上升到 2006 年的 8.4。这里的基准工资是指初中或初中以下教育程度、没有工作经验、在一般服务行业、东北地区的集体或私营企业工作的女性的工资。与基准工资相比较，大专或大学以上学历人群的工资差异在近年来显著增加；而男女工资差异从 1999 年起开始显著拉大；与集体和私营企业相比，国有企业的工资呈上涨趋势，而合资和外资企业的工资则呈递减趋势。

研究发现，实际工资上升 30.86% 来自于基准工资的上升，32.41% 来自人力资本回报率的上升，13.86% 是由于企业所有制结构的变化。那么，实际工资增长的主要原因是什么呢？研究发现，导致基准工资上升的主要原因包括资本深化和出口的增加，人力资本回报率上升的主要原因是资本深化和研发支出的增加，而国有企业的重组是国有企业工资上升的主要原因。

医疗系统的低效率及全球展望

乔纳森·斯金纳（Jonathan Skinner）

研究指出，美国政府在未来几十年里用于医疗保障和医疗补助的支出在国内生产总值的比重将有明显的增加。具体来说，该比重将由 2007 年的 5% 左右，上升到 2082 年的 20% 左右。政府的医疗支出是否有效？如果不是，那么怎样才能有效地控制政府的医疗支出？中国是否可以从美国的经验中吸取一些教训？这是本研究想要回答的三个问题。

研究主要从生产和分配两个角度来评估医疗支出的效率。数据显示，2004 年，美国 65% 的 65 岁以上的人口接种了流感疫苗。和其他国家相比，这个比率处于中等水平，不算太差。但考察人均就诊率，美国仅为 3.9%，远远低于日本（13.8%）等其他国家。此外，美国在 2003 年的心血管疾病的手术比例为 0.6%，远远高于瑞士（0.1%）等其他国家。而医学研究表明，这些手术只能暂时缓解疾病，不能起到治愈的作用（Anderson HR et al. 2003; Hochman JS et al. 2006; Weintrab et al. 2008），这样的手术某种程度上是对医疗资源的一种浪费。和加拿大、法国、德国、日本及瑞士等国家相比，美国的医疗保障支出，由 1970 年的 1.4 倍上升到 2004 年的 1.9 倍。但是预期寿命与这些国家相比，增长则相对较慢。另外，不同地区的医疗支出也存在显著差异。

Yuanli Liu et al.（2008）的研究指出，中国在医疗支出方面也存在地域差异。例如，北京市的人均公共卫生支出为 62.65 元，而江西只有 10.25 元。北京市的牛痘疫苗接种率为 100%，而江西只有 61.8%。另外，北京、上海、江苏、浙江、广州等发达地区婴儿在医院出生的比例都在 90% 以上，而在贵州、云南、青海等地区该比例都低于 40%。

地区间医疗资源分配的低效率会影响整体医疗保障的产出。美国和中国都存在分配上的低效率。为了有效地控制政府的医疗支出，两个国家都需要对医疗投入和产出作更加精确的度量。

"中国健康与养老追踪调查"和老年人的健康

雷晓燕

报告首先详细介绍了中国健康与养老追踪调查（CHARLS）。基于该数据，报告提出了与老年人健康相关的三个问题：医疗保险、医疗机构和老年人健康状况。

中国健康与养老追踪调查第一期数据是在 2008 年 7、8 月份收集的。调查主要是针对 45 岁以上（包括 45 岁）的老人及其配偶。首次调查选择了甘肃、浙江两个省份。甘肃省位于西部内陆地区，其 2007 年人均收入在全国排名最低。浙江省位于东部沿海地区，在 2007 年，浙江省人均收入水平排名仅次于上海和北京。第二次调查将在 2011 年开始，调查省份也将推广到全国范围。此后每两年都将会有一次跟踪调查。中国健康与养老调查旨在为学术研究和政策制定提供高质量的微观数据。调查问卷包含过滤问卷、基本信息、家庭、健康状况和功能、医疗保险、工作、收支与资产及社区调查等模块。首次调查共有 1570 个家庭，其中城市占 691 个，农村占 879 个。整个调查的应答率为 84.82%。包括主要受访者及其配偶在内，首次调查的样本量为 2685。

数据显示，样本的医疗保险的覆盖率为 91%。不同性别和地区在覆盖率上有一些差异。而实际门诊支出报销比例却只有 25%。城市居民中，男性和女性的门诊支出报销比例分别为 50%和 26%；在农村，男性和女性的报销比例分别为 16%和 20%。调查显示居民最常去的医疗机构包括综合医院、乡镇卫生院、村/社区医务室。63%的样本认为这些最常去的医疗机构服务质量一般，33%的认为比较好。对于县/市医院的医疗水平，59%的认为比较好，认为一般的有 31%。这说明人们最常去的医疗机构不是他们认为医疗水平最好的医院。

这里谈到的老年人的健康状况包括自评健康和慢性疾病。问卷中自评健康分为非常好、很好、好、一般、不好，赋值分别为 1—5（赋值越高自评健康越差）。城乡自评健康存在显著差异，其中农村自评健康均值为 3.9，而城市自评健康均值为 3.66。在所有慢性疾病中，高血压确诊率最高，23.4%的男性被确诊患有高血压，女性的高血压确诊率为 24%。此外，确诊率比较高的慢性疾病还包括高血脂、肺部疾病和心脏病。这三种慢性疾病的男女确诊率分别为 7.9%、9.8%、10.5%、8.7%、7.3%、12.1%。报告指出慢性疾病的实际患病率要远远高于确诊率。例如数据显示高血压的实际患病率，男性和女性分别为 46.6%和 47.1%。几乎是确诊率的两倍，说明很多高血压患病者并不知道自己患有高血压。

从中国健康与养老调查中发现：①医疗保险覆盖率很高，但是实际门诊支出报销比例很低。②人们最常去的医疗机构的医疗水平不能满足人们的需要。③城乡居民健康状况存在显著差异。④很多慢性病患病者不知道自己患病。除了健康之外，中国健康和养老调查还包括了其他很多方面的详细信息。首次调查的数据已经公布，详情可登录 http://charls.ccer.edu.cn/charls/。

竞争性储蓄与工作动机：
中国的性别比例、储蓄率和企业家精神

魏尚进

魏尚进教授的报告基于其与张小波博士合著的同名论文。在报告中，魏教授主要想解决的问题是中国的两大谜题：高储蓄率和强烈的企业家精神。

2004年，中国国内总储蓄率接近50%。这一储蓄率，在全世界范围内是绝无仅有的，也远高于历史数据，甚至还超过了一直处于高位的投资率。如此高的储蓄率，一方面直接导致中国长期贸易顺差，引发全球经常项目失衡，甚至可能是美国房地产泡沫乃至次贷危机的罪魁祸首。另一方面，高储蓄率带来的高投资率，也是推动中国经济增长的主要动力。

中国经济总储蓄中主要部分是居民储蓄。中国居民储蓄率为何居高不下，传统观点认为有以下几方面的原因：中国社会保障不健全，居民未来生活不确定性大，所以需要自行储蓄以备不时之需；中国金融系统发展缓慢，借贷约束强，促使家庭增加储蓄；生命周期假说认为，低的人口抚养比率造成适龄工作人群需增加自身储蓄留待退休后消费；勤俭节约的文化传统及未雨绸缪的经济生活习惯促使中国人不断储蓄。

魏教授提出了全新的观点：中国过度的储蓄很可能是由性别比例严重失调所导致。自然因素决定的男女性别比例是105∶100，而中国当前的男女比例已经达到122∶100。因此，魏教授提出假说：男女比例失调，适龄男性的结婚压力增加，婚姻市场上的竞争日趋激烈，男性（及其父母）将通过各种途径提升自身竞争力，其中就包括增加储蓄。这一部分人的储蓄增加将产生溢出效应，推动房价上升，从而也促使其他人不得不增加储蓄以应对日趋高涨的房地产价格。

为论证上述观点，魏教授做了大量的计量检验工作。

首先，魏教授选取1980—2007年31个省的面板数据。被解释变量为各省人均净收入对生活成本比值再取对数，解释变量含7—21岁年龄段性别比例、人均收入对数值、20岁以下青少年占人口比重、20—59岁人口比例、基尼系数、预期寿命、劳动收入占总收入比例等，以省为区别作固定效应（fixed effect）回归。结果显示，增减或改变其他解释变量，性别比例和人均收入系数会有所变化，但显著为正；同时，除此二解释变量外，其他解释变量系数几乎都不显著。为进一步研究，魏教授又用上述方法分别对农村、城市的省级数据回归，发现结果与上述回归结果一致，且性别比对储蓄率影响的幅度在农村更大。

魏教授采用两阶段最小二乘法分析上述数据，选取违反计划生育政策的罚款额、对屡次超生家庭是否加重惩罚的虚拟变量及少数民族占总人口比重对性别比例做第一阶段回归，接着结合原有的其他解释变量对储蓄率做第二阶段回归。回归结果表明，性别比例对储蓄率的影响作用显著为正。依据回归结果，性别比例从1990年的1.045增加到2007年的1.136，可造成储蓄率增加6.7%，占此时期储蓄率增加值的48%。而且，单独从农村数据来看，性别比例增加带来的储蓄上升可以解释此时期53%的储蓄率总增加额。

紧接着,魏教授利用家庭数据,进一步分析当地性别比例失调对有男孩家庭储蓄率的影响。回归结果表明,当且仅当家庭中只拥有男孩时储蓄率会显著上升。为了探寻性别比例对房地产价格影响的效应,魏教授分别以住房面积及住房价格为因变量,以性别比例、人均国民生产总值等为自变量做回归,结果表明,地区性别比例显著影响当地的住房价格和住房面积。

在文章的第二部分,魏教授研究了中国性别比例对私营企业的影响。分别以1995—2004年全国总私营企业数、国内投资私营企业数及其他类型私营企业数为因变量,以性别比等数据为自变量做回归。回归结果显示,性别比对总私营企业数及国内投资私营企业数影响显著。进一步地,魏教授通过回归发现,性别比例上升也将导致农村人口外出务工时间增加,以及他们更多地选择高风险职业。魏教授以此认为,虽然并非每位想成为企业家的人都最终能成为企业家,但是无论谁都可以选择工作更长时间或选择更危险工作以赚取更高报酬。

在文章最后一部分,魏教授指出一个有趣的事实:若某省的性别比例越失调,则该省男性在奥林匹克运动会上获得奖牌的数量也越多,即便考虑到该地区总人口、人均消费、女性获得的奖牌比例等其他因素,该系数依旧显著为正。

最后,魏教授总结到,从20世纪90年代以来,日益失调的男女性别比例,引致竞争性储蓄动机和竞争性工作动机,推高了中国总储蓄率,也推动了国内私营企业发展,并延长了工人工作时间,增加了从事危险工作的工人人数,甚至还促进了中国男子竞技体育发展。

劳动力、人口结构与中国出口带动型经济增长模型

姚洋

姚洋教授报告的主要观点是中国出口带动型经济增长模式根源与中国人口结构特点的关系。中国人口结构具有三大特点:农村人口占全国人口的大多数,城市化水平低,低抚养比率(dependency ratio)。这些特点导致中国劳动力收入增长缓慢,国内市场规模狭小,以及投资额超过消费。

在报告的前半部分,姚洋教授的论述着重于中国劳动供给及人口结构对经济增长的关系。近年来,国内最底层劳动者工资收入持续增长,诸多学者基于这一事实探讨中国是否已经过了刘易斯拐点(Lewis's turning point)。姚洋教授认为工资水平上升并非必然意味着中国已经经过该拐点。首先,由于国内处于最底层的劳动者几乎都是移民工,他们收入的增加很可能来自于农业收入的稳步增长。中国农业人口人均年收入从2003年的2622元持续增长到2007年的4140元。其次,中国当前的需求扩张可能只是暂时的,未来一旦需求萎缩,劳动者工资水平将不可避免地下降。为论证这一点,姚洋教授展示了他描绘的进城农民工劳动需求和供给曲线。最后,中国的城市化进程落后与世界平均水平,尚有4.7亿劳动力留在农村,而农业对国内生产总值的贡献率仅仅11%,因此有大量尚待开发的劳动力资源。

姚洋教授描述了中国人口结构的一些特点。1949年以后，人民生活水平得到很大改善，死亡率显著下降，同时出生率和人口净增长率在20世纪60年代达到高峰，之后便逐步下降，这个时期，出生率高而死亡率低，是三阶段人口结构转型模型中的第二阶段。进入20世纪80年代后，中国实施的计划生育政策将出生率和人口净增长率维持在较低的水平，姚洋教授由此认为，中国通过政策手段压缩了人口结构转型的第二阶段，直接进入了第三阶段。另外，姚洋教授也指出，中国迄今一直保持了较低的抚养比率，由此可以认为人口红利是推动中国经济快速增长的重要动力。

接下来，姚洋教授分析了中国人口结构与经济增长间的关系。中国农村人口占大多数和长期以来低水平的抚养比率，为经济提供了大量的劳动力供给，但由此也使得工资率维持在较低的水平，社会总体消费水平过低。当劳动生产率快速提升时，劳动收入在总体国民收入中所占比重不断下降，而资本收入份额不断上升，劳动者收入水平增长滞后于经济的总体增长。

正是由于劳动力相对充足，所以中国相对西方发达国家在此方面有比较优势，同时国内消费水平低也使得国内市场规模狭小，这两大原因促使中国只能选择出口带动型的经济增长模式。

姚洋教授还认为，中国投资率高也基于如上的原因。中国大额出口构成的储蓄为转化为投资提供了基础。同时国内劳动力收入占国民总收入比例不断下降，基于白重恩等学者的论文，经过调整的劳动力收入比率由20世纪90年代初期最高时的61%下降到21世纪初的55%左右。另外，企业利润提升显著，政府财政收入也逐年增加。自1998年以来，以不同指标衡量的企业利润率增加了2~4倍。这些都推动了中国投资的增长。

在报告的后半部分，姚洋教授对比了中国和印度各个指标。从20个世纪中叶到21世纪初，中印的人口抚养率都有不同程度下降，同时储蓄率和投资率都显著上升，但中国各个指标变化的幅度要大于印度。40多年间，中国抚养比率下降了35%，储蓄率上升14%，投资率上升16%；对比之下，印度抚养率下降16%，储蓄率上升13%，投资率上升11%。姚洋教授还特别指出中印两国的一个不同之处：随着人口抚养比率的下降，中印消费比率不同程度下降，但是印度消费率下降的斜率要远远高于中国。

最后，姚洋教授总结到：独特的人口结构使得出口带动型经济增长模式成为不可避免的选择；由于改变人口结构需要时间，所以短期内中国国内消费不会有很快的增长。所以，中国当前需要致力于促进进口导向型投资（import based investment），以平衡对外贸易顺差。

中国城市人口收入与消费不平等（1992—2003）

陈玉宇

陈玉宇教授的报告基于其与蔡洪滨教授、周黎安教授的同名论文。在报告中，陈教授分析检验了中国城市家庭在1992—2003年收入和消费支出的不平等程度。

陈玉宇教授所用数据来源于国家统计局城市家庭收入与消费支出调查数据（以下简称

UHIES)。陈教授利用此数据,研究分析城市家庭组间及组内的消费和收入不平等的演进过程。陈教授指出,研究消费不平等可以有效弥补收入不平等研究的一些局限,因为收入波动大,难以准确反映家庭长期可支配资源的多少,而且消费相对收入而言是居民福利和长期收入能力的更直接、更准确的度量。

UHIES 数据库来自国家统计局对城市家庭收入与消费支出所做的调查,时间跨度从1992 到 2003 年共 12 年。这一数据库基于以省、市、县区及小区收入水平分层的代表性样本,涵盖历年来除台港澳地区以外所有省市的资料,是迄今以来国内最翔实、最具有代表性的城市家庭收入与消费支出数据。国家统计局在各地分支机构的工作人员记录被选家庭的收入和消费支出,其中,消费支出依照不同消费品类别逐日记录。数据库中还记录有户主个人特征信息,包括年龄、受教育程度、职务等。总之,这一数据库包含翔实丰富的信息,为研究收入和消费问题提供了可靠的基础。

接着陈教授用 18 幅描述性图形展示了 1992 年以来城市家庭收入与消费的变化情况。从图形中可以发现,这段时期内,消费和收入增长趋势及基尼系数变化路径基本相符;收入及消费的洛伦兹曲线在这 12 年间日益陡峭,这意味着家庭收入与消费的不平等程度增加。分年龄阶段来看,不同年龄阶段人群的储蓄率、收入与消费的方差在这一时期内都有不同程度上升。

报告的第三部分,陈教授分解研究了影响收入与消费的不平等的各组成部分。一方面,陈教授将收入分解为劳动收入、政府转移支付、资产收益、商业收入等;另一方面,陈教授依据 Fields 的方法,通过回归将收入与消费的不平等分解为组内和组间两个组成部分。结果表明,组内因素是引起收入与消费不平等的主要因素。

报告的第四部分,陈教授将不同省的人均收入总方差或组内方差作为因变量,以国有企业工人占所有工人比例、城市化程度、出口率、外商直接投资率、政府部门规模等为自变量回归。结果表明,国企就业比例对收入总方差及组内方差影响显著为负,即国企工作人员比例越高的省其家庭收入越平等。

关于贸易的两篇论文

余淼杰

余淼杰副教授首先报告的论文是"出口、生产率和信贷约束"。问题的提出基于如下现象:如果企业在出口门槛上面临流动性约束,那么只有那些有足够流动性的公司才能进行出口。而外商投资企业(foreign invested enterprise,以下简称 FIE)比其他类型的公司更容易进行外部融资。能够得到更多外部融资的公司有更多的出口。

Melitz(2003)和 Channey(2005)的论文利用中国公司层面的数据进行检验发现,平均而言,有更多利息支出、有更高的生产率或者是外资类型的企业出口更多。

余淼杰副教授扩展了 Melitz(2003)的模型,其中影响企业外部融资成本的因素包括公司特有的不确定风险影响投资者要求的利率水平、不同类型的公司对成本的影响，如 FIE 能以相对低的成本进行融资。通过最大化企业的利润得到的结论是，如果满足以下三种条件，则企业更容易进入出口市场：①有高的生产率；②低的外部融资成本；③容易获得外部融资，如 FIE。

余淼杰副教授通过建立计量模型对这三种条件分别在其他条件不变的情况下进行检验。对于第一个条件，所面临的问题是如何度量生产率。第一种方法是利用 IRS 模型，其中只包含劳动力。第二种是两要素生产率。余淼杰副教授利用两种方法分别进行度量。通过控制其他变量如利润水平等，建立计量模型分析外部融资的利率水平、全要素生产率及获得外部融资的难易程度对出口的影响。可能存在的问题包括反向因果，如公司的全要素生产率会反过来影响要素投入；以及自选择偏差，如一些出口公司因为生产率低而遭淘汰而未能进入样本。为了解决这两个问题，利用改进的 OP 方法来克服这两种偏差。

样本数据覆盖了自 2000—2007 年的 17 万家制造业企业。余淼杰副教授对样本数据进行了梳理，去掉了不满足要求的数据，如销售额在 500 万元以下的公司，由于报表的错报具有误导性的公司，总资产、固定资产净值、销售额和工业产出净值等重要变量存在缺失的公司等。

计量结果发现：全要素生产率与公司的出口正相关；具有更高生产率的公司更倾向于出口；利息支出与公司的出口正相关；如果企业更容易获得外部融资，则其更倾向于出口。在其他条件不变的情况下，FIE 类型的公司出口更多。如果公司成立越早，则其出口越少。

余淼杰副教授进一步考虑到计量模型的内生性问题，即出口也可以反过来影响信贷水平。因为如果公司有更多的出口，就需要预支更多的固定成本，这将反过来要求公司进行更多的借贷。因此，选择货币供应量 M1 作为工具变量来控制内生性问题。选取的原因是更多的货币供给会导致更低的利率，则公司可以进行更多的融资。余淼杰副教授同时允许误差项存在异方差以及非独立同分布。利用 Kleibergen-Paap rk Wald 统计量、Weak Identification 统计量和 Anderson-Rubin Wald 统计量进行检验，发现所有的统计量都显示工具变量是正确的，因此可以认为估计量是正确设定的。然后利用 2SLS 和固定效应模型进行估计，发现即使利用不同的模型，得出的量化结果仍然是相似的。经济含义是：利息支出每增加 1 个百分点，会导致出口增加 1.94 个百分点。

接着，余淼杰副教授简要介绍了第二篇论文"贸易自由化、公司退出和生产率：来自中国的经验"的结论。首先作者认为生产率的提高是理解经济增长的关键。而贸易自由化会导致全要素生产率提高。以往的研究利用进口关税来衡量贸易自由化的程度是不准确的，余教授认为进口渗透度是一个更好的指标，本文就利用这一指标来衡量贸易自由化的程度。

余淼杰副教授利用公司层面的数据和 Olley-Pakes 方法计算的全要素生产率来估计贸易自由化程度对公司生产率的影响。计量结果显示，贸易自由化对中国企业的全要素生产率有明显的正向作用。贸易自由化使进口竞争的企业产生了更为激烈的竞争。贸易自由化对出口企业生产率的影响要小于非出口企业。

发展中国家制药行业推行专利制度的影响

彭妮·戈德堡（Pinelopi Goldberg）

在世贸组织协定下，《与贸易有关的知识产权协议》（以下简称 TRIPS）规定，成员国需要在各个技术领域包括制药行业，推行产品专利制度。发展中国家必须在 2005 年推行专利保护制度。然而专利保护是一个极具争议的话题。在医药领域里不主张专利的人（以甘地为代表）认为药物的发明不应该进行专利保护，一个更进步的社会是无须从生死中获取利润的；而主张进行专利保护制度的一方则认为，专利保护导致药品价格变高是错误的想法。推行专利法可以促使发展中国家吸引外资进行研发，并促进技术转移，同时可以为研发治疗发展中国家特有病症的药物提供激励。

然而，关于发展中国家药品市场的实证研究非常之少。一些文献的分析是建立在假设的基础上，而非计量分析的基础上。这种方法的主要缺陷是其假设国内和国外的产品是完全可替代的，推行专利制度所导致的福利损失都源自国外产品的价格上涨，并且忽略了药物替代品的问题。

戈德堡指出，对于发达国家医药市场的研究并不适合于专利制度在发展中国家推行起何种作用这个问题，因为发展中国家与发达国家相比存在以下五个方面的特征：①人均医疗支出水平低；②缺乏全面的医疗保险；③存在着与发达国家不同种类的疾病；④对药品的保存、运输和管理的规定不同；⑤由于人们在短期内不购买足量的药品，所以药物需求的长期弹性要小于短期弹性。这些不同的特点要求对发展中国家的情况进行独立的分析。

戈德堡利用印度的微观数据估计供给和需求的参数，药品自身以及交叉弹性，支出弹性和边际成本。选择印度作为分析主体的原因包括以下几点：①印度是低收入国家的典型代表，其疾病记录反映出大多数发展中国家的情况。②印度在医药领域抵制 TRIPS，而没有引入药品专利认证制度。③印度是最大普通药生产国。④国内的市场结构是众多中小型药厂生产着在发达国家仍有专利权的药品。

在戈德堡选取的数据区间内，印度没有实行药品的专利制度，所以在美国仍属专利范围的药物生产在印度却可无需支付专利费而得到。戈德堡采用的研究内容是一旦印度采用了专利制度，这将对价格、消费者福利及公司利润产生何种影响。

接着，戈德堡以喹诺酮为例进行了分析。在印度占据较大市场份额的药物是抗生素类药品，原因是传染病在发展中国家是一种很常见的病，而抗生素类药品是治疗传染病的主要药物，喹诺酮在抗生素药品中占据了 20.8% 的利润份额，非常具有代表性。它的特点是属于抗生素类的最新产品，对于大多数传染病都有效，这意味着它有很多的替代品，并且在美国，一些喹诺酮药物仍然在专利保护之下。

通过将喹诺酮药品根据分子结构的不同进行细分，发现的规律是大量的国内公司进行着这种药品的生产，在本国遵守专利法的外国公司在印度并不遵守专利法。这类药品通常是由印度本土公司引进，外国公司属于跟随者。由于分销网络和药物可得性的差异导致此类药物在国内存在溢价。

戈德堡通过建立模型刻画消费者和公司的行为，估计了供需结构、弹性及交叉弹性、边际成本，并且估计一旦专利制度生效，国内违反专利制度的企业退出市场，消费者由此而遭受的损失。作者将消费者损失分成三个部分：多样性的损失（loss of variety effect）减去转换效应所带来的支出（expenditure switching effect）加上企业竞争力下降而产生的影响。

为了估计消费者损失，戈德堡先利用两阶段预算（two stage budgeting）方法对药品需求进行了估计，主要的结论是：不同分子类型的国内药品之间的交叉弹性非常大。一些国内的药品和其他的药品接近于替代品，但是和同种的国外药品却不是替代品，这可能的解释是，国内和国外药品的分销渠道是不同的，国内公司的销售网点覆盖率远高于跨国公司的分支机构。

从此类药品更高的价格和更高的市场占有率推测，消费者更偏好国内而非国外的药物。由此得出的政策推论是，一旦引入专利制度，则其对消费者造成的多样性丧失的损失是占主要方面的。量化估计来看，如果将占抗生素类药品市场 65% 的无专利权的国内喹诺酮药品去掉，则消费者将损失 4 亿美元。如果国内依然存在竞争，则消费者的损失就不会那么大。但是当国内的无专利抗生素类药品全部消失导致竞争不存在时，消费者的损失是最大的，这是由国内药品较大的交叉弹性造成的。即使这时进行价格管制，使药品价格不急剧上升而保持在之前的水平，也不能完全弥补消费者的损失。

从对国内企业损失的估计来看，其至少每年损失 5000 万美元。而对于国外拥有专利者，如果没有价格限制，则每年收益 5300 万美元；如果存在价格限制，则收益 1960 万美元。

综合来看，印度的福利损失是消费者的损失与国内企业损失的总和，而国外企业的研发支出可能并未增加，但其利润却增加了。

最后戈德堡提出了进一步可供研究的方向，例如专利制度的推行是否会改变供给方的行为，如增强跨国公司在发展中国家加大分销网络的建设投资等。

CCER-NBER 第十二届年会

宏观经济与收入分配

（2010年6月）

2010年6月26日—28日，第十二届CCER-NBER中国与世界经济年会在北京大学中国经济研究中心顺利举行。

本次年会的演讲嘉宾有：麻省理工学院西蒙·约翰逊（Simon Johnson）教授，威斯康辛-麦迪逊大学的肯尼思·韦斯特（Kenneth West）教授，哥伦比亚大学魏尚进教授，芝加哥大学的埃里克·赫斯特（Eric Hurst）教授，哈佛大学彼得·图法诺（Peter Tufano）教授、理查德·弗里曼（Richard Freeman）教授，斯坦福大学丹尼尔·凯斯勒（Daniel Kessler）教授、乔纳森·莱文（Jonathan Levin）教授，耶鲁大学阿曼达·科瓦尔斯基（Amanda Kowalski）助教授，北京大学卢锋教授、姚洋教授、沈艳副教授、周黎安教授、李玲教授、余淼杰副教授以及清华大学的吴斌珍、钱震杰博士、何平教授，中央财经大学的陈斌开博士。

V型回升之后——"中国式退出"政策述评

卢锋

在2009年6月底的CCER-NBER年会上,卢锋以"总需求V型回升"为题报告了当时宏观经济走势,这次他用"中国式退出"概括过去一年来中国宏观形势和政策的演变情况,并结合十年来宏观调控政策的演变情况观察分析宏观调控工具的多样化特点。

去年上半年,货币信贷以30%左右的罕见增速扩张,一方面较快地扭转了经济增速大幅下滑的势头,创造总需求V型回升局面;另一方面引入通胀预期和压力,并派生资产价格飙升和虚高问题。针对经济过度扩张的新风险,宏观调控政策至今一直保留"积极"、"宽松"的表述,然而实际操作自去年夏秋以来已逐步反向调整。随着收紧措施加大力度,宏观经济从今年年初增速高点快速回落到目前相对走弱的状态。

最新一轮的紧缩措施仍延续一段时期以来宏观调控工具的多样化特点,较多采用数量性、部门性、行政性措施。货币政策方面,存贷款利率水平至今维持不变,然而法定存款准备金率已于今年1—5月经历3次上调,从15.5%提升到17%。央行公开市场操作从去年夏季开始转而增大央票发行量,2009年12月到2010年4月,央票余额增加5000多亿元。

信贷收紧措施发挥更为活跃的作用。去年夏季开始,银行监管部门出台多种措施限制贷款发放速度,8月甚至出台修改银行资本金定义方式征求意见稿,试图通过降低次级债计入银行资本金比例的方式辅助实现收缩信贷等政策目的。与2009年政策文件规定信贷"下限"目标不同,2010年初,有关部门规定新增贷款7.5万亿元控制"上限"目标,一开始就对新年信贷扩张采取强势限制立场。

整治地方投融资平台是关键措施。2009年初,有关部门放宽对地方政府负债监管和限制标准,通过窗口指导鼓励为地方放贷融资,为地方政府以基础设施为主要对象的投资项目提供条件。政策放宽加上地方需求旺盛,推动地方负债规模快速扩大,据报道,各类地方投融资平台负债2009年增长70%以上,相当于当年新增贷款3成以上,年底负债余额达到7万多亿元,估计2010年1季度地方负债增长额仍占新增贷款4成以上。

去年年中,城投债审批速度放缓,近来有关部门出台多项举措严控地方投资平台负债增长,包括叫停"搭桥贷款"这个被业内称做2009年"银十条"文件中"含金量"最高的融资工具。上个月国务院发布19号文件,要求抓紧清理核实并妥善处理融资平台公司债务,对融资平台公司进行清理规范,加强对融资平台公司的融资管理和银行业金融机构等的信贷管理,制止地方政府违规担保行为。

新一轮收紧操作再次显示中国转型时期的首次公开募股具有宏观调控功能。针对宏观经济和资本市场走低形势,有关部门从2008年9月停止首次公开募股。随着2009年经济快速回升,上证A股指数从2008年10月的1816点上升到2009年6月的3123点,7月一度突破3500点。有关部门加快重启首次公开募股进程,桂林三金6月底上市标志首次公开募股正式重启。此后到2010年4月间,首次公开募股融资超过7000亿元,是历史上9个月融资规模最大时期之一。

房地产政策 U 型调整构成这次"中国式退出"显著特色。2009 年 5 月出台有关政策，把房地产开发商自有资金比例从 35% 下调到 20%，说明当时关于经济回升不稳和房市回升乏力的判断对宏观决策有较大影响。然而房市随后急速升温，房价快速飙升并出现泡沫迹象。在股市强势增长受首次公开募股政策干预和大小非减持自发调节双重遏制后，货币超常扩张释出的过量流动性大规模"转战"房地产，使房市成为受流动性过剩和通胀预期较大影响的"重灾区"。

房市始料未及的逆转迫使有关政策急促调整。2009 年 12 月到 2010 年 4 月，国务院接二连三出台被业内称作"国四条"、"国十一条"和"新国十条"的房市紧缩政策，频率之高和节奏之快堪称罕见。具体措施包括针对购房套数实行首付和利率差别更大的房贷政策，针对是否具有特定城市居民身份实行差别房贷政策，还包括加快物业税和房产税试点，加强对土地闲置和捂盘惜售监管力度等，并且调控范围和严厉尺度也超乎寻常。

如同刺激政策快速推动总需求 V 型回升，紧缩措施对控制货币信贷和经济过度扩张的收效也很快。2008 年年底到 2009 年年底广义货币和信贷同比增长率提升 15—17 个百分点，推动总需求 V 型回升。实施紧缩政策后，货币信贷同比增长率过去半年间下跌 8—10 个百分点。货币信贷回落速度与此前上升速度一样，都是过去十几年所仅见。

货币信贷收缩促使实体经济增速回落。今年 1 季度 GDP 同比增长率为 11.9%，"朗润预测"4 月下旬发布的 2 季度 GDP 同比增长率为 10.5%，由此测算 2 季度 GDP 环比增长率将回落到 5.5% 上下。考虑 4—5 月一些经济指标增速回调幅度大于此前预期，2 季度实际同比增长率可能会低于两个多月前的预测共识，不排除环比增速降到 4%—5% 甚至更低水平。

截止到今年 5 月份，钢产量、发电量、工业增加值、投资、零售等统计数据显示，这些关键指标增速也分别由去年下半年高位下降 3/2 到 1/3 不等。股票市场去年 7 月开始振荡下调，房地产经过经历多重调控也在过去几个月开始出现振荡下调局面。目前学术界就宏观调控是否紧缩过度、经济是否会二次探底等问题进行讨论。卢锋推测，如果 2 季度数据进一步证实宏观偏弱走势，可能会促使决策部门放松紧缩力度，避免经济增长面临进一步失速风险。

宏调政策工具多样化并非最近刚发生的新现象。观察晚近十年五个阶段宏观调控实践，卢锋教授用一个表格报告紧缩调控至少采用 24 种政策工具。其中的利率、汇率、财政赤字等与成熟市场经济下常用的货币和财政政策相似，但更多的则属于具有特色的数量性、部门性、行政性干预手段，包括信贷和供地数量控制、"三年不上新项目"投资管制、暂时价格管制、大案查处等。

卢锋肯定宏调工具多样化具有政策选择灵活性和便利性优点，有助于应对中国特定发展环境下的一些特殊问题，客观上对这一时期维持大体稳定宏观环境发挥了积极功能。然而他强调政策选择多样化是把双刃剑，会带来两方面问题。

一是与市场经济原则兼容度较高的参数性、总量性、间接性调节工具利用受到较多限制，集中表现为汇率弹性不足和利率相对呆滞。汇率弹性不足使得中国难以充分利用价格手段调节国际收支失衡。另外利率调节相对呆滞，如 2000 年以来，中国消费物价变动幅度为 10.2 个百分点，存款利率变动幅度仅为 2.16 个百分点，而同期美国消费物价变动 6.33 个百分点，基准利率变动 6.41 个百分点，与更多国家比较也都同样存在类似特点。利率变动呆滞导致负利率,对经济运行带来扭曲效果,并对居民存款主体客观上具有"负收入转移"作用。

二是准入性、数量性、行政性手段采用偏多,难免导致宏调干预微观、政出多门、难以有序微调、难以评估效果等多方面问题。目前总需求管理面临政策叠加效应和两难选择困扰,与宏调工具多样化的内在问题存在深层联系。

最后卢锋强调,中国需要改革完善宏观政策架构。特定时期的宏观政策内容选择属于总需求管理范畴下的短期问题;然而利用何种机制、采用什么工具调节总需求,则涉及如何界定政府权力与市场作用的范围,属于长期体制安排问题。中国需要在系统总结新世纪宏观调控经验的基础上,通过汇率、利率体制方面系统配套改革,建立和完善适应大国追赶要求的"开放宏观政策架构"。

厄运的循环

西蒙·约翰逊(Simon Johnson)

"厄运的循环"(the Doom cycle),这个富有创造性的概念首先是由英格兰银行提出的,它描述了当下国际金融结构及其与宏观政策互动的方式。不过这一概念可能会遭 Tim Geithner 反对,他认为 2008 年的经济危机是由许多罕见而糟糕的事情聚合在一起而造成的,就像 40 年不遇的洪水一样,发生过一次就很难再发生了,所以我们也不用对此作出过度反应。华盛顿方面的官方立场也普遍接受这种解释,但西蒙认为这不是对经济危机的唯一解释,他自己还有另一种解释,那就是美国一直在创造导致灾难重复出现的条件。

如果用总信贷占国内生产总值的比重来衡量金融系统的规模,那么它在过去的 30 年里增大了 3 倍。而在过去的 30 年内,金融系统遇到多次危机,且每一次美联储总会迅速降低利率使其恢复。但这些麻烦越来越严重,影响也越来越国际化。这表现在美国和世界范围内许多国家的利率越来越趋近于零,而且财政措施也趋向于避开最终的金融崩盘。危机确实呈现一种循环,那么下一次金融危机会是什么样子?西蒙认为,我们已经临近下一次全球灾难性的崩盘了,而这一切的根源就是逐渐渗透到经济体系中的"厄运的循环"。

"厄运的循环"首先包括债权人和存款人把钱存在银行,给银行提供廉价的资金,他们期望如果出现经济波动,中央银行和政府财政当局会保证他们的资产。像雷曼兄弟这样的投资银行,为了给股东和管理层创造分红和奖金,会把这些资金投资于风险较大的金融活动。直接补贴(如存款保险)和间接支持(如中央银行的紧急援助金)使得银行系统忽视那些可能重创社会的风险,而这些风险会有很小的几率导致灾难性的崩盘。对于银行来说,他们可以无所顾忌,出了事情总是可以安全脱身,因为有政府替他们买单。银行业的管理者本应阻止这些风险行为,但银行支配了大部分政治和金融力量,整个体系也变得十分复杂,从而管理者只能向其妥协。这次经济危机之前管制不力的程度令人难以置信,银行使管理者相信他们只会把 2% 的资金投放于风险较大的资产组合,而实际上,整个银行系统创造了数十亿美元的金融衍生品,这意味着当一个大银行破产时,它会拖垮整个金融系统,也就是说，银行会出现"大到不能倒"的情形。如果经济体系真的崩溃，那么靠政治和社会体系是无法解决问题的，所以只有靠央行在事前降低利率，并对亏损者进行资金援助。简单来说，这个循环可以从管理者被银行所俘获开始，央行则在银行系统发生亏损时对其提供资金支持，而这些直接或间接的补贴会鼓励银行从事过度风险的活动，当损失真的发生时，银行会用更大的风险行为来弥补损失，但此时银行业已经"大到不能倒"，且拥有很强的经济和政治力量，这又回到了管理者被俘获的情形。这种循环的真正危害在于，问题会一次次变得更加严重，每一次循环会要求越来越多的公共干预，最终经济一定会完全崩盘。

西蒙认为，产生"厄运的循环"的原因很简单，就在于对金融管制的放松。总体上说，他并不同意对经济的过度管制，但金融部门不一样，这个部门十分危险。关于金融部门的相对工资和放宽管制的程度，Thomas Philippon 和 Ariel Reshef 做过非常好的研究。从中可以看到，20世纪20年代及以前，金融部门的相对工资非常高，而金融部门也处于一个无管制的环境。从30年代开始，对金融部门的管制开始了，这一直持续到70年代，这段时间内金融部门的相对工资也比较低。80年代，里根总统开始改革，放松了对金融的管制，从此金融部门的工资开始一路上升。此时金融部门的真实利润，相对于非金融部门开始激增，直到2008年金融危机才陡然下跌。但从2008年四季度开始，金融部门的利润又开始迅速恢复。有人认为这是好事，说明金融部门在危机之后能够较好地调整自己的资本运营，但 Simon 认为这是金融系统政治力量的表现，银行体系由于"大到不能倒"而使得政策会倾向于保住这个体系。以最大的6家银行为例，十多年间，它们占国内生产总值的比重已经达到不可忽视的程度。

最后西蒙总结到，美国的金融系统已经变得很危险，其发展没有得到有效的控制，而金融改革及法律规制由于受到金融部门的影响也没有实质性进展。而美国作为世界经济中心的事实，也使得这个问题更加严重，这应该是将来美国经济高度关心的议题。

汇率预测

肯尼思·韦斯特（Kenneth West）

传统经济学理论认为很难对通货膨胀率预期相近的两个国家间的汇率作出有意义的预测，这里需要注意两个限制条件：一是两国都必须采取浮动的汇率制度，二是两国必须拥有大致相同的通货膨胀率水平或预期，在此情形下，通常使用的统计学模型、经济学模型及利用利率等金融市场指标都无法对汇率作出更有效的预测。"更有效"是指如果用这些经济学工具和"随机游走"预测做比较，虽然判断效率的标准很多，但是往往得出的结论是"随机游走"预测会更好。简单说来，"随机游走"预测就是认为在给定当前汇率以及信息的时候，预测未来任何一个时点的汇率就是现在的汇率。以瑞典克朗兑美元的汇率为例，分别使用"随机游走"模型和两国的利率来预测，样本点以月为单位，跨度为1975年1月到2003年10月，最后得出的结论是"随机游走"预测得到的均方误差会更小，即"随机游走"预测更有效。

需要特别解释的是,"随机游走"并不是传统意义上的"有效市场"理论。"有效市场"理论认为当市场的信息完全且完备时,对于任何一个风险中性的投资者而言,市场上就不会存在任何完全可预测的盈利机会。将"有效市场"理论的结论推广到汇率市场上,则表明可以利用两国间的利率差来预测两国未来的汇率走势。从这个角度来说,"有效市场"理论认为汇率是完全可以预测的,任何影响两国利率水平的经济变量也同样可以用来预测两国间的汇率走势。但是利用历史数据得出的结论却往往否认了这一点,从均方误差这一指标来看,任何经济学模型的预测结果都无法打败"随机游走"预测。问题就在于我们如何看待"均方误差"这一指标。Clark and West 论证了如果合理定义均方误差,便会发现利用利率差来预测汇率的方法比"随机游走"预测更有效。其主要思想是,在计算均方误差这一指标时应该考虑到噪音干扰。如果考虑这一点,便可以更有效地利用利率差估算未来汇率,预测股票价格、商品价格等。

最近经济学理论界也出了不少文章比较"随机游走"模型和利用特定的经济指标来预测汇率的效果,这些经济指标包括利率差、进出口率,国内消费者价格指数或货币流动性等。评价有效性的标准也不一,包括修改后的均方误差等。总结起来,虽然汇率很难精准地预测,但是通过经济学模型还是可以进一步提高预测精度,而不是像从前那样无助地依靠"随机游走"模型。

金融一体化、国家分工及全球经济失衡

姚洋

现有文献对于全球经济失衡的原因主要有以下几种解释:各国不同的政府债务状况、不同的经济增长率、不同的人口结构、不同的汇率制度,部分国家的政府干预(以增加外汇为目标的政府干预模式)等。这里姚洋教授及其合作者试图提出一种新的分析路径,即从金融部门的比较优势来解释全球经济失衡。简单来说,金融部门具有比较优势的国家会吸引金融资产的流入,然后该国的居民因为财富效应会增加消费从而导致经常账户赤字,而在制造业具有比较优势的国家则会形成经常账户盈余。

全球经济失衡已经成为一个长期现象,最突出的就是美国和中国。姚教授以经常账户占国内生产总值的比值衡量该国的经常账户状况,可以发现从 20 世纪 70 年代开始,美国经常账户恶化和中国经常账户盈余的趋势不断加强。如果以一国股票市值和国内生产总值之比反映该国的金融发展程度,可以发现美英等老牌资本主义国家的金融优势不断提升。如果以一国制造业生产增加值和国内生产总值之比衡量该国的制造业发展水平,则发现这些老牌资本主义国家的制造业重要性在不断下降,而中国、俄罗斯等发展中国家的制造业权重在不断增加。然后,用一国证券市场市值与制造业生产增加值之比衡量该国的金融比较优势(RCAF)。选取 45 个国家 1990 到 2005 年的面板数据进行回归分析。回归中,除金融比较优势这一关键变量外,还控制了人均实际收入、实际国内生产总值增长率、政府债务比例、该国人口抚养比、时间虚拟变量和国家固定效应。结果表明，一国的金融比较优势对该国的经常账户盈余有显著的负向影响。进一步将 45 个国家分成发达国家和发展中国家分别进行回归，仍得出相同的结论。再将 45 个国家分成欧元区国家、东亚国家和美国分别做回归，结论也保持一致。最后，将经常账户占国内生产总值之比这一因变量换作中国相对于其他国家的贸易盈余，还是得到相同的结果，即一国的金融比较优势会使该国经常账户明显恶化。特别的，在中美贸易上，金融比较优势解释了约 22% 的中方贸易盈余。

可见，全球失衡是全球金融一体化和国际分工的产物，是由一国具体的经济结构所决定的。对于中国而言，必须在发展制造业的同时加强金融业的发展力度，才能减少国内资金的流出，从而加快本国发展。对于全球经济而言，一些国际机构应该努力通过规制使部分流动资产从金融强国流向那些真正需要实体投资建设的欠发达国家。

收入不平等、社会地位及居民消费

吴斌珍

众所周知，中国居民的储蓄倾向长期保持在一个较高的水平而且还有进一步增加的趋势。具体来说，中国城市居民的平均消费倾向由 1997 年的 86% 已经下降至 2006 年的 81%。面对这一现象，学术界给出了很多解释，有的从中国人口结构和经济发展阶段的角度，有的从居民收入占比和消费习惯的角度，有的从预防性储蓄的角度，有的从资本投资回报率的角度，还有的从现今中国男女比例的角度。在这里，吴斌珍教授及其合作者试图从收入差距解释中国居民日益下降的消费趋向。

从数据上看，伴随居民消费倾向日益下降的是日益扩大的收入差距，比如国家层面基尼系数和省际基尼系数的上升。从传统经济学理论来看，收入不平等会提高储蓄率，因为富人相较于穷人有更高的储蓄倾向。但是如果控制收入变量后，收入不平等还会对居民消费产生影响吗？目前的经济学文献没有给出确切的回答，这也正是吴教授所要研究的问题。

吴教授的研究选用 1997 到 2006 年间城市居民调查数据，覆盖北京、辽宁、浙江、广东、安徽、湖北、四川、山西和甘肃 9 个省/直辖市，包含了家庭消费和收入等各方面的信息。调查分为两个阶段——1997—2001 年以及 2002—2006 年，两个阶段的调查问卷略有不同，而且后一阶段的调查将样本量从 21000 户扩大至 56000 户。以家庭消费水平为被解释变量，解释变量包括户主个人收入、婚姻状况、民族、家庭成员数目、家庭所在地基尼系数、省的固定效应、时间固定效应和年龄组固定效应等。回归结果表明，个人收入对个人消费有显著的正向影响，而收入不平等对个人消费有显著的负向影响。再根据收入水平将样本分成三个子样本，分别进行回归，结果表明在收入水平较高的组，收入差距对个人消费的负向影响也较大；又将样本分成年轻人和老年人两个子样本，发现收入差距对于年轻人的消费有显著负向影响，而对老年人消费的影响不显著。吴教授利用受教育程度可以较好地指代个人的社会地位同时也和个人的财富收入水平有比较强的联系来检验：较大的收入差距是否会导致家庭更多的教育投资？结果显示，较高的收入差距确实会导致家庭较高的教育投资，但是对于不同收入阶层而言，收入差距具体带来的教育投资差异却没有一定的规律,或许因为教育程度不能直接遗传。

吴教授发现利用家庭数据进行回归时,即使控制住家庭的边际消费倾向指标,收入差距仍然对消费水平产生显著的负影响。可能的解释是居民提升自身社会地位的欲望会促使更高的储蓄。具体说来,个人的社会地位往往伴随着隐性或显性的福利,所以人人都会追求更高的社会地位,同时,一个人的社会地位往往和他的财富水平成正比,所以为了提高自身的社会地位,居民往往会抑制消费欲望、提高储蓄倾向。另外,如果一个社会的收入差距有扩大的趋势,那会进一步激发居民提升社会地位的欲望,从而增加储蓄。这项研究的贡献就在于通过利用家庭层面的微观数据,在控制住异质的财富效应后仍然发现收入差距对消费行为造成显著的负影响效果,而且还通过数据论证了正是由于个体自身对于提高社会地位的向往才促成了收入差距和居民消费储蓄行为模式的相关联系。

吴教授总结到,收入差距确实对居民的消费水平有显著的负向影响,具体而言,1997年到2006年的收入差距扩大可以解释大约23%的居民消费水平的下降;另外,对于提升自身社会地位的向往在穷人和年轻人中体现得更明显;收入不平等可以刺激低收入家庭与高收入家庭的教育投资。

货币低估与过度的经常账户顺差

魏尚进

过去几年魏尚进教授和他的合作者共同研究了储蓄与经常账户顺差的关系,最新的研究是关于货币低估和经常账户顺差。汇率和经常账户顺差问题是一个媒体曝光率很高也经常产生争议的问题。中国并不是唯一一个同时具有货币低估和大量经常账户顺差的国家,但鉴于中国巨大的经济总量,这一问题便显得尤其引人注目。2002年以前,中国的经常账户顺差一直在零附近徘徊,真正大规模的顺差是从2002年才开始的。这一现象经常被认为是中国进行货币操纵的证据,因为许多估计都显示在排除了购买力平价效应及巴拉萨—萨缪尔森效应之后,人民币在过去几年中被人为地低估了30%—60%。

今天魏尚进教授从一个全新的角度来解释人民币汇率的低估问题。他和他的合作者发现了一些新的变量可以在排除汇率操纵可能性后,同时解释中国巨额的经常账户顺差及货币低估问题。一个简单的模型是考虑储蓄率的差异。在一个两部门(可贸易品部门与不可贸易品部门)的世代交叠模型中,如果出现一些外生冲击影响储蓄率,例如年轻一代的贴现因子上升,就会同时出现巨额的经常账户顺差以及可贸易品价格下降的现象。如果在模型中进一步考虑资源重新配置的成本,这一现象可以变得更为持久。

现实中是否真的存在这样的冲击呢?目前经济学中有大量关于储蓄率的理论,例如文化、生命周期及上午姚洋教授演讲中所提到的金融部门的低效率都可能导致储蓄行为的变化。但是魏教授并不认为这些课本上提到的影响储蓄行为的因素能够解释中国的情况,因为中国的巨额经常账户顺差是2002年之后才出现的,而2002年前后中国在上述方面是往改善失衡的方向转变,例如社会保障的完善、金融部门的发展等,都应该导致储蓄率的下降,而文化又不是在这数年间就会突然改变的。因此这一问题的答案并没有那么简单。

魏教授和他的合作者发现一个重要的社会因素是性别比的上升。2002年开始，中国年轻一代的性别比攀升，这是由于这一代人出生的年代正是计划生育开始严格实施的时期。由于中国文化中对于男孩的偏好，加之胎儿性别鉴定技术的成熟以及堕胎成本的降低，导致了性别比失衡。2002年前后，当这一代人开始进入谈婚论嫁的年龄，男性在婚姻市场上的竞争变得更加激烈了。为了能够在竞争中胜出，男性青年以及他们的父母便会增加储蓄。从统计数据看，性别比和储蓄率在1975年至2005年间的走势基本吻合。另外，他们在家庭层面发现子女性别对家庭储蓄率有显著影响，而在地区层面，性别比不同的地区储蓄率也存在着显著的差异。问题在于需要一个一般均衡的结果，即有儿子的家庭和有女儿的家庭的储蓄率变化应该相反。

按照魏教授的模型，如果只考虑购买力平价以及巴拉萨—萨缪尔森效应，人民币大约被低估了54%，倘若加入了性别比因素，这一低估的值便下降到了不足4%。4%是一个很小的值，因为欧元兑美元的汇率在一周内的波动就可能超过这一范围。在一个两国模型中，中国作为一个大国将会影响到其他国家的汇率和贸易平衡。魏教授他们通过跨国比较发现真实汇率和性别比在国际间都存在正向的相关关系，而中国除了性别比非常之高外也没有逃出这一规律。所以，中国的性别失衡比可以同时解释汇率低估和经常账户顺差，这对于理解当前的世界经济贸易格局是很有帮助的。

居民收入在国民收入分配中的比例

钱震杰

这项研究是钱震杰和他的导师白崇恩教授一起合作的，他们试图解释过去10年中国居民收入占国民总收入比例变化。

从时间序列上看，改革开放以来，总消费和居民消费都呈不断下降的趋势，而政府消费却出现大幅度的波动。尤其是在2000至2007年间，总消费占国民收入的比重下降了13个百分点，而其中11个百分点的降幅是由于居民消费的减少，因此研究居民消费是理解中国总消费下降的重要途径。

可以把居民消费占国民收入的比例分解为居民收入占国民收入的比例和居民消费倾向的乘积，因此居民消费比例的变化可以分解成消费倾向的变化、收入比例的变化以及两者的交叉项，这有助于解决数据的可得性问题，但可惜的是并没有这些数据。也许有人认为这些数据在国家统计局的报告中可以找到，但统计局给出的资金循环表的数据只是通过加总推算得来的，他们高估了财产性收入，低估了税收，在工资性收入的统计中假设了不同部门增速相同，此外还存在样本选择偏误，因此不甚可靠。通过比较资金循环表、地方年鉴、财政年鉴及投入产出表，钱震杰他们发现不同来源的数据存在明显的不一致，因此需要对此作出调整。

通过以下三个步骤调整资金循环表中的数据：首先，把利息性收入从金融机构的中间收入中扣除；其次，用财政年鉴中的税收金额代替净生产税收，重新计算净生产税收占国内生产总值的比例；最后，用省级数据重新估算资本和劳动占国内生产总值的比例。

通过上述调整，得到了比原先更低的劳动所得、更低的净生产税收，以及更低的居民收入占国内生产总值的比例，并且这一比例的下降幅度也更大。调整前数据显示，1996至2005年间，居民收入占比下降了9个百分点，其中约7个百分点是由初次分配造成的；与此同时，政府和企业部门的收入占比都有不同程度的上升。经过调整之后，居民收入占比下降了12个百分点，而政府和企业收入占比的增速也有所提高。储蓄率方面，调整后的数据下降了大约5个百分点，尤其在2000年之后的调整比较大。

总而言之，居民收入份额的下降是导致消费份额下降的主要原因，而统计局的资金循环表高估了居民的收入占比，也低估了居民收入占比的下降速率。相对于资金循环表中1996至2007年10.1个百分点的降幅，调整后的数据给出了更高的降幅，即14.6个百分点，其中80%的降幅是由于初次分配造成的。

基础设施投资与中国居民消费

陈斌开

这项研究是陈斌开博士和姚洋教授合作完成的，他们试图从政府投资的角度来理解中国经济的失衡问题。具体而言，他们关心基础设施投资如何影响中国的居民消费。

近年来中国的居民消费率呈现出快速下降的趋势。从2000年到2008年，居民消费率从64%下跌到了48%；与此同时，在收入分配方面更倾向于政府和企业，而居民收入占总收入的比重下降。近年来许多文献讨论了中国的收入分配和居民消费间的关系，这些文献认为由于收入分配偏向于企业和政府，而企业和政府的储蓄率高于居民，在居民收入下降的情况下，消费率下降也就不难解释。所以，许多文献开始关注中国收入分配出现倾斜的原因，例如白崇恩教授的一篇文章指出产业结构是导致收入分配不平衡的重要原因，他认为由于中国处于工业化过程之中，许多居民从农业部门转移到工业部门，而相对而言工业部门的资本密集度较高，故导致了收入分配的倾斜。也有一些文献研究基础设施投资与经济增长的关系。与其他研究基础设施投资的文献不同，陈斌开博士他们的研究侧重于基础设施建设对于收入分配以及居民消费的影响。

为了吸引投资，中国的地方政府对于投资建设道路、公共事业及其他基础设施有着很高的积极性，因为大多数基础设施（比如道路）是企业生产的互补品，其中一些（诸如公共事业）更是对于资本的一种直接补贴。所以，资本可以从基础设施中获得更多的好处，企业也会选择进入资本更为密集的行业，从而导致劳动力收入占比以及居民消费率的下降。接下来用经验证据验证这一观点。

陈博士他们使用1978到2008年的省级数据。从表面上看，基础设施投资率和居民消费率没有相关性，但如果控制时间和地区的固定效应，便会发现两者之间存在着负相关关系。也就是说，在排除了宏观波动和各省的特点之后，基础设施投资和居民消费是负相关的。

陈博士他们试图找出上述基础设施投资对居民消费的影响渠道。一方面，第二产业比例和基础设施投资率存在正相关关系，第二产业比例和劳动力占总产出比例存在负相关关系，而劳动力比例又和居民消费率存在正相关关系。因此，第一个渠道便是基础设施建设诱导企业加大第二产业的投入，从而降低劳动力比例，进而降低居民消费率。另一方面，即使在第二产业内部，企业会追求资本密集度更高的产业。由于数据限制，使用企业毛利率（利润/总产出）作为资本密集度的指标，结果显示，毛利率和基础设施投资正相关，和居民消费负相关。

下面使用计量模型来检验上述论点。在简约式回归中，控制了人均国内生产总值及其平方项、国有企业就业比例（代表改革进度）、贸易依存度（代表开放程度）、财政收入占国内生产总值比重（代表政府影响力）以及时间和省份的虚拟变量，使用固定效应模型，得到的结果是：基础设施投资率提高1个百分点对于居民消费率有0.3个百分点的负向影响。采用随机效应以及混合最小二乘回归，并加入了基础设施投资的滞后项，结果都没有明显的改变。一个可能的问题是基础设施投资的内生性。使用基础设施投资的滞后项作为工具变量，通过广义矩估计得到的结果仍然是显著的负相关。

陈博士接下来检验不同的影响渠道。首先，在控制了上述变量之后，消费与劳动力比例正相关，劳动力比例与第二产业负相关，而第二产业比例与基础设施投资正相关，于是验证了第一个渠道。其次，基础设施投资对于企业毛利率有正向影响，而毛利率对于居民消费有负向影响，于是验证了第二个渠道。

作为总结，陈博士认为政府对于基础设施的投资扭曲了产业结构，从而降低了居民消费。因此，如果政府希望提高居民消费率，就应该转向投资促进消费的领域，例如教育、医疗、社会保险等。倘若政府一味地进行基础设施投资，经济的长期发展也会受到消费需求不足的制约。

小企业所有者的非金钱收益

埃里克·赫斯特（Eric Hurst）

芝加哥大学的赫斯特教授探讨了小企业所有者的企业家精神。理论模型中的"企业家"在实证检验时常使用"小企业所有者群体"来替代，但研究者和政策制定者要区分"企业家"和"小企业所有者群体"。企业家指的是比尔·盖茨这一类型，但绝大多数小企业所有者都是"水管工乔"的类型。我们不禁要思考，是什么因素驱使人们成为像"水管工乔"这样的小企业所有者呢？那些刺激像比尔·盖茨这一类型企业家的因素，对小企业所有者有何激励？

赫斯特教授及其合作者对美国小企业的研究发现了许多现象。

第一，已有文献探讨了领取工资或薪水的劳动者的补偿性工资差异，但自我雇佣者的工资差异却很少被解释。Moskowitz 和 Vissing-Jorgensen 的研究表明，即使在风险调整之后，小企业所有者的回报也远低于股市的投资回报率。是什么原因导致了收入差异？

第二，小企业的数量与雇员人数在行业间的差别很大。比如，在建筑行业，85.5%的企业是小企业，38.3%的雇员在小企业工作；在制造业部门，50%的企业是小企业，但这些小企业的雇员仅占整个行业雇员的7%。

第三，大多数小企业都想永久保持小规模，不想增长。10年以下的小企业占所有创办10年以下企业的89.9%，10到25年的小企业占同类企业的73.8%，而所有企业中小企业占69.4%。分行业看，农业中10年以下小企业占同类企业的94.5%，10到25年的小企业占同类企业的87.8%；建筑业、零售业、服务业、制造业都表现出相同的模式。从雇员人数来看，10年以下小企业的雇员占同类企业雇员的44.1%，10到25年小企业的雇员占到同类企业雇员的24.7%，而所有企业雇佣人数中小企业的雇员占18.9%。制造业中，10年以下小企业的雇员占同类企业雇员的34.2%，而10到25年小企业的雇员占同类企业雇员的16.0%，所有企业雇佣人数中小企业的雇员仅占8%，农业、建筑业、零售业、服务业也呈现相同模式。可见大多小企业都一直保持较小的规模。

从2003年对小型企业金融的全国调查看，最近1年内，10年以下的小企业中雇佣人数增长的企业占18.9%，雇佣人数没有变化的企业占74.1%，而雇佣人数下降的企业占6.9%。在最近3年内，10年以下的小企业中只有27.6%的企业雇佣人数有所增加，10到20年的小企业中只有19.6%的企业雇佣人数增长了，而20年以上的小企业中雇佣人数增长的企业仅有15.4%。

问卷调查的结果也能看出多数小企业都想保持小规模。企业家动态面板跟踪调查中有一个问题是"哪一种情形更符合你对这个新企业将来规模的偏好：我想这个新企业尽可能的大，或者我想雇佣少量关键雇员以保持企业在能管理的规模"。只有24.3%的新企业家选择了第一种。关于5年内企业期望的雇员人数，25%分位点处为1人，中点处为4人，75%分位点处为10人。这些发现与其他研究保持一致。Purie认为小企业想要增长，大多需要风险投资注资，而Kaplan发现自1999年起，所有新企业中只有1/600接受了风险投资注资。

第四，多数小企业没有创新或不想创新。调查显示，小企业的实际创新活动和期望的创新活动比例都很低，包括申请专利和研发等。

纵观以上事实，大多数小企业所有者都是"水管工乔"型，多为技术纯熟的手工业者、医生、律师、汽车修理工等，平均而言挣得也比较少。多数小企业没有增长，也不想增长；多数没有创新，也不想创新。那究竟是什么因素促使他们成为小企业主呢？

一个重要的原因是非金钱收益。企业家动态面板跟踪调查显示，这些小企业所有者创立企业的动机包括非金钱因素、收入、好的创意想法或制造新产品等，其中非金钱因素包括做自己的老板、厌倦其他工作、工作弹性、能自己掌握时间、能与孩子待在家、享受工作、兴趣等。调查数据表明，非金钱因素占到很大比重，在不同的样本中比例为35.3%或50.5%。

这些出于非金钱收益创办小企业的所有者较少壮大企业，未来也不想壮大，较少创新，未来也不想创新。这些非金钱收益的存在让我们能够更好地研究初始家庭财富与企业进入决策之间的关系，企业规模的分布，就业集中在小企业的那些行业，小企业所有者的非金钱收益和加总的劳动生产率，政府对小企业进行补贴的收益和成本等。

基于这些观察，赫斯特教授和Pugsley在新论文中将小企业所有者的非金钱收益纳入职业选择的一般均衡模型。初步研究得出一些结论，比如在没有金融摩擦的情况下，家庭初始财富和企业进入决策之间存在正相关关系；在没有产品差异化的情况下，工资和企业规模正相关；小企业集中度在行业间存在很大差异；给定生产率参数的前提下，非金钱收益会导致企业规模分布左偏；加总的劳动生产率随着非金钱收益增加而逐渐下降；政府对小企业的补贴会降低社会福利，当非金钱收益越高，补贴降低福利越多。

综上所述，多数小企业所有者不同于企业家，这在研究小企业者的企业家精神时需要特别注意。许多小企业者都报告非金钱收益是开创企业的主要动机，因此当研究小企业形成理论、企业规模分布或对小企业的补贴时，都需要特别考虑非金钱收益。赫斯特教授下一步要做的是对非金钱收益的重要性进行更细致的数量研究。

从资本配置效率到企业运行效率

何平

金融市场发展是否会影响以及怎样影响经济增长是金融经济学永恒的话题。这更多地是一个实证问题，需要考虑金融市场发展的内生性问题。Robinson 和 Lucas 认为金融发展伴随着经济发展，但 King 和 Levin 等人却认为金融发展水平是经济增长的一个很重要的决定因素。金融发展通过微观和宏观两个层面来影响经济发展。在宏观层面，Mckinnon 等人认为金融的主要作用是简化资本配置；在微观层面，Schumpeter 认为金融促进了储蓄，而 Diamond 等人认为金融能够对项目和监管作出评价，Guiso 等人认为金融能促进新企业创立。

何平教授认为金融的发展，特别是定价有效性的改善，给予有控制权的持股者更大激励去塑造公司的治理模式，从而促进企业的运行效率。比如，在完善的金融市场中，有控制权的持股者若攫取了私人收益，企业需要应对不良的市场反应，因此有控制权的持股者有激励建立一套良好的管理机制作为其保障权益的一种策略，从而企业能够在首次公开募股（IPO）获得一个更高的价格。

从相关文献来看，市场会对不同的公司治理模式做出不同反应。Wurgler 认为拥有较强的少数股权投资者权利的企业能够吸收更多资本，LaPorta 等人认为更好的立法保护能够使投资者降低期望回报率，而 Shleifer 等人认为对投资者回报的保护决定了他们为此公司融资的意愿。

何平教授构建了一个首次公开募股的模型。模型描述了控股权和现金流收益之间的权衡。一套好的治理结构能够弱化有控制权的持股者对公司的控制，但能增加首次公开募股之后的现金流收益。在首次公开募股之前，企业家选定一套治理结构以决定其首次公开募股的市场价格，而金融市场定价效率的改善有助于企业家对公司治理结构的选择。该模型可得出一些结论：如果选择一个好的治理结构，新企业会有更高价值，企业家的个人收入也会增加。如果金融市场是低效率的，那市场有效性的增加比单纯改善公司治理结构能更大幅地提高企业价值和企业家个人回报。在不发达的金融市场中，通过管制或增加更多娴熟的投资者改善市场效率，这会促使企业家选择更有效的治理模式，从而促进企业的运行效率。

实证研究中会碰到一些问题。比如,金融体系的演变通常比较缓慢;定价效率和公司治理通常都是共同决定而导致内生性问题,所以很难识别定价效率对公司治理模式选择的因果影响。在过去20年中,中国企业首次公开募股的定价策略伴随着几次外部管理的变化而变化。从实证结果来看,首次公开募股的定价管制与几次外部管理的时间是一致的。这些外部管理的变化反映了金融体系的变化,会影响首次公开募股的定价效率,从而影响到公司的治理结构。当然,也许还有许多其他变量能够解释公司治理结构的变化,特别是管制的变化,如公司法和证券法的新规。

总之,金融发展影响经济增长的直接途径是影响资本配置效率,间接途径是影响企业运行效率。

消费者金融

彼得·图法诺(Peter Tufano)

图法诺教授首先简单介绍了金融经济学的研究现状。从19世纪到20世纪,金融经济学有了长足的发展,但是商学院往往更关注对企业的研究,对消费者的研究则相对集中于公立学校,一般很难在顶级商学院中看到相关研究。他认为,资助来源并非决定研究机构研究领域的唯一因素,除此之外,研究机构的地缘分布以及内部的性别构成也是重要的决定因素,比如沿海地区的研究机构比内陆地区更关注企业研究,又比如男性学者比女性学者更偏好企业研究。总之,图法诺教授认为金融经济学的研究现状是,企业研究是主流,而消费者研究则是非主流,在公开场合说自己是家庭经济学家(household economist)会有很大的风险。但图法诺教授指出,家庭经济学对于金融经济学研究有不可忽视的作用。为此,他列举了美国家庭总资产的数据:2009年第四季度美国家庭总产值为68.2万亿美元,其中有形资产为23.1万亿美元,金融资产为45.1万亿美元,总债务为14万亿美元,净资产为54.2万亿美元。

图法诺教授强调,消费者所面临的金融环境每天都发生着巨大的变化。在过去10个月中,他走访了13个国家,通过问卷调查了解每个国家消费者所面临的金融环境。问卷中的一个问题是:"如果你现在手中只有2000美元而需要应付下个月可能发生的某个事件,你有多少信心能够应付?"备选选项包括:"我肯定可以应付得来","我也许可以","我或许不能","我肯定不能","不知道"。结果显示:墨西哥比较"脆弱"的消费者所占比例最高,有58%的受访者选择了"我肯定不能"或者"我或许不能",有2%的受访者选择了"我不知道";而卢森堡的消费者则最有信心,只有约10%的受访者选择了"我肯定不能"或者"我或许不能",仅有不到1%的受访者选择了"我不知道"。问卷调查结果还显示,拥有较多财富、较高收入、较高教育水平、年龄较大(大于等于40岁)的人面对未来不确定性时更加有自信,相比之下女性、失业者、赌徒以及那些损失了30%及以上总资产的人面对未来的不确定性时会更加没有自信。还看到人们面对未来预期支出时可能采用的策略是多种多样的,其中储蓄是最主要的策略,49%的受访者会选择储蓄;其次是向其他家庭成员借款,有28%的受访者选择该策略;而22%的受访者选择增加工作时间;选择信用卡的受访者也不在少数,占20%;选择变卖房产以外的其他资产的占所有受访者的18%;还有受访者选择从朋友处借款、典当资产、未担保贷款等。将基于本次调查的美国数据进行Probit回归,结果显示,结婚、离婚、生孩子、回学校进修、换工作、退休等事件都会对消费者信心造成负面影响。

依据以上结果,图法诺教授指出,让消费者回归金融经济学的研究范畴是大势所趋。他去年在哈佛大学商学院尝试开设家庭经济学课程,这是相关内容的课程首次出现在顶级商学院的课程设置中。最后,图法诺教授简要介绍了这个新兴研究领域的主体结构。按照他的说法,在设定的框架中,可以从消费者、企业及政治经济学三个角度分别分析储蓄与投资、信贷、报酬和风险。然后需要考虑如何鼓励消费者储蓄。一种可能的选择是储蓄券,但是储蓄券在现实中会引起一些问题。因此,如何能够创造一种可以广泛推广、适用性强、低成本、易操作的投资产品以鼓励消费者储蓄是一个重要的研究方向。

银行效率与中国金融机构的借贷行为

沈艳

中国自1979年以来一直保持着每年9%左右的国内生产总值增长速度,但是相比之下金融部门的发展却严重滞后。在整个的改革过程中,金融机构积累了大量不良贷款:数据显示截止到2002年,国有银行不良贷款总额已经达到4.4—4.8万亿人民币,一些人甚至开始认为除非中国能够建立一套更加有效的银行体系,否则中国的经济增长将会放缓。因此,我们不仅有必要了解金融部门一直以来是如何支持经济增长的,同时我们还需要探究什么样的金融体系在未来能够保证经济的平稳增长。针对这些问题,沈艳老师报告了她最近对银行效率与金融机构借贷行为的研究。

沈艳老师首先介绍了1978年以来中国的经济结构与金融结构。中国的经济结构以中小企业为主,中小企业数量占企业总数的99.6%,其产出占国内生产总值的60%,销售额占比为60%,缴纳的税收占税收总额的48.2%,提供了75%的城镇就业机会,贡献了70%的进出口总额及80%的对外投资,而且中小企业大部分都为私人所有。中国的金融结构则是由四大国有商业银行、12家商业股份制银行、城镇信用社及超过两千家农村信用合作社共同组成的。在中国过去30年的发展过程中,通过金融中介进行的非直接融资远远超过直接融资。

接下来讨论金融部门如何支持经济增长。她引用自己2005年一篇文章的结论:中国的金融部门必须根据市场需求增加有效组成部分,非国有银行的实际贷款总额与国内生产总值存在着稳定的长期相关关系,非国有银行实际贷款总额对国内生产总值存在格兰杰因果影响,而反向的格兰杰因果影响不存在。然后,沈艳老师展示了各金融中介机构在县级贷款市场中所占的市场份额、各金融机构的不良贷款率以及一系列的市场有效性指数来说明当金融市场的集中度不太高时,金融机构就会显得更加有效,进而在资产回报率方面就会表现更好。这也许可以成为降低市场准入门槛、增强金融市场竞争性的一个依据。她又引用了林毅夫教授 2007 年的研究，提出在 2006 年，中国超过 4000 万中小企业中只有不到 50 万能获得银行贷款。沈艳老师认为，中国现有的金融结构也许是这一问题的根本原因（即相对于国有大银行，中小银行在为中小企业提供贷款的时候具有信息优势），因此对建立中小银行给予一定的政策倾斜是一种可能的解决方案。但是，中小银行是否真的能够为中小企业提供更多的贷款呢？现有的研究还未给出明确的答案，她介绍了持正反两方面观点的相关文献。她表示，就中国而言，这个问题的答案也是不一定的，因为利润最大化也许不是中国金融中介的唯一决策目标，一些其他因素，比如银行间的竞争、政府及法律法规的影响都可能有利于或者不利于对中小企业贷款。如果用总资产规模定义金融机构的大小，在大多数情形下，金融机构的大小并不会对其是否对中小企业贷款的决策产生显著影响；但是如果用行政层级定义金融机构的大小，小的金融机构则会为中小企业提供更多贷款。

危险的消费者借贷

乔纳森·莱文（Jonathan Levin）

次贷危机又被称为次级房贷危机，它是一场发生在美国因次级抵押贷款机构破产、投资基金被迫关闭以及股市剧烈震荡引起的金融风暴。它致使全球主要金融市场出现流动性不足危机。美国次贷危机从 2006 春季逐步显现，在 2006 年之前的 5 年里，由于美国住房市场持续繁荣，加上前几年利率水平较低，美国的次级抵押贷款市场迅速发展。但由于短期利率的提高，次贷还款利率也大幅上升，购房者的还贷负担大为加重。同时，住房市场的持续降温也使购房者出售住房或者通过抵押住房再融资变得困难。这种局面导致大批次贷的借款人不能按期偿还贷款，进而引发次贷危机。

莱文教授认为终其原因还是美国的金融市场研发的面对普通家庭的金融产品太过复杂，导致过度借贷和抵押。从数据上来看，1975 年到 2008 年期间，一方面，美国家庭借贷总额和公司借贷总额明显上升，特别是 2000 年之后速度明显加快；另一方面，美国公司贷款额与收入的比例有升有降，特别是在 1997 年和 2006 年几乎下降到 1975 年的水平，而美国家庭这一指标持续上升，特别是在 2000 年后增速明显加快，虽然在 2007 年有所回落。在急速膨胀的家庭贷款中最突出的就是次级抵押贷款。为什么家庭贷款总额持续上升呢？可以从贷款方和借款方来回答。从借款方来说，第一，居民的消费需求必然随着时代进步而不断提升，但是美国低迷甚至停滞的居民收入增长率明显无法满足消费者的消费欲望；第二，随着时代的发展，新生代乃至许多成年人和老年人都改变了他们对于贷款的认识态度，从而以一种更加平和的心态来贷款；第三，如今的家庭面对着更加丰富的金融工具以及更加宽松的信贷约束，所以贷款对于他们的吸引力也是达到了前所未有的高度。从贷款方来说，高度发展的证券化市场可以"金融打包"具有风险的消费者借贷，包装成安全的金融产品组合出售给投资者，而不论是后者还是前者的买方市场都是非常巨大的。具体来说，不断放松的借贷约束条件会明显影响普通家庭的借贷偏好。一般借款者会对首期付款要求非常敏感，但是另一方面，新增加的借款者往往又是那些还款率最低的群体，贷款方往往面临着扩大的贷款人和降低的平均还款质量。次级按揭贷款与传统意义的标准抵押贷款有所不同，它对贷款者信用记录和还款能力要求不高，贷款利率相应比一般贷款高很多。高度发达的证券市场更是进一步推动了次贷市场的扩大。在房价不断走高时，次级抵押贷款生意兴隆，即使贷款人现金流不足以偿还贷款，他们也可以通过房产增值获得再贷款来填补缺口，但当房价持平或下跌时，就会出现资金缺口而形成坏账。

过分扩张的家庭信贷现在看来会导致许多问题。美国次级抵押贷款市场危机出现恶化迹象，引起美国股市剧烈动荡；美国许多金融机构在这次危机中"中标"，而且其次贷问题也远远超过人们的预期，如雷曼兄弟公司及大量银行的倒闭，使得许多的企业的融资出现了很大的问题，像美国的汽车三巨头就因为融资的问题岌岌可危，最后是美国政府的援助暂时缓解了它们的破产危机，但是仍然面临风险。次级抵押贷款市场的危机会扩散到整个金融市场，影响消费信贷和企业融资，进而损害美国经济增长。虽然过去几个季度的实际情况也表明，尽管住房市场持续大幅降温，但美国经济并没有停滞不前。消费和投资增长抵消了住房市场降温的不利影响，并支持了经济的继续扩张，但是到了现在，人们才发现危机已经严重影响了自己的生活，要么失业，要么收入大幅下降，而前期的"假象"实际上是整个市场库存的调整暂时掩盖了危机的影响。

总结起来，20多年前，经济学家曾一度认为欠缺发达的金融市场特别是次贷金融产品会阻碍经济发展，现在看来，莱文教授认为美国的金融市场发达程度确实有过之而无不及了，是时候通过一定程度的管制来遏制金融产品和金融市场的过度发展了。

中国地方官员的激励问题：来自于五年计划的经验研究

周黎安

中国30年的发展奇迹是举世瞩目的，但是同时法制建设和财产权保护却非常落后。那么怎样解释这两种现象？周黎安教授认为这其中缺失的一个环节就是中国地方政府所扮演的重要角色，这也是中国经济和世界其他所有经济体所不同的最大特色。很多研究都表明，中国的地方政府在很长时间内、很大程度上都在扮演一个"辅助之手"的角色。地方政府官员对于追求地方生产总值（以下简称GDP）增长以及吸引外商投资的热情是很难在其他国家看到的，那么地方政府的激励来自于哪里？中国的地方政府官员不是通过民主选举产生的，同时也很少受到媒体及当地民众的监督，但是他们却对地方经济有着近乎绝对的控制能力，所以如果中央政府没有合适的激励机制，地方官员很可能会贪污腐败，从而变成地方经济的"攫取之手"。

以往的经济学文献曾分别从地方财政激励以及"政治锦标赛"的角度来分析这一问题，周黎安教授继续从"政治锦标赛"的角度解释中央政府对于地方政府官员设定的激励机制。具体说来，中国的"政治锦标赛"有以下特点：省、市、县、乡镇、村，每一级的地方官员都和同级别的官员竞赛；对于单个个体而言，他必须一级一级地赢得"政治锦标赛"；

改革开放后，追求更高的经济发展水平成为最重要的目标，1980年之后，地方的经济增长水平成为考量地方官员业务水平最重要的一个指标，从而导致"政治锦标赛"围绕着GDP增长率而展开。周黎安教授以往的研究结果曾表明，省级官员的晋升概率和当地的GDP增长率成正比；相反地，省级官员的离任率和当地的GDP增长率成反比。此次报告则在此基础上向前推进了一步："政治锦标赛"会怎样或者说在多大程度上影响地方的经济发展水平。

作为观察的出发点，通常可以看到从上至下的"加码"过程，即如果中央政府定下年GDP增长率8%的目标，省级政府往往会提出高于8%的地方增长目标，而地级市会提出高于省级目标的发展目标。周黎安教授以五年计划的目标为例。中国的五年计划是计划经济时代的遗留物。最近的一个五年计划（第11个）是2005年至2010年。中央政府和地方政府先后制定出各自的五年计划，其中中央政府先制定目标，地方政府再相应地制定目标。五年计划最重要的就是制定出明确的经济发展目标（如GDP增长率）以及地方政府投资发展的优先偏好。

从数据上来看，各省制定的GDP增长率普遍高于中央制定的GDP增长率，那这一现象背后的原因是什么？省与省之间、同一个省不同年份之间，明显不同的增长目标又该如何解释？省政府最初指定的发展目标与最终实现的增长率和当地官员的晋升是否存在联系？如果有，又是怎样的联系？

周黎安教授的研究针对第七个五年计划（1986—1990年）展开。各省五年计划的内容来自于各省的年鉴，GDP增长率数据来自于相应年份的中国统计年鉴，省级领导人事变动数据来自于中国共产党相关书面资料以及《人民日报》。最终的省级样本量为151个。主要考察的变量包括中央制定的增长目标，各省制定的增长目标，各省最终实现的GDP增长率，各省在1986年的初始经济水平，省级领导人在位的时间长度、年龄、教育程度及和中央的联系（是否从中央调职地方）。回归结果表明：省级领导人普遍会设定高于中央的发展目标，原因可能是省际间的政治竞赛；越年轻的领导往往会设定出越高的发展目标，可能是他们会考虑到更长久的政治生涯目标；省级领导的在位时间长度和设定的发展目标间存在着倒U型关系；有着中央关系的省级领导往往会设定较低的发展目标；设定的发展目标对最终实现的GDP增长率有显著的正向影响。

综上所述，周黎安教授的研究提供了一些初步证据证实地方官员之间的"政治锦标赛"以及他们对自身政治生涯的考虑会明显影响中国的经济发展。中央政府正是因为认识到这一点，才制定出以GDP增长率为核心的政绩考核手段来激励地方间的经济发展竞赛，从而维持全国持续且高速的经济发展水平。

卫生经济学中的三个基本问题

丹尼尔·凯斯勒（Daniel Kessler）

凯斯勒教授认为，卫生经济学主要研究三个基本的权衡关系，即增大医疗保险覆盖范围的成本与收益权衡，自由市场与政府提供医疗服务的权衡，以及对有效率的医疗技术利用的激励与预防家庭财务风险的权衡。第一对权衡关系主要因为扩大医疗保险覆盖范围一方面可以改善公众健康，而另一方面也会对劳动力市场产生扭曲。对第二对权衡关系的研究主要是比较在医疗供给方面的市场失效和政府失灵。而第三对权衡关系是美国等高收入国家目前面临的主要问题。凯斯勒教授主要围绕第三对权衡关系展开讨论。

美国的医疗支出经历了快速的增长，目前已经达到非常高的水平，其占国内生产总值的比例已经从1960年的5.2%上升到2007年的16.2%（人均7421美元）。在医疗保险花销方面，2009年的雇主营办家庭医疗保险（employer-sponsored family health insurance）的户均成本达到13375美元，而全年家庭收入的中位数大概为50000美元。针对整个国家的花费，凯斯勒教授给出一个具体、形象的比较：2007年美国医疗支出达到22410亿美元，而中国该年国内生产总值约为34000亿美元。不过，有些观点认为尽管美国在医疗卫生领域的支出总量很大，但真正用于核心医疗服务的花费并不高：首先，收入的增加解释了1950—2000年医疗支出增长的15%，而人口老龄化也解释了3%。其次，预防医疗服务仍然十分缺乏，需要大力发展，其中一部分预防医疗服务是有效率的，而另一部分则可能低效，但都不会降低医疗成本。最后，医疗系统运营的行政成本仍然很高，并且还有相当大的未保险人群，以上这些都会继续增大相关的医疗投入。然而，虽然有以上种种理由，但必须承认的是除去上述因素，大部分医疗花费的增长依旧源于公众享受的医疗服务数量和质量的增加。经济学家把产业投入中那些不能被明确解释的部分称为"技术变革"或"技术进步"。

总的来说，高收入国家较高的医疗支出主要是由于医疗服务过程中对新科技的较多使用。我们可以使用平均净收益和边际净收益来衡量技术进步的价值：平均净收益指的是某领域技术变革带来的寿命增加或健康改善的货币化价值与技术变革成本的差，而边际净收益是指该技术变革最后一阶段带来的寿命增加的货币化价值与其成本之差。例如，治疗心脏病的技术在1984到1998年间不断进步发展，这使人均治疗成本增加了10000美元，而收益则为预期寿命增加约1年，其货币化价值为70000美元，因此平均净收益为60000美元。而若考虑心脏病治疗技术在1998到2000年间的发展，其边际净收益近乎于零。凯斯勒教授引用多名研究者的成果，阐明这种鲜明的对比是现在美国医疗技术进步的共同特征，即新技术长期平均净收益较高，而边际净收益较低。而医疗技术进步相对较高的成本和人们对风险的规避使得我们更需要医疗保险来减小家庭财务风险：当治疗服务较为廉价和低效时，人们可以独自负担其费用甚至不接受治疗；而当治疗手段变得必要但昂贵时，对于个体而言，避免高昂的自付费用就变得至关重要。但另一方面，保险又会产生道德风险：一旦病人拥有医疗保险，他们及其医生都有很大的激励去选择那些边际净收益可能很低的新治疗技术。这就是第三对权衡关系所考虑的内容。

凯斯勒教授指出，既可以避免家庭财务风险又能减少低效率医疗服务使用的简易方案并不存在，只能在两者之间作出权衡和妥协。例如，增加个人的自付比例可以减少道德风险，但将其置于更大的财务风险中。目前，我们可以在如下几方面进行突破：进行相关税制改革，减少对在保医疗支出的税收补贴，或者增加对自付支出的补贴；提高公共保险的支付性能；加大对不同医疗技术之间效率比较的研究支持。

中国医疗改革

李玲

李玲教授把中华人民共和国成立以来的医疗卫生体系发展大致分为两个阶段。前一阶段指1950—1978年,这段时期中国在公共健康方面取得了许多值得骄傲的成就。首先,即使当时中国人均收入处于较低水平,死亡率也得以快速且大幅度降低;其次,建立了一套成本低、覆盖广的初级医疗系统(如农村的赤脚医生)。后一阶段指1978年以来的30年里,中国医疗卫生服务体系并没有像整体经济那样高速发展,在许多方面反而出现倒退,例如医疗成本快速增长、医患关系恶化等。中国目前的医疗服务体制存在很多问题:医疗支出快速增长;个人支出所占比例逐步提高,这一方面是由于国家卫生服务投入减少,另一方面是因为医疗保险覆盖范围下降;医疗卫生服务供给不足,费用较高且质量较差;健康状况的地区间差异和收入差异广泛存在等。

鉴于上述问题的普遍存在,中国于近些年启动了对医疗卫生服务体系的改革。改革方案于2009年4月6日由全国人大通过。预计截至2011年,中国将支出8500亿元人民币,建立一个惠及13亿人口的全国性初级(基层)医疗服务体系。该方案的首要目的是加快建立全民医疗卫生服务体系,其中包括基本药物管理系统、初级医疗服务网络和对于城乡居民平等的公共卫生服务。而2009—2011年这一阶段的具体工作包括以下几点:首先,扩大医疗保险的覆盖范围,即到2011年前,使城乡居民参加城镇基本医疗保险或新农合的比例不低于90%;其次,初步建立国家基本药物制度;另外,健全基层医疗卫生服务体系,即未来3年内在乡镇层面建立5000家卫生院,在县级层面建立2000家医院,在城市建立2400所社区诊所;最后,促进基本公共卫生服务逐步均等化以及推进公立医院改革试点。与此同时,中国医疗改革也面临众多挑战:大量的信息不对称会使得医院能够利用自身具备的专业优势在赚取更多的钱的同时提供不充足、低效的医疗服务,尚未提出有效的方案改善公立医院的运行效率等。改革也为在医疗系统更多运用信息技术提供了较多机会,包括建立统一的信息平台、整合公立医院系统、重建支付和激励体系等。

随后,李玲教授对中国的医疗卫生信息系统进行了专门介绍。首先,该系统可以有效组织并集中管理公共卫生信息。例如,疫情报告体系对阻止恶性传染病的大规模爆发将起到有效作用,这个优势在2009年中国面对甲型H1N1流感疫情挑战时得以充分体现。其次,基于社区层面的卫生信息体系可以使医护人员更有效、更全面地了解病患情况,减少信息不对称。这套系统已经在北京市东城区运营。另外,上海市闵行区也建立了居民电子健康记录和区域卫生信息网络,全面记录居民健康状况和医生的治疗行为,使远程医疗咨询等成为可能,从而更好地提高医疗服务水平。总之,中国的医疗卫生信息系统将进一步发展,最终可以成为完整记录一生健康信息的终生无缝健康支持系统(lifetime seamless health maintenance system)。

对美国医改方案中强制性个人医疗保险影响的分析

阿曼达·科瓦尔斯基（Amanda Kowalski）

针对美国医疗改革对保险覆盖和个人健康可能造成的影响，耶鲁大学的科瓦尔斯基助教教授阐述了自己实证研究的结果。2010年3月，美国的医疗改革方案在国会通过。该方案的主要特点之一就是通过强制性个人医疗保险来扩大美国医疗保险的覆盖范围。根据美国统计局的数据，2008年约18%的美国人没有医疗保险。另外，该方案并没有太多涉及医疗成本的条款。据统计，美国政府医疗支出占医疗总支出的50%以上，并有增加的趋势，而中国政府仅负担医疗总支出的17%。

由于美国新的医改方案刚刚通过，不可能对该方案的影响进行评估。科瓦尔斯基教授利用马塞诸塞州于2006年4月开始的医疗改革（以下简称麻省改革）来估计强制性个人医疗保险的影响。麻省改革与新近联邦改革方案有诸多相似之处。例如在强制个人医疗保险方面，麻省的罚金为未保月份中每月基本保险计划保费的50%，全国方案为收入的2.5%或2085美元；在强制雇主为雇员购买保险的企业规模方面，麻省的标准为全职雇员多于10人的企业，全国的标准为全职雇员多于50人的企业等。对于麻省改革造成的影响，科瓦尔斯基教授认为有许多值得分析的方面，并将此次研究集中于保险覆盖范围、医院治疗、疾病预防、医院成本等方面。同时，她指出麻省改革对劳动力市场和企业与政府承担成本的影响及其作用渠道也需要更进一步探讨。

科瓦尔斯基教授采用双重差分分析方法（difference-in-difference）对麻省的医疗改革后果进行了实证分析。首先，在保险覆盖方面，麻省非老年人群医疗保险覆盖率由改革前的88.2%上升至改革后的93.9%，而同期其他州的保险覆盖范围没有明显改变。其次，尽管住院人群较少，但由于其健康较差、医疗成本较高，应该成为分析医改影响健康产出的重要切入点。通过分析美国约1/5医院的面板调查数据，科瓦尔斯基教授发现改革使麻省的急诊室允许治疗人数下降了约8.3%，而且最贫困地区的下降幅度是最富有地区的5倍。这里需要指出的是，在美国，急诊室往往成为未保险人群希望获得免费或低费用医疗的途径。另外，在预防保健方面，可以通过使用住院人群中某些疾病发病率的变化来衡量医改对疾病预防的影响。这些疾病的特点是如果有足够的体检、门诊治疗等预防医疗措施，就不会到了住院阶段才被发现，如尿路感染、下肢截肢等。研究发现，麻省医改后，13种此类疾病的总和发病率下降了2%，其中6种疾病的发病率显著降低。此外，住院时间约下降了1%，这并不符合医保产生道德风险的理论推断。同时，由于医保覆盖范围更加同质化，病人间住院时间的差异减小。最后，研究并没有发现改革后医院层面成本的增加。总的来说，麻省医改对医保覆盖范围和个人健康情况都有明显的改善作用，其中19—54岁、男性、低收入、黑人和西班牙裔人群获益最大。

科瓦尔斯基教授指出，麻省医疗改革对全国性改革有着重要的启示作用。首先，全民医保可以减少未保人群对急诊室治疗的依赖，并明显增加人们对预防医疗服务的利用率；其次，医保范围扩大可能并不会显著增加医院成本。

全球劳动力市场问题凸显

理查德·弗里曼（Richard Freeman）

毫无疑问，这次金融危机后，无论是经济体还是经济学家都面临巨大的挑战。挑战之一便是如何解决长期的高失业率问题。一些研究表明，大部分发达国家的失业率要想恢复到2008年金融危机之前的水平需要5.5年，即到2013年之后失业率才会持续降低。在所有发达国家中，美国的情况比较特殊，美国如果要想在2015年左右从金融危机中恢复过来，平均每年新增的就业量应在300—400万，但这个速度比历史上最快的恢复期——克林顿时期每年不到200万的新增就业量快了近1倍。除此之外，金融危机对人们寿命的影响也是显而易见的，研究表明，高学历的人在失业后患精神病的概率比没有失业时高出0.5—1倍。经济合作发展组织《2008年就业展望》一书的第四章利用英国的面板数据研究表明，失业男性出现精神问题的概率比就业男性高出2.6%，失业女性出现精神问题的概率比就业女性高出1.9%。除此之外，金融危机使得发达国家出现抵押购房变得困难，贫困人口增加，收入不平等加剧，初生婴儿体重过轻，社会福利缩减等问题。

与此同时，2008年的金融危机也对发展中国家的劳动力造成了不同程度的影响。研究表明，金融危机使得发展中国家的2000万民工失业返乡，其中15.3%的民工从城市返回到农村，有报道称2009年将是发展中国家继2000年以来最困难的一年。对此，发展中国家的政府采取了一系列措施，如2010年6月，印度和中国领涨亚洲工资。富士康、本田相继提高员工工资，中国国务院要求提高最低工资标准20%。

弗里曼教授认为，金融危机后的劳动力市场问题要求我们重新思考与反省以往传统的经济学理论和政策分析标准。为了更好地评价政策效果，不应该完全依赖于先验的完全市场理论或者只相信那些有权有钱群体的言论，应该用数据说话，而且应该对任何改革存在怀疑精神。

弗里曼教授提出，现在有几个说法是缺乏根据的。

第一，资本主义的薄弱环节是劳动力市场结构，政府放松管制，加强市场灵活性便能产生充分就业。我们不能寄希望于市场结构的转变就可以使经济合作发展组织国家的劳动力市场幸免于这场金融危机，那些所谓市场分析师们和政策制定者们提出的市场结构转型是不可能带来经济大繁荣的。

第二，银行家、金融专家、宏观经济学家都知道如何操作使得宏观经济运行更安全——放松管制的金融市场容易产生创新。这对于实体经济看似十分有利，其实不然。金融创新本身是中性的，就看怎么使用。一方面可以分散风险、反映市场信息；另一方面越来越复杂的金融产品也会成为一种极具杀伤力的武器，可以摧毁或者控制对手，相当于无形的杀手，它虽然可以使某些特殊群体受益，但对于全社会而言不一定是有利的。

第三，不平等可以促进金融和商业的发展。诚然，资本家们追逐利润最大化，可是经济学家从来没有说过贪婪是好事，适当的竞争才有助于维护市场秩序，大量的锦标赛模型和实证检验显示,一个好的激励应该是对所有人的激励,而不仅仅是对上流社会那一部分人的。最突出的例子就是金融危机来临时,公司的业绩下降,银行家、CEO 的奖金反而增加了。

第四,经济增长可以优化劳动力结构,消除非正规部门的劳动力使用,并缩小收入不平等。而实际上,大多数工人未来就业的领域就是那些非正规的部门。

最后,弗里曼教授提出了几个有待研究的问题,如美国等发达国家的银行金融体系何去何从,有没有措施预防并应对经济可能出现的二次探底,这次金融危机给中国等发展中国家带来什么启示,是否有更具说服力的理由支撑 V 型经济回升等。

加工贸易、公司生产率及降税机制

余淼杰

中国是一个贸易大国,如何提高贸易厂商的生产率也是中国宏观经济亟待解决的问题。我们注意到 1992—2006 年,中国的关税税率从 40%下降到 10%,与此同时,2006 年中国的加工贸易额是 1990 年的 10.5 倍,可见,适当降低关税的同时通过厂商竞争可以提升公司的生产率,但是加工贸易则不同,降低关税后,加工贸易是通过技术溢出效应提高生产率的。余淼杰老师通过 2000—2006 年中国加工厂商的数据研究表明,关税降低 10%,公司生产率提升 12%,而且加工厂商更加明晰了所有权。

众所周知,为了鼓励加工贸易,国家一般都会削减关税甚至免税以鼓励中间进口产品的加工贸易。与此同时,加工厂商通过激烈的进口竞争获得国外的技术从而提高自己的生产率,因此,加工厂商通常比非加工厂商的生产效率更高。而且,技术溢出效应的大小因公司所有权的不同而不同,具体而言,外资企业获得的技术溢出效应高,从而有着更高的生产率,而国有企业获得的技术溢出效应低,生产率的提高明显不如外资企业。

余老师从两方面识别了生产率提升:降低关税带来的进口竞争效应以及加工贸易所得。在估算全要素生产率(TFP)时,为了消除可能的内生性,他使用索罗剩余来代替全要素生产率。回归结果显示,进口竞争效应和公司全要素生产率负相关,更低的关税可以使公司获得更高的生产率;加工贸易厂商有更高的生产率;其中,非加工型外资企业比加工型外资企业的生产率更高,且只有生产率低下的外资企业才更有激励选择加工贸易。

余老师根据研究得出以下政策建议:中国的厂商在降低关税后确实受益匪浅,主要体现在生产率的提高上,因此,出口导向型的贸易政策对中国仍然适用。余老师还指出了加工贸易的未来研究方向,例如如何识别中间进口产品的样本选择性问题;贸易自由化对某个具体厂商的影响,这样可以对不同公司提出更有针对性的建议;此外,贸易自由化的研究可以从生产商过渡到消费者。

CCER-NBER 第十三届年会

人口、土地与就业

（2011年6月）

2011年6月29日至7月1日，第十三届CCER-NBER中国与世界经济年会在北京大学国家发展研究院万众楼召开，来自美国的经济学家与来自光华管理学院、国内其他高校的经济学者就诸多经济热点问题进行了的深入对话和交流。

此次年会的演讲嘉宾有麻省理工学院詹姆斯·波特巴（James Poterba）教授，哈佛大学朱利奥·罗泰姆伯格（Julio Rotemberg）教授、戴维·沙尔芬斯坦（David Scharfstein）教授，斯坦福大学马丁·施奈德（Martin Schneider）教授、莫妮卡·派阿泽斯（Monika Piazzesi）教授，哥伦比亚大学魏尚进教授、帕特里克·博尔顿（Patrick Bolton）教授、本特利·麦克劳德（Bentley MacLeod）教授、艾尔萨·罗尔（Ailsa Roell）教授，加州大学圣地亚哥分校米歇尔·怀特（Michelle White）教授、罗杰·戈登（Roger Gordon）教授，普林斯顿大学珍妮特·柯里（Janet Currie）教授，北京大学黄益平教授、卢锋教授、沈艳副教授、蔡洪滨教授、雷晓燕助教授、张帆教授、李力行助教授、刘俏教授、周黎安教授、李桃教授，清华大学李稻葵教授、鞠建东教授、吴斌珍副教授，中国社会科学院何帆研究员、李成博士。

实现中国资本项目的可兑换

黄益平

中国的经常项目在1996年已经实现可自由兑换,但是资本项目至今也没有实现可自由兑换,这也使中国经济避免了此次全球金融危机的冲击,维持了宏观经济的稳定。实现资本项目可自由兑换的成本和收益是什么呢?

首先,黄益平教授介绍了McKinnon效应和Stiglitz效应。McKinnon效应是指资本项目的管制通过降低资本回报率和增加经济风险,减缓了经济的增长;Stiglitz效应是指资本项目的管制通过克服市场失灵和金融不稳定性,促进了经济的增长。McKinnon效应和Stiglitz效应孰大孰小取决于不同的经济条件。

其次,黄益平教授介绍了资本项目管制指数的变化情况,从20世纪80年代后期,资本项目管制指数便呈现出了下降的趋势,这说明中国的资本项目在逐步地开放,管制程度逐渐放松,导致的结果便是资本流动在不断增加。通过进一步的实证研究,黄益平教授发现,相对于利率差,汇率期望对短期资本流动的影响更大,此外,在1979—1989年,资本项目管制指数的下降对经济增长有显著的促进作用,而在2000—2008年,资本项目管制指数的下降对经济增长有显著的阻碍作用。这说明,在当前的经济条件下,资本项目管制减缓经济增长的McKinnon效应要大于促进经济增长的Stiglitz效应,资本项目管制的成本越来越高。

资本项目管制的成本包括三个方面:第一,货币政策的独立性受到影响。根据Mundell三角关系,资本项目管制效果的下降和严格的汇率制度使得中国不能实行独立的货币政策。第二,不断提高的国内财政和金融风险。如果资本项目受到管制,那么地方政府就可能以较低的利率从银行部门借到贷款,政府债务的提高会产生财政和金融风险。第三,实现其他政策目标会遇到障碍,比如,人民币国际化和上海国际金融中心的建设。

最后,黄益平教授认为中国应当在未来3至5年内进行资本项目的改革,因为当前中国具有进行资本项目改革的基本要素:第一,中国宏观经济运行状况较为稳定,国内生产总值持续快速增长,通货膨胀也处在可控范围;第二,财政体制合理,税收收入增长迅速,全部的债务负担仅仅为国内生产总值的50%;第三,金融资产健康,不良贷款比率仅仅为2.4%;第四,外部账户十分稳健,中国具有大量的外汇储备和巨大的经常项目盈余。这一局面可能会在未来的几年发生变化,中国应当利用当前的有利形势推动资本项目改革。而资本项目改革需要首先进行财政、金融、贸易自由化和汇率改革,实现以市场为主导的利率和汇率决定机制是非常重要的。

危机后中国在世界经济中的角色

李稻葵

首先,李稻葵教授介绍了过去 10 年中国经济发展中出现的令人惊奇之处。

第一,中国加入世界贸易组织并没有损害中国国内的企业和国内的经济。很多人认为中国加入世界贸易组织对中国经济的不利影响将在于竞争力较强的进口商品迅速充斥国内市场,不利于国内企业的发展;外商直接投资和进口商品会阻碍国内合资企业的发展。但是,中国贸易占世界贸易比重、中国出口占国内生产总值比重、外商直接投资和官方外汇储备都在加入世界贸易组织后出现了大幅的增加,中国经济总量也在 2010 年达到 6.048 万亿美元,成为世界第二大经济体,这说明了经济个体的学习能力绝对不能被低估。

第二,在过去 10 年,国有企业和国有银行的绩效得到了改善。对于国有企业而言,国有企业的数量和总资产占国内生产总值的比重出现了大幅下降,但是国有企业的工业增加值占国内生产总值的比重、国有企业利润占国内生产总值的比重则出现了提高;对于国有银行而言,不良贷款占总资产的比重和盈利能力出现了较大改善,不良贷款占总资产的比重从 2005 年的 14.98% 下降到目前的 1.31%,国有银行利润占国内生产总值的比重从 2003 年的 0.58% 上升到目前的 1.77%,至 2010 年,四大国有银行均已上市,排名《财富》世界 500 强第 12 位至第 28 位之间,并且,外国投资者也极为青睐中国的银行,并从中获得了大量利润。

第三,经济改革中存在一些问题和阻碍。当前中国受过更好教育和具有独立思想的青年在大幅增加,大学升学率和入学率都得到大幅度的提高;互联网也得到了普及,互联网用户不断增加,至 2010 年,中国网民总数达到了 4.57 亿人,占总人口的 34.3%。但是即使如此,中国的市场化改革也有不如意之处,比如:中国的城乡收入不平等、城市和农村内部收入不平等、高收入群体和低收入群体收入差距逐渐扩大等;国有企业虽然现在绩效上得到极大改善,但是利益集团的存在使得国有企业进一步的改革受到一定阻力;地方政府也陷入到了依靠土地来获得财政收入的状况。

随后,李稻葵教授介绍了中国下一步改革需要注意的地方。

第一,中国需要转变为内涵型的经济增长模式。收入分配格局会得到改善,虽然中国的工资一直在增长,但是中国的劳动收入比重近年来呈现出下降的趋势。不过根据世界各国经济的发展经验,劳动收入比重会呈现出 U 字形的变化趋势,这说明未来中国的劳动收入比重会出现大幅度的提升。

第二,中国资产的全球化和人民币的国际化。全球对人民币的需求将会持续增加,这意味着会有大量持续性的资本流入,使中国面临着通货膨胀的压力,此外,中国还需要大量高质量的人民币资产,政府还需要帮助家庭和企业利用美元和欧元的流入来进行有效的海外投资。

第三,基层主导的改革。目前,公众意见已经对政策的形成和改革的进程具有一定影响力；加快政治改革的压力也正在增加，政府需要进一步加大财政透明度和反腐力度；未来的领导人将会更为务实，其决策也会更加开明，这有利于新的福利制度的建设。

美国财政面临的长期挑战

詹姆斯·波特巴（James Poterba）

首先，波特巴教授阐述了当前美国财政的现状。自20世纪70年代以来，美国政府的总支出和总收入出现了巨大差距，入不敷出的情况开始出现，这一情况在20世纪90年代中后期出现了改观，财政出现了盈余。但是，进入新世纪以来，美国又出现了财政赤字，这归因于美国于2001年采取的减税政策和一系列战争所导致的大量军费开支。由于次贷危机的爆发，美国的财政赤字在2007年之后出现了大幅度的提高。从跨国的数据来看，2009年美国债务负担低于日本、意大利和希腊，但是高于瑞士、加拿大和荷兰。

其次，波特巴教授介绍了美国较高的债务比重对经济的诸多不利影响。第一，政府支出挤出了私有部门的投资，进而不利于长期生产率的提高；第二，较高的债务比重推高了国库券利率，增加了债务危机发生的风险；第三，根据政府跨期的财政预算约束，当前债务提高会导致未来税收的提高，因此，较高的债务会增加未来几代人的负担。

短期财政政策和长期财政政策之间存在权衡。短期财政政策需要实施稳定的经济恢复计划，避免人力资本的衰退。长期财政政策需要政府债务占国内生产总值比重的缓慢增长，将税收负担带到均衡。美国当前的债务水平是不可以持续的，因此，美国政府应当采取有效的措施及时解决当前巨大的政府债务问题，比如提高税率、减少政府支出、提高经济增长率、通过通货膨胀减少当前的名义债务等。

最后，波特巴教授认为当前扩大税基的办法有以下几种：第一，取消减税的政策，积极地扩大税收来源。第二，对调整后收入（adjusted gross income，AGI）和可征税收入重新界定，增加这部分可征税收入。第三，增加新税收收入来源，比如环境税和汽油税，参考2009年拍卖绿色气体排放许可证获得了800亿美元的税收收入，如果每加仑汽油征收1美元便可以产生1400亿美元的税收收入。

金融不稳定性的行为和制度基础

朱利奥·罗泰姆伯格（Julio Rotemberg）

罗泰姆伯格教授认为金融不稳定性具有两个潜在的来源：第一，人们往往对于自己及时避免债务危机的能力过分乐观；第二，解决企业债务融资问题中存在的协调问题。其中，前者构成金融不稳定性的行为基础，后者构成金融不稳定性的制度基础。

首先，存款者总是过分乐观，特别是对于他们自己收集资金的能力，他们会认为资本化的制度是服务于存款者的。这种过分乐观是一个简单的认知差别，该认知差别与实验的证据是一致的。当人们期望稀缺的资源按照先到先来的规则进行分配时，人们总是过分乐观他们未来可以获得资源的情况。对于存款者，他们会相信在银行挤兑情况下，其他存款者的反应会慢于自己。

过分乐观能够被合理地解释。在一个风险厌恶的效用函数下，过分乐观也是均衡的结果。罗泰姆伯格教授就此提出四个政策建议：第一，在银行破产的情况下，不实行先到先得的原则，而是实行弥补性的原则，使得后到的人也可以得到补偿，这意味着所有的存款者都被平等地对待；第二，提供存款保险，这可以避免无效的银行挤兑现象发生，特别是在银行挤兑导致成本巨大的资产转移的情况下；第三，当资产转移成本较低时，强迫银行所有者投入更多自己的资本，这便可以提高事后的福利；第四，迫使银行持有他们本来不用持有的资产。

其次，在实际中，金融中介借贷资金给另一个金融中介，来解决他们顾客的债务问题，或者是解决金融中介本身的债务问题。债务偿付能力的较强的形式是全部的期望收入等于全部的期望支付。罗泰姆伯格教授举了一个例子，如果有三个金融中介存在单项的债务关系，那么可以用三角形来代表，此时，只需要存在一部分流动性，那么这个流动性就会在这个三角形中不断流动，可以解决债务偿还的问题。只要资本能够被无限的重复使用，那么只要一个金融中介拥有一部分流动性便可以偿还所有的债务，这在一个三角形的债务关系中是十分明显的。但是，如果经济个体增加，或者经济体个体之间的联系加强，比如一个经济个体不只一个债务人，那么解决企业的债务偿还问题就将变得十分困难。在一个自由放任的经济体中，必然存在较差的协调问题。当市场的流动性耗尽，就需要更多外部的流动性，而解决流动性就必须由一系列的金融制度来支持，而不仅仅是清偿债务的制度。

CAB——反周期的投资策略

帕特里克·博尔顿（Patrick Bolton）

首先，博尔顿教授认为，当银行需要资本时，银行需要确保能够得到足够的资本。他就此提出了一种 CAB 债券（capital access bonds，资本获得债券），这种债券是由发行者决定是否将其转换为股权；不存在自动的债券转换为股权的阈值；10 年到期；在未到期前，债券都可以进行转换，这就好比美式期权。当投资者决定不进行转换，那么这就好比一个债券，投资者获得利息和溢价收益；当投资者决定进行转换，那么投资者可以得到一个固定数量的新发行股份。

因此，CAB 就好比一个受到担保的卖出期权。比如 Lloyds 银行在 2009 年 11 月份发行了价值 75 亿英镑 10—15 年的债券，如果 Lloyd 银行的核心资本比率下降到 5%，那么这些债券就转化为普通股。苏格兰皇家银行业也发行了类似的债券，如果其核心资本比率下降到 5%及以下，这种债券便可获得重新资本化的机会。瑞士信贷于 2011 年发行了 20 亿美元的 30 年到期、年收益为 7.875%的债券，如果基于风险的资本率低于 7%，该债券便可转化为股权。

其次,博尔顿教授表示这种新的债券形式可以解决银行在债务方面不匹配的问题。由于银行的债务期限并不是完全一样的,因此,这种不匹配容易导致银行在一段时间需要大量的流动性。银行可以利用内部的资本来满足这些流动性,也可以利用外部的流动性,从长期投资者那里得到资本。

从公司金融的角度看,外部的资本会更加有效率。但是在银行出现危机时,因为银行资产负债表的不透明性,外部资本并不会轻易地流向银行。CAB 的成本在于,如果转换在时间 t 发生,那么发行者就会支付 0 至 t 期的利息,在随后的 t 至 T 期,发行者支付股权收益。这样便可以计算出 CAB 的发行成本。

最后,博尔顿教授总结了 CAB 的四点优势。第一,CAB 是一种交易便利的证券;第二,CAB 的发行可以提前获得流动性,不存在交易对手风险;第三,CAB 从债券转换为股权是由发行者决定,这样就不存在市场操作的可能;第四,CAB 既可以作为可赎回债券,也可以作为一种卖出期权。

借款和住房价格

马丁·施奈德(Martin Schneider)

首先,施奈德教授从实际的观察中提出问题,来自加州圣迭戈(San Diego County)的数据显示不同价值的住房的资本收益率存在着很大差异,而传统的包含房屋资产的资产定价模型认为所有住房投资的资本收益率是相同的,理论和实际的不匹配引出了新的研究问题。如何解释住房市场资本收益率存在的异质性?施奈德教授认为,在包含房屋的定价模型中应该考虑房屋的质量差异、房屋的不可分性以及购房者的个人特征,并在新的模型框架中评估不同因素对资本收益率异质性的解释力。

在简要回顾了该领域的文献之后,施奈德教授介绍了新理论模型的主要内容,该模型考虑住房和计价物两种商品,模型主要的特征是住房存在质量的差异,购房者则持有不同的现金量,由此可以计算出住房的定价方程。他随后用一个特例来评估了模型的定性表现,并考虑了不同的效用函数设定或不同的住房质量分布带来的不同结果。从模型中可以发现,如果交易的住房在低端和高端更为集中,或者穷的购房者的房屋需求更高,模型都会得出低端住房的资本收益率更高的结论。该结果与住房可分的定价模型的预测完全不同,在该类模型中,资本收益率在所有住房中相同且很低。

随后,施奈德教授考虑了模型的定量影响。在定量模型中,采取的是更为一般的偏好形式,家庭可以在住房和短期无风险资产之间进行选择,同时购房必需满足一定的首付要求。教授利用圣迭戈 2000 年的住房价格编制房屋质量指数,并在定量模型的数值模拟中预测了圣迭戈 2005 年的住房价格,他发现预测值与真实值在大部分情况下表现出了相同的变化趋势。

在最后的总结中,施奈德教授指出,在 2000 年之后的住房市场上,低端住房存在着较强的繁荣—衰退周期，交易住房的质量分布在繁荣期存在肥尾现象。结合这些事实，新的定价模型可以解释房屋资产收益率的异质性。

婚姻竞争和住房市场特征

魏尚进

首先，魏尚进教授通过一些事实来引出研究的问题，美国的房价收入比近年一直在升高，而中国的房价问题则更为严重。数据显示，中国的房价指数在 2000 年之后有了飞速上升，2005 年，中国房价月收入比为 80，房价月租金比为 350，这两项指标都远高于美国。房价问题已经成为中国城市居民关注的焦点。对于如何解释房价飞涨的问题，现有的研究提出了城市化进程加快和政府卖地推动等多种解释，魏尚进教授则提出了性别比恶化推高房价的新观点。

房屋财产相对于其他财产更能体现个人财富水平，从而给房屋拥有者在婚姻市场上提供更强的竞争力，因此在性别比失衡的情况下，男性对房屋的高需求会推高房屋价格和房价租金比。基于以上的推理，魏尚进教授在一个代际交叠的模型中引入性别差异，发现性别比的恶化可以推高房价和房价租金比。

其次，魏尚进教授展示了实证证据对理论假设的支持情况。考虑到中国在 2000 年之后性别比的恶化和房价上涨的同时性，实证研究主要关注中国的情况。魏教授及其合作者发现，房屋拥有者相对于无房者更易于找到配偶，性别比恶化推动家庭购买更大、更贵的住房，而租金率反而随男女性别比的提高而降低，因此，性别比的失衡确实推高了房价以及房价租金比。在考虑性别比的一般均衡影响时，他指出，性别比的恶化推高了房价、住房面积、房价收入比等指标，这一结果在农村和城市都成立。如果考虑性别问题的内生性以及数据的测量误差等问题，性别比提高 6 个基点可以带来房价 10.62% 的上涨。

最后，魏尚进教授总结自己的研究指出，由于拥有住房可以带来婚姻市场上的竞争优势，性别比的恶化推动了人们购买更大、更贵的房屋，从而挤压了其他商品的消费，这会带来社会福利的损失，这些问题在将来的 10 年可能会由于性别比的继续恶化而变得更加严重。

中国的人口结构变动和住房价格

何帆

何帆研究员同样关注人口结构变动对房价的作用，不过其研究的重点转为抚养比变化给房价带来的影响。近 10 年来中国的人口抚养比有了很大的下降，住房价格在这段时间则有很快的上升。来自经济合作与发展组织的跨国证据显示，人口抚养比与房价之间往往存在明显的负向关系，这些事实指向了抚养比推高房价的研究。

简要回顾文献之后,何帆研究员首先回顾了 1949 年之后中国的几次婴儿潮现象,最近的一次发生在 1986—1990 年,这部分人口占现在总人口的 10%,并在最近开始进入婚姻市场,他们可能是房价上升的背后推动因素。随后,何帆研究员分析了中国不同年龄段房屋资产持有的情况。数据显示,房屋资产持有在 20—30 岁之间有显著上升,然后缓慢上升到 50 岁之后开始下降。他认为,这些证据指向一个可能性,年轻人数量的增长可能带来房屋需求的上升。

其后的计量分析证实了这一可能性,何帆研究员利用住房资产持有的数据构建了中国住房市场的曼昆—威尔指数(Mankiw-Weil index),发现这一指数在 1998 年之后快速上升,而在回归分析中则发现人口抚养比的提高对这一指数有显著的负向影响,即最后一次婴儿潮带来的人口抚养比的降低,特别是 20—30 岁年轻人的抚养比的降低可以在一定程度上解释中国最近的房价上涨。何教授指出,这一结果在加入了控制变量和地区固定效应之后依然成立。

最后,何帆研究员总结了自己的研究。他指出,2000—2009 年,人口抚养比和房价表现出了类似的趋势,因为人口抚养比要比房价更为外生,因此抚养比可能是房价上涨的背后驱动因素,实证的研究证实了这一结果。何帆研究员的研究同时发现,20—30 岁的年轻人的抚养比对房价的影响尤其显著,考虑到中国人口结构的变动趋势,他预测中国的房价在 2015 年之后会更加稳定。

反柠檬效应和教育市场

本特利·麦克劳德(Bentley Macleod)

首先,麦克劳德教授介绍了其研究的基本情况。他从 1962 年弗里德曼对于学校声誉的研究出发,考虑学校声誉对学生未来的工资有影响的情况下,学生和学校如何匹配,以及学校声誉的建立问题。随后,麦克劳德教授介绍了该模型尝试解释的一些经验事实:学校间存在竞争,但竞争并没有显著提高学校表现;家长偏好表现好的学校,但同群效应(peer effect)并不显著;学校声誉只对个人生涯早期的工资有影响;入学后学生努力程度下降。

其次,麦克劳德教授简要介绍该模型的主要框架。模型中,学生有能力和家庭背景的差异,学生可以选择公立学校、非选择性的私立学校和选择性的私立学校,学生通过理性预期将来的雇佣结果来选择现在的努力程度,劳动力市场则通过学校声誉来判断学生能力从而提供一个与能力期望相等的工资水平。他指出,以上的模型设定可以得到以下的结果,只有生产力水平最高的学校进入市场,学生偏好更好的学校,因此差的学校会被逐出市场,从而形成一种"反柠檬效应",而竞争的引入则降低了低能力学生的收入水平。

该模型的这些结果意味着学生会偏好于有更好声誉的学校,即使这些学校并不能给学生带来更多的能力提升,学校的声誉则会因为吸引更好的学生而得以提升,因此,学生和雇主都能意识到学校声誉所传递的信息。在检验了有关教育和劳动力市场的一些经验研究之后,麦克劳德教授发现模型的这些预测与经验研究的结论相一致。

最后，麦克劳德教授总结了以上的研究结果，并提出了一些可能的政策建议。他指出，在设计竞争性的学校政策的同时要考虑可能出现的分层现象，这会导致现有的教育机制并不是最优的；另外，引入一个全国性的考试机制可能会提高学生的努力程度和技能水平，但关键在于这样的考试是不是能与将来的工资水平挂钩；最后，一个有管理的竞争机制可能要好过完全竞争机制，也要好过政府完全提供教育服务。

从中国的学校改革估计教育回报率

周黎安

首先，周黎安教授指出，现有的大量研究已经估计过教育回报率，因为其严重的内生性问题，寻找合适的工具变量往往是现有研究关注的重点。通过简要回顾了一些重要研究的方法和结果，他指出，现有的研究中国教育回报率的文献使用父母的教育水平或者配偶的教育水平作工具变量，这些变量往往不够外生，因此估计的结果并不精确。此研究则尝试使用中国教育年限改革过程中各地区政策执行的时间差异作为工具变量来解决内生性问题。

随后，周黎安教授介绍了中国教育年限改革的基本情况。1978 年之前，中国的教育体制主要是"5＋2＋2"（小学＋初中＋高中），而之后教育体制则开始慢慢转变为"5＋3＋3"，但各地区实行该项政策的步调是不一致的，因此，在别的方面完全相同的学生可能会接受不同水平的教育。周黎安教授利用政策实施的这种时间差异构造了新的更具外生性的工具变量。这一工具变量具有如下优点：首先，学校改革往往是从好学校延伸至差学校，从城市延伸到农村，而学校的质量是预先确定的，因此政策的推行是外生的；其次，因为中国的户口制度，教育改革带来的内生性的移民可以忽略。

接下来，周黎安教授展示了主要的回归结果。在工具变量的估计中，对于从 20 世纪 80 年左右开始接受教育的人来说，额外 1 年的教育可以在 2002 年带来超过 15%的收入提高。相比于普通最小二乘法的回归结果，这一结果要扩大了 1 倍左右，且该结果在控制了各种个人特征、人群构成差异、地区和学校差异后仍然成立，这一结果同时与之前的研究中国教育回报率的结果相一致。

最后，周黎安教授总结了他的研究，他指出，通过使用中国 20 世纪 80 年代的学校改革带来的外生影响，可以更精确地估计中国的教育回报率，额外一年的教育可以带来 15.4%—16.4%的收入提高，这要比普通最小二乘法估计的结果要高得多。

代际身份继承和婚姻分层

李桃

李桃教授研究了中国的婚姻分层问题，这一分层往往来自于户口的差异，往往发生在城市居民和外来移民之间。

首先,李桃教授指出很多社会都存在着限制跨社会地位婚姻中子女地位继承的制度,比如说印度的种姓制度、欧洲的贵族制度,这样会造成一种婚姻分层现象,婚姻往往发生在地位相同的人之间的一个可能原因是这样可以保证子女可以继承父母的身份地位。通过对中国的户口继承制度在1998年所实行的改革带来的影响的研究,李教授尝试为这一论点提供一些经验证据。

其次,李桃教授简要介绍了中国的户口制度。户口制度源自于大饥荒时代限制内部移民的目的,现在则意味着不同的福利水平和工作机会。1998年之前,子女只可以继承母亲的城市户口而不能继承父亲的城市户口;1998年之后,政策则变化为子女可以继承父母双方的城市户口。这一变化为研究对子女身份的考虑与配偶选择的关系提供了一个准自然实验的环境。

再次,李桃教授介绍了主要的研究结果。中国的内部移民一直在增加,但城市居民和移民结婚的比例并没有很快地提高,考虑到中国社会并不存在很强的歧视移民的倾向,这一结果与预期不符。并且,在实际的跨省婚姻中,城市女性要多于城市男性,高教育水平的人群比例要高于低教育水平的人群,这一现象在1998年之后有所缓解,因此可以使用一个DID(difference in difference,双重差分)的回归策略来量化分析这一政策变化带来的影响。回归结果显示,1998年之前,男性城市居民与外来人口结婚的可能性要显著地低于女性城市居民;而在1998年之后,男性城市居民与外来人口结婚的可能性有显著上升,这一效应在移民程度高的地区和低教育水平的人口中尤为强烈,且在稳健性检验中保持显著。

最后,李桃教授总结了他的研究,他指出,放松对户口继承的限制可以减少婚姻分层的现象,一个白人之所以和白人结婚并不是因为对方是白人,而是由于他们的子女可以确定是白人,这一结论可能对研究不平等的持续性问题具有重要意义。

中国土地市场拍卖——腐败的证据

蔡洪滨

首先,蔡洪滨教授介绍了中国城市土地拍卖的背景。在中国,所有的城市土地均为国有,但是在20世纪80年代后期,城市土地可以进行30—70年的租赁销售。20世纪90年代,大部分土地租赁权的销售都是通过协商,土地租赁权的销售并不透明,销售价格也仅仅为市场价格的一部分,存在腐败现象,这会导致政府损失一部分财政收入。在2000年伊始,这种情况出现了改观。政府关闭了土地发展权交易的二级市场,产权交易重新回归国土局。2002年的法律也禁止了土地协商销售,所有的销售都需进行公开的拍卖。土地交易的细节,包括销售量、销售价格和最后竞拍者都会在网上公布。

这是否结束了腐败呢?《亚洲时报》就曾报道,因为地方政府在对规则解释上具有很大的灵活性,拍卖体制只是名义上存在的,这导致了拍卖者缺乏竞争,使最终拍卖的获胜者能够以低于市场价格获得土地。当前有两种形式的拍卖,一种是英式拍卖,一种是两阶段拍卖。因为两阶段拍卖是没有竞争性的,同样的产权在两阶段拍卖中拍卖的折扣会较大,也就因此会产生更多的腐败。

其次,蔡洪滨教授建立了理论模型来说明为什么在一个腐败的环境下拍卖形式会起到作用,拍卖形式决定了价格的差异。土地分配的过程包括:基于城市土地使用规划,城市小组会进行每年的土地分配;由私人的评估者来对土地的价值进行评估,保留价格便是基于评估的价值,而与拍卖类型无关。此时,城市土地规划局便会选择拍卖的类型来进行土地拍卖。

对于中国而言,存在两个主要的拍卖形式。第一种英式拍卖,这是透明度比较高的拍卖形式,竞拍者需要预先存入保留价格的 10%,提前 20 天发布拍卖公告。另一种就是挂牌,两阶段的拍卖。这需要提前 20 天发布挂牌公告,在第一阶段,拍卖信息贴在互联网上,有 10 天的时间来竞标,竞标价格会被显示出来,但是不会显示出价者信息;第二阶段,如果超过 1 个竞标者,那么就按照英式拍卖形式来进行拍卖。如果发生行贿,那么国土部官员便可以选择拍卖的形式,这会增加行贿者赢得土地的机会,因为两阶段拍卖中信息不透明,增加了腐败的可能性,行贿者可以获得特殊的帮助,比如告知保留价格、阻止潜在的竞标者进入等,由此导致拍卖是非竞争性的。

最后,蔡洪滨教授使用了国土局提供的 2003—2007 年 15 个城市的土地拍卖数据,包括地址、面积、使用限制、拍卖形式、询问价格、拍卖价格、销售时间、买主身份,对土地拍卖中的腐败问题进行研究。计量模型的解释变量为一个地区的地理特点,比如该地区与中心商务区(CBD)的距离、是否有高速公路和地铁等。使用的计量方法是 Probit 和 Heckman 两步法,研究结果发现,即使控制了城市发展的特性和卖出价格,(房屋价格/土地价格)的对数在两阶段拍卖中也高出英式拍卖 20%,这反映了在两阶段拍卖过程中,存在一定程度的腐败行为。

财政区划和销售税

米歇尔·怀特(Michelle White)

首先,怀特教授介绍了研究的背景。在美国,Tiebout 模型强调地方政府的竞争会使得地方政府的利润下降为零,但是如果地方政府拥有一定的垄断力,那么地方政府的利润就不会下降为零。而另一个模型——财政区划模型则强调政府可以利用土地使用权的控制来最大化其利润。事实上,地方政府官员的行为就好比一个追求利润最大化企业中的经理,而居民便是该企业的股票持有者。地方政府官员会通过财政区划选择土地的使用,他们偏好新的土地发展,最大化额外的税收与额外的公共支出之差。如果政府净收入为正,那么居民可能会受益,因为税收可以减少,公共支出会增加。

其次,怀特教授认为地方官员存在短视行为,他们偏好使用土地来最大化销售的价格。如果地方官员采取一个长期的视角,那么他们会偏好使用土地来最大化收入减去公共服务的成本之差。美国地方政府会将财产税作为主要的税收来源,但是财产税增长极为缓慢,一个州便允许地方政府征收追加的财产税。因为美国销售税是对最终销售产品征收，所以地方政府更愿意鼓励发展零售业。他们支持零售业土地使用，而不是制造业。如果地方销售税率越高，那么支持发展零售业的动机就越强。当地政府会通过扩大零售区域、允许高密度的零售区域、提高政府办公效率来鼓励零售业的发展，这对于制造业又正好相反。

最后，怀特教授对财政区划这一假说进行实证的检验。理论上，销售税和零售活动的关系是不明确的，因为销售税的提高，会同时降低消费者对零售商品的需求，这便需要实证的检验，如果能够发现二者之间存在一个明显正向关系，那么则可以说明财政区划的假设便是成立的。另一方面，由于制造业无需支付销售税，销售税的提高无法影响制造业的产品价格，那么当销售税越高，制造业发展会越低，这也可以为财政区划假说提供一个好的证明。怀特教授使用了美国佛罗里达州 1992—2006 年的数据对财政区划假设进行了检验，并证实了该假说。

中国土地权利界定——成都实验及其结果

李力行

首先，李力行助教授介绍了中国土地所有权结构的背景。城市土地是国家所有，使用者的权利是可以被转移的。农村土地是集体所有，其中，农业用地的使用权直接分配给农民；对于农村建设用地，包括住房用地、乡镇企业用地等，农民拥有使用权，但是无法进行转移。值得注意的是，农村建设用地面积和城市用地面积几乎相等，而土地征收制度有严格的限制，城市和农村土地市场有着严格的分割。

城市化意味着对农村集体土地进行征收，并给予较低的补偿。土地收入成为地方财政的主要来源，这产生了一系列的问题，比如：城乡收入差距在不断地扩大，无效的土地使用更为频繁，利用土地担保的地方政府债务繁重，等等。

其次，李力行助教授谈到成都的土地赋权实验。成都市是四川的省会城市，有着1100万人口，其中 300 万是移民，城市人口比重为 60%。产权划分和土地赋权发生在 2008—2010 年，产权划分包括了 33.8 万个村庄，土地赋权包括 180 万家庭，这便鼓励了日后的土地交易。土地赋权的结果表明：政府需要清晰界定农村地区的产权，允许农民交易土地，鼓励土地的交易。以建设用地交易为例，2008 年 5 月 12 日，汶川大地震损坏了数以百万计的农村家庭，农民可以交易他们的建设用地住房来购买新的房子。交易价格是直接协商，由农民、村庄和投资者签订一个三方协议。土地赋权的结果是，第一，土地赋权促进了交易；第二，农村土地价值被重新资本化；第三，农民收入与土地权利的强度是成正比的；第四，De Soto 效应会发生，能够得到足够的资本来促进企业和农村的发展。

最后，李力行助教授对未来中国土地改革进行了展望。未来 3 年内，土地赋权要全国化；修改土地行政法，限制仅仅针对公共利益的土地征用；允许农村建设用地的市场；农村土地可以作为一个担保，使得农村土地融资功能成为可能；未来建立财产税制度。

信贷市场中的利率风险

莫妮卡·派阿泽斯（Monika Piazzesi）

首先，派阿泽斯教授介绍了研究的背景。利率风险的分配是金融市场的一个重要功能。当前利率风险分配是怎样的呢？它是如何演进的呢？最近发生的事件已经对利率产生了影响，对信贷市场工具的价格和数量都产生了影响。

资金流量表提供了有关信贷市场工具的丰富数据。对这些数据进行解释的挑战在于存在许多不同的工具，它们的回报是紧密联系在一起的，比如，财政部的国库券便是这一类工具，它包含了许多不同的工具，这些工具有不同的价格，并遭受不同的利率冲击，另一方面，这些工具的价格变动很多都是受到相同的利率冲击，使得这些工具紧密地联系在一起，从证券投资组合的角度来看，它们之间是替代的关系。

其次，派阿泽斯教授提出了一个方法来近似地代表信贷市场中的这些工具的头寸。为了更好地理解利率风险如何在经济中分配，人们需要使用在同一时间上诸多头寸的信息，而不是聚焦于一系列工具上。将头寸的信息压缩到简单的资本投资组合之中可能更适宜，比如长期债券和短期债券，但是原始工具的风险性质并没有随之消失。

通过建立一个定价模型，派阿泽斯教授可以用其测量和简要代表利率的风险。派阿泽斯教授随后使用该模型来复制任意一个固定收入的证券投资组合，这一投资组合可以用一个简单证券投资组合来表示，使用这些方法来考虑利率风险和美国家庭持有头寸的同时，也能够来考虑其他部门和其他来源的风险。

最后，派阿泽斯教授总结到，复杂的资产投资组合可以用一个相对更简单的投资组合来表示，这类投资组合仅仅包含一些零息债券。通过模型计算出的资本投资组合回答了家庭如何认识到承受利率的风险这一问题，这对于理解家庭资产投资组合选择是十分重要的。

中国金字塔型结构的演进和结果

刘俏

首先，刘俏教授介绍了金字塔结构的背景知识。金字塔结构是指一种企业所有权结构，在这个结构中，企业的最终控制者通过几个中间企业来控制企业。这一点与传统的水平结构不同，水平结构是指最终所有者直接拥有集团下面企业的股权，而金字塔结构则允许最终控制者获得超过所有权的控制权，因为金字塔结构允许最终控制者事实上控制较他们的所有权更多的东西。在当前文献中，强调最多的便是金字塔结构和委托代理问题之间的联系。

其次，刘俏教授介绍了金字塔结构的优缺点。金字塔结构的缺点在于控制权和所有权的分离，这会恶化委托代理问题，导致更多的财富从子公司转移出去和企业价值贬值。金字塔结构的优点在于其允许企业所有者创造一个内部的资本市场，并克服摩擦，另外，金字塔结构还允许地方政府将决定权转移到企业的经理。

刘俏教授认为决定企业金字塔结构的主要因素是制度，因此，他通过将中国企业分为私人所有和地方政府所有来研究这两类企业的金字塔结构的演进。金字塔结构使得私人企业可以使用少量的资本投资获得更多的控制，这便会通过牺牲小股东的利益而获得私人利益。然而，金字塔结构使得地方国有企业可以将企业的决定权转移给企业的经理，这有助于使管理层的决定不受到潜在的政治干预。此外，影响金字塔结构演进的因素还有企业最终控制者从子公司转移资产、资本成本和投资效率。

最后，刘俏教授研究了中国2001—2008年的上市公司的金字塔型结构的演进和结果。刘俏教授发现，在弱的制度下，私人所有者建立更为广泛的金字塔结构，而地方政府所有者则正好相反。研究也发现，金字塔结构的使用程度与私人企业的绩效负相关，与地方国有企业的绩效正相关。进一步的研究表明，最终控制者转移子公司财富的高频率、债务的高成本、私人所有公司的低投资效率和地方政府所有企业的较高投资效率是解释这些差异的原因。私人所有企业和政府所有企业因为不同的原因建立金字塔结构，企业的国有和私人所有权安排是导致中国金字塔结构演进和结果的一个主要因素。

管理的支付和股票市场操纵

艾尔萨·罗尔（Ailsa Roell）

首先，罗尔教授介绍了研究的背景。当前会计丑闻频频出现，操作股票价格比比皆是。比如最近，在纳斯达克上市的中国企业常出现审计师辞职和企业退市新闻，中国高速传媒控股有限公司、嘉汉林业国际有限公司、第一能源集团公司等都出现了这种情况。网秦移动的首席财务官就表示，中国企业存在会计问题以及估值过高问题，当前的资本市场的潮流是不利于中国上市企业股票的。

事实上，基于股票操纵的动机不仅仅诱发了管理者富有效率的努力，也诱发了管理者进行成本高昂操纵的可能。因此，需要制定最优的薪酬计划来避免管理者操纵股票市场的行为，这就需要分析长期和短期薪酬支付之间的权衡，这与企业的规模和波动性特性息息相关。

其次，罗尔教授谈及股票操纵如何影响最优薪酬支付合约，并建立了理论模型进行说明，该模型具有三个特征：第一，投资者面临着关于绩效报告在多大程度上受到操控的不确定性；第二，模型采取了Cobb-Douglas的偏好，企业价值也是对数正态分布的，使得模型易于处理和求出解析解；第三，股票操纵成本取决于管理花费的时间和付出的注意力。

对管理层薪酬水平的建议有以下几点：由于操纵股价成本并不确定，这意味着股价支付弹性越高越好；将操纵的不确定性加入到计算之中的期权可能会是最优的；在模型中，是支付的弹性而不是斜率决定了管理层的努力程度。

最后，罗尔教授谈及了其政策含义：第一，减少短期信号的噪音，这意味着审计政策应该执行更为严厉的标准；第二，使用长期薪酬合约更为便利；第三，适宜采取补偿性收入，由第三方托管账户，或者延付薪酬。

人民币国际化的发展潜力和未来趋势

李成

首先，李成博士介绍了人民币国际化的背景。中国的崛起已经进入到一个新的阶段，开始影响到世界其他国家，并逐步参与到了全球治理之中。中国实施了走出去的战略，而人民币国际化是这个战略的一部分。人民币国际化意味着，人民币可以作为交易中介、计价工具和价值储存手段。中国人民币国际化的益处在于，消除汇率风险，获取铸币税，进行外部融资，使中国金融制度具有竞争性优势，以及减轻美元霸权导致的问题，人民币国际化的趋势还使许多亚洲国家受益。人民币国际化的成本在于，使中国经济遭受更多的外部风险，挑战了中国货币政策的独立性，损害了当前存在的国际货币的利益特别是美元和日元。

其次，李成博士研究了国际货币使用的决定性因素。在计量模型中，被解释变量为美元、欧元、日元等主要国际货币占官方外汇储备的比例，解释变量为国内生产总值、金融发展、货币政策质量、货币发行量、稳定性及国家风险。使用的样本范围为1980—2009年的跨国数据。根据面板数据回归的结果，并结合2009年中国的数据，李成博士发现人民币是仅次于美元、欧元的第三个重要的国际货币，人民币在外汇储备中的比例平均而言应该在6%至7%之间。与实际情况相比，人民币国际化的道路还在临界值以下，因此，人民币国际化还有大量空间。

最后，李成博士认为人民币国际化能够通过一个双轨的任务来实现。一方面，人民币需要获得地区性的影响力；另一方面，中国需要改革国内的金融体系，实现亚洲货币的合作，采取更加开放的态度和改革措施。其中更深层次的改革包括：由国家主导的金融体系改革；金融市场的发展，尤其是具有更高流动性的中国短期债券市场；利率自由化；汇率制度更富有弹性；以及资本项目的自由化。

住房融资和金融稳定性

戴维·沙尔芬斯坦（David Scharfstein）

首先，沙尔芬斯坦教授表示，次级房贷的证券化导致了美国房屋价格的高涨，房地产市场出现前所未有的繁荣景象。房屋净值贷款进一步恶化了住房市场的破产情况。次级房贷的证券化是由监管套利和对安全金融工具增加的需求产生的，而不断增加的全球财富导致了对安全性流动资产的需求的增加,作为次贷按揭抵押债券的买者和贷款担保人的房利美公司和房地美公司使危机更加恶化。

其次,沙尔芬斯坦教授介绍了奥巴马政府对住房改革的建议。房利美公司和房地美公司要逐渐地关闭。这其中有两个选择:第一,将房利美公司和房地美公司彻底私有化;第二,将房利美公司和房地美公司私有化,但是政府作为最后的担保人。此外,私有抵押信贷需要更好的监管,包括使用新的方法来管制证券化的程度。

住房是人们最大的财富之一,金融企业也容易暴露于房地产市场的风险中,所以房地产市场的崩溃会缩减它们贷款的意愿。私有化将会增加对银行和私人抵押信贷证券化的依赖,使银行暴露于抵押贷款的风险,另外,存款保险和"太大而不能倒"的信念,也能够使政府面临更多的风险,将住房的不利冲击传递到其他市场,比如企业贷款市场。

最后,沙尔芬斯坦教授讲到,住房信贷改革的目标是金融稳定性。住房信贷改革的可能性目标包括:减少住房信贷供给的过度波动性,保护金融体系不受到住房市场的不利冲击。具体而言,需要做到消除住房信贷中的繁荣与萧条相互循环的周期;保护金融系统,预防住房市场的崩溃;当出现较为严重的财政压力时,支持住房信贷。因此,政府需要采取一定的政策,比如,制定规章制度以控制抵押贷款及其衍生产品的风险;使银行资本和流动性达到一定的要求;在出现较为严重财政压力的时候,政府需要作为新发行的按揭抵押证券的最后担保人。

工业动态趋势和经济增长

鞠建东

首先,鞠建东教授介绍了研究的背景。现有对结构转型的文献主要关注于部门总量的变动。比如,三部门增长模型的建立以反映 Kaldor 事实,即总产出增长率、资本产出比、真实利率和劳动收入占国内生产总值比重的相对稳定性。此外,两部门增长模型同样概括了经济发展中的工业化进程。这些研究并没有将各个部门进行细化,由于各个部门包括不同行业,这些行业在工业化过程中的变化趋势不尽相同,那么这些行业在经济结构转型中是否具有可概括的特征事实呢?其背后又有怎样的理论来支持呢?

其次,鞠建东教授跳出当前研究普遍采用的两部门和三部门模型,建立了一个多行业和两要素投入的理论模型来阐述其观点。通过对模型进行分析和求解,可以得到一个连贯性定理(coherence theorem),即给定资本和劳动的要素投入,存在一个临界行业,使得当资本禀赋更丰富时,所有比该临界行业的资本更密集的行业会增加其产出,而所有比临界行业的资本更稀缺的行业会缩减其产出,而且这个临界行业也会不断增加资本密集度。在平衡增长路径上,由于资源禀赋结构的变化,基本的行业会呈现出倒 V 字型的形状。

最后,鞠建东教授使用 1958—2005 年 NBER-CES 美国制造业的数据,采取了 6 位数的北美工业分类系统代码,覆盖了制造业部门的 473 个行业,对美国制造业行业的动态进行了分析。他们发现了四个特征事实:第一,不同的资本密集度和生产率会导致行业动态变化趋势的异质性；第二，工业增加值和就业率会呈现出倒 V 字型的变化形态；第三，行业的要素密集度越偏离资源禀赋结构，这个行业的产出就越低；第四，行业的资本密集度越高，那么该行业达到倒 V 字型的峰值就越迟。

工资社保税和居民消费

吴斌珍

首先，吴斌珍助教授介绍了该研究的目的是为了解释中国储蓄之谜，即中国已经很高并且仍然不断上升的储蓄率是为何产生的。这个问题目前已经有了不少研究，例如魏尚进教授关于性别比增加储蓄动机的研究、姚洋教授关于结构失衡抑制消费的研究，以及李宏彬关于收入不平等抑制消费的研究等。本研究主要着眼于两个方面的解释：第一是预防性储蓄的需求，因为很多人把中国的高储蓄归结于完善的社保体系的缺乏；第二是家庭收入在国民收入中占比的下降造成储蓄率的提高。

不同的解释便带来不同的政策建议：一方面，认为高储蓄率源于社保体系不完善的学者便会建议政府加大社保的资金投入，而这便需要政府增加税收才能保证财政平衡。另一方面，认为高储蓄率源于家庭收入占国民收入比例过低的学者则会建议政府降低税收，以增加家庭收入比例。显然，这两者的政策建议是矛盾的。

其次，吴斌珍助教授利用中国 9 个省 2000—2006 年家庭调查数据，直接估计工资税变化对于消费的影响。一个简单的计量模型是将消费的对数值对收入的对数值进行回归，但这会产生遗漏变量问题，例如，外资企业的工作往往比较有保障，并能按时缴纳社保税，因此这一遗漏变量会导致估计参数的不一致。

最后，吴斌珍助教授使用了城市平均社保税率以及平均社保覆盖率作为工具变量进行修正。由第一阶段回归可以看出这些工具变量效力很强，也有很大的变易度。研究发现，正是由于近年来社保体系的完善，用于缴纳社保的工资税上升，从而导致了居民消费的下降。社保税率每上升 1 个百分点，会导致居民消费下降 3.3%。社保税变化的效应在不同年龄组中没有显示出显著的差异，但在不同收入水平的家庭显示出了显著的不同，即低收入的家庭会受到更大的影响，而高收入人群则没有受到影响。

企业税的角色

罗杰·戈登（Roger Gordon）

首先，戈登教授提供了一个企业税研究的回顾——企业税的角色及其经济效果。企业税如何设计呢？如何选择企业税的税基和税率呢？目前，虽然大量文献讨论了个人所得税，但是却缺乏一个清晰的框架来对企业税进行讨论。

理论上，不管收入的来源，理想的税率应当一样。如果基于劳动收入和资本收入的税率差异不会产生任何效率的改进和股权的收入，那么理想税率应当一样的命题便是真命题。企业税的税基要遵循这样的原则，即任何企业收入，在个人所得税制下已经完全可以征税的便不能作为企业税的税基。如果税率设定不当，那么收入便会有动机从高税率的地方转移到低税率的地方。

其次，戈登教授认为，企业税会产生扭曲，因为使个人所得税与企业税相等是具有一定难度的。比如，个人所得税在不同纳税个体中会存在变化，这归因于累进的个人税收计划；对资本利得征的实际税也会发生变化，这归因于什么时候出售股权；企业税率也会发生变化，这取决于商业损失。因此，企业税产生的扭曲取决于税收组织形式的选择（是征收企业税还是非企业税），债券融资和股权融资的选择以及补偿形式的选择。

企业税造成扭曲的大小，取决于每个个体的税率。税收扭曲对于因纳税而受到严重损失的企业更大，比如刚成立的企业。在个人税收改革与企业税方面，许多扭曲取决于个人收入所得税和企业税之间的差异，这意味着个人和企业的税率互相影响。

最后，戈登教授总结到，如果没有个人所得税，那么企业税便是对收入来源的最终税收，这意味着不需要减少个体的收入。如果企业税存在税收减免，但是个人税收没有，收入便会发生转移，这会产生极大的扭曲。事实上，企业税可以作为个人所得税的依托，预防通过转移普通收入为企业股票的资本利得来进行避税的行为。企业税的设计应当与个人所得税紧密联系在一起。但是，需要注意的是许多扭曲会在这个过程中产生。

中国主要产业的市场化改革

张帆

自 20 世纪 70 年代后期以来，中国市场化改革取得了巨大的成就，但是，不同产业所取得的成就并不相同。张帆教授详细阐述了电信、航空和铁路业的市场化改革过程。对于电信业，在 1994 年以前，邮电部通过中国电信提供电信服务。中国政府于 1994 年开始改革，打破中国电信的垄断地位，成立了一个新的竞争者——中国联通，这被认为是另外一个利益集团的寻租过程。事实上，由于资源的限制，中国联通很难与中国电信进行竞争。到了 1999 年，电信行业进行了第一次重组，将中国电信业务分成了三个部分：固定电话业务、移动通信业务和卫星通信业务，中国移动通信集团公司和中国卫星通信集团公司相继被创建，分别负责移动通信业务和卫星通信业务，但是中国电信依然具有固定电话业务的垄断地位。

第二次重组发生在 2002 年，中国政府在地理位置上将中国电信划分为北边的中国电信和南边的中国网通，中国网通拥有原中国电信 30%的网络资源。中国铁通也于 2000 年建立。这一次重组创造了 6 个运营商：中国电信、中国联通、中国移动、中国卫通、中国网通和中国铁通。

在 2008 年，政府宣布了第三次电信重组，中国电信购买了中国联通的 CDMA 网络，中国联通和中国网通重组合并，中国卫通合并到了中国电信，中国铁通合并到了中国移动。

这一次改革将 6 个主要的电信运营商合并为 3 个大小规模类似的运营商：中国电信、中国联通和中国移动。总而言之，在过去 10 年间，中国电信产业由一个国家垄断的行业转变为国家寡头的行业。

对于航空业而言，在 1985 年，中国民航总局的管理功能从企业功能中分离出来，此后，它逐渐转变为管理机构，对航空政策的制定和发展规划负责。从 1987 到 1991 年，6 个主要的航空公司也从中国民航总局中分离出来。在 1994 年，航空公司变为了 40 多个。随后，中国民航总局停止颁布新的航空公司执照，同时，中国民航总局取消了一个航空公司，并允许小的航空公司被大的航空公司接管。

当前，中国客运航空业主要由三家国有航空公司控制：中国国际航空公司、中国南方航空公司和中国东方航空公司，因此，该行业由于缺乏私人运营者，所以只存在有限的竞争。中国政府在 2004 年开始了价格改革，使得价格管制程度下降，对于国内货载航班，政府制定基础价格和价格浮动的幅度，使得航空公司可以决定价格，而对于短期的航线，价格主要由市场决定。

铁路改革落后于其他行业的改革。铁道部既是政府部门，也是一个运营单位。张帆教授认为，一个行业的物理特性和财务特性是关键。对于改革，政府要考虑两个方面，即效率和社会的稳定性。改革起始的动力便是融资和效率的考虑，当改革进行下去，领导者便开始考虑社会稳定性。对于社会和政府而言，产业相对重要性是决定哪个产业改革顺利的关键因素。产业的大小规模和增长是影响一致性的重要因素。中国渐进式改革通常从规模小的或者不重要的部门开始，改革的部门较未改革部门增加更为迅速，这又反过来使得未改革的部门更不重要，成为下一个改革的目标。为了抵制改革，未改革部门也试图增长更快，维持其重要性。

中国劳动力市场转型——超越刘易斯拐点解释范式

卢锋

经济现代化伴随着劳动力市场的转型，即随着农业劳动力向非农部门的持续转移，农业劳动力在整个劳动力市场中所占据的份额会长期下降。中国过去 30 年经济发展同样伴随农业劳动力比重持续以年均超过 1 个百分点的速度下降，体现了上述普遍规律，但是由于体制背景，中国劳动力市场转型的重要特点表现为"农民工"。据估计，农民工总量从 1985 年的 6700 万增长到 2000 年的约 1.5 亿，2010 年达到 2.42 亿。外出打工农民工增长更为迅猛，占农民工比例从 20 世纪 80 年代中期的 10%左右上升到近年超过 60%。

近年农民工市场出现所谓"民工荒"现象，并伴随农民工工资的较快增长。由于缺乏跨年度劳动合同，企业通常是在每年春节假期结束农民工离乡返工后签订新雇工合同。在 2004 年后的有些年份，沿海省份的企业发现如果不提高工资将难以招到足够的工人。学术界和媒体经常用中国正在经历刘易斯拐点来解释这一现象，认为中国正在从"劳动力无限供给"阶段转向"劳动力短缺"阶段。

作为20世纪50年代提出的一个理论假说，刘易斯拐点建立在一些特殊假设的基础上，如假设农业部门劳动力边际产出为零以保证劳动力供给无限，非农部门工资水平固定不变等。用这个理论假说解释当代中国劳动力市场转型规律是否适当，不仅涉及如何借鉴经济学说方法问题，更直接面临其关键假设与中国经济基本经验证据是否一致的问题。卢锋教授报告他们研究组关于中国劳动力市场分析报告的部分结果，说明刘易斯拐点假设与中国现实情况可能并不一致。

从职工工资角度看，中国在岗职工的名义和实际工资在改革后一直持续增长，这与刘易斯观点理论中非农部门工资水平长期不变的假设相背离。从农民工工资看，初步估计结果显示，自1979年以来，农民工名义工资大体保持9.3%的增长率趋势，实际工资水平则可能经历了20世纪80年代前中期增长、90年代相对停滞，以及世纪之交后开始恢复较快增长的过程。农民工与职工工资比率经历从20世纪80年代较高水平，随后在20年间持续下降，最近几年止跌回稳的过程。

从农业劳动生产率和劳动报酬看，在过去的30年，主要农产品劳动生产率年均增长率大约为7%左右。初步估计结果显示，粮食作物边际劳动生产率在波动中呈现增长趋势，过去20多年增长大约1倍左右。农业用工实际价格从20世纪80年代中期后10年大约增长1倍，后来10多年再次增长1倍左右。农业劳动生产率不同指标以及劳动报酬持续显著增长，得益于农业部门现代投入的持续动态演变，导致刘易斯抽象模型未曾考虑的农业生产函数结构变化，而这对中国大国经济转型具有不可或缺的支撑作用。

最后，卢锋教授总结到，利用常规经济学分析框架，结合中国基本经验事实，应能比刘易斯拐点范式更好地解释中国劳动力市场转型的特征和规律。另外，他还介绍了对中国劳动力市场未来演变态势的模拟结果，说明中国总劳动力增长可能会很快见顶，农业劳动力绝对规模可能已经历拐点，但是农业劳动力转移的历史进程还会持续展开。

中国的收入与消费不平等

沈艳

首先，沈艳副教授表示，日渐增长的收入不平等已经构成对中国社会稳定性的一大严重威胁，然而对这一现状，学界的研究还相当不充分，也缺乏足够的经验证据分析。此外，仅仅是简单考虑当前的收入分配差距，尚不足以充分理解不平等对福利的影响。一方面，文献表明，就发展中国家而言，消费数据是对生活水平的更好反映；另一方面，同等幅度的改变，如果是分别发生在当前收入不平等和持久收入不平等上，对福利影响可能非常不同，这取决于信贷和保险市场结构，因为不同的信贷和保险市场结构可以影响到个人平滑其收入波动的能力。

此项研究正好填补了这一领域的空白。在从2010年开始、每2年为1期的一项调查项目（中国家庭追踪调查，CFPS）中，可以获得来自25个省份、9420个家户的20536个成年人的数据。调查涉及家庭收入和支出的方方面面，并从教育水平、健康状况、自我主观评估等方方面面考察到了家庭的社会经济地位。通过该调查，本研究分析了在中国不平等这一问题上的城乡差距、地区差距和年龄差异等。结论的要点包括如下的几个方面。

第一，如果仅考虑平均值，城乡不平等相对国家统计局的研究要轻微一些。例如，城乡平均收入之比为2.54，城乡平均支出之比为2.25，均低于国家统计局的研究。然而进一步考虑收入和支出的分布，则在中国收入前10%的家庭拥有国民收入的42.6%，收入后10%的家庭仅拥有国民收入的0.5%，贫富差距是惊人的。不妨进行分位数上的城乡比较。中产阶级面临着最小的城乡差距，不管是用收入差距还是用支出差距来衡量都是如此。

第二，就城乡各自而言，农村地区的不平等更为严重。采用90/10比，即用最富有的10%的人的收入比最穷的10%的人的收入，农村地区的比值是城市地区该比值的2倍；即使换用消费数据，该比值农村也仍然是城市的1.7倍。

此外，从中国的东部到中部再到西部地区，尽管人均收入在递减，但是不平等在中部地区是最小的，体现出中国的不平等存在地域差别。从年龄层次上讲，随着年龄的增长，不平等也在增长，但这并不是单调的，年轻人面临着更严重的不平等问题。研究也发现，健康状况不妙的人群，更容易面对严重的不平等；受教育水平最低的人群，不平等问题也最为严重。

最后，沈艳副教授对其研究发现进行了总结，无论是用消费不平等还是收入不平等来衡量（尽管前者要轻一些），中国当前的社会不平等都处在较高的水平。在各社会阶层中，中产阶级所面临的不平等最低，这一群体对生活的满意程度也最高，因此中产阶级的人数增长对社会稳定至关重要。政府尤其需要注意年轻一代和中年人相比而言所面临的更为不平等的社会现实。

以邻为壑的污染现象

蔡洪滨

首先，蔡洪滨教授表示中国在取得工业迅速发展成就的同时也出现了严重的水污染问题。一项2008年的调查显示，中国近2万家化工厂中的半数布局于长江沿岸，并将大量未经处理的污染物直接倾倒入江。而世界银行在2006年的报告中也指出，中国仅有40%的地表水达到1到3级标准，也就是说，剩下60%的地表水处于污染或严重污染中。

在水污染的治理问题上，对于一省内的排污企业，省一级政府可以采用直接监管和进行"水权"贸易的方式来治理。因此此项研究是想要探明，在省与省的交界处，是否存在过度污染现象？具体而言，由于负外部性的存在，在两省交界的地方，水污染企业有可能更集中于河道的上游。然而即使存在这种集中现象，也需要通过计量的方法识别出，这种集中现象是否反映了本省将污染转嫁到邻省的企图。此外，该研究也试图提供对这种以邻为壑的水污染问题的解决之道。

此项研究时间跨度为1998—2007年，利用了中国30条主要河流沿岸的水污染企业的地理位置和生产信息数据以及县级数据，共获得了10年来自6个工业类别、314个县的共

6258 个观测样本。研究结果表明，水污染企业的确倾向布局于上游，并且这种现象在计量上是稳健的。对这一现象的解释，正如之前的猜测，可能是因为在省内，负外部性更容易被"内部化"，而涉及跨省时，内部化的成本就会显著地变高。

此外，蔡洪滨教授做了一个回归分析以研究企业所有制对企业污染行为的影响。假设每个省份在环境保护上投入的力度是一样的，因为国有企业和外资企业更容易得到监管，故在省界处的集中程度会轻一些，而私有企业因为更难于监管，所以省一级政府可能会倾向于支持他们布局在省界处。回归结果证实了这一假说。

最后，蔡洪滨教授总结到，此项研究证实了以邻为壑的污染现象的存在，然而这项研究还是非常初步的，后续的研究应该放入更多的地理特性变量。此外，此研究只描述了这一污染现象的存在性，对其可带来的后果尚未展开讨论，尤其是这种负外部性明显的污染现象是否会对省与省河流交界处居民的健康状况和当地的劳动力市场产生严重影响，需要进行更多的研究。

中国老年人的健康、医疗及社会经济地位
——来自 CHARLS 的经验证据

雷晓燕

首先，雷晓燕助教授介绍了 CHARLS 项目。CHARLS 项目为每两年搜集一次的面板数据，调查对象为 45 岁及以上的人群。2008 年该项目初次实施，在甘肃省和浙江省获得了 2850 份样本。2011 年，项目计划调查 150 个县的约 10000 户家庭、17000 个受访者。问卷涉及人口学、家庭结构、健康状况、医疗护理和保险、工作状况、收入消费、个人和家庭资产等方方面面的问题，也同时展开了家庭所在社区的卫生所调查和地方政府的政策调查。

调查显示，几乎所有衡量老年人健康状况的指标均与其受教育水平呈正相关，对女性该效应更为明显。以身高体重指数（BMI 指数）为例，对男性而言，其 BMI 指数与该男性的受教育情况和收入水平均呈正相关；对女性来讲，其 BMI 指数则与该女性的受教育年限呈现出倒 U 型关系。

本项研究的一项重大发现是，居民所在地的卫生所服务水平对该居民的健康状况有着十分重要的影响。对卫生所调查得到的变量包括其所提供的医疗服务的价格、医疗服务的可获得便利程度和服务质量、相关公共基础设施的建设等。通过回归发现，这些变量都将影响到该卫生所服务覆盖范围内居民的健康水平。本项研究同时还有另一重大发现，即存在有大规模的高血压低诊断率现象，研究表明，至少对女性而言，教育水平越高，患有高血压而未得到诊断的概率就越低；对所有人来讲，家住地离卫生所的距离越远，患有高血压而未得到诊断的概率就越高。这是值得卫生部门引起重视的现象。

另外，此项研究还涉及医疗保险和健康护理方面。数据分析发现，中国在最近的 6 年里已经比较成功地达到了普遍意义上的保险覆盖。尽管中国的保险金偿付率仍然远低于工业国家，近些年也已经得到了显著的提高。此外，近年来开始在全国范围内推广的新城乡

保险项目帮助提高了对住院费用的偿付，并扩大了对慢性病的覆盖面。这是中国在医疗领域取得的巨大成就。

最后，雷晓燕助教授也发现，即使在同一个医疗服务机构的覆盖区域内，保险的覆盖率也与居民的社会经济地位有相关性。例如，城市户口的参保率一般来讲就要高于农村户口。而在参保人群中，有较高社会经济地位者也往往对医疗服务有着更高的利用率。当然需要注意的是，因为中国公共医疗保险项目的设计初衷是实现全民的公平医保，在偿付率上是一视同仁的，无关参保者的社会经济地位。然而尽管如此，即使在同一个省内，无论从什么角度衡量，不同卫生医疗机构所提供的服务差异仍然是巨大的，所以未来的医疗制度改革仍然任重道远。

生而不平等——关于出生体重和成人发展状况关系的研究

珍妮特·柯里（Janet Currie）

首先，柯里教授发现一系列的文献支持这样的观点，即成年人的不平等在生命早期即已有所征兆。根据一项利用美国数据进行的研究，年轻人（24—27岁）薪水与他们在孩童时期（3—6岁）考试成绩正相关，而该考试成绩又与他们出生时体重正相关。该种正相关性因何存在？有人从生物学的角度提出假说，认为是因为基因差异和胎儿期的营养状况可以影响到出生后的发育水平。受此启发，解释人群之间的不平等或可从研究先天基因和后天营养的相互作用着手。

根据 Case 和 Paxson 在 2008 年与 2010 年的研究，身高可以作为预测成人未来健康状况的重要指标。然而这一指标问题在于遗传性太强，也即是说，高个子父母更容易生出高个子的子女。此外，人类身高总体趋势是随社会进步而不断增高的，但却不能用基因改变来解释。因此，与其用成年后生理指标例如身高来作考察指标，不如更关注于婴儿出生时环境影响对健康的作用，而这在很多别的研究中也已得到了证实，即出生时的健康状况对人的未来发展是有长期影响的。

其次，此项研究采用了婴儿出生时的体重作为指标。这一变量有长期而大量的记录，并且通常准确可信。近年来的一系列研究，如 Hoynes，Page 与 Stevens（2009），Currie, Schmeider 与 Neidell（2009），Currie 与 Moretti（2003）等发现，母亲营养不良、疾病、精神压力大、抽烟、饮酒、滥用药物及环境污染，都会对婴儿的出生体重带来负面影响，而母亲的受教育程度越高，其他条件不变下，婴儿的出生体重则越高。

那么婴儿体重与成年后发展水平有什么关系呢？一些研究者试图找到出生体重与受教育水平之间的关系，而另一些研究者则讨论了出生体重和成年后收入及健康状况的关系。研究结果与直观相符，只是需要指出，尽管过低的婴儿出生体重对长期发展是一不利因素，该负面影响在高收入家庭会相应小一些。

此外，尽管出生体重是衡量胎儿健康状况最常用的可得指标，它也并不是完美无缺的，一个更适当的评价是将出生体重视做对胎儿健康状况可信而有干扰的指标。一个替代变量是采用婴儿死亡率，或者不同年龄时期的身高状况，又或者可以考虑外部大的冲击如饥荒和瘟疫等对婴幼儿健康状况的影响，进而对成年发展状况的影响。然而正如已经指出的，因果关系往往是复杂的。例如，在穷富国别比较上，穷国可能面临着更多和更严重的冲击，这些冲击往往还可能是相互作用的，因此单一的指标和回归，得到的研究结果常常需要进行更细致的分析和甄别。

最后，柯里教授总结到，胎儿时期、进而婴幼儿时期的健康状况，对一个人未来的发展和成长往往起到了重要而复杂的作用，未来的研究宜更多地探究各种因素的作用机制，进而为政策制定者提供好的干预建议，以提高人群的健康水平和发展态势。

CCER-NBER 第十四届年会

聚焦财政与债务问题

（2012年6月）

2012年6月25日至6月26日，第十四届CCER-NBER中国与世界经济年会在北京大学国家发展研究院万众楼召开。

此次年会的演讲嘉宾有：哈佛大学马丁·菲尔德斯坦（Martin Feldstein）教授、布里吉特·马德里恩（Brigitte Madrian）教授、戴维·怀斯（David Wise）教授，哥伦比亚大学魏尚进教授，加州大学伯克利分校艾伦·奥尔巴克（Alan Auerbach）教授，斯坦福大学卡罗琳·霍克斯比（Caroline Hoxby）教授，麻省理工学院詹姆斯·波特巴（James Poterba）教授，牛津大学黄佩华（Christine Wong）教授，北京大学林毅夫教授、姚洋教授、余淼杰副教授、赵耀辉教授、巫和懋教授，以及清华大学李稻葵教授、施新政助理教授、欧阳敏副教授、张磊研究员。

中国和世界经济

林毅夫

　　林毅夫教授对中国和世界经济的总体形势进行了分析。自改革开放以来，中国经济的发展取得了举世瞩目的成就：第一，中国经济保持了 32 年的高速增长。从 1979 年到 1990 年，中国的经济年增长 9%。进入 90 年代，许多人怀疑中国是否能够继续如此快速增长，出人意料的是，中国在 1990—2010 年的年增长率提高到 10.4%。在一个人口如此巨大的国家，这么长期的高速增长在世界历史上是一个奇迹。第二，在 1979 年，中国经济规模占世界 GDP 比重不到 2%，2010 年已经超过 9%，成为世界第二大经济体。第三，1979 年，中国在世界贸易中的角色几乎可以忽略，而凭着出口年增长率 18% 的速度，中国现在成为世界最大的商品出口国，占世界商品出口的份额从 1979 年的不足 1%，增加到 2009 年超过 8%。第四，1980 年中国还是一个低收入国家，人均收入比撒哈拉以南非洲的 1/3 还要少，而现在，中国人均收入是撒哈拉以南非洲的 3 倍多。第五，中国贸易结构已经从有限的少数商品贸易转型到全球制造业的领导者，成为世界工厂。第六，中国还是区域和全球金融危机复苏的驱动力。中国成功战胜 1998 年东南亚金融危机和 2009 年全球金融危机，并成为世界经济复苏的驱动力。

　　林毅夫教授认为未来 20 年，中国经济还可以保持每年 8% 的增长率。现代经济增长的本质是持续的技术创新和产业升级过程。一个发展中国家可以享受后发优势。2008 年，中国的人均收入仅仅为美国的 21%，这与 1951 年的日本、1977 年的韩国、1975 年的中国台湾地区十分类似，并且中国所采取的发展战略也与这些国家或地区十分近似。按照这些国家后来的发展经验，中国经济依然有潜力再保持 20 年的 8% 的较高增长率。

　　林毅夫教授认为，中国在 2030 年可能会成为世界第一大经济体。按照日本、韩国和中国台湾地区等后来的发展经验，在人均收入为美国 21% 的基础上再增长 20 年，中国按购买力平价计算的人均收入在 2030 年可能会达到美国人均收入的 50%。那时按照购买力平价计算的中国的经济规模可能是美国的 2 倍，按照市场汇率计算，中国的规模也至少和美国一样大。

　　然而，中国经济仍然面临着诸多不利因素。首先是高收入国家正经历着低增长率、高失业率和低投资回报率的艰难时期。中国自身也面临三重失衡的挑战，即外部经济的失衡、收入差距的扩大及环境污染的问题。面对不利的外部环境和全球重新平衡的需要，中国需要转向内需的再平衡。中国也需要重新平衡收入分配，以解决持续恶化的收入不平等，来保持社会稳定。另一个再平衡要求平衡短期经济增长和长期环境可持续性。

　　林毅夫教授认为全球经济格局正在发生着转变。工业革命之后，工业国家经济增长加速，只有少数几个东亚的发展中国家出现了经济增长加速，并追赶上工业国家，其他大多数发展中国家都没有维持或加速经济增长，结果导致发达国家和发展中国家巨大的分化。在 2000 年之前，世界经济由"七国集团"（G7）主导。但在 2000 年之后，几乎所有的发展中国家都开始加速增长。G7在全球经济中的重要性正在被新兴市场国家所取代。2000—2009年，对全球经济增长率贡献最大的5个国家中，中国、印度、韩国和巴西就占据了4个席位，多极增长的世界正在形成。

未来20年中国对多极增长的世界将会有五大贡献：第一，中国会为高收入国家的资本品或中间品出口扩张市场，促进全球经济复苏；第二，中国的快速增长也会充分支持商品价格；第三，中国政府的海外投资和中国企业的海外投资为新兴市场和低收入国家的发展提供资金；第四，中国会成为其他发展中国家工业化的龙头，随着中国升级到更复杂的商品市场，中国会为低收入国家进入劳动密集型产业留下巨大的发展空间；第五，中国也会促进新的全球经济结构的形成，中国在"二十国集团"（G20）框架下的话语权会更大，人民币也许在未来会成为一个新的全球储备货币。总之，未来中国的经济增长会通过进出口、对外投资、产业转移等方面带动世界其他国家的经济增长，在世界经济多极化的形成中扮演重要的角色。

欧债危机产生的原因

马丁·费尔德斯坦（Martin Feldstein）

费尔德斯坦教授阐述了他对欧元区经济危机的看法。欧元区的经济发展取决于欧债危机能否顺利解决。这便需要从欧债危机产生的原因来着手。欧债危机的爆发有其外部原因，也有其内部原因。外部原因主要是2007年美国次贷危机爆发以来，欧元区各国纷纷推出的刺激经济增长的宽松政策。内部原因主要是产业结构的不平衡，实体经济空心化，经济发展相对脆弱。

尽管欧元简化了贸易，它却给货币政策带来了巨大的问题。单一货币意味着单一货币政策与单一利率，即使欧元区各成员国之间的经济状况有着巨大的差别，欧元区统一的货币政策却对之一视同仁。

单一货币也意味着本国货币对外币汇率相同。对于欧元区内的任何一个国家而言，这种汇率机制阻止了市场对长期贸易逆差自然反应。欧元区各国无法通过本国货币贬值的方式来提高自身产品的竞争力，于是产品竞争力直接表现为生产率的高低。欧元区南北国家在生产率上存在着显著差异，这导致了南部国家在产品贸易上无法与北部国家竞争，赤字越来越大。同时，欧元区国家固有的刚性福利制度进一步恶化了经济形势。

欧洲债务危机国家面临四方面风险：财政赤字和政府债务过高，经济增长低迷，银行风险加大，以及经常账户逆差扩大。在诸多债务危机国家中，希腊是最典型的代表。希腊问题是十分严峻的，这是由于希腊自身经济结构导致的。希腊自身的债务率要远远高于西班牙、意大利这些国家，而且希腊经济也陷入严重衰退，失业率处于高位。希腊政府融资成本和债务比例持续攀升，财政状况可能会越来越糟糕。希腊的银行系统也面临巨大的风险和流动性问题，而这部分是由于银行持有的大量政府债务造成的。

费尔德斯坦教授也就欧元区的前景和解决办法发表了自己的观点。他认为，退出欧元区无疑是解决问题的一个办法,但是退出欧元区之后,希腊货币价格的确定也不是短期可以实现的。如果选择留在欧元区,那么欧元区相对发达的国家应当给予希腊更大的援助和经济发展空间,这需要更多的政治协调。他同时也指出,对于欧洲来说,财政监管机制也迫切需要改革。欧元区国家拥有统一的货币、统一的汇率,但在财政方面却各自为政。欧元要重获竞争力,必须在财政机制上进行改变。另外,他认为欧洲中央银行也要对银行系统进行改革,以解决目前银行系统所面临的问题和巨大的风险。

费尔德斯坦教授也谈到了欧元区各国和美国各州之间的异同。他建议欧盟学习美国州政府在这方面的经验。美国 50 个州都有各自的税收政策和财政预算,互不干涉,但是州政府的赤字率和负债率普遍很低。这是因为每个州的法律虽然允许州政府为固定工程项目在资本市场融资,但严格禁止州政府为维持日常运作的固定花销而借贷。这使得州政府的债券在资本市场比较受欢迎,州政府可以以低成本融资。欧盟成员国与美国州政府还存在差异。欧盟毕竟没有中央政府,不能进行跨地区的转移支付,而成员国还需要按照自己国家经济发展情况采取逆经济周期的财政政策。

中国经济的展望

李稻葵

中国经济在再平衡方面已经取得显著进展,具体表现为贸易盈余显著地减少,家庭消费占国内生产总值比重也在回升。这是由基本的市场力量驱动的,不是受到特定政策影响。贸易盈余占国内生产总值比重已经从 2007 年的最高点 8.8%回落到 2009 年的 4.36%、2011 年的 2.53%,2012 年第一季度只有 0.22%。经常账户盈余占国内生产总值的比重也从 2007 年的最高点 9.81%,迅速回落到 2011 年的 2.71%,2012 年第一季度只有 1.37%。

那么,是什么因素导致了贸易盈余的下降?是消费还是投资?从 2005 年起,贸易盈余占国内生产总值比重的增长已经放缓,从 2008 年起转为下降,2008—2011 年平均每年下降 1.61 个百分点。最终消费占国内生产总值比重在 2005 年、2006 年还在继续下降,但从 2007 年起由下降转为上升,2008—2011 年平均每年增加 0.56 个百分点。投资占国内生产总值比重波动上升,2008—2011 年平均年增长 1.05 个百分点。另一方面,中国的实际有效汇率在 2005—2011 年间已经上升了 21.9%。

李教授认为官方关于消费的统计数据严重有偏。官方统计数据是基于家庭调查,对城市里 36000 个家庭随机系统地采样和进行日常分项记录。中国的家庭调查有显著系统偏误,包括抽样偏误和家庭汇报偏误。按照官方统计数据,从 1990 年到 2011 年,消费率大体呈下降趋势,从 1990 年接近 50%降到 1994 年的 45%以下,此后一直在 45%左右徘徊,进入 2000 年后,消费率一直下降到 2011 年的 33.5%。按照调整后的数据,在 1990 年到 2007 年的变化趋势与官方统计数据吻合,但在 2008 年及之后,变化方向并不是官方统计的下降,而是上升,从 2007 年的 36%上升到 2011 年的 39%,而不是官方统计的从 35.1%下降到 33.5%。

消费刺激政策包括两个重要的项目：一个是汽车项目，一个是家电下乡项目。汽车项目金额为 300 亿人民币，只占家庭消费增长的 0.3%；家电下乡项目金额为 9200 亿人民币，只占家庭消费增长的 9.2%。社会保障网络改善能解释家庭消费增长的 0.13%。新农合的覆盖面从 2005 年的 0.9%上升到 2010 年的 6.9%，依然较低，而最低生活补贴的覆盖面甚至从 2005 年的 4%下降到 2010 的 3.5%。

消费增长的主要因素是劳动收入的提高。从 1991 年到 2010 年，我国消费增长率与劳动收入增长率变化方向保持高度一致。实证分析结果也表明劳动收入占国内生产总值的比重对消费占国内生产总值比重有显著的正影响。根据对跨国数据的分析，劳动收入占国内生产总值比重和人均国内生产总值水平呈 U 型规律，我国正处于从下降到上升的转折阶段。劳动收入占国内生产总值比重从 2007 年的 41.1%上升到 2009 年的 47.11%，对应消费率也从 2007 年的 35.99%上升到 2009 年的 38.59%。

长期财政问题

艾伦·奥尔巴克（Alan Auerbach）

奥尔巴克教授分析了以下三个问题：第一，美国现在的财政状况是怎么形成的？第二，未来 10 年，美国财政的前景如何？最后，美国财政问题长期会是什么表现？其他国家长期财政与美国之间会产生怎样的交互影响？

从 2001 年开始，美国的财政赤字一直增加。2001 年，美国的财政赤字占潜在国内生产总值的比重从不到 3%，2011 年增加到接近 6%。2001 年经济发生衰退，但随后经济开始缓慢地恢复，于是 2002 年以后，立法支出、利息在逐渐增加，并且 2000 年开始实行的一系列政策，比如国防建设及医疗计划，使得政府支出有所增加。2008 年，次贷危机爆发，经济表现较弱，再加上"美国复苏和再投资法案"（American Recovery And Reinvestment Act，ARRA）、"不良资产救助计划"（Troubled Asset Relief Program，TARP）等项目的实施，于是财政赤字逐年上涨。

根据美国国会预算办公室的基线预算估计，希望未来 10 年内，美国财政赤字会有一个大幅的下降。2012 年，国会预算办公室预计赤字规模大约占到国内生产总值比重的 7.5%左右，而到 2013 年，预计财政赤字规模能降到国内生产总值比重的 4%左右。到 2017 年，财政赤字规模降到国内生产总值的 1%左右并维持在此水平。

悲观者认为，未来 80 年，财政收入占国内生产总值比重长期维持在 18%左右；而乐观者预计财政收入占国内生产总值的比重长期能维持在 22%左右。并且，悲观者认为，未来 10 年内，财政支出会由占国内生产总值比重的 22%下降到 20%左右，但长期看财政支出会一直增长，到 2082 年，财政支出占国内生产总值的比重增加到 30%左右；乐观者虽然也认为长期财政支出会一直增加，但却不会增加那么快，到 2082 年，财政支出占国内生产总值的比重增加到 25%左右。悲观者和乐观者对于国内债务的预计相差甚远。2012 年，国内债务占国内生产总值比重为 80%左右，悲观者认为，长期来看，到 2082 年，国内债务会占到国内生产总值比重 800% 左右，而乐观者却认为国内债务不会如此快速地增长，到 2082 年，国内债务仅为国内生产总值比重的 300% 左右。

仔细考察长期财政缺口的状况，会发现暂时或永久性地增加税收，或是削减支出，或是两者相结合，能使得债务占国内生产总值的比重在长期保持和现在相同的水平。国会预算办公室对财政预算进行基线预测时，主要基于以下几个假设：第一，从现在至 2022 年，考虑三种不同情形；而 2022 年之后，财政收入与支出占国内生产总值比重维持在一个相对稳定的水平。第二，社会安全方面的开支由受托人报告估计得到。第三，医疗救助计划的开支估计来自于三个方面，分别是医疗救助计划受托人委员会、医疗保险和医疗补助服务（CMS）精算师和国会预算办公室。

基于这些假设，国会预算办公室对财政预算进行基线预测。根据医疗救助计划受托人委员会得到的健康项目的开支，预计到 2089 年会占到国内生产总值比重的 2.18%，而永久来看，会占到国内生产总值的 3.12%；而根据医疗保险和医疗补助服务精算师得到的健康项目的预计开支明显高于根据医疗救助计划受托人委员会得到的预计，到 2089 年健康开支会占到国内生产总值比重的 3.56%，而永久来看，会占到国内生产总值的 5.38%；而国会预算办公室的估计则会略高于根据医疗保险和医疗补助服务精算师得到的健康项目的预计开支，到 2089 年健康支出会占到国内生产总值比重的 3.67%，而永久来看，会占到国内生产总值的 5.97%。

在奥巴马的财政预算中，到 2089 年，根据医疗救助计划受托人委员会得到的健康项目的开支预计会占到国内生产总值比重的 3.22%，而永久来看，会占到国内生产总值的 4.1%，这一比重明显高于国会预算办公室的基线预测。而根据医疗保险和医疗补助服务中心（CMS）精算师得到的健康项目的预计开支也明显高于国会预算办公室的基线预测，到 2089 年健康开支会占到国内生产总值比重的 4.58%，而永久来看，会占到国内生产总值的 6.34%。而根据国会预算办公室的替代方案，奥巴马财政预算预计健康项目的预计开支，到 2089 年会占到国内生产总值比重的 4.69%，而永久来看，会占到国内生产总值的 6.91%。

扩展政策对于健康支出的预计不仅高于国会预算办公室的财政预算基线预测，也明显高于奥巴马财政预算。扩展政策中，根据医疗救助计划受托人委员会得到的健康项目的开支，预计到 2089 年会占到国内生产总值比重的 5.21%，而永久来看，会占到 GDP 的 6.21%，这一比重远远高于国会预算办公室的财政预算基线预测。同样的，根据医疗保险和医疗补助服务精算师得到的健康项目的预计开支也明显高于国会预算办公室的基线预测，到 2089 年健康开支会占到国内生产总值比重的 6.64%，而永久来看，会占到 GDP 的 8.56%。根据国会预算办公室的替代方案，扩展政策财政预算预计健康项目的预计开支，到 2089 年会占到 GDP 比重的 6.76%，而永久来看，会占到 GDP 的 9.16%，比重都远远高于国会预算办公室和奥巴马的财政预算。

从全世界范围来看，大部分的发展中国家，都存在较大的财政预算缺口。例如，根据现在基线水平预测，到 2060 年，英国的财政缺口会占到国内生产总值比重的 8% 左右；如果没有初始债务，英国的财政缺口到 2060 年会占到国内生产总值比重的 7% 左右；如果没有养老金或健康开支的增长，英国的财政缺口到 2060 年会占到国内生产总值比重的 3% 左右。

从 1972 年到 2022 年，社会安全和医疗方面的开支占整个非利息支出的比重呈上升态势，而自由裁量方面的开支占整个非利息支出的比重却是在下降的。不仅是在美国，其他一些国家也是一样,老年人津贴项目是关键因素。想要应对长期的财政问题,财政结构的整体变化是比较大的,需要考虑增加税收。但是当前经济运行比较弱势,并且长期财政计划范畴下,需要重新规划财政支出结构,这些情况都导致未来长期财政状况会面临严峻的挑战。

教育改革——成功与失败

卡罗琳·霍克斯比(Caroline Hoxby)

霍克斯比教授认为,一项成功的教育改革必须结合公众利益和学校的实际情况。当学校由市场来选择和评价时,其表现必然与非市场化的学校不同。这种市场导向的刺激促使学校更注重其表现,并且使学校之间呈现出多样化。这种基于市场的选择允许学生和学校之间进行匹配。一项妥善的选择机制的设计创造了学校之间的公平竞争的环境,在此环境下,基于公开设定的目标,学校的信息被公开报道。由于学校拥有自主管理权,使其可以对这些市场激励做出反应。学校的管理是独立的,但同时担负公共责任。

霍克斯比教授通过两个例子来看市场化的教育改革的成果。一个例子是特许学校比普通公立学校表现好。不仅是特许学校的教师效应和教师报酬要好于普通公立学校,而且特许学校学生的外部收益也要优于普通公立学校。另一个例子是某些公立大学比其他学校表现得好很多。

什么样的学校才是特许学校?特许学校与普通公立学校相比,有以下方面的不同:每一个学生可以选择一所特许学校,但基于他的居住地,学生也可以选择一所普通公立学校。当一个学生选择一所特许学校时,学校从政府那里接受一单位的学生成本资金补助。学生提交他们对于学校的偏好,并基于以下机制被分配到各个学校。分配机制尊重每个学生的偏好,但是对于具有相同优先权的学生,会采用抽签的方式决定其是否能进入该校。特许学校的管理是高度自治的,委员会是从社区中选择出来的,这和私立学校非常类似。特许学校被独立的权威机构评估,该机构能够改变、甚至终结学校的政策。

经济学家预测特许学校会比普通公立学校表现要好,主要是基于以下几个方面的理由。①家长可以实际观测到学校的表现,基于这些表现,学生很容易选择进入或离开一所特许学校,所以学校面临更强的激励。②特许学校的学生能够更好地和该校的环境和教育所匹配,使得他们更适应这所学校的环境和教育方式。③特许学校管理上的自主性使得学校能够基于老师的表现雇佣、补偿和分配他们,而不是基于他们的资历。特许学校的委员会和权威机构不太可能被教师组织所俘虏。

在进入特许学校之前,被选中和未被选中的孩子是一样的。但进入特许学校学习8年之后,被选中的孩子显著性地表现更好。被选中的孩子的数学平均成绩达到75分,而未被选中的孩子仅有42分;被选中的孩子的阅读平均成绩达到65分,而未被选中的孩子仅有40分。

正如经济学家所预期的那样,特许学校在管理和监管方面表现得更好。在普通公立学校，仅有 1%的教师报酬是基于他们的教学表现；而在特许学校，64%的教师报酬是基于他们的教学表现。在普通公立学校，仅有 5.5%的教师分配和保留是基于其卓越的教学，而在特许学校，35.8%的教师分配和保留是基于其卓越的教学。在普通公立学校，教师组织阻止解雇不合适的老师的概率为 68.1%，而在特许学校，这一比例下降为 13.1%。委员会成员中认为教师组织是最有影响力的力量的比例，在普通公立学校里为 67%，而在特许学校中，没有委员会成员认为教师组织是最有影响力的力量。在普通公立学校，委员会成员是社区领导人的比例仅有 11.5%，而在特许学校，这一比例增加到 32.1%。在普通公立学校，认为学校管理是优秀的教师比例仅为 17.4%，而在特许学校，这一比例增加到 32.8%。

经济学家能够很好地评估教师的效应，并且对教师效应的估计能够强烈地预测长期结果，这一现象已经被随机试验所证实。学校领导能够获得教师效应的信息，并利用这些信息去改善学校。有更好效应的教师能够获得更多奖励，这刺激教师去提高自己的教学水平。相对于其他试图提高学校表现的政策来说，这种体现学校表现的外部反馈和学校规则的完善的政策具有较高的成本收益比。

第二个例子研究为什么一所大学会比其他学校表现好很多。对于每单位美元的研究支出，每个学校的研究产出差异非常大。一所试图在某一方面研究富有成效的大学，也会试图使其在其他方面的研究富有成效。而以学生的将来收入来衡量，大学的研究生产能力和提高学生的增加值是否正向相关还缺乏相应的证据。

这里，霍克斯比教授考虑了两种高等教育的资源分配模型。一种是市场导向程度较低的资源分配模型。在该机制下，学生和教师通过一个集中程序被分配到各个大学。每个学校的教师工资、学生的学费、学校的预算和研究资源都是由中央设定的，通常每个学校都差不多。如果一所大学不被允许，就不能随意发展新的项目或开展新的研究。学校的管理与当前教育政策紧密相连。另一种模型是市场导向程度较高的机制。该机制下，学校之间争夺学生和教师，同时，学校还要争夺外部资源，如研究经费和慈善资金等。学校拥有自主权，能够自主决定教授哪类学生，收取多少学费，雇佣哪些教师，付给教师多少工资，以及追求何种研究项目等。学校管理被公众动机所影响，但是并不受到现有教育政策的束缚。

霍克斯比教授用市场配置指数度量一所学校的市场导向程度。倘若学生是通过集权机制选出来的，则该大学的市场配置指数减少 0.07；倘若政府确定教师工资，则该大学的市场配置指数减少 0.33；在雇佣教师时拥有自主权，则该大学的市场配置指数增加 0.67；在工资设定时具有自主权，则该大学的市场配置指数增加 0.14。

从跨国的样本比较来看，当一个国家的市场配置指数越高，每单位美元的研究成果引用数也就越高，这种正向关系很清楚地体现了教育机构的市场化对于其研究表现的影响。对于法国来说，其市场配置指数为 −1.50，每单位美元的研究成果引用数几乎为 0，但对于美国来说，其市场配置指数为 1，每单位美元的研究成果引用数高达 0.14。比较美国国内的公立大学，发现当一所大学的市场配置指数越高，每单位美元的研究成果引用数也就越高，很清楚地显示出市场导向和研究水平之间的正向关系。

在美国，可以通过自然实验来了解大学的产出水平。取消额外的资助，观察一所学校基于初始市场配置所能获得的资金资助和产出率之间的关系。比如，杜克大学在 1987 年有一个突然的馈赠，使得其资助基金大幅上升。阿拉巴马大学的研究支出在 1985 年有一个大幅上升。具有较高的市场配置指数的大学，意味着他们具有更多的自主权，必须争夺学生、教师以及研究经费。证据表明，对于具有较高的市场配置指数的大学来说，每单位美元的研究支出的产出率是低市场配置指数的大学的两倍。

高中的质量和学术表现——断点回归设计

施新政

施新政助理教授从中国的实践来看学校质量和学生学术水平之间的关系。高中的质量和学术表现之间的关系是教育经济学一个非常基本的问题，尤其是对教育资源薄弱的发展中国家而言。但在实证中，这个问题比较难以研究，主要是因为好学校和差学校之间的学生分配不是随机的，很难从无法观测的个人因素中了解学校质量对于学生的影响。过去有许多的经济学家通过不同的方法研究该问题，比如匹配的方法、考察自然实验、进行随机实验等。有的研究发现，学校的质量对于学生学术表现是有正向的影响，而有的研究则认为学校的质量对于学生学术表现是没有影响的。

施新政助理教授使用断点回归设计方法对东亚的学校质量问题进行研究。通过本文的研究发现，进入重点高中，并不会增加学生取得大学入学资格的概率。这表现在以下几个方面。进入重点高中，反而会使学生参加高考的概率下降 7.1 个百分点。在参加高考的学生中，学生考上大学的概率会增加 14.2 个百分点。在参加高考的学生中，学生的高考分数会增加 0.13 单位的标准差，但这并不显著。

施新政助理教授介绍了中国的重点高中制度。在中国，每个县在县城有一所高中，这所高中相对于该县其他高中来说是最好的，被称为重点高中。重点高中和普通高中有一些显著的差异：第一，重点高中具有更高比例的具有高级职称的教师，具有四年大学教育资格的教师的比例也远高于普通高中。第二，重点高中学生的高中入学考试分数也高于普通中学。第三，重点高中的班级规模、学生数、校园面积及图书馆藏书数量等也优于普通高中。在中国，初中毕业的学生必须参加中考才能进入高中，只有中考分数高于重点高中设定的分数线的学生，才能被该重点高中录取。

由于学生的一些特征不能被直接观察，所以要寻找具有相同特征的学生，才能进行比较。断点回归设计方法的关键就在于寻找并比较具有相同特征的学生，从而研究学校质量对于学生的学术表现的影响。基于断点回归设计的思想，施新政助理教授比较了两组学生。一组学生的中考分数刚刚高于重点高中的分数线，并被重点高中录取；另一组学生的中考分数刚刚低于重点高中的分数线，进入普通中学。研究采用的方式是模糊断点回归设计，因为重点高中分数线并没有被严格执行。一些中考分数低于重点高中分数线的学生也进入了重点高中，而一些中考分数高于重点高中分数线的学生却进入了普通高中，所以施新政助理教授将重点高中的资格作为进入重点高中的工具变量。在回归之前，施新政助理教授还进行了测试，以确保没有其他变量影响重点高中分数线附近的断点。

研究使用的数据来源于甘肃省的高中或县教育局，施新政助理教授收集了从 1997 年到

2001年的学生信息。最终的样本包括6个县的10985个学生,大部分学生都参加了高考,且60%的学生具有高考分数。施新政助理教授想要从这些数据中分析三个变量:一是考上大学的概率,二是参加高考的概率,三是高考分数。

回归分析之前的测试显示,尽管使用不同的断点附近的带宽,具有重点高中入学资格的学生进入重点高中的概率较大,且是显著的,这对女生而言尤其明显。

现在来看重点高中对于学生学术水平的影响。首先看重点高中是否提高学生考上大学的概率。回归分析结果显示,重点高中对提高学生考上大学概率的影响并不显著,但是对于女生来说,考上大学的概率显著地低于男生。其次来看重点高中是否增加学生参加高考的概率。回归分析结果显示,重点高中会降低学生参加高考的概率,这也许是"鸡头凤尾"效应,因为刚刚高于重点高中分数的学生在重点高中算学习较差的学生,这种落后的状态会打击或降低其学习的积极性。对于女生来说,参加高考的概率要显著地低于男生。最后再来看重点高中能否提高学生的高考分数。相对于普通高中的学生,在已经参加高考的学生中,进入重点高中学习的学生的高考分数会显著增加,但女生的高考分数还是显著地低于男生。

总结而言,进入重点高中,并不会提高学生考上大学的概率。同样的学生,进入重点高中,反而会降低其参加高考的概率。但是对于参加高考的学生来说,考上大学的概率会增大,且高考分数也会增加,尽管并不显著。因此总体来看,高中的质量和学生的学术水平之间并没有正向关系。

不同经济增长率和全球失衡

姚洋

在未来高收入的理性预期下,消费平滑的结果是人们现期会大量负债。标准经济学理论可解释美国20世纪90年代到2000年早期不断扩大的经常项目逆差,但不能解释世界其他国家,比如日本、德国、英国、中国等在经济增长早期的经验事实。这些国家经历了高速经济增长,同时期还保持大量经常项目盈余。如英国从1830年到1910年第一次世界大战发生前,一直保持经常账户盈余。是否存在一种折中的理论,可以解释不同国家经济增长率和经常项目余额之间的关系呢?

实证分析的数据来源是世界银行216个国家1960年到2010年的国别数据。估计方法采用时间、个体的固定效应模型和动态的固定效应模型。被解释变量有三个:储蓄率(储蓄占GDP比例)、投资率(投资占GDP比例)和经常项目余额占GDP比例。主要解释变量是GDP增长率以及GDP增长率平方项。其他控制变量包括人均GDP、人均GDP和GDP增长率平方项、净外国资产、贸易占GDP比率、M2占GDP比率、私人信贷占GDP比例、少儿抚养比和老年抚养比。

实证结果表明,经济增长率和经常项目余额呈U型关系。国内生产总值增长率和投资率、储蓄率显著正相关,GDP增长率对储蓄率影响边际递增,但对投资率边际影响为零,即储蓄率和 GDP 增长率呈 U 型曲线，投资率和 GDP 增长率是斜率为正的直线。经常项目余额占 GDP 比例是储蓄率和投资率之差，因此经常项目余额占 GDP 比例和 GDP 增长率也呈 U 型。当 GDP 增长率低于阀值时，经常项目余额占 GDP 比例随 GDP 增长率增加而下降；当 GDP 增长率高于阀值时，经常项目余额占 GDP 比例随着 GDP 增长率增加而上升。

按照生命周期假说，一国储蓄率随着 GDP 增长率上升而增加。在某些条件下以及某些领域内，储蓄率是经济增长率的凸函数，GDP 增长率会提高一国储蓄率；即使不是凸函数，储蓄率也是经济增长率一个几乎线性的凹函数。在生产规模报酬不变的假设下，投资率是经济增长率的线性函数。在生产规模报酬递减的假设下，投资率是经济增长率的凹函数，当经济增长率到达一个高的拐点后，投资率会随着 GDP 增长率增加而下降。两个作用的最终结果使得经常项目余额和经常项目余额呈现 U 型关系。

姚洋教授用简单的两国模型从生产率冲击角度，解释经常项目余额占 GDP 比例和 GDP 增长率之间的 U 型关系。假设一次短暂的正向生产率冲击只发生在国家 A，但国家 A 和国家 B 的宏观经济变量都会经历一个转移路径并最终达到稳态。在到达稳态前，国家 A 有更高的 GDP 增长率。在转移路径上，国家 A 利率先向上跳跃，然后逐渐下降，最后趋于新的稳态水平。国家 A 先有负的经常项余额，然后有正的经常项余额。国家 B 相反。把经常项余额在转移路径上平均后发现，国家 A 有经常项目盈余，国家 B 有经常项目赤字。利用模型估计结果，给出中国 2012—2020 年经常项目余额占 GDP 比例的预测值。保守预测 2012 年经常项余额占 GDP 比例为 2.26%，此后该比例逐年递增，到 2020 年递增至 3.43%。

中间品进口关税和出口强度：来自中国企业的证据

余淼杰

世界平均关税从 2000 年的 15% 下降到 2006 年的 10%，其中，中间品进口关税下降对中国有特别意义。因为 2000 到 2006 年的进口加工和来料加工企业数量占进口企业数量的比重，以及进口加工和来料加工企业的进口额占总进口额的比重均为 60% 左右。此外，中国只有 27% 的企业是出口企业，且大部分企业只出口其小部分产品，只有 15% 的出口企业是 100% 的完全出口。企业如何分配产品出口和内销的比例？中间品进口关税下降如何影响中国企业出口强度呢？余淼杰副教授对此进行了研究。

实证研究的数据分为三部分：海关 8 位数产品代码的贸易数据、工业企业数据和海关 6 位数产品代码的关税数据。这三部分数据经过了匹配合并处理。其中，工业企业数据库剔除以下观察值：①总资产、固定资产净值、销售收入为负的企业；②雇佣人数小于 8 人的企业；③总资产低于 500 万人民币的企业；④固定资产低于 500 万人民币的企业。新的合并企业数据具有较好的代表性。新的合并企业数据的出口额大约是原工业企业数据库出口额的 70%，2000—2006 年，加工贸易企业数量是总企业数量的 64%，和原工业企业数据库大致相同。新的合并企业数据中，大约 83% 的企业出口，其余 17% 的进口企业仅在国内销售。出口企业中，大约 12% 的企业出口所有的产品。但新合并数据库比工业企业数据库有更高的销售额、出口值、雇佣人数、资本密集度和劳动生产率。

此外，为了研究中间品进口关税对出口强度的影响，余淼杰副教授构造了企业层面的中间品进口关税和外部关税。中国企业分为四类：非进口企业、普通进口企业（非加工贸易企业）、混合型加工贸易企业和纯加工贸易企业。进料加工和来料加工是最重要的两种加工贸易形式。进料加工，加工后出口到世界各国，关税"先征后退"；来料加工是较早的贸易模式，材料进口国就是出口国，关税是"不征不退"。两者对企业资金的影响不同。来料加工对企业资金没有影响，进料加工对企业资金要求较高。因此，企业层面的中间品进口关税是经进口额加权平均的中间品进口关税税率和利率。外部关税是出口额加权平均关税。

计量模型中被解释变量是企业出口强度，主要解释变量包括企业中间品进口关税、企业外部关税、行业产出品关税、加工贸易企业哑变量、加工贸易企业哑变量和企业外部关税的交互项、加工贸易企业哑变量和行业产出品关税的交互项。实证结果表明，中间品进口关税提高会显著减少企业出口强度。

中间品进口关税通过哪些渠道影响了一个国家的出口强度？首先是企业进口产品种类渠道。回归模型中加入企业进口产品种类，以及企业进口种类和中间品进口关税交互项后，结果发现中间品进口关税下降会增加企业进口产品种类，进而导致企业出口强度增加。其次是新出口企业数量增加。中间品进口关税削减会增加内销企业成为新出口厂商的概率，以及普通进口企业转为混合型加工贸易企业的概率，并能提高新出口企业的出口强度。最后是现有出口企业出口强度增加，且出口产品的种类增加。

一些被忽略的真实汇率决定因素

魏尚进

真实汇率是影响人们经济行为的重要价格，但对其决定因素学界理解得并不充分，甚至对如何评估一国真实汇率，学界还有许多争论。在理解真实汇率的决定因素时，学界常用的是 Balassa-Samuelson 效应和 Froot-Rogoff 效应，而常常忽略一些其他的决定因素，如性别比、基础设施建设等。魏尚进教授指出，基础设施建设是决定一国真实汇率的重要因素，但这一因素并没有被写入真实汇率的模型。

货物运输成本在世界各国存在巨大差异。在 1995 年，欧洲和日本是世界上基础设施建设得最好的国家和地区，中国基础设施建设则处于较差水平。1995—2008 年，亚洲和非洲的一些新兴经济体（包括中国）成为世界上基础设施建设平均增长率最快的国家之一。中国基础设施建设在 2005 年后出现跳跃式增长，增长速度远超印度和墨西哥。同期人民币不断升值，2005—2011 年，人民币升值约 24%。基础设施建设是促使人民币升值主要原因。

实证分析的数据来源是世界银行 1980—2008 年的国别数据。被解释变量是各国对美国的真实汇率和各国的加权真实汇率。主要解释变量是各国的基础设施建设，以铁路长度和公路长度之和占国土面积的比例来衡量，其他控制变量包括：人均国民生产总值、财政支出占国民生产总值比例、贸易条件、净国外资产占国民生产总值比例、真实利率、贸易限制哑变量和相对生产率。估计方法采用面板数据的双向固定效应模型和贝叶斯模型。

固定效应模型和贝叶斯模型都给出了一致的估计结果,即基础设施建设增加会使一国货币升值(以真实汇率衡量)。根据固定效应模型的估计结果,基础设施建设可以解释中国真实汇率变化的 30%,而在世界其他国家的解释力平均不到 25%。根据贝叶斯的估计结果,基础设施建设可以解释中国真实汇率变化的 75%,而在世界其他国家的解释力平均不到 30%。

基础设施建设主要通过价格渠道影响一国真实汇率。真实汇率是一个相对价格,受到国内价格水平的影响,而基础设施建设是影响企业交通运输成本的一个重要因素,也是影响国内价格水平的重要因素。此外,拥有良好基础设施的国家,产品在国内的流通也更频繁,各地区市场竞争更加充分,有利于淘汰低生产率的企业,同时降低存活企业垄断程度,使产品价格处于相对较低的水平。总之,通过对产品价格的影响,一国基础设施建设对一国真实汇率产生了影响。

跨国数据的实证研究还表明,基础设施建设是真实汇率的重要决定因素。近年来,基础设施建设对真实汇率的影响与 Balassa-Samuelson 效应相当,远大于 Froot-Rogoff 效应。一国在基础设施快速扩张时期,其币值会出现升值压力。当一国欲维持汇率稳定时,其币值往往会被低估。

行为经济学与储蓄

布里吉特·马德里恩(Brigitte Madrian)

在美国退休储蓄中,雇员可以选择将其薪金的一部分存入退休储蓄账户,企业还会为雇员的退休储蓄账户匹配一定数额的缴费,以激励雇员为退休储蓄更多的资金,其中,企业给予的最高缴费数额为薪水的 0.75%—6%。这种储蓄匹配将对雇员的储蓄行为产生影响,它既产生了替代效应,又产生了收入效应。其中,替代效应指的是,由于企业对雇员的退休储蓄匹配一定数额的缴费,从而降低了雇员储蓄的成本,使得雇员增加了退休储蓄,此时退休储蓄的参与率和雇员对其贡献率将会增加;收入效应指的是,由于企业对雇员的退休储蓄匹配一定数额的缴费,从而增加了雇员退休储蓄账户中的总储蓄,这又会降低雇员对退休储蓄的贡献率。显然,当替代效应和收入效应同时发挥作用时,储蓄匹配对雇员储蓄行为的影响是不确定的。

当前研究主要用两种方法来分析这种经济物质激励对雇员储蓄行为的影响。第一,利用跨部门企业对退休储蓄匹配率的差异来进行计量实证研究;第二,利用自然实验来进行研究。然而,第一种方法无法进行储蓄匹配与雇员储蓄之间因果关系的推断;第二种方法的外延性往往较差,根据自然实验所得结论还不足以推广。因此,马德里恩教授在此主要从行为分析的角度来展开研究。

首先,马德里恩教授分析了"自动加入制度"(automatic enrollment)对退休储蓄计划参与率的影响。与以往可选择性加入退休储蓄计划不同,"自动加入制度"使得雇员在没有主动做出其他可替代性选择情况下,自动以固定的贡献率加入退休储蓄计划。分析表明,"自动加入制度"极大地提高了雇员,尤其是低收入雇员在退休储蓄计划中的参与率。

其次,马德里恩教授分析了储蓄决策的简化对退休储蓄计划参与率的影响。她发现,如果提供给雇员一个事前选定的贡献率和资产配置组合,将雇员多维度的储蓄决策变量转变为一种二维度决策变量,即是选择维持现状还是选择参与贡献率已事前决定下来的退休储蓄计划,那么这种储蓄决策的简化将会提高退休储蓄计划参与率 10%—20%。

最后,马德里恩教授分析了心理因素对退休储蓄行为的影响。她发现,如果给予雇员详细的参与退休储蓄计划的步骤,或者通过短信、信件方式提醒雇员参与退休储蓄计划的较高回报率,那么雇员在退休储蓄计划中的参与率便会提高。

马德里恩教授总结到,经济物质激励会对雇员的退休储蓄行为产生影响,但是其他因素,包括心理因素,比如对金融产品知识的缺乏、投资决策的复杂性、心理上的忽视、诱惑都对雇员的退休储蓄行为产生了影响。

中国的退休模式

赵耀辉

赵耀辉教授使用了最新的数据来分析中国的退休模式,并尝试解释中国城乡居民退休行为的差异。

最新的数据表明,中国城乡居民的退休行为存在较大差异,城市居民退休年龄要比农村居民早,部分农村劳动力甚至在 70 岁后还在继续工作,而城市居民的退休高峰多发生在 50—60 岁。这种现象不仅仅发生在男性身上,也同样发生在女性身上,并且在女性身上更为明显。在国别的比较中,中国男性城市居民的退休年龄不仅早于其他的发展中经济体,而且更早于欧洲、美国和日本等发达经济体;同时,女性城市居民的退休年龄也要早于西欧国家。

赵耀辉教授提出了三个因素来解释城乡居民在退休行为上表现出的巨大差异。

第一,城乡居民在退休政策上享受着不同的待遇。中国退休体系建立于 20 世纪 50 年代,起初仅仅涵盖政府职员和城市国企员工,1997 年开始涵盖所有城市企业的员工。在这种退休制度安排下,中国劳动力普遍存在提前退休的情况。虽然政府对提前退休有诸多规定,比如提前退休的职业必须是危险的、对生命健康有害的或者是公务员工作了 30 年,并且处于离退休年限不足 5 年的情况,但是这些规定在实际执行中并没有完全落实。因为提前退休虽然损失了提前退休至法定退休时期内增加的退休金,但是提前退休也使劳动力可以重新选择新的、退休时间更迟的工作岗位,从而既可以获得退休得到的退休金,也可以获得新工作岗位的报酬。

第二,养老金的覆盖面和慷慨程度在城乡存在着差异。养老金在城市的覆盖面和慷慨程度明显高于农村,养老金体系建立伊始的目标人群便是城市的大部分居民,农村居民并未涵盖在内。目前，农村虽实施了新的养老金计划，但是慷慨程度却低于城市。并且，养老金体系对城市居民的强制性要求更强，因而城市居民的退休动机也越强。

第三，社会保障体系以及子女养老等问题上存在城乡差异。在子女赡养老人方面，城乡之间的差异直接影响到退休行为。对于城市居民来说，父母更可能给予子女经济帮助，而农村情况则正好相反，当居民逐渐步入老龄化，他们更依赖从子女处获得经济资助。这意味着，城市居民在退休后更倾向于依赖养老金或退休工资，而后者则只能将希望寄托于子女身上。然而，农村青壮劳动力大量向城市迁移，以及他们收入水平的相对偏低，使得农村退休老人养老问题更加难以保障，因此，其工作时间也会被迫延长。

最后，赵耀辉教授总结道，中国城乡退休模式存在极大的不同，这归因于社会保障体系、经济资源及养老模式在城乡之间的差异。对于政策而言，未来城乡居民的退休政策需要不同地加以对待。对于城市那些尚未到法定退休年龄但希望内退的劳动者，应鼓励他们继续留在劳动岗位上；对于农村劳动力而言，应当继续给予其自由退休的权利，但是应为其在法定年龄退休提供必要的政策扶持和保障。

人口老龄化的启示

戴维·怀斯（David Wise）

随着科学技术的进步，人口死亡率已经大幅下降，人口寿命大幅延长，这使得社会中老龄人口和青年人口之比呈现出增大的趋势。人口老龄化是当前人口变化的主要趋势。怀斯教授指出了人口老龄化将产生的一系列问题。随着老龄人口的增多，公共养老金的成本将大幅提高，与此同时，健康医疗成本也大幅提高，但是，为老龄人口支付逐渐增加的公共养老金和健康医疗成本的青年劳动力人口却越来越少。

此外，劳动力的自评健康程度在不断提高。根据美国有关男性劳动力的调查，人们对自身健康程度的评价在不断提高。被访者会被问及"在多大年龄时，您的感觉会与65岁时一样？"在20世纪60年代，被访者的回答是65岁；到了2006年，面对同样的问题，被访者的回答是74岁。换言之，2006年，74岁的男性会认为他们的自身健康如同65岁一样，这相比较于20世纪60年代提高了9岁。法国的相关调查也得到了类似的结论。这意味着劳动力的工作能力在不断提高，因此，应对老龄化的一个有效措施便是延长劳动力的工作年限。

为了提高劳动力的工作年限，怀斯教授提出了以下三种办法：首先，政府应当消除导致劳动力提前退休的公共和私人养老金计划，通过提高工资水平和未来退休可以获得的养老金以提高提前退休的成本，鼓励老龄人口继续参与工作。事实上，理性的经济人会在提前退休产生的成本和提前退休获得的收益中进行权衡，如果提前退休的成本大于收益，那么该个体就不会选择提前退休，反之亦然。但当前部分发达国家所制定的养老金计划使得选择提前退休的人可以获得较大的收益，其成本则相对较小，养老金计划相当于对工作征收的税，降低了人们工作的激励。其次，政府应当提供更便利、更灵活的工作计划和安排。

最后，养老金制度需要具有针对老龄化的自动调节机制。怀斯教授建议，如同工资需要参照通货膨胀进行指数化处理，退休年龄也应当参照预期生命进行指数化处理。在一些发达国家，比如瑞士、意大利和德国等都采取了相应指数化措施，公共养老金的收益取决于预期寿命、抚养比及工资增长率。

中国地方政府债务问题

巫和懋

  巫和懋教授在讲演中主要分析了三个问题：中国地方政府债务问题到底有多严重？中国地方政府债务问题是否对经济运行产生了风险？随着 2012 年中国经济增长的放缓，中国能否有效解决地方政府债务问题？

  地方政府债务可以划分为政府负有偿还责任的债务、负有担保责任的债务、可能承担一定救助责任的其他相关债务三种类型。根据 2010 年的数据，类型一的地方政府债务占债务总量比重为 62.62%，类型二的地方政府债务占债务总量比重为 21.8%，类型三的地方政府债务占债务总量比重为 15.58%。按照政府级别划分，省级政府债务为 3.21 万亿人民币，占总债务比重为 29.96%；县级政府债务为 2.84 万亿人民币，占总债务比重为 26.53%；市级政府债务为 4.63 万亿人民币，占总债务比重为 43.51%。

  然而，中国地方政府债务占 GDP 比重仅为 26%。与欧元区发生债务危机的国家相比，其比重还相对较低。并且，中国地方政府债务主要用于基础设施建设以及生产性投资，这些投资在未来具有产生现金流的可能性，因此，中国地方政府债务问题并没有达到发生危机的程度。

  但是，中国地方政府债务问题确实给中国经济施加了风险。这些风险主要表现在以下几个方面：第一，对于地方政府债务筹集和使用缺乏相关的监管机制。在地方政府层面，预算控制并没有实施；在某些省份，债务规模和偿付责任数据并未公开。第二，无效率的公司治理。地方政府债务平台常常由地方政府任命，缺乏足够的管理能力和风险意识。第三，过度依赖土地转让费用。银行贷款占地方政府债务平台的比重通常得到了地方政府的保障，但是，该保障依赖于土地转让费用不断提升的预期。当土地价格下跌，偿付银行贷款就变得极为困难，地方政府可能会去寻找其他财政资金。

  随着 2012 年中国经济增长的放缓，中国需要采取有效措施来应对地方政府债务问题。巫和懋教授建议，中国各级政府需要加强财政纪律，重新考虑中央政府和地方政府税收收入的分配关系。地方政府应当具有发行债务的可行性，并具有对政府预算的控制和监督机制。据估计，未来 1.8—2.5 万亿的地方政府债务将可能成为中国银行系统的坏账，一旦地方政府债务问题呈现出恶化趋势，中央政府应当进行及时干预。此外，中国地区间的财政转移也是解决地方债务问题的一个措施。东部沿海地区虽然拥有大量的地方政府债务，但是这些地区也拥有较高的 GDP 和 GDP 增长率，缓解了地方政府偿还债务的压力。然而，西部地区的经济发展相对较差,这些地区可能缺乏足够的财政资源来应对地方政府债务问题。通过将财政资源从东部发达地区转移到西部欠发达地区也能够在一定程度上缓解地方政府偿还债务的压力。

社会保障税和守法纳税

张磊

守法纳税影响了税收体系的效率和再分配性质。由于发展中国家法律执行力较弱,逃税和避税现象在发展中国家尤为普遍。由于存在较高的法定工资税率、税收贡献率和收益的不匹配以及较弱的法律执行力,逃税和避税现象在中国也十分普遍,为此中国政府正在尝试建立一个全新的统一的社会保障体系。

在这个背景下,张磊研究员提出了一个假设,在中国,雇主和雇员都有动机来进行避税。张磊研究员使用了微观个体和企业两方面的数据对这一假设进行验证。其中,微观个体数据来自于2002—2006年的城市家庭住户调查,包括7个省、90多个城市的每年12000个家庭住户;企业数据来自于2004—2006年规模以上企业的调查。

在中国,社会保障系统中的雇主养老金贡献率与地方政府遗留债务有关;雇主医疗保险支付率与中央政府设定的基准偿付水平相关;雇员养老金贡献率按照地方政府规定的速率逐渐增加到8%。然而,为了平衡政府预算,雇主养老金贡献率、雇主医疗保险支付率及雇员养老金贡献率都会发生变化,它们的调整与地方经济和工资增长密切相关。此外,各个城市也会根据实际情况临时地降低税率来鼓励守法纳税。这便导致了各个省份、各个城市的工资税率存在一定的差异,这种差异便可以被利用来识别工资税率对雇主和雇员避税行为的影响。

张磊研究员计算了计量模型中的关键解释变量工资税率。她首先根据正式部门雇员数量、社会保障覆盖率和年平均工资,计算出整个社会工资税的税基;随后,她将年社会保障税收收入与工资税的税基之比作为工资税率。被解释变量为个体对社会保障的贡献率、企业对社会保障的贡献率及社会保障的参与率。

研究结果表明,工资税率越高,社会保障的参与率越低,并且高工资税率导致了计税工资的低报。中国分割的社会保障体系进一步加剧了逃税和避税行为。对于企业而言,企业规模和企业所有制性质对企业守法纳税的行为产生了重要影响。具体而言,大型企业更有可能守法纳税,外资企业比国有企业和国内私有企业更有可能守法纳税。

最后,张磊研究员总结道,此项研究成果提供了一个在中国特定的制度环境下,税率对逃税、避税行为影响的新的例证,这将为未来中国社会保障体系进一步改革提供重要的政策依据。

美国财税改革的前景

詹姆斯·波特巴（James Poterba）

首先，波特巴教授阐述了当前美国财政的现状，自 20 世纪 70 年代以来，美国政府的总支出和总收入出现了巨大差距，入不敷出的情况开始出现，这一情况在 20 世纪 90 年代中后期出现了改观，财政出现了盈余。但是，进入新世纪以来，美国又出现了财政赤字，这归因于美国于 2001 年和 2003 年采取的减税政策。另外，2011—2012 年，工资税也从 12.4%下降到 10.4%。由于次贷危机的爆发，美国的财政赤字在 2007 年之后出现了大幅度的提高。预计到 2013 年年初，债务上限将再次提高。由于减少赤字在政治上存在协调的困难，任何可持续的长期解决债务的办法将必然包括税收改革和税收的增加。

增加税收收入主要有两种方法。

首先，政府可以提高收入税率。波特巴教授建议提高最高税率。如果将调整后收入大于 25 万美元的税率提高一倍，那么政府将获得相当于 GDP 的 3%的税收；如果将调整后收入大于 100 万美元的税率提高一倍，那么政府将获得相当于 GDP 的 1.2%的税收。

其次，政府需要扩大税基。波特巴教授认为，当前扩大税基的办法有以下几种：第一，取消减税的政策，或者按比例缩减减税额，积极地扩大税收来源，然而这种措施可能会受到来自利益集团的阻碍；第二，对调整后收入和可征税收入重新界定，增加这部分可征税收入；第三，增加新税收收入来源，比如环境税和汽油税，参考 2009 年拍卖绿色气体排放许可证获得了 800 亿美元的税收收入的情况，如果每加仑汽油征收 1 美元便可以产生 1400 亿美元的税收收入；第四，政府还可以征收增值税，2011 年，美国居民消费支出约为 10.9 万亿美元，按照 3%增值税等于 1%的 GDP 来计算，如果征收 1%的增值税，那么每年可以产生 500 亿美元收入。

最后，波特巴教授指出，对于未来的美国财税政策而言，与经济因素相比，政治因素、利益集团的博弈对税收政策的制定将产生更为重要的影响。在美国债务激增、经济产出增长放缓的背景下，加强财政纪律、进行财政整顿将是维系政府债务可持续性的有效措施。

中国的财政分权

黄佩华（Christine Wong）

中国城市化进程在加快，城市化率从 1949 年的近 10%上升到 2011 年的 51.27%。中国城市转型的规模在人类历史中前所未有。1980 年以来，中国城市人口增加了 5 亿，2000—2010 年，上海城市人口从 1600 万人增加到 2300 万人，北京城市人口在 2008 到 2010 年每年都增加 50 万人。这对公共财政带来了新的挑战，为这些新的城市居民所提供的基础设施和服务资源从何而来？

财政分权使得地方政府承担了基础设施和服务的融资责任。20 世纪 90 年代后期进行的国有企业改革和重组，也将养老金和医疗、教育、住房、失业的责任从国有企业转移到政府。因此，在城市化高速进程中，地方政府的财政压力是相对较大的。在财政压力较大的情况下，地方政府如何完成了快速城市化的进程呢？中国城市基础设施建设又是如何取得举世瞩目的成就呢？黄教授对此进行了分析。

中国地方政府的支出仅仅依靠税收和转移支付是远远不够的，而预算法也不允许地方政府进行借贷。地方政府主要通过土地财政和特殊的融资工具——地方政府融资平台来对城市化进程进行融资。但是，这也产生了诸多不利的后果，比如，过度依赖土地财政的融资模式并不可持续，以及地方政府容易形成预算软约束。

同时，地方政府融资平台造成了巨大的财政风险，并对政府治理带来了巨大的挑战。财政部并没有对地方政府融资平台进行监督，金融市场也并不能促进其自律的行为，与政府关系紧密的银行也缺乏足够能力来评估批准给地方政府的信贷。

最后，黄教授总结到，财政分权对中国经济增长产生了重要的积极影响，但是它产生了一个有风险的、不可持续的地方政府融资机制。当前中国政府应当积极地完善地方政府融资机制，使地方政府不再过度依赖于土地财政和银行支持的地方政府融资平台，将地方政府的债务维持在一个合理的水平。

财产税和住房价格

欧阳敏

中国住房存在泡沫，根据国家统计局的数据，2000 年以来，全国住房均价至少上涨了 70%，某些城市的住房价格年均增长率达到了 10%。而根据非官方统计数据，2005—2009 年，全国住房价格翻了三番。北京的住房价格与年均可支配收入之比为 27，是国际平均水平的 5 倍。

欧阳敏副教授认为，住房市场泡沫产生的原因有以下几点：第一，低利率和银行贷款的增加；第二，2008 年为应对美国次贷危机而实施的财政刺激计划；第三，地方政府收入过度依赖于土地财政；第四，较高的国民储蓄率以及中国投资渠道的狭隘；第五，文化因素，比如男性娶妻需要购买新的住房等。

与美国、加拿大、日本、法国等国家不同，中国住房并没有征收房产税，这使得中国存在着较高住房投机需求，现有调查研究便表明，当前大城市存在大量的空房，这部分空房便可以作为一些投机的工具。

房产税是否可以作为一个有效的政策工具来抑制房价高企，将其控制在合理的范围呢？欧阳敏副教授尝试利用中国的案例来进行分析。2011 年 1 月 28 日，重庆和上海实施了房产税试点改革，其目的便是要使得房价回归合理价位。考虑到收入的不平等，房产税作为一个再分配工具改善了社会福利；同时，它也打击了住房投机。此次房产税效果如何呢？

欧阳敏副教授使用了类似于 DID 的方法来进行实证研究，数据是由中国住房和城乡建设部提供的，样本为 31 个省、自治区和直辖市，时间范围为 1998 年 3 月至 2012 年 4 月。研究表明，房产税的征收使上海住房均价下降了约 14.71%，但却使得重庆住房均价上升了约 7.11%。

房产税征收对上海和重庆房价影响并不一致。欧阳敏教授对此解释道，上海和重庆房产税征收在具体细节上的差异是主要原因。对于上海而言，本市居民家庭在本市新购且属于该居民家庭第二套及以上的住房和非本市居民家庭在本市新购的住房均征收房产税，而本市居民家庭在本市新购且属于该居民家庭第二套及以上住房的，合并计算的家庭全部住房面积人均不超过 60 平方米的，其新购的住房暂免征收房产税。对于重庆而言，个人新购的高档住房，即建筑面积交易单价达到上两年主城九区新建商品住房成交建筑面积均价 2 倍及以上的住房，在重庆市同时无户籍、无企业、无工作的个人新购的第二套及以上的普通住房均征收房产税，而纳税人在本办法施行前拥有的独栋商品住宅，免税面积为 180 平方米，新购的独栋商品住宅、高档住房，免税面积为 100 平方米。由此可见，重庆市房产税的征收对象主要是高端住房购买者，在中国投资渠道相对短缺的时期，重庆房产税征收将高端住房的需求转移到低端住房的需求，产生溢出效应，因此重庆住房需求并不一定因房产税征收而出现显著下降。

CCER-NBER 第十五届年会
劳动市场与教育经济学
（2013年6月）

2013年6月27日至6月29日，第十五届CCER-NBER中国与世界经济年会在北京大学国家发展研究院万众楼举行。

此次年会的演讲嘉宾有：哈佛大学阿曼达·帕利埃斯（Amanda Pallais）教授，弗吉尼亚大学萨拉·特纳（Sarah Turner）教授，哥伦比亚大学唐纳德·R. 戴维斯（Donald R. Davis）教授、魏尚进教授，加州大学洛杉矶分校马修·E. 卡恩（Matthew E. Kahn）教授、凯瑟琳·麦加里（Kathleen McGarry）教授，布朗大学贾斯廷·黑斯廷斯（Justine Hastings）教授，麻省理工学院戴维·奥托尔（David Autor）、西北大学艾弗莱姆·本米莱克（Efraim Benmelech）教授、沙恩·格林斯坦（Shane Greenstein）教授，北京大学张晓波教授、姚洋教授、张帆助教授、张丹丹助教授、雷晓燕助教授、黄益平教授、赵耀辉教授，以及清华大学黄张凯副教授、迟巍副教授、文一教授、钱颖一教授。

网上劳动力市场

阿曼达·帕利埃斯（Amanda Pallais）

帕利埃斯教授首先以 oDesk 为例介绍了网上劳动力市场的发展背景。首先，网上劳动力市场从 2003 年 12 月开始兴起至今已具有可观的规模。2012 年共有 3.6 亿美元花费在 oDesk 上。截止到 2012 年 10 月，网上劳动力市场总共有工人 250 万，雇主 49.5 万，仅 2012 年上半年，oDesk 就提供了 79 万个职位。其次，60%的网上工作（按金额统计）是由美国提供。再次，大部分网上工作都是由美国以外的工人承担，其中来自印度和菲律宾的工人数最多。帕利埃斯教授举例说明了网上劳动力的个人档案情况，其中包括工人的住所、语言技能、最近一次工作的时间、工作历史及其所取得的成果，此外还提供还包括网下工作经历、教育经历、oDesk 技能测试等文件资料。

帕利埃斯教授在其研究中，对于一份数据录入工作，选取 3767 个申请者为样本进行 oDesk 实验。申请者被随机分为三组：未被雇佣的工人作为控制组，被雇佣并且得到粗略评价的工人和被雇佣同时得到详细评价的工人作为处理组。随后比较劳动者的产出，同时对受影响和不受影响的行业进行了比较。首先，得到粗略评价的工作会让缺乏工作经验的工人受益，这些工人在接下来两个月的收入和就业率几乎会增加两倍；其次，对于得到详细评价的工人，如果其表现得好则会增加他们的收入，反之则会降低其收入，但总体上会大幅度提高劳动者的收入；此外，相对于不受影响的行业，受影响的行业工人雇佣数会增加，因为新的工人并不会挤走原有工人。

此外，帕利埃斯教授还对被现有雇员推荐的申请者和被推荐雇员未被推荐者的申请书进行了比较，结果发现，被推荐雇员比未被推荐雇员拥有更好的简历；被推荐雇员允许雇主不仅仅通过简历和最初的工作表现来识别更好的雇员；被推荐雇员和引荐者一起工作时，其表现会大幅度提高。

高技能劳动力市场和教育市场的国际化

萨拉·特纳（Sarah Turner）

特纳教授演讲的内容是对美国劳动力和教育市场的国际化现象及其影响的初步探究。特纳教授指出，美国的劳动力市场存在一种"双峰"的现象：45%的高中学历以下的工作者以及超过 33%的博士学历工作者是来自于美国以外的国家。教育市场的国际化更是有目共睹的事实，数据表明，从 20 世纪 50 年代开始，美国国内本科生和研究生中的国际学生数目明显增加，目前约有 31 万外籍本科生以及 30 万外籍研究生在美国接受教育，不同国家的学生数目增加速度有所不同，一些发展中国家如中国、印度等留学美国的学生数目呈现快速增长的趋势，与此同时，一些发达国家如日本、德国的留学生数目则呈现减少的趋势。

在此基础上，特纳教授认为劳动力市场和教育市场的国际化带来的另一个结果是高技能劳动力的移民。她指出，学术上对于高技能劳动力移民的经济学含义尚未探究清楚，还需要进一步的研究，并以 IT 劳动力市场为例进行了初步的讨论。传统的文献认为，短时期内高技能劳动力的供给是无弹性的，此时需求的冲击会直接带来均衡价格——即工资的变化。然而 21 世纪以来，IT 业的蓬勃发展以及随后的大规模 IT 高技能劳动力的移民改变了这一调整机制。特纳教授通过数据表明，大规模的高技能劳动力移民成为了需求冲击发生时市场调整的主要来源，IT 业工资增加速度下降的事实证明了这一结论。

中国男性过剩的影响——竞争压力和意外死亡

张晓波

全世界每年有 110 万人死亡，意外死亡是导致死亡的十大原因之一，而意外死亡问题在中国更加严重。中国的煤产量占世界总产量的 35%，但死亡人员比例却高达 70%，每 100 万吨煤的产出所导致的死亡人数是美国的 108.18 倍、日本的 14.44 倍、印度的 8.32 倍。对于意外死亡的研究主要集中在环境问题和个人特质上。尽管有大量文献检验了竞争压力和健康产出的关系，但很少有文献研究竞争压力对于意外死亡的影响。

基于此前的研究，婚姻压力使得有儿子的家庭必须积累更多的财富才能吸引潜在的新娘。积累财富的愿望导致更加努力地工作并且承担更多的风险，如果有更多的雇员愿意忍受有风险的工作环境，那么雇主在工作场所安全上的投资会出现不足。张教授由此提出假说：竞争压力的增大可能导致意外死亡率的提高。

本文的数据来源于 1990 年中国人口普查和 1991—2000 年期间全国疾病监测系统。本文首先用普通最小二乘法检验了男女性别比例和意外死亡的关系，用 Probit 模型进行估计也能得到类似结论。主要的实证分析涉及横截面分析、对比检验（与意外中毒和先天性异常作对比）、构建了伪区域层面板并运用了工具变量估计。其次，文章进行了多种稳健性检验。稳健的对比检验表明，由于意外中毒和先天性异常与努力工作及风险承担没有关系，因此性别比的系数不显著或者显著为负。对于分组的、分区域的、分时间段的模型估计结果也呈现出类似的结果，然而性别比的系数在 59 岁以上的人群中并不显著。工具变量回归第一阶段和伪面板回归的稳健性检验提供了补充性的证据：由于精神障碍和神经系统疾病而导致的死亡和性别比例有关，父母为了应对儿子在婚姻市场惨淡的前景而辛勤工作并承担风险，可能带来严重的压力，并最终对神经系统产生有害的影响。

通过上述模型的检验和结果分析，张教授得出如下结论：第一，婚前扭曲的性别比例会导致由火灾和意外跌落造成的意外死亡的发生率升高。第二，为了积累财富和提高儿子在婚姻市场的吸引力，父母通过努力工作和承担风险来应对婚前不平衡的性别比例。第三，竞争压力过大导致雇主对于工作场所的安全投资不够。第四，竞争以道德成本为代价。

城市、技能和工资

唐纳德·R. 戴维斯（Donald R. Davis）

世界上已有相当部分的人口居住在城市区域，发达国家的城市居住人口比例较高，而发展中国家这个比例较低但增长迅速，以中国为例，其城市人口在20年内几乎增长了2倍。基于上述背景，戴维斯教授关注以下几个基本问题：城市存在的原因，城市规模不同的原因，大城市和小城市的区别，哪些因素决定城市的分布，以及发展中国家和发达国家的情况是否一致。

关于城市存在的原因，很多学者对此进行了研究。城市因商品、劳动和思想之间的交换而存在，虽然比较拥挤但具有消费和生产等优势。在大多数国家，劳动力可以跨区域自由流动，因此从长远分析，经济活动的空间组织应该和劳动力的流动一致。当劳动力能够完全流动时，得到的"城市系统"模型可以达到"空间平衡"的状态。大多数关于城市系统的文献都只有一种劳动技能类型，有两种劳动技能类型的模型也容易驾驭，但Acemoglu和Autor（2011）强调，若要理解美国最近的经验，必须超越只有两种劳动技能的模型，然而，理论上处理三种劳动技能的模型比较困难，因此连续的技能类型可能是更好的假设。

戴维斯教授及其合作者在2012年提出了"空间知识经济"的概念，主要假设是市场完全竞争、工人在一个维度上连续分布、存在两个生产部门、高能力的劳动者专业化于知识部门且工人通过最大化自己的效用来选择自己时间的分配。知识部门可以充分利用劳动力异质性，常规部门一般具有共同的生产力（非贸易）。劳动者技能和城市学习环境具有互补性，越来越多的技能工人愿意付出高昂的租金进行知识交换，底层的技能类型在常规非贸易部门无处不在，但是大城市却更需要更好的技能工人。因此，技能溢价随着城市规模上升而上升，导致大城市间也产生了更大的不平等。

城市之间因技能类型、行业和产业等不同而存在比较优势，文章运用生产力效用函数对城市规模、技能、生产效率等变量进行建模并检验变量之间的关系，得到的理论结果如下：第一，大城市技能丰富但其似然比单调，因为大城市的高技能比例更高。第二，大城市在技术密集型行业具有比较优势。戴维斯教授用美国数据对上述假设进行检验，最终得出如此结论：首先，城市提供了极大的优势和成本；其次，为了更好地理解城市结构的原因和后果，必须对数据的异质性进行分析，并且考虑流动性。

儿子是否偿还了父母投资？

雷晓燕

中国老龄化的速度远远超过大多数国家，而中国的公共养老金和社会保障体系规模都还很小,基于家庭的现金转移和护理照料对于老年人发挥了至关重要的作用。中国历来是父系社会,儿子会接受家庭资产的大部分。然而,随着近年经济的高速增长,女性在家庭中的地位和在劳动力市场上的机会状况已经大大改善。对儿子的投资是否应该超过对女儿的投资,以及父母和不同性别子女之间的相互作用是否改变,这些问题的答案正在变得不再清晰。

本次研究的目标主要有两个:第一,通过全国范围内的代表性调查,检验父母在教育投资中是否存在"儿子偏好";第二,调查从子女到年迈父母之间的转移模式及和教育之间的关系,包括一次性转移(5000元人民币以上)、上年度转移(最近一次转移)、同住变动(共同居住的变动)以及子孙照料和父母护理等情况。同时针对中国城市和农村都进行了调查。数据来源于中国健康与养老追踪调查(CHARLS)2011年的全国基线数据。

通过描述性统计发现,在农村,儿子和女儿之间的教育存在差异,大龄双亲中这个比例更大;而在城市,这种差别不但在年迈父母中并不显著,而且在年轻的父母中呈现方向逆转的趋势。此外,对同一个家庭的女儿和儿子之间比较也会发现类似的现象。文章还运用家庭固定效应模型对一次性转移、上年度转移、同住变动、子孙照料及父母护理等关键结果变量进行建模,并进行回归分析。

结论表明,在中国农村地区,父母的教育投资以及一次性转移有显著的"儿子偏好",受过高等教育的家庭表现出较低的"儿子偏好"。在中国城市地区,尽管在父母与儿子之间仍存在一次性转移,但是在教育投资以及相应的经常转移上显得更加平等。此外,无论是在中国城市地区还是农村地区,儿子更愿意与父母同住,主要原因是可以接受父母对孙子的照顾,但其照顾父母的可能性却很小。因此,在一般情况下,我们并没有看到更高的对儿子教育的外溢效应。

中国的"蓝天"

马修·E. 卡恩(Matthew E. Kahn)

中国首都北京近来经常出现"天黑黑"的情况,以PM10为标准,世界上污染最严重的20个城市中有12个位于中国。在全球气候变化的挑战下,中国面临的环境问题越来越严重。中国国内生产总值年均增长8%,但中国的城市生活水平究竟上升了多少?诺德豪斯和托宾认为污染损害应该从增长中扣除。《美国国家科学院院刊》(PNAS)对中国家庭进行调查,没有发现生活满意度由于人均消费水平的提高而得到改善。

基于上述背景,卡恩教授对中国城市的研究建立在中国城市居民对"蓝天"日益增长的需求以及政治经济学实施和执行污染减排政策的基础上,他具体选择了运输行业和用于发电及冬季取暖的煤炭行业,这两个行业都存在工程上的挑战,需要引入激励机制以有效降低排放成本。

卡恩对于"蓝天"是持乐观态度的,他认为富有的和受过教育的人们需要"蓝天",城市生活质量会随着时间推移而发展,消费城市的兴起会促使"蓝天"的回归。此外,中国对绿色城市也有需求，有学者表示，低污染是促进孩子发展的一项投资。更多的需求还体现在富有的人们要求生活中存在较小的风险等。而且在当今社会，中国城市居民比过去更加了解他们正暴露于污染中。微博是重要的信息来源，媒体也在报道这些问题。很多中国居民到国外旅游也是重要体现。此外，PM2.5 的争论以及美国大使馆的测量等信息都帮助人们更好地对环境污染进行质问和指责。

卡恩教授提出了地方政府、中央政府以及公民的委托代理问题。最后他总结到其乐观的观点主要依赖于以下几个方面：第一，中产阶级对高生活质量需求的日益增加；第二，增加的信息透明度（民间社会和媒体）会鼓励政府和企业承担责任；第三，将可持续发展纳入当地官员的绩效标准；第四，加强技术转移和自主创新。

学生贷款制度改革

贾斯廷·黑斯廷斯（Justine Hastings）

黑斯廷斯教授讨论了学生贷款制度改革的经济学含义。许多研究表明在 20 世纪 80 年代到 90 年代期间，教育带来的工资溢价有着明显的增加。这一结论使得很多国家在政策制定上加大对教育的投资，希望通过教育补贴、学生贷款的方式使得更多的人受到教育。他们认为这样一方面将有利于经济的增长，另一方面也有利于降低国内社会不平等的程度。黑斯廷斯教授指出，事实上没有非常明显的证据证明教育投入一定带来收入的提高，因为在实证研究中仍然存在问题，包括不同的学生自身能力的差别、在业界或是学术机构就职等个人选择对收入的影响等。

黑斯廷斯教授认为，要正确有效地实施学生贷款制度改革，首先要理清教育回报的影响因素。教育回报可能的影响因素有学历程度、学科领域、是否偏重应用以及学生自身的社会经济背景等。黑斯廷斯教授通过对智利教育市场的研究发现，学历程度对于教育回报大小的影响程度非常大；学科是否偏重应用则没有明显的贡献；一些类似医学、科学技术的学科对于增加教育回报大小有一定的影响。然而最重要的结论则是低社会经济地位的学生在同等学历程度上获得的回报并不比高社会经济地位的学生少。黑斯廷斯教授指出，这一结果证明政府的确有必要提供教育贷款这一项公共服务。

此后黑斯廷斯教授讨论了政策制定后可能给市场以及学生行为带来的变化。她在智利的调查中发现，需要贷款的低收入学生总体上对金融基本知识和贷款的了解程度非常低，对贷款接受教育带来好处的了解也很少。这一事实使得贷款激励学生接受高等教育的动机大大降低，同时也减弱了贷款改革带来的好处。进一步地，当学生被告知贷款接受高等教育可能带来的好处时，原本较为优秀的学生其成绩会有进一步的提高，而原本学习不理想的学生其成绩则进一步降低，但总体上来看，信息的告知可以带来成绩 2% 的提高。因此，黑斯廷斯教授认为信息的完善以及贷款上限的控制可以给学生贷款改革带来理想的政策结果。

城乡迁移对于城市原住民的社会影响

张丹丹

张丹丹助教授讨论了移民对于城市原住民社会福利的影响。中国在过去的 20 年间经历了高速的经济增长,与之伴随的是大规模的城乡迁移。这些移民给城市的发展提供了充足的廉价劳动力,提高了生产效率,促进了经济的增长。然而城市原住民却并不认为移民带来的都是好处:一方面,廉价劳动力的涌入大大影响了原住民的就业情况和工资待遇;另一方面,移民也影响了城市原住民社会福利的享受。

那么,移民究竟会给城市原住民带来什么样的社会影响呢?为了探究这一问题,张丹丹助教授首先总结了移民的涌入产生影响的可能渠道。对于享受城市社会福利的原住民来说,可能会有两方面的影响:一方面是规模效应影响(scale effect),这是指给定社会福利的供给数目一定,移民所带来的更激烈的竞争关系;另一方面则是结构组成影响(composition effect),这是指移民所带来的城市消费结构和人口结构的改变。而对于城市纳税人的影响通常表现在财政效应(fiscal effect)上,移民的进入可以带来政府收入的增加。

接着,张丹丹助教授介绍了实证研究的策略。为了解决实证模型内生性的问题,张丹丹助教授提出了两种解决方案:一是采用一阶差分的方法,这种方法可以减轻一些和时间不相关因子的影响,但仍然在误差项中保留一部分和时间相关的因子。二是利用滞后信息预测移民比率变化因子作为工具变量。这一工具变量的引入可以减轻和时间相关的不可观测因子对结论的影响。

最后,张丹丹助教授通过对实证研究结果的讨论表明,移民的进入并不会对原住民接受教育、医疗等社会福利造成负面的影响,但的确在交通运输上产生负面的影响。此外,移民不会带来城市犯罪率显著的提高。

劳动保障与企业股价

魏尚进

劳动保障通常可以加强劳动者面对企业时在报酬、福利上的谈判能力。而且几乎所有的实证文章都表明,更强有力的劳动保护法律会提高劳动成本,降低企业决策的灵活性,从而降低资本回报。因此,从直觉上来看,劳动保障的加强对于企业来说并不是件有利的事情。

2007 年全国人大常委会颁布了新的劳动合同法,显著地增强了劳动保障力度,加大了对企业不合规行为的惩罚力度,极大地提高了劳动者对企业的谈判能力。然而,魏尚进教授却发现一个令人困惑的现象:在新的劳动合同法颁布之后,相对于低劳动密集型的企业,高劳动密集型的企业的股价却有明显的上升。此外，高劳动密集型企业的雇佣人数不仅没有下降反而有所增加。这和直觉上推断的结果并不相符。

魏尚进教授认为这一现象存在两种可能的解释：一种解释就是，新劳动合同法被认为是企业善待员工的一种承诺方式，在这种条件下，员工也更愿意投资于企业特定技能的提高，这对企业生产效率的提高大有益处。另一种解释是，强制实施劳动保障对于高劳动密集型大企业来说是相对有益的。他指出，在新劳动合同法颁布之前，劳动力市场的不合规现象非常普遍，并且低生产效率的小企业更容易发生不合规的行为，新劳动合同法的颁布强制性地使小企业的劳动力成本大幅上升，因此相对于小企业，大企业反而是处于有利的竞争地位。

为了证实自己的猜想，魏尚进教授进行了相应的实证研究，主要采用的是三重差异的事件研究方法。通过实证结果发现，对于低劳动密集型的企业，法案提出前后企业股价的变化和企业是否合规没有明显的相关性；然而对于高劳动密集型企业，法案颁布后，相对于不合规的企业，合规企业的股价有明显的上升。此外，魏尚进教授还发现强有力的劳动保障法律的实施可以促进劳动力资源的再分配，使得企业的生产效率进一步提高。

央行资产负债表扩张的国际传导机制

谢沛初

来自北京大学的谢沛初博士报告了他与黄益平教授合作的文章。文章讨论了中国央行的货币政策对于其他国家实体经济和金融市场的影响。他指出，此前美联储和日本央行的政策行为一直是学者关注的热点，中国央行并未获得充分的重视。然而，一方面，随着中国经济的迅速发展，中国在全球经济中的地位越来越重要；另一方面，外汇储备的增加以及在国际市场上的活跃行为，使得中国央行的资产负债表扩张速度远远超过美国和日本的央行。这些事实表明非常有必要对中国央行货币政策的国际传导影响进行深入的探讨。

此前的货币政策分析框架大多采用蒙代尔—弗莱明—多恩布什模型（MFD 模型）。然而该模型的合理运用需要一些前提。首先研究的对象必须是资本完全流动条件下小型开放经济体或者封闭式的经济体，此外经济体的汇率制度要么采取统一的固定汇率制度，要么采取统一的浮动汇率制度。然而，中国复杂的实际情况决定了并不能够直接运用该模型。此外，在之前的文献中，一国的宏观政策对于发达国家和发展中国家的影响并没有加以区分，然而在现实中这却是一个非常重要的问题。

本文采用向量自回归（VAR）的方法去度量中国央行的货币扩张政策的国际影响。从根本上说，一个国家的货币扩张影响主要通过两种渠道进行传递，从而影响其他国家的实体经济和金融市场，它们分别是贸易渠道和实际利率渠道。根据这一基本思想，文章讨论了向量自回归模型的实证结果。在实体经济方面，中国央行的货币扩张政策虽然在最初的 3 个月会使得发达国家的实际国内生产总值有所增加，但随后这一效应消失；然而对于发展中国家的实际国内生产总值则一直有明显的提高。同时，央行的政策对于发达国家和发展中国家的贸易平衡状况的影响也有所不同，对于发达国家，中国央行的货币扩张会带来该国贸易状况的改善，对于发展中国家，其贸易状况则经历先恶化后改善的过程。在金融市场方面，中国央行的货币扩张政策对于发展中国家和发达国家的影响相似，10年期债券收益率都有所提高，同时也会造成其他国家货币的升值。

像中国一样抵御经济萧条

Jing Wu

来自清华大学 Jing Wu 报告了他与文一教授合作的文章。2008 年开始的全球经济金融危机给世界的经济发展带来了沉重的打击，世界主要经济体都在这场大萧条中陷入困境。一般认为，出现这一问题的根本原因在于总需求不足。为什么会出现总需求不足？文章指出，这主要是由于市场的协调失灵，消费与生产两边协调的失败使得经济难以走出困境。

然而在此次全球经济危机之中，中国抵御经济危机的能力引起了全球的关注。文章通过实际数据表明，中国保持了经济危机发生前的发展趋势，受经济危机的影响很小。但令人困惑的是，出口作为中国经济增长的动力之一受到危机的影响非常大，其国内生产总值占比从危机前的 33% 降至了 2009 年的 23.5%，那么中国为什么仍能抵御住经济萧条的冲击呢？他们认为，快速增长的投资才是中国抵御冲击的主要原因，而投资数目的快速增长主要来源于国有企业贷款数目的增加。据此，他们提出一个大胆的猜想：国有企业可以在危机中扮演抵御冲击的重要角色。

在这一猜想的基础上，他们提出一个动态的一般均衡模型。在这个模型中，同时存在"完全就业均衡"以及"伴随市场失灵的凯恩斯均衡"两种情况。基本模型的结论表明，单独的货币政策并不能够解决市场失灵的问题：当总需求减少时，价格体系也会随之破坏。这一模型的结论和大萧条期间的实际结果相符。

随后，文章在基本模型框架的基础上提出了一个"具有中国特色的模型"（China Model），在这个模型里，企业部门引入了"双轨制度"（dual-track），即同时存在私有企业和国有企业。虽然国有企业在正常年份生产效率比较低，然而在危机期间，国有企业可以充当市场协调工具，因为无论盈利状况如何，国有企业都有加大投资的承诺。在这一框架下，文章证明了国有企业始终投资的承诺以及央行货币政策的结合可以解决市场失灵问题，使得市场只存在"完全就业均衡"，此时无论国有企业还是私有企业，都可以获得正的利润。文章强调，国有企业的存在和适当的货币政策对于经济体走出困境是非常重要的。只有国有企业的存在和货币政策相辅相成、同时使用，才能帮助经济体抵御危机带来影响。

债务和抵押品

艾弗莱姆·本米莱克（Efraim Benmelech）

对抵押品的研究在公司金融领域的理论和实践方面都具有非常重要的意义。大量的学术研究表明，抵押品制度的确可以减轻金融市场摩擦的影响，例如抵押品的存在可以减轻不对称信息下逆向选择以及道德风险问题所造成的影响。本米莱克教授这篇综述性质的报告主要是探究两个问题：抵押品的价值是如何影响金融契约以及企业信用的？抵押品与"信贷民主化"具有怎样的关系？

为了探究抵押品的价值对金融契约的影响，本米莱克教授以航空公司作为实证研究的对象。选择航空公司作为研究对象，是因为飞机的租赁以及航空公司担保债务的契约是验证基于重复谈判理论模型的最佳选择。研究表明，当使用更高价值的飞机作为抵押品时，航空公司重新谈判金融契约的可能性降低，使得公司信用价差降低，进一步地可以使公司拥有更高的发债能力、更长的债务期限及更高的信用评级。

为了探究抵押品在"信贷民主化"进程中的作用，本米莱克教授以巴西的法律制度改革作为研究的对象。巴西法律制度的改革增强了巴西国内的银行在汽车贷款人出现违约时取消抵押品赎回权的能力。这一制度改革大大减少了银行业在汽车贷款上的期望损失。本米莱克教授通过研究改革带来的结果还发现，改革同时简化并加快了销售抵押品的速度，从而带来了更高的抵押品价值。法律制度改革带来的抵押品价值提高的好处还不仅如此。本米莱克教授指出，巴西的法律制度改革促进了"信贷民主化"的进程，改革所导致的抵押品回收率的增加使得一部分低收入、高风险、自营的个人也可以进行借贷。这与此前理论文章的抵押品可以解决信贷配给问题的结论一致。

基于中国教育的四点思考

钱颖一

钱颖一教授认为，商科和经济学教育对于劳动力素质的提高和技术的革新起到了非常重要的作用。他根据自己在美国和中国多年的求学和教学经历，总结出对中国教育的四点观察和思考。

第一点是对过去15年来中国高等教育的一个宏观观察。中国学生进入大学的主要途径是参加高考。2013年，1000万的考生中将有600万人获得大学的录取。而在15年前，仅有100万的考生有机会升入大学。数据显示，高中生进入大学的比例从1998年的5%增长到现在的30%，这一增长非常惊人。而过去30年的大学入学率变化趋势也表明，1998年是中国的高等教育形势开始发生巨大变化的起始年。由于中国采取几乎是"一考定终身"的考核方式，高考选拔出来的毫无疑问都是学习成绩最好的学生。钱颖一教授认为这并不是一件坏事，而是中国高等教育不能否认的事实。此外，在学科设置和办学方式上，中国大学也与美国大学存在很大的差异。

第二点是对中国高等教育优缺点的一些基本看法。很多人批判中国教育现存的问题，钱颖一教授认为中国的高等教育仍然具有明显的优点。相比于其他发展中国家甚至很多中等发达国家，中国学生的学习成绩非常好。中国有注重教育特别是老师教学质量的传统。即使在大学，仍然强调知识的重要性，对学生的数学、英语及科学素养进行训练。对于仍处在发展阶段的中国，这是优势，但是对成绩的强调伴随着复制和模仿的学习方式。与美国学生相比，中国学生的创造性、好奇心、独立思维和求异的能力都比较弱。学生"求学"是为了找到正确答案，而不是探索未知、对接收到的信息进行批判性思考。钱颖一教授认为这是中国教育最大的问题，不仅会抑制创新，而且会影响社会文明的发展。

第三点是对大学本科生培养的看法，特别是在经济学、商科和管理学方面。钱颖一教授认为中国的本科教育过于专业化。有些学校只注重发表，而不重视对学生全方位的培养。中国应该像美国大学那样对新生进行通识教育，而不只是在教学年限上模仿美国。钱颖一教授尝试给所有经济管理专业的学生加入通识性课程，如中国文化、西方文化、批判思维等社会学科的基本课程。他表示对其他学科进行变革会更加困难。

最后一点是关于中国工商管理硕士（MBA）和高级管理人员工商管理硕士（EMBA）教育的情况。1991 年 MBA 项目在中国萌芽时，全中国只有 94 个 MBA 学生，而如今 MBA 的入学人数已经超过 3 万。MBA 学生的特点是，他们依靠着自己的努力和中国发展的机遇发家，对社会和发展有自己的洞见，但是在年轻的时候却没有机会完成更多的学业。MBA 项目是知识传递、小团体互动和社会网络连接的新型结合体。同时 MBA 项目也会为学校带来大量收入。在 MBA 教育上，中国做的甚至比美国最好的学校还要好，中国的 MBA 项目规模大、含金量高，排在全球的前几名。钱颖一教授认为，中国现在正努力成为世界经济的领头羊，而在教育方面能否实现目标，不只取决于知识和技术的创新，更需要领导力的创新，因而中国的教育还有很长的路要走。

中国的现代经济学教育

姚洋

姚洋教授阐述了自己对中国现代经济学教育的观点。20 世纪 80 年代末期，中国的现代经济学教育开始萌芽，真正的开端是 1994 年中国经济研究中心（以下简称中心）的成立。当时学生的人数很少，而且学生接受培养的目标是前往美国深造。同样在 90 年代，中心出版了第一本经济学教材，在各大高校被长期使用。与此同时，中国也有了第一个经济学工作坊（workshop），主要的工作是将美国的教材翻译成中文，至今仍有很多学校使用这些教材。2001 年，中心创办了《经济学（季刊）》，旨在为中国经济学家的研究提供一个高水平的发表平台。现在中国已经有了多本专业刊物。2000 年以后，越来越多的经济学家在接受了正规的经济学训练后，回到中国，进入清华和北大等高校任教。同时，中心也吸引了三位来自中国台湾地区的经济学教授。姚洋教授指出，中国经济学家回国任教在中国经济学教育的现代化上发挥了非常重要的作用。

姚洋教授接着介绍了中心的经济学双学位、经济学硕士和博士项目的基本情况。中心为非经济学专业的学生开设经济学双学位项目。每年北大有近四分之一的学生选修经双，同时也有一部分校外学生入学。很多经双项目的学生在毕业后从事与经济学相关的工作。同时有一小部分优秀的经双学生进入硕士项目。中心每年招收 30 至 40 名经济学硕士生，他们接受与博士同等难度的课程培养。每年约有三分之一的硕士生出国攻读博士，一部分转入博士项目，其余的硕士进入业界，大多在金融部门工作。而其中出国的硕士很多都在北美的高校谋得教职。中心的博士项目目前只接受保送和硕转博，每届有十几名学生。相比于国外，中心的博士项目有两点优势：一是项目时间短，只需要 3 年；二是强调学生要着眼于中国经济，研究中国本土的经济现象。每年博士毕业生中有一半选择去其他大学做老师，这也是中心所鼓励的，其他的博士生大多去往金融行业，还有一些进入政府研究部门。姚洋教授表示，中心是中国现代经济学教育的试点和代表，中心的发展表明中国经济学教育的质量和地位都在不断提高。

出口强度和工资：来自中国企业层面的证据

张帆

最近几年有两个重要的事实值得关注。一是中国平均工资的上涨。自 2000 以来，中国平均工资的年均增长率超过 10%，农村剩余劳动力减少，制造业工资上升。为了获得更便宜的劳动力，很多中国企业把工厂从中国搬到越南甚至非洲，还有一些制造企业将资金注入资本和股票市场，改变其出口决策。二是企业层面的出口强度（企业的出口额和总销售额的比值）降低。这两个现象是否有联系呢？张帆教授猜测工资上升导致企业的出口强度降低，并对此进行了验证。

工资影响企业出口强度的机制在于，工资的上升会导致生产成本增加，而企业将改变出口决策使利润最大化。这一点与 Melitz（2003）的理论一致，即生产率高的企业会选择出口，因而生产成本上升会导致出口企业改变他们的出口强度。数据表明，中国行业层面的企业工资和出口强度显示出负向关系，工资较低的行业会有较高出口强度，例如服装制造业。此外，中国大约 30%的企业有出口业务，但只有 15%的企业会出口其所有的产品，且多为加工企业。

张帆教授使用最小二乘法将企业出口强度对企业工资（取对数）、企业全要素生产率和企业雇工数量等变量进行回归。结果显示，无论是否包括完全出口企业以及使用何种生产率测量方法，企业工资对出口强度的影响都为负，且在 1%的水平上显著。不过生产率的系数也显著为负。实际上，企业的出口决策包含两个阶段：在第一阶段，企业决定是否进入出口市场。如果选择出口，那么在第二阶段企业决定出口的份额即出口强度。基于这样的二元决策机制，张帆教授进一步使用 Heckman 两阶段方法进行回归。结果显示，工资在两个阶段的系数估计结果分别为 -0.022 和 -0.006，且非常显著，此时全要素生产率的系数在第一阶段为正。这说明工资上升首先降低企业的出口概率，然后在第二阶段降低企业的出口强度。

工资和出口强度有可能存在内生性问题，因为高生产率的企业有更高的出口强度且工资水平较高。张帆教授使用企业的上一期工资作为工具变量来解决这一问题。新的二阶段最小二乘法估计的结果表明，工资的系数仍然显著为负。具体地，工资每上涨 1%，企业的出口强度将下降 2.4%。此时生产率对出口强度有正的影响，同理论预期一致。最后，张帆教授还考察了不同行业的效果，发现除了交通和电力行业外，无论是劳动力密集型还是资本密集型行业，工资上升都会使出口强度下降，并且结果非常稳健。

解开贸易和技术之谜：来自美国劳动力市场的证据

戴维·奥托尔（David Autor）

贸易和技术之间有着难解难分的联系，国际贸易的扩展和信息革命都在影响劳动力市场的格局。二者带来的影响是互为补充还是相互替代呢？已有的研究大多集中在技术进步和劳动力市场、国际贸易和本国劳动力市场及技术和外包这三个方面，鲜有文献直接将贸易和技术放在同等的位置来研究它们对劳动力市场的影响。一方面，技术的进步使计算机和机械得以在生产中大规模推广，减少了企业对例行工作（routine task）的需求，增加对脑力和体力工作的需要。另一方面，贸易带来的进口产品使美国企业面临更激烈的竞争，导致制造业劳动力需求下降。

奥托尔教授用 722 个通勤区（commuting zone）来模拟美国本地劳动力市场，分别用例行工作强度和人均进口品增长来衡量本地市场面临的自动化进程和进口产品的冲击，通过对四个问题的回答探究贸易和技术的关系。他发现贸易和技术在影响的地区、行业、工作形式和时间模式上并没有必然的联系。

问题一：贸易和技术是否影响相同的市场？进出口较多的区域是否自动化程度也高？答案是否定的。比较同一地区的贸易和技术冲击的结果显示，贸易和技术在地域上的相关度很低，二者影响不同的区域。只有很少的通勤区在进口品上面临较大（小）冲击的同时有较高（低）的自动化水平。

问题二：贸易和技术对就业是否产生相似的影响？答案是否定的。用自动化水平变量和进口冲击变量分别对就业、失业和非参与劳动力的变动进行回归，结果显示，贸易减少就业，增加了失业和非参与劳动力；而代表自动化水平的例行就业份额并未影响总就业水平。

问题三：贸易和技术是否影响相同的部门和职业？贸易和技术是否更多地替代例行工作？答案也是否定的。无论是在制造业还是非制造业部门，贸易都代替了所有的工作形式（包括例行、脑力和体力工作），不过对制造业部门的影响更大；与此同时，技术只减少了例行工作的就业，增加了脑力和体力工作的就业，对非制造业部门产生了更大的冲击。

问题四：贸易和技术影响的时间模式相同吗？答案仍然是否定的。贸易对制造业部门的影响随着时间不断加大；而技术对非制造业的影响也在不断加大，但对制造业的影响在减小。

家庭转移的动态特征

凯瑟琳·麦加里（Kathleen McGarry）

作为社会的细胞，家庭的经济行为以及家庭成员的身心状态，对经济运行发挥了重要的影响。家庭经济行为能够帮助我们了解并预测政策效力，还能够帮助我们了解在经济演化和政策变动的过程中谁是受益者，谁是受损者。

在此前的研究中，对家庭转移的模型刻画主要基于两种动机：利他和互惠。利他行为指的是捐助者关心受助者的状态，并且不期待回报。而互惠行为则是在两者相互交换的基础上，捐助者的行为包含了自利的动机。而且，此前的研究多是单期的静态研究，麦加里教授将模型动态化，考虑了收入变动对于收入转移的影响，假设子女的当期收入会改变父母对他们未来收入的期望值。如果今天预期到子女的收入减少，父母会增加他们当期的转移；今天期望收入的减少也会影响到未来的期望收入，那么父母也会增加他们在未来的转移。基于以上的假设，麦加里教授建立了一个动态模型来模拟和刻画收入变动的同时家庭转移行为的变迁，从理论上论证了在动态中会出现不同的收入效应。

首先，在转移行为中有46%的子女得到了至少1年的财富转移。教育、婚姻状态、买房、生育和失业都是子女得到父母经济援助的原因。在额度上，因生育而得到的转移有最高的均值，达5758美元。而在公平程度上，不同子女间得到的转移有很大的差异，且随着子女数目的增加，分配的不均衡程度增加。

其次，麦加里教授对家庭转移的数量以及比例对家庭收入、教育、婚姻、房产、子女数量和性别进行了最小二乘法和固定效应回归，发现家庭收入、婚姻状况和房产与家庭转移有显著负相关，而教育则和家庭转移有着正向关系。进一步地，在控制了子女的年龄、性别、在校情况、是否全职工作和父母的收入、财富、健康状况、婚姻状态、种族、年龄和教育水平后，她还发现了补偿的存在，即父母对于状态不佳的子女有更多的补偿。与此同时，不同年份间补偿的数量有很大的差距。

父母对子女的转移不仅体现在财富上，还体现在教育、时间、遗赠以及共同居住等方面。在教育方面，传统理论表明教育投资最终会等于市场回报率，多余的转移将会有和现金转移同样的效果。如果不同子女间能力不同，他们会得到不同的教育方面的投资。

家庭能源使用和健康

赵耀辉

日渐严重的空气污染重新引起了广泛的关注。在户外的污染问题以外，户内空气质量也在恶化。户内空气污染主要有两个来源：烹饪和取暖。传统的烹饪燃料是生物质能，以柴木为代表；到了 20 世纪 90 年代，燃料开始向煤转变；而在近几年来，越来越多的清洁能源投入使用，如电磁炉、天然气、太阳能等。与此同时，随着收入的增加，越来越多的家庭在冬天开始取暖。一方面，更多的清洁能源开始被使用；另一方面，基于取暖的需要，对能源需求越来越高，这使得能源使用的趋势更为模糊。赵耀辉教授描述了目前家庭能源使用的现状，分析了家庭能源选择的决定性因素，并对能源使用情况和健康状况的关系进行了检验。

调查发现，生物质能依旧是目前烹饪和取暖的最主要能源来源。在烹饪能源的选择上，天然气成为了城市居民的首选，在农村中则以生物质能和煤为主。在供暖方面，集中供暖覆盖了最多的城市居民。在农村，有接近 60% 的家庭仍然使用柴火取暖，40% 的家庭用煤取暖。

该研究将能源分为两类：固体燃料（包括生物质能、煤等对空气影响较为不利的能源）以及清洁能源。运用 Logit 和 Ordered Probit 模型对家庭的教育水平、收入状况进行回归。结果显示，受教育的程度越高，人们越倾向于使用清洁能源；家庭收入越高，清洁能源的使用就越普遍。因此，能源的使用与使用者的社会经济状况有着紧密的联系。

对于健康状况的检验，研究使用了两个变量：肝功能和自行报告的呼吸疾病。对肝功能数据的采集采用了三次体检中的平均数，而呼吸疾病数据则包括了医生确诊的病例和自行报告的病例。研究发现，无论是男性还是女性，清洁能源的使用者的肝功能都要好于固体燃料的使用者；同样的趋势也适用于呼吸疾病，使用清洁能源的受访者拥有呼吸疾病的比例要远远小于使用固体燃料的人。

研究发现，固体燃料的使用量，与南方男性和北方女性的健康状况有负相关的关系，但出乎意料的结果是，与南方女性的健康状况却有着正相关的关系。一些可能的解释是在家务工作上，南方的性别分工不如北方明确；南方的家庭内有更多的通风设备，或者许多的炉灶就放置在户外，因此烹饪行为本身在南方对健康的影响就比较小。

信息的运用和中国国有经济的发展——哈耶克是正确的

黄张凯

从哈耶克开始，经济学家们开始分析信息在经济组织内部协调过程中的角色，他们将信息的获取和企业以及更大经济体的组织设计相联系。根据哈耶克的说法，在集体经济中,由于结构过于复杂,没有办法充分利用地方信息,从而造成信息成本上升,影响了经济效力。

Olson 在 1969 年提到,政府作为一种组织形态,也面临着类似的挑战,即高等级权威(中央政府)和低等级权威(地方政策)间的政策制定权力的分配。什么时候应该分权?分权是否会提高效率?黄张凯副教授将研究的重点放在中国,特别是国内的许多由中央、省级、地市级和基层政府管理和控制的国有企业。组织结构的复杂性以及不同层级政府间控制的转移使得我们能够直接地检验信息在组织结构中发挥的作用。当行使控制权的是中央政府时,企业便是一个集中性的国有企业;而当国有企业的控制权转移到了地方政府,组织权力便得到了分散化。

当国有企业所在地与政府距离很远的时候,组织权力更有可能被转移到下级政府。这是地方性信息重要性的体现:通过这样的方式,拥有控制权的政府将掌握更多的关于这个国有企业的信息。如果控制权被转移到下级政府的国企与高层政权的距离进一步拉大,它将更有可能被私有化。这是地方信息重要性的另一个表征:政府对于国有企业信息的掌握将引致优化的政策,即私有化。

研究在中国国有机构分权的背景下检验了哈耶克针对主权经济的反驳,并在此过程中发现了地方信息的重要性,这样的发现同时与传统组织结构相符。在 1999—2007 年,有 8% 的企业控制权被转移到了更低一级的政府机构。在不同的政治等级中,分权的比例存在较大的差异:中央政府控制的企业中有 16.1% 被分权,省级企业则是 10.3%,到了市级企业,比例降低到了 4.6%。根据与政府的距离将国有企业分为两类:政府附近的和远离政府的,研究发现,远离政府的国有企业有更高的分权比例。

网络经济学的词典

沙恩·格林斯坦(Shane Greenstein)

格林斯坦教授报告的问题是:在新出现的网络经济学中,定义的方法是什么?在此基础上,文章阐述了三个关键性的问题:这些平台应该在什么样的基础上相互竞争?什么因素决定了平台内企业的分布?平台的结构是如何鼓励创新的?

格林斯坦首先对网络进行了定义。对网络的定义主要有三个:其一是公共事业,包括手机、电气和煤气,这些行业往往有很高的固定成本和较低的边际成本;其二是网络数据工程,包括不同地点分享数据以及对分享数据的低成本应用;其三是网络的影响力,价值围绕着互补的设备上升。

其次,定义了多面平台。多面平台定义为参与者可建立应用的兼容组件的可重构的基础,以及不同层面中介的经济功能,其中的多面性体现在基于不同标准、不同需求和目标的不同的参与群体。多面平台是目前最为普遍的组织形式。

之后,格林斯坦对平台领导进行了定义。许多企业有担任平台领导的雄心,而这样的领导角色需要对行业标准进行设计、修改和普及。所有的多面平台都有一个领导,通常在一个市场结构和领导者的外围。

格林斯坦还对开放和专有进行了定义。平台内企业包括利润驱使的企业和不为利润驱使的企业，专有企业多为利润驱使的企业。开放和专有的重要特征在于对参与和信息发布的限制，开放在信息可得性上没有施加限制。政府对潜在价值边际进行了管理，管理不仅限于价格上，还包括许多平台领导在收益状况不明时作出的战略性决策。

格林斯坦接下来讨论了几个关键问题和开放问题：第一个关键问题是平台边缘的分化。在分化的过程中企业的大小起到了决定性的因素。平台的专有或者开放也会对利润产生影响，平台准入的限制越小，其对于开发者而言就更具有吸引力。而在平台边缘，竞争行为也是一个研究重点。第二个关键问题是平台上的冲突是如何造成的。租金的流入会导致冲突，契约的订立和契约的缺失都会导致冲突。第三个关键问题在于创新的交易的成本。平台减少了应用开发的成本，专有化的平台可能会起到一个更大的推动力。

职业规范会增加收入吗？证书和执照对工资的影响

迟巍

在劳动力市场，机构包括工会和职业规范，人们对工会已非常熟悉，迟巍的关注点在于劳动力市场中的另一个机构，即职业规范，并将其与工会进行对比。两个机构在劳动力市场上都有着垄断的地位，都限制了劳动力的供给并提高了工资。一个有趣的现象是，在发达国家，工会的普遍性有下降的趋势，而另一方面职业规范则越来越多。

当前中国出现了"考证热"，在 2007 年，有超过千万人参与了各种证书的考试，证书在求职、工资和升职的决定中都起到了重要的作用。但劳动力市场上证书和执照的普及程度还不清楚，它又将怎样影响工资成为研究重点。

迟巍对中美的职业规范进行了比较。在美国，根据限制性的大小，可以将职业规范分为注册、证书和执照三个等级。限制性最小的规范是注册，任何人都需要注册才能参与相关的规范；证书的限制性则更大、需要由专业的机构或政府部门来颁发；执照则有着最高的限制性，没有执照的话，从事任何职业的工作都将是非法的。中国的职业规范系统与美国相似，中国的证书和执照系统都与美国大同小异，其中的差别在于中国政府对证书和执照有更强的管制。

早在 20 世纪 50 年代，中国就开始出现了证书。在中央计划系统，政府对工资的决定实行管制，专业工和熟练工都需要有政府机关的证明，并直接与他们的工资和升职相联系。执照则是一个新的概念，80 年代经济改革之后才在中国出现。

研究显示，教育水平越高，人们越有可能获得证书；与此同时，更高端的行业，对证书的需求也越高。这与美国的情形相似。中国的工作人群中有很大比例持有证书或执照，但证书和执照的普及性不及美国。工人中持有证书的比例非常大，这可能是由于历史原因。与美国相比，中国执照的工资效应更低，在 15% 左右。而在中国，证书有显著的工资效应，达 13.14%，但证书的工资效应在美国并不显著。